Springer-Lehrbuch

Peter Friedrich Bultmann

Öffentliches Recht

mit Vertiefung im Gewerbe-, Wettbewerbs-,
Subventions- und Vergaberecht

Zweite, vollständig überarbeitete Auflage

Dr. Peter Friedrich Bultmann
piet.bultmann@cms.hu-berlin.de

ISBN 978-3-540-76517-2   e-ISBN 978-3-540-76518-9

DOI 10.1007/978-3-540-76518-9

Springer-Lehrbuch ISSN 0937-7433

Bibliografische Information der Deutschen Nationalbibliothek
Die Deutsche Nationalbibliothek verzeichnet diese Publikation in der Deutschen Nationalbibliografie;
detaillierte bibliografische Daten sind im Internet über http://dnb.d-nb.de abrufbar.

© 2008, 2002 Springer-Verlag Berlin Heidelberg

Dieses Werk ist urheberrechtlich geschützt. Die dadurch begründeten Rechte, insbesondere die der Übersetzung, des Nachdrucks, des Vortrags, der Entnahme von Abbildungen und Tabellen, der Funksendung, der Mikroverfilmung oder der Vervielfältigung auf anderen Wegen und der Speicherung in Datenverarbeitungsanlagen, bleiben, auch bei nur auszugsweiser Verwertung, vorbehalten. Eine Vervielfältigung dieses Werkes oder von Teilen dieses Werkes ist auch im Einzelfall nur in den Grenzen der gesetzlichen Bestimmungen des Urheberrechtsgesetzes der Bundesrepublik Deutschland vom 9. September 1965 in der jeweils geltenden Fassung zulässig. Sie ist grundsätzlich vergütungspflichtig. Zuwiderhandlungen unterliegen den Strafbestimmungen des Urheberrechtsgesetzes.

Die Wiedergabe von Gebrauchsnamen, Handelsnamen, Warenbezeichnungen usw. in diesem Werk berechtigt auch ohne besondere Kennzeichnung nicht zu der Annahme, dass solche Namen im Sinne der Warenzeichen- und Markenschutz-Gesetzgebung als frei zu betrachten wären und daher von jedermann benutzt werden dürften.

Herstellung: le-tex publishing services oHG, Leipzig
Umschlaggestaltung: WMXDesign GmbH, Heidelberg

Gedruckt auf säurefreiem Papier

9 8 7 6 5 4 3 2 1

springer.de

Vorwort

Dieses Lehrbuch vermittelt **fundierte Grundkenntnisse zum Öffentlichen Recht**. Kenntnisse des Öffentlichen Rechts sind unerlässlich für jeden, der im Umgang mit der Staatsgewalt seine Rechte geltend machen möchte.

In den ersten beiden Kapiteln werden die **Grundlagen des Rechts** behandelt. Hier werden die Fragen „was ist Recht" und „was ist Gerechtigkeit" beantwortet. Hier wird gezeigt, wie Rechtsvorschriften auf konkrete Fälle anzuwenden sind. Denn wer weiß, was Recht ist und wie es angewendet wird, muss das Recht also nicht auswendig lernen, sondern kann **das Recht souverän verstehen**.

Es wird vorausgesetzt, dass der Leser ohne Vorkenntnisse fundierte Grundkenntnisse zum Öffentlichen Recht erlernen möchte. Deshalb geht die Erklärung vom Allgemeinverständlichen aus: Es werden jeweils einleitend greifbare gesellschaftliche oder wirtschaftliche **Probleme beschrieben**. Es wird gezeigt, wie das Recht auf die genannten Probleme reagiert. Dadurch werden der Sinn und Zweck der betreffenden Rechtsvorschriften unmittelbar sichtbar. Die Rechtsvorschriften werden verstanden.

Wegen dieser Art der Darstellung und wegen eines Schwerpunktes der Darstellung im Wirtschaftsrecht eignet sich das Lehrbuch insbesondere für **Studenten der Wirtschafts- und Sozialwissenschaften**. Angesprochen sind aber auch **Jurastudenten**, die einen fundierten Einstieg in das Öffentliche Recht suchen.

Das Erlernen des Stoffes wird weiter begünstigt, indem **zentrale Vorschriften wortwörtlich zitiert** werden. Das stellt sicher, dass die Gesetzestexte auch gelesen werden und dass sie ihren Schrecken verlieren. Zudem wird der lästige Transport von Gesetzestexten reduziert.

Zahlreiche Beispiele und Beispielsfälle veranschaulichen Vorschriften, die schwer verständlich sind. **Zusammenfassungen** enthalten die wichtigsten Lehren. Ein ausführliches Stichwortregister ermöglicht das gezielte Nachschlagen.

Das Lehrbuch nutzt die **Ökonomik** als Lehre vom zielgerichteten Handeln, um das Rechts greifbarer zu machen. Durch die Verknüpfung von Recht und Ökonomik werden Rechtsnormen leichter verständlich, als wenn die Vorschriften nur aus der Innenansicht des Rechtssystems selbst betrachtet werden.

Die meisten Fehler sind eigenartige Freunde: Wir versuchen, ihnen aus dem Weg zu gehen. Doch wenn wir ihnen begegnen, beschenken sie uns mit der Gelegenheit, von ihnen zu lernen. Ich freue mich über Leser, die mir solche Freunde vorstellen: Piet.Bultmann@staff.hu-berlin.de.

Berlin, im Sommer 2008   Peter Friedrich Bultmann

Inhaltsübersicht

Vorbemerkungen 1

§ 1 Öffentliches Recht und Ökonomik 13

§ 2 Methodik der Rechtsanwendung 41

§ 3 Demokratie, Bundesstaat, Europäisierung 63

§ 4 Rechts-, Sozial- und Umweltstaat 83

§ 5 Europäisierung des nationalen Rechts 105

§ 6 Wirtschaftsverfassung – Wirtschaftslenkung - Wirtschaftsaufsicht 135

§ 7 Finanzverfassungs- und -verwaltungsrecht 157

§ 8 Allgemeine Lehre der Grundrechte 173

§ 9 Beruf, Eigentum und Vereinigungen 195

§ 10 Verwaltungsrecht 215

§ 11 Prozessrecht 237

§ 12 Gewerberecht 259

§ 13 Wettbewerbs- und Kartellrecht 277

§ 14 Beihilfenrecht 295

§ 15 Das Recht der öffentlichen Auftragsvergabe 313

§ 16 Klausurfragen 335

Register 345

Inhaltsverzeichnis

Vorbemerkungen 1
   A. Wissenschaft und Methode 1
   B. Gegenstand und Gliederung des Buches 3
      I. Gegenstand des Buches 3
      II. Gliederung des Buches 4
   C. Juristen verstehen 5
   E. Ratschläge für das Erlernen des Stoffes 8
   D. Gesetze, Rechtsprechung, Literatur und Internet 8
      I. Gesetzestexte 8
      II. Rechtsprechung 9
      III. Literatur 9
      IV. Internet 11

§ 1 Öffentliches Recht und Ökonomik 13
   A. Problemlösung durch Recht 13
   B. Recht 15
      I. Einführung 15
      II. Was ist „Recht"? Positives Recht und Nicht-Recht 15
      III. Die Grenzen des Rechts: Probleme der Rechtsfindung 21
      IV. Was ist gerecht? Richtiges Recht und Unrecht 22
      V. „Recht" und „gerecht" - positives Recht und richtiges Recht 24
      VI. Funktionen des Rechts 26
      VII. Geltung, Wirksamkeit und Wirkungen 26
   C. Rechtsökonomik 27
      I. Rechtsökonomik 28
      II. Ein Axiom: normativer Individualismus 28
      III. Ein rechtsökonomisches Paradigma 29
      IV. Individuelle Kooperationsvorteile durch Recht 31
      V. Kollektive Kooperationsvorteile durch Recht 32
   D. Öffentliches Recht 34
      I. Öffentliches Recht und Privatrecht 34
      II. Wechselseitige Auffangordnungen 34
      III. Verfassung 35
   E. Zusammenfassung 37
      I. Wichtigste Lehre 37
      II. Wichtige Stichworte 38

III. Schrifttum 38

§ 2 Methodik der Rechtsanwendung 41
A. Das Problem der Rechtsanwendung 41
B. Grundsätze der Rechtsanwendung 42
   I. Rechtsnorm und Wirklichkeit 42
   II. Auffinden und Zusammenbauen einschlägiger Normen 45
   III. Anwendbarkeit von Rechtsnormen 46
   IV. Auslegung der Norm im Hinblick auf den Sachverhalt 47
   V. Entscheidung. Rangordnung unter den Auslegungsarten? 54
   VI. Entscheidungsfindung und Entscheidungsbegründung 55
C. Rechtsfortbildung 56
D. Methodik im öffentlichen Recht 57
   I. Pflichtgemäßes Ermessen, § 40 VwVfG 57
   II. Verhältnismäßigkeit staatlicher Maßnahmen 58
   III. Abwägung - Herstellung praktischer Konkordanz 59
E. Zusammenfassung 60
   I. Wichtigste Lehre 60
   II. Wichtige Stichworte 61
   III. Schrifttum 61

§ 3 Demokratie, Bundesstaat, Europäisierung 63
A. Von der Volkssouveränität zur staatlichen Herrschaft 63
   I. Ausgangsfragen 63
   II. Drei Elemente der demokratischen Ordnung 63
   III. Der Gesellschaftsvertrag als Ursprung der Staatlichkeit 64
B. Demokratie 65
   I. Vorverständnis: Demokratie 65
   II. Einstimmigkeit und Mehrheitsprinzip 66
   III. „In Wahlen und Abstimmungen", Art 20 II 2 GG 67
   IV. Die Volksvertreter 71
   V. Die Parteien 71
   VI. Die Staatsorgane 73
C. Bundesstaat 74
   I. Zentralismus oder Föderalismus? 74
   II. Das Bundesstaatsprinzip unter dem Grundgesetz 75
D. Das Gesetzgebungsverfahren im Bund 78
   I. Verfahren 78
   II. Beschlüsse 79
   III. Das konsensethische Gebot demokratischer Kongruenz 80
E. Europäische Integration, Art. 23 GG 81
F. Zusammenfassung 81
   I. Wichtigste Lehre 81
   II. Wichtige Stichpunkte 82
   III. Schrifttum 82

§ 4 Rechts-, Sozial- und Umweltstaat ... 83
A. Einführung ... 83
B. Aufgaben und Strukturmerkmale des Rechtsstaates ... 85
  I. Überblick ... 85
  II. Das Recht der Gewaltenteilung ... 86
  III. Die Bindung an Gesetz und Recht, Art 20 III GG ... 88
  IV. Grundrechte ... 93
  V. Subsidiarität ... 97
  VI. Wo bleibt die Gerechtigkeit? ... 98
  VII. Das rechtsstaatliche Modell der Legitimation von Herrschaft ... 98
C. Der Sozialstaat, Art 20 I, 28 I, 23 I 1 GG ... 99
D. Der Umweltstaat, Art 20a GG ... 101
E. Zusammenfassung ... 102
  I. Wichtigste Lehre ... 102
  II. Wichtige Stichpunkte ... 102
  III. Schrifttum ... 103

§ 5 Europäisierung des nationalen Rechts ... 105
A. Europäisierung ... 105
  I. Das Problem ... 105
  II. Methode der Europäisierung ... 106
B. Grundlagen des Europarechts ... 107
  I. EU-Vertrag und Vertrag über die Arbeitsweise der EU ... 107
  II. Ziele der EU ... 109
  III. Organe und Institutionen der Europäischen Union ... 111
  IV. Rechtsquellen des Gemeinschaftsrechts ... 113
  V. Begrenzte Einzelermächtigung ... 114
  VI. Anwendungsvorrang des Gemeinschaftsrechts ... 115
  VII. Strukturprinzipien ... 116
C. Das Europäische Gemeinschaftsrecht ... 118
  I. Rechtsakte der EG ... 118
  II. Die Richtlinien der EU ... 122
D. Der Vollzug des Gemeinschaftsrechts ... 125
E. Europäische Grundrechte und Grundfreiheiten ... 126
  I. Unterschied zwischen Grundrechten und Grundfreiheiten ... 126
  II. Die Grundfreiheiten im Einzelnen ... 128
F. Zusammenfassung ... 132
  I. Wichtigste Lehre ... 132
  II. Wichtige Stichworte ... 132
  III. Schrifttum ... 132

§ 6 Wirtschaftsverfassung – Wirtschaftslenkung - Wirtschaftsaufsicht ... 135
A. Drei Grundprobleme einer Wirtschaftsverfassung ... 135
B. Staatsaufgaben und Wirtschaftsordnung ... 137
  I. Die wirtschaftspolitische Neutralität des Grundgesetzes ... 137
  II. Auswirkungen der Grundrechte auf die Wirtschaftsordnung ... 138

III. Volkswirtschaftliche Strukturprinzipien im Grundgesetz 141
IV. Subsidiarität staatlichen Tätigwerdens? 143
V. Ergebnis: Latente Allzuständigkeit der Gesetzgeber 145
C. Europäische Wirtschaftsverfassung 145
D. Wirtschaftsaufsicht 147
   I. Wirtschaftsaufsicht 147
   II. Formen der Wirtschaftsaufsicht 149
E. Wirtschaftslenkung 151
   I. Formen der Wirtschaftslenkung 151
   II. Wirtschaftliche Betätigung der öffentlichen Hand 152
F. Zusammenfassung 154
   I. Wichtigste Lehre 154
   II. Wichtige Stichpunkte 154
   III. Schrifttum 155

§ 7 Finanzverfassungs- und -verwaltungsrecht 157
A. Öffentliche Abgaben 158
   I. Steuern 158
   II. Sonstige Abgaben 159
   III. Steuerung durch öffentliche Abgaben 161
B. Zwei Typen der Finanzverfassung im Bundesstaat 162
C. Das Finanzwesen im Grundgesetz 163
   I. Gesetzgebungskompetenzen im Steuerwesen 164
   II. Verteilung des Steueraufkommens (Ertragshoheit) 165
   III. Finanzverwaltung 167
   IV. Haushaltswirtschaft 167
   V. Überblick: Trenn- und Verbundsystem unter dem Grundgesetz 170
D. Zusammenfassung 171
   I. Wichtigste Lehre 171
   II. Wichtige Stichworte 171
   III. Schrifttum 171

§ 8 Allgemeine Lehre der Grundrechte 173
A. Allgemeine Grundrechtslehren 173
   I. Der Ursprung der Menschenrechte 173
   II. Vom Grundrecht zum subjektiven öffentlichen Recht 174
   III. Grundrechte als Anspruchsrechte 179
   IV. Subjektiver und objektiver Gehalt der Grundrechte 181
   V. Grundrechtsträger: Anwendbarkeit von Grundrechten 182
   VI. Grundrechtsverpflichtete 183
B. Freiheitsrechte 186
   I. Überblick über die Freiheitsrechte, Art 4 ff GG 186
   II. Das allgemeine Freiheits- und Persönlichkeitsrecht des Art 2 I GG 187
   III. Verfassungsrechtliche Rechtfertigung von Eingriffen 188
C. Gleichheitsrechte 189
   I. Spezielle Gleichheitsrechte und allgemeines Gleichheitsrecht 190

II. Der allgemeine Gleichheitssatz 191
D. Zusammenfassung 193
    I. Wichtigste Lehre 193
    II. Wichtige Stichworte 194
    III. Schrifttum 194

§ 9 Beruf, Eigentum und Vereinigungen 195
A. Berufsfreiheit, Art 12 I GG 195
    I. Schutzbereich 196
    II. Eingriff 197
    III. Rechtfertigung 198
    IV. Berufsfreiheit in Europa 201
B. Das Grundrecht auf Eigentum, Art 14 GG 202
    I. Soziale und wirtschaftliche Bedeutung des Eigentums 202
    II. Schutzbereich 204
    III. Eingriffe 207
    IV. Rechtfertigung 208
    V. Faktische Beeinträchtigungen des Eigentums 210
    VI. Nationale Eigentumsordnung respektiert: Art 345 AEUV (ex-
    Art 295 EG) 211
C. Vereinigungs- und Koalitionsfreiheit 211
D. Zusammenfassung 213
    I. Wichtigste Lehre 213
    II. Wichtige Stichworte 213
    III. Schrifttum 214

§ 10 Verwaltungsrecht 215
A. Einführung 215
    I. Das Verwaltungsrecht 215
    II. Aufgaben der Verwaltung 216
B. Grundgesetz und Verwaltungsverfahrensgesetz 217
    I. Die Ausführung der Bundesgesetze 217
    II. Das allgemeine Verwaltungsverfahrensgesetz (VwVfG) 219
    III. Das Erfordernis einer Ermächtigungsgrundlage 221
C. Akteure des Verwaltungsrechts 222
    I. Juristische Personen des öffentlichen Rechts 222
    II. Organe, Behörden und Amtswalter 223
    III. Beliehene 223
D. Die Handlungsformen des Verwaltungsrechts 224
    I. Überblick: sechs rechtliche Handlungsformen 224
    II. Verwaltungsakt, § 35 VwVfG 224
    III. Verwaltungsvertrag, §§ 54 ff VwVfG 229
    IV. Informelles und schlichtes Verwaltungshandeln 230
    V. Verwaltungsprivatrecht 231
E. Die Verwaltungsvollstreckung 231
F. Europäisches Verwaltungsrecht 232

G. Haftung für rechtswidriges Verwaltungshandeln 232
H. Kooperation mit Privaten 233
I. Zusammenfassung 235
  I. Wichtigste Lehre 235
  II. Wichtige Stichworte 236
  III. Schrifttum 236

§ 11 Prozessrecht 237
A. Möglichkeiten der Rechtsdurchsetzung 237
  I. Rechtsweg und Rechtsbehelfe 237
  II. Alternative Konfliktlösung (ADR – Alternative Dispute Resolution).. 238
B. Kontrolle und Legitimation der Gerichte 240
C. Das subjektive öffentliche Recht 241
  I. Objektives Recht und subjektives öffentliches Recht 241
  II. Subjektives öffentliches Recht durch Anspruchsnormen 242
  III. Drittschützende Normen – die sogenannte Schutznormlehre 242
  IV. Klagebefugnis als Element der Zulässigkeit 243
D. Widerspruchsverfahren, § 79 VwVfG, §§ 68 ff VwGO 245
E. Verwaltungsgerichtsbarkeit 246
  I. Prozessvoraussetzungen - Zulässigkeit einer Klage vor dem VG .. 246
  II. Begründetheit, §§ 47 V 2 oder 113 VwGO 247
  III. Die Kontrolldichte 249
  IV. Einstweiliger Rechtschutz 250
  V. Verfahrensgrundsätze 252
  VI. Prozesskosten 253
  VII. Vollstreckung von Gerichtsentscheidungen 253
F. Verfassungsgerichtsbarkeit 253
G. Europäische Gerichtsbarkeit 254
H. Zusammenfassung 256
  I. Wichtigste Lehre 256
  III. Wichtige Stichworte 257
  III. Schrifttum 257

§ 12 Gewerberecht 259
A. Gewerberecht als besonderes Verwaltungsrecht 259
B. Die Gewerbeordnung 261
  I. Anwendungsbereich der Gewerbeordnung 261
  II. Drei Arten von Gewerben 265
  III. Gewerbeaufsicht 266
C. Handwerksrecht 273
D. Typische verwaltungsprozessuale Situation 275
E. Zusammenfassung 276

§ 13 Wettbewerbs- und Kartellrecht 277
A. Wettbewerbstheorie 278
  I. Das Verhaltensdilemma 278

II. Relevanter Markt und wirksamer Wettbewerb 282
B. Wettbewerbs- und Kartellrecht 285
    I. Nationale und europäische Wettbewerbsaufsicht 285
    II. Horizontale Verhandlungsstrategien 286
    III. Behinderungsstrategie 289
    IV. Konzentrationsstrategie 291
    V. Private Enforcement 292
C. Zusammenfassung 292
    I. Wichtigste Lehre 292
    II. Wichtige Stichworte 293
    III. Schrifttum 293

§ 14 Beihilfenrecht 295
A. Wirtschaftliche Bedeutung von Beihilfen 295
    I. Einführung 295
    II. Nutzen und Schaden von staatlichen Beihilfen 296
B. Beihilfenrecht 299
    I. Beihilfenrecht als Wirtschaftslenkungsrecht 299
    II. Beihilfengewährung 300
    III. Beihilfenkontrolle 304
    IV. Rückforderung von illegalen Beihilfen 308
    V. Rechtsschutz im Beihilfenrecht 310
C. Zusammenfassung 311
    I. Wichtigste Lehre 311
    II. Wichtige Stichworte 311
    III. Schrifttum 312

§ 15 Das Recht der öffentlichen Auftragsvergabe 313
A. Wirtschaftliche Bedeutung von öffentlichen Aufträgen 313
    I. Struktur und Interessen der öffentlichen Auftragsvergabe 313
    II. Zur Notwendigkeit eines gemeinschaftsrechtlichen Vergaberechts 316
B. Vergaberecht 317
    I. Die Struktur des Vergaberechts 318
    II. Vergabeverfahren und Vergabegrundsätze 320
    III. Konkurrentenschutz im Vergaberecht 322
C. Public-Private-Partnership 326
D. Zusammenfassung 332
    I. Wichtigste Lehre 332
    II. Wichtigste Stichpunkte 332
    III. Schrifttum 333

§ 16 Klausurfragen 335
A. Allgemeine Hinweise 335
B. Beispiele für Klausuren 336
    I. Klausur 336
    II. Klausur 338

III. Klausur 340
IV. Klausur 342

Register 345
I. Verzeichnis der zitierten Rechtsnormen 345
II. Sachverzeichnis 347

Vorbemerkungen

A. Wissenschaft und Methode

Am Anfang war das Problem. Erst wenn ein Problem besteht, entsteht der Zwang, kreativ nach Lösungen zu suchen. Nur wer Hunger hat, sucht nach Nahrung. Nur wer sich schützen muss, baut sich ein Haus. Nur wer über den Fluss will, braucht eine Brücke. Die menschliche Fähigkeit, Probleme in Teilprobleme aufzuspalten und dadurch den Umgang mit Problemen zu beherrschen, birgt eine wichtige Wurzel wissenschaftlicher Erkenntnis und zivilisatorischen Fortschritts. Arnold Toynbee (1889-1975) erklärt **„challenge and response"** zum generellen Schlüssel für das Verständnis von geschichtlichen Ereignissen. Neurodidaktische Forschungen legen nahe, dass der Mensch zum Lernen nicht motiviert zu werden braucht. Die Freude an der Erkenntnis und deshalb die Lust zu lernen, ist dem Menschen eigentümlich. Er spürte diese Lust an der Erkenntnis ohne weiteres, wenn er ein Problem gelöst hat.

Problemlösungen sind – das liegt in ihrer Natur – nicht leicht zu finden. Die Fähigkeit dazu muss erlernt werden und ist immer verbesserungsfähig. Die Anzahl menschlicher Probleme ist unendlich. Es ist nicht möglich, Problemlösungen einfach auswendig zu lernen. Der Mensch entwickelt daher **Methoden**. Eine Methode ist eine planmäßige Verfahrensweise, um ein Problem optimal zu lösen (grch methodos = Weg, etwas zu erreichen). Die einfachste und unverzichtbare Form ist das „trial and error" – ein Weg, der als Mutation und Selektion auch dem ungewissen Ziel der biologischen Evolution zugrunde liegt. Doch trial and error ist eine Notlösung.

Ziel und Aufgabe der Wissenschaften ist es, präzise und zielführende Anleitungen zu Problemlösungen zu finden.

Dabei ist immer der **Zusammenhang zwischen dem konkreten Problem und der Methode zu seiner Lösung** zu sehen. Solange die Probleme nicht richtig erkannt sind, lassen sich auch keine rechten Lösungen finden. Eine gute Methode muss zugeschnitten sein auf das jeweilige Problem. Falsche Probleme verhindern die richtigen Taten. Welches sind nun die Probleme der Rechtswissenschaften?

Die Probleme des öffentlichen Rechts bewegen sich auf zwei Ebenen, nämlich erstens der Rechtssetzung und zweitens der Rechtsanwendung.

(1) Bei der **Rechtssetzung** geht es darum, Probleme des öffentlichen Lebens zu erkennen und dafür rechtliche Lösungen zu finden. Das Folgeproblem: Nicht jeder Fortschritt geht in die richtige Richtung; nicht jede rechtliche Lösung ist gerecht. Um das jeweils beurteilen zu können, müsste man wissen, was gut und was gerecht ist. Diese Probleme der Erkenntnis- und Wissenschaftstheorie werden kurz im ersten Kapitel behandelt. Dort wird auch in die Rechtsökonomik eingeführt. Sie bietet einen Ansatz, um zu verstehen, wann rechtliche Regeln gesetzt werden und gesetzt werden müssen. Die Ökonomik bietet auch Ansätze zur Beurteilung von rechtlichen Lösungen.

Eine besondere Schwierigkeit für die Rechts- und Wirtschaftswissenschaften besteht darin, dass sich die Probleme verändern. Die Folge ist, dass sich auch das Recht und die Wirtschaft in der modernen Gesellschaft wandeln. Die Dynamik in der Entwicklung des Rechts hat im vergangenen Jahrhundert beständig zugenommen (**Wandel vom statischen zum dynamischen Recht**).

Die Juristen tragen dem Rechnung, indem sie für Gesetzessammlungen häufig Loseblattsammlungen verwenden, die ein Austauschen der Blätter mit geänderten Vorschriften ermöglichen. Diese erlauben das Einsortieren aktueller Veränderungen. Was für die Gesetze gilt, gilt auch für die Literatur zu diesen. Es ist eine berufliche Norm für Juristen, stets die aktuellsten Auflagen der einschlägigen Werke zu verwenden.

Unter diesen Umständen lassen sich die häufigen Veränderungen des Rechts nur sinnvoll bewältigen, wenn in den Veränderungen die allgemeinen Strukturen erkannt werden. Die Strukturen des Rechts zu erklären, ist die Aufgabe dieses Buches.

(2) Bei der **Rechtsanwendung** müssen die rechtlichen Vorschriften angewendet und umgesetzt werden. Da Recht sprachlich vermittelt wird, brauchen die Juristen eine Methode, um Sprache zu verstehen. Die entsprechende Methode ist die Hermeneutik (grch hermeneuein = auslegen, erklären). Sie wird im zweiten Kapitel dargestellt und in späteren Kapiteln wiederholt.

Jede Methode hat die Aufgabe, die ungeheuer komplexe Wirklichkeit auf die Punkte zu reduzieren, die für die Problemlösung von Bedeutung sind. Darin liegt der Nutzen der Methode. Darin liegt aber auch eine Gefahr. Möglicherweise verbauen die Scheuklappen der Methode nämlich den Blick auf bessere Lösungen. Ein *Beispiel* ist die klassische Physik. Die Erkenntnisse von Sir Isaac Newton (1643-1727) galten jahrhundertelang als wahr. Erst Albert Einstein zeigte, dass Newtons Problemlösungen nur für bestimmte Phänomene galten. Eine Weltraumfahrt wäre ohne die Erkenntnisse von Einsteins Relativitätstheorie nicht möglich.

Beispiel: Die folgende Aufgabe soll veranschaulichen, wie eine beschränkten Sicht durch eine begrenzte Methode oder bestimmte Vorstellungen die Möglichkeit zur Erkenntnis verstellen kann: Der Leser möge versuchen, mit vier geraden Strichen, die sich berühren, die folgenden neun Punkte miteinander zu verbinden.[1] Die Auflösung erfolgt im zweiten Kapitel § 2 unter B.IV.1.

•   •   •
•   •   •
•   •   •

---

[1] Nach Murray Gell-Mann, Das Quark und der Jaguar, (1994), 3. A 2000, 379 f.

Probleme zu lösen, bereitet auch Freude. John C Harsanyi, berühmt für seine Fortentwicklung der Spieltheorie um das Element der unvollständigen Information, spielte gern Schach. Er gab das Spiel jedoch angeblich auf, als er feststellen musste, dass einige Gegner die besten Spielzüge einfach auswendig gelernt hatten. Daran hatte Harsanyi kein Interesse.

B. Gegenstand und Gliederung des Buches

I. Gegenstand des Buches

Das öffentliche Recht regelt das Verhältnis der Einzelnen zum Staat. Es wird abgegrenzt zum Zivilrecht, das – etwa im Bürgerlichen Gesetzbuch (BGB), im Handelsgesetzbuch (HGB) oder im Aktiengesetz (AktG) – die Beziehungen der Einzelnen untereinander reguliert. Das öffentliche Recht wird herkömmlich untergliedert in das Verfassungsrecht und das Verwaltungsrecht.

Das **Verfassungsrecht** ist im Grundgesetz normiert. Das Grundgesetz beginnt mit den Grundrechten. Es behandelt anschließend die Strukturen, nach denen die Bundesrepublik Deutschland organisiert sein soll. Dort sind etwa die einzelnen Staatsorgane, das Verfahren der Gesetzgebung, die Organisation des Vollzugs der Gesetze, die Organisation der Rechtsprechung und die Organisation der Staatsfinanzen geregelt. Entsprechend dieser Unterteilung werden an den Universitäten die beiden großen Bereiche der Grundrechte und des Staatsorganisationsrechts gelehrt. Zur Lehre der Grundrechte gehören die allgemeine Grundrechtslehre und die einzelnen Grundrechte.

Das Grundgesetz weist über sich selbst hinaus, indem es an einigen Stellen sagt: „Das Nähere regelt ein Bundesgesetz." Dementsprechend wurden etwa das Parteiengesetz, das Bundeswahlgesetz, das Bundesverfassungsgerichtsgesetz oder die Geschäftsordnungen von Bundestag oder Bundesrat erlassen. Derartige Gesetze zählen ebenfalls zum Staatsorganisationsrecht.

Das **Verwaltungsrecht** gliedert sich in drei Teile: das allgemeine Verwaltungsrecht, das Verwaltungsprozessrecht und das besondere Verwaltungsrecht. Das allgemeine Verwaltungsrecht bestimmt, wie sich Verwaltung und Einzelne grundsätzlich zueinander zu verhalten haben. Das Verwaltungsprozessrecht regelt wie diese Beziehung vor Gericht fortgeführt werden kann. Und das besondere Verwaltungsrecht besteht aus der Vielzahl von Gesetzen, in denen die Verwaltung zum hoheitlichen Handeln gegenüber den Einzelnen ermächtigt wird. Beispiele sind das Polizei- und Ordnungsrecht, das Gewerberecht, das Schul- und Hochschulrecht, das Umweltrecht oder das Ausländerrecht.

II. Gliederung des Buches

Es gibt drei rote Fäden, die sich mit abwechselnder Leuchtkraft durch das Buch ziehen. Sie lassen sich durch die Begriffe: **Gesetz**, **Legitimation** und **subjektives öffentliches Recht** bezeichnen.

Dass Gesetze in den Rechtswissenschaften die Schlüsselrolle haben, versteht sich von selbst. Dasselbe gilt für das zweite Stichwort: Recht muss legitimiert, das heißt, gerechtfertigt sein, bevor es als Recht akzeptiert wird. Erklärungsbedürftig ist die Bedeutung des subjektiven öffentlichen Rechts. Ein solches Recht liegt vor, wenn der Einzelne vom Staat ein bestimmtes Verhalten verlangen kann. Das subjektive öffentliche Recht definiert das Verhältnis zwischen dem Staat und den Rechtsgenossen, die seiner Gewalt unterworfen sind. Gerade dieses Verhältnis ist die zentrale Frage des öffentlichen Rechts: Welche Rechte sollen die Rechtsgenossen haben und welche Befugnisse braucht der Staat?

In Kapitel § 1 werden die theoretischen und methodischen Grundlagen gelegt. Es wird erläutert, was das Besondere des Rechts ist im Vergleich zu sozialen Normen wie der Sitte oder Gebräuchen. Hier wird auch das Verhältnis zwischen dem geschriebenen Gesetz und der Gerechtigkeit behandelt. Zudem wird hinterfragt, unter welchen Voraussetzungen Gesetze legitimiert sind. In Kapitel § 2 wird die Methodik der Rechtsanwendung behandelt. Sie wird in den folgenden Kapiteln immer wieder aufgegriffen. Nur so kann das Lehrziel, einen eigenständigen Umgang mit Gesetzen zu vermitteln, verwirklicht werden.

In den Kapiteln § 3 bis § 5 werden auf knappem Raum die Grundstrukturen des gesamten öffentlichen Rechts behandelt. Es wird erklärt, nach welchem Verfahren und unter welchen Voraussetzungen Rechtsnormen in Deutschland und Europa gesetzt werden. In Kapitel § 6 werden die wirtschaftlich besonders wichtigen Rechtsvorschriften des nationalen und des europäischen Rechts behandelt. Kapitel § 7 knüpft daran an, denn dort geht es um das Finanzrecht.

Kapitel **§ 8 und § 9** behandeln die Grundrechte, und zwar zunächst allgemein in § 8 und dann in § 9 insbesondere um die Berufsfreiheit, das Eigentumsrecht und die Vereinigungsfreiheit.

Kapitel **§ 10** beschreibt, wie die Verwaltung die Gesetze vollzieht, Kapitel **§ 11** wie sich der Einzelne gegen hoheitliche Akte der Staatsgewalt wehren kann. Insbesondere in Kapitel § 11 wird die Bedeutung des subjektiven öffentlichen Rechts entfaltet.

In den Kapiteln § 12 bis § 15 werden die Erkenntnisse des Staatsrechts und des allgemeinen Verwaltungsrechts an besonderen Fragen des öffentlichen Wirtschaftsrechts wiederholt und vertieft: Kapitel **§ 12** behandelt das Gewerberecht, Kapitel **§ 14** das Recht der staatlichen Subventionen (sog Beihilfen) und Kapitel **§ 15** die Vergabe von öffentlichen Aufträgen.

C. Juristen verstehen

Wie jede Wissenschaft hat auch die Rechtswissenschaft ihre Fachsprache. Sie ist der wesentliche Grund dafür, dass Nichtjuristen Juristen schlecht verstehen. Um diesem Unverständnis möglichst aus dem Weg zu gehen, werden im folgenden solche Vokabeln vermittelt, deren Erklärung im Text den Lesefluss stören würde.

Der Begriff „Gesetz" wird mehrdeutig verwendet. Das **„Gesetz im formellen Sinne"** sind alle Normen, die im Gesetzgebungsverfahren nach Art 76 ff GG erlassen werden. Diese Regelwerke heißen auch immer „Gesetz über...". Das **„Gesetz im materiellen Sinne"** sind alle rechtlichen Regeln. Das sind an oberster Stelle die Verfassung – unser „Grundgesetz" – sodann alle untergesetzlichen Normen, die Rechtsverordnungen, Art 80 GG, und die Satzungen. Gesetze im formellen Sinne, Rechtsverordnungen und Satzungen sind **„einfaches Recht"** im Gegensatz zum **Verfassungsrecht**. Letztlich wird als Gesetz auch der einzelne **Rechtssatz** (= Norm, Regel, Regelung, Bestimmung, Vorschrift) bezeichnet.

Rechtssätze sind Verhaltensanweisungen. Sie gebieten oder verbieten ein bestimmtes Verhalten. Ein **Gebot** ist die Verpflichtung sich auf bestimmte Art und Weise zu verhalten. Ein **Verbot** schreibt gerade vor, welches Verhalten nicht an den Tag gelegt werden darf. Ge- und Verbote sind reziprok. *Beispiel:* Das Gebot, rechts zu fahren, ist die Umkehrung des Verbotes, links zu fahren. Ob ein Gebot oder ein Verbot vorliegt, richtet sich nach der gesetzlichen Formulierung. In den Rechtswissenschaften werden Ge- und Verbot selten sauber getrennt. Stattdessen wird allgemein gesagt, dass ein Gesetz, etwas anordnet, anweist, aufgibt, befiehlt, bestimmt, festlegt, fordert, verlangt, verordnet, vorgibt, vorschreibt oder zu etwas verpflichtet oder zwingt. Diese Formulierungen bezeichnen mehr oder weniger dasselbe Phänomen, nämlich dass Gesetze befolgt und vollzogen werden müssen. Verpflichtet sind jeweils diejenigen, deren Verhaltensanweisungen von einem Gesetz erfasst werden. Diese Personen sind die sogenannten **Normadressaten**.

Das Recht, das die europäischen Institutionen setzen, wird **„Europarecht"** oder **„(europäisches) Gemeinschaftsrecht"** genannt. Das Recht der deutschen Gesetzgeber ist demgegenüber das „deutsche Recht" oder das **„nationale Recht"**.

Bürger sind alle, die in einer politischen Einheit wahlberechtigt sind. Dazu gehören auf kommunaler Ebene auch die nicht-deutschen EU-Bürger. **Staatsangehörige** sind alle Deutschen oder deutsche Staatsangehörige, EU-Bürger anderer Mitgliedstaaten also nicht. Für die Gemeinschaft zwischen deutschen Staatsangehörigen und den „ausländischen Mitbürgern" gibt es keine elegante Bezeichnung.[2]

---

[2] Richtig wäre der Begriff „Rechtsgenossen", da sowohl die Staatsangehörigen als auch die Ausländer grundsätzlich der gleichen Rechtsordnung unterworfen sind. Da der Begriff des Rechtsgenossen aber eher an rechtsradikale Sozialisten erinnert, als an alle Personen, die in Deutschland ansässig sind, soll dieser Begriff hier nicht verwendet werden. In der englischen Sprache wird zwischen citizens und denizens unterschieden. Denizens sind alle, die in einem Staatsgebiet ansässig sind, also auch die citizens. Der entsprechende Begriff „Inländer" wird vom Bundesverfassungsgericht verwendet, vgl etwa BVerfGE 93, 121, 135. Der Unterschied zwischen citizens und denizens oder Bürgern und Inländern klingt an im Unterschied zwischen Menschen- und Bürgerrechten. Diese

Daher wird immer dort von den „**Einzelnen**" gesprochen, wo Ausländer und Bürger gleichermaßen betroffen sind.

Als „**Rechtsgut**" wird jeder Wert oder Gegenstand bezeichnet, der durch rechtliche Verhaltensnormen geschützt wird, *beispielsweise* Leben und körperliche Unversehrtheit, Familie, Eigentum, Frieden, Gerechtigkeit, Rechtssicherheit.

Mit dem Zusatz „**formell**" wird alles versehen, was einen Bezug zu Organisation und Verfahren hat. Ein Gesetz oder ein Verwaltungsakt sind formell rechtmäßig, wenn Zuständigkeit, Verfahren und Form eingehalten wurden. Das heißt: Die zuständige Behörde hat das richtige Verfahren angewendet und die Sache in der richtigen Form zum Abschluss gebracht. „**Materiell**" ist alles, was den inhaltlichen (= sachlichen) Bezug zu einem Gegenstand bezeichnen soll. Ein Gesetz oder ein Verwaltungsakt sind materiell rechtmäßig, wenn sie mit den Normen, die auf sie anwendbar sind, im Einklang stehen. Ein Steuerbescheid ist materiell rechtmäßig, wenn die steuerrechtlichen Vorschriften für den betreffenden Fall die angegebene Steuerschuld begründen. Die Unterscheidung lässt sich nicht immer klar durchhalten, was das Verständnis dieser Begriffe nicht erleichtert.

„Positiv" ist etwas nicht nur, wenn es begrüßenswert ist, sondern auch, wenn es einfach „da" ist, existiert. Das „**positive Recht**" ist also das geltende Recht, neben dem Gewohnheitsrecht vor allem das in den Gesetz- und Verordnungsblättern niedergeschriebene Recht. Eine „**positive Analyse**" ist ein Betrachtung dessen, was vorhanden ist. „Normativ" ist demgegenüber das, was sein sollte oder könnte.

Als „**juristische Person**" wird jede organisatorische Einheit bezeichnet, die im Rechtsverkehr wie eine natürliche Person handelt. Sie handelt durch ihre Organe. Der Begriff „Privatperson" umfasst also sowohl natürliche Personen als auch **juristische Personen des Privatrechts**. *Beispiele* für juristische Personen des Privatrechts sind Aktiengesellschaften, Gesellschaften mbH, Kommanditgesellschaften oder Vereine. **Juristische Personen des öffentlichen Rechts** sind wie juristische Personen des Privatrechts Träger von Rechten und Pflichten. Im Gegensatz zu diesen werden juristische Personen des öffentlichen Rechts aber durch eine gesetzliche Regelung begründet. Sie werden herkömmlich in Körperschaften, Anstalten und Stiftungen unterteilt. *Beispiele:* die Bundesrepublik Deutschland, die Länder, die Kommunen (diese drei sind sog **Gebietskörperschaften**), die Industrie- und Handelskammern, die Sozialversicherungsträger (zB AOK oder gleichgestellte Ersatzkassen), die Universitäten, öffentlich-rechtliche Rundfunkanstalten, die Kreis- und Stadtsparkassen oder die Stiftung preußischer Kulturbesitz.

„**Dritte**" sind alle, die an einer Rechtsbeziehung nur mittelbar beteiligt sind. *Beispiel:* Die Erlaubnis eines Gaststättengewerbes betrifft unmittelbar nur das Verhältnis der Gewerbewilligen zur zuständigen Behörde. Anwohner einer Gaststätte sind wegen des erhöhten Lärms als Dritte betroffen und grundsätzlich zu schützen. Zu unterscheiden ist der **ökonomische Begriff der „externen Effekte"**. Diese liegen vor, wenn eine Handlung Auswirkungen auf Dritte hat, ohne dass der Handelnde diese Auswirkungen bei seinen Kosten-Nutzen-Erwägungen berück-

---

Unterscheidung gilt auch unter dem Grundgesetz: Einige Grundrechte gelten nur für die deutschen Bürger, Art 8 I, 9 I, 11 I, 12 I GG.

sichtigen müsste. *Beispiel:* Lärm ist ein externer Effekt des Gaststättenbetriebes, wenn rechtlich keine Verpflichtung besteht, Lärmschutzmaßnahmen zu ergreifen.

Der Jurist sagt „**Grundsatz**" oder „grundsätzlich" – statt Regel, regelmäßig, stets, immer oder ausnahmslos – wenn etwas zwar häufig so ist, ausnahmsweise aber anders. *Beispiel:* Regen fällt wegen der Erdanziehung grundsätzlich senkrecht zu Boden. Wenn der Wind weht, dann fällt er jedoch schräg, und an den Scheiben eines fahrenden ICE rinnen Regentropfen fast waagerecht zum Boden. Der Grundsatz erfüllt eine wesentliche Funktion im Recht. In den Rechtswissenschaften wird zwischen „**Gerechtigkeit**" und „**Billigkeit**" entschieden. „Gerecht" ist eine Entscheidung, wenn sie mit Regeln übereinstimmt, die allgemein als gerecht empfunden werden. Billigkeit ist die Gerechtigkeit im Einzelfall. Eine billige Entscheidung trägt den Besonderheiten des konkreten Problems Rechnung. Das ist aber nur möglich, wenn das Recht Ausnahmen von den allgemeinen Regeln zulässt. Insofern ist „Grundsatz" der Begriff für die billige Justitia.

„**Gewalt**" ist die Durchsetzung eines Willens mittels Zwang. Bis heute gültig ist Max Webers (1864-1920) Unterscheidung zwischen Macht und Herrschaft. **Herrschaft** ist die Gewalt, die als legitim angesehen wird; darin liegt der Gegensatz zu bloßer **Macht**. Die „staatliche Gewalt", vgl Art 1 I 2 GG, nach dem Grundgesetz ist demokratisch gebildet und insoweit grundsätzlich legitim. Sie wird als „**hoheitliche Gewalt**" bezeichnet. Es wird auch vom hoheitlichen Handeln oder Tätigwerden gesprochen. Die Hoheitsgewalt kann rechtmäßig oder rechtswidrig sein, je nachdem ob sie mit den geltenden Rechtsvorschriften im Einklang steht.

Um nicht alles, was bereits übereinstimmend gedacht oder ausdiskutiert wurde, in kafkaesker Manie immer von neuem niederschreiben zu müssen, bedienen sich die Juristen des folgenden Ausweges: Sie stellen sich hinter eine bestimmte Meinung und begründen das mit dem Hinweis „hM"; **hM** steht für „herrschende Meinung". Das eine Ansicht herrschende Meinung sei, ist tatsächlich ein schlagendes Argument, denn offenbar steht diese Ansicht dann außer Streit. Der Hinweis auf die hM wird allerdings zum Scheinargument, wenn die zitierte Meinung nicht wirklich herrschend ist. Herrschend ist eine Meinung nur dann, wenn die große Mehrzahl der Gerichte und Wissenschaftler diese Meinung unterstützen.

Ein guter Jurist pflegt und achtet die Sprache nach bestem Vermögen. So klingt es merkwürdig, wenn über jemanden gesagt wird, mütterlicherseits sei ihm nichts nachzusagen, aber väterlicherseits würde er saufen. Einzelne Buchstaben oder Wörter können den Gehalt einer Aussage grundlegend ändern. Es ist ein großer Unterschied, ob man schreibt „mein" letzter Brief war besonders dämlich oder „Dein" letzter Brief war besonders dämlich. Ein prominentes rechtliches *Beispiel* ist Art 79 III GG. Er erklärt die Art 1 „und" 20 GG für unabänderlich. Die Erfahrung zeigt, dass viele Studenten aus unklarer Ursache Art 1 „bis" 20 lesen.

Abschließend sei betont, dass auch **Rechtsbegriffe eine relative Bedeutung haben können**. Das heißt, ihre Bedeutung kann sich kontextabhängig verändern. *Beispiel*sweise ist der Bestimmtheitsgrundsatz etwas anderes als die Bestimmtheit von Verwaltungsakten. Inwiefern sei an dieser Stelle offen gelassen; es wird unten erklärt. Neugierige Leser arbeiten mit dem Register.

Die Arbeit mit Stichwörtern ist generell zu empfehlen. Sie ist zeitsparend, weil sie das mühsame Abschreiben der Lehrbücher auf Karteikarten erspart. Ist der Stoff zu einem Stichwort noch nicht bekannt, so kann er zügig mittels des Stichwortregisters der Lehrbücher erfasst werden. Hilfreich hierzu können auch die einschlägigen Fachwörterbücher sein, für die Rechtswissenschaften etwa

Avenarius, Hermann, Kleines Rechtswörterbuch, 6. A 1991.
Creifelds, Carl (Begr); Weber, Klaus (Hg), Rechtswörterbuch, 19. A 2007.
Deutsches Rechtslexikon, Bd 1-3, 3 A 2001.
Geiger, Harald: Beck'sches Rechtslexikon, 3. A 2003.

E. Ratschläge für das Erlernen des Stoffes

Für Lernhinweise gilt im Besonderen das, was Oscar Wilde allgemein über gute Ratschläge formulierte: Man kann sie nur weitergeben, selber gebrauchen kann man sie nie. – Jeder muss für sich selbst erkennen, wie sie oder er am besten lernt, Probleme definiert und löst. Das setzt eine Selbstbeobachtung zu den persönlichen Lernfähigkeiten voraus. Wertvolle Anregungen zu guten Lernmethoden enthalten etwa

Haft, Fritjof, Einführung in das juristische Lernen, 6. A 1997.
Metzig, Werner; Schuster, Martin, Lernen zu lernen, 7. A 2005.
Vester, Frederic, Denken, Lernen, Vergessen, 24. A 2001.

Lernen erfolgt aktiv. Die erste Aktion beim Lesen ist es, den Gedankengang zu verstehen und die **Schlüsselwörter** zu identifizieren. Letzteres wurde dadurch erleichtert, dass die Schlüsselwörter fett markiert wurden. Auf diese Weise können auch beim schellen Lesen die wichtigsten Inhalte aufgenommen werden. Eine gute Methode, zugleich aktiv zu lernen und Geduld zu üben, ist es das Gelesene laut und in eigenen Worten wieder zu geben. Wer das kann, hat das Gelesene auch gelernt. Dieses Vorgehen soll durch Wiedergabe der wichtigsten Lehre und der wichtigsten Stichwörter am Ende eines jeden Kapitels erleichtert werden.

D. Gesetze, Rechtsprechung, Literatur und Internet

I. Gesetzestexte

Alle wesentlichen Rechtsnormen, die im Rahmen dieses Lehrbuches angesprochen werden, sind wörtlich zitiert. Gleichwohl ist anzuraten, sich parallel zur Lektüre des Buches eine Gesetzessammlung anzuschaffen. Anders kann kein Gefühl für die Struktur der Gesetze gewonnen werden. Zudem wird häufig beispielhaft auf Vorschriften verwiesen, deren Abdruck den Rahmen des Buches sprengen, deren Lektüre zum Verständnis oder zur Vertiefung des Stoffes aber hilfreich wäre.

Da auch Gesetze aus spezielleren, aber praktisch sehr relevanten Rechtsgebieten angesprochen werden, sind Sammlungen zu empfehlen, die auch die Gewerbeordnung, das Ladenschlussgesetz und das Gesetz gegen Wettbewerbsbeschränkungen (GWB) enthalten. Etliche Gesetze können kostenlos unter http://www.bundesrecht.juris.de/index.html herunter geladen werden. Es gibt zwei gedruckte Gesetzessammlungen zum öffentlichen Wirtschaftsrecht:

Sodan, Helge, Öffentliches, Privates und Europäisches Wirtschaftsrecht, 9. A 2007.
Stober, Rolf, Wichtige Wirtschaftsverwaltungs- und Gewerbegesetze, 20. A 2008.

Der EU-Vertrag, der EG-Vertrag, das Grundgesetz und sogenannte Artikelgesetze, die einzelne Paragraphen anderer Gesetze ändern, sind in Artikel gegliedert – abgekürzt durch „Art". Artikel und §§ wiederum werden in Absätzen untergliedert. Diese werden abgekürzt durch römische Ziffern. Artikel 19 Absatz 3 GG wird damit zu Art 19 III GG. Einzelne Sätze innerhalb der Absätze werden durch arabische Ziffern im Anschluss an die Absatzangabe zitiert, also Art 20 II 2 GG, sofern es keine Absätze gibt, abgekürzt durch „S", also Art 18 S 1 GG. Verschiedene Varianten innerhalb eines Satzes werden abgekürzt durch „Var", zB Art 18 S 1 Var 4 GG, § 42 I Var 1 VwGO.

II. Rechtsprechung

Die obersten Gerichte des Bundes geben ihre wichtigsten Entscheidungen in ihren eigenen amtlichen Sammlungen heraus. Diese Sammlungen werden abgekürzt zitiert, indem an die Abkürzung des Gerichtes eine weitere Abkürzung angehängt wird, etwa ein „E" für „Entscheidung" oder beim Bundesgerichtshof (BGH) ein „Z" für Zivilsachen oder ein „St" für Strafsachen. Danach ergeben sich etwa die folgenden Abkürzungen: BVerfGE, BVerwGE, BGHZ, BGHSt.

III. Literatur

Das rechtswissenschaftliche Schrifttum lässt sich nach fünf Kategorien ordnen: Kommentaren, Monographien, Lehrbüchern, Skripten und Fallsammlungen. **Kommentare** sind Erläuterungen zu Gesetzesvorschriften, die sich strikt am Aufbau des jeweiligen Gesetzes orientieren. Sie können folglich dann besonders hilfreich sein, wenn bei der Lektüre einer Norm konkrete Fragen auftauchen. Die Kommentare haben zumeist den Titel des kommentierten Gesetzes. Die Kommentare sind grundsätzlich genuin wissenschaftliche Werke. Dasselbe gilt für die **Monographien**, die ein bestimmtes Problem wissenschaftlich vertieft aufbereiten. Viele verschiedene **Lehrbücher** sind verfügbar. Sie lassen sich nach ihrer Zielrichtung einteilen: Viele von ihnen dienen nicht nur der Ausbildung, sondern sind zugleich Beiträge zur wissenschaftliche Diskussionen. Die **Skripten** wollen nicht zum eigenständigen Nachdenken anregen, sondern schnell und zuverlässig über den Sachstand informieren. Die **Fallsammlungen** enthalten didaktisch besonders geeignete Fälle und Falllösungen, um das Einüben der typisch juristischen Arbeitsweisen zu erleichtern. Sie sind folglich in erster Linie für Studenten der Jurisprudenz gedacht.

Die vertiefenden Werke lassen sich bei einem Gang durch die virtuellen oder die realen juristischen Bibliotheken so leicht auffinden, dass der Nutzen einer Auflistung an dieser Stelle außer Verhältnis zu den Kosten stehen würde. Dafür werden im Anschluss an jedes Kapitel Literaturhinweise gegeben. In der wissenschaftlichen Literatur ist es üblich, bei den zitierten Werken den Erscheinungsort zu nennen. Das ist jedoch nicht unerlässlich, und deshalb wurde darauf aus Platzgründen verzichtet.

Literatur wird nachfolgend nur mit dem Namen des Verfassers, dem Erscheinungsjahr des Buches und einer Seitenangabe zitiert. Das genügt, um die Werke auffinden zu können. Für den Erwerb von Grundkenntnissen reicht die Lektüre dieses Buches allerdings aus. Es ist also nicht erforderlich, den Literaturangaben nachzugehen. Gleichwohl sollte die Möglichkeit dazu eröffnet werden.

Außer dem Gesetz sind allerdings die Entscheidungen der Gerichte die wichtigste Lektüre für die Juristen. Daher wurden in den Fußnoten vorwiegend die Gerichte zitiert.

Einige Werke bieten sich für eine Nennung in den Literaturhinweisen kaum an, da sie wie dieses Buch Gesamtdarstellungen des öffentlichen Rechts oder des Wirtschaftsrechts sind. Ohne jede Wertungsabsicht wird daher im Folgenden eine Auswahl aus diesen Lehrbüchern genannt.

Arndt, Hans-Wolfgang/Rudolf, Walter, Öffentliches Recht; 15. A 2007.
Badura, Peter, Staatsrecht, 2. A 2003.
Battis, Ulrich/Gusy, Christoph, Einführung in das Staatsrecht, 4. A 1999.
Becker, Franz, Grundzüge des öffentlichen Rechts, 7. A 2000.
Bethge, Herbert, Verfassungsrecht, 3.A 2007.
Frotscher, Werner, Wirtschaftsverfassungs- und Wirtschaftsverwaltungsrecht, 3. A 2008.
Jarass, Hans D., Wirtschaftsverwaltungsrecht : mit Wirtschaftsverfassungsrecht, 3. A 1997.
Katz, Alfred, Staatsrecht : Grundkurs im öffentlichen Recht, 15. A 2002.
Maunz, Theodor/Zippelius, Reinhold, Deutsches Staatsrecht, 32. A 2008.
Richter, Ingo/Schuppert, Gunnar Folke/Bumke, Christian, Casebook Verfassungsrecht, 4. A 2001.
Richter, Ingo/Schuppert, Gunnar Folke/Bumke, Christian, Casebook Verwaltungsrecht, 3. A 2000.
Schmidt, Reiner/Vollmöller, Thomas, Kompendium Öffentliches Wirtschaftsrecht, 3. A 2007.
Schmidt, Reiner, Öffentliches Wirtschaftsrecht, Allgemeiner Teil, 2.A 2998.
Schmidt, Reiner (Hg), Öffentliches Wirtschaftsrecht, Besonderer Teil, Teilbände 1 und 2 (mit Beiträgen zum Gewerberecht, Gewerbenebenrecht, Subventionsrecht, Recht der freien Berufe, Bankwirtschaftsrecht), 1995.
Schmidt, Walter, Staats- und Verwaltungsrecht, 3. A 1999.
Schwerdtfeger, Gunther, Öffentliches Recht in der Fallbearbeitung, 13 A. 2008.
Sodan, Helge/ Ziekow, Jan,, Grundkurs Öffentliches Recht, 2. A 2007.
Stein, Ekkehart/Frank, Götz, Staatsrecht, 20. A 2007.
Stober, Rolf, Allgemeines Wirtschaftsverwaltungsrecht, 13. A 2006.
Stober, Rolf, Besonderes Wirtschaftsverwaltungsrecht, 12. A 2004.

Das geltende Recht lässt sich leichter und tiefer verstehen, wenn die Probleme im Blick sind, derentwegen die Rechtsnormen geschaffen wurden. Einen guten Ansatz, um diese Probleme zu analysieren, bietet die Institutionenökonomik. Die Grunderkenntnisse der Ökonomik werden dargestellt und an vielen Stellen mit dem geltenden Recht in Zusammenhang gebracht. Das durfte freilich nicht zu Lasten des öffentlichen Rechts geschehen, denn dieses ist der vorrangige Gegenstand des Buches. Aus Platzgründen geraten die Ausführungen zur Ökonomik stellenweise daher kürzer als wünschenswert gewesen wäre. Zur Vertiefung seien die folgenden drei Werke empfohlen:

Erlei, Mathias/Leschke, Martin/Sauerland, Dirk, Neue Institutionenökonomik, 2.A 2007.

Homann, Karl/Suchanek, Andreas, Ökonomik: Eine Einführung, 2.A 2005.

Richter, Rudolf/Furubotn, Eirik, Neue Institutionenökonomik, 3. A 2003.

Die Abkürzungen für die Zeitschriftenbeiträge lassen sich mit geringem Aufwand recherchieren. Genannt seien hier nur die gängigsten: „NJW" steht für „Neue Juristische Wochenschrift", „JuS" für Juristische Schulung"; „JZ" für „Juristenzeitung" „DVBl" für „Deutsches Verwaltungsblatt"; „DÖV" für „Die öffentliche Verwaltung", „GewArch" für „Gewerbearchiv" und „NVwZ" für „Neue Verwaltungszeitschrift". Hinweise auf Zeitschriftenbeiträge erfolgen nur für die Leser, die das Verlangen nach vertiefender Lektüre verspüren.

IV. Internet

Die Lehrbücher und Kommentare stehen nicht im Netz. Gleichwohl hält das Internet viele nützliche Informationsquellen bereit. Selbst die Eingabe von speziellen Fachbegriffen wie etwa „Wesentlichkeitslehre" in Suchmaschinen wie etwa Google.de führt zum Ziel.

Die obersten Gerichte verfügen alle über eine Homepage. Sie tragen außer „http://www" den Namen des Gerichtes sowie einen Punkt und ein „de", also zB http://www.bundesverfassungsgericht.de. Nicht alle Gerichte horten dort ihre Entscheidungen. Eine gezielte Suche nach jüngeren Entscheidungen ermöglichen aber *beispielsweise* die Website des Bundesverfassungsgerichts und die der Europäischen Gerichte: http://curia.eu.int/.

Wertvolle Informationen enthalten auch die Seiten der Verwaltung, etwa der Kommission – http://www.europa.eu.int/ – oder der Bundesministerien – zB http://www.bmj.de. Dort finden sich auch Gesetzestexte. Das Amtsblatt der EG ist zu finden unter http://www.europa.eu.int/lex. – Vielleicht ist es trotzdem schön, ein Buch in der Hand zu halten.

§ 1 Öffentliches Recht und Ökonomik

A. Problemlösung durch Recht

Während ein Rudel von Wölfen mit dem „Recht" des Stärkeren und einer hierarchischen Ordnung auskommt, bedarf das menschliche Zusammenleben einer feineren Ordnung. Ordnung ist die grundlegende Anwort auf die Probleme, die durch gesellschaftliches Zusammenleben entstehen.

Was sind das für Probleme? Das schwerwiegendste Problem entsteht durch die Neigung einiger Menschen, Aggressionen gegenüber ihren Mitmenschen zu entfalten. Dadurch entstehen Gefahren für Leib und Leben. Thomas Hobbes (1588-1679) leitet aus diesem unglückseligen Phänomen die Erkenntnis ab, der Mensch sei im Grunde nicht besser als der Wolf, er sei der Wolf des Menschen (**homo homini lupus**). Viele Probleme entstehen wegen anderer Untugenden. Beispielsweise sterben aus Unachtsamkeit jährlich Tausende von Menschen im Straßenverkehr; aus Habgier verschmutzen Menschen übermäßig unsere natürliche Umwelt oder verweigern auf andere Art und Weise ihren Obolus für unsere Gesellschaft; aus Machtgelüsten schaden Menschen unserem gemeinen Wohl.

Diese Probleme lassen sich angehen durch eine Ordnung, die die genannten und andere Untaten verhindern soll. Thomas Hobbes spricht von der Notwendigkeit eines „Leviathan" (1651). Eine Staatsgewalt so mächtig wie das biblische Ungeheuer muss errichtet werden, damit sie eine Ordnung schaffen kann. Die Angst vor Gefahren, beziehungsweise ihre Kehrseite, das Bedürfnis nach Sicherheit, führen zwangsläufig dazu, dass Staaten entstehen. Robert Nozick wies in einem überzeugenden Gedankenexperiment nach, dass die Menschen zumindest Minimalstaaten gründen würden, die eine innere und eine äußere Sicherheit schaffen.[1] Nur wenn es gelingt, **Sicherheit und Ordnung** zu schaffen, entstehen die Vorteile menschlichen Zusammenlebens. Bevor die Menschen etwa bereit sind, die Vorteile der Arbeitsteilung zu nutzen, müssen sie das berechtigte Vertrauen entwickeln können, dass sie sich auf die Stabilität einer Ordnung verlassen können, die zumindest für Sicherheit und Frieden sorgt. Nur dieses Vertrauen kann die Gesellschaft zusammen kitten. Was sollen wir zum Beispiel mit vergänglichem Papiergeld, wenn wir nicht darauf vertrauen können, dass ihm ein Wert beigemessen wird? Georg Simmel (1858-1918): „Das Gefühl der persönlichen Sicherheit, das der Geldbesitz gewährt, ist vielleicht die konzentrierteste Form und

---

[1] Anarchy, State, and Utopia, 1977; einen vergleichbaren ökonomischen Ansatz zur Entstehung des Staates entwickeln Douglas C. North/Robert P. Thomas, The Rise of the Western World : A New Economic History, 1974.

Äußerung des Vertrauens auf die staatliche und gesellschaftliche Organisation und Ordnung."[2]

Wie aber entsteht Ordnung? Ordnung entsteht, wenn Menschen ihr Verhalten nach **Regeln** ausrichten. Jedes gesellschaftliche Zusammenleben ist durch Regeln geprägt. Soziale Regeln – Sitten, Bräuche und Konventionen – bilden sich im Laufe der Zeit heraus, Rechtsregeln werden gesetzt. Das genaue Verhältnis der unterschiedlichen Regeln zueinander, insbesondere die Rolle des Rechts wird unter B. behandelt.

Unter C. schließt sich eine Einführung in die Ökonomik an. Unter dem Stichwort „Rechtsökonomik" wird erläutert, inwiefern Erkenntnisse aus der Ökonomik die Problemlösungskapazitäten des Rechts verbessern könnten.

Die Probleme, die in einer Gesellschaft zu lösen sind, lassen sich grob danach einteilen, ob sie eher in der Sphäre privaten Lebens und Wirtschaftens (a) oder eher in der Öffentlichkeit (b) bestehen.

(a) In der privaten Sphäre sind die einzelnen Bürger oder Zusammenschlüsse von Bürgern etwa in Vereinen oder Unternehmen rechtlich gleichberechtigt. Das Recht dient hier dazu, diese rechtliche Gleichberechtigung zu schützen. Zu diesem Zwecke besteht das Privatrecht, auch Zivilrecht oder Bürgerliches Recht genannt.

(b) In die öffentliche Sphäre gelangen Probleme, wenn sie nicht nur privaten Charakter haben, sondern auch die Allgemeinheit betreffen. In diesem Fall muss auch das Gemeinwesen tätig werden, um das allgemeine Wohl zu vertreten. Welche Probleme das sind, wird anschaulich an den Gegenständen des besonderen Verwaltungsrechts, etwa dem Polizeirecht, dem Arznei- und Lebensmittelrecht, dem Technik- und Umweltrecht, dem Straßenverkehrsrecht oder dem Bau- und Planungsrecht. In diesen Bereichen muss sich zu einem gewissen Grad die Allgemeinheit engagieren. Sie kann das vor allem durch eine staatliche Organisation leisten. Hierzu müssen die staatlichen Einrichtungen die Befugnis haben, in bestimmten Fällen ihren Willen gegen den Willen einzelner Bürger durchzusetzen. Die betroffenen Bürger wiederum müssen die Möglichkeit haben, die staatlichen Einrichtungen auf diese bestimmten Fälle zu beschränken. Mit diesem Wechselspiel von Befugnissen der staatlichen Einrichtungen und subjektiven Rechten der Bürger befasst sich das öffentliche Recht. Es geht also um das Verhältnis zwischen dem Staat und seinen Bürgern.

Das gestaltende Gesetz, die Frage seiner Legitimation und das subjektive öffentliche Recht – diese drei Elemente sind die Angelpunkte und Leitlinien des öffentlichen Rechts. Eine Einführung in das öffentliche Recht folgt unter D.

Abgesehen von dieser Strukturierung des Rechts gibt es konkrete Fragen: Wer schafft Ordnung? Was kennzeichnet die Staatsgewalt? Wie wird sie gebildet? Ein eigener Unterabschnitt ist dem Begriff und der Bedeutung der Verfassung gewidmet, denn die Verfassung ist das Kernstück des öffentlichen Rechts; in ihr werden diese grundlegenden Fragen entschieden.

---

[2] Die Philosophie des Geldes, 1900, 150.

B. Recht

I. Einführung

Um verstehen zu können, wie man durch Recht eine Gesellschaft ordnen kann, muss man wissen: Was ist überhaupt Recht? Um verstehen zu können, wie man eine Gesellschaft ordnen soll, muss man zudem wissen: Was ist gerecht?

Diese beiden Fragen markieren zwei wichtige Unterscheidungen, die beim Nachdenken über Recht hilfreich sind. Bei der ersten Frage geht es darum, das **Recht** begrifflich zu fassen als eine besondere Art von Normen, also um die Unterscheidung zwischen positiv geltendem Recht und **Nicht-Recht**. Mit der zweiten Frage wird nach dem Unterschied zwischen dem **richtigen (vernünftigen, guten, gerechten) Recht** und **Unrecht** gesucht.[3] Um für diese Divergenz zu sensibilisieren, wurde einleitend das „Recht" des Stärkeren in Anführungszeichen gesetzt. Das „Recht" des Stärkeren besagt, dass der Stärkere gegenüber den Schwächeren willkürlich handeln kann. Das widerspricht dem Grundsatz gleicher Menschenwürde und ist daher nicht gerecht. Es kann aber sein, dass mangels eines gerechten Rechtssystems das „Recht" des Stärkeren anerkannt werden muss und damit wie positives Recht wirkt. Es ist für jede Verständigung fatal, wenn von zwei Gesprächspartnern der eine über Recht, der andere über Gerechtigkeit spricht: Wenn Hans Kelsen (1881-1973), der von den Nationalsozialisten vertrieben wurde, gleichwohl öffentlich sagt, die antisemitischen Gesetze seien „Recht" gewesen,[4] wäre man geneigt, sich aufzuregen. Thomas von Aquin (1225-1274) beispielsweise würde kopfschüttelnd erwidern: „Ein ungerechtes Gesetz ist gar kein Gesetz."[5]

Wenn geklärt ist, was „Recht" im Unterschied zu Nicht-Recht ist (II), und was richtiges Recht im Unterschied zum Unrecht sein kann (IV), so entsteht eine dritte Frage: Wie ist das Verhältnis zwischen Recht und dem Rechten, zwischen dem positiven Recht und dem richtigen Recht? Hasso Hofmann bezeichnet dieses Verhältnis nach dem griechischen Wort nomos (grch = Gesetz und grch = Recht) einprägsam als nomologische Differenz[6]. Damit ist zugleich gesagt, dass das geltende Recht jedenfalls nicht immer mit dem richtigen Recht übereinstimmt (dazu V).

II. Was ist „Recht"? Positives Recht und Nicht-Recht

Eine Norm ist eine Verhaltenserwartung. Wer sich verabredet, erwartet Pünktlichkeit; wer zu einem Fest einlädt, erwartet eine Antwort; wer die Tür offen hält, erwartet einen Dank. Diese nicht-rechtlichen Normen gelten nur sozial. Sie werden als Sitten, Gebräuche oder Konventionen bezeichnet. Davon zu unterscheiden sind Rechtsnormen. Sie besitzen eine besondere Geltungskraft. Aber inwiefern? Hierzu sollen im Folgenden der rechtspositive und der rechtsreale Ansatz erörtert werden.

---

[3] Zu dieser Unterscheidung Hofmann 2006, 6 mN, 24; Rottleuthner 1994.
[4] Reine Rechtslehre, 2. A, 1960, 13, 42, 443.
[5] Summa theologica, 1268-1273, I, II, 95, 2 (vgl auch 57, 1, 2).
[6] Hofmann 2006, 6, passim.

1. Der positive Rechtsbegriff (Rechtspositivismus)[7]

Die Unterscheidung zwischen Recht und Nicht-Recht ist das Thema des rechtspositiven Ansatzes. Danach ist Recht, was als Recht geschrieben steht. Diesen Gedanken hat Hans Kelsen in seiner „Reinen Rechtslehre" (1934) zur Blüte gebracht. Kelsen konstruiert eine **Pyramide von hierarchischen Normen**: Die Verfassung verleiht Kompetenzen zum Setzen von Normen; auf Grund dieser Normen werden weitere und noch weitere Normen geschaffen, die dann letztlich die Grundlage für Einzelfallentscheidungen sind. Wie Wasser in einer Kaskade fließt das Recht ununterbrochen von der Verfassung zum Einzelfall.

Wenn das, was geschrieben steht, Recht ist, dann ist damit zugleich gesagt, dass das Recht jeden beliebigen Inhalt annehmen kann; es muss eben nur als Recht niedergeschrieben sein. Dieser letzte Satz verdeutlicht ein Problem der Reinen Rechtslehre. Entscheidend ist unter diesen Umständen, wer bestimmen darf, was als Recht niedergeschrieben wird. Wenn erst einmal eine geschriebene Verfassung besteht, regelt diese, wer Recht setzen darf. Aber wie entsteht die Verfassung? An dieser Stelle enden die Ausführungen von Kelsen. Hinter der Verfassung stehe eine „**Grundnorm**", deren Existenz und Geltung vorauszusetzen sei. Diese Grundnorm ist Grund für die Geltung des positiven Rechts. Dieses Ende ist konsequent: Wenn Kelsen nur über das positive Recht schreiben möchte, kann er über die Verfassungsgebung nichts sagen. Denn welchen Inhalt eine Verfassung haben soll, kann nur das überpositive Recht sagen. Oder - davon geht Kelsen aus - eine Verfassung wird einfach gesetzt.

Wegen ihrer inhaltlichen Beliebigkeit wurde die Reine Rechtslehre auch als „Reine Rechtsleere" verballhornt. Diese Kritik ist ihrerseits leer, denn sie übersieht, dass es Kelsen gar nicht darum ging, bestimmte Inhalte des Rechts zu begründen. Festzuhalten bleibt, dass für Kelsen das „Recht" ist, was das Recht selbst als Recht definiert. Ähnliches sagt vor einem systemtheoretischen Hintergrund Niklas Luhmann (1927-1998).[8]

2. Der reale Rechtsbegriff (Rechtsrealismus)

Der rechtsreale Ansatz befasst sich mit den **Rechtstatsachen**, mit dem Recht, so wie es gelebt wird, dem **law in action** – **im Gegensatz zu** Kelsen und Luhmann, die sich auf das geschriebene Recht, das **law in the books**, konzentrieren. Woran aber erkennt man, wie die Einzelnen tatsächlich mit dem geschriebenen Recht umgehen? Indem man empirische Sozialforschung betreibt, etwa jene beobachtet, die professionell das geschriebene Recht anwenden, zum Beispiel die Richter. Daraus resultiert das rechtsreale Rechtsverständnis. Oliver Wendell Holmes

---

[7] Die Endung „ismus" zeigt ein Streben an, das diesen Ansätzen ebensowenig eigen ist, wie vielen anderen Ansätzen, die als -ismus bezeichnet werden.

[8] Das Recht der Gesellschaft, 1995. In seiner Rechtssoziologie (1972), 4. A, 2008, 105, passim, schreibt Luhmann, Recht seien sachlich, zeitlich und sozial kontrafaktisch stabilisierte Verhaltenserwartungen. Das ist jedoch keine Begriffsbestimmung, sondern eine Theorie über die Entstehung von Recht, Rottleuthner 1994, 225 ff.

(1841-1935), ein großer Richter des US-Supreme Court, lehrte: Recht ist das, was die Gerichte voraussichtlich als Recht ansehen werden.[9]

Der rechtsreale Ansatz ergänzt die reine Rechtslehre um einen wichtigen Gesichtspunkt: Das geschriebene Recht gibt selten genau vor, wie einzelne Fälle konkret zu entscheiden sind. Rechtsnormen müssen im Hinblick auf den konkreten Fall angewendet werden. Das gilt selbst für Rechtsnormen, die scheinbar klar formuliert sind. *Beispiel:* Wenn es verboten ist, „bei Rot über die Ampel zu fahren", wie ist dann zu verfahren, wenn jemand „bei Gelb" fährt? Um das entscheiden zu können, sind Wertungen und Entscheidungen der Rechtsanwender erforderlich. Eine Wasserkaskade ist nicht das richtige Sinnbild für eine Rechtsdogmatik. Aus dem law in the books lässt sich nicht vollständig ersehen, wie das law in action aussieht. *Beispiel:* Wenn jemand für einen anderen bürgt, § 765 BGB, so haftet der Bürge rechtlich unerbittlich: „Bürgen muss man würgen." Aus dem Gesetz ist nicht ersichtlich, dass die Rechtsprechung für minderjährige Bürgen in bestimmten Fällen Ausnahmen entwickelt hat. An dieses Beispiel ließen sich viele andere anfügen. Wer nur das law in the books vor Augen hat, sieht lediglich einen Ausschnitt des Rechts.

Umgekehrt kann es nicht ausreichen, nur darauf zu schielen, was die Gerichte tatsächlich tun. Richter stehen unter dem Zwang, ihre Entscheidungen zu begründen. Sie entscheiden nicht nach Gutdünken, sondern nach rechtlichen Maßstäben, vgl Art 20 III GG. Das gilt auch für das großenteils nicht kodifizierte angloamerikanische Fallrecht. Der Rechtsrealismus verneint diesen Gesichtspunkt nicht, blendet ihn aber weitgehend aus. Insbesondere entwickelt er keine normativen Maßstäbe, nach denen Richter entscheiden sollen.

Die rechtsreale Betrachtung zeigt auf, wo das geschriebene Recht seine Grenzen hat. Zudem zeigt sie die Bedeutung der Gerichte für die Bestimmung des Rechtsbegriffs. Sie kann aber kaum dabei helfen, zu erkennen, was Recht ist.

3. Der Zwangsbegriff des Rechts

Daher ist der rechtspositive Ansatz weiter zu verfolgen. Danach sind Recht jene Normen, die das positive Recht selbst als Recht definiert. Doch woran ist zu erkennen, welche Normen das positive Recht als Rechtsnormen anerkennt? Daran, welche Normen von denjenigen anerkannt werden, die in Streitfällen die endgültige Entscheidungsgewalt haben. Das sind in rechtsstaatlichen Systemen die Gerichte. Danach lässt sich festhalten: **Rechtsnormen sind solche Normen, die sich durch gerichtlichen Zwang durchsetzen lassen** (Zwangsbegriff des Rechts).[10]

Was die Gerichte als Recht anerkennen (müssen), hier schließt sich der Kreis, bestimmt das positive Recht. Das wird sogleich für einzelne Rechtsformen untersucht. Zuvor sind zwei Klarstellungen zum Zwangsbegriff des Rechts vonnöten:

---

[9] The Path of Law, Harvard Law Review 1896/97, 457.
[10] Max Weber 1980, 17 definierte Recht als Ordnung, die „äußerlich garantiert ist durch die Chance des Zwanges durch ein auf Erzwingung der Innehaltung oder Ahndung der Verletzung gerichtetes Handeln eines eigens darauf eingestellten Stabes von Menschen"; vgl Raiser 2007, 179 ff.

(1) Definitionen sind keine Frage der Wahrheit, sondern der Plausibilität und der Zweckmäßigkeit. Der Zwangsbegriff des Rechts bringt das Besondere von Rechtsnormen im Vergleich zu sozialen Normen zum Ausdruck. Vom Rechtsbegriff zu trennen sind Theorien über die Entstehung, die Entwicklung oder die Geltung von Recht.[11] Mit dem Zwangsbegriff wird nicht behauptet, dass die tatsächliche Geltung von Rechtsnormen auf Zwang beruht.

(2) Nicht alle Rechtsnormen enthalten Gebote oder Verbote und lassen sich buchstäblich mit Zwang durchsetzen. Allerdings sind die nicht unmittelbar durchsetzbaren Normen eine Voraussetzung dafür, dass durchsetzbare Verhaltensanweisungen ergehen können. Sie bilden das Rechtssystem, das als Ganzes als Zwangsordnung wirken kann. *Beispiel:* § 1 Verwaltungsverfahrensgesetz (VwVfG) bestimmt den Anwendungsbereich des VwVfG. Nur wer § 1 kennt, kann entscheiden, ob die Verhaltensanordnungen des VwVfG im konkreten Fall gelten.

4. Was ist nun Recht?

Nach dem Zwangsbegriff des Rechts sind solche Normen Rechtsnormen, die das positive Recht mit einer gerichtlich durchsetzbaren Zwangsmacht versieht. Das bedeutet: Alle Normen, die für die Gerichte verbindlich sind, sind Rechtsnormen.

a) Formelle Gesetze, Rechtsverordnungen und Satzungen

Diese sind für die Gerichte nur dann verbindlich, wenn sie „rechtlich gelten". Das bedeutet, dass sie in dem vorgesehenen Verfahren erlassen wurden und dass sie mit dem höherrangigen Recht im Einklang stehen. Diese Bedingungen sind faktisch bei nahezu allen Rechtssätzen erfüllt, die in den Gesetz- und Verordnungsblättern verkündet wurden, vgl Art 82 GG. Daher besteht für diese Rechtsnormen eine Geltungsvermutung. Verfassungswidrige Gesetze dagegen gelten nicht, vgl § 78 BVerfGG. Sie werden durch das Bundesverfassungsgericht grundsätzlich mit Gesetzeskraft, § 31 BVerfGG, für nichtig erklärt.[12] Das Steuerberatungsgesetz 1975 etwa erlaubte nur Steuerberatern das Kontieren von Belegen und die laufende Lohnbuchhaltung. Personen, die eine kaufmännische Gehilfenprüfung abgelegt hatten, durften diese Tätigkeiten nicht selbstständig ausüben. Das verstieß gegen die Berufsfreiheit aus Art 12 I GG. Die entsprechenden Vorschriften waren verfassungswidrig.[13]

b) Verwaltungsakte

Gesetze regeln bestimmte Sachverhalte generell für eine unbegrenzte Zahl von Fällen. Die Verwaltung dagegen hat mit konkreten Problemen zu kämpfen. Damit sie den Sprung vom allgemeinen Gesetz zum Einzelfall leisten kann, wurde der Verwaltungsakt (VA) „erfunden". Was ein VA ist, definiert das Recht selbst (sog Legaldefinition) im Verwaltungsverfahrensgesetz (VwVfG).

---

[11] Rottleuthner 1994, 225 ff: Weber zB vertritt keine Zwangstheorie, sondern einen Zwangsbegriff des Rechts.

[12] Zu den Ausnahmen: BVerfGE 90, 263, 276. Der Streit, ob das Gesetz ex-tunc nichtig ist oder es durch den Richterspruch erst wird, ist wegen § 79 BVerfGG praktisch irrelevant.

[13] BVerfGE 59, 302 ff; 54, 301 ff.

> § 35 S. 1 VwVfG [**Verwaltungsakt**]
> Ein Verwaltungsakt ist jede Verfügung, Entscheidung oder andere hoheitliche Maßnahme, die eine Behörde zur Regelung eines Einzelfalles auf dem Gebiet des öffentlichen Rechts trifft und die auf unmittelbare Wirkung nach außen gerichtet ist.

Nach dieser Legaldefinition ist ein VA also „ein der Verwaltung zugehöriger obrigkeitlicher Ausspruch, der dem Unterthanen im Einzelfall bestimmt, was für ihn Rechtens sein soll"[14], etwa ein Steuerbescheid oder eine Gewerbeerlaubnis.

Ein VA als solcher sagt demnach nicht, was Recht ist, sondern was „rechtens sein soll"; er ist zunächst ein Rechtsentwurf. Zu Recht wird er erst, wenn er die sogenannte Bestandskraft erlangt. Das ist der Fall, wenn er unanfechtbar geworden ist, weil kein förmlicher Rechtsbehelf mehr offen ist. Das wiederum ist der Fall, wenn die Widerspruchsfrist abgelaufen ist oder wenn die Rechtmäßigkeit eines VA endgültig gerichtlich bestätigt wird.

Die Rechtsqualität eines VA ist allerdings eine besondere. Da ein bestandskräftiger VA nicht erneut Gegenstand eines Rechtsstreites werden kann, entfaltet er eine Rechtswirkung nur noch auf zweierlei Weise. Zum ersten ist er die Rechtsgrundlage für die Vollstreckung dessen, was im VA angeordnet wird. Zum zweiten entfaltet er für spätere Rechtsstreitigkeiten eine sogenannte Tatbestandswirkung. Das heißt: Der Verwaltungsakt ist für alle Staatsorgane als gegebener Tatbestand verbindlich. Kann jemand seinen bestandskräftigen Einbürgerungsbescheid vorweisen, so müssen alle Staatsorgane ihren Entscheidungen zu Grunde legen, dass diese Person deutscher Staatsangehöriger ist. Insofern sind Verwaltungsakte Einzelfallrecht.

c) Öffentlich-rechtliche Verträge, §§ 54 ff VwVfG
Anstatt einen VA zu erlassen, kann die Verwaltung unter bestimmten Voraussetzungen einen Vertrag mit den Bürgern abschließen. Dieser bindet, sofern er rechtmäßig ist, die Vertragspartner auch vor Gericht, ist also Recht.

d) Verwaltungsvorschriften
Die Verwaltung ist hierarchisch organisiert: Die Vorgesetzten können Weisungen erteilen. Verwaltungsvorschriften sind eine besondere Form der Weisung, nämlich generelle Anweisungen der Behördenleiter für eine Vielzahl von Fällen. Sie wirken damit ähnlich wie ein Gesetz mit dem wesentlichen Unterschied, dass sie nur behördenintern gelten, also nur für das Verwaltungspersonal, nicht aber nach außen für die Bürger. Verwaltungsvorschriften können auch die Gerichte nicht binden, sonst hießen sie „Verwaltungs- und Gerichtsvorschriften" oder wie in Art 80 GG „Rechtsvorschriften". Verwaltungsvorschriften sind daher kein Recht.

Allerdings kann das faktische Verhalten der Verwaltung zu Recht werden, wenn die Verwaltung ein gesetzlich eingeräumtes Ermessen hat: Wenn die Verwaltung ihr Ermessen rechtmäßig in einer Verwaltungsvorschrift konkretisiert, dann darf sie nur in atypischen Fällen von dieser beabsichtigten und/oder durchgeführten Verwaltungspraxis abweichen. Das folgt aus dem Willkürverbot des

---

[14] Otto Mayer, Deutsches Verwaltungsrecht, 1895/96, 95.

Art 3 I GG (sog Selbstbindung der Verwaltung). *Beispiel:* Ein Subventionsgesetz gibt der Verwaltung das Ermessen, 15 bis 30 Meter hohe Windenergieräder zu fördern. Durch Verwaltungsvorschrift entschließt sie sich ermessensfehlerfrei, nur 25 Meter hohe Windräder zu fördern. Jetzt darf sie einem Unternehmer, der gerade solche Räder bauen möchte, eine Subvention nicht verweigern.[15]

e) Gerichtsentscheidungen

Richter sind rechtlich unabhängig und nur dem Gesetz unterworfen, Art 97 Abs. 1 GG. Sie sind daher grundsätzlich weder an ihre eigenen früheren Entscheidungen noch an die Entscheidungen anderer Gerichte gebunden.[16] Allerdings ist eine rechtskräftige, dh nicht mehr anfechtbare, Gerichtsentscheidung ähnlich wie ein VA Einzelfallrecht: Der Entscheidungsausspruch, der Tenor, ist die Grundlage für eine Vollstreckung des im Tenor Angeordneten.

Zwei Ausnahmen: (1) Richterrecht wird dann rechtsverbindlich und damit zu Recht, wenn es eine gewohnheitsrechtliche Qualität gewonnen hat. Zu Gewohnheitsrecht steigen solche sozialen Normen auf, die bereits seit längerer Zeit von allen Beteiligten angewendet werden in der Überzeugung, es handele sich um Recht. Offensichtlich wird diese Qualität einer sozialen Norm, wenn ein Gericht sie als Gewohnheitsrecht bezeichnet. *Beispiel:* die unten in Kapitel § 3 zu behandelnde Wesentlichkeitslehre. (2) Eine weitere Ausnahme bestimmt

> § 31 II 1 BVerfGG. [**Verbindlichkeit der Entscheidungen des BVerfG**] In den Fällen des § 13 Nr. 6, 11, 12 und 14 [abstrakte und konkrete Kontrolle von Normen auf ihre Verfassungsmäßigkeit] hat die Entscheidung des Bundesverfassungsgerichts Gesetzeskraft.

f) Rechtsprinzipien

Rechtsprinzipien sind jene Grundsätze, nach denen das Recht gestaltet ist und gestaltet wird. Sie sind die ordnenden Leitlinien des Rechtssystems. *Beispiele:* die Menschenwürde, Freiheit und Gleichheit, Effektivität der Rechtsschutzes, Frieden und Gerechtigkeit, oder die Staatsstrukturprinzipien der Art 20 I, III, 20a und 23 I. Aus dem einfachen Recht: Minderjährigenschutz, Vertrauensschutz oder gerechte Risikoverteilung.

Die Abgrenzung zwischen Verhaltensregeln und Prinzipien ist nicht trennscharf. Dennoch sind Prinzipien typologisch eine besondere Art der Rechtsnorm: Prinzipien gelten mehr oder weniger. Darin liegt ein Unterschied zu Regeln, die entweder gelten oder eben nicht. Prinzipien sind Optimierungsgebote. Ihr Gewicht ist im konkreten Fall abzuwägen: Je weniger ein Prinzip zur Geltung kommt, um so wichtiger muss die Geltung konkurrierender Prinzipien sein.[17] Rechtsprinzipien

---

[15] Umstritten ist, ob eine Außenwirkung auch eintritt, wenn die Verwaltungsvorschriften nicht gesetzliche Ermessensspielräume ausfüllen, sondern Vorschriften, die zu unbestimmt sind, durch eine Konkretisierung erst anwendbar machen. Bejaht durch BVerwG 72, 300, verneint in BVerwGE 58, 45; vgl Maurer 2006, § 24, Rn 20 ff.

[16] BVerfGE 98, 17, 48; 87, 273, 278. Art 3 I GG gilt für Richter also nur eingeschränkt.

[17] Umfassend: Robert Alexy, Theorie der Grundrechte, 5. A 2006.

werden von den Gerichten zur Auslegung des geschriebenen Rechts herangezogen. Sie sind insofern Bestandteile des positiven Rechts.

g) Privat gesetztes Recht

Verhaltensanweisungen, die mit der normativen Kraft des Rechts ausgestattet sind, können auch privat gesetzt werden. Das geschieht täglich tausendfach, wenn im Wirtschaftsverkehr Verträge geschlossen werden. Das private Recht kann auch eine generelle Wirkung entfalten, beispielsweise in der Form von Allgemeinen Geschäftsbedingungen. Sofern das privat gesetzte Recht mit den höherrangigen staatlich gesetzten Rechtsnormen übereinstimmt, ist es vor Gericht verbindlich.

III. Die Grenzen des Rechts: Probleme der Rechtsfindung

Rechtsnormen können zwangsweise vor Gericht zur Geltung gebracht werden. Das besagt jedoch nicht, dass die Gerichte stets nur eine Möglichkeit haben, zu entscheiden. Der **Wortlaut von Rechtssätzen** ist **oft mehrdeutig**. Die Verfassung schreibt den Gesetzgebern nicht vor, welche Gesetze sie zu formulieren haben. Sie formuliert lediglich einen Rahmen für die Gestaltungsfreiheit der Gesetzgeber. Daher formuliert das BVerfG nicht selbst Gesetze, die das GG vorgibt, sondern es prüft Gesetze lediglich daraufhin, ob sie mit dem GG vereinbar sind. In ähnlicher Weise geben die Rechtsnormen für einzelne Konflikte „häufig" – quantifizierende Untersuchungen liegen nicht vor – keine eindeutigen Entscheidungen vor. Rechtsnormen müssen im Hinblick auf den Einzelfall konkretisiert werden. Kann es sein, dass trotz der Entscheidungsgewalt der Gerichte und der Wertungen der Rechtsanwender in jedem denkbaren Streitfall immer nur eine Partei „Recht" hat?

Diese Ansicht wird durchaus vertreten. Wie ein Herkules[18] müsse der Richter in jedem Streitfall die einzige rechtlich richtige Entscheidung ermitteln. Diese schwere Aufgabe können die Rechtsanwender aber nur bewältigen, wenn sie Mittel besitzen, durch die sie die einzig richtige rechtliche Entscheidung erkennen können. Die Instrumente, mit denen die Rechtsanwender das Recht konkretisieren, finden sich in der **Methodenlehre**. Sie verhelfen zwar dazu, Rechtsnormen richtig zu verstehen. Die Erfahrung zeigt aber, dass in vielen Fällen auch eine methodengeleitete Auslegung nicht zu einem eindeutigen Ergebnis führt. Wenn die Verwaltung unbestimmte Rechtsbegriffe konkretisieren muss oder auch wenn sie Ermessensspielräume ausfüllt, kann es grundsätzlich rechtlich gleich vertretbare Entscheidungen geben.[19] Zwar lässt sich durch den „Rückgang auf entsprechend elementare Grundsätze [, nämlich die Rechtsprinzipien,] der Weg der Rechtsfindung [...] über die Unzulänglichkeit der Gesetze hinaus noch weiter auf das Richtige hin verlänger[n]"[20]. Dennoch bilden die Prinzipien in ihrer Eigenschaft als Optimie-

---

[18] Die Assoziation stammt von Ronald Dworkin, Bürgerrechte ernst genommen, 1997, 182.
[19] Und zwar regelmäßig zwei: Jene die dem Kläger ein subjektives Recht zuspricht und die gegensätzliche. Kompliziert ist die Frage, ob bei der Auslegung unbestimmter Rechtsbegriffe die Verwaltung oder die Gerichte das letzte Wort haben sollen. Dazu unten in § 8.
[20] Hofmann 2006, 26.

rungsgebote ein bewegliches System. Das Gewicht der jeweiligen Prinzipien verändert sich von Einzelfall zu Einzelfall. Eindeutige Vorrangregeln gibt es nicht.[21] Handlungsfreiheit etwa und Umweltschutz stehen in einem dauerhaften Spannungsverhältnis.

Im Prozess des Abwägens verengt sich zwar zumeist die Bandbreite von rechtlich vertretbaren Entscheidungen. Wie die Abwägung im Einzelfall ausfällt, ist rechtlich aber nicht mehr vorgegeben. Häufig verbleiben mehrere gleichermaßen rechtmäßige Entscheidungsmöglichkeiten. Die Auswahl unter diesen ist rechtlich nicht mehr vorgegeben. Die Verlängerung „hin auf das Richtige", auf das Gerechte ist bereits ein Schritt über das Recht hinaus. Das Recht gibt damit – bildlich gesprochen – nicht nur eine Entscheidung vor, sondern einen **Entscheidungskorridor**, von dem aus mehrere Türen offen stehen. Das herkulische Modell ist somit kein wahres Abbild der tatsächlichen Rechtsanwendung; es beschreibt einen Mythos, bestenfalls ein Ideal.

Wenn im Ergebnis in vielen Streitfällen mehrere Entscheidungen „Recht" sind, ist trotzdem in jedem Streitfall nur eine Entscheidung gerecht?

IV. Was ist gerecht? Richtiges Recht und Unrecht

Der viel zitierte Satz der DDR-Bürgerrechtlerin Bärbel Bohley zum vereinten Deutschland, „Wir haben Gerechtigkeit erwartet...", gibt wieder, was wohl die allermeisten Menschen als vornehmliche Aufgabe des Rechts ansehen: Gerechtigkeit walten zu lassen. Gerechtigkeit ist die Idee, die hinter dem positiven Recht steht. Entsprechend formulierte Gustav Radbruch (1878-1949): „Recht ist die Wirklichkeit, die den Sinn hat, dem Rechtswerte, der Rechtsidee [der Gerechtigkeit] zu dienen."[22] Aufgabe der Gesetzgeber ist es demnach, gerechte Gesetze zu schaffen. Aufgabe der Rechtsanwender ist es demnach, gerechte Entscheidungen zu treffen. **Gerechtes Recht ist richtiges Recht.** Wie aber ist zu erkennen, wie die Gesellschaft gerechterweise zu ordnen ist oder wie Streitfälle gerecht zu entscheiden sind?

Erkenntnisse lassen sich gewinnen über das Gefühl oder über den Verstand, und beide hängen miteinander zusammen. Werke, die eher rationale Auseinandersetzungen über die Gerechtigkeit enthalten, stimmen auf einem abstrakten Niveau darin überein, dass bestimmte **Rechtsprinzipien als Leitlinien für gerechtes Handeln** und das positive Recht anerkannt werden. *Beispiele* sind die personale Würde, Freiheit, Gleichheit, Frieden, Sicherheit, Verlässlichkeit der Verhältnisse, Menschenrechte. Die Crux sind jedoch die Einzelfälle. Wie gezeigt, vermögen Prinzipien mangels allgemein gültiger Vorzugsregeln nicht, Einzelfallentscheidungen eindeutig vorzugeben. Lassen sich präzisere Regeln für konkrete Fälle aufstellen?

---

[21] Selbst die einzelfallbezogenen bedingten Vorrangrelationen, Robert Alexy, Theorie der Grundrechte, 5 A 2006, 81 ff, basieren auf wertender Dezision.
[22] Radbruch 1932, 28 [31].

Denkbar wäre es, Einzelfälle nach Zweifelsregeln zu entscheiden: im Zweifel für die Freiheit oder im Zweifel für die Gleichheit. Konkreter sind die Regeln, die John Rawls entwarf:[23] Alle sollen das gleiche Recht auf das umfangreichste Gesamtsystem gleicher Grundfreiheiten haben, das für alle möglich ist. Soziale oder wirtschaftliche Ungleichheiten sollen sowohl auf Chancengleichheit (fairness) beruhen als auch den am wenigsten Begünstigten Vorteile bringen.

Keine dieser Regeln aber ist allgemein anerkannt. Es lässt sich unmittelbar erkennen und empirisch nachweisen, dass verschiedene Menschen zu gleichen Sachverhalten unterschiedliche Gerechtigkeitsvorstellungen haben. Zudem deuten die kulturellen Verschiedenheiten im positiven Recht darauf hin, dass sich auch die Anschauungen zum richtigen Recht unterscheiden. Wer sich in Deutschland im Schnellimbiss mit Kaffee verbrüht, wird ausgelacht; in den Vereinigten Staaten von Amerika wird Schadensersatz in immenser Höhe gezahlt. Diese Unterschiede könnten zwar interpretiert werden als defizitäre Vorstufe in einer Entwicklung, an deren Ende die globale, wahrhaft gerechte Gesellschaft steht. Eine solche Interpretation wäre allerdings nur dann vielversprechend, wenn sich wenigstens begründen ließe, welche konkreten Regeln gerecht sind.

Viel diskutierte Ansätze, bestimmte Grundsätze richtigen Rechts endgültig zu begründen, finden sich in den diskursethischen und konsensualen Modellen. Die **Diskursethik** gesteht jenen Rechtssätzen das Prädikat „richtig" zu, die von den Betroffenen in einer rationalen, herrschaftsfreien Kommunikation akzeptiert werden. Die Konsensethiker halten solche Normen für richtig, denen alle Betroffenen in einem Vertrag zustimmen. Ein Beispiel sind die bereits erwähnten Lehren von Thomas Hobbes und Robert Nozick. Beide Ansätze ergänzen einander. Sie setzen an bei der Zustimmung der Betroffenen zu konkreten Regeln. Sie sollen daher gemeinsam als Konsensethik betrachtet werden.

Für die **Konsensethik** ist die individuelle Selbstbestimmung das zentrale Anliegen: Jeder, der einer Regel zustimmt, gehorcht allein sich selbst, wenn er sich an diese Regel hält. Durch diesen Ansatz versucht die Konsensethik dem sogenannten **Münchhausen-Trilemma** zu entkommen. Dieses besagt, dass jeder, der sich auf die Suche nach der „Letztbegründung" macht, zum Scheitern verurteilt ist. Er kann wählen zwischen drei Sackgassen: (1) Der Versuch wird einfach abgebrochen; (2) es wird ohne Ende immer weiter begründet (infiniter Regress); (3) es wird einfach so getan, als sei eine noch zu begründende Aussage bereits begründet worden (Begründungszirkel, sog. petitio principii).[24] Alle diese „Möglichkeiten" laufen darauf hinaus, sich wie Freiherr von Münchhausen am eigenen Zopfe aus dem Sumpf zu ziehen. Dieser Vorwurf kann auch der Konsensethik nicht erspart werden, solange nicht zumindest ein stillschweigender Konsens der Regeladressaten nachweisbar ist.

Der Konsensethik bleibt unter solchen Umständen nur die Möglichkeit, nach der **Zustimmungsfähigkeit** bestimmter Regeln zu fragen und sodann pro und contra zu argumentieren. Die entsprechende Maxime für den Rechtsanwender formulierte Carl Schmitt (1888-1985): „Eine richterliche Entscheidung ist heute

---

[23] Eine Theorie über die Gerechtigkeit (1971), 15 A 2006, 81 ff.
[24] Hans Albert, Traktat über kritische Vernunft, 1991, 13.

dann richtig, wenn anzunehmen ist, dass ein anderer Richter ebenso entschieden hätte."[25] Denn wenn andere Richter ebenso entscheiden würden, würden sie der getroffenen Entscheidung zustimmen. Die Konsensethik verlangt heute allerdings, dass nicht nur andere Richter, sondern auch die Streitparteien zustimmen würden.

Hinsichtlich der Frage der Zustimmungsfähigkeit ist zwar richtig, dass Aussagen zum richtigen Recht nicht endgültig begründbar sind und dass sie nur eine relative raum-zeitliche Gültigkeit besitzen. „Es bleibt [...aber] die Möglichkeit einer negativen, einer **Ungerechtigkeitsprüfung**. Und die ist – wiewohl ausgelöst durch das Empfinden der Anstößigkeit – nicht notwendig bloß eine Angelegenheit des Gefühls, sondern eine Frage der Vereinbarkeit mit anerkannten Prinzipien und eine Sache der diskursiven Argumentation."[26] Der Mensch kann leichter erkennen, was nicht gerecht ist, als was gerecht ist. Wie ist unter solchen Bedingungen das Verhältnis zwischen Recht und Gerechtigkeit?

V. „Recht" und „gerecht" - positives Recht und richtiges Recht

Das geschriebene Recht gibt mitunter nur bestimmte Grenzen vor, einen Korridor, innerhalb dessen mehrere Entscheidungen rechtlich vertretbar sind. Mangels allgemeiner Kenntnis über den Inhalt des richtigen Rechts kann es in diesen Fällen keine punktgenau richtige Entscheidung für eine der vertretbaren Entscheidungen innerhalb des Korridors geben.

„Richtig" ist eine vertretbare Entscheidungen innerhalb des Korridors nur dann, wenn die Entscheidung jedenfalls nicht überwiegend als eindeutig ungerecht empfunden wird. Diese beiden Maßgaben – die Bindung an das geschriebene Recht und die Kontrolle anhand des Ungerechtigkeitsempfindens - bestimmen das Verhältnis zwischen Recht und Gerechtigkeit:

> Art 20 III GG: [**Verfassungsgrundsätze**]
> Die Gesetzgebung ist an die verfassungsmäßige Ordnung, die vollziehende Gewalt und die Rechtsprechung sind an Gesetz und Recht gebunden.

Beachte: In Art 20 III GG meint nach allgemeiner Auffassung „Gesetz" „Recht", und „Recht" ist gleich „Gerechtigkeit".

Das BVerfG führte zu Art 20 III aus, „dass sich Gesetz und Recht zwar faktisch im allgemeinen, aber nicht notwendig und immer decken. Das Recht ist nicht mit der Gesamtheit der geschriebenen Gesetze identisch. Gegenüber den positiven Satzungen der Staatsgewalt kann unter Umständen ein Mehr an Recht bestehen, das seine Quelle in der verfassungsmäßigen Rechtsordnung als einem Sinnganzen besitzt und dem geschriebenen Gesetz gegenüber als Korrelat zu wirken vermag; es zu finden und in Entscheidungen zu verwirklichen ist Aufgabe der Rechtsprechung. [...Dabei] muss einsichtig gemacht werden können, dass das geschriebene

---

[25] Carl Schmitt, Gesetz und Urteil, 2. A 1969, 71.
[26] Hofmann 2006, 214. Zu dem: Der Sinn für Ungerechtigkeit entwickelt sich im Laufe der persönlichen Entwicklung, vgl nur Seelmann 2007, 176 ff mN.

Gesetz seine Funktion, ein Rechtsproblem gerecht zu lösen, nicht erfüllt. Die richterliche Entscheidung schließt dann diese Lücke nach den Maßstäben der praktischen Vernunft und den ‚fundierten allgemeinen Gerechtigkeitsvorstellungen der Gemeinschaft'"[27].

Doch es bleibt das Problem, „das Recht" (das Gerechte) zu erkennen. Wie lassen sich wenigstens die Leisten bestimmen, die den Rahmen des gerechten Rechts bilden? Bevor die „fundierten allgemeinen Gerechtigkeitsvorstellungen der Gemeinschaft" nicht genannt sind, steht die Erkenntnis still. Die angezeigte Methode besteht darin, die Einstellungen der Bevölkerungen zu erheben. Die Gerichte müssen sich aus verständlichen Gründen vielfach auf ihr eigenes Judiz verlassen.

Für dieses Rechtsempfinden formulierte Gustav Radbruch eine Regel, die auch vom BVerfG[28] anerkannt wurde: Wenn eine Rechtsnorm Gerechtigkeitsforderungen offensichtlich in einem schlechthin unerträglichem Maße verletzt, verliert sie ihren Rechtscharakter und damit ihre Verbindlichkeit. Diese sogenannte **Radbruch'sche Formel** kommt wissenschaftlich über die beschriebenen Ausführungen nicht hinaus, denn sie löst nicht das Problem, woran Gerechtigkeit und Ungerechtigkeit zu erkennen sind. Jedoch bietet die Formel in ihrem grundsätzlichen Votum für das positive Recht einen Fluchtpunkt für den rechtspolitischen Diskurs, indem sie Rechtssicherheit und Gerechtigkeit in das genannte Verhältnis setzt.

Der **Sinn für Ungerechtigkeit** hilft, ungerechte Rechtsnormen zu unterscheiden: Karl Engisch (1899-1990) berichtet von einem Fall, indem ein Konditor gelegentlich gegen das Verbot der Sonntagsarbeit verstieß, um den besonderen Bedarf an regnerischen Sonntagen decken zu können. Trotz dieser einsichtigen und ökonomisch sinnvollen Motivation wurde der Konditor zu einer Strafe verurteilt.[29] Wohl zu Recht. Die Norm ist unzweckmäßig, aber nicht unerträglich. Zweifelhaft ist die strafrechtliche Behandlung der DDR-Mauerschützen.[30] Eindeutig ist die Ungerechtigkeit der antisemitischen NS-Gesetze. Denn grobe Verstöße gegen die Menschenrechte werden allgemein als schlechthin unerträglich empfunden.

Die einzelnen Rechtsanwender bleiben darauf verwiesen, in einem „Akt des bewertenden Erkennens, dem auch willenhafte Elemente nicht fehlen"[31] ihre persönlichen Maßstäbe dessen, was gerecht ist, anzulegen. Formale rechtsstaatliche Vorschriften setzen dabei einer richterlichen Willkür Grenzen. Die Richter sind gezwungen, ihre Entscheidungen sachlich zu begründen. Vielfach unterliegen sie der Kontrolle im richterlichen Kollegium oder durch höhere Instanzen. Die gegenteilige Kritik an einer Klassenjustiz, wonach „die eine Hälfte der Gesellschaft über die ihr unbekannte andere Hälfte zu urteilen befugt ist" (Lord Ralf Dahrendorf), konnten rechtssoziologische Untersuchungen nicht stützen.[32]

---

[27] BVerfGE 34, 269, 286 f. Der Prinzessin Soraya wurde wegen der Veröffentlichung eines erfundenen Interviews analog § 847 BGB ein Schmerzensgeld zugesprochen, obwohl § 253 BGB für immaterielle Schäden eine Entschädigung ausdrücklich ausschließt.
[28] BVerfGE 3, 225 ff.
[29] Einführung in das juristische Denken, 10. A 2005, 223 ff.
[30] Vgl BGHSt 40, 48; 39, 186; 39, 1 sowie die Diskussion bei Hofmann 2006, 114 ff mN.
[31] BVerfGE 34, 269, 287.
[32] Raiser 2007, 296.

VI. Funktionen des Rechts

Wie gelingt es, eine rechtliche Ordnung herzustellen und wie soll diese Ordnung beschaffen sein? Indem Rechtsnormen als normative Verhaltenserwartungen das Verhalten der Normadressaten beeinflussen. Sie leisten das durch Gebote und Verbote, die das Handeln beschränken. Den Sinn der Handlungsbeschränkungen kann man aus verschiedenen Perspektiven unterschiedlich beschreiben. Die philosophische Idee der Gerechtigkeit wurde bereits erläutert.

Aus ethisch-moralischer und psychologischer Sicht sind Rechtsnormen eine Richtschnur für das richtige Handeln. Problematisch ist das, wenn Recht und Moral widerstreiten. Denn einerseits ist die Befolgung des Rechts selbst sittlich, andererseits können aber sittliche Werte, etwa die Liebe oder die Gerechtigkeit, dem Rechtsgehorsam entgegen stehen, zum Beispiel in der unheilvollen Geschichte der Antigone des Sophokles oder bei Heinrich von Kleists Michael Kohlhaas.

Aus soziologischer Sicht dient das Recht vor allem der **Konfliktvermeidung und** der **Konfliktlösung**. Untersucht wird das Recht daher als normative und tatsächliche Matrix für soziales Verhalten.

Aus ökonomischer Sicht dienen Rechtsnormen „der **Erzielung von Kooperationsvorteilen**."[33] Das Charakteristische am sozialen Zusammenleben ist, dass die Handlungen der einzelnen Menschen nicht nur diese betreffen, sondern zumeist auch andere Mitmenschen. Daher können Handlungen aus zwei Richtungen betrachtet werden: aus der individuellen und der kollektiven. Ein individuell rationales und vorteilhaftes Verhalten kann aus objektiver oder kollektiver Sicht nachteilig sein. Rechtsnormen sollen die Einzelnen vor kollektiv schädlichem oder unerwünschtem Verhalten bewahren. *Beispiel:* Im rechtlosen Zustand der Anarchie ist jeder unter Lebensgefahr damit beschäftigt, Leib, Leben, Hab und Gut gegen gewaltsame Angriffe Dritter zu schützen. Vorteilhaft ist daher die Gründung eines Rechtsstaates, der eine Friedensordnung schafft, in der alle Bürger zum gegenseitigen Vorteil gesichert wirtschaften können. Die Schaffung von Kooperationsvorteilen durch Recht ist das Thema der Rechtsökonomik.

VII. Geltung, Wirksamkeit und Wirkungen

Parallel zur Unterscheidung zwischen dem law in the books und dem law in action, **wird zwischen der juristischen und der tatsächlichen Geltung einer Rechtsnorm unterschieden**. Juristisch gilt sie, wenn sie im Einklang mit der Rechtsordnung steht, also verfassungsgemäß ist. Denn dann wird sie von den Gerichten beachtet. Tatsächlich gilt eine Rechtsnorm, wenn sich die Normadressaten an die Norm halten, sei es freiwillig, sei es zwangsweise. Insofern bedingen sich Rechtsnorm und juristische Geltung.

Das Ausmaß der tatsächlichen Geltung einer juristisch geltenden Rechtsnorm wird bestimmt durch die **Effektivitätsquote**. Diese Quote benennt den Grad der tatsächlichen Beachtung einer Rechtsnorm. Eine Norm gilt etwa zu 70 %, wenn

---

[33] Kirchner 2002, 129 mwN.

sie in 60 % der Fälle freiwillig respektiert wird und in 10 % der Fälle erfolgreich sanktioniert wird. Die restlichen 30 % sind Dunkelziffer. Bei einer Effektivitätsquote von 100 % decken sich die juristische und die tatsächliche Geltung einer Rechtsnorm. Die Rechtsnorm ist dann zu 100 % wirksam. Alle Normadressaten verhalten sich normkonform.

Die Effektivitätsquote ist ein Angelpunkt des Rechtsstaates. Die Gesellschaft fällt auseinander, wenn alle sich wie Max und Moritz aufführen. Deutlich wird das am Problem der Korruption. Andererseits zeigte Emile Durkheim (1858-1917), dass rechtswidriges Verhalten in jeder Gesellschaft zu finden ist; es ist normal. In der Ökonomik wird abweichendes Verhalten unter dem Stichwort „Freifahrer" (free rider) diskutiert. Ein niedriger Effektivitätsquotient ist gleichbedeutend mit einem Versagen rechtlicher Steuerung.

Rechtliche Steuerung versagt aber auch dann, wenn eine Norm zwar wirksam ist, ihre Beachtung aber schädliche Nebenfolgen bringt. *Beispiel:* Die Engländer lobten während ihrer Kolonialzeit in Indien eine Prämie für jede erschlagene Kobra aus. Ziel war es, der Kobraplage entgegen zu wirken. Die Inder dagegen züchteten die Kobras gerade, um an die Prämien zu kommen. Es wäre grotesk, wenn die Engländer sich über die Wirksamkeit ihrer Anti-Kobra-Kampagne gefreut hätten. Um die Nebenfolgen nicht aus dem Blick zu verlieren, wird zwischen der **Wirksamkeit und** den **Wirkungen einer Rechtsnorm** unterschieden.

Eine Norm kann wirksam werden, wenn, erstens, die Normadressaten ihre Anordnungen verstehen und sie, zweitens, entweder von den Adressaten als Recht anerkannt und befolgt wird oder gute Voraussetzungen dafür geschaffen sind, die Norm zwangsweise durchsetzen zu können.[34] Anerkennung und Zwang stehen nicht in einem alternativen, sondern in einem kumulativen Verhältnis zueinander. Es ist aus Legitimations- und Kostengründen regelmäßig vorzugswürdig, wenn die Adressaten eine Rechtsnorm anerkennen. Aus welchen Gründen werden die Anordnungen von Rechtsnormen anerkannt? Weil sie den Überzeugungen der Normadressaten entsprechen. Wie wird das bewirkt? Indem sie nicht zu weit von den wirklichen Anschauungen, Bedürfnissen und Überzeugungen der Betroffenen entfernt sind. Wenn Recht die Wirklichkeit ist, die der Rechtsidee dienen soll, so muss das Recht an der Wirklichkeit anknüpfen.[35]

C. Rechtsökonomik

Für den folgenden Gedankengang sollen die bisherigen Ausführungen weitergeführt werden: Rechtsnormen müssen an der Wirklichkeit, die sie gestalten sollen, anknüpfen. Wie lassen sich die gesellschaftlichen Probleme adäquat beschreiben? Wie können diese Probleme zum individuellen und zum kollektiven Kooperationsvorteil gelöst werden?

---

[34] Ausführlicher die Übersicht bei Schuppert, Verwaltungswissenschaft, 2000, 489 ff.
[35] Umgekehrt können Rechtsnormen aus der Wirklichkeit sozialer Normen entstehen (sogenannte „normative Kraft des Faktischen", Georg Jellinek).

Diese drei Fragen sind das Thema der Rechtsökonomik (I). Der Rechtsökonomik liegen das Axiom des normativen Individualismus (II) und das ökonomische Paradigma (III) zu Grunde. Ziel ist es, durch Rechtsnormen individuelle (IV.) und kollektive (V.) Kooperationsvorteile zu schaffen.

I. Rechtsökonomik

Die **Ökonomik**[36] ist eine allgemeine Lehre vom zielgerichteten menschlichen Handeln. In der menschlichen Gesellschaft können die Einzelnen nur friedlich miteinander leben und zusammenwirken, wenn sie einerseits Freiheiten haben, diese Freiheiten andererseits aber beschränkt werden können. Die Ökonomik als positive, beschreibende Wissenschaft untersucht daher, inwiefern und zu welchem Zweck die Freiheit des menschlichen Handelns beschränkt wird. Als normative Wissenschaft fragt sie danach, welchen Freiheitsbeschränkungen die betroffenen Individuen zustimmen würden. Dabei geht sie davon aus, dass die Menschen jenen Regeln zustimmen würden, die ihnen die größten Vorteile bringen. Die Ökonomik befasst sich mit „den Möglichkeiten und Problemen der gesellschaftlichen Zusammenarbeit zum gegenseitigen Vorteil"[37].

Die **Rechtsökonomik** konzentriert sich auf Rechtsvorschriften als Mittel, um die Handlungen der Einzelnen zu beschränken. Teilweise wird insofern auch von (Neuer) Institutionen-, Konstitutionen- oder Interaktionsökonomik gesprochen. Diesen schwer zugänglichen Begriffen wird der plastischere Begriff der Rechtsökonomik vorgezogen. Die normative Rechtsökonomik fragt danach, welche Rechtsvorschriften für die Rechtsunterworfenen zustimmungsfähig sind.

II. Ein Axiom: normativer Individualismus

Es gibt keine Aussagen, die sich mit letzter Gewissheit begründen lassen (Münchhausen-Trilemma). Gleichwohl wird hier **das Individuum als oberster Wert und Endzweck** jeglichen Nachdenkens über das Recht bestimmt. Im Zentrum steht also „die menschliche Persönlichkeit, die [auch] nach der Ordnung des Grundgesetzes der oberste Rechtswert ist"[38]. Die persönliche Selbstbestimmung findet als Wert mit an Sicherheit grenzender Wahrscheinlichkeit einen globalen Konsens. Solange dieser Konsens jedoch nicht festgestellt ist, bleibt der normative Individualismus ein Axiom.

Wenn das Individuum als normativer Höchstwert gedacht werden soll, muss es auch den Anfang des Nachdenkens bilden. Daher **folgt aus dem normativen Individualismus ein methodologischer Individualismus**. Diesem Vorgehen entspricht die Beobachtung, dass Zusammenschlüsse von Menschen (Vereine, Unter-

---

[36] Die aus dem Griechischen stammende Endung „ik" besagt, dass es sich um eine Wissenschaft handelt. Ihr Gegenstand ist die Ökonomie, die Wirtschaft oder Wirtschaftlichkeit.
[37] Homann/Suchanek, Ökonomik, 2005, 5.
[38] BVerfG, NJW 1988, 191 mwN.

nehmen, Staaten, etc) als solche nicht handlungsfähig sind. Sie sind zwar eine soziologische Realität, und sie haben als „juristische" Personen auch handlungsfähige Organe. In diesen Organen wirken aber wiederum natürliche Personen. Wenn dennoch von „dem Staat" oder „der Staatsgewalt" oder „dem Unternehmen" gesprochen wird, dann aus Gründen der sprachlichen Vereinfachung und weil in dem betreffenden Kontext die handelnden Akteure unbeachtlich sind.

Die Selbstbestimmung entfaltet sich durch die **Zustimmung** des Individuums zu allem, was es tut und was es unterlässt. Da faktisch selten alle zustimmen, wurde das konsensethische Konzept der **Zustimmungsfähigkeit** eingeführt. Wie aber kann ein Einzelner wissen, welchen Rechtsnormen alle Betroffenen zustimmen würden? - Er kann das nie mit letzter Sicherheit ergründen. Hilfreich aber ist es, wenn er eine zutreffende Vorstellung von der Wirklichkeit hat.

III. Ein rechtsökonomisches Paradigma

Die Annahmen, die eine Wissenschaft ihren Untersuchungen zu Grunde legt, bilden ihr **Paradigma** (grch = Vorbild). Ein Paradigma erlaubt typisierende Betrachtungen, ohne erst empirische Untersuchungen über die Wirklichkeit durchführen zu müssen. Fruchtbar ist das freilich nur, wenn es die Wirklichkeit zutreffend abbildet. Ein allgemein anerkanntes ökonomisches Paradigma gibt es wohl nicht; plausibel ist das Folgende:

Das menschliche Individuum wirkt unter neun grundsätzlichen Bedingungen: (1) Der Mensch handelt **eigennutzorientiert** (2) in einer Welt mit **begrenzten humanen und natürlichen Ressourcen**. (3) Die **Präferenzen** seines eigennutzorientierten Verhaltens sind zwar veränderlich. Sie bleiben im bestimmten zeitlichen Rahmen grundsätzlich jedoch **stabil**. (4) Trotz beschränkter Ressourcen gibt es regelmäßig **Handlungsalternativen**, zwischen denen der Mensch wählen kann. Das gilt zumal die Präferenzen veränderlich sind: Der Mangel an bestimmten Ressourcen kann dadurch gemildert werden, dass diese Ressourcen effektiver genutzt werden oder andere Ressourcen als Ersatz genommen werden. (5) Der Mensch setzt seinen Verstand ein, um für ihn nützliche Zwecke entsprechend seiner Präferenzen zu verfolgen. Allerdings lässt er sich nicht nur von seiner Vernunft leiten, sondern folgt auch seinen Trieben und Emotionen (**bounded rationality**).[39]

(6) Die Rationalität ist aus objektiver Sicht auch deshalb begrenzt, weil nicht immer alle Informationen zur Verfügung stehen, um in einer gegebenen Situation optimal handeln zu können. Die Sinne, das Gehirn und das Gedächtnis erfassen stets nur einen begrenzten, nach bestimmten Mechanismen selektierten Ausschnitt seiner komplexen Umwelt (**unvollständige Informationen**). Eine bessere Versorgung mit Informationen durch modere Kommunikationstechnik etwa das Internet vermag diesem Phänomen nur begrenzt abzuhelfen. Vonnöten ist vor allem die intellektuelle Fähigkeit, die Masse an Informationen zu einem vollständigen Bild zu bündeln. Hier stoßen die Menschen an ihre natürlichen Grenzen.

---

[39] Der Begriff der Rationalität ist wiederholt Gegenstand wissenschaftlicher Auseinandersetzungen. Das kann hier leider nicht vertieft werden.

Wie verwirklicht sich unter diesen Bedingungen der Eigennutz? Durch **Kosten-Nutzen-Analysen**, die dem Individuum anzeigen, welche von möglichen Handlungen voraussichtlich die größten Vorteile bringen wird. Wahrscheinliche Kosten sind ein Risiko, ein vermutlicher Nutzen eine Chance.

(7) Typische Kosten, die regelmäßig in wirtschaftlichen Beziehungen auftreten sind Informationskosten, Verhandlungskosten sowie Überwachungs- und Durchsetzungskosten (sog **Transaktionskosten**). Nutzen bringt vor allem das erwirtschaftete Kapital, das sich aus dem gesamten Vermögen eines Unternehmens zusammensetzt (Geldvermögen, know-how, good-will). Nutzen kann auch die Verwirklichung von Wertvorstellungen bringen, etwa über das, was als gerecht empfunden wird. Die Missachtung dieser Werte erscheint umgekehrt als Kostenfaktor. Die Handlung, die möglichst viel Nutzen bei geringen Kosten verspricht, setzt die stärksten Anreize. Diese führt der Mensch aus.

Diese Eigenheiten führen zu folgenden sozialen Konstellationen und Schwierigkeiten: (8) Wenn Menschen unvollständige Informationen haben, heißt das auch, dass sie unterschiedlich informiert sind. *Beispiele:* Ein Verkäufer, insbesondere von gebrauchten Sachen, weiß regelmäßig mehr über den Gegenstand als der Käufer. Der Käufer weiß dafür besser, ob er die Sache wirklich bezahlen kann. Eine Versicherung kennt die Versicherungsrisiken von Versicherungswilligen schlechter als diese selbst. Dafür kennen die Versicherungswilligen kaum das finanzielle Potential der Versicherung. Die **Informationen** sind also nicht nur unvollständig, sondern auch **asymmetrisch**. Das gilt insbesondere auch für Beziehungen, bei denen Menschen als Agenten (Vertreter) für ihre Prinzipale (Vertretenen) handeln. *Beispiele* sind die Beziehung zwischen Arbeitnehmer und Arbeitgeber oder zwischen Volksvertretern und Staatsbürgern. Die Herstellung von symmetrischer Information unterliegt dem Gesetz des abnehmenden Grenznutzens, weil sie wegen der Transaktionskosten ab einer bestimmten Schwelle zu teuer wird. Absichten lassen sich kaum vor ihrer Verwirklichung gegen den Willen des Informationsträgers ermitteln. *Beispiel:* Der Käufer will gar nicht zahlen.

(9) Das Phänomen der asymmetrischen Informationen führt den Menschen in eine **soziale Falle**: Einerseits ist er als Sozialwesen auf Zusammenarbeit angewiesen. Andererseits sind seine unvollständigen Informationen keine Basis für rationale Kosten-Nutzen-Analysen. Er ist in Gefahr, unvorteilhaft zu handeln und übervorteilt zu werden, und befindet sich daher in einem sozialen Dilemma. Das wird anschaulich dargestellt durch das sogenannte **Gefangenendilemma**: Zwei Mittäter sind in getrennten Zellen untergebracht. Die Beweislage reicht nicht aus, um sie zu verurteilen. Das bliebe so, wenn beide schweigen würden. Schweigen wäre also für beide das Beste. Keiner kann sich jedoch darauf verlassen, dass der andere schweigen wird. Eine Absprache ist nicht möglich und wäre ohnehin unsicher. Daher werden beide zum gegenseitigen Nachteil die Tat gestehen, wenn sie dadurch von einer strafmildernden Kronzeugenregelung profitieren könnten.

In ähnlicher Weise stehen die asymmetrischen Informationen zahlreichen sozialen und wirtschaftlichen Kooperationen im Wege. Ein Kaufvertrag kommt nicht zustande, wenn der Käufer keine Handhabe hat, sich hinsichtlich der Qualität der Sache zu vergewissern. Ein Verkäufer wird skeptisch, wenn der Käufer nicht sofort zahlen kann. Ein Markt, etwa für Gebrauchtwagen, entsteht nicht, solange es äußerlich gleiche Waren gibt, die zum selben Preis angeboten werden. Vergleichbar ist das Dilemma auf dem Versicherungsmarkt: Kunden mit einem geringen Versicherungsrisiko würden den Versicherungen entfliehen, wenn die kollektiven Kosten für die Schadensfälle zu hoch werden (sog **Negativauslese** oder adverse Selektion). In der Folge werden die Versicherungen ihre Prämien erhöhen müssen, um die Schadensfälle finanzieren zu können. Langfristig könnte sich wegen der zu hohen Prämien im schlimmsten Falle keine Versicherung halten, obwohl ihre Existenz im allgemeinen Interesse liegt. Die Individuen können sich im sozialen Dilemma durch das aus ihrer Sicht rationale Verhalten also selbst schaden. Zugleich schaden sie dem Gemeinwesen. Insofern kann individuell rationales Verhalten nicht nur zu subjektiver, sondern zugleich zu kollektiver Irrationalität führen. Wie lässt sich das vermeiden?

IV. Individuelle Kooperationsvorteile durch Recht

Das soziale Dilemma lässt sich bewältigen: Die beteiligten Akteure müssen in ihren Möglichkeiten beschränkt werden, Informationsvorteile zum illegitimen Eigennutzen gegen ihre potentiellen Kooperationspartner einzusetzen.[40] Beispiel: Der Verkäufer eines Gebrauchtwagens darf sein überlegenes Wissen zum Zustand des Kfz nicht in der Weise ausnutzen, dass er erhebliche Unfallschäden, die die Sicherheit des Fahrzeugs gefährden, gegenüber dem potentiellen Käufer arglistig verschweigt.

Es ist bereits die Möglichkeit, derartiges Schädigungspotential einzusetzen, nicht erst deren Verwirklichung, die eine Kooperation zum allseitigen Vorteil verhindert. Damit **werden die Beschränkungen der eigenen Handlungsmöglichkeiten zur Bedingung für individuell und kollektiv vorteilhafte Kooperation.** Es muss – wie beim eingangs erwähnten Phänomen des Geldbesitzes – eine Vertrauensgrundlage geschaffen werden. Das setzt voraus, dass die kooperationswilligen Akteure berechtigterweise erwarten können, dass die Gegenseite ihre Informationen nicht unfair ausnutzen wird.

Wie also lassen sich die Möglichkeiten, Informationsvorteile unfair einzusetzen, beschränken? Durch normative Verhaltenserwartungen, die sich zwangsweise durchsetzen lassen, also **Rechtsnormen**. „Ansatzpunkt für die Steuerung der Gesellschaft sind nicht die Handlungen, sondern die Handlungsbedingungen"[41]. Indem Rechtsnormen allgemein die Handlungsmöglichkeiten einschränken, sind sie „Instrumente zur Sicherung des Handlungsraumes der Akteure [...]; damit schaffen sie Anreize für wirtschaftliche Aktivitäten"[42]. **Zustimmungsfähig** sind unter der Eigennutzannahme solche Rechtsnormen, die Kooperationen zum persönlichen Vorteil aller Kooperationspartner ermöglichen.

---

[40] Teilweise wird dieses Verhalten als „opportunistisch" bezeichnet. Es ist im Kern jedoch lediglich die Folge der Eigennutzorientierung.
[41] Homann/Suchanek, Ökonomik, 2000, 47.
[42] Kirchner 2002, 129 mN.

Normen können (1) für die Normadressaten Anreize schaffen, ihre Informationen aufzudecken, (2) die Einzelnen zu kooperativen Verhalten zwingen oder (3) den unfairen Einsatz von Informationsvorteilen bestrafen. Ein *Beispiel* für (1) sind unterschiedliche Versicherungsverträge, bei denen eine niedrigere Prämie jeweils mit einem höheren Eigenanteil bei einer Schadensbereinigung einher geht. Ein *Beispiel* für (2) ist die gesetzliche Sozialversicherungspflicht. *Beispiele* für (3) sind das Wirtschaftsstrafrecht, das zivilrechtliche Mängelgewährleistungsrecht oder das Zwangsvollstreckungsrecht. Alternativ können Wege geschaffen werden, die Risiken asymmetrischer Informationen auf Dritte zu verlagern. Das geschieht etwa, wenn professionelle Zwischenhändler eingeschaltet werden, die mit economies of scale und daher mit größeren Risiken kalkulieren können. **Die optimale rechtliche Lösung wird ermittelt, indem funktional gleichwertige Normen einer vergleichenden Kosten-Nutzen-Analyse unterzogen werden (sog Normenvergleiche).**

V. Kollektive Kooperationsvorteile durch Recht

Die Idee der Kooperationsvorteile ist nicht unproblematisch. Schwierig ist etwa die Bestimmung, welche Informationsvorteile unfair sind. Zudem: Die individuellen Vorteile einer begrenzten Zahl von Akteuren lassen sich möglicherweise kalkulieren. Wie verhält es sich aber mit den Kooperationsvorteilen für das Gemeinwesen? Zustimmungsfähig sind Regeln, wenn sie dem persönlichen Nutzen der Betroffenen dienen. „Gesellschaftlich erwünschte Resultate müssen [daher] methodisch als [nicht intendierte] Nebenprodukte eigeninteressierter Handlungen"[43] konstruiert werden.

Dieses methodische Vorgehen muss faktisch nicht in aller Strenge durchgeführt werden, denn **der individuelle und der kollektive Nutzen decken sich in vielen Fällen**. So haben sowohl die Einzelnen als auch das Gemeinwesen ein Interesse an reibungslosen wirtschaftlichen Transaktionen oder funktionsfähigen Versicherungen. Es fragt sich aber, wie die verschiedenen Nebenprodukte eigennutzorientierter Handlungen normativ zu bewerten sind. Der eine behauptet, maßvolle Umweltverschmutzungen seien hinzunehmen, damit alle in den Genuss der allseits geschätzten Industriegüter kommen; der andere würde lieber weniger Industriegüter in Kauf nehmen, dafür aber in sauberen Flüssen baden. Grundsätzlich ist anerkannt, dass **Wettbewerb** als Entdeckungs- und Selektionsverfahren wirtschaftlich die effizienteste Ordnung darstellt. Ebenso anerkannt ist aber, dass der Wettbewerb sich selbst beseitigt, wenn er nicht reguliert wird. Außerdem gibt es Aufgaben, die in der Verantwortung des Staates liegen, die aber nicht allein durch privatwirtschaftliches Laissez-faire bewältigt werden.

Erforderlich sind folglich Kriterien, nach denen beurteilt werden kann, ob Rechtsnormen sowohl allseitige[44] individuelle als auch kollektive Kooperations-

---

[43] Homann/Suchanek 2000, 48.
[44] Probleme bereiten die sogenannten Free-rider; diese haben zwar ein Interesse daran, dass bestimmte Normen gelten; sie haben aber keine Anreize, diese Normen zu befolgen.

vorteile schaffen. Für die Gesetzgebung geht es also darum, „eine genauere Funktionenanalyse von Regelungsvarianten vorzunehmen, um von da aus Kriterien für die Vorzugswürdigkeit der einen oder anderen Regelung zu gewinnen"[45]. Das Kriterium des Vergleichs sind Kosten-Nutzen-Kalkulationen. Sie sind für die jeweils betroffenen Personengruppen und aus kollektiver Sicht anzustellen. Je niedriger die Transaktionskosten im Verhältnis zum individuellen und kollektiven Nutzen, desto zustimmungsfähiger ist eine Rechtsnorm. In der Ökonomik wird zum Vergleich von Regelungen das sogenannte **„Pareto-Kriterium"** herangezogen. Dieses besagt, dass es keine Güterverteilung gibt, die mindestens ein Individuum besser stellen würde, ohne zugleich ein anderes schlechter zu stellen. Eine solche Güterverteilung wäre „pareto-superior".[46]

Insofern bestehen zahlreiche weitere Probleme: Die Bewertung der Kosten und Nutzen muss häufig auf der Basis unvollständiger Informationen erfolgen. Beteiligte Akteure haben bereits aus diesem Grunde einen Spielraum zur Manipulation. Zudem ist in der Ökonomik umstritten, wie der Kreis der Kosten-Nutzen-Posten, einzuschränken ist. Welche Auswirkungen einer Handlung sollen den Handelnden zugerechnet werden und welche Auswirkungen bleiben als **externe Effekte** unberücksichtigt? Insoweit bietet sich grundsätzlich an, erstens nur die Kosten und Nutzen der intendierten Wirkungen zu berücksichtigen[47]; zweitens, diese in einem wissenschaftlich fundierten und demokratischen Verfahren zu bewerten und, drittens, gesellschaftlich unerwünschte Nebenwirkungen möglichst auszuschalten.

Aus konsensethischer Sicht wäre es ausreichend, wenn die Betroffenen sich auf eine Rechtsnorm einigten, selbst wenn diese mit Nachteilen verbunden wäre. Dieser Weg ist faktisch zumeist jedoch versperrt. Bleiben für die Rechtsetzung nur die Entscheidungsverfahren der direkten und der repräsentativen Demokratie? Der freie Wille der Mehrheit – und erst recht der Wille aller, der volonté de tous – ist zu respektieren. Doch er kann gleichwohl kritisch beurteilt werden. *Beispiele:* 1914 war die Mehrheit der Deutschen für einen Krieg gestimmt; in den 60er Jahren favorisierten die meisten Deutschen die Todesstrafe (vgl dagegen Art 102 GG). Heute würde die Mehrheit zu beiden Fragen vermutlich anders votieren. Problematisch sind auch Fälle, in denen jemand aus strategischen Gründen einer Norm zustimmt, weil er zwar ein Normgeltungs-, nicht aber ein Normbefolgungsinteresse hat. Mittels des rechtsökonomischen Paradigmas lässt sich der Wil-

---

Free-riding kann als Ventil gegen Handlungsbeschränkungen den sozialen Frieden bewahren und sogar wertvolle Innovationen anstoßen. Jedenfalls ist die vollständige tatsächliche Durchsetzung von Rechtsnormen im Verhältnis zu den Nutzen zu teuer.

[45] Ausführlich: Christian Kirchner, Regulierung durch öffentliches und/oder Privatrecht aus der Sicht der ökonomischen Theorie des Rechts, in: Wolfgang Hoffmann-Riem/Eberhard Schmidt-Aßmann (Hg), Öffentliches Recht und Privatrecht als wechselseitige Auffangordnungen, 1997, 77.

[46] Zu diesem durchaus problematischen Kriterium: Erlei/Leschke/Sauerland 2007, 17 ff.

[47] Ebenso Günter Püttner, Verwaltungslehre, 2007. Kritisch: Charles B. Blankart, Öffentliche Finanzen in der Demokratie, 2008, 442 ff; *Beispiel:* Der Lärm einer Gaststätte durch die feiernden Gäste ist unweigerlich intendiert; andere etwaige Auswirkungen auf die Geschäfts- und Bevölkerungsstruktur der Gaststättenumgegend sind es regelmäßig nicht.

le der Mehrheit besser ermessen und eher ein zustimmungsfähiges Recht setzen. Durch rechtsökonomische Analysen lassen sich die Steuerungsleistungen des Rechts optimieren: Das Verhalten der Normadressaten ist so zu lenken, dass es zugleich den persönlichen Nutzen und den Nutzen der Allgemeinheit fördert.

D. Öffentliches Recht

Das Kapitel endet mit einer Vorstellung des rechtlichen Gegenstandes des Buches.

I. Öffentliches Recht und Privatrecht

Die Unterscheidung zwischen öffentlichem und privatem Recht ist im Vergleich zum anglo-amerikanischen Recht ein Kennzeichen der deutschen Rechtskultur. Dabei ist die Abgrenzung zwischen beiden Rechtsgebieten nicht unproblematisch. Anschaulich wird das Verhältnis durch die sogenannte Subordinationstheorie: Öffentlich-rechtlich ist die Ausübung staatlicher Herrschaftsmacht im Über-Unter-Ordnungsverhältnis zwischen Staat und Bürger. Grenzfälle lassen sich mit dieser Formel allerdings schlecht erfassen. Entscheidend für die Unterscheidung ist, dass staatliche Organe an die Grundrechte gebunden sind, Art 1 III, 20 III GG. Damit diese Grundrechtsbindung wirksam werden kann, muss zu erkennen sein, wann ein hoheitliches Handeln vorliegt. Allgemein anerkannt ist heute die **modifizierte Subjektstheorie**: Danach ist jede Rechtsnorm öffentlich-rechtlich, die zu einem hoheitlichen Handeln ermächtigt.[48]

Im Wirtschaftsrecht sind privates und öffentliches Recht kaum voneinander zu scheiden. Staatliche Wirtschaftspolitik, Wirtschaftsaufsicht und Wirtschaftslenkung haben einen starken Einfluss auf das Wirtschaftsleben.

II. Wechselseitige Auffangordnungen

In ihren Funktionen werden öffentliches und privates Recht als wechselseitige Auffangordnung untersucht. Danach können öffentliche Aufgaben sowohl durch hoheitliche Eingriffe als auch durch eine zivilrechtliche Regulierung verfolgt werden. In vielen Rechtsgebieten, insbesondere im Wirtschaftsrecht, stehen beide Ordnungen in einem vielschichtigen Mit- und Nebeneinander. *Beispiel:* Der Schutz der Bevölkerung vor schädlichen Produkten kann durch staatliche Aufsichtsämter mit entsprechenden Befugnissen bewirkt werden. Komplementär dazu kann ein Produkthaftungsrecht, dass die Schädiger mit Schadensersatzverpflichtungen bedroht, Produzenten in ihre Schranken weisen.[49] Das effiziente Verhältnis der Ordnungsarten zueinander sollte Gegenstand von Normenvergleichen sein.

---

[48] Im einzelnen – gerade auch zu anderen Abgrenzungslehren: Maurer 2006, § 3, Rn 12 ff.
[49] Ausführlich: Kirchner 1997, 63.

III. Verfassung

Der Begriff der „Verfassung" kann einen tatsächlichen und normativen Zustand beschreiben. Zumeist wird der Begriff im zuletzt genannten Sinne verwendet. Er bezieht sich dann auf die Verfassungsurkunde eines Staates, die die normative Grundordnung einer Gesellschaft festlegt. Die Verfassung Deutschlands ist das **Grundgesetz**. Im Grundgesetz sind die Grundrechte der Einzelnen und die Organisation der Staatsorgane geregelt (welche Staatsorgane soll es geben, welche Kompetenzen haben sie jeweils, und wie wirken sie zusammen?). Im Grundgesetz ist insbesondere auch das Verhältnis zwischen Bund und Ländern geregelt, denn Deutschland ist ein föderaler Staat. - Wenn der Begriff im tatsächlichen Sinne gebraucht wird, bezeichnet er die tatsächlichen Eigenheiten einer bestimmten Gesellschaftsordnung – etwa so als würde man einen Menschen fragen: In welcher Verfassung befinden Sie sich heute?

Seit Jean Bodin (1530-1596) wird weiter unterschieden zwischen der verfassungsgebenden und der durch sie verfassten Gewalt (pouvoir constituant und pouvoir constitué). Der Rechtspositivismus verdeutlicht, wie wichtig die **verfassungsgebende Gewalt** ist. Sie bestimmt die grundlegenden Inhalte und Verfahren aller weiteren Rechtsetzung. Grundidee aller demokratischen Verfassungen ist diesbezüglich, dass die Entstehung des Staates auf einen Gesellschaftsvertrag („contrat social") zurückgeführt wird. In dieser Tradition steht auch das Grundgesetz. Allerdings hat nicht die deutsche Bevölkerung unmittelbar das Grundgesetz angenommen. Das geschah auf indirektem Wege, als sich gewählte Vertreter der Landtage, der sogenannte Parlamentarische Rat, 1948/49 auf Herrenchiemsee versammelten, um das Grundgesetz zu entwerfen und zu verabschieden. Nach der deutsch-deutschen Vereinigung stand eine unmittelbare Volkabstimmung zum Grundgesetz zu Debatte. Die Volksvertreter konnten sich damals aber nicht dazu durchringen, die Bevölkerung über die Verfassung abstimmen zu lassen.

Wenn die Verfassung die Grundordnung des Gemeinwesens sein soll, muss sie einen entsprechenden **normativen Vorrang** gegenüber allen anderen Rechtsnormen haben. Diese Einsicht setzte sich im deutschen Vorkonstitutionalismus durch. Heute findet der Vorrang der Verfassung seinen klaren Ausdruck in

> Art 79 GG: [**Änderung des Grundgesetzes**]
> (1) Das Grundgesetz kann nur durch ein Gesetz geändert werden, das den Wortlaut des Grundgesetz ausdrücklich ändert oder ergänzt. [...]
> (2) Ein solches Gesetz bedarf der Zustimmung von zwei Dritteln der Mitglieder des Bundestages und zwei Dritteln des Bundesrates.
> (3) Eine Änderung dieses Grundgesetzes, durch welche die Gliederung des Bundes in Länder, die grundsätzliche Mitwirkung der Länder bei der Gesetzgebung oder die in den Artikeln 1 und 20 niedergelegten Grundsätze berührt werden, ist unzulässig.

Änderungen der Verfassung müssen also deutlich werden, und sie bedürfen besonders hoher parlamentarischer Mehrheiten. Unabänderlich sind damit die Menschenwürde und die Menschenrechte, Art 1 I, II, sowie die Staatsstrukturprinzipien Demokratie, Bundesstaat, europäische Integration, Rechtsstaat, Sozialstaat und Umweltstaat, Art 20 I, II, 23, 20 I, III, 28 I, 20a GG. Art. 79 III GG kann selbstredend nicht geändert werden.

Ausgehend von der Verfassung bildet die nationale Rechtsordnung eine Hierarchie verschiedener Formen von Rechtssätzen, die sogenannte **Normenpyramide**.

Die nächste Stufe nach der Verfassung sind die **formellen Gesetze**. Sie werden im Verfahren nach Art 70 ff GG durch die Verfassungsorgane Bundestag und Bundesrat erlassen.

Die nächste Stufe der **Rechtsverordnungen** ergibt sich aus

> Art 80 GG: [**Erlass von Rechtsverordnungen**]
> (1) Durch Gesetz können die Bundesregierung, ein Bundesminister oder die Landesregierungen ermächtigt werden, Rechtsverordnungen zu erlassen. Dabei müssen Inhalt, Zweck und Ausmaß der erteilten Ermächtigung im Gesetz bestimmt werden. [...]

Die niedrigste Stufe bilden **Satzungen**. Das sind Gesetze, die Körperschaften, etwa Gemeinden, Universitäten oder Vereine, setzen, um ihre eigenen Angelegenheiten zu regeln. Die Satzungsbefugnis beruht auf einer gesetzlichen Ermächtigung, die den Körperschaften einen eigenen Zuständigkeitsbereich gewährt.

Die genannten vier Formen von Recht fügen sich in eine Normenpyramide:

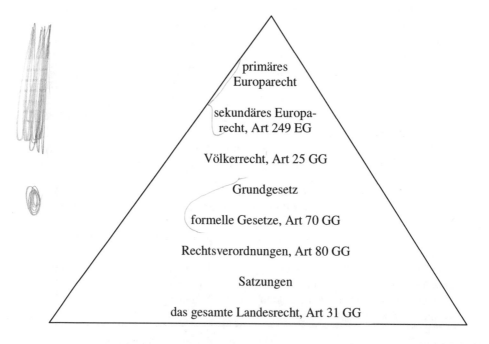

Vier weitere Rechtsformen sind in der Abbildung genannt, die bislang nicht erklärt wurden: Das primäre Europarecht sind die Verträge unter den EU-

Mitgliedstaaten, mit denen diese die Grundstrukturen der Europäischen Union und die Europäischen Gemeinschaften begründen. Das sekundäre Europarecht sind das Recht, das die so geschaffenen Europäischen Gemeinschaften setzen. Das Verhältnis des primären zum sekundären Gemeinschaftsrecht entspricht dem Verhältnis des Grundgesetzes zu den formellen Gesetzen. Ob Europarecht ranghöher ist als das Grundgesetz ist wohl noch umstritten. Die praktisch relevante Frage, wie zu verfahren ist, wenn sich europäisches und nationales Recht widersprechen., wird jedoch allgemein dahin beantwortet, das Europarecht genieße einen Anwendungsvorrang gegenüber dem nationalen Recht. Der Rang des Völkerrechts ergibt sich aus Art 25, vgl Art 59 II GG; der Rang des Landesrechts aus Art 31 GG.

Jede Rechtsnorm der nachfolgenden Stufe muss konform sein mit allen höherrangigen Rechtsnormen, die den gleichen Regelungsbereich abdecken.

E. Zusammenfassung

I. Wichtigste Lehre

Rechtsnormen sind Verhaltenserwartungen, die sich gerichtlich durchsetzen lassen. Dadurch kann das Verhalten der Normadressaten gesteuert werden. Rechtsnormen geben dem Verhalten aber zumeist nur bestimmte Grenzen vor (Korridor des Rechts). Innerhalb dessen sind mehrere Verhaltensweisen und mehrere rechtliche Entscheidungen der Rechtsanwender vertretbar. Eine Entscheidung, die rechtlich vertretbar ist, kann als ungerecht empfunden werden. Die Begründung einer gerechten Entscheidung steht vor dem Problem, dass sich Wertungen nicht letztbegründen lassen (Münchhausen-Trilemma). Da leichter erkennbar ist, was ungerecht ist, hilft sich die Rechtspraxis mit der sogenannten Radbruch'schen Formel. Danach bleiben solche Rechtsnormen unangewendet, deren Ungerechtigkeit ein schlechthin unerträgliches Maß erreicht. Die konsensethischen Ansätze fragen danach, welche Rechtsnormen zustimmungsfähig sind. Positives Recht ist folglich dann richtig, wenn seine Inhalte zustimmungsfähig sind.

Recht soll die Wirklichkeit gestalten. Voraussetzung ist, dass die Rechtsnormen wirksam werden. Das ist der Fall, wenn sie nicht nur juristisch, sondern tatsächlich gelten. Die Wirksamkeit von Rechtsnormen basiert entweder auf freiwilliger Zustimmung (Anerkennung) oder auf Zwang. Kostengünstiger und daher vorzugswürdig ist die freiwillige Zustimmung. Das ist ein erneutes Argument dafür, nach der Zustimmungsfähigkeit von Rechtsnormen zu fragen.

Unter welchen Umständen die Einzelnen einer Rechtsnorm zustimmen würden, wird in der Rechtsökonomik untersucht. Die Ökonomik ist die Wissenschaft, die die Beziehungen zwischen individuellem Verhalten und kollektiver Kooperation zum gemeinsamen Vorteil untersucht. Das ökonomische Paradigma legt zu Grunde, dass die Menschen eigennutzorientiert handeln. Das heißt, in einer gegebenen Situation verwirklichen sie im Zweifel jene Verhaltensmöglichkeit, die gegenüber anderen Möglichkeiten voraussichtlich die beste Kosten-Nutzen-Relation aufweist. Diese Handlungsmöglichkeit vermittelt die größten Anreize.

In einer menschlichen Gesellschaft ist die Kooperation das Mittel, um den größtmöglichen Eigennutzen entfalten zu können. Zwischenmenschliche Zusammenarbeit ist aber sehr voraussetzungsvoll. Die Einzelnen konkurrieren unter den Bedingungen begrenzter Rationalität und asymmetrischer Informationen um knappe Güter. Das Vertrauen in eine Kooperation können sie nur entwickeln, wenn sie sich auf den Schutz von Rechtsnormen verlassen können. Rechtsnormen beschränken sozial schädlicher Verhalten. Auf diese Weise ermöglichen Rechtsnormen die Schaffung von Kooperationsvorteilen.

Die Verhaltenssteuerung kann durch das Zivilrecht und durch das Öffentliche Recht erfolgen. Öffentlich-rechtlich sind alle Rechtsvorschriften die einen Träger hoheitlicher Gewalt berechtigen oder verpflichten. Die Wiege des öffentlichen Rechts ist die Verfassung, das Grundgesetz. Ausgehen von den Art 70 ff GG werden weitere Rechtsnormen erlassen. Es entsteht die sogenannte Normenpyramide.

II. Wichtige Stichworte

➢ Recht und Nicht-Recht: Zwangsbegriff des Rechts
➢ positives Recht (= law in the books =geschriebenes Recht = juristisch geltendes Recht) und richtiges (= gerechtes) Recht; Radbruch`s Formel
➢ Wirksamkeit (betrifft Grad der Deckung von juristischer und tatsächlicher Geltung (= law in the books und law in action) und Wirkungen von Recht
➢ ökonomische Funktion des Rechts = Schaffung von Kooperationsvorteilen
➢ methodologischer und normativer Individualismus
➢ rechtsökonomisches Paradigma: Eigennutzannahme, Ressourcenknappheit,, begrenztes Rationalverhalten, unvollständige Informationen, asymmetrische Informationen (Principal-Agent-Ansatz), Annahme gegebener Präferenzen und veränderlicher Beschränkungen, Annahme der Existenz relevanter Alternativen, Interaktions-/Transaktionskosten, Normenvergleiche
➢ Bestimmung des öffentlichen Rechts durch modifizierte Subjektstheorie
➢ öffentliches Recht und Privatrecht als wechselseitige Auffangordnungen.
➢ Normenpyramide, Art 79 III und 80 GG.

III. Schrifttum

Coing, Helmut, Grundzüge der Rechtsphilosophie, 5. A 1993.
Engel, Christoph/Morlok, Martin, Öffentliches Recht als Gegenstand ökonomischer Forschung, 2000.
Erlei, Mathias/Leschke, Martin/Sauerland, Dirk, Neue Institutionenökonomik, 2.A 2007.
Hofmann, Hasso, Einführung in die Rechts- und Staatsphilosophie, 3. A 2006.
Homann, Karl/Suchanek, Andreas, Ökonomik: Eine Einführung, 2.A 2005.
Kaufmann, Arthur, Grundprobleme der Rechtsphilosophie, München 1994.
Kirchner, Christian, Formen innerstaatlicher Interaktionsregeln für wirtschaftliche Prozesse, in: Korff, Wilhelm u.a. (Hg), Handbuch der Wirtschaftsethik, Bd 2 2002, 127.

Kirchner, Christian, Ökonomische Theorie des Rechts, Schriftenreihe der Juristischen Gesellschaft zu Berlin, Heft 151, 1997.
Radbruch, Gustav, Rechtsphilosophie, 3. A. (neu herausgegeben von Kaufmann, Arthur, Gustav Radbruch Gesamtausgabe, Bd. II, 1993), 1932.
Raiser, Thomas, Grundlagen der Rechtssoziologie, 4. A 2007.
Richter, Rudolf/Furubotn, Eirik (Hg), The New Institutional Economics: Bounded Rationality and the Analysis of State and Society, Journal of Institutional and Theoretical Economics 1994, 11.
Rottleuthner, Hubert, Rechtssoziologie, in: Kerber, Hans/Schmider, Andreas (Hg), Spezielle Soziologien, 1994, 216.
Seelmann, Kurt, Rechtsphilosophie, 4. A 2007.
Weber, Max, Wirtschaft und Gesellschaft, Tübingen 1980 (1920).

§ 2 Methodik der Rechtsanwendung

A. Das Problem der Rechtsanwendung

Gustav Radbruch kennzeichnet das Recht als eine Wirklichkeit, die der Gerechtigkeit dienen soll. Rechtsnormen schaffen also das Abbild einer idealen Wirklichkeit; nach diesem Abbild soll die reale Welt gestaltet werden. Dazu steuern Rechtsnormen das Verhalten der Normadressaten. Sie ermöglichen dadurch Kooperationsvorteile. Beispielsweise schaffen sie sozialen Frieden. Diese Funktionen können Rechtsnormen nur erfüllen, wenn sie erstens, die richtigen Verhaltensanweisungen geben und, zweitens, die Normadressaten den Befehlen der Normen folgen. Die Rechtszwecke werden dadurch verfolgt, dass die Normadressaten in ihren Handlungsmöglichkeiten beschränkt werden. Damit wird ihr Verhalten auf verlässliche Weise vorhersehbar. Das ermöglicht eine Überwindung des sozialen Dilemmas. Die Normadressaten werden die Rechtsnormen befolgen, wenn sie dazu die ethischen oder ökonomischen Anreize verspüren.

Die Normbefolgung hat jedoch noch grundsätzlichere Vorbedingungen: Die Adressaten müsse die **Normen verstehen**, und sie müssen sie zudem einheitlich verstehen. Ansonsten entzündet sich immer wieder neuer Streit über das Verständnis der Regeln, die eigentlich eine klare Ordnung vorgeben sollten. Zudem kann auch die bereits erwähnte Bindung der Staatsgewalten an die verfassungsmäßige Ordnung und das Gesetz, Art 20 III GG, nur eingelöst werden, wenn die Rechtsnormen klare Anweisungen geben. Daher der bekannte Ausspruch Rudolf von Jherings (1818-1892): „Der Gesetzgeber soll denken wie ein Philosoph, aber reden wie ein Bauer." Die Sprache ist das Medium des Rechts. Mit seiner Verständlichkeit steht und fällt das Recht selbst.

Dieser Idee einer klaren Gesetzessprache gab Montesquieu einen starken Ausdruck als er den Richtern die wenig schmeichelhafte Charakterisierung gab, sie seien ein Nichts („en quelque façon nulle"). Sie seien lediglich der Mund des Gesetzes („bouche de la loi"); eine eigene Entscheidungsgewalt komme ihnen nicht zu. Diese Auffassung wird jedoch stets nur zitiert, um eine lustige Gegenstimme zu hören. Sie steht im Gegensatz zu der Erfahrung, dass unsere Sprache und damit auch **Rechtsnormen mehrdeutig sein können**. Gesetze müssen bis zu einem gewissen Grade abstrakt formuliert sein, um eine Vielzahl von Fällen erfassen zu können. Einzelfallgesetzgebung ist ausdrücklich verboten, Art 19 I 1 GG.

Es ist daher die allgemeine und richtige Auffassung, dass Gesetze für die Rechtsanwendung konkretisiert werden müssen. Rechtsanwendung kann sich nicht darin erschöpfen, die Rechtsbegriffe mit Leben zu füllen und auf diesem Wege der begrifflichen Argumentation die Kluft zwischen Rechtsnorm und Wirklichkeit zu schließen (sog Begriffsjurisprudenz). „Das Leben ist nicht der Begriffe, sondern die Begriffe des Lebens wegen da."[1] Rechtsanwendung verlangt häufig Wertungen der Rechtsanwender. Daher wird heute allgemein die Rechtsanwendung als **Wertungsjurisprudenz** verstanden.[2] Dem entspricht die Auffassung des BVerfG, wonach die Richter nicht lediglich Mittler des gesetzgeberischen Willens sind. Der Richter ist an Gesetz und Recht gebunden, Art 20 III GG. Er unterliegt gerade keinem engen Gesetzespositivismus.[3]

Die Dinge wandeln sich und mit ihnen die Sprache, durch die wir die Dinge erfassen. Das kann für das Recht Dreierlei bewirken: Eine Rechtsnorm kann sich auf einen gewandelten Sachverhalt beziehen; die Bedeutung von einzelnen Begriffen einer Rechtsnorm kann sich gewandelt haben; beide Phänomene können gleichzeitig auftreten. In allen drei Fällen entsteht eine Diskrepanz zwischen dem, was der Gesetzgeber mit einer Rechtsnorm beabsichtigte und dem was in der Gegenwart sinnvoll erscheinen mag. Aus dieser Diskrepanz hat sich der grundlegende methodische **Streit zwischen Subjektivisten und Objektivisten** entwickelt, der bis heute unentschieden ist. Die Subjektivisten wollen den Willen der historischen Gesetzgeber zur Geltung bringen, die Objektivisten den Willen des Gesetzes, also den jetzigen Sinngehalt der Norm.

B. Grundsätze der Rechtsanwendung

Rechtsanwendung vollzieht sich in verschiedenen Stadien. Bevor die Einzelheiten der Rechtsanwendung erklärt werden können, soll ein erstes Verständnis über die Struktur von Rechtssätzen und das Verfahren ihrer Anwendung auf die Wirklichkeit gegeben werden (I.). Anschließend folgen Hinweise zum Auffinden (II.), zur Anwendbarkeit (III.) und zur Auslegung von Rechtsnormen (IV.). Ausführungen zum angedeuteten Subjektivismus-Objektivismus-Streit (V.) sowie zur Entscheidungsbegründung (VI.) schließen den Abschnitt ab.

I. Rechtsnorm und Wirklichkeit

Bei der Rechtsanwendung werden Recht und Wirklichkeit, Sollen und Sein miteinander verknüpft. Das kommt zum Ausdruck in der folgenden Definition: "Rechtssätze sind [...] hypothetische **Sollenssätze**. Sie sprechen ein bedingtes, nämlich eben ein durch den ‚Tatbestand' bedingtes Sollen aus."[4] Bei der Rechtsanwendung wird untersucht, welchen Tatbestand die betreffende Norm erfassen soll. Wenn dieser Tatbestand tatsächlich vorliegt, wird der hypothetische Sollenssatz Realität. Das Sollen wird unbedingt. Der Tatbestand ist dann entsprechend

---

[1] Rudolf von Jhering, Geist des römischen Rechts III, 4. A 1888, 321.
[2] Vertiefend zur Kritik der Begriffsjurisprudenz: Röhl 2008, 41 ff.
[3] BVerfGE 75, 223, 243; 34, 269, 286 ff.
[4] Engisch 2005, 18.

der Sollensanordnung zu gestalten. Die Normadressaten tun das entweder freiwillig, oder sie werden durch die zuständigen Staatsorgane dazu gezwungen. Diese Funktionsweise spiegelt sich wider in der Struktur von Rechtssätzen (1). Die eigentliche Verknüpfung erfolgt dann durch die Subsumtion (2).

1. Die Strukturen von Rechtssätzen und Prinzipien

a) Tatbestand und Rechtsfolge
Rechtsnormen gliedern sich in einen Tatbestand und in eine Rechtsfolge. Der **Tatbestand** besteht zumeist aus mehreren Merkmalen. Diese beschreiben in abstrakten Worten bestimmte Lebenssituationen. Die **Rechtsfolge** befiehlt, was geschehen soll, falls der Tatbestand real vorliegt. *Beispiel:*

> § 35 I 1 GewO: [**Gewerbeuntersagung wegen Unzuverlässigkeit**]
> Die Ausübung eines Gewerbes ist von der zuständigen Behörde ganz oder teilweise zu untersagen, wenn Tatsachen vorliegen, welche die Unzuverlässigkeit des Gewerbetreibenden [...] in bezug auf dieses Gewerbe dartun, sofern die Untersagung zum Schutze der Allgemeinheit oder der im Betrieb Beschäftigten erforderlich ist.

Tatbestandsmerkmale sind das Vorliegen von (1) einem Gewerbe, das (2) ausgeübt wird; (3) von Tatsachen, die eine Unzuverlässigkeit des Gewerbetreibenden in bezug auf das Gewerbe dartun und (4) von Umständen, die anzeigen, dass eine Gewerbeuntersagung zum Schutze der Allgemeinheit oder – alternativ – der im Betrieb Beschäftigten erforderlich ist. Rechtsfolge ist die Gewerbeuntersagung.

Viele Tatbestandsmerkmale enthalten sogenannte **unbestimmte Rechtsbegriffe**. Diese müssen – anders als sprachlich klare Begriffe wie etwa Zahlen – definiert werden, damit sie einen bestimmten Sinngehalt bekommen. *Beispiele:* Menschenwürde, öffentliche Sicherheit und Ordnung, Gewerbe, Unzuverlässigkeit.

b) Ermessensspielräume und Bindung der Verwaltung
Eine Besonderheit öffentlich-rechtlicher Normen sind Ermessensklauseln, die der Verwaltung einen **Entscheidungsspielraum** geben. Dieser ist nur ausnahmsweise, nämlich für atypische Fälle gegeben, wenn die Rechtsnorm sagt, dass etwas geschehen „**soll**". *Beispiel:* Gemäß § 35 IV 1 GewO „sollen" vor der Gewerbeuntersagung zuständige staatliche Aufsichtsbehörden gehört werden. – Größer ist dagegen der Ermessensspielraum, wenn die Verwaltung handeln „**kann**". *Beispiel:* Gemäß § 35 I 1 GewO „kann" dem Gewerbetreibenden gestattet werden, den Gewerbebetrieb durch einen Stellvertreter fortzuführen. Kein Ermessen besteht, wenn die Verwaltung zu handeln „**hat**" oder wenn etwas zu tun „**ist**", wie in § 35 I 1 GewO (sog **gebundene Verwaltung**).

2. Subsumtion - juristische Logik?

a) Der Syllogismus
Die formale Methode, die Wirklichkeit unter die Merkmale des Tatbestand zu subsumieren, ist der Syllogismus. Dieser kennt verschiedene Spielarten, von de-

nen hier nur die Grundspielart des sogenannten „modus barbara" interessieren soll: Zunächst wird ein **Obersatz** mit einer allgemeinen normativen Aussage gebildet. Alle Rechtsnormen mit einer Rechtsfolge enthalten einen Obersatz. *Beispiel:* Immer wenn ein Gewerbetreibender unzuverlässig ist, ist sein Gewerbe zu untersagen. Sodann werden Personen, Vorgänge und Dinge der Wirklichkeit im Hinblick auf den Obersatz wertend betrachtet. *Beispiel:* Ist ein Gewerbetreibender X unzuverlässig? Je nachdem, wie die Antworten ausfallen, lautet der **Untersatz**: X ist/ist nicht Gewerbetreibender; X ist/ist nicht unzuverlässig. Stimmen Obersatz und Untersatz in den verknüpfenden Merkmalen (sog tertium comparationis) überein, so tritt die Rechtsfolge als **Schlusssatz** (sog conclusio) ein: Das Gewerbe des X ist zu untersagen.[5]

„Der Untersatz ist der Nerv, der den im Gesetz bzw im juristischen Obersatz enthaltenen allgemeinen Rechtsgedanken hinleitet zum konkreten Rechtsfall und damit dessen gesetzesgemäße Beurteilung ermöglicht."[6] **Im Untersatz erfolgt die Bewertung des Sachverhaltes im Hinblick auf den Tatbestand**. Das bedeutet, dass die Rechtsbegriffe des Tatbestandes interpretiert werden und immer wieder eine Kontrolle darüber erfolgt, bei welchem Verständnis der Tatbestandselemente der gegebene Sachverhalt vom Tatbestand erfasst ist und bei welchen nicht. Karl Engisch bezeichnet den Subsumtionsvorgang daher treffend als **Hin- und Herwandern des wertenden Blickes zwischen Tatbestand und Sachverhalt**.

Beispiel und nachfolgend Ausgangsfall: Makler Muck ist seit einer Woche rechtskräftig wegen Diebstahls einer geringwertigen Sache verurteilt. Muss die zuständige Behörde sein Gewerbe untersagen, da Muck „unzuverlässig" im Sinne von § 35 GewO ist? Das hängt ab vom Verständnis des Begriffs „unzuverlässig".

Die Subsumtion eines Sachverhalts unter einen Gesetzestatbestand erschöpft sich nicht in einer formal-logischen Operation. Der Syllogismus ist ein Korsett für die logisch richtige Argumentation. Es gibt zudem **formal-logische Denkgesetze**, die für jede vernünftige Aussage zu beachten sind. *Beispiel:* der Satz vom logischen Widerspruch: Wenn etwas vollständig weiß ist, kann es nicht zugleich schwarz sein. Wenn Art 79 III GG bestimmte Artikel für unabänderlich erklärt, ist er selbst ebenfalls unabänderlich. Eine Norm ist kein Selbstzweck: Eine Norm darf durch eine Auslegung nicht überflüssig werden, sonst wäre die Norm absurd.

Häufig sind im juristischen Alltag der Erst-Recht-Schluss, der Umkehrschluss und der Analogieschluss anzutreffen. *Beispiel* für einen **Erst-Recht-Schluss**: Wenn Diebstahl eine Unzuverlässigkeit begründet, dann erst recht Diebstahl in einem schweren Fall. Umkehrschluss und Analogieschluss stehen in Beziehung zu einer Norm. *Beispiel* für einen **Umkehrschluss**: Erstreckt Art 19 IV GG die Geltung der Grundrechte ausdrücklich auf inländische juristische Personen, so kann daraus umgekehrt gefolgert werden, dass ausländische juristische Personen nicht geschützt sind.[7] Der **Analogieschluss** ist ein Schluss von einem Besonderen auf ein anderes Besonderes. Er ist deshalb besonders begründungsbedürftig. Die Entscheidung zwischen einem Umkehrschluss und einer Analogie ist logisch nicht

---

[5] Zum Syllogismus und zur formalen Logik zB Röhl 2006, 102 ff; Schneider 2008.
[6] Engisch 2005, 72.
[7] BVerfGE 64, 1, 11; 21, 362, 373.

vorgegeben, sondern eine Frage der Wertung. *Beispiel:* Ausländische und inländische juristische Personen sind wesentlich gleich und daher gleich zu behandeln. Das Fehlen einer Regel wie Art 19 IV GG für ausländische juristische Personen legt daher nahe, Art 19 IV analog auf diese anzuwenden.

b) Definitionslehre
Um den Syllogismus sauber durchführen zu können, müssen die Tatbestandsmerkmale der Norm definiert werden. Eine Definition ist eine Begriffsbestimmung. Sie besteht aus einem **Definiendum** (dem Zu Definierenden) und einem **Definiens** (dem Definierenden). Ein Beispiel zum bereits zitierten § 35 S 1 VwVfG ist die folgende Legaldefinition:

> § 1 IV VwVfG [**Begriff der Behörde**]
> Behörde im Sinne dieses Gesetzes [Definiendum] ist jede Stelle, die Aufgaben der öffentlichen Verwaltung wahrnimmt [Definiens].

Wie Definitionen zu bilden sind, formulierte Aristoteles in der bis heute gültigen Formel: **genus proximum et differentia specifica**.[8] Das heißt: Zu benennen sind erstens die begrifflich nächsthöhere Gattung und zweitens die besonderen Unterschiede im Vergleich zu anderen Arten derselben Gattung. Eine Behörde ist - erstens - eine Stelle, die - zweitens - dadurch gekennzeichnet, dass sie hoheitliche Aufgaben erfüllt. Weitere *Beispiele:* § 9, § 23 VwVfG, § 1 I, 2 LadenschlussG.

II. Auffinden und Zusammenbauen einschlägiger Normen

Die Rechtsanwendung beginnt mit dem **Erfassen des zu lösenden Problems**. Wenn die Tatsachen umrissen sind, können die entscheidungsrelevanten Normen gesucht werden. *Beispiel:* In der Gewebeordnung kann die einschlägige Norm des § 35 I GewO erst gesucht werden, wenn klar ist, dass ein Problem aus dem Gewerberecht zu lösen ist. Die Anforderungen der möglicherweise einschlägigen Normen geben sodann vor, welche weiteren Tatsachen ermittelt werden müssen, um den Fall lösen zu können. Hin-und Herwandern.

Selten ist es so, dass die einschlägigen Normen sich alle in einem Gesetz versammelt finden. Der Rechtsanwender hat also die Aufgabe, „die im Gesetz aus ‚technischen' Gründen auseinandergelegten, um nicht zu sagen: auseinandergerissenen Bestandteile eines vollständigen rechtlichen Sollensgedankens zu einem Ganzen zusammenzufügen"[9]. *Beispiel:* § 1 IV definiert den Begriff der Behörde aus § 35 S. 1 VwVfG. Für die Rechtslage im Maklerfall sind die Gewerbeordnung, das Grundrecht auf Berufsfreiheit und das VwVfG heranzuziehen. Vielleicht gibt es ein spezielles Maklergesetz oder einschlägiges europäisches Recht. Wie werden die möglicherweise einschlägigen Rechtsnormen gefunden?

---

[8] Vgl vertiefend Röhl 2006, 25 ff; Eike von Savigny, Grundkurs im wissenschaftlichen Definieren, 4. A 1987, insbesondere 126, 129.
[9] Engisch 2005, 75 ff.

Verlangt werden systematisches Suchen und juristische Assoziation. Das Suchen erfolgt über Schlüsselbegriffe. Welche typischen Lebenssachverhalte sind im konkreten Problem angesprochen und auf welche Begriffe lassen sich diese bringen? Außer den naheliegenden Begriffen sind auch die entfernteren, assoziierten Begriffe zu beachten. Nach diesen Begriffen müssen dann systematisch die Inhaltsverzeichnisse der Gesetzbücher und der Gesetze, die verfügbaren Stichwortregister, Rechtswörterbücher oder juristischen Suchmaschinen durchsucht werden. *Beispiel:* Ein Beamter meint, er müsse mehr Geld von seinem Dienstherrn bekommen, weil er Kinder habe. Eine Auswahl relevanter Stichwörter wäre: Beamte, Besoldung, Beihilfe, Erziehung, Familie, Kinder, Zuschläge. Die erfolgreich Suchenden stoßen auf das Kindererziehungszuschlagsgesetz.

III. Anwendbarkeit von Rechtsnormen

Die aufgefundenen Rechtsnormen sind sorgfältig darauf hin zu lesen, ob sie „einschlägig" sind, das heißt, zur Falllösung beitragen können. Häufig scheinen mehrere Normen anwendbar zu sein. Es ist dann auszulegen, welche von diesen richtigerweise anzuwenden ist. Zwei Regeln erleichtern das: **Die spezielle Norm geht der allgemeineren vor** (lex specialis derogat legi generali). Eine Norm x ist speziell zu einer Norm y, wenn der Tatbestand von x den von y vollständig beinhaltet sowie mindestens ein zusätzliches Tatbestandsmerkmal. *Beispiel:* Das Betreiben von Gaststätten ist eine spezielle Form des Gewerbebetriebes, die GewO gilt daher nur subsidiär, sofern das Gaststättengesetz keine einschlägigen Normen enthält vgl § 31 GaststG. **Die jüngere Norm geht der älteren vor** (lex posterior derogat legi priori). Argument für beide Regeln: Das speziellere und das jüngere Gesetz zeigen den Willen der Gesetzgeber verlässlicher an.

Einige Gesetze und Normen bestimmen ausdrücklich ihren Anwendungsbereich, vgl zB §§ 1 I-III, 2 VwVfG, § 2 BImSchG. *Im Ausgangsfall:* Dass die Makler- und Bauträgerverordnung nicht einschlägig sind, ist schnell erkannt. § 35 I GewO scheint relevant zu sein. Doch § 35 VIII 1 Alt 1 GewO sagt, die Norm sei nicht anzuwenden, „[s]oweit [...] eine für das Gewerbe erteilte Zulassung wegen Unzuverlässigkeit des Gewerbetreibenden zurückgenommen oder widerrufen werden kann". Das ist ein Verweis auf die allgemeinen Vorschriften zu Rücknahme und Widerruf eines VA, §§ 48 und 49 VwVfG. Das Maklergewerbe bedarf gemäß § 34c I 1 GewO der Erlaubnis. Die Erlaubnis ist ein VA. Voraussetzung für die Erteilung ist unter anderem, dass die Bewerber nicht unzuverlässig sind, § 34c II Nr 1 GewO. Offenbar war der Makler zuverlässig, denn gegenwärtig hat er eine Erlaubnis. In Betracht käme vorliegend ein Widerruf dieser Erlaubnis.

> § 49 II Nr 3 VwVfG lautet:
> Ein rechtmäßiger begünstigender Verwaltungsakt darf [...] nur widerrufen werden, [.1.; 2.;.] 3.wenn die Behörde auf Grund nachträglich eingetretener Tatsachen berechtigt wäre, den Verwaltungsakt nicht zu erlassen, und wenn ohne den Widerruf das öffentliche Interesse gefährdet würde".

Gemäß § 49 II Nr 3 VwVfG iVm § 34c II Nr 1 GewO darf die zuständige Behörde die Maklererlaubnis also widerrufen, wenn dieser mittlerweile unzuverlässig geworden ist. § 35 I 1 GewO ist also entgegen der ersten Sichtung nicht anwendbar. Wegen der Gefahr, derartige Einschränkungen zu übersehen, ist es methodologisch verboten, nur den Absatz zu lesen, der unmittelbar einschlägig zu sein scheint. Immer sind alle Absätze einer Norm, und immer sind auch die Vorschriften in unmittelbarer Nähe zur einschlägigen Vorschrift zu lesen! Dieses Vorgehen bereitet zugleich auf die systematische Auslegung vor.

IV. Auslegung der Norm im Hinblick auf den Sachverhalt

Im Folgenden geht es darum, zu prüfen, ob der normative Obersatz den Nerv der Wirklichkeit, nämlich den Untersatz, treffen kann, um die Reaktion der Rechtsfolge auszulösen. Dazu müssen die Tatbestandsmerkmale der Rechtsnorm ausgelegt werden im Hinblick auf die Situation des Einzelfalles. Auslegen bedeutet, den Sinngehalt einer Aussage verstehen. Die Wissenschaft vom Verstehen ist die **Hermeneutik** (grch hermeneuein = Erklären, Verstehen).

1. Vorverständnis und Methodenwahl

Zu Beginn der Vorbemerkung wurde vorgeschlagen, neun Punkte möglichst effizient zu verbinden. Die optimale Lösung sieht aus wie folgt:

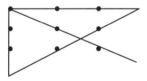

Erfahrungsgemäß kommt selten jemand mit vier Strichen aus. Es lässt sich vermuten, dass die Ursache hierfür eine Denkbarriere ist, und zwar die bewusste oder unbewusste Vorstellung, das Areal der Punkte dürfe nicht überschritten werden.

Welche Erkenntnisse lassen sich aus dieser Erfahrung gewinnen? Die Welt ist unendlich komplex. Ein Buch zum Beispiel ist ein handlicher Gegenstand, wenn es im Bücherregal steht. In der Zahl seiner Buchstaben, in seinem Sinngehalt oder der physikalischen Zusammensetzung der einzelnen Seiten, des Einbandes, der Tinte oder des Klebstoffes ist es in faszinierender Weise komplex. Der Mensch nimmt seine komplexe Umwelt selektiv wahr. Also etwa die schwarz gedruckten Buchstaben und nicht die weißen Zwischenräume. Das, was der Mensch wahrnimmt, ist bedingt durch die Leistungsfähigkeit seiner Sinne und durch kulturelle und persönliche Prägungen. Mit unserer **Wahrnehmung** ist auch unsere Fähigkeit, in dieser komplexen Welt bestimmte Probleme zu erkennen und zu lösen, **begrenzt**. Das wird durch das Neun-Punkte-Beispiel veranschaulicht.

Die Hermeneutik verwendet den Begriff des Vorverständnisses. Ohne **Vorverständnis** kein weiteres Verständnis. Alles Verstehen basiert auf bereits Verstandenem. Erkenntnis beruht im Wesentlichen auf inneren oder äußeren Erfahrungen. Die Hermeneutik spricht daher von einem **hermeneutischen Zirkel**. Der Zirkel wird durch Verstehen und Lernen beständig erweitert.

Das lässt sich auch bei der Rechtsanwendung beobachten. Die Tatbestandsmerkmale der Norm werden im Hinblick auf den Sachverhalt ausgelegt. Die Norm lenkt die Wahrnehmung des Lebenssachverhaltes auf die rechtlich erheblichen Fakten. Dadurch wird die unendliche Komplexität des Falles reduziert. Ein Ausschnitt der Wirklichkeit wird als Fall rekonstruiert und juristisch bewertet.

Das **Vorverständnis** ist damit auch der Grund für unsere beschränkte Wahrnehmung. Es ist **zugleich Bedingung und Grenze unseres Verstehens**. In dieser Begrenzungswirkung liegt eine Gefahr. Josef Esser veröffentlichte 1972 sein Buch „Vorverständnis und Methodenwahl". Darin entwickelte er die vielleicht überzeichnete, im Kern aber wohl richtige Vorstellung, dass die juristische Methode so flexibel sei, dass sich letztlich in vielen Fällen die intuitiv gefundene Entscheidung aus dem Gesetz begründen lasse. Die Gesetzesbindung der Gewalten, Art 20 III GG, wird dadurch nicht gerade zu einer Illusion, aber relativiert. Insbesondere bei der Auslegung der mitunter abstrakten Verfassung kommen verschiedene Vorverständnisse ans Licht.[10]

Ausgerechnet der Mann ohne Eigenschaften, den Robert Musil sich erdachte, gibt ein gutes Beispiel ab für jemanden, der sich des hermeneutischen Zirkels bewusst ist, und der versucht, aus ihm heraus zu treten: „Wenn es Wirklichkeitssinn gibt, muss es auch Möglichkeitssinn geben." „Wer ihn besitzt [...] erfindet: Hier könnte, sollte, müsste geschehen, und wenn man ihm von irgend etwas erklärt, dass es so sei, dann denkt er: Nun es könnte wahrscheinlich auch anders sein."

Normen werden ausgelegt: nach ihrem Wortlaut, nach ihrer historischen Bedeutung, nach ihrer systematischen Stellung und Funktion sowie nach ihrem Sinn und Zweck (sog teleologische Interpretation) und nach ihren Folgen. Von praktischer Bedeutung sind ferner rechtliche Gesichtspunkte außerhalb des Normtextes.

2. Wortlaut der Norm

Ausgangspunkt der Auslegung ist die Frage nach der richtigen Definition eines Tatbestandsmerkmales. Dazu wird zunächst der Wortlaut des betreffenden Tatbestandsmerkmales herangezogen.

Wörter sind aber selten eindeutig. Jedes Wort kann zumindest eine übertragene Bedeutung haben. Die meisten **Wörter** sind in ihrer sprachlichen Verwendung **mehrdeutig**. „Die Bedeutung eines Wortes ist sein Gebrauch in der Sprache."[11] Dasselbe Wort kann also in verschiedenen Zusammenhängen eine unterschiedliche Bedeutung haben. In der Tat verwenden Juristen Begriffe teilweise anders oder genauer als die Allgemeinheit. Ein Beispiel ist die juristische Unterscheidung zwischen Eigentum und Besitz, den die Alltagssprache nicht kennt. Ein Begriff

---

[10] Ernst-Wolfgang Böckenförde, Grundrechtstheorie und Grundrechtsinterpretation, NJW 1974, 1529.

[11] Ludwig Wittgenstein, Philosophische Untersuchungen, 1953, Nr 43.

kann auch unterschiedliche juristische Bedeutung haben. Mehrdeutig ist zB der Begriff der „Mehrheit", vgl Art 42 II 1, 52 III 1 und Art 79 II, 121 GG.

Der **äußerste Wortsinn** ist anerkanntermaßen die Grenze der Auslegung. Er markiert den Entscheidungskorridor. Nur bei unerträglichen Verstößen gegen die Gerechtigkeit ist eine wortlautübersteigende Rechtsfortbildung anerkannt. Bei der Auslegung kommt es folglich darauf an, den richtigen Sinn eines Wortes zu erfassen. Sofern der Sinn nicht eindeutig ist, werden in der Regel zwei Möglichkeiten, sogenannte Auslegungshypothesen, entworfen. Nach der einen Hypothese ist die Norm auf den Sachverhalt anwendbar, nach der anderen eben nicht.

Im Ausgangsfall: Anzuwenden ist § 49 II Nr. 3 VwVfG. In der GewO ist der Begriff der Unzuverlässigkeit nicht definiert. Der Begriff ist nach genus proximum und differentia specifica zu definieren. Danach ist Unzuverlässigkeit eine charakterliche Eigenschaft, die anzeigt, dass jemand keine Gewähr dafür bietet, dass er in Zukunft sein Gewerbe ordnungsgemäß ausüben wird.[12] Diese Definition besagt noch nicht, wie das strafrechtliche Verhalten des Maklers gewerberechtlich zu beurteilen ist. Der Tatbestand ist semantisch insoweit offen. Nach einer engen Auslegung des Begriffs der Zuverlässigkeit begründet der leichte Diebstahl keine Unzuverlässigkeit, nach einer weiten Auslegung eben doch.

3. Historie und Genese einer Rechtsvorschrift

Manchmal bringt ein Rückgang auf die Entstehungsgeschichte der Norm, die Genese (grch genesis = Entstehung) Klärung. Im demokratischen Rechtssystem ist die **Entstehungsgeschichte** von herausragender Bedeutung, da sie nach dem ausdrücklichen Willen der Volksvertreter fragt. Sie überschneidet sich mit der **historischen Auslegung**. Sie „will den Gedanken des historischen Gesetzgebers nachvollziehen. Der Auslegende soll sich in dessen Lage versetzen."[13] „Moderne historische Auslegung wird [...] zu erkennen suchen, welches das Problem war, das der Gesetzgeber lösen wollte; sie wird den Rechtssatz als seine Antwort auf dieses Problem und damit als Ordnungssatz verstehen."

Demgegenüber will das BVerfG „die Gesetzesmaterialien mit Vorsicht, nur unterstützend und insgesamt nur insofern [heranziehen] als sie auf einen ‚objektiven Gesetzesinhalt schließen lassen'"[14]. Ad hoc ist ohnehin zumeist kein Wissen zur Entstehungsgeschichte und zur Geschichte einer Rechtsregel verfügbar. Sie sind deshalb im juristischen Alltag von untergeordneter Bedeutung.

4. Systematik des Gesetzes

Die systematische Auslegung beruht auf dem Gedanken einer **Einheit der Rechtsordnung**. „Dem Gesichtspunkt der Einheit kommt bei der Gesetzesausle-

---

[12] BVerwGE 65, 1 f.
[13] Coing 1993, 266 f; nächstes Zitat ebenda 268.
[14] BVerfGE 62, 1, 45 mN, dort etwas weiter für die Verfassungsmaterialien. Sachs-Sachs, Grundgesetz, 4. A 2007, Einf, Rn 41, Fn 74 mN, hält dies für Rhetorik. Praktisch sei die genetische Auslegung oft entscheidend.

gung [...] eine spezifische Bedeutung zu: denn im Gegensatz zu einem ästhetischen Kunstwerk soll ein juristischer Text, ein Gesetz, widerspruchsfrei sein, damit es gleichmäßig und ohne Willkür angewendet werden kann."[15] Zu Recht pathetisch formuliert das Bundesverfassungsgericht: „[I]m Bereich des Normvollzugs ist die Gleichheit der Rechtsanwendung die Seele der Gerechtigkeit. Und dies seit den Anfängen unserer Rechtsdenkens (vgl 3 Mose 19, 15)"[16] bis heute, Art 3 GG. Mit diesem Gedanken korrespondiert die ökonomischen Einsicht, wonach Rechtsnormen ein Kapitalgut sind:[17] Indem sie das Verhalten der Rechtsgenossen in vorhersehbarer Weise lenken, schaffen sie eine Ordnung, in der Kooperation nicht nur ermöglicht wird, sondern auch mit wirtschaftlichem Einsatz geplant werden kann. Daher dürfen weder für verschiedene wesentlich gleiche noch für einen einzigen Sachverhalt unterschiedliche oder widersprüchliche Rechtsfolgen angeordnet werden. Aufgabe der Rechtsanwender ist es folglich, im Umfeld der auszulegenden Norm Hinweise auf deren Verständnis zu finden.

Im Ausgangsfall bietet § 34c II Nr 1 GewO Anhaltspunkte: Die Erlaubnis zum Makeln ist zu versagen, wenn der Antragsteller die „erforderliche Zuverlässigkeit nicht besitzt; die erforderliche Zuverlässigkeit besitzt in der Regel nicht, wer in den letzten fünf Jahren vor der Stellung des Antrages [auf Erteilung der Erlaubnis] wegen [...] Diebstahls, Unterschlagung, Erpressung, Betruges, Untreue, Urkundenfälschung, Hehlerei, Wuchers oder einer Insolvenzstraftat rechtskräftig verurteilt worden ist". § 34c II Nr 1 GewO legt nahe, dass der Makler unzuverlässig ist, denn auch ein leichter Diebstahl ist ein Diebstahl. Der Tatbestand ist aber insofern offen, als Diebstahl nur „in der Regel", also nicht immer die Unzuverlässigkeit begründet. Soll etwa eine schwere Erpressung genauso beurteilt werden wie ein leichter Diebstahl? Eine Antwort soll die weitere Auslegung bringen.

a) Normkonforme Auslegung
Die normkonforme Auslegung ist ein Sonderfall der systematischen Auslegung. Sie ist die Konsequenz aus dem normativen Vorrang des höherrangigen Rechts, der durch die Normenpyramide illustriert wird: Jede Rechtsnorm ist so auszulegen, dass sie in ihrer **Rechtsfolgeanordnung konform ist mit dem, was das jeweils höherrangige Recht bestimmt**. Umgekehrt kann aber nicht das höherrangige Recht mit Hilfe des einfachen Rechts ausgelegt werden. *Beispiel:* § 1 StabG ist nicht maßgeblich für eine Interpretation von Art 109 II GG.

Entsprechend den verschiedenen Stufen der Normenpyramide wird unterschieden zwischen gesetzes-, verfassungs- und europarechtskonformer Auslegung. Ausführungen zur verfassungskonformen Auslegung verdeutlichen den Gedanken: „Die verfassungskonforme Auslegung einer Norm ist dann geboten, wenn unter Berücksichtigung von Wortlaut, Entstehungsgeschichte, Gesamtzusammenhang und Zweck mehrere Deutungen möglich sind, von denen jedenfalls eine zu einem verfassungsgemäßen Ergebnis führt."[18] *Beispiel:* § 14 I VersG lautet: „Wer die

---

[15] Coing 1993, 265.
[16] BVerfGE 54, 277, 296; einschränkend allerdings BVerGE 33, 303 – numerus clausus.
[17] Buchanan 1984, 153 ff.
[18] BVerfGE 95, 64, 93; 93, 37, 81 mN.

Absicht hat, eine öffentliche Versammlung [...] zu veranstalten, hat dies spätestens 48 Stunden" vorher anzumelden. Wer eine Versammlung aus aktuellem Anlass spontan durchführen möchte, wäre daran gehindert. Aus diesem Grunde wird der Anwendungsbereich des § 14 vor dem Hintergrund von Art 8 GG verfassungskonform dahin ausgelegt, dass Spontanversammler keine „Absicht" gemäß § 14 I Versammlungsgesetz haben.[19]

Auch die normkonforme Auslegung stößt an die Wortlautgrenze: „Die Möglichkeit, durch eine solche Auslegung das Höchstmaß dessen aufrechtzuerhalten, was der Gesetzgeber gewollt hat [...], besteht nicht, wenn die Auslegung zum Wortlaut der Norm und zu dem klar erkennbaren Willen des Gesetzgebers in Widerspruch treten würde".[20] „Der Respekt vor dem demokratisch legitimierten Gesetzgeber verbietet es, im Wege der Auslegung einem nach Wortlaut und Sinn eindeutigen Gesetz einen entgegengesetzten Sinn zu verleihen".[21] „Eine Auslegung gegen den Wortlaut einer Norm ist aber nicht von vornherein ausgeschlossen, wenn andere Indizien deutlich belegen, dass ihr Sinn im Text unzureichend Ausdruck gefunden hat."[22] Die entsprechende Norm wäre dann verfassungswidrig.

Im Ausgangsfall: § 34c II Nr 1 GewO ist durch den Zusatz „in der Regel" inhaltlich unbestimmt. Es wäre daher grundsätzlich möglich, den Begriff des „Diebstahls" hier so auszulegen, dass leichte Diebstähle keine Diebstähle im Sinne der Norm sind. Ein Argument hierfür könnte die Verwirklichung der Berufsfreiheit aus Art 12 I GG sein. Allerdings ist Art 12 I GG durch Gesetze einschränkbar. Eine klare Auslegung lässt sich also wiederum nicht gewinnen.

b) Fallvergleichung

Die Auslegung kann auch durch Fallvergleiche vorangetrieben werden. Dazu **werden Extremfälle zum Problem gebildet**. Der Problemfall kann dann auf dieser Grundlage beurteilt werden. Der Fallvergleich ist eine tatsachenbezogene Variante der systematischen Auslegung. Er bezieht sich auf dieselbe Norm, und vergleicht deren unterschiedliche Auslegungen ist vergleichbaren Fällen.

Im Ausgangsfall wäre der Makler vorbehaltlich besonderer Umstände (in der Regel) unzuverlässig, wenn er keine geringwertige Sache gestohlen hätte. Ein Fall des anderen Extrems lässt sich schwer konstruieren, denn wenn der Makler gar nicht gestohlen hätte, gäbe es gar keinen Fall. Es ließe sich allenfalls danach differenzieren, ob die Tat auf Antrag oder wegen des besonderen öffentlichen Interesses von Amts wegen verfolgt wurde, § 248a StGB. Indes zeigt der Fallvergleich, dass eine Beurteilung der Tat als solcher die Auslegung nicht weiter bringt.

c) Rechtsvergleichung

Außerhalb der Normenpyramide findet die rechtsvergleichende Auslegung[23] statt. Wie wird das Problem, für das die auszulegende Norm geschaffen wurde, in verwandten Rechtskulturen gelöst und welcher Rückschluss kann daraus für das

---

[19] BVerfGE 69, 315, 350 f; bestätigt für Eilversammlungen durch BVerfGE 85, 69, 74 f.
[20] BVerfGE 98, 17, 45. Vgl 101, 312, 330; 93, 37, 81; 92, 158, 183; 90, 263, 275.
[21] BVerfGE 90, 263, 275; 88, 203, 333.
[22] BVerfGE 97, 186, 196.
[23] Christian Starck, Rechtsvergleichung im öffentlichen Recht, Juristenzeitung 1997, 1021.

Verständnis der nationalen Vorschrift gewonnen werden? Hinter der Rechtsvergleichung steht der **Gedanke, dass Rechtsnormen positive Ausprägungen allgemeiner Rechtsgrundsätze** sind. Durch den Vergleich verschiedener positiver Rechtssätze kann einerseits das Allgemeine hinter der konkreten Regel erkannt werden; zum anderen kann bewertet werden, durch welche konkrete Regel ein bestimmter Zweck besser erreicht wird. Letzteres ist im Sinne der oben in § 1.C.IV erwähnten Kosten-Nutzen-Vergleiche verschiedener funktional gleichwertiger Normen. *Beispiel:* Ein funktionaler Vergleich des deutschen und des US-amerikanischen Schadensersatzrechtes zeigt zum einen die Funktionen des Schadensersatzes auf, etwa Unternehmer zum verantwortungsvollen Produzieren anzuhalten; zum anderen lässt sich erwägen, ob diese Funktionen besser durch einen höheren oder niedrigeren Schadensersatz verfolgt werden.

5. Sinn und Zweck der Norm (teleologische Auslegung)

Die teleologische Auslegung bündelt die Erkenntnisse, die aus den anderen Auslegungsarten gewonnen wurde, und verleiht ihnen ein neues Gewicht zum Verständnis des Textes. **Welchen Zweck hat die auszulegende Norm?** Unter mehreren möglichen Auslegungen ist dann diejenige zu wählen, die den Zweck der Norm am besten verwirklicht. Die Funktion einer Norm wird erhellt durch die Frage: Was wäre, wenn es die betreffende Norm nicht gäbe? Manche Normen verfolgen mehrere Zwecke. In diesem Fall lässt die Norm meistens aber zugleich erkennen, in welchem Rang die verschiedenen Zwecke zueinander stehen. Diese Wertungen sind bei der Auslegung zu erkennen und zu berücksichtigen.

Ausgangsfall: § 34c II Nr 1 GewO möchte den Markt von „windigen" Maklern frei halten. Das entspricht bereits der wörtlichen Auslegung. Unzuverlässigkeit ist ein charakterlicher Mangel. Ob dieser vorliegt ist im Hinblick auf das auszuübende Gewerbe zu bestimmen. Im Hinblick auf die wörtliche Auslegung und den Sinn und Zweck des § 34c II Nr 1 GewO wäre entscheidend, ob es sich um eine Ausnahmetat gehandelt hat oder ob die Tat auf einen kriminellen Charakter schließen lässt. Dies wäre Anlass, um weitere Tatsachen zum Sachverhalt zu ermitteln. Hin- und Herwandern. Für unsere Darstellung soll der Fall offen bleiben.

6. Folgenorientierung in der Rechtsanwendung

Normen sind generelle Handlungsbeschränkungen zum Zwecke der Kooperationserleichterung. Durch eine Gerichtsentscheidung wird regelmäßig das Handeln einer Partei beschränkt oder nachträglich als unrechtmäßig sanktioniert. Diese Entscheidung markiert einen bestimmten Punkt im Korridor des positiven Rechts als Einzelfallrecht. Faktisch gewinnen viele richterliche Entscheidungen als Präjudizien eine Bedeutung, die über den Einzelfall hinausgeht. Die Handlungsbeschränkungen des Einzelfalles gewinnen dann teilweise eine generelle Verbindlichkeit, insbesondere wenn sie zu Gewohnheitsrecht erstarken. Sollen die Rechtsanwender die potentiell rechtsnormähnliche Wirkung ihrer Auslegung, **die generellen Folgen bei der Entscheidungsfindung bedenken** und berücksichtigen?

Die Rechtsanwender würden dann ihre Wahl im verbleibenden Auslegungsspielraum durch einen Vergleich der Folgen verschiedener Auslegungen leiten lassen. *Zwei Beobachtungen* lassen sich festhalten: *Erstens:* Folgenorientierung wird praktiziert. Es lassen sich viele Fälle gerade aus der Rechtsprechung des BVerfG anführen, in denen so argumentiert wurde.[24] *Zweitens:* Die Folgenorientierung wird kontrovers diskutiert. Nahezu einhellig wird vertreten, dass jedenfalls die Fachgerichte, die - anders als das BVerfG - keine aufwendigen sozial- und wirtschaftswissenschaftlichen Untersuchungen veranlassen können, durch eine Folgenorientierung überfordert wären. Sie werden zu Opfern einer „Paradoxie des Entscheidens"[25]. Das heißt: Wenn sich die zusätzlichen Informationen nicht übersichtlich ordnen und gewichten lassen, erhöht sich die Komplexität der Situation, die Entscheidenden verlieren die Übersicht und werden gelähmt.

Vier Bemerkungen: (1) Irrational ist eine Folgenorientierung auf der Basis von empirisch ungeprüften Alltagstheorien wie etwa „Polizisten lügen seltener als andere Menschen". Bei diesen Alltagstheorien handelt es sich um Vorverständnisse, die zu Vorurteilen erhärtet sind. (2) Die Entscheidung zwischen Folgen lässt sich nicht durch eine „Verlängerung hin auf das Richtige" begründen. Denn Gerechtigkeit als positiver Wert ist ein inhaltlich unbestimmtes Phantom geblieben. Die Aussage, eine Folge sei gegenüber einer anderen vorzugswürdig, allein weil sie „gerechter" sei als jene, ist daher keine überzeugende Ableitung. Es gilt der Satz zur Scheinbegründung: Nihil probat, qui ex nihilo probat – Nichts beweist, wer aus dem Nichts beweist. (3) Das rechtsökonomische Paradigma bietet eine Methode, mittels derer sich Folgenbetrachtungen anstellen lassen. Zu fragen wäre: Welche Kosten und welchen Nutzen bringt eine bestimmte Auslegung für die betroffenen Akteure? Welche Verhaltensanreize werden darauf hin gesetzt? Gibt es soziale Dilemmasituationen, die sich durch eine bestimmte Auslegung abmildern lassen, ohne dass ersichtlich neue Kosten (externe Effekte) verursacht werden? Welche sozialen Nebenwirkungen bewirken jeweils die möglichen Verhaltensweisen? Zustimmungsfähig wäre die Auslegung mit den größten positiven Anreizwirkung für alle Beteiligten, also die Auslegung, die voraussichtlich die größten Kooperationsvorteile ermöglichen würde. Das wiederum wäre die Auslegung, die den Schaden, der durch asymmetrische Informationen entstehen könnte, am zuverlässigsten beschränkt. Denn dadurch würden zugleich die allseitigen Transaktionskosten niedrig gehalten. (4) Wenn nicht bekannt ist, was gerecht ist, kann auch nicht bekannt sein, welche Folgen einer Auslegung gerecht wären. Schon eher lässt sich festhalten, welche Folgen schlechthin unerträglich wären.

7. Ergänzende Entscheidungstopoi

Die sogenannte Topik ist eine **Technik, in Problemen zu denken** (grch topos = Ort). Selbst wenn alle Register der hermeneutischen Auslegung gezogen wurden,

---

[24] Dieter Grimm, Entscheidungsfolgen als Rechtsgründe: Zur Argumentationspraxis des deutschen Bundesverfassungsgerichts, in Gunther Teubner (Hg), Entscheidungsfolgen als Rechtsgründe, 1995, 139 ff.
[25] Niklas Luhmann, Die Paradoxie des Entscheidens, Verwaltungsarchiv, 1993, 287.

kann es sein, dass mehrere rechtlich vertretbare Auslegungen zur Wahl stehen.[26] Die hermeneutischen Auslegungsmethoden bieten dann keinen Anhalt mehr für eine richtige Entscheidung. Dann ist es mitunter hilfreich, das Problem der Rechtsanwendung unter weiteren Gesichtspunkten zu durchleuchten. Ziel ist es, die Tragweite des konkreten Problems besser zu erkennen.

Das Mittel dazu sind die allgemeinen **Grundsätze des Rechts**. *Beispiele:* wirtschaftliche Erwägungen,[27] das Naturrecht, das Prinzip der Zweckangemessenheit, das Sauer'sche Grundgesetz des „größtmöglichen Nutzens für die staatliche Gemeinschaft, ein Mehr an Nutzen als Schaden"[28] oder auch Art 1 des Schweizerischen Zivilgesetzbuches: „Kann dem Gesetz keine Vorschrift entnommen werden, so soll der Richter nach Gewohnheitsrecht und, wo auch ein solches fehlt, nach der Regel entscheiden, die er als Gesetzgeber aufstellen würde." Praktisch lassen sich häufig die drei Elemente fruchtbar machen, die Gustav Radbruch der Rechtsidee zuschrieb. Sie sei zusammengesetzt durch die Trias von Gerechtigkeit, Rechtssicherheit und Zweckmäßigkeit.[29] Es gibt jedoch keine unbedingten Vorzugsregeln für die Element der Trias.

Hermeneutik und Topik sind keine Gegensätze. Sie sind zwei unterschiedliche Wege zum Verständnis einer Rechtsnorm.[30]

V. Entscheidung. Rangordnung unter den Auslegungsarten?

Die Auslegungsarten führen nicht immer zu übereinstimmenden Ergebnissen und auch nicht immer zu einem eindeutigen Ergebnis. Genießen bestimmte Auslegungsarten ein besonderes Ansehen? Grundsätzlich gilt: „Die allgemeine Hermeneutik ist [...] zu dem Ergebnis gekommen, dass kein Gesichtspunkt vernachlässigt werden darf; sie betrachtet vielmehr ein Interpretationsergebnis als um so sicherer, je mehr die verschiedenen Verfahren konvergieren, also zu gleichen Lösung führen."[31] Gilt das auch für die juristische Hermeneutik?

Zu dieser Frage treten die oben erwähnten Ansätze der Subjektivisten und der Objektivisten erneut auf den Plan (vgl A). Der Streit dreht sich im Kern um die **richterliche Legitimation** zur Streitentscheidung. Die subjektive Auslegung hat vordergründig die höhere Legitimität, da sie den Willen der demokratisch gewählten Volksvertreter wieder gibt. Anderseits wird nur an den Willen der Gesetzgeber zum Zeitpunkt des Gesetzeserlasses angeknüpft. Der jetzige Gesetzgeber

---

[26] ZB die schulmäßigen Auslegungen von Art 68 I GG durch BVerfGE 62, 1, 36-51 einer- und die abweichende Meinung von Hans-Justus Rinck, 62, 1, 70-108, anderseits.

[27] Anne Peters, Die Ausfüllung von Spielräumen der Verwaltung durch Wirtschaftlichkeitserwägungen, DÖV 2001, 749 ff.

[28] Wilhelm Sauer, Methodenlehre, 1940, 255.

[29] Gustav Radbruch, Rechtsphilosophie 1932, 70 ff.

[30] Martin Morlok/Ralf Köbel/Agnes Launhardt, Recht als soziale Praxis, Rechtstheorie 2000, 15, 39, sprechen weitergehend von einer „unauflösbaren Wechselbeziehung" von induktivem Problem- und deduktivem Systemdenken.

[31] Coing 1993, 271.

könnte, zumal wenn sich die Verhältnisse geändert haben, einen anderen Willen haben. Aus diesem Grunde favorisiert das BVerfG die objektive Auslegungsmethode. Entscheidend sei **der „objektivierte Wille des Gesetzgebers"**[32], wie er im Gesetz seinen Ausdruck findet. „Die Auslegung einer Gesetzesnorm kann nicht immer auf die Dauer bei dem ihr zu ihrer Entstehungszeit beigelegten Sinn stehenbleiben. Es ist zu berücksichtigen, welche vernünftige Funktion sie im Zeitpunkt der Anwendung haben kann. Die Norm steht ständig im Kontext der sozialen Verhältnisse und der gesellschaftlich-politischen Anschauungen, auf die sie wirken soll; ihr Inhalt kann und muss sich unter Umständen mit ihnen wandeln."[33] Der Rechtsanwender ist danach ein Repräsentant der sozialen Anschauungen. Er verwirklicht deren Forderungen im Rahmen des positiven Rechts.

Bei genauerer Betrachtung wird es wenig Fälle geben, bei denen unklar bleibt, ob letztendlich dem Willen der damaligen oder dem der jetzigen Rechtsanwender der Vorrang gebührt; der Streit ergibt sich daher im konkreten Fall selten. Die genetische Auslegung etwa ist anerkanntermaßen ausschlaggebend, wenn sie ergibt, dass die Gesetzgeber sich sprachlich offensichtlich fehlerhaft ausgedrückt haben (sog Redaktionsversehen). Es gilt dann das Gemeinte, nicht das Gesagte. Die teleologische Auslegung gewinnt eine besondere Bedeutung, wenn sich ergibt, dass der Gesetzeszweck wegen veränderter Tatsachen nunmehr leerläuft. *Beispiel:* Die tatsächliche Bebauung hat sich soweit vom ursprünglichen Bebauungsplan entfernt, dass dieser keine Funktion mehr erfüllt.[34]

VI. Entscheidungsfindung und Entscheidungsbegründung

Wie ist die Beziehung zwischen beiden Vorgängen? Ist die Begründung nur eine los gekoppelte Äußerung oder ist sie die äußere Kundgabe des inneren Erkenntnisprozesses?

Gedanklich lassen sich beide Vorgänge trennen. Die Motive für eine Entscheidung lassen sich gänzlich abkoppeln von ihren Gründen. *Beispiel:* Ein Rechtsanwender könnte im Ausgangsfall das Verhalten des Maklers mit objektiven Gründen für unzuverlässig erklären, subjektiv zu dieser Entscheidung aber allein deshalb kommen, weil er Makler nicht schätzt. Entspricht dieses Vorgehen dem Normalfall der Rechtsanwendung?

Die sogenannte **Freirechtsschule** ging davon aus, die richterliche Entscheidung erfolge spontan und sei intuitiv – ein Willensakt, der erst im nach hinein aus dem Gesetz begründet werde.[35] Niklas Luhmann meinte das positive Recht regele weniger die Herstellung als vielmehr die Darstellung von Entscheidungen.[36] Diese Ansicht wird etwa von Helmut Coing **bestritten**: „Auch wenn am Anfang einer richterlichen Entscheidung eine Intuition steht, so wird doch diese Intuition vom

---

[32] ZB BVerfGE 79, 106, 121; 20, 283, 293; 1, 299, 312.
[33] BVerfGE 34, 269, 288.
[34] BVerwGE 54, 1, 5.
[35] Repräsentativ: Hermann Isay, Rechtsnorm und Entscheidung, 1929.
[36] Recht und Automation in der öffentlichen Verwaltung, 1966, 51, 106.

Richter – wie vom Juristen überhaupt – am Gesetz, an den Ergebnissen der Lehre, an Vorentscheidungen geprüft; und der Richter wird, wenn er die zunächst intuitiv gefundene Regel, nach der er den Fall entscheiden will, dort nicht bestätigt findet, in der Regel seine Auffassung korrigieren."[37]

Coings Sicht entspricht den bisherigen Erkenntnissen, wonach das positive Recht der Entscheidungsfindung nur einen **Korridor** vorgibt. Innerhalb dessen entscheiden die Richter intuitiv, geleitet nur durch Willen, Intuition, ihre Erfahrung und ihren Sinn für (Un)gerechtigkeit. Es wird daher häufig informelle Erwägungen geben, die in die Entscheidungsfindung, nicht aber in die Begründung eingehen.[38] Beispielsweise bestehen bei hoher Arbeitsbelastung Anreize, im vertretbaren Rahmen Fälle möglichst zeitsparend zu entscheiden, anstatt ihnen bis aufs Letzte auf den Grund zu gehen.

Bleibt nur der konsensethische Appell im Sinne der bereits zitierten Maxime Carl Schmitt's in ihrer erweiterten Fassung: Eine Entscheidung ist dann richtig, wenn jeder andere auf dem beschrittenen Lösungsweg zum gleichen Ergebnis käme. **Zustimmungsfähig ist die Auslegung, die am besten zu begründen ist**. Dabei ist zu bedenken: „Alle Begründungsversuche sind nur überredend, bestenfalls überzeugend, aber nicht beweisend."[39] Doch Vorsicht: „A man convinced against his will, is of some opinion still" (William Shakespeare).

C. Rechtsfortbildung

Dort, wo die **Wortlautgrenze überschritten** wird, endet nach überwiegender Ansicht die Interpretation und beginnt die Rechtsfortbildung.[40] Doch: „Der Richter ist [wegen des richterlichen Rechtsverweigerungsverbotes[41]] nach dem Grundgesetz nicht darauf verwiesen, gesetzgeberische Weisungen in den Grenzen des möglichen Wortsinns auf den Einzelfall anzuwenden. Eine solche Auffassung würde die grundsätzliche Lückenlosigkeit der positiven staatlichen Rechtsordnung voraussetzen, ein Zustand, der als prinzipielles Postulat vertretbar, aber praktisch unerreichbar ist." „Fraglich können nur die **Grenzen** sein, die **einer** solchen **schöpferischen Rechtsfindung** mit Rücksicht auf den aus Gründen der Rechtsstaatlichkeit unverzichtbaren Grundsatz der Gesetzesbindung der Rechtsprechung gezogen werden müssen." Um es mit dem BVerfG vorweg zu nehmen: „Sie lassen sich nicht in einer Formel erfassen, die für alle Rechtsgebiete und für alle von ihnen geschaffenen oder beherrschten Rechtsverhältnisse gleichermaßen gälte."[42]

---

[37] Coing 1993, 278.
[38] Aus empirischer Sicht dazu: Rüdiger Lautmann, Justiz – die stille Gewalt, 1972, 74 ff.
[39] Röhl 2008, 595.
[40] BGHZ 46, 74, 76; Bydlinski 1991, 467 ff; Engisch 2005, 100 f, differenzierend: 175 ff; Hesse 1991, Rn 77; aA zB Koch/Rüßmann 248.
[41] Kritisch zu diesem: Engisch 2005, 205 f.
[42] Alle Zitate aus BVerfGE 34, 269, 286 f, 288.

Rechtsfortbildung wird notwendig, wenn der Korridor des positiven Rechts komplett außerhalb des Rahmens des richtigen Rechts liegt. Es handelt sich also um eine **Korrektur des positiven Rechts auf dessen Grundlage**. Das bedeutet: Wesentliche Voraussetzung der Rechtsfortbildung ist, dass sie vom Regelungsplan des Gesetzes verlangt wird. Daher findet die Rechtsfortbildung ihre wohl doch allgemeine Grenze dort, wo der Rechtsanwender eine Entscheidung treffen möchte, die im **Regelungsplan des Gesetzes** in keiner Weise angelegt ist. Hier würde nur die Radbruch'sche Formel weiterhelfen. Figuren der Rechtsfortbildung sind die Analogie und die teleologische Reduktion.

Bei der Rechtsfortbildung wird der Richter wie ein Gesetzgeber tätig, daher besteht ein erhöhter Rechtfertigungsbedarf. Die Anforderungen an die Richtigkeit einer Entscheidung steigen, je weiter sie sich von einer eindeutigen Grundlage im Gesetzestext entfernt.[43]

D. Methodik im öffentlichen Recht

Die Methode der Rechtsanwendung ist im öffentlichen Recht keine genuin andere als im Zivilrecht und im Verfassungsrecht keine genuin andere als im einfachen Recht. Eine Besonderheit besteht allerdings darin, dass die Entscheidungs- und Gestaltungsspielräume der Rechtsetzenden und Rechtsanwendenden im öffentlichen Recht mitunter sehr weit sind. Im Verfassungsrecht ist das auf die teilweise sehr abstrakte Sprache und die weiten Rechtsfolgeanordnungen zurückzuführen. Im einfachen Recht sind viele unbestimmte Rechtsbegriffe und Ermessensklauseln zu finden. Es besteht daher die deutliche Gefahr, dass die Rechtsanwender bei der Verwirklichung ihrer persönlichen Vorverständnisse und Überzeugungen unzureichend durch das geschriebene Recht eingeschränkt werden. Unzureichend wäre es etwa, wenn bei der Rechtsanwendung die Willkür der Rechtsanwender durchschlagen könnte. Methodische Sicherungen, die die verfassungsmäßige Gesetzesbindung der Gewalten gemäß Art 1 III, 20 III GG sicherstellen sollen, sind die Ermessenslehre (I), der Grundsatz der Verhältnismäßigkeit (II) und die Abwägungslehre mit dem Gebot der praktischen Konkordanz (III). Sie sollen hier angerissen, doch später wiederholt behandelt werden.

I. Pflichtgemäßes Ermessen, § 40 VwVfG

> § 40 VwVfG [**Ermessen**]
> Ist die Behörde ermächtigt, nach ihrem Ermessen zu handeln, hat sie [1.] ihr Ermessen entsprechend dem Zweck der Ermächtigung auszuüben und [2.] die gesetzlichen Grenzen des Ermessens einzuhalten.

---

[43] Larenz 1991, 308, 369, 413, 351 ff.

Wann immer die Verwaltung ein Ermessen hat, „ist" sie also durch § 40 VwVfG gebunden. Zu diesen beiden Anforderungen finden sich in Rechtsprechung und Schrifttum zahlreiche Konkretisierungen. Danach wird zwischen Ermessensfehlgebrauch, -nichtgebrauch, -missbrauch, -überschreitung, und -unterschreitung unterschieden. Diese Begriffe verwirren mehr als sie erhellen. *Beispiel:* Wenn die Verwaltung laut einer Rechtsverordnung bestimmte finanzielle Mittel einsetzen darf, um Betreiber von 15 bis 30 m hohen Windrädern zu fördern, darf sie erstens keine Ermessenserwägungen anstellen, die dem **Zweck** der Förderung von alternativen Energiequellen zuwider liefe und zweitens die **Ermessensgrenzen** nicht überschreiten, also etwa kleinere Windräder fördern oder höhere Beträge zuwenden als maximal vorgesehen. Die Grenzen des Ermessens sind immer überschritten bei einer Mißachtung des nun zu behandelnden Gebots der

II. Verhältnismäßigkeit staatlicher Maßnahmen

Nahezu jede Maßnahme eines staatlichen Organs bestimmt das vielschichtige und verwobene Verhältnis zwischen dem Staat und seinen Bürgern neu. Bei nahezu jeder dieser Maßnahmen besteht ein Wertungsproblem: Einerseits sollen die Bürger in ihrer persönlichen und beruflichen Entfaltung möglichst frei sein von staatlichen Maßnahmen. Andererseits sollen die Staatsorgane handlungsfähig sein, schon deshalb, weil die Freiheit eines staatlichen Schutzes bedarf. Es muss also bei jeder einzelnen staatlichen Maßnahme feststellbar sein, ob die bürgerliche Freiheit oder die staatliche Handlungsherrschaft den Vorrang haben soll. Das soll das Verhältnismäßigkeitsprinzip leisten.

Danach muss jede staatliche Maßnahme, die in Grundrechte eingreift:

1. Ein **verfassungsrechtlich legitimierbares Ziel** verfolgen. Das ist anhand der einzelnen Bestimmungen des Grundgesetzes und ihren Wertungen zu beurteilen und festzustellen. Bei den nächsten Prüfungsschritten wird die Maßnahme im Hinblick auf dieses Ziel gewürdigt.
2. **Geeignet** sein, um das angestrebte Ziel zu erreichen (ein Schritt in die richtige Richtung). Solange ein Mittel nicht objektiv unsinnig ist, haben die Gesetzgeber hinsichtlich der faktischen Wirkung des Mittels einen Prognosespielraum.
3. **Erforderlich** sein. Das ist ein Mittel nur dann, wenn a) es kein anderes und milderes Mittel gibt, das b) das verfolgt Ziel genauso effektiv erreicht. Milder sind Mittel, wenn sie die betroffenen Grundrechte weniger intensiv beeinträchtigen. *Beispiel:* Eine abgeschwächte Form des gewählten Mittels ist hinreichend, etwa ein eingeschränktes Verbot.
4. **Angemessen** sein. Angemessen ist ein Mittel, wenn der Nutzen der Zweckverfolgung die Kosten des Mittels übersteigt: Bei einer „Gesamtabwägung zwischen der Schwere des Eingriffs und dem Gewicht und der Dringlichkeit der ihn rechtfertigenden Gründe muss die Grenze der Zumutbarkeit noch gewahrt sein; je empfindlicher [beispielsweise] die freie Berufsausübung beeinträchtigt wird, desto stärker müssen die Gemeinwohlinteressen sein, denen die

Regelung zu dienen bestimmt ist".[44] Die jeweils einschlägigen öffentlichen und privaten Güter und Interessen sind eigenständig zu gewichten und gegeneinander abzuwägen. Bei dieser Prüfung sind also die verfolgten Zwecke in Beziehung zu setzen zum gemeinen Wohl. Dabei werden die Zwecke aber gerade nicht als absolute Werte genommen, sondern sie werden ihrerseits in ihrer Bedeutung erkannt und gewichtet und sodann den beeinträchtigten Rechtsgütern in einem normativen Vergleich gegenüber gestellt.

Der erwähnte Einschätzungsspielraum des Gesetzgebers darf dabei freilich nicht aufgehoben werden. Die staatliche Maßnahme darf andererseits nicht dem Wertungsgefüge, das im Grundgesetz zum Ausdruck kommt, widersprechen.

Diese Voraussetzungen müssen **kumulativ**, also gleichzeitig erfüllt sein.[45] *Beispiel:* Tabakhersteller sind gesetzlich verpflichtet, auf ihren Produkten vor der Gesundheitsschädlichkeit zu warnen. Ist das ein unverhältnismäßiger Eingriff in die Berufsfreiheit? Die Gesundheit der Bevölkerung ist verfassungsrechtlich ein legitimes Ziel. Die Maßnahme ist geeignet, diese zu fördern. Mildere Mittel in Form von anderen Auflagen sind nicht ersichtlich. Die Maßnahme ist auch nicht unangemessen; sie wird insbesondere nicht zum wirtschaftlichen Ruin der Tabakproduzenten führen. Die Maßnahme ist im Ergebnis also verhältnismäßig.[46]

Eine Verhältnismäßigkeitsprüfung ist nicht nur bei Eingriffen in die Freiheitsrechte, sondern auch in die Gleichheitsrechte vorzunehmen.[47] Für einzelne Grundrechte, zB Art 12 GG, wurde die Verhältnismäßigkeitsprüfung durch das BVerfG präzisiert.[48]

Kerngedanke der Verhältnismäßigkeit ist die angemessene Bestimmung von Zwecken und Mitteln. Das ist vergleichbar mit dem allgemeinen Grundgesetz ökonomischen Handelns, das in der Kosten-Nutzen-Analyse zum Ausdruck kommt. Das Verhältnismäßigkeitsprinzip ist jedoch feiner strukturiert.

III. Abwägung - Herstellung praktischer Konkordanz

Beim Konflikt zwischen verschiedenen Trägern desselben Grundrechts oder zwischen verschiedenen Grundrechten und Rechtsgütern fordert der **Grundsatz der praktischen Konkordanz**, „dass nicht eine der widerstreitenden Rechtspositionen bevorzugt und maximal behauptet wird, sondern alle einen möglichst schonenden Ausgleich erfahren"[49]. Das geschieht durch eine wertende Abwägung unter den

---

[44] BVerfGE 41, 378, 395 mwN, zB auch BVerfG, NJW 1988, 194, 195.
[45] BVerfGE 67, 157, 173; Ausführliche Darstellung bei Lothar Michael, Grundfälle zur Verhältnismäßigkeit, JuS 2001, 654 ff.
[46] BVerfGE.
[47] BVerfGE 55, 72, 88 f; BVerfG, NJW 2000, 310, 311; BVerfGE 88, 87, 96.
[48] BVerfGE 77, 84, 105; 76, 171, 191; 75, 246, 267; 70, 1, 28, 7, 377.
[49] BVerfGE 93, 1, 21; 52, 223, 247 u 251; 41, 29, 50; Konrad Hesse, Grundzüge des Verfassungsrechts der Bundesrepublik Deutschland, 20. A 1999, Rn 72, 317 ff, passim.

betroffenen Rechtsgütern.[50] *Beispiel:* Die Verjährung von Straftaten ist das Ergebnis einer Abwägung zwischen den widerstreitenden Grundsätzen der Gerechtigkeit und der Rechtssicherheit. Je weniger ein Rechtsprinzip, ein Rechtsgut oder ein Grundrecht in einer Fallentscheidung zur Geltung kommt, desto gewichtiger müssen die Gründe hierfür sein.[51]

Güterabwägung und Herstellung praktischer Konkordanz finden in der Fallbearbeitung ihren Ort in der Prüfung der Angemessenheit – auch Zumutbarkeit genannt – als Element der Verhältnismäßigkeit. Die Herstellung praktischer Konkordanz deckt sich mit einer richtig verstandenen Angemessenheitsprüfung.

Insbesondere wenn Grundrechte kollidieren, ist es zumeist eine **Wertungsfrage**, welchem Grundrecht der Vorrang gebührt. Ist etwa die freie Selbstbestimmung eines freizulassenden Gefängnisinsassen gewichtiger oder das Informationsinteresse der Allgemeinheit an der Dokumentation dieses Vorganges? Teilweise gibt das Recht auch deshalb keine eindeutige Entscheidung vor, weil es lückenhaft ist. *Beispiel:* Das Grundgesetz schweigt zu der Frage, ob Parteien aus öffentlichen Mitteln finanziert werden dürfen, vgl Art 21 GG. Zwar hält es für diese Frage normative Entscheidungsmaßstäbe bereit. Diese sind aber nicht eindeutig.[52] Dasselbe gilt etwa für die Frage, wie hoch die Diäten der Parlamentarier sein sollen.[53]

E. Zusammenfassung

I. Wichtigste Lehre

Recht kann die Wirklichkeit nur gestalten, wenn es auf die Wirklichkeit, den sogenannten Sachverhalt, angewendet wird. Technisch geschieht dies, indem die Rechtsanwender einen Lebenssachverhalt unter den Tatbestand einer Rechtsvorschrift subsumieren. Hierzu muss der Tatbestand (häufig unbestimmte Rechtsbegriffe) mittels der hermeneutischen Auslegungsmethoden im Hinblick auf die Wirklichkeit ausgelegt werden.

Dazu werden, ausgehend von der Wortbedeutung, die einzelnen Tatbestandsmerkmale entsprechend dem allgemeinen Sprachgebrauch definiert. Weitere Anhaltspunkte können sich aus der Gesetzessystematik ergeben. Außerdem wird im Rahmen der teleologischen Auslegung nach dem Sinn und Zweck einer Rechtsvorschrift gefragt. Das Verstehen einer Vorschrift wird häufig durch eine Analyse der Gesetzesmaterialien (genetische Auslegung) und der historischen Entwicklung einer Vorschrift unterstützt.

Verbleibende Auslegungsunsicherheiten lassen sich mitunter durch den Rückgriff auf Rechtsprinzipien klären. Häufig bringt die Auslegung dennoch kein eindeutiges Ergebnis.

---

[50] Vertiefung zur Abwägung etwa bei Röhl 2008, 239 ff, 625 ff.
[51] Robert Alexy, Theorie der Grundrechte, 5. A 2006, 146 ff.
[52] Beispiel nach Friedrich Müller, Juristische Methodik, 7 A 1997, Rn 449 ff.
[53] BVerfGE 40, 296 ff.

Zur Entscheidung werden daher ergänzende Entscheidungstopoi, etwa auch wirtschaftliche Überlegungen, herangezogen. Grenze der Auslegung ist der äußerste Sinn des Wortlauts. Das Auslegungsergebnis muss sich also innerhalb des Korridors des möglichen Wortsinnes befinden.

Die Entscheidungsbegründung muss logisch schlüssig und inhaltlich plausibel sein. Insofern sind Entscheidungsfindung und Entscheidungsbegründung zwar unterscheidbar, in der praktischen Anwendung aber unscheidbar. Entsprechen sich Tatbestand und Wirklichkeit, so wird die Rechtsfolge ausgelöst.

Für die Rechtsanwendung im öffentlichen Recht sind drei Besonderheiten hervorzuheben:
1. das Phänomen des Ermessens,
2. der Grundsatz der Verhältnismäßigkeit und
3. die Abwägungslehre mit dem Grundsatz der praktischen Konkordanz.

Die Ausübung des Ermessens hat nach der allgemeinen Regel des § 40 VwVfG zu erfolgen.

II. Wichtige Stichworte

➢ Tatbestand und Rechtsfolge, unbestimmte Rechtsbegriffe und Ermessen
➢ Syllogismus, Subsumtion, Definitionslehre
➢ juristische Hermeneutik: Vorverständnis und fünf Auslegungsarten
➢ ergänzende Auslegungstopoi
➢ Rechtsfortbildung
➢ Ermessen, Verhältnismäßigkeit und Abwägung

III. Schrifttum

Buchanan, James, Die Grenzen der Freiheit, 1984.
Bydlinski, Franz, Juristische Methodenlehre und Rechtsbegriff, 2. A 1991.
Coing, Helmut, Grundzüge der Rechtsphilosophie, 5 A 1993.
Engisch, Karl (hrsgg von Würtenberger, Thomas/Otto, Dirk), Einführung in das juristische Denken, 10. A 2005.
Koch, Hans-Joachim/Rüßmann, Helmuth, Juristische Begründungslehre, 1993.
Larenz, Karl, Methodenlehre der Rechtswissenschaft, 6. A Berlin 1991, S. 369, 413.
Larenz, Karl/Canaris, Claus-Wilhelm, Methodenlehre der Rechtswissenschaft, 3. A 2007.
Pawlowski, Hans-Martin, Einführung in die Juristische Methodenlehre, 2.A 2000.
Röhl, Klaus F, Allgemeine Rechtslehre, 3 A 2008.
Rottleuthner, Hubert, Plädoyer für eine empirische Argumentationstheorie, Archiv für Rechts- und Sozialphilosophie 1980, Beiheft Nr 14, 87.
Schlink, Bernhard, Bemerkungen zum Stand der Methodendiskussion in der Verfassungsrechtswissenschaft, Der Staat 1980, 73.
Schneider, Egon, Logik für Juristen, 6. A 2006.
Vogel, Klaus, Juristische Methodik, 1998.

§ 3 Demokratie, Bundesstaat, Europäisierung

Rechtsnormen sind staatlich gesetzte Verhaltensanweisungen, die sich gerichtlich durchsetzen lassen. Sie werden in einer Rechtsordnung mit geschriebenen Gesetzen überwiegend durch staatliche Organe gesetzt und durchgesetzt. Die Grundlagen der Rechtsetzung sind der Gegenstand dieses Kapitels.

A. Von der Volkssouveränität zur staatlichen Herrschaft

I. Ausgangsfragen

Die meisten Menschen möchten in geordneten, friedlichen Gesellschaften leben, statt in einer Anarchie oder einer Tyrannei. Eine gesellschaftliche Ordnung basiert auf Handlungsbeschränkungen für die Gesellschaftsmitglieder. Da die Einzelnen Handlungsbeschränkungen aber grundsätzlich ungern akzeptieren, besteht ein Spannungsverhältnis zwischen dem Ziel, eine gesellschaftliche Ordnung zu gewährleisten, und der individuellen Selbstbestimmung der betroffenen Gesellschaftsmitglieder. Diese Spannung wiederum ist grundsätzlich dadurch aufzulösen, dass die Handlungsbeschränkungen auf den Willen der betroffenen Individuen selbst zurückgeführt werden müssen. Denn die Einzelnen sind Selbst- und Endzweck allen menschlichen Wirkens. Aus diesem Grunde kann nicht eine Monarchie (treffend charakterisiert als „Anarchie plus Eins") die richtige Ordnung sein, sondern nur eine Demokratie. **Demos kratei** (grch): Das Volk herrscht. Der kleinste gemeinsame Nenner aller politischen Vorstellungen dürfte daher ein demokratischer (Minimal)Staat sein, der den Frieden nach innen und außen sichert.

Ist also richtig, dass jedes Volk zur Freiheit strebt und sein eigener Souverän sein will, so stellen sich ausgehend hiervon zunächst zwei Fragen. Erstens: Wie soll die demokratische Ordnung beschaffen sein? Zweitens: In welchem Verfahren sollen die Inhalte dieser Ordnung bestimmt werden?

II. Drei Elemente der demokratischen Ordnung

Welche Arten demokratischer Ordnung sind möglich? Die Idee der Demokratie setzt sich aus wenigen Elementen zusammen, doch die Kombination dieser Elemente ergibt eine riesige Zahl verschiedener Varianten.

Eine erste grundlegende Unterscheidung besteht zwischen dem konsensethischen Prinzip der **Einstimmigkeit** einerseits und verschiedenen Ausformungen des **Mehrheitsprinzips** andererseits. Eine zweite Unterscheidung differenziert danach, ob die Staatsangehörigen unmittelbar über alle öffentlichen Belange entscheiden oder nur mittelbar durch Volksvertreter – **direkte und repräsentative Demokratie**. Drittens wird für größere Staaten danach unterschieden, ob sie in mehrere eigenständige Einheiten untergliedert sind oder nicht – **Föderalismus** (lat foedus = Bündnis) **und Zentralismus**.

Welcher Art eine staatliche Ordnung ist, hängt nicht nur ab vom freischwebenden Willen der Staatengründer. Es besteht eine Wechselwirkung zwischen der gewachsenen politischen Kultur eines Volkes, seinen Sitten und Gebräuchen einerseits und dem positiven Recht andererseits. Aus dieser Wechselwirkung lassen sich wesentliche Aspekte des geltenden Rechts erklären, etwa der Vorrang der Verfassung aus dem Kampf gegen den Vorrang des monarchischen Willens. Die Wechselwirkung ist überaus komplex. Das lässt sich auch daran ersehen, dass anglo-amerikanisches Fallrecht und geschriebenes Gesetzesrecht auf dem europäischen Kontinent trotz ihrer Verschiedenheit mit funktional gleichartigen Wirtschaftssystemen vereinbar sind.

Recht und Kultur wiederum hängen ab von den geographischen und klimatischen Umweltbedingungen.[1] *Beispiel:* Das Entstehen von kameralistischer Finanzwissenschaft auf dem Kontinent und klassischer Ökonomie in Großbritannien lässt sich mit den unterschiedlichen Voraussetzungen für eine Emigration aus diesen Regionen erklären.[2]

III. Der Gesellschaftsvertrag als Ursprung der Staatlichkeit

Es gibt keine demokratische Staatsform, die sich als einzig richtige bezeichnen ließe. Die **Konsensethik** verlangt eine Entscheidung aller Bevölkerungsmitglieder, welche Ordnung sie schaffen wollen. Über die Frage ihrer Ordnung können die Staatsbegründer aber erst bestimmen, wenn sie wissen, wie sie über ihre Ordnung bestimmen sollen. Wie aber sollen sie bestimmen, wie sie entscheiden sollen, solange sie gerade dies nicht wissen? Hier besteht ein Teufelskreis, der schon die Repräsentanten der französischen Revolution beschäftigte.

Ausgangspunkt der Überlegungen ist der Gedanke der **Souveränität** jedes einzelnen Menschen und damit auch des Volkes als Gesamtheit. Hat jeder, trotz des Willens in der Gesellschaft zu leben, ein Recht darauf, seinen Willen verwirklicht zu sehen, so kommt als Abstimmungsmodus nur eine Einstimmigkeit in Betracht. Dieser Gedanke ist verwirklicht in der Idee des Gesellschaftsvertrages.

„Der **Gesellschaftsvertrag** formuliert das Ideal des Staatsrechts."[3]. Als Idee entstand er im Laufe des 17. Jahrhunderts. Frühe Gestalter dieser Idee sind John Locke (Two Treatises on Government, 1690), Charles de Montesquieu (De l'esprit

---

[1] Illustrativ: Montesquieu, Vom Geist der Gesetze, 1748.
[2] Blankart 2008, 21 ff.
[3] Wolfgang Kersting, Die politische Philosophie des Gesellschaftsvertrages, 1996, 354.

de loi, 1748) und Jean-Jaques Rousseau (Du contrat social, 1762). Die Idee des Gesellschaftsvertrages beeinflusste die amerikanische (1776) und die französische (1789) Revolution und auch die Verfassungsgeber des Grundgesetzes (1949):

> Art 146 GG [**Geltungsdauer des Grundgesetzes**]
> Dieses Grundgesetz [...] verliert seine Gültigkeit an dem Tage, an dem eine Verfassung in Kraft tritt, die von dem deutschen Volke in freier Entscheidung beschlossen worden ist.

Ungesagt bleibt, ob das Volk in seinen Einzelmitgliedern unmittelbar bestimmen muss und ob „frei" gleichbedeutend ist mit „einstimmig". Ähnlich unbestimmt ist der Satz, der unter der geltenden Verfassung des Grundgesetzes die Volkssouveränität sichern soll:

> Art 20 I 1 GG [**Volkssouveränität**]
> Alle Staatsgewalt geht vom Volke aus.

„Geht aus" bedeutet eine Kausalität. Aber welcher Art ist diese? Letztlich geht alles menschliche Handeln aus von der Zeugung durch die Eltern. Tatsächlich wurde das Grundgesetz nicht von allen Staatsbegründern beschlossen und verkündet. Wäre Einstimmigkeit als Voraussetzung für eine legitimierte Verfassung konsequent verwirklicht, so müssten die Bürger zudem die Kompetenz haben, die Verfassung ändern zu können.[4] Tatsächlich liegt diese Kompetenz unter dem Grundgesetz bei den Volksvertretern: Art 79 II GG. Selbst wenn das Grundgesetz einstimmig angenommen worden wäre, hätten die Volksvertreter also die Kompetenz, eine davon abweichende Verfassung zu setzen. Eine Grenze setzt allerdings Art 79 III GG.

Offenbar widerstrebt die harte Realität dem **Prinzip der unmittelbaren Einstimmigkeit**. Das soll im nächsten Abschnitt vertieft untersucht werden. Es schließen sich Abschnitte zur Frage des Bundesstaates an sowie zur Frage der europäischen Integration, die ebenfalls eine Frage des Bundesstaates ist.

B. Demokratie

I. Vorverständnis: Demokratie

Demokratie ist eine Erscheinungsform von Herrschaft. Herrschaft dient dazu, gesellschaftliche Probleme zu lösen. Wie die Probleme gelöst werden sollen, bestimmt das Volk. Damit dieser Wille durchsetzbar wird, muss er in Rechtsnormen gegossen werden. Demokratie ist also auch ein Verfahren der Rechtserzeugung. Damit das Volk entscheiden kann, müssen mehrere Bedingungen erfüllt sein, die mit Demokratie in Verbindung gebracht werden: Partizipation, Opposition, Öffentlichkeit und Kommunikation. Sofern mit Demokratie die Herrschaft des Vol-

---

[4] Blankart 2008, 45 f.

kes gemeint ist, ist sie auch eine Methode der Legitimation von Herrschaft, und zwar auf Zeit.

Die Konsensethik verlangt, dass jeder Normadressat persönlich den geltenden Rechtsnormen zustimmt. Überträgt man diese Forderung auf eine Gesellschaft, so ergibt sich das **Prinzip der unmittelbaren Einstimmigkeit**: alle Rechtsgenossen müssen allen Rechtsnormen unmittelbar zustimmen. Diese beiden Elemente, Einstimmigkeit (II) und Unmittelbarkeit (III) werden im Folgenden untersucht.

II. Einstimmigkeit und Mehrheitsprinzip

Die Einstimmigkeit hat außer ihrer absoluten Legitimitätswirkung weitere Vorteile: Je mehr zustimmen müssen, desto stärker ist der Anreiz, sich über die politischen Belange zu informieren, desto wirksamer ist die demokratische Kontrolle. Auf der anderen Seite verursacht das Entscheidungsverfahren schon bei wenigen Entscheidungsträgern zumeist hohe Kosten: Es kostet Zeit und Energie, unter Umständen auch Geld, alle auf einen Nenner zu bringen. Spiegelbildlich stellen sich die Vor- und Nachteile des Mehrheitsprinzips dar. In größeren Menschengruppen ist Einstimmigkeit zu allen Belangen eine Utopie. Es stellt sich daher die folgende Frage: Wie groß muss die Mehrheit sein, damit eine Entscheidung gilt?

Zwei Arten von Kosten gehen jeweils mit Einstimmigkeit beziehungsweise Mehrheitsentscheidungen einher, nämlich: **Diskriminierungskosten und Entscheidungsfindungskosten**.[5] Diskriminierungskosten entstehen durch den Verfall der eigenen Stimme beim Überstimmtwerden und durch die damit verbundenen Folgen. Entscheidungsfindungskosten sind die bereits erwähnten Kosten eines Abstimmungsverfahrens, des Überzeugens und des Überredens.

Diese Kostenarten dienen als Anhaltspunkte für den Vergleich verschiedener Mehrheitsregeln. Alle **Varianten von Mehrheitsregeln** (zB 1/2 + 1, 2/3, 4/5) führen zu einer Entscheidung. Diese Regeln sind funktional gleichwertig und folglich einer vergleichenden Analyse zugänglich. Abstrakt ist die Mehrheitsregel am vorteilhaftesten, die für jeden einzelnen Beteiligten die kleinste Summe von Diskriminierungs- und Entscheidungsfindungskosten aufweist. Das wird nicht für alle Beteiligten bei allen Entscheidungsmaterien die gleiche Mehrheitsregel sein. In dem Fall bliebe nur die Lösung, die niedrigste Summe von den denkbaren Summen aller einzelnen Kalküle als Entscheidungskriterium zu nehmen. Solange von den Entscheidungsgegenständen abstrahiert wird, lässt sich jedoch eine allgemeine Regel aufstellen über die für alle vorteilhafteste Mehrheitsregel:

Je grundlegender ein Entscheidungsgegenstand das soziale Leben betrifft, desto größer sind die zu erwartenden Diskriminierungskosten.

Die optimale Mehrheitsregel steht folglich in einer Relation zum Entscheidungsgegenstand. Die grundlegenden Entscheidungen über das gesellschaftliche Zusammenleben enthält in modernen Staaten die Verfassung. James Buchanan und Gordon Tullock schlagen dem entsprechend ein zweistufiges Verfahren vor: Über die Verfassung soll einstimmig beschlossen werden. Sie soll die Abstim-

---

[5] Nach James Buchanan/Gordon Tullock, The Calculus of Consent, 1962.

mungsregeln für das nachfolgend zu setzende einfache Recht festlegen. Es entsteht eine Normenpyramide – ein Sinnbild der hierarchischen Legitimationsstufen.
Die Theorie von Buchanan und Tullock findet ihren Niederschlag im Grundgesetz. Art 146 und 20 II 1 GG sind zusammen zu lesen mit

> Art 20 II 2 GG: [**Wahlen und Abstimmungen**]
> Sie [die Staatsgewalt] wird vom Volke in Wahlen und Abstimmungen [...] ausgeübt.

III. „In Wahlen und Abstimmungen", Art 20 II 2 GG

1. Begriffliche Klärungen

a) „Alle Staatsgewalt"
Die Bevölkerung eines bestimmten Gebietes bildet nach der allgemeinen Definition der Staatslehre noch keinen Staat. Erst durch das dritte Element der Staatsgewalt über Volk und Gebiet entsteht ein Staat. In demokratischen Staaten wird die Staatsherrschaft ausgeübt durch das Setzen von Gesetzen und deren Vollzug. Soll das Recht der Schaffung von Kooperationsvorteilen dienen, so ist es Aufgabe der Staatsherrschaft, diese Idee umzusetzen. Der Staat ist wie das Recht ein Mittel der Kooperation zum allseitigen Vorteil – wirtschaftlich betrachtet: funktionierende Arbeitsteilung, deren negative externe Effekte gerechtfertigt sind.

b) „vom Volke"
Zum Volke gehören nicht alle Bewohner eines Staates, sondern grundsätzlich nur die **Staatsangehörigen**. Das ist nicht selbstverständlich. Doch es entspricht der Idee von Staaten, dass eine enge Verbindung zwischen „dem Staat" und seinen Angehörigen besteht. Die Verknüpfung erfolgt in Deutschland über die Abstammung (**ius sanguinis**), in andere Staaten über die Geburt im Staatsgebiet (**ius soli**).

> Art 116 I GG [**deutsche Staatsangehörigkeit**]
> Deutscher im Sinne dieses Grundgesetzes ist vorbehaltlich anderweitiger gesetzlicher Regelung, wer die deutsche Staatsangehörigkeit besitzt oder als Flüchtling oder Vertriebener deutscher Volkszugehörigkeit oder als dessen Ehegatte oder Abkömmling in dem Gebiete des Deutschen Reiches nach dem Stande vom 31. Dezember 1937 Aufnahme gefunden hat.

Deutsche sind also alle deutschen Staatsangehörigen oder Personen, die von Deutschen abstammen oder die mit solchen Personen verheiratet sind. Diese Deutschen sind laut BVerfG zugleich das Volk im Sinne von Art 20 II 1 GG. Es wird unterschieden zwischen deutschen Staatsangehörigen und Deutschen. Das ist ein deutscher Sonderfall, geboren aus dem Zweiten Weltkrieg. Deutsche sind beispielsweise die so genannten „Aussiedler".

In modernen Staaten lässt sich die Staatsangehörigkeit nicht nur über die Abstammung oder die Geburt auf dem Staatsgebiet erwerben, sondern auch durch Einbürgerung. Die „Deutschen" etwa können ohne weiteres eingebürgert werden. Auf kommunaler Ebene wird das Staatsvolk auf die EU-Bürger ausgedehnt:

> **Art 28 I 3 GG [kommunale Wahlberechtigung von EG-Bürgern]**
> Bei Wahlen in Kreisen und Gemeinden sind auch Personen, die die Staatsangehörigkeit eines Mitgliedstaates der Europäischen Gemeinschaft besitzen, nach Maßgabe von Recht der Europäischen Gemeinschaft wahlberechtigt und wählbar.

c) „Wahlen und Abstimmungen", Art 20 II 2, 1. Hs. GG

Wahlen sind Personalentscheidungen zur Besetzung der „besonderen Organe". Abstimmung ist der Oberbegriff für Willensäußerungen zu Sachfragen. Der Begriff „Plebiszit" ist ein Synonym. Volksentscheide sind verbindliche Entscheidungen des Volkes. Volksbegehren leiten diese oder auch ein parlamentarisches Gesetzgebungsverfahren ein.

2. Abstimmungen – direkte Demokratie

a) Das Grundgesetz

erlaubt – entgegen der frohen Ankündigung in Art 20 II 2 GG – **Volksabstimmungen nur ausnahmsweise** für die Neugliederung des Bundesgebietes, Art 29, 118a GG. Nach wohl überwiegender Meinung[6] lassen sich auch keine weiteren Volksabstimmungen durchführen, da der „verfassungsrechtliche Unterbau" fehlt, um die Ergebnisse der Abstimmungen in die Willensbildung der Staatsorgane verbindlich einfließen zu lassen. Die Gesetzgebung ist nach geltendem Verfassungsrecht nämlich den Staatsorganen zugewiesen, Art 77 I, 81, 115e GG. Zulässig sind allerdings rein konsultative Volksbefragungen. Eine Art „Volks"befragung ist die parlamentarische Praxis der Anhörung von Interessengruppen im Rahmen von Gesetzgebungsverfahren.

Die Zurückhaltung des Grundgesetzes gegenüber Volksabstimmungen wird häufig damit begründet, dass Plebiszite unüberbrückbare Nachteile mit sich brächten. Tatsächlich sind Menschenmassen empfänglicher für Demagogie und Manipulation als kleine Kreise. Die sogenannte Desintegration, also der Zerfall der politischen Gemeinschaft, der Weimarer Republik wird allgemein maßgeblich auf den Missbrauch der Plebiszite zum Fideikommiss und zum Young-Plan zurückgeführt. Ob diese Einschätzung richtig ist, ist jedoch zweifelhaft; noch zweifelhafter ist der Rückschluss von dieser Erfahrung auf die Gegenwart. Das Thema ist aktuell. Denkbar ist, dass beispielsweise durch die Verwendung von Internet-Technologie konstruktive Wege der Volksabstimmung entwickelt werden.[7]

---

[6] Literaturhinweise bei Sachs-Sachs, Grundgesetz : Kommentar, 2. A 1999, Art 20, Rn 32.
[7] Vgl. Bundesregierung, Moderner Staat – moderne Verwaltung, Januar 2002, 7.2 zum Stichwort „elektronische Demokratie".

b) Die Länderverfassungen

dagegen sehen – mit Ausnahmen von Berlin und dem Saarland – **Volksentscheide** zu verfassungsändernden Gesetzen vor. Alle Länderverfassungen kennen zudem Volksentscheide zum Erlass von Gesetzen, wobei Finanzfragen (Haushalts- und Steuerrecht) stets ausgenommen sind.[8] Volksabstimmungen sind allerdings nur zulässig, soweit die Gesetzgebungskompetenzen der Länder reichen. Das gilt laut BVerfG sogar für Volksbefragungen. *Beispiel:* Ein Hamburger Gesetz verlangte eine Befragung der Bevölkerung darüber, ob sie der atomaren Aufrüstung zustimme. Die Bundesregierung sah darin keinen willkommenen Ausdruck des Volkswillens zu ihrer Verteidigungspolitik, sondern einen Eingriff in ihre Gesetzgebungs-, Regierungs- und Verwaltungskompetenz gemäß Art 73 Nr 1, 65, 65a, 87a, 87b GG. Das BVerfG gab der Bundesregierung Recht. Es unterschied zwischen einer Willensbildung des Volkes „im gesellschaftlich-politischen Raum", Art 21 I GG, und der Bildung des Staatswillens, Art 20 II GG. Eine staatlich durchgeführte Volksbefragung sei Teil der Bildung des Staatswillens. Das sei jedoch – „gleichgültig in welcher Form und mit welcher Wirkung" – nur im Rahmen der Kompetenznormen zulässig, also nur auf Bundesebene.[9]

3. Wahlen – repräsentative Demokratie

Wenn die Staatsangehörigen nicht unmittelbar selbst über ihre Belange entscheiden können, bleibt nur die Übertragung dieser Kompetenz auf Volksvertreter. Das geschieht durch Wahlen. Diese Wahlen erfolgen nicht einstimmig, sondern nach bestimmten Mehrheitsverhältnissen (sog **Mehrheitsquoren**). Damit sind jedoch nur die ersten Fragen geklärt; es gibt weitere:

Zu welchen Abstimmungsgegenständen soll welches Mehrheitsquorum gelten? Können bestimmte Personengruppen, zB Minderjährige, vom Wahlrecht ausgenommen werden? Soll jede Stimme den gleichen Wert haben oder ist die Meinung bestimmter Personengruppen besonders wertvoll? Muss ein bestimmter Prozentsatz der Wahlberechtigten bei der Wahl teilgenommen haben, damit überhaupt von einer Wahl gesprochen werden kann? Dürfen die Wahlberechtigten ihre Stimmen verschenken oder verkaufen? Müssen alle Regierungsmitglieder einzeln und unmittelbar gewählt worden sein oder ist es zulässig, nur das Regierungshaupt, bestimmte Parteien oder Wahlmänner zu wählen?

Aus konsensethischer Sicht führt **das ideale Wahlrecht** dazu, das der gegenwärtige Zustand x zu einem zukünftigen Zustand y gewandelt wird mit der Maßgabe, dass Zustand y für alle Betroffenen gegenüber x vorteilhafter ist. Das Wahlrecht soll sicherstellen, dass Rechtsregeln geschaffen werden, die im Vergleich zu einem nicht geregelten Zustand oder anderen Regeln für die Betroffenen vorteilhafter sind. Das ist, abstrakt gesehen, bereits der Fall, wenn die Kosten, Mehrheiten zu gewinnen, die durchschnittlichen Kosten eines gelegentlichen Überstimmtwerdens übersteigen. Das Ausmaß der jeweiligen Nachteile und Vorteile des Mehrheitsprinzips steht damit in direkter Abhängigkeit zur Höhe des Quorums. Je

---
[8] Übersicht bei Ipsen, Staatsorganisationsrecht, 16. A 2004, 32 ff.
[9] BVerfGE 8, 104, insbesondere 112 ff; Zitat auf 115.

unterschiedlicher die Bedürfnisse der Betroffenen sind, desto größer ist die Gefahr für die Minderheit, mit Kosten belastet zu werden. Von der Höhe des Quorums hängt auch der Umfang der Gesetzgebung ab und damit das Ausmaß der Regulierung. Was sagt das Grundgesetz zum Wahlrecht?

> Art 38 I 1 GG [**Wahl**]
> (1) Die Abgeordneten des Deutschen Bundestages werden in allgemeiner, unmittelbarer, freier, gleicher und geheimer Wahl gewählt. [....]
> (2) Wahlberechtigt ist, wer das achtzehnte Lebensjahr vollendet hat; wählbar ist, wer das Alter erreicht hat, mit dem die Volljährigkeit eintritt.
> (3) Das Nähere bestimmt ein Bundesgesetz.

Art 38 I 1 GG enthält die sogenannten **Wahlrechtsgrundsätze**. Die Wahl ist

- **allgemein**, das heißt, alle Bevölkerungsgruppen sind zur Wahl zuzulassen. Art 38 II GG durchbricht diese Regel. Die aktive Wahlberechtigung und die passive Wählbarkeit entstehen beide mit Vollendung des achtzehnten Lebensjahres; mit diesem Zeitpunkt beginnt gemäß § 2 BGB die Volljährigkeit;
- **unmittelbar**, das heißt, es werden keine Wahlmänner zwischen geschaltet;
- **frei**, das heißt, Meinungsbildung und Stimmabgabe erfolgen frei von staatlichem oder privatem Zwang, daher auch keine Werbung mehr vor Wahllokalen;
- **gleich**, das heißt, jede Stimme zählt gleich viel;
- **geheim**, das heißt, weder öffentlich noch offen. Die Briefwahl ist unter engen Voraussetzungen zulässig, um den Grundsatz der allgemeinen Wahl zur Geltung zu bringen – ein Fall praktischer Konkordanz widerstreitender Prinzipien.

Die allgemeine, freie, gleiche und geheime Wahl steht unter dem besonderen Schutz des Strafrechts, vgl §§ 107 ff Strafgesetzbuch.

Wenn jede Stimme gleich viel zählen soll, kommt auf den ersten Blick nur eine Verhältniswahl in Betracht. Diese gewährleistet nämlich, dass die Zusammensetzung der Abgeordneten jener der ausgezählten Stimmen entspricht. Abweichungen von der Verhältniswahl sind zugleich eine Abkehr von der Gleichheit der Wahl. Um das zu verdeutlichen wird zwischen dem **Zählwert** und dem **Erfolgswert** einer Stimme unterschieden. Jede Stimme zählt gleich viel, das heißt, sie fällt auf den Tisch. Wenn es jedoch um die mehrheitliche Wahl einer Person geht, werden nach der Auszählung alle Stimmen der Minderheit vom Tisch gefegt; sie haben keinen Erfolg. Welche Regelungen trifft das Bundeswahlgesetz (BWahlG)?

Gemäß § 1 BWahlG erfolgt die Wahl in „einer mit der Personenwahl verbundenen Verhältniswahl". In dieser „**personalisierten Verhältniswahl**" werden zwei Stimmen abgegeben. Mit der sogenannten ersten Stimme werden nach dem Mehrheitsprinzip bestimmte Kandidaten gewählt. Mit der zweiten Stimme wird eine Parteiliste gewählt. Die Besetzung des Bundestages erfolgt spiegelbildlich zum Verhältnis der abgegebenen Zweitstimmen. Eine Ausnahme besteht für die Parteien, auf deren Liste weniger als fünf Prozent der Stimmen entfallen (sog Sperr- oder 5 %-Klausel). Deren Stimmen verfallen. Eine Unterausnahme besteht jedoch für die Kandidaten, die direkt mit der Erststimme gewählt wurden. Sie ziehen auf jeden Fall in den Bundestag ein (sog **Direktmandate**). Hat eine Partei weniger als fünf Prozent, aber drei Direktmandate (sog **Grundmandate**), so werden ihr auch die Zweitstimmen angerechnet. Infolge der Direktmandate kann es sein, dass eine Partei mehr Kandidaten in den Bundestag entsendet, als ihr verhältnismäßig zustünden. Es entstehen sogenannte **Überhangmandate**, die die Zahl der gesetzlich vorgesehenen Abgeordneten übersteigen.

Das BVerfG hielt das geltende Wahlrecht in mehreren Entscheidungen für verfassungsgemäß, vor allem mit den Argumenten, das Grundgesetz habe die Ausgestaltung der Wahl dem Gesetzgeber überlassen; die Abweichungen von der reinen Verhältniswahl dienten der Stabilisierung einer Regierung. – Das geltende Wahlrecht beachtet einerseits den Willen der Wähler und senkt dadurch die Diskriminierungskosten (Verhältniswahl, Direkt- und Grundmandate), andererseits hält es die Entscheidungsfindungskosten niedrig (Mehrheitswahl, Sperrklausel).

IV. Die Volksvertreter

Was sagt das Grundgesetz zu den Gewählten?

> Art 38 I 2 GG [**Abgeordnete des Deutschen Bundestages**]
> Sie sind Vertreter des ganzen Volkes, an Aufträge und Weisungen nicht gebunden und nur ihrem Gewissen unterworfen.

Im rechtsökonomischen Paradigma ist das Verhältnis der Abgeordneten zu den Bürgern wie das zwischen einem **Prinzipal** (Vertretenem) und seinem **Agenten** (Vertreter). Für den Prinzipal besteht die Gefahr, dass der Agent seine Macht missbraucht. Diese Gefahr wird nicht gebannt, wenn der Agent frei von Weisungen ist. Um wenigstens eine periodische Kontrolle zu gewährleisten, bestimmt

> Art 39 I 1, 2 GG: [**Wahlperiode**]
> Der Bundestag wird [grundsätzlich] auf vier Jahre gewählt. Seine Wahlperiode endet mit dem Zusammentritt eines neuen Bundestages.

Das Recht der Rechtssetzung wird aber nicht allein durch den Blick auf die Abgeordneten verständlich. Zwei Fragen sind zu klären: Wo kommen die Abgeordneten her? Wie organisieren sie die Regierung untereinander?

V. Die Parteien

In der repräsentativen Demokratie werden aus der Gesellschaft Vertreter der Gesellschaft gewählt. Zur Frage, wie das vor sich geht, bestimmt

> Art 21 I 1 GG [**Parteien**]
> Die Parteien wirken bei der politischen Willensbildung des Volkes mit.

Die Parteien sind „Zwischenglieder zwischen dem Einzelnen und dem Staat". Kraft dieser wichtigen Funktion haben die Parteien eine Doppelstellung. Einerseits sind sie als zivilrechtliche Vereine „frei gebildete im gesellschaftlich-politischen Bereich wurzelnde Gruppen"; andererseits übernehmen sie die „Aufgabe, in den Bereich der institutionalisierten Staatlichkeit hineinzuwirken"[10], etwa wenn sie Wahllisten aufstellen und ihre Kandidaten staatliche Ämter übernehmen. Diese **Doppelstellung** verlangt nach einer fein abgewogenen Rechtsstellung. Die Parteien dürfen weder durch bestimmte gesellschaftliche Gruppen noch durch die Staatsorgane für ihre jeweiligen Zwecken instrumentalisiert werden.

Daher müssen sie bestimmten Mindestanforderungen genügen:

> Art 21 I 3, 4 GG [**innere Ordnung der Parteien**]
> Ihre innere Ordnung muss demokratischen Grundsätzen entsprechen. Sie müssen über die Herkunft und Verwendung ihrer Mittel sowie über ihr Vermögen öffentlich Rechenschaft geben.
> Art 21 II 1 GG [**verfassungswidrige Parteien**]
> Parteien, die nach ihren Zielen oder nach dem Verhalten ihrer Anhänger darauf ausgehen, die freiheitliche demokratische Grundordnung[11] zu beeinträchtigen oder zu beseitigen oder den Bestand der Bundesrepublik Deutschland zu gefährden, sind verfassungswidrig.

Auf der anderen Seite kann die Gründung nicht staatlich lizenziert oder sonst verhindert werden; ein Verbot kann – anders als bei üblichen Vereinen – nicht durch die Exekutive ausgesprochen werden, sondern nur durch das BVerfG, vgl auch §§ 13 Nr 2, 43 ff Bundesverfassungsgerichtsgesetz (sog **Parteienprivileg**):

> Art 21 I 2 GG [**freie Gründung**]
> Ihre Gründung ist frei.
> Art 21 II 2 GG [**Parteiverbot, Parteienprivileg**]
> Über die Frage der Verfassungswidrigkeit entscheidet das Bundesverfassungsgericht.

Ihrem Auftrag, das Nähere per Bundesgesetz zu regeln, Art 21 III GG, kamen die Gesetzgeber im **Parteiengesetz** nach. Im Parteiengesetz sind Einzelheiten zur inneren Ordnung der Parteien und zu ihrer Finanzierung geregelt. Letzteres ist wichtig, um einer Instrumentalisierung von Parteien durch individuelle Financiers vorzubeugen. Allerdings stößt auch hier die Steuerung tatsächlicher Verhältnisse durch Recht an Grenzen. Das zeigen Einzelfälle von Ämterpatronagen oder die Skandale um die Parteienfinanzierung.

---

[10] Alle drei Zitate: BVerfGE 20, 56, 101.
[11] Der Begriff der „freiheitlich demokratischen Grundordnung" meint die demokratischen und rechtsstaatlichen Grundsätze aus Art 1 und 20 GG, häufig zitiert: BVerfGE 2, 1, 13.

VI. Die Staatsorgane

> Art 20 II 2 GG [**drei Organe der Hoheitsgewalt**]
> Sie [,die Staatsgewalt,] wird vom Volke in Wahlen und Abstimmungen und durch besondere Organe der Gesetzgebung, der vollziehenden Gewalt und der Rechtsprechung ausgeübt.

Art 20 II 2 GG nennt „besondere Organe", die drei Funktionen ausüben sollen. Sind die Abgeordneten selbst diese Organe oder gehören sie zu ihnen?

Ein **Staatsorgan** ist eine organisatorische Einheit, die bestimmte Funktionen hat. Wie die Natur unseren inneren Organen bestimmte Aufgaben übernehmen ließ, so weist die Verfassung den Staatsorganen die drei genannten Funktionen zu.

Laut Grundgesetzes haben im wesentlichen **vier Organe** die Kompetenzen, die **drei Funktionen** zu erfüllen. Der Bundestag und der Bundesrat übernehmen die Gesetzgebung; die Regierung die vollziehende Gewalt; das Bundesverfassungsgericht ist das oberste Organ der Rechtsprechung. Die Abgeordneten sind organisatorische Einheiten im biologischen, nicht aber im juristischen Sinne. Sie sind Teile des Verfassungsorgans Bundestag und als solche auch teilweise Träger von dessen Rechten. Der Bundespräsident hat als fünftes Staatsorgan im Wesentlichen politische, kaum rechtliche Aufgaben. Ausnahmen sind die völkerrechtliche Vertretungsmacht, Art 59 GG, und seine formell-rechtlichen Aufgaben, zB Ernennung von Beamten, Art 60; Ausfertigung und Verkündung von Gesetzen, Art 81 I GG.

Die **Abgeordneten** bilden den Bundestag. Sie organisieren sich selbst:

> Art 40 I GG [**Präsident, Geschäftsordnung**]
> Der Bundestag wählt seinen Präsidenten, dessen Stellvertreter und die Schriftführer. Er gibt sich eine Geschäftsordnung.

Die **Geschäftsordnung** ist Recht, das dem Grundgesetz und den Bundesgesetzen im Rang nachgeht. Wichtige Funktionen sind die Gesetzgebung, insbesondere des Haushaltsgesetzes, Art 110 II GG, und die Bestellung von Bundesorganen, also

> Art 63 I GG [**Bundeskanzler**]
> Der Bundeskanzler wird auf Vorschlag des Bundespräsidenten vom Bundestage ohne Aussprache gewählt.
> Art 62 GG [**Bundesregierung**]
> Die Bundesregierung besteht aus dem Bundeskanzler und den Bundesministern.
> Art 64 I GG [**Bundesminister**]
> Die Bundesminister werden auf Vorschlag des Bundeskanzlers vom Bundespräsidenten ernannt und entlassen.

Die **Regierung** ist die gefährlichste Gewalt und in ihr wegen seiner **Richtlinienkompetenz**, Art 65 S 1 GG, insbesondere der Bundeskanzler. Die Verfassung gibt daher nicht nur den Bürgern das Recht zur periodischen Kontrolle seiner Vertreter durch Neuwahlen. Das Kontrollrecht wurde an die Volksvertreter in verschärfter

Form weitergegeben: Gemäß Art 67 GG kann der Bundestag jederzeit durch ein **konstruktives Misstrauensvotum** einen neuen Bundeskanzler wählen.

> Art 50 GG [**Aufgaben des Bundesrates**]
> Durch den Bundesrat wirken die Länder bei der Gesetzgebung und Verwaltung des Bundes und in Angelegenheiten der Europäischen Union mit.
> Art 51 I 1 GG [**Zusammensetzung des Bundesrates**]
> Der Bundesrat besteht aus Mitgliedern der Regierungen der Länder, die sie bestellen und abberufen.

C. Bundesstaat

I. Zentralismus oder Föderalismus?

Große Staaten und große Unternehmen haben ein Organisationsproblem, das unmittelbar mit dem **Phänomen der unvollständigen Informationen** zusammen hängt. Informationen lassen sich in großen Einheiten nur bedingt zentral erheben und verwalten. Die ungeheure Masse an Entscheidungen, die täglich zu fällen sind, lässt sich nicht einzeln bei einer zentralen Instanz abfragen. Soll die gesamte Einheit gleichwohl zentral gesteuert werden, so kann dies nur durch abstrakte und generelle Anordnungen, etwa durch Gesetze gelingen. Doch lassen sich nicht alle Einzelentscheidungen abstrakt entscheiden. Es mag zudem sein, dass zwar die Mehrzahl der Fälle abstrakt gleich entschieden werden kann, dass aber besondere Umstände in einigen Gebieten indes auch besondere Entscheidungen erfordern. Außerdem muss die Umsetzung von Entscheidungen immer „vor Ort" erfolgen. Hier stellt sich die Frage, ob zentral organisierte Vollzugspersonen eingesetzt werden oder ob vor Ort Selbständigkeit herrscht.

Für die Bewältigung dieses Organisationsproblems sind folglich zwei Aspekte bedeutsam. *Erstens* die Entscheidung zur Rechtssetzung: wie engmaschig sollen die zentralen abstrakt-generellen Entscheidungen sein und welche Rechtsetzungskompetenzen sollen in untergeordneten regionalen Einheiten („vor Ort") verbleiben? *Zweitens* eine Regelung zur Art und Weise des Vollzugs der Entscheidung, zur Rechtsdurchsetzung. Auf welchen Verwaltungsebenen sollen welche Arten von Rechtsvorschriften umgesetzt werden?

Zu beiden Fragen sind zwei Extreme und verschiedenste Mischformen denkbar. Beim Zentralismus in seiner Reinform verbleiben den lokalen Einheiten keine Entscheidungsbefugnisse. Beim Föderalismus hingegen formen sich eigenständige Untereinheiten zu einem Bund, dem sie bestimmte Entscheidungsbefugnisse übertragen.

II. Das Bundesstaatsprinzip unter dem Grundgesetz

1. Das Staatsorganisationsrecht der Länder

Die wesentliche Strukturentscheidung findet sich unabänderlich, Art 79 III GG, in

> Art 20 I GG: [**demokratischer und sozialer Bundesstaat**]
> Die Bundesrepublik Deutschland ist ein demokratischer und sozialer Bundesstaat.

Weitere grundlegende Aussagen zum **Aufbau des Bundesstaates** normiert

> Art 28 I 1, 2 GG [**Verfassung der Länder**]
> Die verfassungsmäßige Ordnung in den Ländern muss den Grundsätzen des republikanischen, demokratischen und sozialen Rechtsstaates im Sinne dieses Grundgesetzes entsprechen [sog. „Homogenitätsgebot"]. In den Ländern, Kreisen und Gemeinden muss das Volk eine Vertretung haben, die aus allgemeinen, unmittelbaren, freien, gleichen und geheimen Wahlen hervorgegangen ist.

> Art 28 II 1 GG [**Rechtstellung der örtlichen Gemeinschaften**]
> Den Gemeinden muss das Recht gewährleistet sein, alle Angelegenheiten der örtlichen Gemeinschaft im Rahmen der Gesetze in eigener Verantwortung zu regeln [sog. Recht zur „kommunalen Selbstverwaltung"].

Unterhalb der Ebene des Bundes bestehen die Länder. Deren Ordnung muss gemäß Art 28 I jener des Art 20 I GG entsprechen (sog **Homogenitätsgebot**). „Republikanisch" bedeutet: nicht durch einen Monarchen geführt. Für die Gliederung der Länder sind die Kreise und in ihnen die Gemeinden vorgesehen. Im Gegensatz zu dieser einfachen Struktur sehen die Landesverfassungen unterschiedliche Strukturvariationen vor. Gemeinsam ist allen Gemeinden, den Bezirken und den kreisfreien Städten, das **Recht zur kommunalen Selbstverwaltung** aus Art 28 II 1, vgl dazu Art 93 Nr 4b GG. Die Gemeinden haben also einen eigenen Wirkungskreis.

Die **Wahlgrundsätze** entsprechen auf allen bundesstaatlichen Ebenen denen aus Art 38 I 1 GG. Kraft ihrer Volksvertretung haben die Länder eine eigene Herrschaftsgewalt. Staaten sind sie aber nur bedingt, da die Zugehörigkeit zum Land rechtlich über die Staatsangehörigkeit zum Bund vermittelt wird.

2. Das Verhältnis der Länder zum Bund

Im Grundsatz obliegen die öffentlichen Belange den Ländern.

> Art 30 GG: [**Zuständigkeiten der Länder**]
> Die Ausübung der staatlichen Befugnisse und die Erfüllung der staatlichen Aufgaben ist Sache der Länder, soweit dieses Grundgesetz keine andere Regelung trifft oder zulässt.

Zu untersuchen sind die beiden Aspekte der Rechtssetzung und -durchsetzung.

a) Rechtssetzung
Die Länder wirken über den Bundesrat bei der Bundesgesetzgebung mit. Zudem setzen sie eigenes Landesrecht, entsprechend der Normenpyramide im Bundesrecht. Zum Verhältnis des Landesrechts zum Bundesrecht bestimmt

> Art 31 GG: [**Vorrang des Bundesrechts**]
> Bundesrecht bricht Landesrecht.

Das gesamte Landesrecht muss also selbst zur niedrigsten Stufe des Bundesrechts **normkonform** sein! Selbst die Verfassungen der Länder müssen mit Rechtsverordnungen des Bundes (Art 80 I GG) inhaltlich vereinbar sein.
Welche Gesetzgebungskompetenzen haben die Länder?

> Art 70 GG [**Grundsatz: Gesetzgebungskompetenz der Länder**]
> (1) Die Länder haben das Recht der Gesetzgebung, soweit dieses Grundgesetz nicht dem Bunde Gesetzgebungsbefugnisse verleiht.
> (2) Die Abgrenzung der Zuständigkeiten zwischen Bund und Ländern bemisst sich nach den Vorschriften dieses Grundgesetzes über die ausschließliche und die konkurrierende Gesetzgebung.
>
> Art 71 GG [**ausschließliche Gesetzgebungskompetenzen**]
> Im Bereiche der ausschließlichen Gesetzgebung des Bundes haben die Länder die Befugnis zur Gesetzgebung nur, wenn und soweit sie hierzu in einem Bundesgesetze ausdrücklich ermächtigt werden. [sog **Sperrklausel**]
>
> Art 72 GG [**konkurrierende Gesetzgebungskompetenzen**]
> (1) Im Bereich der konkurrierenden Gesetzgebung haben die Länder die Befugnis zur Gesetzgebung, solange und soweit der Bund von seiner Gesetzgebungszuständigkeit nicht durch Gesetz Gebrauch gemacht hat.
> (2) Auf den Gebieten des Artikels 74 Abs. 1 Nr. 4, 7, 11, 13, 15, 19a, 20, 22, 25 und 26 hat der Bund das Gesetzgebungsrecht, wenn und soweit die Herstellung gleichwertiger Lebensverhältnisse im Bundesgebiet oder die Wahrung der Rechts- oder Wirtschaftseinheit im gesamtstaatlichen Interesse eine bundesgesetzliche Regelung erforderlich macht. [**Erforderlichkeitsklausel**]
> (3) [**Abweichungskompetenz der Länder**] Hat der Bund von seiner Gesetzgebungszuständigkeit Gebrauch gemacht, können die Länder durch Gesetz hiervon abweichende Regelungen treffen über:
> 1. das Jagdwesen (ohne das Recht der Jagdscheine);
> 2. den Naturschutz und die Landschaftspflege (ohne die allgemeinen Grundsätze des Naturschutzes, das Recht des Artenschutzes oder des Meeresnaturschutzes);
> 3. die Bodenverteilung;
> 4. die Raumordnung;

Art. 71-74 GG!

> 5. den Wasserhaushalt (ohne stoff- oder anlagenbezogene Regelungen);
> 6. die Hochschulzulassung und die Hochschulabschlüsse.
>
> Bundesgesetze auf diesen Gebieten treten frühestens sechs Monate nach ihrer Verkündung in Kraft, soweit nicht mit Zustimmung des Bundesrates anderes bestimmt ist [**Karenzzeit**]. Auf den Gebieten des Satzes 1 geht im Verhältnis von Bundes- und Landesrecht das jeweils spätere Gesetz vor [**Vorrang des jüngeren Gesetzes**].
>
> (4) Durch Bundesgesetz kann bestimmt werden, dass eine bundesgesetzliche Regelung, für die eine Erforderlichkeit im Sinne des Absatzes 2 nicht mehr besteht, durch Landesrecht ersetzt werden kann.

Art 70 I GG enthält die Vermutung, dass eine Gesetzgebungskompetenz den Ländern gehört. Die Kompetenzen des Bundes sind enumerativ aufgezählt. Im Einzelnen gilt Folgendes:

- ➢ Art 71 GG enthält die sogenannte Sperrklausel für die Gegenstände der **ausschließlichen Gesetzgebung**. Diese Kernkompetenzen des Bundes sind abschließend aufgelistet in Art 73 GG.
- ➢ Die Fälle der **konkurrierenden Gesetzgebung** sind in Art 74, 105 II und 115c I GG genannt. Sie erfassen Materien, bei denen der Bund „bei Bedarf" nach Maßgabe der Erforderlichkeitsklausel Gesetze erlassen kann (sog. Bedarfskompetenz).
- ➢ Ein Sonderfall der konkurrierenden Gesetzgebung ist die „**Rahmen**"**gesetzgebung**; sie ermöglicht eine Kooperation zwischen Bund und Ländern, vgl Art 75 I GG.

Bei der konkurrierenden Gesetzgebung hat der Bund gemäß der Erforderlichkeitsklausel des Art 72 II GG nur ausnahmsweise die **Verbandskompetenz**. Jedoch driften in diesem Punkt Verfassungsrecht und Verfassungswirklichkeit auseinander: Faktisch verlagerte sich seit Bestehen des Grundgesetzes die Gesetzgebungskompetenzen spürbar auf den Bund.

In zwei Verfassungsreformen (1994 und 2006) wurden die Gesetzgebungskompetenzen umformuliert, um die Kompetenzen der Länder zu stärken.[12] 1994 wurde der heutige Art 72 IV GG geschaffen, der eine Rückübertragung von Gesetzgebungskompetenzen auf die Länder ermöglichen sollte.

Da diese Erwartung nicht erfüllt wurde, wurden 2006 mit Art 72 III GG für bestimmte Gesetzesmaterien eine „**Abweichungskompetenz der Länder**" geschaffen. Es liegt auf der Hand, dass der Gebrauch einer Abweichungskompetenz einen Koordinierungsbedarf weckt. Aus diesem Grunde wurde eine **Karenzzeit** von sechs Monaten für das Inkrafttreten von Bundesgesetzen nach deren Verkündung geschaffen. Durch die Karenzzeit haben die Länder Gelegenheit, das betreffende Bundesgesetz zu evaluieren. Falls eine Landesregierung von dem Bundesgesetz

---

[12] Kritische Würdigungen bei Degenhart, NVwZ 2006, 1209, und Ipsen, NJW 2006, 2801.

abweichen möchte, kann es dann ein von dem Bundesgesetz abweichendes Landesgesetz erlassen. Stimmig zu dem Mechanismus der Karenzzeit ist die **Vorrangregel zu Gunsten des jüngeren Gesetzes** (zu diesem Grundsatz vgl. oben Kapitel § 2.B.III).

b) Rechtsdurchsetzung

Es besteht gerade kein Automatismus dahin, dass die Verwaltungskompetenzen den Gesetzgebungskompetenzen folgen. Beide sind getrennt geregelt. Für die Vollzugskompetenzen gilt der Grundsatz des

> Art 83 GG. [**Grundsatz: Verwaltungskompetenz der Länder**]]
> Die Länder führen die Bundesgesetze als eigene Angelegenheit aus, soweit dieses Grundgesetz nichts anderes bestimmt oder zulässt.

Die Art 83 ff GG bestimmen verschiedene Arten des Vollzugs von Bundesgesetzen für verschiedene Gesetzesmaterien. Das wird bei den Ausführungen zum Verwaltungsrecht genauer dargestellt (unter Kapitel § 10.B.I).

D. Das Gesetzgebungsverfahren im Bund

I. Verfahren

Die Verbandskompetenzen von Bund und Ländern zur Bundesgesetzgebung wurden soeben geklärt. Welche Kompetenzen haben die Staatsorgane (sog **Organkompetenzen**)?

> Art 76 I GG [**Gesetzesinitiative**]
> Gesetzesvorlagen werden beim Bundestage durch die Bundesregierung, aus der Mitte des Bundestages oder durch den Bundesrat eingebracht.

Federführend ist also der Bundestag. Es folgen Beschlüsse des Bundestages und des Bundesrates.

> Art 77 I GG [**Verfahren bei Gesetzesbeschlüssen**]
> Die Bundesgesetze werden vom Bundestage beschlossen. Sie sind nach ihrer Annahme durch den Präsidenten des Bundestages unverzüglich dem Bundesrate zuzuleiten.

Wenn der Bundesrat mit dem Gesetzesvorschlag nicht einverstanden ist, kann er binnen drei Wochen einen sogenannten **Vermittlungsausschuss**, mit der Sache befassen. Vermittlungsausschüsse werden je zur Hälfte mit Mitgliedern des Bundestages und des Bundesrates besetzt. Sie sollen nach Kompromissen suchen und Änderungen eines Gesetzesentwurfs vorschlagen, Art 77 II GG.

Unabhängig von Vermittlungsbemühungen sind zwei Verfahrenstypen zu unterscheiden:

Erstens: Einige Kompetenzvorschriften über den Erlass von Gesetzen sehen im Wortlaut ausdrücklich vor, dass diese Gesetze „mit Zustimmung des Bundesrates" zu erlassen sind (**Zustimmungsgesetze**), zB Art 81 II GG. Es gilt

> Art 77 IIa GG [**Zustimmungsgesetze**]
> Soweit zu einem Gesetz die Zustimmung des Bundesrates erforderlich ist, hat der Bundesrat [...] in angemessener Frist über die Zustimmung Beschluss zu fassen.

Zweitens: Alle anderen Gesetze sind sogenannte **Einspruchsgesetze**. Ein Einspruch des Bundesrates kann mit demselben Mehrheitsproporz, mit dem der Bundesrat den Einspruch erklärte, durch den Bundestag zurückgewiesen werden.

Bei den Zustimmungsgesetzen haben die Länder über den Bundesrat also ein **Vetorecht**. Das soll den Kompetenzverlust der Länder bei der Gesetzgebung kompensieren. Das Gros der Zustimmungsgesetze ergeht gemäß Art 84 I GG, weil viele Bundesgesetze zugleich Vorschriften über das anzuwendende Verwaltungsverfahren enthalten. Grundsätzlich zulässig ist es, Gesetzesvorlagen zu splitten. Von dieser Möglichkeit macht die Bundesregierung mitunter Gebrauch, um über die Teile, die nur Einspruchsrechte des Bundesrates begründen, gesondert abstimmen zu können.

II. Beschlüsse

Die zu erwartenden Diskriminierungskosten sind umso höher, je grundlegender die zu treffenden Entscheidung ist. Bei derartigen Entscheidungen ist die Summe aus Diskriminierungs- und Entscheidungsfindungskosten umso niedriger, je höher das erforderliche Mehrheitsquorum ist. Dem entspricht das Grundgesetz:

> Art 79 II GG [**Verfassungsänderung**]
> Ein solches [verfassungsänderndes] Gesetz bedarf der Zustimmung von zwei Dritteln der Mitglieder des Bundestages und zwei Dritteln der Stimmen des Bundesrates.
> Art 121 GG [**Mehrheit der Mitglieder des Bundestages**]
> Mehrheit der Mitglieder des Bundestages [...] im Sinne dieses Grundgesetzes ist die Mehrheit ihrer gesetzlichen Mitgliederzahl.

Doch Art 79 II iVm 121 GG gelten in besonderen Fällen. Die Regel ist

> Art 42 II 1 GG [**Beschluss**]
> Zu einem Beschlusse des Bundestages ist die Mehrheit der abgegebenen Stimmen erforderlich, soweit dieses Grundgesetz nichts anderes bestimmt.

Dasselbe bestimmt grundsätzlich Art 52 III 1 GG für den Bundesrat.

Wie kommen Gesetze zustande, und wie treten sie in Kraft?

> Art 78 GG [**Zustandekommen eines Gesetzes**]
> Ein vom Bundestage beschlossenes Gesetz kommt zustande, wenn der Bundesrat zustimmt, den Antrag gemäß Artikel 77 Abs. 2 nicht stellt, innerhalb der Frist des Artikels 77 Abs. 3 keinen Einspruch einlegt oder ihn zurücknimmt oder wenn der Einspruch vom Bundestage überstimmt wird.
> Art 82 GG [**Gegenzeichnung und Verkündung**]
> (1) Die nach den Vorschriften dieses Grundgesetzes zustande gekommenen Gesetze werden vom Bundespräsidenten nach Gegenzeichnung ausgefertigt und im Bundesgesetzblatte verkündet. [...]
> (2) Jedes Gesetz und jede Rechtsverordnung soll den Tag des Inkrafttretens bestimmen. Fehlt eine solche Bestimmung, so treten sie mit dem vierzehnten Tage nach Ablauf des Tages in Kraft, an dem das Bundesgesetzblatt ausgegeben worden ist.

III. Das konsensethische Gebot demokratischer Kongruenz

Der **Grundsatz der demokratischen Kongruenz**[13] verlangt, dass die Normsetzenden und die Normadressaten kongruent sein müssen. Das heißt: Die Gesetzgeber dürfen nur für jene Recht setzen, die sie repräsentieren. Dieser Grundsatz entspricht dem konsensethischen Prinzip der Zustimmung.

In Deutschland entscheidet der Bund entgegen diesem Grundsatz über Belange der Länder. Dass der Bund als Gesamtstaat über die Belange der Gliedstaaten (mit)bestimmt, ist eine natürliche Folge aus der Notwendigkeit einer Mehrebenenstruktur.

Festzuhalten sind mehrere Durchbrechungen des Grundsatzes der demokratischen Kongruenz:

> Art 51 II GG [**Stimmenverteilung im Bundesrat**]
> Jedes Land hat mindestens drei Stimmen, Länder mit mehr als zwei Millionen Einwohnern haben vier, Länder mit mehr als sechs Millionen Einwohnern fünf, Länder mit mehr als sieben Millionen Einwohnern sechs Stimmen.

Die Landeseinwohner sind also nicht verhältnismäßig repräsentiert. In Nordrhein-Westfalen kommen etwa 3000 Einwohner auf einen Bundesratssitz, in Bremen etwa 220. Hinzu kommt, dass auch im Bundesrat mehrheitlich abgestimmt wird. Das bedeutet: Die **demokratische Inkongruenz** wird im Einzelfall noch größer, wenn sich die verhältnismäßig stark repräsentierten kleinen Länder zu einer Mehrheit zusammenschließen. Eine weitere Durchbrechung der demokratischen Kongruenz ist das mangelnde Wahlrecht für Minderjährige.

---

[13] Vgl BVerfGE 83, 37, 52; Blankart 2008 spricht von „institutioneller Kongruenz".

E. Europäische Integration, Art. 23 GG

> Art 23 I 1 GG [**Mitwirkung bei der EU**]
> Zur Verwirklichung eines vereinten Europas wirkt die Bundesrepublik Deutschland bei der Entwicklung der Europäischen Union mit, die demokratischen, rechtstaatlichen, sozialen und föderativen Grundsätzen und dem Grundsatz der Subsidiarität verpflichtet ist und einen diesem Grundgesetz im wesentlichen vergleichbaren Grundrechtsschutz gewährleistet.

Das BVerfG bezeichnet die Europäische Union als einen Staatenverbund.[14] Es ist rechtspolitisch umstritten, ob das Ziel der europäischen Integration ein „Staatenbund" oder ein „Bundesstaat" sein soll. Wichtig ist es, für konkrete politische und wirtschaftliche Sachfragen nach den Gestaltungszielen des Gemeinschaftsrechts zu fragen. – Warum gibt es eine europäische Integration?
   Die Europäische Union ist ein Werkzeug zur gemeinsamen Bewältigung von Lebensproblemen, die von den isoliert handelnden Nationalstaaten tatsächlich oder vermeintlich nicht mehr erfolgreich bewältigt werden können.
   Mit welchen Mitteln betreibt Deutschland die europäischen Integration?

> Art 23 I 2 GG [**Übertragung von Hoheitsrechten**]
> Der Bund kann hierzu durch Gesetz mit Zustimmung des Bundesrates Hoheitsrechte übertragen.

Die weiteren Absätze des Art 23 GG regeln das Verfahren der Beteiligung des Bundesrates an der europäischen Integration. Deutschland kann Hoheitsrechte auf die EU übertragen und damit seine Hoheitsgewalt in „europäisierter Form" räumlich ausdehnen. Es wird auf europäischer Ebene Recht gesetzt, Recht durchgesetzt und Recht gesprochen. Dadurch entsteht eine neue supranationale Ebene. Sie verändert das gesamte nationale Rechtssystem.

F. Zusammenfassung

I. Wichtigste Lehre

Die Organisation einer Gesellschaft auf mehreren politischen Ebenen wird in der Staatsphilosophie durch die Figur des Gesellschaftsvertrages beschrieben. Danach ist das Volk sein eigener Souverän. Die Herrschaft über das Volk ist das Ergebnis eines Vertrages, den die Einzelnen untereinander abschließen, um eine staatliche Ordnung zu etablieren (Prinzip der unmittelbaren Einstimmigkeit). Das Recht der Rechtsetzung zeigte drei Durchbrechungen dieses Ideals. Sie sind verbunden

---

[14] BVerfGE 89, 155 – sog Maastricht-Urteil, da der Maastricht-Vertrag zur Änderung des EG-Vertrages Gegenstand der Entscheidung war.

mit den Stichworten repräsentative Demokratie, Mehrheitsprinzip und demokratische Inkongruenz.

Die Elemente der repräsentativen Demokratie, des Mehrheitsprinzips und der demokratische Inkongruenz finden in der verfassungsrechtlichen Ordnung des Grundgesetzes eine besondere Ausformung. Zentrale Vorschriften sind die Artikel 20, 21, 23, 28, 38, 39, 51, 70 ff, 79, 83 und 146. Die Öffnung des Grundgesetzes zur Europäischen Union (Art 23 GG) und die Reform der Gesetzgebungszuständigkeiten gemäß Art 70 ff GG zeigen, dass die Verfassung einem Wandel unterworfen ist.

II. Wichtige Stichpunkte

➢ Staatsvolk, Staatsgebiet, Staatsgewalt, Staatsorgane
➢ Demokratie, Volkssouveränität, Art 20 II, besondere Stellung der Gesetze, Doppelstellung der Parteien, Stellung der Abgeordneten
➢ Wahlrecht, personalisierte Verhältniswahl, Einstimmigkeits- und Mehrheitswahlrecht, Beschlüsse der Gesetzgeber
➢ Rechtsetzungsverfahren, Einspruchs- und Zustimmungsgesetze, Verbands- und Organkompetenzen
➢ repräsentative Demokratie, Mehrheitsprinzip und demokratische Inkongruenz

III. Schrifttum

Die in der Vorbemerkung genannten Lehrbücher und Grundgesetzkommentare, zudem:
Blankart, Charles B, Öffentliche Finanzen in der Demokratie, 7. A 2008.
Brennan, Geoffrey/Buchanan, James, Die Begründung von Regeln, (1985), 1993.
Buchanan, James, Die Grenzen der Freiheit (1975), 1984.
Zippelius, Reinhold, Allgemeine Staatslehre, 14. A 2007.

§ 4 Rechts-, Sozial- und Umweltstaat

A. Einführung

Das Ideal des konsensethischen Ansatzes ist die unmittelbare Einstimmigkeit: die Zustimmung aller zu den Rechtsnormen, die sie betreffen. Das Recht der Rechtsetzung zeigte drei Durchbrechungen dieses Ideals. Sie sind verbunden mit den Stichworten **repräsentative Demokratie**, **Mehrheitsprinzip** und **demokratische Inkongruenz**. Was ist die Wirkung dieser drei Phänomene?

Um das analysieren zu können, ist im Sinne des methodischen Individualismus bei den handelnden Akteuren anzusetzen. Das sind jene Personen, denen staatliche Hoheitsgewalt übertragen ist und die diese Staatsgewalt für das Volk ausüben. Darunter fallen zunächst die Repräsentanten des Volkes im Parlament. Im weiteren Sinne aber repräsentieren auch die Entscheidungsträger in den Staatsorganen der Exekutive und der Judikative das Volk sowie jeder der ein öffentliches „Amt" in einer Körperschaft, einer Stiftung oder einer Anstalt in Bund, Ländern oder Kommunen innehat.

Das Ausmaß, in dem diese Hoheitsträger Staatsgewalt ausüben, hängt von ihren Positionen und Funktionen ab. Die weitreichendste Herrschaftsgewalt haben die Entscheidungsträger in den Staatsorganen. Denn die Vertreter der Regierung und des Parlaments schaffen die förmlichen Gesetze. Die Vertreter des Verfassungsgerichts kontrollieren die Gesetzgebung.

Auf diese **Entscheidungsträger** soll sich die folgende Analyse konzentrieren. Welches Verhalten ist von den Entscheidungsträger nach den Grundsätzen der Institutionenökonomik zu erwarten? Wie sollte rechtlich darauf reagiert werden?

Bestandteil des rechtsökonomischen Paradigmas ist die Annahme, dass die Menschen sich eigennutzorientiert verhalten (vgl Kapitel § 1.D.III). Dem entsprechen die Ausführungen von Anthony Downs in seiner „ökonomischen Theorie der Demokratie": Viele Bürger wählen die Partei und die Politiker, die ihnen persönlich voraussichtlich den größten Nutzen bringen werden. Viele Politiker fällen ihre Entscheidungen nach ihrem individuellen Kosten-Nutzen-Kalkül.[1] Das schließt nicht aus, dass sie vielfach dem allgemeinen Wohle dienen. Es wird ihnen jedoch erstens leichter fallen, wenn sie dabei zugleich das eigene Wohl verfolgen und zweitens ist es wahrscheinlich, dass sie die Neigung haben, in Konfliktfällen ihr eigenes Wohl über das der Allgemeinheit zu stellen. Zwei Seiten sind diesen Entscheidungsträger folglich immanent: Sie sind zum einen bestellt, um dem allge-

---

[1] Anthony Downs, Ökonomische Theorie der Demokratie, 1968.

meinen Wohl zu dienen; zugleich sind sie eine **potentielle Gefahr** für das vertretene Volk und das gemeine Wohl.

Den drei Problemen der repräsentativen Demokratie, des Mehrheitsprinzips und der demokratischen Inkongruenz lassen sich schwerpunktmäßig **drei Gefahren** zuordnen:

Erstens. Für das Kosten-Nutzen-Kalkül der Abgeordneten und der Regierung ist die Wiederwahl eine wichtige Größe. Politiker wollen wiedergewählt werden. Sie neigen daher dazu, dem mutmaßlichen Willen der Mehrheit zu entsprechen. Das ist zwar im Sinne der Repräsentation. Viele Politiker denken in ihrer Wiederwahlrestriktion aber nur in den zeitlichen Abständen von Wahlperioden. Gesellschaftliche Kooperation ist aber unzureichend, wenn sie in kurzfristigen periodischen Abständen gedacht wird. Der Konflikt zeigt sich deutlich an der Überschuldung der öffentlichen Haushalte. Die Politiker geben Gelder aus, um bestimmten Wählergruppen „zu gefallen" und dadurch die Chancen ihrer Wiederwahl erhöhen. Der Schaden entsteht kollektiv.[2] In der ökonomischen und politikwissenschaftlichen Literatur steht der Begriff des „rent-seeking" für Phänomene der Selbstbegünstigung und Bereicherung: Die Entscheidungsträger neigen danach dazu, sich für die Zeit nach ihrer Amtszeit eine „Rente" im weitesten Sinne zu sichern. Potentiell besteht die schlimme Gefahr, dass die Entscheidungsträger ihre **Macht missbrauchen**, um die politische Ordnung zu unterlaufen, wie im Sinne des DDR-Funktionärs Walter Ulbricht: „Es muss demokratisch aussehen, aber wir müssen die Kontrolle behalten." Es gibt auch *Beispiele* für die Neigung der Gewalten, die eigenen Kompetenzen zu erweitern. Für die Auslandseinsätze der Bundeswehr in Afghanistan beantragte die Bundesregierung einen parlamentsfreien Entscheidungsspielraum.[3] Die Rechtsprechung gewährt der Verwaltung nur zögerlich einen Beurteilungsspielraum bei der Auslegung unbestimmter Rechtsbegriffe. Der Legislative wird vorgeworfen, sie betreibe eine Gesetzgebungsflut. – Keine Gewalt liebt es, „en quelque façon nulle" zu sein.

Zweitens. Zu erinnern ist an die **Diskriminierungskosten**, die das Mehrheitsprinzip zwangsläufig mit sich bringt. Problematisch ist das, wenn nicht jeder mal zur Minderheit gehört, sondern bestimmte Gruppen generell diskriminiert werden, so wie Frauen, Juden, Obdachlose, Zigeuner oder Homosexuelle unter der nationalsozialistischen Terrorgewalt.

Drittens. Ein Sonderfall der Diskriminierung entsteht in einem **Bundesstaat**: Die politisch und rechtlich **übergeordnete Ebene hat die Tendenz**, Entschei-

---

[2] Das ist ein Schaden, der kraft ihres Amtes den Entscheidungsträgern zuzurechnen ist. Aber das Problem liegt tiefer. Zu berücksichtigen ist die Wahrnehmung der Politiker, dass die Mehrheit mitunter nicht bereit wäre, kurzfristige Kostensteigerungen in Kauf zu nehmen, um langfristig einen kollektiven Nutzen zu erzielen. Nicht bekannt ist, ob die Politiker tatsächlich diese Wahrnehmung haben, und ob sie zutrifft.

[3] Ein weiteres signifikantes *Beispiel:* Der Regierungsentwurf zur Änderung von Art 23 GG sah keine Beteiligungsrechte des Bundestages (jetzt dagegen Art 23 II, III GG) vor. Die Regierung hätte über ihre Mitwirkung im Rat die europäische Integration ohne parlamentarische Mitverantwortung betrieben. In mehreren Entscheidungen des BVerfG geht es um die Reichweite des Entscheidungsspielraums der Exekutive.

dungskompetenzen an sich zu ziehen und auf diese Weise **über Belange zu entscheiden, die eigentlich solche der unteren Ebenen sind**. Ein *Beispiel* ist die Verfassungswirklichkeit, wonach die weitaus meisten und wichtigsten Gesetze im Bund erlassen werden, obgleich Das Grundgesetz das Gegenteil bestimmt. Das ist das Problem der demokratischen Inkongruenz (Kapitel § 3.D.III). Zudem sind Verzerrungen der Mehrheitsverhältnisse zu befürchten: Die Mehrheit im Bundesrat repräsentiert mitunter nicht die Mehrheit der Bevölkerung.

Eigennutzhandlungen der staatlichen Entscheidungsträger können folglich die rechtliche Ordnung und das gemeine Wohl gefährden. Zusammenfassend bestehen die Gefahren des Machtmissbrauchs und der Diskriminierung von Minderheiten. Daraus ergeben sich zwei Fragen. *Erstens:* Wie kann die Ordnung gesichert werden? Und *zweitens:* Wie wird eine rechtliche Ordnung auch für potentielle Minderheiten zustimmungsfähig?

Zu Erstens: Die Stabilität der freiheitlich-demokratischen Ordnung basiert auf einer **Teilung der Staatsgewalt**. Die Begrenzung von Handlungskompetenzen ist die Steuerungsmethode des Rechts. Ein Zusammenwirken der Gewalten und gleichzeitig eine Bindung an den Willen der Volksvertreter wird erzwungen durch die **Gesetzesbindung der Gewalten**, Art 20 III GG.

Zu Zweitens: Eine rechtliche Ordnung wird für Minderheiten akzeptabel, wenn ihnen **Menschenrechte** gewährt werden. Einer Diskriminierung von Menschen auf unteren politischen und rechtlichen Ebenen wird durch das Prinzip der **Subsidiarität** entgegen gewirkt. Dieses Prinzip besagt, dass die obere Ebene nur solche Ziele verfolgen darf, die sich dort besser als auf der unteren Ebene verfolgen lassen.

Diese vier Elemente des Rechtsstaates werden im Folgenden vertieft. Die Achtung vor dem menschlichen Leben kommt in verselbständigter Form in den zwei Strukturprinzipien des Sozialstaats und des Umweltstaats zum Ausdruck. Beide dienen dazu, das menschliche Leben zu fördern und zu erhalten. Sozialstaats- und Umweltstaatsgebot werden in den letzten beiden Abschnitten dieses Kapitels behandelt.

B. Aufgaben und Strukturmerkmale des Rechtsstaates

I. Überblick

Außer den vier Elementen Gewaltenteilung, Gesetzesbindung, Grundrechte und Subsidiarität werden weitere Elemente zum Rechtsstaat gezählt: Gerechtigkeit, Verhältnismäßigkeit, Rechtssicherheit, Öffentlichkeit, Verfahrensgrundsätze, Partizipation, Bestimmtheit von Rechtsnormen, Vertrauensschutz, Unabhängigkeit der Gerichte, Rechtschutz. Diese Elemente lassen sich jedoch den genannten vier Elementen zuordnen; das soll nachfolgend geschehen. Mitunter werden diese Elemente mit wenig Erkenntnisgewinn den kaum abgrenzbaren Kategorien „formeller" oder „materieller" Rechtsstaat zugeordnet. Das soll hier unterbleiben.

II. Das Recht der Gewaltenteilung

Basierend auf den Ideen vor allem von Aristoteles, John Locke, Charles de Montesquieu und Immanuel Kant entwickelten die modernen demokratischen Rechtsstaaten verschiedene **Formen der Gewaltenteilung**. Die des Grundgesetzes ist eine denkbare. Eine Teilung der Gewalten meint nicht eine strikte Trennung. Zwar sind die Gewalten insofern geteilt, als jeder bestimmte Kompetenzen zustehen. Insbesondere hat jede Gewalt bestimmte Kernkompetenzen, sogenannte **Kernbereiche**, in die keine andere Gewalt eingreifen darf.[4] Jenseits der Kernbereiche aber basiert die Gewaltenteilung auf einem System der wechselseitigen Kontrollen – „checks and balances". *Beispiele:* Der Legislative obliegen keine Einzelfallentscheidungen. Bei Entscheidungen mit Prognosecharakter haben die Gesetzgeber einen Prognosespielraum. „Gleiches gilt für politische Entscheidungen von weitreichender Bedeutung, zumal wenn sie auf einer Einschätzung, Wertung und Beurteilung politischer Vorgänge und Verhältnisse beruhen." Auf der anderen Seite unterliegt die Gesetzgebung der Kontrolle durch die Verfassungsgerichtsbarkeit, etwa im Rahmen der Normenkontrolle, vgl Art 93 I Nr 2, 100 I GG. Typische Überschneidungen der Staatsgewalten sind auch die Befugnis der Exekutive, Rechtsverordnungen zu erlassen, vgl Art 80; oder die richterliche Rechtsfortbildung, Art 20 III GG.

Der **Umfang der Kernbereiche** ist nicht abstrakt festgelegt, sondern im Einzelfall erst argumentativ zu begründen. „Zu berücksichtigen ist [dabei], dass die in Art 20 II GG als Grundsatz normierte organisatorische und funktionelle Unterscheidung und Trennung der Gewalten auch darauf zielt, dass staatliche Entscheidungen möglichst richtig, das heißt von den Organen getroffen werden, die dafür nach ihrer Organisation, Zusammensetzung, Funktion und Verfahrensweise über die besten Voraussetzungen verfügen. Dieses Ziel darf nicht durch einen Gewaltmonismus unterlaufen werden"[5].

Zwei Formen der Gewaltenteilung sind zu unterscheiden: Die **horizontale Gewaltenteilung** betrifft die drei Gewalten der Gesetzgebung, der vollziehenden Gewalt und der Rechtsprechung. Die Gewaltenteilung ist bildlich gesprochen „horizontal", weil sie grob gesehen auf einer politischen Ebene erfolgt. Die **vertikale Gewaltenteilung** betrifft die Verhältnisse zwischen den politischen Ebenen, also Land, Bund, Europäische Gemeinschaft.

Landläufig werden die Medien oder auch Interessenverbände als „**vierte Gewalt**" bezeichnet. Richtig ist, dass die Medien eine Öffentlichkeit schaffen und damit auch eine Transparenz der staatlichen Verhältnisse, also Vorbedingungen für eine politische Kontrolle. Rechtlich handelt es sich aber nicht um Staatsgewalten. Sie haben keine Kompetenzen und sind nicht an die Grundrechte gebunden, sondern sind selber Träger von Rechten, etwa den Kommunikationsrechten.

Ebenfalls keine Staatsgewalt sind die Bundesbank, die Europäische Zentralbank oder die Rechnungshöfe. Sie haben allerdings bestimmte Kontrollbefugnisse und tragen damit zur Kontrolle der Staatsgewalten bei.

---

[4] BVerfGE 34, 52, 59; 30, 1, 27 f.; 9, 268, 280.
[5] BVerfGE 98, 218, 251 f.; vgl 68, 1, 86 f.

1. Die horizontale Gewaltenteilung

Der in Kapitel § 1 bereits zitierte Art 20 III GG findet auch einen Ausdruck in

> Art 1 III GG [**Bindung der Hoheitsgewalten an die Grundrechte**]
> Die nachfolgenden Grundrechte binden Gesetzgebung, vollziehende Gewalt und Rechtsprechung als unmittelbar geltendes Recht.

Diese **drei Staatsfunktionen** sind zudem in Art 20 II 2 GG genannt. Erfüllt werden sie durch die Staatsorgane, die in den Art 38 ff GG normiert sind. Das Prinzip der Gewaltenteilung erklärt sich von selbst; *zwei Hinweise* mögen genügen:

Erstens. Die reale Gewaltenteilung erfolgt nur teilweise zwischen den gesetzgebenden Organen und der Regierung. In einer Parteiendemokratie stellt die Parlamentsmehrheit zugleich die Regierung. Die **Kontrolle erfolgt** daher weniger durch das Parlament als solches, sondern **durch die Opposition.** Das verdeutlicht zugleich die Rolle des Bundesrates: Wenn die Oppositionsparteien in der Mehrheit der Länder regieren, stellen sie regelmäßig auch die Mehrheit im Bundesrat. Dann erfolgt eine Kontrolle der Gesetzgebung über den Bundesrat. Die Gewaltenkontrolle ist folglich schwach, wenn dieselben Parteien auf Bundes- und auf Länderebene regieren.

Zweitens. Die Aufteilung der Staatsgewalt unter verschiedene Staatsorgane wäre witzlos, wenn überall dieselben Menschen handeln würden. Es ist eine notwendige Bedingung für eine funktionierende Gewaltenteilung, dass keine Personalunion von Kontrolleuren und Kontrollierten bestehen darf (sog. **Inkompatibilität**), vgl Art 55 I, 66, 94 I 3, 137 I GG. Warum aber sind das Regierungsamt und das Bundestagsmandat kompatibel? Aus besagtem Grunde, dass die Parlamentsmehrheit ohnehin die Regierung stellt.

2. Die vertikale Gewaltenteilung in einer Mehrebenenstrukur

Auf jeder politischen Ebene müssen laut Grundgesetz Legislative, Exekutive und Judikative getrennt sein. Denn die Art 20 I, II, III, 28 I 1 und 23 I 1 GG schreiben für jede dieser Ebenen vor, dass sie rechtsstaatlich organisiert sein müssen. Das beinhaltet eine Gewaltenteilung als Kernstück der Idee des Rechtsstaates.

Bei zwei politischen Ebenen entstehen auf diese Weise insgesamt sechs Gewalten, bei drei politischen Ebenen sogar neun. Die staatliche Gewaltausübung ist also unter den politischen Ebenen aufgeteilt. *Beispiel:* Durch den Bundesrat wirken die Länder bei der Gesetzgebung des Bundes mit. **Die politischen Ebenen sind** also ebensowenig wie die drei Gewalten auf einer Ebene strikt getrennt, sondern **miteinander verwoben**. Zudem verläuft die vertikale Teilung nicht parallel zur horizontalen. Das heißt, es wirken nicht nur die Organe mit denselben Funktionen zusammen, sondern die Funktionen überschneiden sich. *Beispiel:* Der Bundesrat wird nicht durch die gesetzgebenden Organe der Länder gebildet, sondern durch die Exekutive.

Die vertikale Gewaltenteilung lässt sich also beschreiben, indem die verschiedenen „vertikalen" Funktionen der neun Organe beschrieben werden oder indem anhand der drei Funktionen gezeigt wird, welche Kompetenzen die neun Organe jeweils bei ihrer Erfüllung haben. Das muss hier nicht in allen Einzelheiten geschehen; es geht lediglich um das Prinzip.

Beispiel: Bei der Gesetzgebung war zu sehen, dass die Kompetenzen grundsätzlich zwischen Bund und Ländern getrennt sind. Nur in grundgesetzlich zugewiesenen Fällen hat der Bund die Gesetzgebungskompetenz. Ähnlich ist das Verhältnis zwischen der Europäischen Gemeinschaft (EG) und ihren Mitgliedstaaten: Die EG darf Rechtsnormen nur auf Grund von Einzelermächtigungen setzen. Allerdings haben die Länder respektive die EG-Mitgliedstaaten Anteil an der Gesetzgebung. Dort, wo die unteren Ebenen der Rechtssetzung zwingend zustimmen müssen, Art 77 IIa GG, ist die Gesetzgebungskompetenz am stärksten geteilt.

III. Die Bindung an Gesetz und Recht, Art 20 III GG

Art 1 III und 20 III GG verlangen von den Staatsorganen, dass sie Gesetz und Recht gehorchen. Was ist der Hintergrund dieser **Gesetzesbindung**? Sie ist zunächst eine Folge der Volkssouveränität: Das Volk gibt sich durch seine Vertreter eine Verfassung. In der Verfassung werden die künftigen Vertreter des Volkes ermächtigt, nach bestimmten Grundsätzen und in einem bestimmten Verfahren den künftigen Willen des Volkes zu bilden.

Die Gesetze sind der Ausdruck dieses Willens. Der Wille des Volkes wird aber nur dann als höchster Wert verwirklicht, wenn er bindend ist für die Staatsgewalten. Also ist die Gesetzgebung an die Verfassung, die vollziehende Gewalt und die Rechtsprechung und Gesetz und Recht gebunden. Das ist ein demokratisches Gebot.

Die Bindung an die Gesetze ist aber zugleich ein rechtsstaatliches Erfordernis. Denn sie ist die notwendige Konsequenz der Gewaltenteilung. Die Gesetzesbindung ist das **Scharnier**, das ein Zusammenwirken der geteilten Gewalten ermöglicht. **Die Gesetze sind das Element, das die drei Gewalten verbindet**: Ohne Gesetzgebung gäbe es keine Gesetze, ohne Gesetzmäßigkeit der Verwaltung gäbe es keine Kontrolle der Exekutive. Ohne Bindung der Rechtsprechung an Gesetz und Recht hätten die Gerichte keinen Maßstab für die Kontrolle der gesetzgebenden und vollziehenden Organe.

Die Elemente der Rechtssicherheit (1) und das Gebot der Gesetzmäßigkeit (2) sind komplementär zum Gebot der Gesetzesbindung.

1. Rechtssicherheit

Die demokratische und die rechtsstaatliche Komponente der Gesetzesbindung sind miteinander verwoben. Das zeigen die drei Elemente der Rechtssicherheit: Rechtsbestimmtheit, Rechtsöffentlichkeit und Rechtsbeständigkeit.

a) Rechtsbestimmtheit/Rechtsklarheit
Eine Bindung an eine Rechtsvorschrift ist überhaupt nur denkbar, wenn inhaltlich einigermaßen klar ist, was die Vorschrift anordnet. Nur wenn das Handeln der

Staatsgewalt unter dem Vorbehalt eines hinreichend konkreten Gesetzes steht, vermag dieses Gesetz das Handeln der Normadressaten zu steuern.

Rechtsvorschriften müssen daher „nach Inhalt, Zweck und Ausmaß hinreichend bestimmt und begrenzt [sein], so dass das Handeln der Verwaltung meßbar und in gewissem Ausmaß für den Staatsbürger voraussehbar und [damit] berechenbar wird"[6] (Bestimmtheitsgebot).

Der Entscheidungskorridor, den viele Rechtsnormen belassen, darf nicht zu weit sein. Andernfalls verstärkt sich zum Nachteil des demokratisch gebildeten Parlamentswillens das Gewicht, dass die Wertungen der Rechtsanwender beim Gesetzesvollzug haben. Zudem verlieren die Grundrechte in ihrer Funktion als Schutz- und Abwehrrechte der Einzelnen an Bedeutung, wenn das Staatshandeln nicht in vorhersehbarer und kontrollierbarer Weise durch Gesetze bestimmt wird. Wann ist die inhaltliche Bestimmtheit „hinreichend"?

Laut BVerfG ist es hinreichend, wenn sich durch Auslegung ermitteln lässt, was eine Norm vorschreibt. Um das Leben trotz seiner Vielgestaltigkeit gesetzlich ordnen zu können, muss die Gesetzessprache einerseits abstrakt, andererseits mitunter sehr komplex sein. Das behindert ein leichtes Verstehen.

Beispiel: § 305 BGB enthält unbestimmte Generalklauseln zur Kontrolle von Allgemeinen Geschäftsbedingungen (AGB). Die Generalklausel wird durch die Spezialtatbestände in den §§ 306 f BGB konkretisiert. Dadurch werden die Vorschriften zu den AGB unübersichtlich. Diese Regelungstechnik lässt sich aber nicht vermeiden. Sie ist ein Kompromiss zwischen der allgemeinen Geltung von Gesetzen einerseits und dem Bestimmtheitsgebot andererseits.

Wie verhält es sich dann mit **unbestimmten Rechtsbegriffen und Ermessensvorschriften**? Beide **sind verfassungsrechtlich grundsätzlich unbedenklich**.[7] Zwar vollziehen Exekutive und Rechtsprechung die Gesetze im Hinblick auf die Wirklichkeit. Es entspricht jedoch der verfassungsrechtlichen Gewaltenteilung, dass sie innerhalb des Rahmens der Gesetzesbindung die Wirklichkeit zugleich gestalten.

Unbestimmte Rechtsbegriffe und Ermessensklauseln haben für die Gewaltenteilung allerdings unterschiedliche Auswirkungen: Unbestimmte Rechtsbegriffe geben faktisch einen Entscheidungsspielraum. Da es aber um die Auslegung von Rechtsbegriffen geht, beansprucht die Rechtsprechung für ihre Konkretisierung grundsätzlich das Letztentscheidungsrecht. Durch die Ermessensklauseln dagegen räumen die Gesetzgeber ausdrücklich der Exekutive einen Entscheidungsspielraum ein. Die Verwaltung entscheidet dann, was sein „kann", „soll" oder „darf".

Unbestimmte Rechtsbegriffe begegnen insbesondere „keinen Bedenken, wenn allgemein davon ausgegangen werden kann, dass der Adressat auf Grund seines Fachwissens imstande ist, den Regelungsinhalt solcher Begriffe zu verstehen und ihnen konkrete Verhaltensanweisungen zu entnehmen."[8]

Ein *Beispiel* für eine auslegungsfähige unbestimmte Generalklausel ist § 3 Gesetz gegen den unlauteren Wettbewerb (UWG):

---

[6] BVerfGE 56, 1, 12, dort 12 ff auch grundsätzlich zum Bestimmtheitsgebot.
[7] BVerfGE 49, 89, 133 (unbestimmte Rechtsbegriffe); E 9, 137, 146 ff (Ermessen).
[8] BVerfGE 48, 48, 57.

> **§ 3 UWG Verbot unlauteren Wettbewerbs**
> Unlautere Wettbewerbshandlungen, die geeignet sind, den Wettbewerb zum Nachteil der Mitbewerber, der Verbraucher oder der sonstigen Marktteilnehmer nicht nur unerheblich zu beeinträchtigen, sind unzulässig.

Für § 3 UWG und den darin verwendeten Begriff des „unlauteren Wettbewerbs" gilt entsprechend, was das BVerfG zur Vorgängerregelung des § 1 UWG sagte. § 1 UWG enthielt das Verbot, im geschäftlichen Verkehr gegen die die „guten Sitten" zu verstoßen. Es „handelt [...] sich um eine Generalklausel, mit der der Gesetzgeber im Hinblick auf die unübersehbare Vielfalt möglicher Verhaltensweisen im geschäftlichen Wettbewerb die missbilligten Wettbewerbshandlungen in verfassungsrechtlich unbedenklicher Weise umschrieben hat [...] Eine genauere Regelung erscheint nach der Eigenart des zu ordnenden Sachverhalts und mit Rücksicht auf den Normzweck kaum möglich. Unter diesen Voraussetzungen sind unbestimmte Rechtsbegriffe und Generalklauseln grundsätzlich unbedenklich. Dass auch neuartige Fallgestaltungen darunter subsumiert werden können, liegt in ihrer Funktion und ihrem Wesen begründet. Wäre dies ausgeschlossen, könnten sie der Vielgestaltigkeit der Lebenssachverhalte, die der Normzweck erfassen will, nicht gerecht werden."[9]

Zu beachten ist in dem Zusammenhang die typische Technik des Gesetzes, die Auslegung unbestimmter Rechtsbegriffe durch die Auflistung von Beispielen zu erleichtern: Siehe § 4 UWG.

Auch **Verwaltungsakte** müssen „inhaltlich hinreichend bestimmt sein", § 37 I Verwaltungsverfahrensgesetz (VwVfG).

b) Rechtsöffentlichkeit

Die Bestimmtheit des Rechts läuft ins Leere, wenn die Normadressaten ihr Recht nicht kennen. Aus diesem Grunde gebietet das Rechtsstaatsprinzip, dass förmliche Gesetze und Rechtsverordnungen sowie ihr Inkrafttreten im Bundesgesetzblatt verkündet werden, Art 82 I GG. Verwaltungsakte müssen den Betroffenen bekannt gegeben werden, § 45 VwVfG. Außenwirksame Verwaltungsvorschriften müssen veröffentlicht werden.[10] Gerichtsurteile müssen öffentlich verkündet werden, § 116 Verwaltungsgerichtsordnung (VwGO).

c) Rechtsbeständigkeit: Rückwirkungsverbot

Unter dem Stichwort „Rückwirkung" wird eine Verallgemeinerung des Art 103 II GG diskutiert: Einerseits sollen sich die Einzelnen auf eine vorsehbare und stabile Rechtslage verlassen können. *Beispiel:* § 1 II Gewerbeordnung. Andererseits können Gründe des gemeinen Wohls verlangen, dass Gesetze an vergangenes Verhalten neue Rechtsfolgen anknüpfen (sog **unechte**) oder sogar die rechtliche Gestaltung einer vollständig vergangenen Wirklichkeit neu regeln (sog **echte Rückwirkung**).

Jede Rückwirkung verlangt eine Abwägung zwischen dem Vertrauensschutz und Belangen des Gemeinwohls. Das BVerfG hat hierzu Fallgruppen entwickelt.

---

[9] BVerfG, NJW 2001, vgl auch BVerfGE 32, 311, 317.
[10] BVerfGE 40, 237, 252 f., 255; allgemein zur Publikationspflicht E 65, 283, 291.

Diese lassen sich alle auf den Nenner bringen, dass eine echte Rückwirkung schwieriger zu rechtfertigen ist als eine unechte. Das entspricht dem rechtstaatlichen Gebot der Verhältnismäßigkeit, denn eine echte Rückwirkung greift grundsätzlich stärker in die Grundrechte der Betroffenen ein als eine unechte Rückwirkung. Je stärker der Vertrauensbruch, desto höher muss der verfassungsrechtliche Rang des Rechtsgutes sein, um dessentwillen die Rückwirkung erfolgt. Eine Rückwirkung ist grundsätzlich zulässig, wenn das Vertrauen nicht schutzwürdig ist. *Beispiel:* Die Rechtslage ist erkennbar unklar und verworren und daher nicht zuverlässig.[11]

2. Gesetzmäßigkeit der Verwaltung und Rechtsprechung

Verwaltung und Rechtsprechung setzen das geschriebene Recht um. Damit das verfassungsmäßig geschieht, müssen drei Bedingungen erfüllt sein: der **Vorrang des Gesetzes**, der **Vorbehalt des Gesetzes** und die **Wesentlichkeitslehre**.

a) Vorrang des Gesetzes
Der Vorrang des höherrangigen Gesetzes wird versinnbildlicht in der Normenpyramide und praktisch umgesetzt durch das Gebot der normkonformen Auslegung. Niederrangiges Recht muss mit Parlamentsgesetzen, und diese müssen mit der Verfassung in Einklang stehen. Über das Grundgesetz erhebt sich die höherrangige Ebene des Europarechts, Art 23 GG.

b) Vorbehalt des Gesetzes
Der Gesetzesvorbehalt besagt: Die Verwaltung bedarf für ihr Handeln einer rechtlichen **Ermächtigungsgrundlage**.[12] *Beispiel:* Die Verwaltung möchte jemandes Eigentum enteignen, jemanden inhaftieren oder Steuern erheben. Das ist nur rechtmäßig, sofern ein Gesetz diese Eingriffe zulässt. Dieser Grundsatz folgt aus dem Gewaltenteilungsprinzip des Art 20 III GG. Der Gesetzesvorbehalt ist in etlichen Grundgesetzbestimmungen, insbesondere den Grundrechten, in Art 80 und in Art 103 II GG, normiert.

Die Vorbehalte verschiedener Bestimmungen variieren inhaltlich. Teilweise wird ausdrücklich ein „förmliches Gesetz" verlangt, zB § 104 I 1 GG. Teilweise werden inhaltliche Vorgaben für diese Gesetze gemacht.[13] Weitere Grundrechte lassen Eingriffe ausdrücklich auch „auf Grund Gesetzes" zu, also auch durch Rechtsverordnungen.[14] Einigkeit besteht darin, dass die ausdrücklichen Gesetzesvorbehalte nicht abschließend sind. Aus ihnen ist vielmehr der Grundsatz zu entnehmen, dass alle Eingriffe in Grundrechte einer gesetzlichen Ermächtigung bedürfen. Das ist Gewohnheitsrecht. Der Gesetzesvorbehalt ist das notwendige Gegenstück zum Bestimmtheitsgrundsatz. Denn nur durch die Bindung an ein inhaltlich bestimmtes Gesetz entscheidet die Verwaltung nicht selbst an Stelle der Gesetzgeber.

---

[11] BVerfGE 98, 17, 38; 95, 64, 86 f; 88, 384, 404; 30, 367, 388; 13, 261, 272.
[12] Etwa BVerfGE 49, 89, 126.; grundlegend: E 40, 237, 248 ff.
[13] Etwa in Art 5 II, 11 II, 13 III GG.
[14] Gemäß Art 80 GG, vgl Art 8 II, 10 II 1, 12 I 2, 14 III 2 GG.

Der Gesetzesvorbehalt als solcher ist ein formales Prinzip, also inhaltsleer. Der Rechtsstaat verlangt aber nicht nur, dass eine Ordnung besteht; die Ordnung soll auch gerecht sein. Andernfalls wäre sie nicht zustimmungsfähig. Aus dieser Idee wurde das Verhältnismäßigkeitsgebot geboren: Rechtsnormen müssen einen verfassungslegitimen Zweck verfolgen, und sie müssen hierzu geeignet sein und notwendig und angemessen. Das ist eine wesentliche Forderung inhaltlicher Gerechtigkeit. Niklas Luhmann geht so weit, zu sagen: „Das Postulat des Rechtsstaats ist letztlich nichts anderes als eine Kritik des Schlusses vom Zweck auf das Mittel."[15] Kurzum: Es gilt der **Vorbehalt des verhältnismäßigen Gesetzes**.

Gilt der Gesetzesvorbehalt auch dann, wenn die Verwaltung keine Eingriffe vornimmt, sondern Einzelne – zB durch finanzielle Beihilfen – begünstigt oder öffentliche Dienstleistungseinrichtungen schafft (sog Leistungsverwaltung)? Das Grundgesetz schweigt zu dieser Frage. Laut BVerfG gilt der Grundsatz: „Der Staat genießt im Bereich der Grundrechtsförderung [...] einen weiteren Handlungsspielraum als im Bereich der Grundrechtseinschränkung."[16] Eine gesetzliche Grundlage ist jedoch erforderlich, wenn durch die staatliche Leistung Rechte Dritter beeinträchtigt werden. Das kann etwa bei der Gewährung von Beihilfen der Fall sein.[17]

c) Wesentlichkeitslehre

Das BVerfG entwickelte in Fortführung des Gesetzesvorbehalts die mittlerweile gewohnheitsrechtlich anerkannte Wesentlichkeitslehre. Danach ist das **Parlament** wegen des demokratischen Prinzips der Volkssouveränität, Art 20 II GG, gehalten, „in grundlegenden normativen Bereichen, zumal im Bereich der Grundrechtsausübung, soweit diese staatlicher Regelung zugänglich ist, alle wesentlichen Entscheidungen selbst zu treffen"[18] und sie nicht den Rechtsanwendern zu überlassen. Doch was ist „wesentlich"?

„**Ob eine Maßnahme wesentlich ist** und damit dem Parlament selbst vorbehalten bleiben muss [...], **richtet sich** zunächst **nach dem Grundgesetz**. Hier vermittelt der Schutz der Grundrechte einen wichtigen Gesichtspunkt. Die meisten Grundrechtsartikel sehen ohnehin vor, dass Eingriffe nur durch Gesetz oder aufgrund eines Gesetzes zulässig sind. Außerdem entspricht ihre Sicherung durch Einschaltung des Parlaments [...der...] Vorbehaltslehre, ohne dass allerdings zwischen Eingriffen und Leistungen zu unterscheiden ist. Im grundrechtsrelevanten Bereich bedeutet somit ‚wesentlich' in der Regel ‚wesentlich für die Verwirklichung der Grundrechte'"[19]. Entscheidend ist nach dem Gesagten also nicht das Vorliegen eines Eingriffs. Staatliche Leistungen können ebenso wesentlich sein wie Eingriffe.[20] In Einzelfällen bleibt rechtlich unklar und politisch umstritten, ob eine Entscheidung wesentlich ist oder nicht. „Die Tatsache, dass eine Frage politisch umstritten ist, führt dagegen für sich genommen nicht dazu, dass diese als

---

[15] Niklas Luhmann, Grundrechte als Institution, 1965, 308.
[16] BVerfGE 80, 124, 134; 11, 50.
[17] BVerwGE 90, 112, 116.
[18] BVerfGE 61, 270, 275. Vgl. auch BVerfGE 49, 89, 126; BVerwGE 68, 69, 72.
[19] BVerfGE 47, 46, 78 f; ständige Rechtsprechung vgl jüngst 98, 218, 251.
[20] So ausdrücklich BVerfGE 40, 237, 249.

wesentlich verstanden werden müsste"[21]. Lassen sich diese Ausführungen konkretisieren? Was sieht das Grundgesetz als wesentlich an?

Gesichert ist, daß ein Gesetz um so ausführlicher und bestimmter sein muß, je umfassender und intensiver durch das Gesetz in Rechtspositionen der Betroffenen eingegriffen werden soll.[22] Gesetze, die diesen Anforderungen nicht standhalten, oder Anordnungen, die aufgrund derartiger Gesetze ergehen, sind verfassungswidrig. Die unterschiedlichen **Grade der Wesentlichkeit** kommen in den verschiedenen Formen des Gesetzesvorbehaltes zum Ausdruck. Art 104 I 1 GG etwa verlangt ein förmliches Gesetz als Eingriffsgrundlage. Eingriffe in die Bewegungsfreiheit sind so einschneidend, dass der vollziehenden Gewalt keine gewichtigen Entscheidungsspielräume verbleiben sollen. Eingriffe in die Berufsfreiheit sind schon „auf Grund eines Gesetzes", also durch Rechtsverordnung zulässig, Art 12 I 2 GG. Die unterschiedlichen Gesetzesvorbehalte spiegeln also verschiedene Bereiche des Wesentlichen wider. Für bestimmte soziale Angelegenheiten verlangt die Volkssouveränität eine explizite Regelung durch die Volksvertreter. Welche Bereiche das sind, bestimmt das Volk in seiner Verfassung.

Beispiele: Die Rechtschreibreform in den Schulen sah das BVerfG als unwesentlich an, da sie nur einen leichten Eingriff in die Persönlichkeitsrechte der Schüler bedeute.[23] Aus der Systematik des Grundgesetzes folgerte das BVerfG, dass die Bundesregierung ohne gesetzliche Ermächtigung die Stationierung nuklearer Mittelstreckenwaffen beschließen durfte.[24] Wesentlich ist dagegen die Frage, welche Mitglieder die sogenannte Bundesprüfstelle nach § 9 I des Gesetzes über die Verbreitung jugendgefährdender Schriften hat.[25] Ebenfalls wesentlich ist die Frage, ob Atomkraftwerke gebaut werden dürfen. 1978 entschied das BVerfG, dass es hierzu aber ausreicht, Atomkraftwerke generell zuzulassen und die Voraussetzungen für die Genehmigung festzulegen. Es bedarf keiner Aktualisierung der Entscheidung, wenn neue Technologien – im Fall die sogenannten Schnellen Brüter – entwickelt werden.[26]

IV. Grundrechte

1. Stellung und Funktion der Grundrechte

Das Grundgesetz beginnt gleich nach der Präambel mit den Grundrechten. Das ist ein bewusster Bruch mit der Tradition der Weimarer Verfassung, die mit den Vorschriften zu den Staatsorganen beginnt. Die Grundrechte sind ursprünglich als schlichte **Abwehrrechte** der Einzelnen gegen die Staatsgewalt entstanden.

Im Einklang mit der Beobachtung, dass staatliche Leistungen ebenso existentiell sein können wie Eingriffe, ist anerkannt, dass Grundrechte unter dem „Vor-

---

[21] BVerfGE 98, 218, 251; vgl 49, 89, 126.
[22] Vgl. BVerfGE 49, 89, 127.
[23] BVerfGE 98, 218, 251 f.
[24] BVerfGE 68, 1, 108 f.
[25] BVerfGE 83, 130, 142f.
[26] BVerfGE 49, 89, 128 ff.

behalt des Möglichen" auch eine **Teilhabe** an staatlichen Leistungen verbürgen können. *Beispiel:* Anspruch auf gleichen Zugang zu den Universitäten oder auf sonstige Leistungen, die faktisch überwiegend vom Staat bereitgestellt werden.

Darüber hinaus können sich aus den Grundrechten „verfassungsrechtliche **Schutzpflichten**" ergeben, die es gebieten, rechtliche Regelungen so auszugestalten, dass auch die Gefahr von Grundrechtsverletzungen eingedämmt bleibt"[27]. *Beispiele:* Schutz vor Atom- oder Umweltkatastrophen, allgemein vor den Risiken moderner Technik.

Alle diese Funktionen kommen den Einzelnen zugute, weil und sofern die Grundrechte die **Grundlage für subjektive öffentliche Rechte** sind. Ein subjektives Recht ist die durchsetzbare Macht, von jemandem etwas verlangen zu können. Ein **subjektives öffentliches Recht** ist die Rechtsmacht, von der staatlichen Gewalt ein bestimmtes Verhalten verlangen und notfalls gerichtlich durchsetzen zu können. Grundrechte sind also die Grundlage dieser Rechte; sie sind nicht automatisch selbst subjektive Rechte. Wie ist das zu verstehen?

Die einzelnen Grundrechte schützen bestimmte Verhaltensweisen oder Sachbereiche. Alles Verhalten, das ein Grundrecht schützt, begründet den sogenannten Schutzbereich. Die subjektiv öffentlichen Rechte sind aber nicht gleich dem Schutzbereich. Der Staat darf unter bestimmten Bedingungen in den Schutzbereich eines Grundrechts eingreifen. **Nur so weit sich ein Eingriff nicht rechtfertigen lässt, gewähren die Grundrechte subjektiv öffentliche Rechte.** *Beispiel:* Die freie Berufsausübung fällt in den Schutzbereich der Berufsfreiheit, Art 12 I GG. Die Eingriffe zum Schutze der Allgemeinheit, etwa Umweltschutzbestimmungen, sind verfassungsrechtlich gerechtfertigt.

Die Grundrechte sind aber nicht nur Grundlage subjektiver öffentlicher Rechte. Sie haben einen „Doppelcharakter"[28]: Sie sind zugleich Bausteine einer objektiven Wertordnung. Welche Funktion haben sie als **„objektive Wertordnung"**?

Sie leiten die Interpretation des einfachen Rechts. Lyrisch formuliert das BVerfG, die Grundrechte strahlten auf das einfache Recht aus; dieses sei folglich in seinem Lichte auszulegen. Immer, wenn das einfache Recht einen Entscheidungskorridor belässt, ist dieser so zu nutzen, dass die einschlägigen Grundrechte möglichst weitgehend zur tatsächlichen Geltung kommen. Diese Forderung ist eine Verallgemeinerung des Grundsatzes der verfassungskonformen Auslegung.

Beispiel: Wenn sich ein Unternehmen in eine konzernrechtliche Abhängigkeit begibt, §§ 18 I 2, 291 I 1 AktG, werden Aktionäre mit wenigen Anteilen (sog Minderheitsaktionäre) etwa dadurch geschützt, dass sie gegen einen angemessenen Wertausgleich ihre Aktien abgeben dürfen, § 305 AktG. Eine Auslegung des Begriffs „angemessen" im Lichte von Art 14 I GG verbietet es, einen Betrag unterhalb des Verkehrswertes der Aktien als rechtlich „angemessen" zu werten.

Die Grundrechte bilden ein Bollwerk gegen die Staatsgewalt. Bestimmte Kernbereiche des persönlichen und gesellschaftlichen Lebens sind der staatlichen Herrschaft vorenthalten:

---

[27] BVerfGE 49, 89, 142.
[28] Hesse 1999, Rn 279 ff, mit zahlreichen Hinweisen auf Rechtsprechung und Literatur.

> Art 19 II GG [**Wesensgehalt der Grundrechte**]
> In keinem Falle darf ein Grundrecht in seinem Wesensgehalt angetastet werden.

Damit sind zugleich die Kosten begrenzt, die dadurch entstehen können, dass der Einzelne im politischen Abstimmungsprozeß durch die Mehrheit überstimmt wird. Denn ein Kernbestand der Grundrechte ist der Abstimmung entzogen. Durch diese Rechtsgarantie wird die Rechtsordnung insgesamt zustimmungsfähig.

2. Die wichtigsten Grundrechte im rechtsstaatlichen Kontext

Wie die Zehn Gebote beginnt auch der Grundrechtskatalog mit dem Wichtigsten:

> Art 1 GG [**unveräußerliche Menschenwürde und Menschenrechte**]
> (1) Die Würde des Menschen ist unantastbar. Sie zu achten und zu schützen ist Verpflichtung aller staatlichen Gewalt.
> (2) Das Deutsche Volk bekennt sich darum zu unverletzlichen und unveräußerlichen Menschenrechten als Grundlage jeder menschlichen Gemeinschaft, des Friedens und der Gerechtigkeit in der Welt.

Der Begriff der **Menschenwürde** ist vergleichbar vage wie der Begriff der Gerechtigkeit. Er taugt als solcher nicht, um positive Aussagen aus ihm abzuleiten. Ähnlich wie bei der Gerechtigkeit gibt es jedoch einen Sinn dafür, was nicht mehr der Menschenwürde entspricht. *Beispiel:* Die Menschenwürde ist das Argument dafür, dass jeder einen Anspruch auf Leben hat (sog **Existenzminimum**).

Es folgen die Rechte auf Freiheit und Gleichheit, die allen Menschen zustehen, Art 2 und 3 GG. Freiheit und Gleichheit können in einem Spannungsverhältnis stehen; sie sind in eine praktische Konkordanz zu bringen (vgl Kapitel § 2.D.III).

In der ökonomischen Literatur werden zwei Rechte genannt, die für die Legitimation einer Ordnung als zustimmungsfähig wichtig sind: **exit und voice**. Exit ist das Verlassen des Gemeinwesens. Ein Staat, der seine Bürger – sein „Humankapital" – nicht halten kann, ist nicht legitimiert.[29]

Das Recht, auszuwandern, ist vom allgemeinen Persönlichkeitsrecht aus Art 2 I GG umfasst. Art 11 I GG schützt die Freizügigkeit innerhalb des Bundesgebietes. Voice ist das Recht zu freien Meinungsäußerung. Es wird – gemeinsam mit seinem Gegenstück, der Informationsfreiheit – ausdrücklich geschützt in Art 5 I 1 GG.

Weitere **Kommunikationsgrundrechte** sind die Presse- und Rundfunkfreiheit aus Art 5 I 2 GG sowie die Versammlungsfreiheit aus Art 8 GG und die Vereinigungsfreiheit aus Art 9 I GG. Die Kommunikationsgrundrechte bedingen und schaffen eine Öffentlichkeit. Die Folge von Öffentlichkeit ist wiederum ein gewisses Maß an Transparenz der öffentlichen Vorgänge, insbesondere des Handelns der Staatsgewalt. Die Transparenz des Handelns der Staatsgewalt wiederum ist ei-

---

[29] Non-exit ist indes ein schwacher Indikator, kann er doch auf rein privaten Gründen oder auf der Verlagerung von Arbeitsplatz, Kapital oder Lebenszeit ins Ausland beruhen.

ne notwendige Voraussetzung dafür, dass diese überhaupt kontrolliert und damit in ihren Schranken gehalten werden kann. Bereits für Immanuel Kant war „Transparenz" eine wesentliche Voraussetzung für den „ewigen Frieden" (1795).

Effektive Kontrolle setzt effektive Kontrollinstrumente voraus. Der Einzelne soll das staatliche Handeln aber nicht umfassend kontrollieren können, sondern nur soweit seine eigenen Rechte verletzt werden. Deshalb gewährt

> Art 19 IV 1 GG: [**Rechtsweggarantie**]
> Wird jemand durch die öffentliche Gewalt in seinen Rechten verletzt, so steht ihm der Rechtsweg offen.

Für diese sogenannte **Rechtsweggarantie** ist „anerkannt, dass sie nicht nur formal die Möglichkeit gewährleistet, die Gerichte anzurufen, sondern dass sie auch die **Effektivität des Rechtsschutzes** gebietet. Der Bürger hat einen substantiellen Anspruch auf eine möglichst wirksame gerichtliche Kontrolle. Der Zugang zum Gericht darf nicht in unzumutbarer, aus Sachgründen nicht mehr zu rechtfertigender Weise erschwert werden"[30] Insbesondere bestimmt daher

> Art 103 I GG [**Anspruch auf rechtliches Gehör**]:
> Vor Gericht hat jedermann Anspruch auf rechtliches Gehör.

3. Grundrechtsverpflichtete

Auch auf den Ebenen der Länder, auf europäischer sowie internationaler und völkerrechtlicher Ebene werden Menschenrechte garantiert. Es gilt die **Grundregel, dass die Menschenrechte immer das Handeln der Staatsgewalt binden, die diese Rechte erlassen hat**.

Landesgrundrechte dürfen wegen der Regel „Bundesrecht bricht Landesrecht", Art 31 GG, nicht hinter den Grundrechten zurück bleiben. Sofern die Landesverfassungen jedoch selbständige Grundrechte normieren, ist die Landesgewalt zusätzlich an diese Landesgrundrechte gebunden, vgl Art 142 GG. Die Landesgrundrechte dürfen auch mehr verbürgen als die Grundrechte. Allerdings ist das praktisch kaum von Relevanz, da alles Bundesrecht über dem gesamten Landesrecht steht. Das Mehr der Landesgrundrechte kommt daher nur zum Zuge, wenn es um Gegenstände geht, die ausschließlich in der Kompetenz der Länder liegen.

Mit der zunehmenden europäischen Integration wird auch die Gewährleistung subjektiver Rechte wichtiger. Mit dem Vertrag von Amsterdam (1997) wurde

> Art 13 EG [neu Art 19 AEUV] eingefügt. [Die EG kann]
> geeignete Vorkehrungen treffen, um Diskriminierungen aus Gründen des Geschlechts, der Rasse, der ethnischen Herkunft, der Religion oder der Weltanschauung, einer Behinderung, des Alters oder der sexuellen Ausrichtung zu bekämpfen.

---

[30] BVerfGE 81, 123, 129 mN; allgemein zu Art 19 IV GG: E 60, 253, 269; 88, 118 123 f.

Auf dessen Grundlage wurden zwei Anti-Diskriminierungs-Richtlinien erlassen. Durch den Vertrag von Nizza im Jahre 2000 wurde eine „**Charta der Grundrechte der Europäischen Union**" angenommen.[31] Ihre Aufnahme als verbindliches Recht in den EG-Vertrag steht noch aus.

V. Subsidiarität

Papst Pius XI. erklärte in seiner Enzyklika „Quadragesimo Anno" (1931): „Wie dasjenige, was der einzelne [...] mit seinen eigenen Kräften leisten kann, ihm nicht entzogen und der Gesellschaft zugewiesen werden darf, so verstößt es gegen die Gerechtigkeit, das, was die kleineren untergeordneten Gemeinwesen leisten [...] können, für die [...] übergeordnete Gemeinschaft in Anspruch zu nehmen" Dieser Gedanke ist Gesetz geworden in zahlreichen Vorschriften des EU-Vertrages und des EG-Vertrages sowie allgemein in

> Art 5 III AEUV (ex-Art 5 II EG). [**Subsidiaritätsprinzip**]
> Nach dem Subsidiaritätsprinzip wird die Union in den Bereichen, die nicht in ihre ausschließliche Zuständigkeit fallen, nur tätig, sofern und soweit die Ziele der in Betracht gezogenen Maßnahmen von den Mitgliedstaaten weder auf zentraler noch auf regionaler oder lokaler Ebene ausreichend verwirklicht werden können, sondern vielmehr wegen ihres Umfangs oder ihrer Wirkungen auf Unionsebene besser zu verwirklichen sind.

Zwei Bedingungen müssen erfüllt sein, bevor für eine Aufgabe die Subsidiarität aufgehoben werden kann: negativ „nicht ausreichend" und positiv „besser". Verlangt wird also nach einem **Kosten-Nutzen-Vergleich zwischen verschiedenen Lösungen auf nationaler sowie auf Gemeinschaftsebene im Hinblick auf ein konkretes Regelungsziel**.

Hier ist eine Verwandtschaft zur Verhältnismäßigkeit erkennbar. Einen spürbaren Mehrwert bringt eine Gemeinschaftsregelung regelmäßig dann, wenn der Regelungsgegenstand grenzüberschreitend ist und mehrere Mitgliedstaten gleichzeitig betrifft. Das ist grundsätzlich der Fall bei der Angleichung von Rechtsvorschriften, die den Binnenmarkt betreffen. Sein Gegenstück findet Art 5 II EG in Art 23 I 1 GG: Voraussetzung für die Übertragung deutscher Hoheitsgewalt auf die Europäische Union ist, dass die EU der Subsidiarität verpflichtet ist.

Auch auf nationaler Ebene gilt das Subsidiaritätsprinzip, wenn auch nicht ausdrücklich. Es findet seinen Ausdruck in Art 28 II, 30, 70 I, 72 II, III und 83 GG. Problematisch ist insofern die Verfassungswirklichkeit, bei der eine starke Verlagerung der Gesetzgebung auf den Bund zu beobachten ist. Art 72 III GG, der Rückverlagerungen von Kompetenzen auf die Länder erlaubt, ist eine zaghafte Lösung. Denn sie stellt die Rückverlagerungen ins Ermessen des Bundes und schafft weder Anreize für den Bund, von dieser Möglichkeit Gebrauch zu machen, noch stellt Art 72 III GG den Ländern Druckmittel zur Verfügung.

---

[31] RL 2000/43/EG v. 05.08.00; RL 2000/78/EG v. 27.11.00; Charta in ABl 2000/C 364/01.

VI. Wo bleibt die Gerechtigkeit?

In Kapitel § 1 wurde Bärbel Bohley, DDR-Bürgerrechtlerin und eine Protagonistin der friedlichen Revolution von 1989, in ihrer Enttäuschung über das demokratische System zitiert: „Wir haben Gerechtigkeit erwartet und den Rechtsstaat bekommen." Wie ist nun das Verhältnis zwischen Rechtsstaat und Gerechtigkeit?

Nach Gustav Radbruch ist die Gerechtigkeit nur ein Element der Rechtsidee. Grundsätzlich gleich wichtige Elemente der Rechtsidee sind die Rechtssicherheit und die Zweckmäßigkeit. Während die Begriffe Gerechtigkeit und Rechtssicherheit bereits mit Leben gefüllt wurden, ist der Begriff der Zweckmäßigkeit neu. Radbruch versteht darunter die Zweckgerichtetheit des Rechts, also die Aufgabe des Rechts, die Wirklichkeit auf eine bestimmte Art und Weise zu gestalten. Das Verhältnis der drei Elemente der Rechtsidee zueinander ist antinomisch, das heißt, sie stehen in unauflöslicher Spannung. Die Aufgabe der Rechtsetzenden und Rechtsanwendenden ist es, einen Ausgleich unter diesen Elementen herzustellen. Das erfolgt durch eine **Abwägung** dieser Elemente der Rechtsidee.

Die Gerechtigkeit ist also ein Element des Rechtsstaates unter anderen. Sie muss unter Umständen der Rechtssicherheit oder der Zweckmäßigkeit weichen. *Beispiel:* Die Fristen für die Anfechtung von Verwaltungsakten oder für Rechtsmittel gegen Urteile bewirken mitunter auch, dass rechtswidrige Entscheidungen durchgesetzt werden. Das ist ein Tribut an die Rechtssicherheit. Bestimmte Maßnahmen zur Herstellung von öffentlicher Sicherheit und Ordnung erwischen immer auch „Unschuldige". *Beispiel:* die Auflösung einer Demonstration oder allgemeine Fahrzeugkontrollen. Das ist ein Tribut an die Zweckgerichtetheit des Rechts.

VII. Das rechtsstaatliche Modell der Legitimation von Herrschaft

Das konsensethische Kriterium der Zustimmung ist rechtsstaatlich bis zu einem gewissen Grade umgesetzt. Es lassen sich im Wesentlichen *drei Arten* der Legitimation unterscheiden:[32]

Erstens **die sachlich-inhaltliche Legitimation**. Durch die Bindung der Gesetzgeber an die Verfassung und der rechtsanwendenden Gewalten an Gesetz und Recht ist das Staatshandeln an den Willen der demokratisch legitimierten Volksvertreter gekoppelt. Diese Bindung wird auch verwaltungsintern durch das Prinzip der hierarchischen Weisung und Kontrolle durchgesetzt. Wenn Richter gegen die Gesetze verstoßen, können sie strafrechtlich wegen Rechtsbeugung belangt werden. Das Gesetz ist Ausdruck der sachlichen Legitimation.

Zweitens die **institutionelle Legitimation** durch die Gewaltenteilung. Die Staatsorgane sind nicht unbegrenzt handlungsberechtigt. Sie werden in ihren Kompetenzen durch andere Institutionen und die öffentlichen Medien beschränkt und kontrolliert. Diese „checks and balances" legitimieren das jeweilige Hoheits-

---

[32] Zum folgenden: BVerfGE 93, 37, 66; 83, 60, 71 ff; Eberhard Schmidt-Aßmann, Verwaltungslegitimation als Rechtsprinzip, Archiv des öffentlichen Rechts 1991, 329 ff.

handeln. Die institutionelle legitimation geht letztlich in der sachlichen Legitimation auf, denn die Gewaltenteilung ist das Ergebnis von gesetzlichen Regelungen.

Drittens die **personelle Legitimation**. Danach soll jeder, der Hoheitsbefugnisse ausübt, persönlich legitimiert sein. Die persönliche Legitimation erfolgt über die sogenannte Legitimationskette: Das Volk wählt seine parlamentarischen Vertreter, diese wählen den Bundeskanzler, dieser ernennt seine Minister, die Minister ernennen die höheren Verwaltungsbeamten, diese ernennen die nächst höheren Beamten und so fort. Die Justizminister ernennen die Richter. – Die Kritik am Gedanken der Legitimationskette besteht darin, dass sie mehr eine symbolische als eine tatsächlich demokratisierende Wirkung hat.

Je nach Ausmaß der Gesetzesbindung überwiegt die Bedeutung der sachlichen oder der personellen Legitimation. Aus verfassungsrechtlicher Sicht entscheidend ist nicht die Form der demokratischen Legitimation staatlichen Handelns, sondern deren Effektivität; notwendig ist ein bestimmtes Legitimationsniveau.

C. Der Sozialstaat, Art 20 I, 28 I, 23 I 1 GG

Die Gewaltenteilung und die Grundrechte bändigen die Staatsgewalt. Dadurch garantieren sie die persönliche Freiheit der Einzelnen. Die freie Entfaltung der Einzelnen schafft jedoch zwangsläufig soziale Ungleichheiten, denn Begabungen, Leistungen und Glück sind unterschiedlich gestreut. Soziale Ungleichheiten bestimmter Art und hohen Ausmaßes werden allgemein – insbesondere aber von den „Benachteiligten" – als ungerecht empfunden. Ungerechtigkeit gefährdet daher den sozialen Frieden.[33] Es wäre eine Illusion, dass der Rechtsstaat allein die **soziale Ordnung** stabilisieren kann. Zugleich müssen vielmehr die gröbsten Ungleichheiten unter den Menschen ausgleichend verhindert oder beseitigt werden. Aus diesem Grunde verlangt das Grundgesetz nach einem sozialen Rechtsstaat.[34]

Um Ungleichheiten zu verhindern oder zu beseitigen, müssen die Freiheiten beschränkt werden. Das geschieht durch generelle Handlungsbeschränkungen und durch die Pflicht, finanzielle Abgaben zu leisten. Die Finanzen des Staates ermöglichen eine monetäre Umverteilung und damit Maßnahmen gegen gravierende Ungleichheiten. Das ist der Sinn des Sozialstaates.

Das Sozialstaatsprinzip ist eine sogenannte **Staatszielbestimmung**. Das bedeutet: Die Staatsorgane, insbesondere aber die Gesetzgeber sollen ihr Handeln am Leitbild der sozialen Gerechtigkeit ausrichten: „Das Sozialstaatsprinzip enthält einen Gestaltungsauftrag an den Gesetzgeber [...]. Wie der Gesetzgeber diesen Auftrag erfüllt, ist mangels näherer Konkretisierung des Sozialstaatsprinzips seine Sache".[35] Das Sozialstaatsprinzip als solches verschafft nur im Extremfall subjektive öffentliche Rechte. *Beispiel:* Der Staat darf niemanden verhungern lassen (Existenzminimum).

---

[33] Jesaja 32, 17: „Und der Gerechtigkeit Frucht wird Friede sein."
[34] Vgl die Art 1 I, 3, 6 IV, 6 V, 7, 9 III, 12 I, 14 I 2, 14 II, 15, 33 V GG.
[35] BVerfGE 100, 271, 284 mN.

Das Sozialstaatsgebot gibt aber **kein Grundrecht auf einen Arbeitsplatz**. Das ist angesichts der Unbestimmtheit des Sozialstaats auch gar nicht anders denkbar. Subjektive Rechte gewähren regelmäßig erst die Gesetze, die auf Grund des Sozialstaatsprinzips erlassen werden. *Beispiel:* Sozialhilfeansprüche oberhalb des Existenzminimums können nur auf dem Sozialhilfegesetz beruhen.

Allerdings „verleiht das Sozialstaatsprinzip legitimierendes Gewicht"[36], wenn die Gesetzgeber oder die Rechtsanwender soziale Gerechtigkeit verfolgen. *Beispiel:* Die Bundesanstalt für Arbeit zahlt Zuschüsse für schwer zu vermittelnde Arbeitslose (sog Arbeitsbeschaffungsmaßnahmen – ABM, § 257 II iVm 265 I 1 Sozialgesetzbuch III). Voraussetzung ist, dass deren Löhne unterhalb der tariflich vereinbarten Löhne liegen. Darin liegt zwar ein Eingriff in die Tarifautonomie aus Art 9 III GG. Dieser ist jedoch verhältnismäßig. Denn das Ziel, die Massenarbeitslosigkeit zu bekämpfen, hat wegen des Sozialstaatsgebots und der Menschenwürde Verfassungsrang, Art 1 I, 2 I GG.[37]

Trotz der Unbestimmtheit hat das BVerfG aus dem Sozialstaatsprinzip konkrete Inhalte abgeleitet. Sie lassen sich in **drei Forderungen** auf den Punkt bringen: **Sicherung der Existenz**, allgemeine **Daseinsvorsorge**[38] und **soziale Gerechtigkeit** (Ausgleich, Entschädigung, Förderung): Die Gesetzgeber sind „verpflichtet [...] für einen Ausgleich der sozialen Gegensätze zu sorgen [...]. Darüber hinaus gebietet es staatliche Fürsorge für Einzelne oder Gruppen, die aufgrund ihrer persönlichen Lebensumstände oder gesellschaftlicher Benachteiligungen an ihrer persönlichen oder sozialen Entfaltung gehindert sind".[39]

Das Sozialstaatsprinzip „verlangt [insbesondere], dass die staatliche Gemeinschaft in der Regel Lasten mitträgt, die aus einem von der Gesamtheit zu tragenden Schicksal entstanden sind und mehr oder weniger zufällig nur einzelne Bürger oder bestimmte Gruppen von ihnen getroffen haben. [...] Wie ein solcher Ausgleich zu gestalten ist, hängt von den jeweiligen Umständen, besonders von Art und Umfang der Sonderbelastung sowie davon ab, in welchem Ausmaß eine Beteiligung der Gesamtheit durch die soziale Gerechtigkeit gefordert wird und im Gesamtinteresse vertretbar erscheint."[40]

Insoweit ist der Staat nur verpflichtet, „in den Grenzen des der Gemeinschaft Zumutbaren besondere Härten auszugleichen"[41]. Stets zumutbar ist die staatliche **Garantie des Existenzminimums**.[42]

Auch im europäischen Recht finden sich zahlreiche Bestimmungen sozialstaatlicher Art. Hervorzuheben sind an dieser Stelle Art 16 EG, der Dienstleistungen von allgemeinem wirtschaftlichem Interesse garantiert sowie die Bestimmungen der Art 136 ff EG. Zahlreiche Richtlinien fördern die soziale Sicherheit und das soziale Wohl der Unionsbürger, insbesondere am Arbeitsplatz.

---

[36] BVerfGE 100, 271, 284.
[37] BVerfGE 100, 271, 288.
[38] BVerfGE 68, 193, 220 f; BVerwGE 108, 56 ff.
[39] BVerfGE 100, 271, 284 mN.
[40] BVerfGE 102, 254, 298.
[41] BVerfGE 102, 254, 302.
[42] BVerfGE 82, 60, 85; es ist natürlich steuerfrei: E 99, 216, 233; 99, 246, 259 f.

D. Der Umweltstaat, Art 20a GG

Seit 1994 ist die Bundesrepublik auch ein Umweltstaat. Neu aufgenommen wurde

> Art 20a GG [**Umweltstaatsprinzip**]
> Der Staat schützt auch in Verantwortung für die künftigen Generationen die natürlichen Lebensgrundlagen im Rahmen der verfassungsmäßigen Ordnung durch die Gesetzgebung und nach Maßgabe von Gesetz und Recht durch die vollziehende Gewalt und die Rechtsprechung.

Wie das Sozialstaats- so ist auch das Umweltstaatsprinzip eine **Staatszielbestimmung**. Es belässt den Gesetzgebern einen weiten Gestaltungsspielraum. Art 20a GG begründet unmittelbar keinerlei subjektiv öffentliche Rechte.

Aus Art 20a GG lässt sich jedoch die Verpflichtung des Staates entnehmen, weitere Umweltbelastungen zu vermeiden und vorhandene abzubauen, Prognosen zu Umwelteinwirkungen aufzustellen und angemessene Schutzmaßnahmen zu treffen. Umweltschutz ist „unabhängig von jeder Normierung ein fundamentaler Staatszweck: Die Legitimität des Staates hängt davon ab, dass er diese Aufgabe in ausreichendem Maße erfüllt."[43]

Hervorhebenswert ist, dass sich im Laufe der Verfassungsgebung die Mehrheitsmeinung herausbildete, dass eine ökozentrische Formulierung, keine anthropozentrische („Lebensgrundlagen des Menschen") zu wählen sei. Die geltende Fassung schließt also den Tier- und Pflanzenschutz als Selbstzweck mit ein. Zu bemerken ist weiter, dass ausdrücklich Verantwortung für die nachfolgenden Generationen übernommen wird – Stichwort „demokratische Inkongruenz".

Ähnlich wie das Sozialstaatsprinzip wird auch das Umweltstaatsgebot durch **weitere Grundsätze** konkretisiert. Diese sind aus sich heraus verständlich: Verschlechterungsverbot, Verbesserungsgebot, Nachhaltigkeit, Begründungspflichten für Umweltbelastungen.

Wie üblich ist mit konkurrierenden Prinzipien, insbesondere der wirtschaftlichen Freiheit, eine praktische Konkordanz herzustellen. Art 20a GG enthält jedenfalls kein Verbot schädigender Maßnahmen.[44]

Offen ist bislang, inwieweit sich Art 20a GG auf die Grundrechte von Schädigern oder Geschädigten auswirken wird, insbesondere bei schrankenlos gewährleisteten Grundrechten.

Im europäischen Recht wird der Umweltschutz durch Art 174 EGV garantiert.

---

[43] Sachs-Murswiek, Grundgesetz, 4.A 2007, Art 20a, Rn 14.
[44] Dreier-Schulze-Fielitz, Grundgesetz, 2. Band, 2.A 2004, Art 20a, Rn 32.

E. Zusammenfassung

I. Wichtigste Lehre

Repräsentative Demokratie, Mehrheitsprinzip und demokratische Inkongruenz. Aus diesen drei Phänomenen folgen die Gefahren des Machtmissbrauchs durch eigennutzorientierte Politiker sowie der Diskriminierung von überstimmten oder nicht repräsentierten Minderheiten.

Diesen Gefahren wirken die vier rechtsstaatlichen Elemente der Gewaltenteilung, der Gesetzesbindung, Art 20 III GG, der Grundrechte, Art 1 III GG und der Subsidiarität entgegen. – Gewaltenteilung als System von checks and balances hemmt die Gewalten und mindert daher die Gefahr des Machtmissbrauchs.

Notwendige Folge der Gewaltenteilung ist der Grundsatz der Gesetzesbindung. Die Gesetze sind das Scharnier, dass die drei Gewalten miteinander verbindet. Voraussetzung ist, dass die Elemente der Rechtssicherheit verwirklicht sind: Bestimmtheitsgrundsatz, Rechtsöffentlichkeit und Rechtsbeständigkeit.

Die Gesetzmäßigkeit der Verwaltung bedingt den Vorrang und den Vorbehalt des Gesetzes. Ein Gesetz ist als Ermächtigungsgrundlage für das Verwaltungshandeln nur verfassungsgemäß, wenn die Gesetzgeber alle wesentlichen Voraussetzungen des Grundrechtseingriffs selbst bestimmt haben. Außerdem müssen Rechtsnormen inhaltlich verhältnismäßig sein.

Die Grundrechte sind die Grundlage für subjektive öffentliche Rechte. Ein subjektives öffentliches Recht ist die gerichtlich durchsetzbare Macht, von den Staatsorganen ein bestimmtes Verhalten verlangen zu können. Dieses Recht besteht, wenn ein verfassungswidriger Eingriff in den Schutzbereich eines Grundrechts vorliegt. Wesentlicher Bestandteil der Grundrechte ist die Rechtsweggarantie des Art 19 IV GG (effektiver Rechtsschutz).

Sowohl im Grundgesetz als auch im EG-Vertrag ist der Grundsatz der Subsidiarität normiert.

Die Unzulänglichkeiten des Rechtsstaates werden durch die Staatszielbestimmungen des Sozialstaates und des Umweltstaates kompensiert. Deren normative Kraft ist allerdings schwach. Denn Staatszielbestimmungen geben den Einzelnen nur in extremen Ausnahmefällen subjektive öffentliche Rechte.

II. Wichtige Stichpunkte

➢ Die Gefahren von repräsentativer Demokratie, Mehrheitsprinzips und demokratischen Inkongruenz: Machtmissbrauch und Diskriminierung
➢ Vertikale und horizontale Gewaltenteilung
➢ Gesetzesbindung, Scharnierfunktion der Gesetze; Gesetzmäßigkeit der Verwaltung – Vorrang und Vorbehalt des Gesetzes
➢ Grundrechte als Grundlage subjektiver öffentlicher Rechte
➢ Subsidiarität
➢ Wesentlichkeitslehre

- Sachliche, institutionelle und personelle Legitimation
- „Gesetz und Recht", Art 20 III GG – Verhältnis zur Gerechtigkeit
- Sozial- und Umweltstaat als Staatszielbestimmungen

III. Schrifttum

Die in den Vorbemerkungen zitierten Lehrbücher. Zu einzelnen Fragen führen außerdem die verschiedenen Kommentare zum Grundgesetz weiter, etwa:

Dreier, Horst (Hg), Grundgesetz : Kommentar, 3 Bände, 2.A 2004.

Friauf, Karl Heinrich / Maunz, Theodor / Dürig, Günter/Herzog, Roman / Scholz, Rupert, Grundgesetz : Kommentar, 51.A 2008.

Konrad Hesse, Grundzüge des Verfassungsrechts der Bundesrepublik Deutschland, 20. A 1999.

Münch, Ingo von (Hg), Grundgesetz : Kommentar, 5. A 2003.

Mangoldt, Hermann von/Klein, Friedrich, Bonner Grundgesetz : Kommentar, 5. A 2005.

Jarass, Hans D / Pieroth, Bodo, Grundgesetz : Kommentar, 9. A 2007.

Sachs, Michael (Hg), Grundgesetz : Kommentar, 4. A 2007.

Schmidt-Bleibtreu, Bruno / Hofmann, Hans / Hopfauf, Axel, Grundgesetz : Kommentar, 11. A 2008.

§ 5 Europäisierung des nationalen Rechts

Die verfassungsrechtlichen Grundlagen der europäischen Integration wurden in Kapitel § 3.E. bereits vorgestellt. Dieses Kapitel soll erklären, warum es europäisches Gemeinschaftsrecht gibt und welches seine wesentlichen Merkmale sind.

A. Europäisierung

I. Das Problem

Moderne Verkehrsmittel und Kommunikationstechnologie, Wanderungsbewegungen, grenzüberschreitende Wirtschaftstransaktionen sowie politische und rechtliche Vereinbarungen auf internationaler Ebene führen zur sogenannten **Globalisierung** – zur vielschichtigen Verflechtung der Staaten und ihrer Angehörigen.

Die Folge sind **neue Probleme** für die jeweiligen Staaten. Die Bedingungen für ihre innere und äußere Stabilität und Sicherheit verändern sich. Die internationale Politik gewinnt an Bedeutung. Die nationale Wirtschaft gerät in eine zunehmende Wechselwirkung zu anderen Volkswirtschaften. Diese Phänomene verstärken sich mit dem Grad der internationalen Verflechtung.

Durch die internationale Verflechtung von Staaten müssen alte Sachverhalte neu geregelt werden; es entstehen neue Probleme, die das erste Mal zu regeln sind. Es liegt auf der Hand, dass das nur durch **internationale Maßnahmen** und Vereinbarungen geschehen kann. Die Frage ist aber, in welcher Form.

Vor dem Hintergrund der bisherigen konsensethischen und rechtsökonomischen Ausführungen ist das Ziel der Überlegungen klar: Es ist nach institutionellen und rechtlichen Lösungen zu suchen, die allseitige Kooperationsvorteile verschaffen und die damit für die Betroffenen zustimmungsfähig sind.

Um diese Lösungen herauszufinden, bieten sich **rechtsökonomische Vergleiche** verschiedener Möglichkeiten an: Ist es für die einzelnen Staatsangehörigen in den Nationalstaaten vorteilhafter, weitgehend selbständig zu bleiben und die internationalen Probleme durch spezifische internationale Verträge zu lösen? Oder ist es vorteilhafter zu einer Staatengesellschaft oder gar zu einer stärker integrierten Staatengemeinschaft zusammen zu wachsen? Diese Fragen werden in der Schweiz oder Norwegen anders beantwortet als in den EU-Mitgliedstaaten.

Diese Fragen stoßen an die Grenzen menschlicher Erkenntnis. Die zu beurteilenden kausalen Zusammenhänge sind so unwägbar, und die anzustrebenden Ziele sind so komplex, dass sie sich selbst mit einem ausdifferenzierten Algorithmus nicht zuverlässig berechnen lassen.

Wie bei der Suche nach Gerechtigkeit besteht das angezeigte Verfahren deshalb darin, solche Lösungen auszuschließen, die mit großer Sicherheit nicht vorteilhaft sind. Das wären etwa rein nationalstaatliche Maßnahmen: Sie sind nicht geeignet, schädliche Einwirkungen durch die Nachbarstaaten (sog negative externe Effekte) abzuwehren.

Innerhalb der verbleibenden Bandbreite sind die vielversprechendsten Lösungen in einem möglichst empirisch fundierten und demokratischen Verfahren herauszufinden. Die Methode, nach der diese Entwicklung gesteuert wird, ist verwandt zu derjenigen des „**trial and error**". Die politische und wirtschaftliche Integration der EU-Mitgliedstaaten wird mit großer Behutsamkeit verfolgt.

Abgesehen von diesen grundlegenden Fragen zieht jede Entscheidung für eine bestimmte Lösung viele Folgeprobleme der unterschiedlichsten Arten nach sich. Für die Europäisierung ist problematisch, dass die Mitgliedstaaten verschiedenen Rechtskreisen und -kulturen angehören. Schwer zu beurteilen ist auch die Frage, unter welchen Voraussetzungen die Aufnahme welcher Staaten für die Gemeinschaft vorteilhaft ist. Das erklärt die intensiven Diskussionen um die Bedingungen für die sogenannte „Osterweiterung" der EU und die notwendigen Folgeentscheidungen zur institutionellen Struktur der EU.

II. Methode der Europäisierung

Die **Vergemeinschaftung** von selbständigen Staaten kann auf einer institutionellen und auf einer sachlichen Ebene bewirkt werden. Beide hängen zusammen. Es bietet sich an, **gemeinsame Institutionen** zu schaffen und diese mit bestimmten Entscheidungskompetenzen und Handlungsinstrumenten zu versehen. Die Institutionen sind besonders handlungsfähig, wenn sie mit einer eigenen Rechtsfähigkeit und eigenen Organen ausgestattet sind. Zwangsläufig wird dann eine gemeinsame Außenpolitik gegenüber außereuropäischen Staaten erforderlich. In sachlicher Hinsicht muss ein **gemeinsames Recht** gesetzt werden. Das gemeinsame Recht kann sich weitgehend auf eine Rechtsangleichung beschränken, oder es kann eine eigenständige Rechtsordnung bilden. Mittel der Rechtsangleichung ist zudem, die Grenzen zwischen den EU-Staaten zu lockern.

Die Mitgliedstaaten der **EU** wählten für ihre Vergemeinschaftung einen hohen Integrationsgrad. Sie schufen mit der Europäischen Gemeinschaft eine Rechtspersönlichkeit. Diese Rechtspersönlichkeit setzt ein eigenständiges „europäisches Recht", dass über den Rechtsordnungen der Mitgliedstaaten steht – sogenannte **supranationale Rechtsordnung**. Dieses Recht enthält Regeln für eine einheitliche Wirtschaftsordnung und Wirtschaftspolitik sowie für eine politische Zusammenarbeit in vielen einst rein staatlichen Angelegenheiten wie der inneren Sicherheit und der Außenpolitik. Mittlerweile sind gut 80 % des deutschen Wirtschaftsrechts durch europäisches Recht geprägt. Zudem findet durch Staatsverträge, gegenseitige Anerkennungen von Rechtsnormen und gemeinsame Normungen (zB ISO, CEN, DIN) und eine Rechtsangleichung statt.

B. Grundlagen des Europarechts

I. EU-Vertrag und Vertrag über die Arbeitsweise der EU

Die EU-Mitgliedstaaten verbinden sich zu einer räumlichen, politischen, sozialen und wirtschaftlichen Einheit. Wie geschieht das? Dazu der **EU-Vertrag**:

> Art 1 EUV [**Gründung der EU**]
> Durch diesen Vertrag gründen die HOHEN VERTRAGSPARTEIEN untereinander eine EUROPÄISCHE UNION (im Folgenden "Union"), der die Mitgliedstaaten Zuständigkeiten zur Verwirklichung ihrer gemeinsamen Ziele übertragen.
> Dieser Vertrag stellt eine neue Stufe bei der Verwirklichung einer immer engeren Union der Völker Europas dar, in der die Entscheidungen möglichst offen und möglichst bürgernah getroffen werden.
> Grundlage der Union sind dieser Vertrag und der Vertrag über die Arbeitsweise der Europäischen Union (im Folgenden "Verträge"). Beide Verträge sind rechtlich gleichrangig. Die Union tritt an die Stelle der Europäischen Gemeinschaft [EG], deren Rechtsnachfolgerin sie ist.

1. Der Vertrag von Lissabon

Art 1 EUV in der oben zitierten Fassung wurde durch den Vertrag von Lissabon (13.12.2007) eingeführt. Der Vertrag von Lissabon wurde am 13.12.2007 von den Staats- und Regierungschefs und Außenministern der EU-Mitgliedstaaten unterzeichnet. Er verändert die Rechtsstruktur der europäischen Vergemeinschaftung. Das kommt zum Ausdruck in dem zitierten Satz „Die Union tritt an die Stelle der Europäischen Gemeinschaft, deren Rechtsnachfolgerin sie ist". – Was ist die EU und was war die EG?

Durch den EU-Vertrag von **Maastricht (1992)** wurde die bis dahin bestehende „Europäische Wirtschaftsgemeinschaft" (EWG) als „**Europäische Gemeinschaft**" neu gefasst. Die EG war die Rechtspersönlichkeit, die europäisches Recht erlassen konnte. Die EU hingegen war ein politischer Zusammenschluss und als solcher keine eigenständige Rechtsperson. Es war also nicht korrekt von „EU-Recht" zu sprechen; es gab nur „EG-Recht".

Die Integration der EU-Mitgliedstaaten hat durch den Vertrag von Lissabon also eine „neue Stufe" erreicht. Zuvor hatte der Vertrag von Maastricht mit dem Euro die Währungsunion eingeleitet. Anschließend hatte der Vertrag von Amsterdam (1997) die europäische Außen- und Innenpolitik in etlichen Punkten vertieft. Der am 01.02.2003 in Kraft getretene Vertrag von Nizza hatte sodann vor allem die Osterweiterung der EU ermöglicht.[1]

Der Vertrag von Lissabon tritt erst in Kraft, wenn er von allen EU-Mitgliedstaaten „ratifiziert" wurde. Eine „**Ratifikation**" ist das innerstaatliche Verfahren, durch das völkerrechtliche Verträge wie der Vertrag von Lissabon als Recht anerkannt werden. Eine Ratifikation erfolgt in demokratischen Staaten, indem das Parlament in einem Gesetzgebungsverfahren den Vertrag anerkennt und als nationales Recht erlässt. In Deutschland richtet sich dieses Verfahren nach den Artikeln 23 und 59 II GG.

Mit der vollständigen Ratifikation des Vertrages von Lissabon wird die EG aufgelöst. Die EU tritt an ihre Stelle. Die EU wird als juristische Person neugeboren. Sie übernimmt die Organe der EG (zB Europäische Kommission, Europäisches Parlament und Europäischer Gerichtshof). Art 1 EUV stellt klar, dass die Grundlage der EU im Vertrag über die Europäische Union (EU-Vertrag) und im „Vertrag über die Arbeitsweise der Europäischen Union" (AEUV) zu finden ist.

Im Folgenden werden EUV und AEUV in der Fassung des Vertrages von Lissabon vorgestellt. Der Vertrag von Lissabon wurde bislang nicht durch alle EU-Mitgliedstaaten ratifiziert.[2] Die Bestimmungen des EU-Vertrages in der Fassung des Vertrages von Nizza und der EG-Vertrag gelten deshalb fort. Allerdings ist zu erwarten, dass die europarechtlichen Verträge im Sinne des Vertrages von Lissabon verändert werden. Die bisherigen Bestimmungen des EU-Vertrages und die Bestimmungen des EG-Vertrages (abgekürzte als „EG") werden den Bestimmungen des neuen EUV und des AEUV in Klammern hinzugesetzt und Abweichungen werden erläutert, um sowohl die (noch) geltende als auch die zu erwartende künftige Rechtslage zu erfassen. Um die Verwirrung zu reduzieren, werden die zwar noch, aber künftig nach der vollständigen Ratifizierung des Lissaboner Vertrages nicht mehr geltenden Vorschriften bereits mit dem Zusatz „ex" versehen.

2. Gegenstand des Vertrages von Lissabon

Die Änderungen im EUV und im AUEV durch den Vertrag von Lissabon lassen sich wie folgt zusammenfassen:

> ➤ „Die **Handlungsfähigkeit der Union** wird durch tief greifende Reformen **im institutionellen Bereich gestärkt**. Ein hauptamtlicher Präsident des Europäischen Rates wird die Kontinuität des Unionshandelns stärken. Der Anwendungsbereich der qualifizierten Mehrheit wird ausgeweitet. Für Entscheidungen des Rates wird ab 1. November 2014 grundsätzlich die „doppelte Mehrheit" gelten, die sowohl die Gleichheit der Mitgliedstaaten als auch die Gleichheit der Bürgerinnen und Bürger berücksichtigt, bis zum 31. März 2017 können Mitgliedstaaten bei Annahme eines Beschlusses mit qualifizier-

---

[1] Überblick zur Entwicklung der EU etwa unter http://de.wikipedia.org/wiki/Vertrag_%C3%BCber_die_Europ%C3%A4ische_Union (03.06.2008).

[2] Informationen zum Vertrag von Lissabon sind zu finden auf der Website der Europäischen Kommission: http://europa.eu/lisbon_treaty/index_de.htm (03.06.2008).

ter Mehrheit Abstimmung nach dem derzeit geltenden Stimmsystem beantragen. Der rotierende Vorsitz in den Ministerräten bleibt in Form einer 18-monatigen Teampräsidentschaft aus drei Mitgliedstaaten grundsätzlich erhalten. Die Zahl der Kommissare wird ab 2014 auf zwei Drittel der Zahl der Mitgliedstaaten reduziert.
- ➢ Die **Gemeinsame Außen- und Sicherheitspolitik (GASP) wird ausgebaut**. Das neue Amt des „Hohen Vertreters der Union für Außen- und Sicherheitspolitik" wird eine stärkere Kohärenz des Außenhandelns sicherstellen. Dieser führt den Vorsitz im Rat für Auswärtige Angelegenheiten und ist gleichzeitig als Vizepräsident der Kommission zuständig für den Bereich Außenbeziehungen. Unterstützt wird er durch den Europäischen Auswärtigen Dienst, der aus Mitarbeitern der Kommission, des Ratssekretariats und entsandten Diplomaten der Mitgliedstaaten bestehen wird. Die Beschlussfassung in der GASP wird auch weiterhin im Wesentlichen einstimmig erfolgen.
- ➢ Die Fortschritte in den Sachpolitiken betreffen insbesondere die Bekämpfung von Terrorismus und Kriminalität, die Energiepolitik sowie den Bereich Soziales. Zusätzlich werden neue Bestimmungen für Klimaschutz und Energiesolidarität aufgenommen. In der **Justiz- und Innenpolitik** wurden die bemerkenswerten Integrationsfortschritte des Verfassungsvertrages weitestgehend erhalten und die Möglichkeiten für eine verstärkte Zusammenarbeit einer Gruppe von Mitgliedstaaten, die vorangehen möchten, erleichtert.
- ➢ Der Reformvertrag stärkt auch **Demokratie und Grundrechtsschutz** durch den Ausbau der Rolle des Europäischen Parlaments, die direkte Einbindung der nationalen Parlamente am europäischen Gesetzgebungsprozess, die Europäische Bürgerinitiative und die Grundrechte-Charta, die durch einen verweisenden Artikel rechtsverbindlich wird (für Großbritannien und Polen gelten Ausnahmeregeln).
Das Europäische Parlament wird neben dem Rat gleichberechtigter Mitgesetzgeber und gleichberechtigter Teil der Haushaltsbehörde. Der Kommissionspräsident wird nach dem Reformvertrag durch das Europäische Parlament gewählt und dadurch demokratisch legitimiert."[3]
- ➢ Als Gegengewicht zur zunehmenden Ausstattung der EU mit Hoheitsrechten wird in Art 50 EUV erstmalig ein Verfahren für den Austritt eines Mitgliedstaates aus der EU geregelt.

II. Ziele der EU

Die Ziele der europäischen Integration werden herkömmlich nach drei Bereichen untergliedert, die auch als „Säulen" bezeichnet werden, auf denen die EU ruht:

---

[3] Auswärtiges Amt, Inhalt des Reformvertrages, http://www.auswaertiges-amt.de/diplo/de/Europa/Verfassung/ReformvertragInhalt.html (09.06.2007, Hervorhebungen hinzugesetzt). Überblicke über den Vertrag von Lissabon finden sich etwa auch bei Pache/Rösch, NVwZ 2008, 473; Weber, EuZW 2008, 7; Richter, EuZW 2007, 631.

1. Die „**Schaffung eines Raumes ohne Binnengrenzen**" soll durch eine „Wirtschafts- und Währungsunion" bewirkt werden.
2. Eine „**Gemeinsame Außen- und Sicherheitspolitik**" wird in den Art 11-28 EU fixiert.
3. Ein „**Raum der Freiheit, der Sicherheit und des Rechts**" wird durch die polizeiliche und justizielle Zusammenarbeit geschaffen, Art 29-42 EU, Art 61 ff EG, sowie durch die Freizügigkeit im Binnenraum, Art 39 ff EG.

Durch den Vertrag von Lissabon werden diese Ziele weiter ausgeprägt und vertieft. Artikel 2 EUV, in dem die Ziele der EU zusammengefasst sind wird erweitert:

> Art 3 EUV (ex-Art 2 EUV) [**Ziele der EU**]
> (1) Ziel der Union ist es, den Frieden, ihre Werte und das Wohlergehen ihrer Völker zu fördern.
> (2) Die Union bietet ihren Bürgerinnen und Bürgern einen Raum der Freiheit, der Sicherheit und des Rechts ohne Binnengrenzen, in dem – in Verbindung mit geeigneten Maßnahmen in Bezug auf die Kontrollen an den Außengrenzen, das Asyl, die Einwanderung sowie die Verhütung und Bekämpfung der Kriminalität – der freie Personenverkehr gewährleistet ist.
> (3) Die Union errichtet einen Binnenmarkt. Sie wirkt auf die nachhaltige Entwicklung Europas auf der Grundlage eines ausgewogenen Wirtschaftswachstums und von Preisstabilität, eine in hohem Maße wettbewerbsfähige soziale Marktwirtschaft, die auf Vollbeschäftigung und sozialen Fortschritt abzielt, sowie ein hohes Maß an Umweltschutz und Verbesserung der Umweltqualität hin. Sie fördert den wissenschaftlichen und technischen Fortschritt.
> Sie bekämpft soziale Ausgrenzung und Diskriminierungen und fördert soziale Gerechtigkeit und sozialen Schutz, die Gleichstellung von Frauen und Männern, die Solidarität zwischen den Generationen und den Schutz der Rechte des Kindes.
> Sie fördert den wirtschaftlichen, sozialen und territorialen Zusammenhalt und die Solidarität zwischen den Mitgliedstaaten.
> Sie wahrt den Reichtum ihrer kulturellen und sprachlichen Vielfalt und sorgt für den Schutz und die Entwicklung des kulturellen Erbes Europas.
> (4) Die Union errichtet eine Wirtschafts- und Währungsunion, deren Währung der Euro ist.
> (5) In ihren Beziehungen zur übrigen Welt schützt und fördert die Union ihre Werte und Interessen und trägt zum Schutz ihrer Bürgerinnen und Bürger bei. Sie leistet einen Beitrag zu Frieden, Sicherheit, globaler nachhaltiger Entwicklung, Solidarität und gegenseitiger Achtung unter den Völkern, zu freiem und gerechtem Handel, zur Beseitigung der Armut und zum Schutz der Menschenrechte, insbesondere der Rechte des Kindes, sowie zur strikten Einhaltung und Weiterentwicklung des Völkerrechts, insbesondere zur Wahrung der Grundsätze der Charta der Vereinten Nationen.

Art 2 EUV hält keine echten Überraschungen bereit. Im Zielkatalog der EU werden alle guten Ziele genannt, die von einem modernen demokratischen Staat zu erwarten sind. Da einerseits die Ziele einerseits im Konflikt zueinander stehen können[4] und andererseits kaum ein Vorrang unter den vielen Zielen festgelegt wird, ist Art 2 EUV sehr „offen" formuliert. Art 2 EUV kann deshalb nur begrenzt als rechtliche Leitlinien verstanden werden.

III. Organe und Institutionen der Europäischen Union

Als juristische Person ist die EU handlungsfähig nur durch ihre Organe. Welche das sind, regelt Art 13 EUV:

Art 13 EUV (Art 7 EG-Vertrag)[**Organe der EU**]
(1) [...] Die Organe der Union sind
- das Europäische Parlament,
- der Europäische Rat,
- der Rat,
- die Europäische Kommission (im Folgenden "Kommission"),
- der Gerichtshof der Europäischen Union,
- die Europäische Zentralbank,
- der Rechnungshof.
(2) Jedes Organ handelt nach Maßgabe der ihm in den Verträgen zugewiesenen Befugnisse nach den Verfahren, Bedingungen und Zielen, die in den Verträgen festgelegt sind. Die Organe arbeiten loyal zusammen. [...]
(4) Das Europäische Parlament, der Rat und die Kommission werden von einem Wirtschafts- und Sozialausschuss sowie einem Ausschuss der Regionen unterstützt, die beratende Aufgaben wahrnehmen.

Art 14 bis 19 EUV regeln Einzelheiten zur Errichtung und den Aufgaben des Europäischen Parlaments, des Europäischen Rates, des Rates, der Kommission und zum Europäischen Gerichtshof (EuGH):

➢ Das **Europäische Parlament** (EP) besteht aus maximal 750 unmittelbar gewählten Vertretern der EU-Bürger aus den Mitgliedstaaten. Da jeder Mitgliedstaat mindestens sechs Abgeordnete, aber nicht mehr als 96 Abgeordnete haben darf, sind die kleinen Mitgliedstaaten gemessen an ihrer Bevölkerungszahl überproportional stark im EP vertreten. Das EP ist gleichberechtigt zum Rat an der Rechtsetzung und an der Erstellung des Haushaltsplanes beteiligt. Das EP wählt gleichberechtigt mit dem Rat den Präsidenten der Kommission, Art 17 VII EUV (ex-Art 214 EG).
➢ Der **Europäische Rat** besteht aus den Staats- und Regierungschefs der Mitgliedstaaten, dem Präsidenten des Europäischen Rates und dem Präsidenten der Kommission. Er tritt regelmäßig zweimal pro Halbjahr zusammen. Er ist

---

[4] Jedenfalls in dem Sinne, dass sich unter Bedingungen begrenzter finanzieller Ressourcen nicht alle Ziele gleich intensiv verfolgen lassen.

nicht an der EU-Gesetzgebung beteiligt. Seine Aufgabe besteht darin, die allgemeinen politischen Zielvorstellungen der EU festzulegen. Er ist das **Scharnier zwischen EU und den Regierungen der Mitgliedstaaten.**
Die Rolle des Europäischen Rates wird durch den Vertrag von Lissabon dadurch gestärkt, dass ihm für die Dauer von jeweils zweieinhalb Jahren einen Präsidenten vorsteht. Der Präsident ist verantwortlich für die Organisation des Europäischen Rates, Art 15 VI EUV.

➢ Der **Rat** besteht aus je einem Vertreter der Mitgliedstaaten. Diese Vertreter müssen Minister sein. Je nach zu behandelndem Problem entsenden die Mitgliedstaaten ihre Fachminister. Der Rat ist daher je nachdem ein Umweltministerrat oder zum Beispiel ein Außenministerrat.
Der Rat wird gemeinsam mit dem EP als EU-Gesetzgeber tätig, Art 16 I EUV. Er ist – wie der deutsche Bundes"rat" – eine Länderkammer, in der Mitglieder der Exekutive die Belange ihrer politischen Einheiten vertreten.
Die Entscheidungsfindung im Rat wird durch den Vertrag von Lissabon dadurch erleichtert, dass er in etlichen Sachbereichen mit **qualifizierter Mehrheit** (nicht einstimmig!) entscheiden kann. Die damit bestehende Möglichkeit, dass ein Mitgliedstaat gegen seine Abstimmung im Rat an EU-Gesetzgebung gebunden werden kann, markiert einen weiteren wesentlichen Schritt in der Integration der EU-Mitgliedstaaten.
Diese Auswirkung erklärt des Mehrheitsprinzips erklärt die ausdifferenzierte Definition des Begriffs „qualifizierte Mehrheit", auf den sich die EU-Mitgliedstaaten gemäß Art 16 EUV und Art 238 AEUV einigen konnten. Danach berechnet sich die qualifizierte Mehrheit unterschiedlich für verschiedene Sachthemen. Faktoren sind die Anzahl der Mitglieder im Rat und die Bevölkerungsanzahl, die sie vertreten; außerdem werden Sperrminoritäten berücksichtigt.

➢ Die **Kommission** ist ein unabhängiges, weisungsfreies Exekutivorgan der EG. Sie besteht aus 20 Kommissaren, die von den Mitgliedstaaten im gegenseitigen Einvernehmen ernannt werden. Jeder Mitgliedstaat entsendet wenigstens einen Kommissar, die größeren zwei.
„Ab dem 1. November 2014 besteht die Kommission, einschließlich ihres Präsidenten und des Hohen Vertreters der Union für Außen- und Sicherheitspolitik, aus einer Anzahl von Mitgliedern, die zwei Dritteln der Zahl der Mitgliedstaaten entspricht, sofern der Europäische Rat nicht einstimmig eine Änderung dieser Anzahl beschließt. Die Mitglieder der Kommission werden unter den Staatsangehörigen der Mitgliedstaaten in einem System der strikt gleichberechtigten Rotation zwischen den Mitgliedstaaten so ausgewählt, dass das demografische und geografische Spektrum der Gesamtheit der Mitgliedstaaten zum Ausdruck kommt", Art 17 V EUV. Diese Verkleinerung soll die Handlungsfähigkeit der Kommission erhalten und verbessern.
Der Vertrag von Lissabon stärkt die **demokratische Legitimation** der Kommission, da der Präsident nunmehr von den EU-Gesetzgebern gewählt wird. Das Amt des „Hohen Vertreters der Union für Außen- und Sicherheitspolitik" wird durch den Vertrag von Lissabon neu eingeführt. Seine oder ihre Aufgabe

besteht darin, die Gemeinsame Außen- und Sicherheitspolitik der Union zu leiten, Art 18 II EUV.
- ➢ Der **Europäische Gerichtshof** (EuGH) ist das Rechtsprechungsorgan. Er wacht über die Gesetzmäßigkeit des Handelns der EG-Organe. Er soll eine einheitliche Anwendung und Fortbildung des Gemeinschaftsrechts gewährleisten.

  Der Vertrag von Lissabon dehnt die Zuständigkeit des EuGH auf alle Tätigkeitsfelder der Europäischen Union aus.

  Auch der **Individualrechtsschutz** wird durch den Vertrag von Lissabon erweitert. Nunmehr kann jede natürliche oder juristische Person gegen Handlungen und unmittelbar gegen sie wirkende Rechtsakte mit Verordnungscharakter klagen, wenn die Handlungen oder Rechtsakte an sie gerichtet sind oder sie unmittelbar und individuell betreffen. Die Klage ist darauf zu stützen, dass das betreffende EU-Organ unzuständig war, wesentliche Formvorschriften oder die Verträge verletzte oder bei der Durchführung von Rechtsnormen sein Ermessen missbrauchte, Art 263 AEUV.

  Dem EuGH ist ein Europäisches Gericht Erster Instanz beigeordnet; es fungiert mitunter als Vorinstanz.
- ➢ Die **Europäische Zentralbank** hat das vorrangige Ziel, die Preisstabilität in der EU zu gewährleisten (Art 127 I AEUV, ex-Art 105 I EG).
- ➢ „Der **Rechnungshof** nimmt die Rechnungsprüfung wahr", Art 285 AEUV (ex-Art 246 EG).
- ➢ Zu Vertretern im **Wirtschafts- und Sozialausschuss** ernennt der Rat auf Vorschlag der Mitgliedstaaten Vertreter „der Organisationen der Arbeitgeber und der Arbeitnehmer sowie anderen Vertretern der Zivilgesellschaft, insbesondere aus dem sozialen und wirtschaftlichen, dem staatsbürgerlichen, dem beruflichen und dem kulturellen Bereich", Art 300 II AEUV (ex-Art 257 f EG).
- ➢ In ähnlicher Weise ernennt der Rat auf Vorschlag der Kommission Vertreter „der regionalen und lokalen Gebietskörperschaften" zu Mitgliedern im **Ausschuss der Regionen**, Art 300 III und IV AEUV (ex-Art 263 EG). Die Mitglieder beider Ausschüsse sind unabhängig und weisungsfrei.

Der AEUV regelt Bestimmungen über die Europäische Zentralbank und den Rechnungshof. Im AEUV sind außerdem detaillierte Bestimmungen über die über die Kompetenzen und die „loyale Zusammenarbeit" der genannten Organe enthalten.

IV. Rechtsquellen des Gemeinschaftsrechts

Das europäische Recht hat zwei Quellen: das sogenannte Primärrecht und das Sekundärrecht.
- ➢ **Primärrecht** sind insbesondere der EUV und der AEUV. Sie sind „primär", weil sie unmittelbar von den EU-Mitgliedstaaten geschlossen wurden. Sie sind also die Voraussetzung dafür, dass weiteres Gemeinschaftsrecht entste-

hen kann. Sie sind außerdem primär, weil die Bestimmungen dieser Verträge auf der höchsten Stufe in der Normenhierarchie stehen.
> **Sekundärrecht** sind alle Rechtsnormen, die auf der Grundlage der Ermächtigungen in EUV und AEUV durch die EU erlassen werden.

V. Begrenzte Einzelermächtigung

Gemäß **Art 23 I 2 GG** kann die Bundesrepublik **Hoheitsrechte** auf die europäische, supranationale Ebene **übertragen**. Das impliziert zweierlei, erstens: Die Europäische Union kann selbst Hoheitsrechte ausüben. Sie ist eine eigene Rechtspersönlichkeit. Zweitens: Die Europäische Union hat nur abgeleitete Hoheitsrechte. Das heißt, sie kann nur solche Hoheitsrechte ausüben, die ihr durch die Mitgliedstaaten übertragen wurden.

Die EU hat keine sogenannte „**Kompetenz-Kompetenz**", also keine Befugnis, sich selbst bestimmte Kompetenzen zu verschaffen. Es herrscht vielmehr das sogenannte Prinzip der „begrenzten Einzelermächtigung":

> Art 5 EUV (ex-Art 5 EG) [**begrenzte Einzelermächtigung**]
> (1) Für die Abgrenzung der Zuständigkeiten der Union gilt der Grundsatz der begrenzten Einzelermächtigung. Für die Ausübung der Zuständigkeiten der Union gelten die Grundsätze der Subsidiarität und der Verhältnismäßigkeit.
> (2) Nach dem Grundsatz der begrenzten Einzelermächtigung wird die Union nur innerhalb der Grenzen der Zuständigkeiten tätig, die die Mitgliedstaaten ihr in den Verträgen zur Verwirklichung der darin niedergelegten Ziele übertragen haben. Alle der Union nicht in den Verträgen übertragenen Zuständigkeiten verbleiben bei den Mitgliedstaaten.
> (3) Nach dem Subsidiaritätsprinzip wird die Union in den Bereichen, die nicht in ihre ausschließliche Zuständigkeit fallen, nur tätig, sofern und soweit die Ziele der in Betracht gezogenen Maßnahmen von den Mitgliedstaaten weder auf zentraler noch auf regionaler oder lokaler Ebene ausreichend verwirklicht werden können, sondern vielmehr wegen ihres Umfangs oder ihrer Wirkungen auf Unionsebene besser zu verwirklichen sind. […]
> (4) Nach dem Grundsatz der Verhältnismäßigkeit gehen die Maßnahmen der Union inhaltlich wie formal nicht über das zur Erreichung der Ziele der Verträge erforderliche Maß hinaus.

Den **Prinzipien der Subsidiarität und der Verhältnismäßigkeit** wird politisch und rechtlich eine herausragende Bedeutung für die Gestaltung einer „bürgernahen" EU beigemessen. Ähnlich wie in Deutschland der Bund von seinen Gesetzgebungskompetenzen umfassend Gebrauch macht, legte bislang auch die EU ihre Rechtsetzungskompetenzen tendenziell weit aus. Sie scheiterte aber vor dem

EuGH bei einer Richtlinie zum Werbeverbot für Tabakwaren, da sie für den Gesundheitsschutz keine Rechtssetzungskompetenz hat.[5]

Demgegenüber soll die Implementierung des Subsidiaritätsprinzips und des Verhältnismäßigkeitsgrundsatzes soll durch Verfahrensvorschriften sichergestellt werden (Protokoll Nr. 2 zu den EU-Verträgen „über die Anwendung der Grundsätze der Subsidiarität und der Verhältnismäßigkeit"). Ob diese Prinzipien tatsächlich bislang hinreichend umgesetzt werden und inwieweit das durch den Vertrag von Lissabon geändert wird, kann debattiert werden.

Art 2 AEUV unterscheidet hinsichtlich der Zuständigkeiten der EU zwischen

➢ **Ausschließlichen Zuständigkeiten.** Dies sind namentlich Zollunion, die für den Binnenmarkt erforderlichen Wettbewerbsregeln, Währungspolitik im Eurobereich, Erhaltung der biologischen Meeresschätze im Rahmen der gemeinsamen Fischereipolitik und die gemeinsame Handelspolitik, Art 3 AEUV.
➢ **Mit den Mitgliedstaaten geteilten Zuständigkeiten.** Sie sind der Regelfall. Die Hauptbereiche der geteilten Zuständigkeiten sind in Art 4 AEUV benannt.
➢ **Zuständigkeiten für Unterstützungs-, Koordinierungs- oder Ergänzungsmaßnahmen der EU**, Art 6 AEUV.

VI. Anwendungsvorrang des Gemeinschaftsrechts

„Nach ständiger Rechtsprechung des Gerichtshofs haben die Gemeinschaftsverträge eine neue Rechtsordnung geschaffen, zu deren Gunsten die Staaten in immer weiteren Bereichen ihre Souveränitätsrechte eingeschränkt haben und deren Rechtssubjekte nicht nur die Mitgliedstaaten, sondern auch deren Bürger sind. [...] Die wesentlichen Merkmale der so verfassten Rechtsordnung der Gemeinschaft sind ihr **Vorrang vor dem Recht der Mitgliedstaaten** und die unmittelbare Wirkung zahlreicher für ihre Staatsangehörigen und für sie selbst geltenden Bestimmungen"[6].

Diese Textpassage ist leicht verständlich, und doch bedarf sie der Erklärung. „Vorrang" heißt, dass nationales Recht, das dem Gemeinschaftsrecht widerspricht, nicht angewendet werden darf. Es besteht also ein „**Anwendungsvorrang**". Denkbar wäre auch, dass ein „Geltungsvorrang" bestünde. Dann wäre eine nationale Norm, die gegen Gemeinschaftsrecht verstößt, nicht geltend, also nichtig. Demgegenüber gilt unterm Anwendungsvorrang eine europarechtswidrige Norm in allen Fällen weiter, in denen sie nicht gegen das Gemeinschaftsrecht verstößt. Wenn es solche Fälle nicht gibt, decken sich die Auswirkungen von Anwendungs- und Geltungsvorrang.

Der Anwendungsvorrang gilt natürlich nur für Europarecht, das konform ist mit dem EG-Vertrag, das also in Übereinstimmung mit den begrenzten Kompetenzen

---

[5] EuGH, C-376/98 – Tabakwerberichtlinie, EuZW 2000, 694 ff.
[6] EuGH – EWR-Gutachten I, EuGHE 1991, 6079; ebenso EuGH, C-26/62 – Van Gend & Loos, EuGHE 1963, 1; vgl auch EuGH, C-6/64 – Costa/ENEL, EuGHE 1964, 1251; BVerfGE 75, 223, 244.

der EG erlassen wurde. Europarechtswidriges Europarecht ist illegal und damit nichtig.[7] Ein *Beispiel* ist die besagte Tabakwerbe-Richtlinie.

Der Anwendungsvorrang ist eine notwendige Bedingung für die Wirksamkeit des Gemeinschaftsrechts. Vollständige Kraft erlangt der Vorrang freilich nur, wenn das nationale Recht gemeinschaftsrechtskonform angewendet wird. Der EuGH verlangt daher die „volle Wirksamkeit" des Gemeinschaftsrechts (sog **effet utile**) als eigenständigen Grundsatz neben dem Anwendungsvorrang: Es darf kein „auch nur vorübergehendes Hindernis für die volle Wirksamkeit der Gemeinschaftsnormen"[8] bestehen. Nationale Gerichte dürfen gemeinschaftsrechtswidriges Recht auch im Wege einstweiliger Anordnung ausschalten.

VII. Strukturprinzipien

Kapitel § 3 und § 4 befassen sich mit den Strukturprinzipien des Grundgesetzes. Gemäß Art 23 I 1 GG muss auch die Europäische Union demokratisch, rechtsstaatlich, sozial und föderativ strukturiert sein. Dabei ist aber nicht zu übersehen, dass die EU als Staatengemeinschaft im Vergleich zu den Mitgliedstaaten noch andere Probleme zu lösen hat: Unter dem Dach der EU ist ein friedliches Zusammenwachsen der Mitgliedstaaten zum allseitigen Vorteil zu besorgen. Welche Strukturentscheidungen enthalten die Verträge für diesen **Integrationsprozess**?

Laut Maastricht-Urteil des BVerfG handelt es sich bei der EU um einen Staatenverbund. Es ist indes weniger wichtig, ob die EU als „Staatenbund" oder als „Bundesstaat" bezeichnet wird. Stattdessen ist für konkrete Bereiche nach den Gestaltungszielen des Gemeinschaftsrechts zu fragen. Wesentliche Stichpunkte wurden bereits zitiert:

Die EU ist „solidarisch", „kohärent", „konvergent" und der „Subsidiarität" verpflichtet. Es gibt „gemeinsame Politiken und Maßnahmen" sowie „Harmonie" in der ganzen Gemeinschaft. Angestrebt wird eine „Koordinierung der Wirtschaftspolitik der Mitgliedstaaten", Art 119 I AEUV (ex-Art 4 I EG). Zudem werden die Mitgliedstaaten in bestimmten Sachbereichen zur Angleichung der innerstaatlichen Rechtsvorschriften verpflichtet, etwa soweit dies für das Funktionieren des Gemeinsamen Marktes erforderlich ist, vgl dazu Art 114 ff AEUV (ex-Art 94 ff EG).

Die genannten Stichworte tauchen alle wiederholt in den Verträgen auf. Doch was sollen sie vermitteln? Ihr Zusammenwirken und potentielles Widerstreiten erschließt sich bereits dem oberflächlichen Blick: Die EU strebt eine **Vereinheitlichung der Lebensverhältnisse** und der politischen, insbesondere wirtschaftspolitischen Gestaltung an.

Diese Vereinheitlichung ist gemeint mit den Begriffen **Harmonisierung, Kohärenz, Konvergenz** und **Rechtsangleichung**. Die Vereinheitlichung soll aber nicht bedingungslos geschehen.

---

[7] BVerfGE 89, 155, 188.
[8] EuGH, C-213/89 – Factortame, EuGHE 1990, 2433/2473.

Die **Solidarität** verlangt es, auf die verschiedenen Bedürfnisse der einzelnen Mitgliedstaaten Rücksicht zu nehmen, vgl insbesondere Art 29 AEUV (ex-Art 15 EG). Das kommt auch in den verschiedenen Mitteln der Vereinheitlichung zum Ausdruck: Eine gemeinsame Politik erfordert ein höheres Maß an Zusammenwirken als eine Rechtsvereinheitlichung. Wenn in bestimmten Bereichen eine allgemeine Zusammenarbeit aus solidarischen Gründen nicht möglich ist, können sich die kooperationswilligen Mitgliedstaaten zu einer „**verstärkten Zusammenarbeit**" entschließen, Art 20 EUV (ex-Art 43 EU), Art 24 (ex-Art 11 EG) und Art 326 bis 334 AEUV.

Ein *Beispiel* sind die Schengener Abkommen zum Ausländerrecht oder die Weigerung von Polen und dem Vereinigten Königreich die uneingeschränkte Geltung der Grundrechtecharta zu akzeptieren. Die Solidarität der anderen Mitgliedstaaten besteht dann darin, dass sie diese „Clubs" innerhalb der EU nicht behindern.

Eine zentrale, durch Art 23 I 1 GG auch verlangte Bedeutung hat die **Subsidiarität**: Die EG wird nur tätig, wenn ihre Ziele „auf Ebene der Mitgliedstaaten nicht ausreichend [...] und daher wegen ihres Umfangs oder ihrer Wirkungen besser auf Gemeinschaftsebene erreicht werden können", (Art 5 III EUV, ex-Art 5 II EG). Ziel der Subsidiarität ist die Vermeidung demokratischer Inkongruenzen und nachteiliger Rechtsetzung.

Beispiel: **Rechtsangleichungen** innerhalb der EU sind nur in solchen Bereichen erforderlich, in denen die Mitgliedstaaten nicht ebenso effektiv handeln können wie die EU. Das ist bei Regelungen zum Binnenmarkt zumeist der Fall, vgl Art 114 AEUV. Weniger klar ist, das in politischen Bereichen wie der Sozialpolitik oder dem Umweltschutz. Dem entsprechend gelten hier differenziertere Regelungen zur Rechtsangleichung, vgl Art 114 III und 151 III AEUV.

Rechtstechnisch wird die Subsidiarität außerdem durch die **Richtlinien** verwirklicht. Denn diese können einerseits ein einheitliches Regelungsniveau durchsetzen, andererseits aber den Mitgliedstaaten Regelungsspielräume belassen.

Idee und Wirksamkeit des Subsidiaritätsprinzips erinnern an den kantischen Gemeinspruch: „Das mag in der Theorie richtig sein, taugt aber nicht für die Praxis". Das Subsidiaritätsprinzip sollte insbesondere den Auswirkungen der **Einheitlichen Europäischen Akte (1986)** entgegenwirken. Diese ermöglichte erstmals den Erlass von Sekundärrecht ohne Zustimmung aller Mitgliedstaaten (Mehrheitsprinzip). Demgegenüber wird die EG-Rechtsetzung teilweise als zu ausschweifend kritisiert. Diese Auffassung ist rechtstatsächlich allerdings schwer zu belegen. Das Prinzip ist inhaltlich so unbestimmt, dass in wenigen Fällen ein Verstoß nachweisbar sein dürfte. Der faktischen Dynamik eines Mehrheitsprinzips hat die Subsidiarität also nicht viel entgegenzusetzen.

Daher wird durch das Protokoll Nr. 2 zu den EU-Verträgen „über die Anwendung der Grundsätze der Subsidiarität und der Verhältnismäßigkeit", versucht, die Durchsetzungschancen für das Subsidiaritätsprinzip durch formelle Verfahrensvorschriften zu erhöhen.

Stärkere normative Kraft haben das häufig zitierte Prinzip der Verhältnismäßigkeit Art 5 IV AEUV (ex-Art 5 III EG) und die Pflicht zur Gemeinschaftstreue:

> **Art 4 III AEUV (ex-Art 10 EG) [Pflicht der Mitgliedstaaten zur Gemeinschaftstreue]**
> Nach dem Grundsatz der loyalen Zusammenarbeit achten und unterstützen sich die Union und die Mitgliedstaaten gegenseitig bei der Erfüllung der Aufgaben, die sich aus den Verträgen ergeben. Die Mitgliedstaaten ergreifen alle geeigneten Maßnahmen allgemeiner oder besonderer Art zur Erfüllung der Verpflichtungen, die sich aus den Verträgen oder den Handlungen der Organe der Union ergeben.
> Die Mitgliedstaaten unterstützen die Union bei der Erfüllung ihrer Aufgabe und unterlassen alle Maßnahmen, die die Verwirklichung der Ziele der Union gefährden könnten.

Ebenso wie die nationale Staatsgewalt müssen die EU-Organe verhältnismäßig handeln. Zudem haben sie die Pflicht zur vertrauensvollen Zusammenarbeit.

C. Das Europäische Gemeinschaftsrecht

Nun soll die Rechtsetzung der EG näher dargestellt werden. Die handelnden Organe und Institutionen sind bereits bekannt. Welche Rechtsakte erlassen sie (I)? Besondere Aufmerksamkeit verdient die häufige Rechtsform der Richtlinie (II).

I. Rechtsakte der EG

Zu erläutern ist zunächst, wie die genannten EG-Organe bei der Rechtsetzung zusammenwirken (1). Dabei wird sich zeigen, dass die Kommission und der Rat die Hauptakteure bei der Rechtsetzung sind. Kritiker sehen darin ein demokratisches Defizit. Sie meinen, das Parlament müsse ebenso wie in den Mitgliedstaaten das eigentliche Rechtsetzungsorgan sein. Also erfolgt eine Auseinandersetzung mit dieser Kritik (2). Sodann werden die verschiedenen Formen des Gemeinschaftsrechts in ihren jeweiligen Auswirkungen dargestellt (3).

1. Rechtsetzungsverfahren, Art 288 AEUV (ex-Art 249 ff EG)

Die grundlegenden Bestimmungen zur Rechtsetzung finden sich in den Art 288 AEUV (ex-Art 249 ff EG). Für alle Verfahren gelten zunächst die folgenden Regeln:

- ➢ Die EU darf gemäß dem **Prinzip der begrenzten Einzelermächtigung**, Art 5 I EUV, nur Recht setzen, wenn sie dazu befugt ist. Befugt ist sie immer dann, wenn eine Bestimmungen der EU-Verträge der Eu eine Kompetenz ausdrücklich zuspricht, vgl zB Art 21 II, 91 I c, d, 95 III, und 109 AEUV (ex-Art 18 II, 71 I c, d, 75 III, und 89 EG).
- ➢ Die **Initiative zur Rechtsetzung** liegt regelmäßig **bei der Kommission**, vgl allgemein Art 294 AEUV, sowie insbesondere Art 95 III, Art 103 I, und

109 AEUV (ex-Art 75 III, 83 I EG, und 89 EG). Rat und Parlament können die Kommission zu einer Initiative auffordern, Art 225, 241 AEUV (ex-Art 192 II, 208 EG).

Die EU-Gesetzgebung liegt gleichberechtigt beim Europäischen Parlament und beim Rat. Ähnlich wie die nationale Legislative kann das Parlament mit einer einfachen, einer absoluten oder einer qualifizierten Mehrheit abstimmen. Ebenso kann der Rat mehrheitlich oder einstimmig beschließen. Die jeweiligen Beschlüsse können ein unterschiedliches Gewicht haben, das heißt sie können überstimmt werden oder die Kraft eines Vetos haben. Je höher die Hürde für den Erlass eines Rechtsaktes, desto größer seine Legitimation.

Es lassen sich **im Wesentlichen fünf Verfahrensarten** mit einer jeweils zunehmenden Intensität der Beteiligung des Parlaments unterscheiden:

1. In Ausnahmefällen entscheidet der Rat **ohne Beteiligung des Parlaments**. *Beispiel:* die Fälle des Art 207 III AEUV (ex-Art 133 EG).
2. Es erfolgt eine **Anhörung des Parlaments**, zB Art 109 AEUV (ex-Art 89 EG). Der Rat entscheidet sodann grundsätzlich einstimmig, Art 293 I AEUV (ex-Art 250 EG).
3. Das Parlament entscheidet in etwa 95 % der Fälle im „**ordentlichen Gesetzgebungsverfahren**", Art. 294 AEUV. Das ordentliche Gesetzgebungsverfahren wurde bislang als **Mitentscheidungsverfahren** bezeichnet (ex-251 EG). Es ist anwendbar, wenn im EUV oder AEUV auf dieses Verfahren Bezug genommen wird, zB Art 46 I, 52 II, 53 I, 114 AEUV (ex-Art 40 I, 46 II, 47 I, II, 95 EG).
   Im ordentlichen Gesetzgebungsverfahren ist das EP gleichberechtigt zum Rat. Abweichungen vom ordentlichen Verfahren sind nur ausnahmsweise und häufig nur nach Zustimmung des EO zulässig.[9]
   Unter Umständen sind im ordentlichen Verfahren der Wirtschaft- und Sozialausschuss oder der Ausschuss der Regionen anzuhören.
4. In einigen Fällen entscheidet der Rat nach **Zustimmung des Parlaments**, zB Art 7, 48, 49, 50 EUV (ex-Art 7, 48, 49, 50 EU) Art 19, 25, 218, 223, 352 AEUV, (ex-Art 13, 22, 300, 190, 308 EG), Art 82, 83 AEUV (beide ex-Art 31 EU), sowie Art 329 AEUV, und Art 2 vom Protokoll Nr. 37.

Welches der genannten Verfahren im konkreten Fall anzuwenden ist, sagt die jeweilige **Ermächtigung**, die die EU überhaupt zum Handeln befugt.

Es besteht regelmäßig ein Wertungszusammenhang zwischen den Anforderungen an das Rechtsetzungsverfahren und dem Gegenstand des EU-Rechtsaktes. Je wichtiger eine Angelegenheit für die Mitgliedstaaten ist, desto eher haben sich diese für die EU-Rechtsetzung ein Veto vorbehalten.

Je bedeutsamer also eine Sache für die Mitgliedstaaten ist, desto geringer ist grundsätzlich die Beteiligung des Parlaments. Der Vertrag von Lissabon hat allerdings die Gesetzgebungsbefugnisse des Europäischen Parlaments gestärkt.

---

[9] Einzelheiten unter „Denkschrift des Auswärtigen Amtes zum Vertrag von Lissabon vom 13.12.2007, AS-RK 2007, 12 ff.

2. Rechtsetzung in der EG, Konsensethik und Rechtsökonomik

a) Problemstellung

Das viel diskutierte **demokratische Defizit der EU** basiert im Wesentlichen auf der mangelnden Einbindung des Parlaments (a). Es wird verstärkt durch die Möglichkeit des Rates, mehrheitlich abzustimmen (b).

(1) Die unvollkommene Einbindung des Parlaments mindert die sachliche Legitimation des Gemeinschaftsrechts. Die Kommission hat das faktisch bedeutsame Gesetzesinitiativrecht. Sie ist aber – anders als die Organe, die unter dem Grundgesetz das Initiativrecht besitzen, – nicht aus demokratisch gewählten Personen zusammengesetzt (keine persönliche Legitimation). Trotz vielfacher Bemühungen wird der Kommission vorgeworfen, sie arbeite weder transparent, noch effizient und ohne politische Kontrolle.

(2) In Kapitel § 3.F.III. und § 4.A. wurde gezeigt, wie als Folge des Föderalismus demokratische Inkongruenzen entstehen. Dieses Phänomen tritt im stärkeren Maße durch die Einführung einer supranationalen Ebene auf.

„Soweit in den Verträgen nichts anderes festgelegt ist, beschließt der Rat mit qualifizierter Mehrheit", Art 16 III EUV. Auch das Europäische Parlament kann mit Mehrheitsentscheidungen treffen.

Für die qualifizierte Mehrheit bedarf der Rat ab dem 01.11.2014 eine Mehrheit von „mindestens 55 % der Mitglieder des Rates, gebildet aus mindestens 15 Mitgliedern, sofern die von diesen vertretenen Mitgliedstaaten zusammen mindestens 65 % der Bevölkerung der Union ausmachen", Art 16 IV EUV (ex-Art 205 II EG). Es ist realistisch, dass die Regierung in jedem Land nur von 55 % der Wähler gewählt wurde. Hinter den Mehrheitsentscheidungen stehen dann nur 0,55 mal 65 %, also 35,75 % der Bevölkerung. Wollte man dagegen sicherstellen, dass mindestens 50 % der Wähler hinter der Gesetzgebung des Rates steht, so müsste man ein Quorum von 90 % verlangen.[10]

b) Diskussion

Es wäre verkürzt, lediglich die mangelhafte demokratische Legitimation der EU-Rechtsetzung ins Auge zu fassen. Zwar ist die EU weitgehend eine Konstruktion der Regierungen der Mitgliedstaaten. Die nationalen Parlamente stimmten den primärrechtlichen Verträgen aber zu. Auf die richtige Spur führt die Erklärung, warum mit der Einheitlichen Europäischen Akte von 1986 trotz das **Mehrheitsprinzip** eingeführt wurde.

Das Prinzip der **Einstimmigkeit** erlaubte Behinderungsstrategien einzelner Mitgliedstaaten (Politik des leeren Stuhls). Diese sollten durch das Mehrheitsprinzip verhindert werden. Die Kosten der Entscheidungsfindung – im äußersten Fall die Kosten der Nicht-Entscheidung – wurden als höher eingeschätzt als die potentiellen Diskriminierungskosten, die ein Überstimmtwerden mit sich bringen kann.

Warum waren die **Kosten der Einstimmigkeit** zu hoch? Weil die die Volksvertreter wie die Individuen im Privatleben vor den Problemen der begrenzten Rationalität und der asymmetrischen Informationen stehen. Es besteht für Abkom-

---

[10] Vgl Roland Vaubel, Die Macht der europäischen Mehrheiten, FAZ v 17.06.2000.

men auf internationaler Ebene ein ähnliches Dilemma wie für Privatrechtsverträge.
Beispiel: Durch wirtschaftspolitische Protektion, etwa Importhindernisse und Exporterleichterungen, lässt sich – jedenfalls vermeintlich – die nationale Wirtschaft stärken. Möglicherweise ist es für alle Nationalökonomien dagegen vorteilhaft, wirtschaftspolitische Protektion stark zu begrenzen. Aber wer soll beginnen? Selbst wenn sich die Nationalstaaten auf die komplette Abschaffung derartiger Maßnahmen einließen, wer garantierte ihnen, dass sich alle an die Abmachungen halten? Die Durchsetzung entsprechender Rechtsvorschriften stände allemal vor dem faktischen Problem der unvollständigen Informationen: Es wäre nicht leicht, zu kontrollieren, ob sich die anderen Mitgliedstaaten an die Abmachungen halten.

Trotz der Möglichkeit, vor dem EuGH zu klagen, ist die Durchsetzung des Rechts auf internationaler Ebene regelmäßig noch mühsamer als auf nationaler Ebene. Außerdem sind die erwarteten Vorteile einer einheitlichen Regelung selten für alle beteiligten Mitgliedstaaten gleich groß. Alle diese Probleme schaffen Anreize, internationalen Vereinbarungen verhalten gegenüberzutreten. Unter solchen Bedingungen ist Einstimmigkeit selten. Immer wieder verweigerten einzelne Mitgliedstaaten ihre Zustimmung im Verfahren der EU-Rechtsetzung.

Welche **Diskriminierungskosten** sind zu befürchten? Auch allseits vorteilhafte Vereinbarungen sind selten für alle Beteiligten gleicher Maßen günstig. Gleichrangige politische Einheiten können die Strategie verfolgen, sich auf Kosten der anderen zusätzlich zu bevorteilen (strategy of raising the rival`s costs).
Beispiel: Die Mehrheit der EU-Staaten hat ein hohes Arbeitsschutzniveau oder eine hohe Mehrwertsteuer. Sie hat nun Anreize, auch für die anderen Staaten das gleiche Niveau vorzuschreiben. Denn dadurch erhöht sie deren volkswirtschaftliche Kosten und schwächt damit ihre Wettbewerbsfähigkeit. Das Einstimmigkeitserfordernis könnte die betreffenden Staaten vor derartigen Diskriminierungen schützen.

Doch auch **Einstimmigkeit kann für die Mitstimmenden nachteilig sein**. Einstimmigkeit führt dazu, dass nur der kleinste gemeinsame Nenner verwirklicht wird. *Beispiel:* Im Agrarministerrat konnte Deutschland gerade wegen des Einstimmigkeitsgebots[11] seine Forderungen nach höheren Preisen für die Agrarprodukte leichter durchsetzen – mit nachteiligen Folgen für den Wettbewerb. Es ist demnach im Einzelfall zu fragen, ob der kleinste gemeinsame Nenner für die gegebenen Probleme wünschenswert ist.

Vor diesem Hintergrund ist auch die Rolle der Kommission positiv zu schätzen: Gerade die Unabhängigkeit verschafft ihr die Position, frei von der Wiederwahlrestriktion „vernünftige" Maßnahmen zum allseitigen Vorteil zu treffen.

Es ist demnach mit hoher Wahrscheinlichkeit für alle beteiligten Mitgliedstaaten und folglich für ihre Staatsangehörigen vorteilhaft, einerseits Mehrheitsentscheidungen zu ermöglichen; andererseits aber die Option offen zu lassen, sich einzelnen Gemeinschaftsmaßnahmen zu verschließen. Inhomogene Interessen

---

[11] Zwar sah Art 148 EWG das Mehrheitsprinzip vor. Durch den sogenannten „Luxemburger Kompromiss" (Januar 1966) konnte ein Staat jedoch Einstimmigkeit verlangen, sofern es behauptete, seine vitalen nationalen Interessen seien gefährdet.

oder asymmetrische Konstellationen müssen sich vorsichtig annähern. Dem entspricht das politisch umstrittene **Verfahren der verstärkten Zusammenarbeit**, dass „**Clubs im Club**" zulässt.

Solange die Maßnahmen der EG sachlich gerechtfertigt sind und allseitige Kooperationsvorteile bringen, entsprechen sie dem Gemeinwohl. Die Regelung, die allseitige Kooperationsvorteile verschafft und daher zustimmungsfähig ist, kann aber mit Gewissheit nur durch eine einstimmige Abstimmung bestimmt werden. Die diversen Rechtsetzungsverfahren der EU-Verträge ermöglichen immerhin eine **differenzierte Entscheidungsfindung je nach der politischen Bedeutung des Abstimmungsgegenstandes**. Eine abgestimmte Rechtsetzung wird auch dadurch begünstigt, dass es mehrere Formen von Recht gibt. Dazu nun.

3. Rechtsformen: Art 288 AEUV (ex-Art 249 EGV)

Das Wichtigste zu den Rechtsakten der EU steht in Art 288 AEUV:

Art 288 AEUV (ex-Art 249 EG) [**Rechtsakte der EU**]
Für die Ausübung der Zuständigkeiten der Union nehmen die Organe Verordnungen, Richtlinien, Beschlüsse, Empfehlungen und Stellungnahmen an.
Die Verordnung hat allgemeine Geltung. Sie ist in allen ihren Teilen verbindlich und gilt unmittelbar in jedem Mitgliedstaat. [**Verordnung**]
Die Richtlinie ist für jeden Mitgliedstaat, an den sie gerichtet wird, hinsichtlich des zu erreichenden Ziels verbindlich, überlässt jedoch den innerstaatlichen Stellen die Wahl der Form und der Mittel. [**Richtlinie**]
Beschlüsse sind in allen ihren Teilen verbindlich. Sind sie an bestimmte Adressaten gerichtet, so sind sie nur für diese verbindlich. [**Beschlüsse**]
Die Empfehlungen und Stellungnahmen sind nicht verbindlich. [**Empfehlungen und Stellungnahmen**]

Die Verordnung wirkt wie ein nationales Gesetz, das gemäß Art 70 ff GG erlassen wurde. *Beispiel:* die Fusionskontrollverordnung. Die Richtlinie wird nachfolgend gesondert behandelt. **Die Entscheidung wirkt wie ein Verwaltungsakt.**

Ein *Beispiel* ist die Aufforderung an einen bestimmten Mitgliedstaat, eine illegal gewährte Beihilfe zurückzufordern oder eine nicht umgesetzte Richtlinie umzusetzen. Empfehlungen und Stellungnahmen sind Nicht-Recht. Sie können gleichwohl eine erhebliche praktische Bedeutung entfalten.

II. Die Richtlinien der EU

1. Umsetzungspflicht

Die Mitgliedstaaten sind zur Umsetzung der Richtlinien verpflichtet. Das folgt aus ihrer Pflicht, sich gemeinschaftstreu zu verhalten, Art 4 III AEUV (ex-Art 10 EG).

Die „Vorschriften einer Richtlinie [müssen] so umgesetzt werden, dass sie unzweifelhaft verbindlich und so konkret, bestimmt und klar sind, dass sie dem Erfordernis der Rechtssicherheit genügen".[12]

„Nach ständiger Rechtsprechung [...] verlangt die Umsetzung einer Richtlinie in innerstaatliches Recht [aber] nicht notwendigerweise, dass ihre Bestimmungen förmlich und wörtlich in einer ausdrücklichen Gesetzesvorschrift wiedergegeben werden; je nach dem Inhalt der Richtlinie kann ein allgemeiner rechtlicher Rahmen genügen, wenn er tatsächlich die vollständige Anwendung der Richtlinie in so klarer und bestimmter Weise gewährleistet, dass [...] die Begünstigten in der Lage sind, von allen ihren Rechten Kenntnis zu erlangen."[13]

Die **Umsetzung** muss **durch rechtliche Vorschriften** erfolgen. „Eine bloße Verwaltungspraxis, welche die Verwaltung naturgemäß beliebig ändern kann und die nur unzureichend bekannt ist, kann nicht als eine rechtswirksame Erfüllung der Verpflichtung angesehen werden"[14] Verlangt wird also wenigstens die Umsetzung durch eine Rechtsverordnung gemäß Art 80 GG. Eine Verwaltungsvorschrift, die Nicht-Recht ist, genügt nicht.

Jedes Staatsorgan ist immer **an die Grundrechte gebunden**, die sein Verhalten begrenzen sollen. Das gilt für die nationalen Organe auch bei der Anwendung von Gemeinschaftsrecht. „Der nationale Gesetzgeber ist bei der Umsetzung an die Vorgaben des Grundgesetzes gebunden. Die Frage, ob er bei der Umsetzung im Rahmen des ihm von der Richtlinie eingeräumten Gestaltungsspielraums Grundrechte oder grundrechtsgleiche Rechte der Antragstellerinnen verletzt, unterliegt in vollem Umfang verfassungsrechtlicher Überprüfung"[15].

Die **Rechtmäßigkeit der Richtlinie selbst** ist als Hoheitsakt der EU-Organe dagegen am Europarecht zu messen. Wenn jedoch die nationale Vorschrift, die eine Richtlinie umsetzt, bereits nach nationalem Recht verfassungsgemäß ist, dann kommt es für deren Wirksamkeit nicht mehr darauf an, ob auch die Richtlinie gemeinschaftsrechtskonform ist.

Beispiel: Eine deutsche Rechtsverordnung setzt eine EU-Richtlinie um, die Warnhinweise auf Tabakprodukten vorschreibt. Wenn die Rechtsverordnung bereits nach deutschem Recht verfassungsgemäß ist, wird es unerheblich, ob auch die Richtlinie rechtmäßig ist.

2. Unmittelbare Anwendbarkeit

„Nur unter besonderen Umständen, insbesondere wenn ein Mitgliedstaat nicht die erforderlichen Durchführungsmaßnahmen getroffen hat oder aber die ergriffenen Maßnahmen nicht der betreffenden Richtlinie entsprechen, hat der Gerichtshof dem einzelnen das Recht zuerkannt, sich vor Gericht gegenüber einem Mitglied-

---

[12] EuGH, C-417/99 – Blei in der Luft, EuGHE 1991, 2607, Rn 38; EuGH, C-178, 179, 188-190/94 – Dillenkofer, EuGHE 1996, 4845, Rn 48.
[13] EuGH, C-433/99 – öffentliche Auftragsvergabe, EuGHE 1995, 2303, Rn 18.
[14] EuGH, C-102/79 – Betriebserlaubnis, EuGHE 1980, 1473, vgl auch EuGH, C-59/89 – TA Luft, EuGHE 1991, 2607; EuGH, C-239/85 – Giftmüll, EuGHE 1986, 3645.
[15] BVerfGE 95, 173, dort auch zum Folgenden.

staat, der der Richtlinie nicht nachgekommen ist, auf diese zu berufen"[16]. Der Sinn dieser Ausnahme ist klar: Die Mitgliedstaaten sollen sich ihren Verpflichtungen nicht dadurch entziehen können, dass sie die EU-Richtlinien einfach nicht umsetzen. Der EuGH nennt die folgenden Voraussetzungen: Die Richtlinie

1. ist **nicht fristgemäß oder unvollständig umgesetzt**;
2. ist **inhaltlich unbedingt;** es bedarf also keiner weiteren Umsetzungsmaßnahmen der Gemeinschaftsorgane oder der Organe in den Mitgliedstaaten;
3. ist inhaltlich **hinreichend bestimmt**, das heißt, begründet keine mehrdeutigen Verpflichtungen;
4. **begründet subjektive Rechte**, wirkt mit anderen Worten nicht zu Lasten der Einzelnen.

Beispiele für die unmittelbare Wirkung von Richtlinien zu finden, ist nicht schwierig: Einerseits neigt die Kommission dazu, die Richtlinien inhaltlich bestimmt zu formulieren; zum anderen sind viele Mitgliedstaaten, insbesondere auch Deutschland, häufig säumig bei der Umsetzung. Einprägsam ist der Fall von Frau Marshall. Diese wollte nicht schon mit 60 Jahren aus dem Staatsdienst ausscheiden, sondern eben so lange arbeiten wie die Männer, nämlich bis zum 65. Lebensjahr. Großbritannien aber hatte diesbezüglich die Richtlinie 76/207 über die Gleichbehandlung von Männern und Frauen nicht umgesetzt. Frau Marshall berief sich erfolgreich auf diese Richtlinie.[17]

Eine unmittelbar wirkende Richtlinie gilt grundsätzlich nicht unter Privatpersonen (**grundsätzlich keine Drittwirkung der unmittelbar wirkenden Richtlinie**). *Beispiel:* Die Richtlinie 85/577 schützt die Verbraucher bei Verträgen, die außerhalb von Geschäftsräumen geschlossen werden. Sie verlangt, dass bei Haustürgeschäften der Verkäufer den Käufer schriftlich über sein Widerrufsrecht belehrt, vgl § 7 Haustürwiderrufsgesetz. Italien hatte diese inhaltlich klar bestimmte Richtlinie nicht fristgemäß umgesetzt. Die italienische Frau Dori berief sich gegenüber ihrem privaten Vertragspartner vergeblich vor dem EuGH auf diese Richtlinie.[18]

Ausnahmsweise können sich Private gegenüber Privaten auf unmittelbar wirkende EU-Richtlinien berufen, wenn sie von den Privaten verlangen, dass diese das objektive Richtlinienrecht einhalten.[19] Sinn und Zweck des Richtlinienrechts ist es zwar nicht, subjektive Rechte für Private gegenüber Privaten zu schaffen. Sofern eine Richtlinie aber die Setzung von objektivem Recht veranlassen soll, können Richtlinien auch eine unmittelbare Drittwirkung entfalten. *Beispiel:* Ein Wiederverkäufer beruft sich gegenüber seinem Zulieferer auf Etikettierungsvorschriften, die nicht seinen Interessen dienen sollen, sondern dem Verbraucherschutz.[20]

---

[16] EuGH, C-433/99 – öffentliche Auftragsvergabe, EuGHE 1995, 2303, Rn 24.
[17] EuGH, C-152/84 – Marshall I, EuGHE 1986, 723.
[18] EuGH, C-91/92 – Faccini Dori, EuGHE 1994, 3325 ff.
[19] Zur Vertiefung: Jörg Gundel, Neue Grenzlinien für die Direktwirkung nicht umgesetzter EG-Richtlinien unter Privaten, EuZW 2001, 143.
[20] EuGH, C-433/98 – Unilever Italia, EuZW 2001, 153.

3. Haftung bei Verletzung der Umsetzungspflicht

Eine Richtlinie ist unter den genannten Voraussetzungen unmittelbar anwendbar. Wenn durch die Nichtumsetzung darüber hinaus unmittelbar ein Schaden verursacht wurde, **haftet der Staat** für diesen Schaden.

Beispiel: Die Richtlinie 80/987 verlangt nach einer gesetzlichen Regelung zum Schutze der Arbeitnehmer für den Fall der Insolvenz des Arbeit gebenden Unternehmens. Die Regelung sollte den Arbeitnehmern einen Mindestlohnanteil garantieren. Italien versäumte es, beizeiten ein entsprechendes Gesetz zu erlassen. Der EuGH sprach dem betroffenen Arbeitnehmer Andrea Francovich einen Entschädigungsanspruch gegen seinen Heimatstaat zu.[21] Im Fall Dillenkofer gewährte der EuGH eine Entschädigung, weil Deutschland einen Ausgleichsfonds für den Konkurs von Reiseveranstaltern nicht rechtzeitig gesetzlich angeordnet hatte,[22] vgl jetzt § 651k BGB.

D. Der Vollzug des Gemeinschaftsrechts

Der Vollzug des Gemeinschaftsrechts wird ebenso wie der Vollzug des deutschen Bundesrechts durch die untergeordneten politischen Einheiten besorgt, in der EU also durch die Mitgliedstaaten. Das **Prinzip der Gemeinschaftstreue** verpflichtet die Mitgliedstaaten generell zum Vollzug des Gemeinschaftsrechts: „Soweit das Gemeinschaftsrecht einschließlich der allgemeinen gemeinschaftsrechtlichen Grundsätze hierfür keine gemeinsamen Vorschriften enthält, gehen die nationalen Behörden bei dieser Durchführung der Gemeinschaftsregelungen nach den formellen und materiellen Bestimmungen ihres nationalen Rechts vor"[23].

Die erforderliche EU-weit einheitliche Anwendung des Gemeinschaftsrechts wird durch eine hinreichende Bestimmtheit des EU-Rechts sowie durch das Gebot der vollen Wirksamkeit (**effet utile**) gewährleistet. Der effet utile verlangt insbesondere nach einer europarechtskonformen Auslegung aller nationalen Rechtsvorschriften.

Wie ist der Vollzug des Gemeinschaftsrechts im Einzelnen organisiert? Es lassen sich **verschiedene Vollzugsarten** unterscheiden. Sie entsprechen der Situation, dass es sowohl unmittelbar geltende Verordnungen gibt, als auch umzusetzende Richtlinien und gemeinsame Verwaltungsvorschriften des Gemeinschaftsrechts.

➢ Das Wettbewerbsrecht wird teilweise durch die EU-Verwaltung selbst vollzogen (sog **direkter Vollzug**). *Beispiel:* die „Verordnung Nr 1/2003"[24] zur Umsetzung der Art 101 und 102 AEUV (ex-Art 81 und 82 EG), ferner Art 105, 106 III, 108 AEUV (ex-Art 85, 86 III, 88 EG).

---

[21] EuGH, C-6, 9/90 – Francovich, EuGHE 1991, 5337 ff.
[22] EuGH, C-178, 179, 188-190/94 – Dillenkofer, EuGHE 1996, 4845, insbesondere Rn 20.
[23] EuGH, C-205-215/82 – Deutsche Milchkontor, EuGHE 1983, 2633, 2658, Rn 17.
[24] EG-ABl L 1/1 v 04.01.2003.

➤ Alles andere Recht wird von den Mitgliedstaaten vollzogen (sog **indirekter Vollzug**). *Beispiel:* Art 34, 44 AEUV (ex-Art 28, 38 EG), Landwirtschaft, Zollrecht. Sofern das EG-Recht erst in nationales Recht umgesetzt werden muss, wird von **indirektem mittelbaren Vollzug** gesprochen. Das ist bei Richtlinien der Fall. *Beispiel:* die Richtlinien zur Vergabe von öffentlichen Aufträgen wurden in den §§ 97 ff Gesetz gegen Wettbewerbsbeschränkungen (GWB) umgesetzt.

Gemeinschaftsrechtswidrige Gemeinschaftsakte müssen selbstverständlich nicht vollzogen werden.

Ein *Beispiel* ist die erwähnte Tabakrichtlinie, die ohne EU-Kompetenz erlassen wurde. Ansonsten ist die Verpflichtung zur Umsetzung unbedingt: Der effet utile verbietet eine Berufung auf nationale rechtliche oder tatsächliche Schwierigkeiten beim Vollzug. Die Kommission wacht über den Vollzug des Gemeinschaftsrechts. Stellt sie Mängel fest, so mahnt sie den betreffenden Mitgliedstaat ab. Ist dieser uneinsichtig, so verklagt die Kommission ihn vor dem EuGH. Der EuGH kann empfindliche Zwangsgelder anordnen, um die nötigen Anreize zum Vollzug des Gemeinschaftsrecht zu schaffen, Art 260 AEUV (ex-Art 228 EG).

E. Europäische Grundrechte und Grundfreiheiten

Die Idee einer europäischen Gemeinschaft und eines europäischen Rechts- und Wirtschaftsraumes birgt für die betroffenen Bürger in den einzelnen Nationalstaaten die Chance neuer Entfaltungsmöglichkeiten. Es entstehen jedoch auch neue Probleme. Zwei liegen auf der Hand.

Erstens: Es wird eine neue Gewalt, die Gemeinschaftsgewalt, geschaffen. Diese übt im Rahmen ihrer Kompetenzen Herrschaft über das Gemeinschaftsgebiet und damit über die EU-Bürger aus. Parallel zur Situation in den Nationalstaaten ist diese Situation riskant, solange die EU-Bürger keine subjektiven Rechte gegenüber der Gemeinschaftsgewalt haben. Wie die nationale, so **wird auch die europäische Ordnung erst zustimmungsfähig, wenn den Einzelnen Grundrechte zugebilligt werden**, die einen Mindestschutz gegen die Staatsgewalt bieten.

Zweitens: Ein einheitlicher Wirtschaftsraum bleibt möglicherweise eine Phantasie, wenn die einzelnen Mitgliedstaaten den Bürgern anderer Mitgliedstaaten nicht das Recht gewähren, sich auf ihrem Territorium zu entfalten. Der einheitliche Wirtschaftsraum wird eine unbefriedigende Realität, wenn einzelne Mitgliedstaaten den Bürgern anderer Mitgliedstaaten weniger Rechte zugestehen als die anderen Mitgliedstaaten.

I. Unterschied zwischen Grundrechten und Grundfreiheiten

Um diesen beiden Problemen zu begegnen, wurden europäische **Grundrechte und Grundfreiheiten** geschaffen. Zwischen Grundrechten und Grundfreiheiten besteht ein Unterschied:

a) Grundrechte
binden die Staatsorgane bei allen ihren Handlungen. Die **Gemeinschaftsgrundrechte** binden die EU-Organe.

Im Zuge des Vertrages von Nizza (2000) proklamierte der Europäische Rat eine „Charta der Grundrechte der EU". Diese Grundrechtecharta wird erst durch den Vertrag von Lissabon für verbindlich erklärt:

> Art 6 I EUV (ex-Art 6 II EU) [**Grundrechtecharta**]
> Die Union erkennt die Rechte, Freiheiten und Grundsätze an, die in der Charta der Grundrechte der Europäischen Union vom 7. Dezember 2000 in der am 12. Dezember 2007 in Straßburg angepassten Fassung niedergelegt sind; die Charta der Grundrechte und die Verträge sind rechtlich gleichrangig.

Von besonderer rechtlicher Bedeutung ist der letzte Halbsatz. Danach hat die Grundrechtecharta den gleichen Rang wie die EU-Verträge. Folglich sind ist die Charta für die EU-Organe vollständig bindend.

Zu erwähnen ist, dass die Charta bereits vor ihrem Inkrafttreten als geltendes Recht rechtstatsächlich eine normative Wirkung entfaltete. Die EG-Organe haben die fundamentalen Grundrechte beachtet. In mehreren Urteilen brachte der EuGH das Persönlichkeitsrecht, die Berufsfreiheit, die Eigentumsgarantie, die Unverletzlichkeit der Wohnung und den Gleichheitsgrundsatz effektiv zur Anwendung. Der Gleichheitsgrundsatz wurde durch mehrere Richtlinien und weitere Bestimmungen zur Geltung gebracht (vgl Art 157 AEUV, ex-Art 141 EG). Gemäß Art 19 AEUV (ex-Art 13 EG) wurden die Gleichbehandlungsrichtlinien 2000/43 und 2000/78 erlassen.

Der Europäische Bürgerbeauftragte sowie die im Januar 2007 errichtete Europäische Grundrechtagentur sind Einrichtungen, die extra geschaffen wurden, um die Brücke zwischen der Charta und den durch die Charta berechtigten Bürgern zu schlagen.

Die Organe der EU-Mitgliedstaaten sind nach der Rechtsprechung des EuGH nur bei der Durchführung des EU-Rechts an die Gemeinschaftsrundrechte gebunden. Daran wird sich auch mit Inkrafttreten der Charta nichts ändern.

Die Charta der Grundrechte umfasst sieben Kapitel über die Würde des Menschen, Freiheiten, Gleichheit, Solidarität, Bürgerrechte, justizielle Rechte und allgemeine Bestimmungen. Sie garantiert Rechte wie die Unantastbarkeit der Menschenwürde, das Recht auf freie Meinungsäußerung, das Asylrecht oder das Recht auf unternehmerische Freiheit. Die Charta ist insofern „modern" als sie die technologische und wissenschaftliche Entwicklung der letzen Jahrzehnte berücksichtigt. So sind personenbezogene Daten ausdrücklich geschützt; das Klonen von Menschen ist verboten.

b) Die Grundfreiheiten
sind Rechte, zu deren Gewährung sich die Mitgliedstaaten untereinander verpflichtet haben. Sie gewähren Bürgern einzelner Mitgliedstaaten **Freiheitsrechte gegenüber den anderen Mitgliedstaaten. Ihr Anwendungsbereich ist also erst**

bei grenzüberschreitenden Tätigkeiten eröffnet, also dann, wenn ein EU-Bürger seinen Handlungsradius über die Grenzen eines Mitgliedstaates hinaus erstreckt. Die Grundfreiheiten sind ein wesentliches Element der Europäischen Wirtschaftsverfassung und daher im nächsten Kapitel zu behandeln.

Aber nicht nur die Grundfreiheiten schützen die Bürger, sondern die rechtsstaatliche Konstruktion der EU überhaupt. Die EU ist „eine Rechtsgemeinschaft der Art, dass weder die Mitgliedstaaten noch die Gemeinschaftsorgane der Kontrolle darüber entzogen sind, ob ihre Handlungen im Einklang mit der Verfassungsurkunde der Gemeinschaft, dem Vertrag, stehen"[25]. Die allgemeinen Rechtsgrundsätze wie der Gesetzesvorbehalt, die Rechtssicherheit, der Vertrauensschutz, die Verhältnismäßigkeit, das Willkürverbot, die Rechtsschutzgarantie und das Recht auf faire Verfahren gelten auch auf der europäischen Ebene.

Zu erwähnen sind in dem Zusammenhang die fortschreitenden Bemühungen um eine „Unionsbürgerschaft", als Motor für eine „immer engere Union der Völker Europas", Präambel des EU-Vertrages, vgl Art 20 AEUV (ex-Art 17 ff EG). Die jetzige Unionsbürgerschaft ist an die Staatsangehörigkeit zu einem Mitgliedstaat geknüpft, also akzessorisch zu dieser (sog **Indigenatsbürgerschaft**).

Um die demokratische Inkongruenz auf der nationalen Ebene zu mildern, verleiht Art 22 I AEUV (ex- Art 19 I EG) „das aktive und passive Wahlrecht bei Kommunalwahlen". Art 22 I AEUV ist umgesetzt in Art 28 I 3 GG.

II. Die Grundfreiheiten im Einzelnen

Die Art 28 ff und 45 AEUV (ex-Art 23 ff und 39 ff EG) normieren die sogenannten Grundfreiheiten.

1. Allgemeine Lehre der Grundfreiheiten

a) Die Rechtsdogmatik der Grundfreiheiten

Die Grundfreiheiten sind Rechte der EU-Bürger gegen die Organe von anderen Mitgliedstaaten: Die EU-Staaten dürfen Bürger anderer EU-Staaten nicht diskriminieren. Die Grundfreiheiten gelten also nur für grenzüberschreitendes Verhalten. Grenzüberschreitend ist jedes Verhalten, dessen Auswirkungen über die Grenzen eines Mitgliedsstaates hinausweisen.

Die Dogmatik der Grundfreiheiten ist ähnlich wie jene der Grundrechte.[26] Sie eröffnen einen Schutzbereich. Ein subjektives Recht vermitteln sie aber nur, sofern Eingriffe in den Schutzbereich nicht gerechtfertigt werden können.

> **Schutzbereich**. Die einzelnen Grundfreiheiten schützen jeweils bestimmte Aspekte des grenzüberschreitenden Wirtschaftens. Sie sind alle durch eine rechtliche Figur gekennzeichnet, nämlich das sogenannte Herkunftslandprinzip: Für die Frage, ob ein EU-Bürger diskriminiert wird, ist immer an die

---

[25] EuGH, C-294/83 – Les Verts, EuGHE 1986, 1339, 1365 f.
[26] Jarass, Elemente einer Dogmatik der Grundfreiheiten, Europarecht 2000, 705 ff.

Rechtsvorschriften des jeweiligen Herkunftslandes anzuknüpfen. *Beispiele:* Wer in dem Staat, in dem er wohnt, als Wirtschaftsprüfer arbeiten darf, muss dies grundsätzlich auch in anderen EU-Staaten dürfen; wenn eine Käseverarbeitung nach nationalem Recht legal ist, darf der Verkauf dieses Käses nicht in anderen EU-Staaten verboten werden.

➢ Jede staatliche Maßnahme, die den Schutzbereich tangiert, ist ein **Eingriff**.
➢ **Rechtfertigung**. Der AEUV bestimmt ausdrückliche Schranken der Grundfreiheiten. Ein wiederkehrender Einschränkungsgrund sind die „öffentliche Ordnung, Sicherheit und Gesundheit", Art 36, 45 III, 52 I AEUV (ex-Art 30, 39 III, 46 I EG).

Zu der Frage, welche Eingriffe die Mitgliedstaaten im Einzelnen rechtfertigen können, besteht eine unübersichtliche Rechtsprechung des Europäischen Gerichtshofes. Die Entwicklung ist im Fluss.[27]

Generell erklärte der EuGH, „dass nationale Maßnahmen, die die Ausübung der durch den Vertrag garantierten Freiheiten behindern oder weniger attraktiv machen können, vier Voraussetzungen erfüllen müssen: Sie müssen in nichtdiskriminierender Weise angewandt werden, sie müssen aus zwingenden Gründen des Allgemeininteresses gerechtfertigt sein, sie müssen geeignet sein, die Verwirklichung des mit ihnen verfolgten Zieles zu gewährleisten, und sie dürfen nicht über das hinausgehen, was zur Erreichung dieses Zieles erforderlich ist"[28].

In der Terminologie des nationalen Rechts handelt es sich um zwei Voraussetzungen: Die Maßnahmen müssen verhältnismäßig sein und das Gleichbehandlungsgebot beachten.

b) Zulässigkeit der Inländerdiskriminierung (umgekehrte Diskriminierung)
Die Grundfreiheiten entfalten ihre Wirkung erst bei grenzüberschreitenden Tätigkeiten. Das bedeutet im Umkehrschluss, dass die EU-Staaten die Bewohner ihres Territoriums gegenüber Einwohnern anderer EU-Staaten diskriminieren dürfen.
Beispiele: Für bestimmte zulassungspflichtige Handwerke muss in Deutschland eine Meisterprüfung abgelegt werden, bevor sich die betreffenden Handwerker selbständig machen und in die Handwerksrolle eintragen lassen können, § 1 I 1, 7 I 1, Ia Handwerksordnung. Handwerker, die in anderen EU-Staaten selbständig sind, können sich hingegen unter Umständen auch ohne aufwendige Meisterprüfung in die Handwerksrolle eintragen lassen. Das verstößt nicht gegen den Gleichheitssatz.[29]

Vergleichbar entschied der EuGH[30], dass das Gemeinschaftsrecht einer nationalen Regelung nicht entgegensteht, die für den Betrieb eines Friseursalons von Angehörigen der eigenen Nation ein Diplom verlangt, von Angehörigen anderer Mitgliedstaaten dagegen nicht.

---

[27] Nowak/Schnitzler, Erweiterte Rechtfertigungsmöglichkeiten für mitgliedstaatliche Beschränkungen der EG-Grundfreiheiten, EuZW 2000, 627 mN.
[28] EuGH, C-55/94 – Gebhard, EuGHE 1995, 4165, 4197, Rn 37.
[29] BVerwG, Gewerbearchiv 1999, 108 f und 1998, 470 mN.
[30] EuGH, C-29-35/94 – Aubertia, EuGHE 1995, 311.

c) Unmittelbare Wirkung der Grundfreiheiten unter Privaten?
Nur die Grundfreiheiten zu Gunsten von Personen gelten laut EuGH auch unter Privatpersonen, also zB Art 45, 56 AEUV (ex-Art 39, 49 EG). Private sollen den Binnenmarkt nicht durch privatrechtliche Verträge unterlaufen dürfen.
Beispiel: Eine Privatbank in Bozen verlangte von Bewerbern den Nachweis der Zweisprachigkeit allein durch eine Bescheinigung der öffentlichen Verwaltung von Bozen. Das verstieß gegen die Freizügigkeit der Arbeitnehmer, weil es für Arbeitnehmer anderer EU-Staaten nahezu unmöglich war, diese unselige Bescheinigung in Bozen zu besorgen.[31]

Der Warenverkehr fällt dagegen unter das Wettbewerbsrecht der Art 101 AEUV (ex-Art 81 ff EG).

2. Die einzelnen Grundfreiheiten

Die Bewegung von allem, was sich bewegen kann, also insbesondere von Personen und Waren, ist im Binnenraum grundsätzlich frei und geschützt.

a) Warenverkehr, Art 34 AEUV (ex-Art 28 ff EG)
Ein Binnenmarkt kann nicht entstehen, wenn binnenintern Zölle erhoben werden.

Art 28 AEUV (ex-Art 23 EG) [**Zollunion**]
(1) Grundlage der Gemeinschaft ist eine Zollunion, die sich auf den gesamten Warenaustausch erstreckt; sie umfasst das Verbot, zwischen den Mitgliedstaaten Ein- und Ausfuhrzölle und Abgaben gleicher Wirkung zu erheben, sowie die Einführung eines Gemeinsamen Zolltarifs gegenüber dritten Ländern.

Aber nicht nur Zölle behindern den Binnenmarkt, sondern alle Handelsschranken:

Art 34 AEUV (ex-Art 28 EG) [**Einfuhrbeschränkungen**]
Mengenmäßige Einfuhrbeschränkungen sowie alle Maßnahmen gleicher Wirkung sind zwischen den Mitgliedstaaten verboten.

Dieses Verbot erfasst alle Waren, die in einem EU-Staat fertig gestellt oder legal eingeführt wurden. Der Rechtsbegriff der „**Maßnahmen gleicher Wirkung**" erfasst alle unmittelbaren oder mittelbaren Handelshemmnisse. *Beispiel:* Regelungen über die Etikettierung oder die Zusammensetzung von Importwaren. Sie verteuern nämlich den Export. – Drei Entscheidungen des EuGH sind wichtig:[32]

> **Dassonville**: Unter den Begriff der „Maßnahmen gleicher Wirkung" fällt „[j]ede Handlungsregelung [...], die geeignet ist, den innergemeinschaftlichen Handel unmittelbar oder mittelbar, tatsächlich oder potentiell zu behindern".
> **Keck**. Der Schutzbereich des Art 34 AEUV (ex-Art 28 EG) erfasst nicht reine Verkaufsmodalitäten. *Beispiel:* Ladenschlusszeiten, Verbot des Weiterver-

---

[31] EuGH, C-281/98– Anagonese, NJW 2000, 3634.
[32] EuGH, C-8/74 – Dassonville, EuGHE 1974, 837, 852; EuGH, C-267, 268/91 – Keck, EuGHE 1993, 6097; EuGH, C-120/78 – Cassis de Dijon, EuGHE 1979, 649.

kaufs unter Einkaufspreis, Werbeverbot für Apothekenwaren außerhalb von Apotheken.
➢ **Cassis de Dijon.** Zum Rechtfertigungsgrund des Art 36 AEUV (ex-Art 30 EG) gilt die Formel: „Hemmnisse für den Binnenhandel müssen hingenommen werden, soweit diese Bestimmungen notwendig sind, um zwingenden Erfordernissen gerecht zu werden, insbesondere [...] einer wirksamen steuerlichen Kontrolle, des Schutzes der öffentlichen Gesundheit, der Lauterkeit des Handelsverkehrs und des Verbraucherschutzes".

b) Personen
Die EU-Bürger haben das Recht zur Freizügigkeit und Niederlassung:

> Art 45 AEUV (ex-Art 39 EG) [**Freizügigkeit**]
> (1) Innerhalb der Gemeinschaft ist die Freizügigkeit der Arbeitnehmer gewährleistet.
> (2) Sie umfasst die Abschaffung jeder auf der Staatsangehörigkeit beruhenden unterschiedlichen Behandlung der Arbeitnehmer der Mitgliedstaaten in bezug auf Beschäftigung, Entlohnung und sonstige Arbeitsbedingungen. [**Diskriminierungsverbot**]
> (3) Sie gibt – vorbehaltlich der aus Gründen der öffentlichen Ordnung, Sicherheit und Gesundheit gerechtfertigten Beschränkungen – den Arbeitnehmern das Recht [...sich zur Bewerbung und zur Arbeitsaufnahme in einem anderen Mitgliedstaat aufzuhalten...]. [**Aufenthaltsrecht**]
> art 49 AEUV (ex-Art 43 EG) [**Niederlassungsfreiheit**]
> Die Beschränkungen der freien Niederlassung von Staatsangehörigen eines Mitgliedstaats im Hoheitsgebiet eines anderen Mitgliedstaats sind nach Maßgabe der folgenden Bestimmungen verboten. Das gleiche gilt für Beschränkungen der Gründung von Agenturen, Zweigniederlassungen oder Tochtergesellschaften durch Angehörige eines Mitgliedstaats, die im Hoheitsgebiet eines Mitgliedstaats ansässig sind.
> Vorbehaltlich des Kapitels über den Kapitalverkehr umfasst die Niederlassungsfreiheit die Aufnahme und Ausübung selbständiger Erwerbstätigkeiten sowie die Gründung und Leitung von Unternehmen, insbesondere von Gesellschaften im Sinne des Artikels 48 Absatz 2, nach den Bestimmungen des Aufnahmestaats für seine eigenen Angehörigen.

Gefördert werden diese Freiheiten durch zahlreiche Bestimmungen des Sekundärrechts, insbesondere zum arbeits- und sozialrechtlichen Schutz der Arbeitnehmer.
Subsidiär zur Freizügigkeit und Niederlassungsfreiheit ist der Dienstleistungsverkehr innerhalb der Gemeinschaft geschützt, Art 56 AEUV (ex-Art 49 ff EG).

c) Freiheit des Kapital- und Zahlungsverkehrs, Art 63 AEUV (ex-Art 56 ff EG)
Wie sonst sollte grenzüberschreitend im Binnenmarkt gewirtschaftet werden?

F. Zusammenfassung

I. Wichtigste Lehre

Die Globalisierung verursacht Probleme, die den nationalstaatlichen Horizont übersteigen. Aus diesem Grunde kann es für die betroffenen Staaten vorteilhaft sein, zu kooperieren. Die EU ist eine enge Form der Kooperation. Mit der Errichtung der EU als juristischer Person und mit der Übertragung von Hoheitsrechten auf die EU verpflichten sich die Mitgliedstaaten zu einer vielschichtigen, rechtlich verbindlichen Zusammenarbeit.

Im EUV und im AEUV sind Einzelheiten zu den Befugnissen und zur Arbeitsweise der EU-Organe geregelt. Die EU-Mitgliedstaaten übertrugen der EU begrenzte Kompetenzen, supranationales Sekundärrecht zu setzen. Die Anwendung des Sekundärrechts obliegt grundsätzlich den Mitgliedstaaten.

➢ Die EU-Verordnungen wirken wie nationale Gesetze unmittelbar.
➢ Die Richtlinien müssen durch die Mitgliedstaaten umgesetzt werden. Versäumen die Mitgliedstaaten das, so wirken die Richtlinien unter Umständen mittelbar. Außerdem haften die Mitgliedstaaten für Schäden, die durch nicht umgesetzte Richtlinien entstehen.

Die Einzelnen werden auch auf europäischer Ebene durch Grundrechte und Grundfreiheiten geschützt.

II. Wichtige Stichworte

➢ Rechtsnatur der EU; Organe der EU
➢ Primär- und Sekundärrecht
➢ Anwendungsvorrang des Gemeinschaftsrechts, effet utile
➢ Ziel- und Strukturbestimmungen in EUV + EGV, insbesondere Probleme der Rechtsangleichung versus Subsidiaritätsprinzip
➢ fünf Verfahren der Rechtsetzung
➢ drei Formen von Rechtsakten
➢ Richtlinienrecht: Umsetzung, unmittelbare Anwendbarkeit, Staatshaftung
➢ zwei Hauptarten des Vollzugs des Gemeinschaftsrechts
➢ Grundrechte und Grundfreiheiten
➢ Unionsbürgerschaft

III. Schrifttum

Es gibt viele gute Lehrbücher zum Europarecht. Angesichts der rasanten Entwicklung des Europarechts empfiehlt sich, stets zu einer neueren Auflage zu greifen.

Haltern, Ulrich, Europarecht, 2.A 2007.
Herdegen, Matthias, Europarecht, 10. A 2008.

Koenig, Christian/Haratsch, Andreas, Europarecht, 5. A 2006.
Oppermann, Thomas, Europarecht, 3. A 2005.
Schuppert, Folke / Pernice, Ingolf / Haltern, Ulrich, Europawissenschaft, 2005.
Schweitzer, Michael, Staatsrecht III : Staatsrecht, Völkerrecht, Europarecht, 9. A 2008.
Streinz, Rudolf, Europarecht, 8. A 2008.
Zacker, Christian / Wernicke, Stephan, Examinatorium Europarecht, 3. A 2004.

§ 6 Wirtschaftsverfassung – Wirtschaftslenkung – Wirtschaftsaufsicht

In welcher Verfassung befindet sich die Wirtschaft? Das ist eine Frage, die in den Tageszeitungen überwiegend unter Hinweis auf die konjunkturelle Lage, den Arbeitsmarkt und die Aktienkurse beantwortet wird. Allgemeiner – und immer noch auf die tatsächliche Lage bezogen – wird die Wirtschaftsverfassung in Deutschland als „soziale Marktwirtschaft" bezeichnet. Zum Phänomen der sozialen Marktwirtschaft und seiner Begründung durch Alfred Müller-Armack können Grundkenntnisse vorausgesetzt werden. Im Folgenden soll die Wirtschaftsordnung in Deutschland und Europa aus rechtlicher Sicht verstanden werden.

Unter A. werden drei typische Probleme einer Wirtschaftsverfassung und Lösungsansätze hierzu aufgezeigt. Anschließend werden unter B. die einschlägigen Vorschriften des Grundgesetzes vorgestellt. Ist die soziale Marktwirtschaft das Ergebnis politischer Entscheidungen oder ist sie verfassungsrechtlich vorgegeben? Diese Frage wird unter C. aus der Perspektive des vorrangigen europäischen Gemeinschaftsrechts vertieft. Unter D. und E. werden die unterschiedliche Wirkungsweise von Wirtschaftsaufsicht und Wirtschaftslenkung erörtert.

A. Drei Grundprobleme einer Wirtschaftsverfassung

Adam Smith veröffentlichte 1776 „An Inquiry into the Nature and the Causes of the Wealth of Nations". Darin wendet er sich gegen die protektionistische, vom absolutistischen Staat geprägte Wirtschaftsform des Merkantilismus. Smith erklärt, dass die Wirtschaft ohne dirigistische Staatslenkung bessere Ergebnisse erzielt. Wie von einer „invisible hand" geleitet, bewegen sich Gütererzeugung und -verteilung, Angebot und Nachfrage, in ein Gleichgewicht. Smith wird auch deshalb heute noch zitiert, weil nachgewiesen wurde, dass er im Grunde Recht hatte: Eine **effiziente Verteilung von Wirtschaftsgütern** stellt sich unter der Bedingung von Wettbewerbs von selbst ein.

Die Wirtschaftswissenschaften sind nicht im Jahre 1776 stehen geblieben. Smith`s Grundgedanke wurde weiter entwickelt und kann heute sehr viel differenzierter dargestellt werden. So wurde erkannt, dass eine staatliche Wirtschaftslenkung – als Gegensatz zur freien Marktwirtschaft - für die Verteilung bestimmter Wirtschaftsgüter unter bestimmten Voraussetzungen vorteilhaft ist. Des Weiteren wurde erkannt, dass ein **vollkommener Wettbewerb** in der Praxis nicht vorzufinden ist: Ein Gleichgewicht von Angebot und Nachfrage setzt beispielsweise vollständige Informationen über den Markt voraus.[1] Demgegenüber sind diese Informationen für alle Wirtschaftsgüter und alle Verbraucher nur in Ansätzen verfügbar, und sie sind auch nur in Ansätzen für die Güterproduktion planbar.

Diese Erkenntnisse hindern allerdings nicht, einen **funktionierenden Wettbewerb** als wirtschaftspolitisch wünschenswertes Ziel zu begreifen. Bei dieser Zielsetzung beschäftigen drei Problemkreise die Wirtschafts- und Rechtswissenschaften bis heute: erstens eine adäquate Wirtschaftsaufsicht, zweitens Merkmale einer richtigen Wirtschaftslenkung und drittens die „soziale Frage", also das Problem der gerechten Verteilung von Besitz und Eigentum.

Erstens. Wettbewerb setzt voraus, dass die konkurrierenden Unternehmer ausreichende Handlungsspielräume haben, damit sie innovativ werden, sich gegenseitig unterbieten und um Marktanteile kämpfen können. Zugleich aber gefährdet das freie Unternehmertum den Wettbewerb: Wenn erfolgreiche Unternehmer als Monopolisten oder Oligopolisten zu viel Macht erlangen, entwickeln sie das Interesse, den Markt, der ihnen den Aufstieg ermöglichte, einzuschränken. Das wäre zu ihrem Vorteil und zum Nachteil von Verbrauchern und potentiellen Konkurrenten. Es bedarf deshalb einer freiheits-beschränkenden Ordnung, einer **Wirtschaftsaufsicht**.

Zweitens. Der Markt weist „Schwächen" auf, etwa wenn sich in manchen Bereichen oder zu bestimmten Zeiten Angebot und Nachfrage auf einem niedrigen Niveau einpendeln. Die Volkswirtschaftslehre spricht von einer Rezession oder einer Depression. Umstritten ist bis heute, inwieweit in einer solchen Situation auf die Selbstheilungskräfte des Marktes vertraut werden kann oder der Staat durch eine **Wirtschaftslenkung** eingreifen soll. *Beispiel:* John Maynard Keynes setzte sich in seiner „General Theory of Employment, Interest and Money" (1936) für eine interventionistische, anti-zyklische Wirtschaftslenkung ein. Beim Abschwung solle der Staat „deficit spending" betreiben, also durch Staatsausgaben die Wirtschaft ankurbeln. Diese Ausgaben solle der Staat im so erzeugten Aufschwung durch Sparsamkeit wieder hereinholen. Die Institutionenökonomiker kritisieren, die Keynes'sche Stabilitätspolitik arbeite mit falschen Realitätsannahmen: Es sei gemäß dem Eigennutztheorem nicht zu erwarten, dass nach einer Phase des „deficit spending" die notwendigen Sparmaßnahmen durchgeführt würden. Der Keynesianismus vernachlässige zudem die Dynamik der sozialen Gruppen sowie die Instabilität von Preisen und Löhnen. Was ist hierzu aus rechtswissenschaftlicher Sicht zu sagen?

Drittens. Auch ein intakter Markt schließt soziales Elend nicht aus. Wie ist mit jenen zu verfahren, die beim harten Wettbewerb um die knappen Güter auf der Strecke bleiben? Reichskanzler Fürst Bismarck trat ab 1881 durch seine Sozialgesetzgebung dem Elend in Deutschland entgegen. Heute ist es selbstverständlich, dass der Staat durch Umverteilung von Gütern die Schwachen vor dem Elend bewahren muss. Umstritten ist das hinreichende Ausmaß an **Sozialstaatlichkeit**. Der durch Umverteilung finanzierte Sozialstaat kann zu „komfortabel" werden und die Antriebskräfte der Betroffenen erlahmen lassen, sowie gleichzeitig bei denen, die durch ihre Steuern den Sozialstaat mitfinanzieren, das Gefühl erzeugen, Leistung

---

[1] Zu den Problemen des Gleichgewichtsmodells: Erlei/Leschke/Sauerland, 2.A 2007, 45 ff.

werde nicht genug entlohnt. Die Komplexität dieser Frage kommt zum Ausdruck in der auf den deutschen Sozialstaat bezogenen Aussage „So viel Sozialstaat ist unsozial."[2]

Die drei Probleme bündeln sich in der Frage: Welche Aufgaben hat der Staat im Hinblick auf die Wirtschaftsordnung? Konkreter: In welchem Ausmaß soll der Staat in den freien Wettbewerb eingreifen und welche Aufgaben soll der Staat in welchem Umfang selbst übernehmen?

B. Staatsaufgaben und Wirtschaftsordnung

Es ist im Ausgangspunkt klar, dass die staatlichen Einrichtungen rein faktisch nicht alle die Allgemeinheit betreffenden Aufgaben vollständig übernehmen können. Hinsichtlich der Frage, welche Aufgaben im Wesentlichen durch den Staat wahrzunehmen sind, besteht weiter die allgemeine Auffassung, dass die **Staatsaufgaben wandelbar** sind. Ihr Bestand ist abhängig von Geschichte, Rechtskultur und von den ökonomischen und politischen Entscheidungen einer Gesellschaft.[3]

Von dieser grundlegenden Einsicht zum Umfang der Staatsausgaben ausgehend stellt sich die Frage, welchen Rahmen das Grundgesetz für die staatliche Einflussnahme auf die Wirtschaftsordnung setzt.

I. Die wirtschaftspolitische Neutralität des Grundgesetzes

Welche Aussagen zur staatlichen Verantwortung für die Wirtschaft finden sich also im Grundgesetz?

Das Grundgesetz enthält nur vereinzelte Aussagen zum Ausmaß der Staatsaufgaben. *Beispiel:* Gemäß Art 87f I GG „gewährleistet der Bund im Bereich des Postwesens und der Telekommunikation flächendeckend angemessene und ausreichende Dienstleistungen".

Dort wo das Grundgesetz keine ausdrücklichen Bestimmungen enthält, ist im konkreten Fall im „offenen Diskurs der Verfassungsinterpreten" zu klären, inwieweit die Verfassung Vorgaben für die Wirtschaftspolitik enthält. *Beispiel:* 1976 wurde das Mitbestimmungsgesetz (MitbestG) erlassen.

Es gilt grundsätzlich für Unternehmen mit mehr als 2000 Arbeitnehmern, § 1 I MitbestG. Das MitbestG schreibt vor, dass die Arbeitnehmer über ihre Vertreter im Aufsichtsrat an der Unternehmensführung zu beteiligen sind. Gemäß § 7 I MitbestG sind die Aufsichtsräte paritätisch zu besetzen, das heißt, je zur Hälfte durch die Vertreter der Anteilseigner und der Arbeitnehmer. Bei Abstimmungen zählt die einfache Stimmenmehrheit. In einer Pattsituation hat der Aufsichtsratsvorsitzende zwei Stimmen, §§ 29 II, 31 MitbestG. Den Vorsitzenden

---

[2] Roman Herzog in einer Anzeige, FAZ v. 20.11.2001, 28.
[3] Dieter Grimm, Staatsaufgaben - eine Bilanz, in Grimm 1994, 773.

bestimmen letztlich die Anteilseigner, § 27 II MitbestG. Ist das MitbestG eine Maßnahme sozialistischer Wirtschaftspolitik, die das Privateigentum an Produktionsmitteln vergesellschaftet?

Über diese Frage kam es zum Streit, der vor dem BVerfG endete. Bei seiner Prüfung, ob § 7 I MitbestG verfassungsmäßig sei, prüfte das Gericht selbstverständlich auch die Grundrechte. Es sah die Unternehmenseigner weder in ihrer Berufsfreiheit aus Art 12 I GG noch in ihrem Eigentumsrecht aus Art 14 I, II GG als verletzt an. §§ 28 I und 29 II gewährleisten, dass die Unternehmenseigner stets den Aufsichtsratsvorsitzenden und durch ihn letztlich auch die Unternehmenspolitik bestimmen können. Die hier interessierende Frage ist aber, ob § 7 I MitbestG gegen die Wirtschaftsverfassung verstößt.

Das **BVerfG** vertritt in seiner Entscheidung die **Auffassung, das Grundgesetz sei wirtschaftspolitisch neutral**: „Das Grundgesetz [...] enthält keine unmittelbare Festlegung und Gewährleistung einer bestimmten Wirtschaftsordnung. [...] Es überlässt dessen Ordnung vielmehr dem Gesetzgeber, der hierüber innerhalb der ihm durch das Grundgesetz gezogenen Grenzen frei zu entscheiden hat, ohne dazu einer weiteren als seiner allgemeinen demokratischen Legitimation zu bedürfen."[4]

Diese Stellungnahme des BVerfG ist allerdings nicht so zu verstehen, dass die Gesetzgeber bei der Gestaltung der Wirtschaftsordnung ein von dem Grundgesetz losgelöstes Ermessen haben. Aus verfassungsrechtlicher Sicht ist es gleichgültig, ob die Wirtschaftsverfassung als „soziale Marktwirtschaft" als „wirtschaftsliberal" oder anders bezeichnet wird. Denn diese Begriffe sind im Verfassungsrecht nicht definiert und sie sind deshalb auch nicht justiziabel. Der Begriff der sozialen Marktwirtschaft ist zu unbestimmt, als dass sich konkrete Aussagen daraus ableiten ließen. **Maßgeblich sind die konkreten verfassungsrechtlichen Bestimmungen**:

Wie schränken die Grundrechte und andere Verfassungsbestimmungen die Gestaltungsfreiheit der Gesetzgeber auf Bundes- und Landesebene ein?

II. Auswirkungen der Grundrechte auf die Wirtschaftsordnung

Mit der Gewährung der Grundrechte haben sich die Verfassungsgeber grundsätzlich für eine **Marktwirtschaft** entschieden. Zugleich haben sie sich dagegen entschieden, dass der Staat in einer Planwirtschaft die Lenkung der wirtschaftlichen Abläufe, von Angebot und Nachfrage, im Wesentlichen als seine Aufgabe anzusehen hat.

Von herausragender Bedeutung sind die Grundrechte der Berufsfreiheit, Art 12 I GG, der Eigentumsfreiheit, Art 14 I GG, der Vereinigungsfreiheit, Art 9 I GG und der allgemeinen Handlungsfreiheit, Art 2 I GG. Ein Abgleich der Merkmale eines funktionierenden Wettbewerbs mit den Grundrechten zeigt, dass die Grundrechte eine Grundentscheidung für eine Marktwirtschaft enthalten:

---

[4] BVerfGE 50, 290, 336 f.; zuvor BVerfGE 4, 7 ff, 17 f. betr: staatl. Investitionshilfen.

1. Kooperationsvorteile durch Leistungswettbewerb

Ein funktionierender Leistungswettbewerb kann unter fünf Voraussetzungen entstehen:[5]

1. Die Basis bilden die sogenannten **property rights** (Eigentumsrechte)[6] an bestimmten materiellen oder immateriellen Dingen.
2. Ein Markt kann nur entstehen, wenn das Eigentum getauscht werden kann. Freiwilliger **Tausch** stellt beide Partner besser.
3. Vielseitig und damit noch vorteilhafter wird ein Markt erst durch eine **Arbeitsteilung** der Marktteilnehmer.
4. Erfolgreiche Arbeitsteilung und Tauschbeziehungen setzen risikoreiche Investitionen voraus. Es bedarf eines gewissen **Risikoschutzes**.
5. Freiheitsbeschränkungen müssen verhindern, dass Marktteilnehmer durch unfaires Verhalten den Leistungswettbewerb um Kooperationschancen zerstören (**Wirtschaftsaufsicht**).

2. Leistungswettbewerb durch Grundrechte

Alle fünf genannten Voraussetzungen werden durch die Grundrechte gesichert:

1. **Art 14 I GG** enthält „die grundlegende Wertentscheidung des Grundgesetzes zugunsten des **Privateigentums**"[7].
2. Die Grundrechte schützen die Vertragsfreiheit. Der **Schutz der Vertragsfreiheit** ergibt sich dabei jeweils aus dem konkret einschlägigen Grundrecht. *Beispiele:* Die Veräußerung von Eigentum ist durch Art 14 I GG geschützt;[8] die Verträge der Händler und Produzenten von Art 12 I GG[9] und gesellschaftsrechtliche Verträge durch Art 9 I GG[10]; als Auffanggrundrecht schützt die allgemeine Handlungsfreiheit des Art 2 I GG die Privatautonomie.
Wo Vertragsfreiheit herrscht, entstehen Tausch und Wettbewerb: „Die bestehende Wirtschaftsverfassung enthält den grundsätzlich freien Wettbewerb der als Anbieter und Nachfrager auf dem Markt auftretenden Unternehmer als eines ihrer Grundprinzipien. Das Verhalten der Unternehmer in diesem Wettbewerb ist Bestandteil ihrer Berufsausübung, die, soweit sie sich in erlaubten Formen bewegt, durch Art 12 I GG geschützt ist."[11]
3. **Art 12 I GG** sichert zudem „die Freiheit der individuellen Erwerbs- und Leistungstätigkeit"[12] und damit die gesellschaftliche **Arbeitsteilung**.

---

[5] Nach Homann/Suchanek, 2.A 2005, 135 ff.
[6] In der deutschen Ökonomik wird dieser Begriff als „Verfügungsrechte" übersetzt. Das ist insofern unglücklich, als dieser Begriff in den Rechtswissenschaften anders besetzt ist.
[7] BVerfGE 58, 300, 338; 42, 64, 76; 31, 229, 240.
[8] BVerfGE 93, 121, 135 ff; 91, 294, 307 f; 91, 207, 220 mN.
[9] BVerfG, NJW 2001, 3406 mN.
[10] BVerfGE 74, 129, 152; 70, 115, 123; 8, 274, 328.
[11] BVerfGE 32, 311, 317; vgl BVerfGE 87, 363, 388.
[12] BVerfGE 30, 292, 334 f; vgl BVerfGE 80, 137, 150 mN.

4. Der oben festgestellte weite **Gestaltungsspielraum gibt den Gesetzgebern den Freiraum, um eine investitionsfreundliche Wirtschaftsordnung zu schaffen.** Eine minimale Risikovorsorge ergibt sich zudem aus dem Sozialstaatsprinzip und der Menschenwürde (zB Sicherung des Existenzminimums); zudem folgen aus den Grundrechten bestimmte Schutzpflichten des Staates.
5. In Kapitel § 4.B.V.1 wurde bereits in die Grundrechtsdogmatik eingeführt: Die Grundrechte schützen jeweils bestimmte Handlungsbereiche. In diese kann unter bestimmten Voraussetzungen aber verfassungsmäßig eingegriffen werden, insbesondere solange die Verhältnismäßigkeit gewahrt bleibt. Dieser **Mechanismus von Schutzbereich und Eingriff erlaubt eine Feinsteuerung, die einerseits die Freiheiten bewahrt, andererseits aber auch Beschränkungen der Freiheiten zulässt, um eine Ordnung zu etablieren.**

3. Die sozialstaatliche Komponente

Die Grundzüge des Sozialstaats wurden in § 4.C vermittelt. An dieser Stelle ist zu betonen, dass die Grundrechte nicht nur die Grundlage für eine am Leistungswettbewerb orientierte Wirtschaftsordnung sind. Die Grundrechte haben auch eine sozialstaatliche Dimension:

Unter anderem, um der bekannten Gefahr eines Machtmissbrauchs durch ungebremstes privates Eigentum an Produktionsmitteln entgegenwirken zu können, ist das **Recht auf Eigentum ausdrücklich eingeschränkt:**

> Art 14 GG [**Eigentum**]
> (2) Eigentum verpflichtet. Sein Gebrauch soll zugleich dem Wohle der Allgemeinheit dienen. [**Sozialbindung des Eigentums**]
> (3) Eine Enteignung ist nur zum Wohle der Allgemeinheit zulässig. Sie darf nur durch Gesetz oder auf Grund eines Gesetzes erfolgen, das Art und Ausmaß der Entschädigung regelt. [**Enteignung**]

Zusätzlich zur Möglichkeit der Enteignung kann Eigentum sozialisiert werden: siehe Art 15 GG. Von dieser Gestaltungsmöglichkeit haben die Gesetzgeber seit Bestehen des Grundgesetzes zwar keinen Gebrauch gemacht. Art 15 GG verdeutlicht aber, dass eine Gemein- oder Staatswirtschaft erlaubt ist, die nicht in jeder Hinsicht marktwirtschaftlichen Regeln folgen muss, sondern die selbst die Sozialisierung von Grund und Boden, Naturschätzen oder Produktionsmitteln zur Herstellung sozialer Gerechtigkeit erlaubt.

Ein wesentliches Mittel für die Organisation der Umverteilung ist des Weiteren die Tarifautonomie der Sozialpartner (Arbeitgeber- und Arbeitnehmerverbände):

> Art 9 III GG [sog **Koalitionsfreiheit**]
> Das Recht zur Wahrung und Förderung der Arbeits- und Wirtschaftsbedingungen Vereinigungen zu bilden, ist für jedermann und für alle Berufe gewährleistet.

III. Volkswirtschaftliche Strukturprinzipien im Grundgesetz

Das Grundgesetz enthält nicht nur in den Grundrechten wirtschaftlich relevante Bestimmungen. Zu beachten sind ferner eine Reihe von Sondervorschriften.

1. Art 109 II GG: das gesamtwirtschaftliche Gleichgewicht

Die Verfassungsgeber haben erkannt, dass der Staat durch die Staatsausgaben lenkend auf die Wirtschaft einwirken kann. Dazu bestimmt

> Art 109 II GG [**Haushaltswirtschaft in Bund und Ländern**]:
> Bund und Länder haben bei ihrer Haushaltswirtschaft den Erfordernissen des gesamtwirtschaftlichen Gleichgewichts Rechnung zu tragen.

Der Begriff des Gleichgewichts wurde in den Wirtschaftswissenschaften der sechziger Jahre unter dem **Stichwort des „magischen Vierecks"** diskutiert. 1967 verpflichteten die Gesetzgeber durch das Gesetz zur Förderung der Stabilität und des Wachstums der Wirtschaft (StabG) die staatliche Wirtschaftspolitik auf die Ziele des magischen Vierecks:

> § 1 StabG [**gesamtwirtschaftliches Gleichgewicht**]
> Bund und Länder haben bei ihren wirtschafts- und finanzpolitischen Maßnahmen die Erfordernisse des gesamtwirtschaftlichen Gleichgewichts zu beachten. Die Maßnahmen sind so zu treffen, dass sie im Rahmen der marktwirtschaftlichen Ordnung gleichzeitig zur Stabilität des Preisniveaus, zu einem hohen Beschäftigungsstand und außenwirtschaftlichem Gleichgewicht bei stetigem und angemessenem Wirtschaftswachstum beitragen.

Das Verhältnis der in § 1 StabG genannten vier wirtschaftspolitischen Ziele ist „magisch", weil sie in einem Spannungsverhältnis stehen, sich also erfahrungsgemäß gerade nicht „gleichzeitig" verfolgen lassen.

Zugleich sind § 109 II GG und § 1 StabG so vage, dass sie keine Vorgaben enthalten, welches der wirtschaftspolitischen Ziele Vorrang genießt. Im Gegenteil, § 1 StabG erlaubt wegen seines weiten Wortlauts die Berücksichtigung weiterer wirtschaftspolitisch relevanter Ziele. *Beispiel:* Auffällig ist das Fehlen umweltpolitischer Belange in § 1 StabG. Könnten diese im Rahmen der Haushaltswirtschaft gefördert werden?

Die Antwort hängt davon ab, wie der **Begriff des „gesamtwirtschaftlichen Gleichgewichts"** in Art 109 II GG auszulegen ist. § 1 S 2 StabG benennt die Umweltpolitik zwar nicht als Ziel. § 1 S 2 StabG ist aber am höherrangigen Art 109 II GG auszurichten. Art 109 II GG und der dort verwendete Begriff des „gesamtwirtschaftlichen Gleichgewichts" wiederum sind am gleichrangigen Verfassungsrecht und am höherrangigen Europarecht zu messen.

Auf Verfassungsebene ist in systematischer Auslegung das Umweltschutzziel des Art 20a GG zu berücksichtigen. Unter den weiten Begriff des „gesamtwirtschaftlichen Gleichgewichts" lassen sich auch Umweltschutzmaßnahmen subsumieren. Die Wortlautgrenze wird dadurch nicht überschritten. Art 109 II GG und im Zuge dessen § 1 StabG sind deshalb verfassungskonform so auszulegen, dass die wirtschaftspolitischen Maßnahmen auch zum Umweltschutz „beitragen" müssen.

Sind die Organe in Bund und Ländern verpflichtet, finanzpolitische Maßnahmen zu ergreifen, wenn die genannten Ziele gefährdet sind?

Ein solcher Auftrag ist dem Wortlaut nicht zu entnehmen. Art 109 II verlangt lediglich ein „Rechnungtragen". Zudem ist das Ziel des „gesamtwirtschaftlichen Gleichgewichts" inhaltlich sehr unbestimmt. Da § 1 StabG verfassungsgemäß ist, sind zwar dessen Konkretisierungen bindend. Aber auch die Ziele des magischen Vierecks sind unbestimmt und zudem lediglich „zu beachten". Ist ein Beschäftigungsstand von 80 %, von 90 % oder erst von 100 % ausreichend? Wie hoch darf die Inflationsrate sein? – Art 109 II GG enthält also keine Pflicht zur antizyklischen Finanzpolitik à la Keynes oder zu einer Globalsteuerung.[13]

2. Art 88 GG, Art 127 AEUV (ex-Art 105 EG): Stabilität der Währung

Gewählte Entscheidungsträger in staatlichen Einrichtungen neigen dazu, durch Staatsausgaben die Wirtschaft anzukurbeln, um durch eine vordergründig erfolgreiche Wirtschaftspolitik ihre Wiederwahl zu sichern.

Hohe Staatsausgaben aber gefährden die Preisstabilität und dadurch die Stabilität der Wirtschaftsordnung insgesamt. So lautet, stark verkürzt, die Argumentation, die dafür spricht, die Währungs- und Zinspolitik einer gesonderten Einrichtung zu übertragen.

> Art 88 GG bestimmt: [**unabhängige Währungsbanken**]
> Der Bund errichtet eine Währungs- und Notenbank als Bundesbank. Ihre Aufgaben und Befugnisse können im Rahmen der Europäischen Union der Europäischen Zentralbank übertragen werden, die unabhängig ist und dem vorrangigen Ziel der Sicherung der Preisstabilität verpflichtet.

Entsprechend dieser Ermächtigung bestimmt

> Art 127 AEUV I (ex-Art 105 I EG) [**Europäisches System der Zentralbanken**, ESZB]
> Das vorrangige Ziel des ESZB ist es, die Preisstabilität zu gewährleisten. Soweit dies ohne Beeinträchtigung des Zieles der Preisstabilität möglich ist, unterstützt das ESZB die allgemeine Wirtschaftspolitik in der Gemeinschaft, um zur Verwirklichung der in Artikel 2 festgelegten Ziele der Gemeinschaft beizutragen. Das ESZB handelt im Einklang mit dem Grundsatz einer offenen Marktwirtschaft mit freiem Wettbewerb, wodurch ein effizienter Einsatz der Ressourcen gefördert wird, und hält sich dabei an die in Artikel 119 genannten Grundsätze.

---

[13] Jarass/Pieroth-Jarass, GG, 9.A 2007, Art 119, Rn 6; Sachs-Siekmann, GG, 4.A 2007, Art 109, Rn 21.

IV. Subsidiarität staatlichen Tätigwerdens?

Enthält das Grundgesetz ein Subsidiaritätsprinzip? Subsidiarität besagt, dass die übergeordnete größere Einheit nur tätig werden darf, wenn sie eine Aufgabe besser[14] erfüllen kann als die untergeordnete, kleinere Einheit. Im Verhältnis zwischen dem Bund und den Ländern findet das Subsidiaritätsprinzip einen Niederschlag im Grundgesetz (§ 4.B.V). Nach Papst Pius XI. sollte Subsidiarität auch im Verhältnis zwischen dem Staat und den Einzelnen und folglich zwischen Staat und Gesellschaft gelten. Findet sich im Grundgesetz ein Subsidiaritätsprinzip zwischen Staat und Gesellschaft?

Das Grundgesetz enthält zwar nicht ausdrücklich ein Subsidiarität staatlichen Handelns. Es lässt sich aber aus den Grundrechten ein Subsidiaritätsprinzip ableiten,[15] so dass der Staat im Zweifel eine Aufgabe nicht übernehmen sollte, falls Private die Aufgabe zufriedenstellend erfüllen können.

Dagegen wird vertreten, dass die Grundrechte lediglich eine Funktionsgarantie für eine dezentrale Wirtschaftsordnung enthalten, nicht aber für eine Subsidiarität staatlichen Handelns stehen.[16] Das BVerfG hat bislang keine Stellung genommen. Es erkennt zwar an, Art 12 I GG sei eine „grundsätzliche Freiheitsvermutung"[17] zu entnehmen. Insgesamt kann Subsidiarität aber nicht als ein anerkannter Bestandteil der Wirtschaftsverfassung gelten.

Ein Exkurs in das Haushaltsrecht führt aber vor Augen, dass die staatlichen Organe durchaus an das Subsidiaritätsprinzip gebunden sind: Das **Haushaltsrecht** regelt die Voraussetzungen, unter denen die staatlichen Organe, insbesondere die Verwaltung öffentliche Mittel ausgeben dürfen.

Das Haushaltsgrundsätzegesetz (HGrG) enthält grundlegende Vorschriften, die von Bund und Ländern bei ihrer Haushaltswirtschaft zu beachten sind, Art 109 III GG. Im Rahmen dieser Grundsätze erlassen Bund und Länder jeweils selbständige und voneinander unabhängige Haushaltsordnungen, Art 109 I GG. Exemplarisch wird im Folgenden die Bundeshaushaltsordnung (BHO) herangezogen.

Für das wirtschaftliche Tätigwerden der Staatsorgane gilt die Maßgabe des

> § 6 HGrG [**Haushaltsgrundsätze**]
> (1) Bei Aufstellung und Ausführung des Haushaltsplans sind die Grundsätze der Wirtschaftlichkeit und Sparsamkeit zu beachten.
> (2) Für alle finanzwirksamen Maßnahmen sind angemessene Wirtschaftlichkeitsuntersuchungen durchzuführen.

---

[14] Diese Formulierung impliziert eine Beweislast des Staates. Umgekehrt wäre die Beweislast, wenn es hieße: „Aufgaben, die die Einzelnen nicht besser erfüllen können".
[15] Vgl Josef Isensee, Subsidiaritätsprinzip und Verfassungsrecht, 2. A 2001; weitergehend spricht Helge Sodan von einem Vorrang der Privatheit als Prinzip der Wirtschaftsverfassung, DÖV 2000, 361.
[16] Vgl Schmidt/Vollmöller, Kompendium Öffentliches Wirtschaftsrecht, 3. A 2007, Rn 20.
[17] BVerfGE 63, 266, 286.

Der Sinn dieser Vorschrift erschließt sich, wenn dazu § 7 BHO gelesen wird. Die ersten Sätze der beiden Absätze sind wortgleich mit § 6 HGrG. Die nachfolgend zitierten zweiten Sätze erhellen den Sinn des § 6 HGrG.

> **§ 7 BHO Wirtschaftlichkeit und Sparsamkeit.**
> (1) [...] Diese Grundsätze verpflichten zur Prüfung, inwieweit staatliche Aufgaben oder öffentlichen Zwecken dienende wirtschaftliche Tätigkeiten durch Ausgliederung und Entstaatlichung oder Privatisierung erfüllt werden können.
> (2) [...] In geeigneten Fällen ist privaten Anbietern die Möglichkeit zu geben darzulegen, ob und inwieweit sie staatliche Aufgaben oder öffentlichen Zwecken dienende wirtschaftliche Tätigkeiten nicht ebenso gut oder besser erbringen können (Interessenbekundungsverfahren).

Sinn des § 7 II BHO – und damit auch des § 6 II HGrG – ist es, ein staatliches Wirtschaften zu vermeiden. Das kommt auch zum Ausdruck in

> **§ 65 I BHO Beteiligung an privatrechtlichen Unternehmen**:
> Der Bund soll sich [...] an der Gründung eines Unternehmens in einer Rechtsform des privaten Rechts oder an einem bestehenden Unternehmen in einer solchen Rechtsform nur beteiligen, wenn
> 1. ein wichtiges Interesse des Bundes vorliegt und sich der vom Bund angestrebte Zweck nicht besser und wirtschaftlicher auf andere Weise erreichen lässt,
> 2. die Einzahlungsverpflichtung des Bundes auf einen bestimmten Betrag begrenzt ist,
> 3. der Bund einen angemessenen Einfluss, insbesondere im Aufsichtsrat oder in einem entsprechenden Überwachungsorgan erhält [...].

Zudem enthalten die Verfassungen einiger Länder und die örtlichen Satzungen der Gebietskörperschaften, die sogenannten Gemeindeordnungen, ausdrücklich ein Subsidiaritätsgebot. Die Gemeindeordnungen formulieren ähnliche Bestimmungen wie § 65 BHO.

Eine in ihren Einzelheiten umstrittene Schranke der Subsidiarität enthält

> **Art 33 IV GG [Ausübung von Hoheitsbefugnissen]**:
> Die Ausübung hoheitsrechtlicher Befugnisse ist als ständige Aufgabe in der Regel Angehörigen des öffentlichen Dienstes zu übertragen [...].

Staatliches Handeln ist gegenüber privatem Handeln folglich dort nicht subsidiär, wo der Staat hoheitlich tätig werden muss.

V. Ergebnis: Latente Allzuständigkeit der Gesetzgeber

Im Ergebnis folgt aus den Bestimmungen des Grundgesetzes eine weite Verantwortung des Staates hinsichtlich der Erfüllung öffentlicher Aufgaben (sog **latente Allzuständigkeit**).[18]

Hierbei ist die Staatsgewalt an das Grundgesetz gebunden, Art 1 III, 20 III GG. Die Grundrechte verlangen die Gewährleistung individueller Freiheit und distributiver Aufgaben. Grundsätzlich sind das Rechtstaatsgebot und das Sozialstaatsprinzip zu achten.[19] Diese Vorgaben sind jedoch zu abstrakt, als dass sie in konkreten Fällen eine Entscheidung vorgeben oder bestimmte Staatsaufgaben vorschreiben könnten. Weder Art 87 I GG, noch Art 33 IV GG, noch das Sozialstaats-, das Subsidiaritäts-, das Verhältnismäßigkeitsprinzip oder das Gebot der Wirtschaftlichkeit, § 7 I 2 BHO, geben Auskunft über die Reichweite hoheitlicher Tätigkeiten. Das Gleiche gilt für Kosten-Nutzen-Analysen, Effizienzkalküle oder Prioritätensetzung, die im Übrigen als Kriterien für eine Begrenzung staatlicher Aufgaben vorgeschlagen werden. Das europäische Gemeinschaftsrecht enthält einige Strukturentscheidungen, etwa für die Gewährleistung von Dienstleistungen von allgemeinem wirtschaftlichen Interesse, Art 14, 106 II AEUV (ex-Art 16, 86 II EG). Doch auch diese enthalten keine eindeutigen Anweisungen für das Ausmaß der staatlichen Einwirkung auf die private Wirtschaft.

„Die Aufgabe besteht infolgedessen darin, die grundsätzliche Freiheit wirtschafts- und sozialpolitischer Gestaltung, die dem Gesetzgeber gewahrt bleiben muss, mit dem Freiheitsschutz zu vereinen, auf den der einzelne Bürger gerade auch dem Gesetzgeber gegenüber einen verfassungsrechtlichen Anspruch hat"[20]. Freiheitsschutz und Freiheitsbeschränkung können die Gesetzgeber vereinen, wenn sie das Wohl aller, das Gemeinwohl, verfolgen. Das Gemeinwohl wird rechtsökonomisch als **Schaffung von Kooperationsvorteilen** beschrieben. Eine derartige staatliche Wirtschaftspolitik ist, da rechtlich kaum vorgegeben, im Wesentlichen eine **Frage der politischen Klugheit**.

C. Europäische Wirtschaftsverfassung

Werden die im vorstehenden Abschnitt genannten Strukturprinzipien des Grundgesetzes durch europäisches Recht überlagert? Die Wirtschaftsverfassung der Europäischen Union wird im AEUV-Vertrag an zahlreichen Stellen als „**offene Marktwirtschaft mit freiem Wettbewerb**" bezeichnet. Viele Bestimmungen

---

[18] Helmuth Schulze-Fielitz, Theorie und Praxis parlamentarischer Gesetzgebung, 1988, 188 ff; Josef Isensee, Staat und Verfassung, in: HdStR Bd 1, 1987, 591 ff, Rn 156 ff.

[19] Johannes Hengstschläger, Privatisierung von Verwaltungsaufgaben, in: VVDStRL (54) 1995, 174 ff., sowie Hans Hofmann, Privatisierung, in: Sachverständigenrat „Schlanker Staat" (Hg), Abschlussbericht, Bd 3, 2. A 1998, 124 ff.

[20] BVerfGE 50, 290, 338.

fördern den Wettbewerb im Binnenraum. Die grundlegenden Strukturentscheidungen enthalten die folgenden Art 3 EUV und 119 AEUV (ex-Art 4 EG 9.

> Art 3 I UAbs 1 EUV [**Gemeinschaftstätigkeit**]
> Die Union errichtet einen Binnenmarkt. Sie wirkt auf die nachhaltige Entwicklung Europas auf der Grundlage eines ausgewogenen Wirtschaftswachstums und von Preisstabilität, eine in hohem Maße wettbewerbsfähige soziale Marktwirtschaft, die auf Vollbeschäftigung und sozialen Fortschritt abzielt, sowie ein hohes Maß an Umweltschutz und Verbesserung der Umweltqualität hin. [...]
> Art 119 AEUV (ex-Art 4 I EG) [**Grundsätze der Wirtschafts- und Währungspolitik**]
> (1) Die Tätigkeit der Mitgliedstaaten und der Union im Sinne des Artikels 3 des Vertrags über die Europäische Union umfasst nach Maßgabe der Verträge die Einführung einer Wirtschaftspolitik, die auf einer engen Koordinierung der Wirtschaftspolitik der Mitgliedstaaten, dem Binnenmarkt und der Festlegung gemeinsamer Ziele beruht und dem Grundsatz einer offenen Marktwirtschaft mit freiem Wettbewerb verpflichtet ist.
> (2) Parallel dazu umfasst diese Tätigkeit nach Maßgabe der Verträge und der darin vorgesehenen Verfahren eine einheitliche Währung, den Euro, sowie die Festlegung und Durchführung einer einheitlichen Geld- sowie Wechselkurspolitik, die beide vorrangig das Ziel der Preisstabilität verfolgen und unbeschadet dieses Zieles die allgemeine Wirtschaftspolitik in der Union unter Beachtung des Grundsatzes einer offenen Marktwirtschaft mit freiem Wettbewerb unterstützen sollen.
> (3) Diese Tätigkeit der Mitgliedstaaten und der Union setzt die Einhaltung der folgenden richtungweisenden Grundsätze voraus: stabile Preise, gesunde öffentliche Finanzen und monetäre Rahmenbedingungen sowie eine dauerhaft finanzierbare Zahlungsbilanz.

Die Art 3 I UAbs 1 EUV und Art 119 AEUV (und im Wesentlichen entsprechend Art. 3 und 4 EG-Vertrag) verpflichten die EU-Organe und die Mitgliedstaaten auf eine liberale Wirtschaftsordnung („offene Marktwirtschaft mit freiem Wettbewerb"). Allerdings haben sowohl die Mitgliedstaaten als auch die EU-Organe **zahlreiche Kompetenzen, um lenkend in den Markt einzugreifen**.

Hierfür stehen die Agrar-Marktordnungen, in denen kaum Vertragsfreiheit, sondern staatliche Regulierung herrscht, Art 40, 42 AEUV (ex-Art 34 I 2 c, 36 EG), sowie die Konjunktur-, Währungs- und Industriepolitik, Art 120 ff, 127 ff, 173 AEUV (ex-Art 98 ff, 105 ff, 157 EG) oder die zahlreichen Ausnahmen vom Verbot staatlicher Beihilfen, zB Art 107 II, III AEUV (ex-Art 87 II, III EG).

Wie im nationalen Recht reicht eine Wirtschaftslenkung aber nicht aus, um einen funktionierenden Wettbewerb zu etablieren. Es bedarf zusätzlicher staatlicher Regulierung durch eine **Wirtschaftsaufsicht**.

Im Zentrum stehen dabei das Wettbewerbsrecht der Art 101 ff AEUV (ex-Art 81 ff EG) und das einschlägige Sekundärrecht, zB die Fusionskontrollverordnung. Sofern besondere Ziele verfolgt werden, greifen die Mitgliedstaaten oder die

Gemeinschaftsorgane lenkend in den Markt ein, etwa durch Marktordnungen oder die Gewährung von staatlichen Beihilfen.

Zur Etablierung eines Binnenmarktes ist aus europäischer Perspektive ein weiteres Problem zu bewältigen: **Die Wirtschaftsordnungen der Mitgliedstaaten müssen einander angeglichen werden.** Es wäre mit einer gemeinsamen Binnenmarktordnung langfristig nicht vereinbar, wenn einige Mitgliedstaaten eine starke interventionistische Wirtschaftspolitik betrieben und andere Mitgliedstaaten einen ungebremsten Liberalismus pflegten. Insofern ist europaweit die Strukturentscheidung für die offene Marktwirtschaft mit freiem Wettbewerb zu verwirklichen. Nur diese sichert nämlich den Marktzugang für eine größtmögliche Zahl von Unionsbürgern. Wie aber kann das geschehen?

Die Wirtschaftspolitik der EU-Organe wird allgemein durch zwei Schlagworte gekennzeichnet: Liberalisierung (1) und Harmonisierung (2):

(1) Durch zahlreiche Verordnungen und Richtlinien wird eine **Liberalisierung** bestimmter Märkte vorgeschrieben, die in allen EU-Staaten oder in einigen von ihnen staatlich dominiert sind. Das betrifft *beispielsweise* den Telekommunikations- und den Energiesektor. Einer Liberalisierung dient auch das primärrechtliche Beihilfenrecht der Art 107 ff AEUV (ex-Art 87 ff EG).

(2) Durch die **Harmonisierung** von Vorschriften über die Beschaffenheit von Waren oder die Art von Dienstleistungen wird der EU-weite Handel begünstigt. *Beispiele:* Der Verkauf von deutschen Elektrogeräten nach Frankreich wird erleichtert, wenn Steckdosen und Stromspannungen gleich sind. In Kapitel § 15 wird anhand der Vergabe öffentlicher Aufträge „die Harmonisierung" vertieft.

Durch den Vertrag von Lissabon vom Dezember 2007 wurden die Strukturmerkmale „Sozialstaat" und „Umweltschutz" stärker als bis dato betont (vgl. zB Art 3 EUV).

D. Wirtschaftsaufsicht

Mittel, um die verfassungsrechtlichen Vorgaben zur Wirtschaftsordnung und eine Wirtschaftspolitik durchzusetzen sind die Wirtschaftsaufsicht und die Wirtschaftslenkung.

I. Wirtschaftsaufsicht

1. Ordre public

Bei der Wirtschaftsaufsicht erschöpft sich die Aufgabe des Staates darin, die marktwirtschaftlichen Transaktionen in geordnete Bahnen zu lenken (sog **ordre public**). Ziel ist es, Gefahren abzuwenden, die durch wirtschaftliches Tätigwerden für bestimmte rechtlich geschützte Güter entstehen.

Der Staat muss insbesondere die **Bedingungen für einen funktionierenden Wettbewerb schaffen und erhalten.** Wirtschaftsaufsicht ist dort hinreichend, wo der Markt grundsätzlich funktioniert, also bei der Bereitstellung von privaten Gütern. *Beispiele:* Hygiene- und Sportartikel, Schreibwaren, Ziegelsteine.

Zum Recht der Wirtschaftsaufsicht gehören alle Rechtsnormen, die das private Wirtschaften beschränken und dadurch ordnen sollen. *Beispiele* sind das Wirtschaftsstrafrecht, das Umweltrecht, das Wettbewerbs- und Kartellrecht.

Auch das das Bürgerliche Gesetzbuch gehört dazu, soweit es zwingende Vorschriften enthält, die nicht privatautonom geändert werden können. *Beispiel:* Vertragspartner können nicht entgegen § 138 BGB vereinbaren, dass sittenwidrige Verträge wirksam sind. Die Wirtschaftsaufsicht kann grundsätzlich alternativ durch zivilrechtliche oder öffentlich-rechtliche Vorschriften geregelt werden (vgl Kapitel § 1.D.II).

Weite Bereiche des Rechts der Wirtschaftsaufsicht werden durch staatliche Einrichtungen oder private Verbände überwacht. *Beispiel:* Die Kartellämter wachen über das Wettbewerbsrecht. Die Industrie- und Handelskammern und die Verbraucherschutzverbände wachen über die Einhaltung des Gesetzes gegen den unlauteren Wettbewerb (UWG). Weitere *Beispiele:* die Bundesanstalt für Arbeit, die Regulierungsbehörde für Post und Telekommunikation, das Bundesaufsichtsamt über das Kreditwesen, das Bundesaufsichtsamt über das Versicherungswesen, das Aktienaufsichtsamt oder das Börsenaufsichtsamt. Diese Einrichtungen übernehmen auch Aufgaben der Wirtschaftslenkung.

2. Das rechte Maß an Wirtschaftsaufsicht

Aufgabe der Wirtschaftsaufsicht ist es, potentielle negative externe Effekte des privaten Wirtschaftens zu unterbinden. Das erfordert eine gezielte staatliche Regulierung der privaten Wirtschaft. Wie soll das grundsätzlich geschehen?

Um die Last der staatlichen Steuerung zu senken, empfiehlt sich der Einsatz von Rechtsnormen, die keinen aufwendigen Vollzug erfordern. Das sind Vorschriften, die nicht zwangsweise durchgesetzt werden müssen, sondern von den Normadressaten anerkannt und deshalb freiwillig befolgt werden. Eine solche Anerkennung lässt sich gewinnen, indem die Normen **positive Anreize setzen**. *Beispiel:* Wenn der Einsatz eines Katalysators steuerlich begünstigt wird, setzt das einen positiven finanziellen Anreiz, Katalysatoren zu verwenden.

Wenn positive Anreize nicht denkbar sind, sind **negative Anreize** zu schaffen, indem für jedes Zuwiderhandeln gegen Rechtsvorschriften Sanktionen angedroht werden. Die Sanktionen lassen sich nach ihrer Schärfe (Freiheitsstrafe, Geldstrafe, Geldbuße[21]) unterscheiden. Die Schärfe einer Sanktion ist aber nebensächlich, solange ihr Vollzug nicht hinreichend gesichert ist.[22] Also ist gedanklich an der Durchsetzung von Sanktionen anzuknüpfen. Es sind drei **Sanktionsmechanismen** auszumachen: Erstens solche, die sich selbst durchsetzen, zweitens solche, die von

---

[21] „Geldbuße" ist der rechtstechnische Ausdruck für finanzielle Sanktionen im Recht der Ordnungswidrigkeiten im Unterschied zur schärferen strafrechtlichen „Geldstrafe".

[22] Vgl zu typischen Vollzugsproblemen die Darstellung bei Schuppert, Verwaltungswissenschaft, 2000, 490 ff.

den Einzelnen gegenseitig vor den Zivilgerichten durchgesetzt werden und drittens solche, die der Staat im Wege des Verwaltungsrechts durchsetzt.

Im Idealfall setzen sich Rechtsnormen „von selbst" durch. *Beispiele:* Kleintransporter ab 3,5 t sind überdurchschnittlich häufig wegen überhöhter Geschwindigkeit in Unfälle verwickelt. Zudem führen höhere Geschwindigkeiten zu einer stärkeren Umweltbelastung, da mehr Treibstoff verbraucht wird und die Autos schneller verschleißen. Ein Richtlinienvorschlag der Kommission sieht daher vor, dass Kleintransporter mit einer Tempobremse ausgestattet werden müssen. Diese muss eine Höchstgeschwindigkeit von 90 km/h sicherstellen.[23] Ein Ökonom schlug alternativ vor, die Lenkräder von Autos mit einem großen spitzen Dorn zu versehen. Nach dem Anschlag auf das World Trade Center kam die Idee auf, Tiefflüge über Großstädten technisch auszuschließen.

II. Formen der Wirtschaftsaufsicht

Um das rechte Maß an Wirtschaftsaufsicht im Einzelfall zu ermöglichen, wurden im öffentlichen Recht verschiedene Rechtsformen entwickelt, die unterschiedlich starke Eingriffe in die Grundrechte ermöglichen.

Dieser Gedanke graduell abgestufter Eingriffe in die Grundrechte korrespondiert zugleich mit dem verfassungsrechtlichen Grundsatz, wonach Eingriffe in Grundrechte „verhältnismäßig" sein müssen: Je schwerwiegender der Eingriff, umso gewichtiger muss das Rechtsgut sein, um dessentwillen der Eingriff geschieht.

Die Gesetzgeber müssen also unterschiedlich strenge Verhaltensanweisungen formulieren können. Es muss ein flexibles, bewegliches System von Geboten und Verboten zur Verfügung stehen. Dem entsprechend lassen sich die folgenden Formen finden:

- ➢ **Anzeigepflicht ohne Erlaubnisvorbehalt.** Die Anzeige soll die Verwaltung über bestimmte Vorgänge in Kenntnis setzen. Diese Informationen können dann die Grundlage für künftige Maßnahmen sein.
  Beispiele: Anzeige des Gewerbes gemäß § 14 GewO oder gemäß § 26 Außenwirtschaftsgesetz; Anmeldung einer Demonstration, § 14 I Versammlungsgesetz.
- ➢ **Anzeigepflicht mit Erlaubnisvorbehalt.** Mit der Anzeigepflicht wird die Befugnis der Verwaltung verknüpft, das Vorhaben der Anzeigenden nicht zu erlauben.
  Beispiel: Gemäß § 15 Bundesimmissionsschutzgesetz ist die Änderung von genehmigungsbedürftigen Anlagen anzeigepflichtig. Das Vorhaben darf erst durchgeführt werden, „sobald die zuständige Behörde ihm mitteilt, dass die Änderung keiner Genehmigung bedarf", § 15 II 2.

---

[23] Vorschlag für eine Richtlinie [...] zur Änderung der Richtlinie 92/6/EWG des Rates über Einbau und Benutzung von Geschwindigkeitsbegrenzern für bestimmte Kraftfahrzeugklassen [...], KOM(2001) 0318 endg, ABl C 270 E v. 25.09.2001, 0077 f.

> **Verbotsvorbehalte** ermöglichen die Einschränkung von Tätigkeiten, die an sich keiner Erlaubnis bedürfen. Daher werden sie auch als „Erlaubnis mit Verbotsvorbehalt" bezeichnet. Das ist deshalb irreführend, weil wegen der Grundrechte grundsätzlich die Freiheit besteht, alles zu tun, was nicht verboten ist. Es bedarf für die nicht verbotenen Tätigkeiten keiner ausdrücklichen Erlaubnis. *Beispiele* für einen Verbotsvorbehalt. Verbot von Versammlungen in geschlossenen Räumen, § 5 Versammlungsgesetz; Untersagung eines Gewerbes, weil der Gewerbetreibende unzuverlässig ist, § 35 GewO.[24]

> **Verbot mit Erlaubnisvorbehalt.** Um eine präventive Kontrolle von potentiell schädlichem Verhalten zu erzwingen, werden solche Tätigkeiten formell verboten. Legal werden solche Betätigungen erst, wenn eine Erlaubnis oder eine Genehmigung vorliegt.[25]

Von dem formell rechtlichen Erfordernis einer Genehmigung zu trennen ist die materiell rechtliche Lage. Diese betrifft die Frage, ob eine Tätigkeit inhaltlich mit dem geltenden Recht übereinstimmt. Eine Behörde erteilt die formell rechtliche Erlaubnis nur, wenn die betreffende Tätigkeit materiell rechtmäßig ist.

Beispiel: Bauen ist nur aufgrund einer Baugenehmigung legal. Zahlreiche Vorschriften der Gewerbeordnung enthalten Verbote mit Erlaubnisvorbehalt, etwa § 33 i (Spielotheken), § 34 a (Bewachungsgewerbe); § 55 II (Reisegewerbe), § 2 Gaststättengesetz.

Die Konstruktion eines Verbotes mit Erlaubnisvorbehalt hat ihrerseits drei rechtliche Folgen.

Erstens: Gegen die Versagung einer Erlaubnis wäre die Verpflichtungsklage auf Erteilung der Erlaubnis statthaft, § 42 I Alt 2 VwGO. In dem Gerichtsverfahren trägt die Behörde die Beweislast für das Vorliegen von Versagungsgründen.

Zweitens ist die pflichtgemäße Anwendung dieser Vorschriften eine drittschützende Amtspflicht. Schuldhafte Rechtsfehler der Verwaltung können also einen Staatshaftungsanspruch auslösen.

Drittens ist beim Vollzug dieser Vorschriften das Verhältnismäßigkeitsgebot in besonderer Weise zu achten: Wenn ein materiell rechtmäßiges Vorhaben formell illegal durchgeführt wird, dann „siegt" grundsätzlich die materielle Rechtslage.

Beispiel: Der Abriss eines materiell rechtmäßigen Bauwerkes darf nicht allein deshalb verfügt werden, weil formell keine Baugenehmigung erteilt wurde. Verhältnismäßig ist aber die Verfügung eines Baustopps.

Die Voraussetzungen für die Erteilung einer Erlaubnis können unterschiedlich scharf ausgestaltet sein. Eine grundlegende Unterscheidung besteht zwischen Vorschriften, die beim Vorliegen der Voraussetzungen einen **Anspruch** auf Erteilung der Erlaubnis geben, etwa § 30 GewO, und solchen, die der Behör-

---

[24] Das Verbot ist ein belastender Verwaltungsakt. Statthaft ist die Anfechtungsklage.

[25] Die Begriffe Erlaubnis und Genehmigung sind synonym. Die Konzession ist eine Sonderform der Zulassung, bei der bestimmte persönliche und sachliche Voraussetzungen gleichzeitig erfüllt sein müssen, zB § 30 (Privatkrankenanstalten) oder 33a GewO.

de ein **Ermessen** belassen, § 33a GewO. Wenn die Behörde ein Ermessen hat, besteht für die Betroffenen regelmäßig ein Anspruch auf ermessensfehlerfreie Entscheidung aus § 40 VwVfG; die Erlaubnisvorbehalte sind drittschützend.
➢ **Verbot mit Befreiungsvorbehalt** (sog Dispens). Dieses ist eine graduell stärkere Beschränkung der Freiheitsrechte als das vorangehend geschilderte Verbot mit Erlaubnisvorbehalt: Es verbietet eine gefährliche Betätigung ganz und lässt nur ausnahmsweise eine Befreiung von diesem Verbot zu.
Beispiel: Ausnahmen von verbotenen Tätigkeiten im Reisegewerbe, § 56 GewO; Dispens von den Festsetzungen des Bebauungsplans, § 31 II Baugesetzbuch.
Für die Verpflichtungsklage auf Erteilung eines Dispenses besteht eine Klagebefugnis, soweit diese Befreiungsvorbehalte drittschützend sind. Vor Gericht trifft den Kläger die **Beweislast** dafür, dass ihm ein subjektives öffentliches Recht auf Erteilung des Dispenses zusteht.
➢ **Verbote ohne Befreiungsvorbehalt.** Einige Verhaltensweisen sind strikt verboten. *Beispiele:* die meisten Straftatbestände, etwa Mord und Totschlag.
➢ **Gebote.** Freiheiten werden auch beschränkt, wenn den Einzelnen bestimmte Belastungen oder Pflichten aufgegeben werden. *Beispiel:* die Pflicht, Steuern und andere Abgaben zu zahlen.

E. Wirtschaftslenkung

I. Formen der Wirtschaftslenkung

Wirtschaftslenkung ist die **gezielte Einwirkung** auf die unternehmerischen Entscheidungen, um bestimmte öffentliche Aufgaben zu fördern. Der Begriff wird häufig synonym verwendet mit dem Begriff der Wirtschaftspolitik. Das eigentliche Feld der Wirtschaftslenkung beginnt dort, wo der Markt versagen würde, also bei der Bereitstellung öffentlicher Güter. Das Ausmaß der Wirtschaftslenkung unterliegt dem grundsätzlich weiten Gestaltungsspielraum der Gesetzgeber.
Es gibt **drei Mittel der staatlichen Lenkung der Wirtschaft:**
1. Der Staat kann **mit der privaten Wirtschaft kooperieren**; beispielsweise durch die Erteilung von öffentlichen Aufträgen oder indem er ganz gezielt einen Wirtschaftszweig durch staatliche Einkäufe fördert. *Beispiel:* die EU-Agrarmarktordnungen (vgl dazu im Einzelnen Kapitel § 15.C zu Public-Private-Partnerships).
2. Der Staat kann eine **Konjunkturpolitik** betreiben, indem er die Randbedingungen des Wirtschaftens verändert, ohne dabei eine unmittelbare Kooperation mit Privaten zu bezwecken. *Beispiel:* Subventionen oder steuerrechtliche Regelungen können die Normadressaten zu einem bestimmten Verhalten veranlassen. Ein Sonderfall dieser Art der Wirtschaftslenkung sind die finanzpolitischen Instrumente der Bundesbank, insbesondere die Zinspolitik.
3. **Staatliche Einrichtungen können sich auch wie Private wirtschaftlich betätigen.** *Beispiele:* Der Staat produziert Energie, klärt Wasser, reinigt öffent-

liche Straßen, vermietet Wohnungen, etc. Diese Lenkungen sind zugleich Maßnahmen der Konjunkturpolitik.

II. Wirtschaftliche Betätigung der öffentlichen Hand

Der Einfluss des Staates auf die Wirtschaft kann nicht nur durch regulierende Gesetzgebung geltend gemacht werden. Die Gesetzgeber können auch die **staatliche Teilnahme am Wettbewerb** bestimmen.

Staatliche Einrichtungen können sich durch juristische Personen des öffentlichen Rechts am Wirtschaftsleben beteiligen – sogenannte **Eigenbetriebe** oder **Regiebetriebe**. Sie können aber auch privatrechtliche Unternehmen gründen, die zu 100 % im Eigentum des Staates stehen – sogenannte **Eigengesellschaften**.

Wenn der Staat Anteile an Eigengesellschaften an Private verkauft hat (Privatisierung) spricht man von **gemischt-wirtschaftliche Unternehmen**,
Beispiel: die privatisierte Deutsche Post AG und Deutsche Telekom AG, vgl Art 143bI 1, 87 II 1 GG. Gemischt-wirtschaftliche Unternehmen bei denen die öffentliche Hand (zB Gebietskörperschaften oder öffentliche Anstalten) mehr als 50 % des Nennkapitals oder der Stimmrechte halten, wie bei der Deutsche Bahn AG, sind sogenannte **„öffentliche Unternehmen"**.[26] Gemischt-wirtschaftliche Unternehmen sind häufig. Sie setzen umfangreiche vertragliche Regelungen zwischen den Partnern voraus.

Das Grundgesetz enthält keine besonderen Regeln zum staatlichen Wirtschaften. Demgegenüber sind die beiden Bereiche „staatliche Monopole" und die wettbewerbsrechtliche Stellung des Staates als Teilnehmer im Wettbewerb im Europarecht geregelt. Denn Unterschiede zwischen den EU-Staaten in diesem Bereich können zu erheblichen Wettbewerbsverzerrungen, und das soll der EG-Vertrag gerade unterbinden.

1. Staatliche Monopole

Die Mitgliedstaaten dürfen grundsätzlich Monopole einrichten. Uneingeschränkt gilt das für Finanz-, Dienstleistungs- und Produktionsmonopole. Für Handelsmonopolen mit grenzüberschreitender Wirkung gilt:

> Art 37 AEUV (ex-Art 31 I EG) [**staatliche Handelsmonopole**]
> Die Mitgliedstaaten formen ihre staatlichen Handelsmonopole derart um, dass jede Diskriminierung in den Versorgungs- und Absatzbedingungen zwischen den Angehörigen der Mitgliedstaaten ausgeschlossen ist.

Dementsprechend mussten in allen Mitgliedstaaten staatliche Monopole aufgegeben werden, in Deutschland etwa das Branntwein- und das Zündholzmonopol.

---

[26] Art 2 der Transparenzrichtlinie 80/723/EWG, vgl auch § 8 II des Gesetzes über die Finanzstatistik und BGHZ 69, 334, 344 ff, die als weiteres Definitionsmerkmal verlangen, dass die Unternehmen neben erwerbswirtschaftlichen auch öffentliche Zwecke verfolgen.

2. Geltung des Wettbewerbsrechts

Staatliches Wirtschaften unterliegt grundsätzlich dem EG-Wettbewerbsrecht.[27]

> Art 106 I AEUV (ex-Art 86 I EG) [**öffentliche und monopolartige Unternehmen**]
> Die Mitgliedstaaten werden in bezug auf öffentliche Unternehmen, denen sie besondere oder ausschließliche Rechte gewähren, keine diesem Vertrag und insbesondere dessen Artikeln 12 und 81 bis 89 widersprechenden Maßnahmen treffen oder beibehalten.

Dementsprechend unterstellt § 130 I des Gesetzes gegen Wettbewerbsbeschränkungen (GWB) öffentliche Unternehmen dem nationalen Wettbewerbsrecht.

3. Dienstleistungen von allgemeinem wirtschaftlichen Interesse

Für bestimmte **Dienste von allgemeinem Interesse** gelten Sondervorschriften. *Beispiele:* Versorgung mit Wasser, Energie, Telekommunikation, Infrastruktur.

> Art 106 I AEUV (ex-Art 86 II 1 EG) [**öffentliche und monopolartige Unternehmen**]
> Für Unternehmen die mit Dienstleistungen von allgemeinem wirtschaftlichen Interesse betraut sind [...], gelten die Vorschriften dieses Vertrages [...], soweit die Anwendung dieser Vorschriften nicht die Erfüllung der ihnen übertragenen besonderen Aufgabe rechtlich oder tatsächlich verhindert.
>
> Zudem gilt der **Grundsatz** des Art 14 AEUV (ex-Art 16 EG) [**Daseinsvorsorge**]
> Unbeschadet des Artikels 4 des Vertrags über die Europäische Union und der Artikel 93, 106 und 107 dieses Vertrags und in Anbetracht des Stellenwerts, den Dienste von allgemeinem wirtschaftlichem Interesse innerhalb der gemeinsamen Werte der Union einnehmen, sowie ihrer Bedeutung bei der Förderung des sozialen und territorialen Zusammenhalts tragen die Union und die Mitgliedstaaten im Rahmen ihrer jeweiligen Befugnisse im Anwendungsbereich der Verträge dafür Sorge, dass die Grundsätze und Bedingungen [...] für das Funktionieren dieser Dienste so gestaltet sind, dass diese ihren Aufgaben nachkommen können.[...]

Der Sinn von Art 16 und 86 II EG ist klar: Zu den „Grundsätzen und Bedingungen dieser Dienste" gehört auch eine **angemessene und flächendeckende Versorgung** der Bevölkerung, vgl auch Art 87 e IV, 87 f I GG. Gerade diese Versorgung ist mitunter aber wirtschaftlich nicht lukrativ.

---

[27] Ausführlicher: Jens-Peter Schneider, Der Staat als Wirtschaftssubjekt und Steuerungsakteur, DVBl 2000, 1250; Jürgen Schwarze, Der Staat als Adressat des europäischen Wettbewerbsrechts, EuZW 2000, 613.

Beispiel: Die Versorgung von netzgebundenen Leistungen wie Telekommunikation, Energie oder Wasser ist in dünn besiedelten Gegenden erheblich kostenintensiver als in den Städten. Das erforderliche Ausmaß, in dem die Mitgliedstaaten für diese Dienste „Sorge tragen" müssen, ist im politischen Diskurs immer wieder aufs Neue festzulegen.[28]

F. Zusammenfassung

I. Wichtigste Lehre

Ein funktionierender Leistungswettbewerb basiert auf fünf Voraussetzungen: Eigentumsrechten, Tausch, Arbeitsteilung, Risikoschutz und Wirtschaftsaufsicht. Die Grundrechte sichern diese Bedingungen für das nationale Wirtschaftsrecht, die Grundfreiheiten für grenzüberschreitendes Wirtschaften im Binnenmarkt. Grundrechte und Grundfreiheiten gewähren die notwendigen Wirtschaftsfreiheiten, lassen aber auch die erforderliche freiheitsbeschränkende Aufsicht über die Wirtschaft zu.

Die gegenwärtige Wirtschaftsverfassung im faktischen Sinne wird als soziale Marktwirtschaft bezeichnet. Das ist verfassungsrechtlich aber nicht vorgegeben.

Im EG-Vertrag wird die europäische Wirtschaftsverfassung als „offene Marktwirtschaft mit freiem Wettbewerb" bezeichnet. Doch ebenso wie das Grundgesetz erlaubt der EG-Vertrag auch wirtschaftslenkende Maßnahmen des Staates.

Insgesamt lassen die verfassungsrechtlichen Vorgaben den Gesetzgebern bei ihrer Wirtschaftspolitik einen weiten Einschätzungsspielraum (latente Allzuständigkeit).

Für die wirtschaftliche Betätigung des Staates formulierten die Gesetzgeber im Haushaltsrecht eine Subsidiarität. Dem entsprechend gibt es viele Formen der Zusammenarbeit mit der privaten Wirtschaft.

Wirtschaftsordnung und Wirtschaftspolitik werden durch vielfältige Formen der Wirtschaftsaufsicht und Wirtschaftslenkung durchgesetzt. Eine besondere Gewährleistung übernimmt der Staat für die Dienstleistungen von allgemeinem wirtschaftlichem Interesse (Daseinsvorsorge).

II. Wichtige Stichpunkte

- ➢ Unterscheidung zwischen faktischer und normativer Wirtschaftsverfassung
- ➢ Fünf Voraussetzungen für funktionierenden Leistungswettbewerb (Eigentumsrechte, Tausch Arbeitsteilung, Risikoschutzes, Wirtschaftsaufsicht) und ihre Garantie durch die Grundrechte: Art 12, 14, 15 GG
- ➢ Möglichkeit, aber kein Zwang zur Wirtschaftslenkung: Art 88, 109 II GG
- ➢ Vorrang des privaten Handelns? Subsidiarität staatlichen Wirtschaftens?

---

[28] Dazu die Kommissionsmitteilung zu Art 16 EG, KOM(2000) 580 endg v. 20.09.2000.

- Latente Allzuständigkeit des Staates
- Europäische Wirtschaftsverfassung: offene Marktwirtschaft mit freiem Wettbewerb, Rechtsdogmatik der Grundfreiheiten, Wirtschaftslenkung durch Liberalisierung und Harmonisierung
- Formen und rechtliche Grenzen einer staatlichen Wirtschaftsbetätigung; Sonderfall der öffentlichen Dienstleistungen, Art 16, 86 II EG, Art 87e IV, 87 f I GG.
- Formen der Wirtschaftsaufsicht und der Wirtschaftslenkung

III. Schrifttum

Badura, Peter, Wirtschaftsverwaltungsrecht, in: Schmidt-Aßmann, Eberhard (Hg), Besonderes Verwaltungsrecht, 13. A 2005.

Bleckmann, Albert, Grundzüge des Wirtschaftsverfassungsrechts, JuS 1991, 536.

Erlei/Leschke/Sauerland, Neue Institutionenökonomik, 2.A 2007.

Homann/Suchanek, Ökonomik: Eine Einführung, 2.A 2005.

Schmidt, Reiner / Vollmöller, Thomas, Kompendium Öffentliches Wirtschaftsrecht, 3. A 2007

Sodan, Helge, Vorrang der Privatheit als Prinzip der Wirtschaftsverfassung, Die Öffentliche Verwaltung 2000, 361

http://europa.eu/pol/singl/index_de.htm zum Konzept des Binnenmarktes und zu den Grundfreiheiten (30.06.2008).

§ 7 Finanzverfassungs- und -verwaltungsrecht

Die letzten drei Kapitel dieses Buches bilden sachlich eine Einheit. In diesem Kapitel wird erläutert, wie Einnahmen und die Ausgaben des Staates rechtlich organisiert sind. In den nächsten beiden Kapiteln werden staatliche Beihilfen und öffentliche Aufträgen als Wirtschaftslenkung durch Staatsausgaben vorgestellt.

Um ihre Aufgaben erfüllen zu können, brauchen die Staatsorgane finanzielle Mittel. Im Jahre 2000 beliefen sich die Ausgaben aller öffentlichen Haushalte auf etwa 935.000 Millionen Euro. Ist es legitim, von den Einzelnen Abgaben zur Finanzierung des Staates zu verlangen? Aus konsensethischer Sicht ist es für alle Gesellschaftsmitglieder vorteilhaft, in einem staatlich geordneten Gemeinwesen zu leben. Wenn aber eine gemeinsame Finanzierung des Staates notwendig ist, sind folglich auch Abgabepflichten zustimmungsfähig. Das BVerfG ging in ständiger Rechtsprechung so weit, das hoheitliche Abgabensystem grundsätzlich aus dem Schutzbereich der Eigentumsfreiheit des Art 14 GG herauszunehmen. Nur existenzgefährdende, erdrosselnde Steuern sollten grundrechtsrelevant sein. Eine Wende könnte 1995 durch das Urteil zur Vermögenssteuer eingeläutet worden sein. In dieser Entscheidung begründete das BVerfG den Halbteilungsgrundsatz. Danach verbietet Art 14 II 1 GG („zugleich") eine Besteuerung, die mehr als die Hälfte des Vermögens abschöpft. Jedenfalls verdeutlicht diese Entwicklung, dass hinsichtlich der Höhe der öffentlichen Abgaben keineswegs Einigkeit herrscht. Die Unternehmen etwa klagen über zu **hohe Abgaben**, die ihre Aktions- und Innovationsfähigkeit einschränkten. Auf der anderen Seite stehen eine **hohe Staatsquote** und eine **Überschuldung** der öffentlichen Haushalte. Diese zentralen Fragen wurden im Kapitel § 11 gestreift: Gegenwärtig sind die politischen Entscheidungsträger bestrebt, die staatliche Erfüllungs- und Überwachungsverantwortung für öffentliche Aufgaben zu beschränken. Eine Reduzierung der Staatsaufgaben ist nämlich eine wesentliche Voraussetzung für die Senkung der Staatsausgaben und damit der Abgabenlasten.

Die Einzelnen sehen sich mit einer schwer durchschaubaren Vielfalt von Abgaben konfrontiert (A). Natürlich werden diese Staatseinnahmen für Staatsaufgaben und andere öffentliche Zwecke ausgegeben. Die Verbindung zwischen Einnahmen und Ausgaben des Staates bedarf im Bundesstaat aber einer ausdrücklichen Regelung. Zu bestimmen ist grundsätzlich, wie der Bund und die Länder jeweils ihre Ausgaben finanzieren (B). Außerdem zu klären sind die Kompetenzen zum Erlass von Finanzgesetzen, die Verteilung des Steueraufkommens zwischen dem Bund und den Ländern und der Vollzug der Finanzgesetze sowie die konkrete Verknüpfung von Einnahmen und Ausgaben im Haushaltsrecht (C).

A. Öffentliche Abgaben

Verfassungsrechtlich werden verschiedene Arten der öffentlichen Abgaben unterschieden: Wesentlich ist die Unterscheidung zwischen Steuern einerseits und sonstigen Abgaben (Beiträge, Gebühren und Sonderabgaben) andererseits. Jede Abgabenart erfüllt einen besonderen wirtschaftlichen Zweck. Für jede Abgabenart werden unterschiedliche Anforderungen an die Verfassungsmäßigkeit gestellt.

I. Steuern

„Die Finanzverfassung des Grundgesetzes geht davon aus, dass Gemeinlasten aus Steuern finanziert werden"[1] (**Prinzip des Steuerstaats**). Was eine Steuer ist, definiert § 3 I der Abgabenordnung: „Steuern sind Geldleistungen, die **nicht eine Gegenleistung für eine besondere Leistung** darstellen und von einem öffentlich-rechtlichen Gemeinwesen zu Erzielung von Einnahmen allen auferlegt werden, bei denen der Tatbestand zutrifft, an den das Gesetz die Leistungspflicht knüpft." Wegen der Höherrangigkeit der Verfassung ist klar, dass die Verfassungsinterpretation an diesen traditionellen Steuerbegriff nicht gebunden ist (Normenpyramide). Der verfassungsrechtliche Steuerbegriff ist unter Umständen weiter. Steuern unterscheiden sich von anderen Formen finanzieller Abgaben dadurch, dass sie für einen unbestimmten Zweck erhoben werden: „Die Einnahmequelle Steuer [...] ist ein Finanzierungsinstrument des Staates, aus dessen Aufkommen die Staatshaushalte allgemein – grundsätzlich ohne jede Zweckbindung – ausgestattet werden. Über die Verwendung dieser Haushaltsmittel entscheidet allein das Parlament (vgl Art 110 II und III GG), das weit gehend frei in seiner Entscheidung darüber ist, wie es die Haushaltsmittel im Einzelnen einsetzen und verteilen will"[2]. Typische Gesetze, die eine steuerliche Leistungspflicht begründen sind das Einkommensteuergesetz, das Gewerbesteuergesetz oder das Umsatzsteuergesetz.

Die Finanzverfassung des Grundgesetzes geht aus von der „Gemeinlast": Die Steuerbelastung soll für alle Bürger „gleich" sein.[3] „Das Bundesverfassungsgericht hat von Anfang an aus Art 3 I GG den Grundsatz der Steuergerechtigkeit [...] und aus diesem den Grundsatz der Besteuerung nach der Leistungsfähigkeit abgeleitet [...**progressives Steuerrecht**...]. Die Gleichheit aller Menschen vor dem Gesetz [...] verlangt in ihrer bereichsspezifischen Anwendung auf das gegenwärtige Steuerrecht, dass jeder Inländer je nach seiner finanziellen Leistungsfähigkeit gleichmäßig zur Finanzierung der allgemeinen Staatsaufgaben herangezogen wird [...]. Aus dem Gebot der möglichst gleichmäßigen Belastung aller Steuerpflichtigen folgt für den Gesetzgeber indes keine Beschränkung [...] bei der Auswahl des Steuergegenstandes [...]. Hat der Gesetzgeber jedoch in Ausübung seines weiten Entscheidungsspielraums den Steuergegenstand ausgewählt, so hat er die Ent-

---

[1] BVerfGE 101, 141, 147.
[2] BVerfG, NJW 2002, 127; BVerfGE 74, 182, 200; 84, 239, 271; 93, 165, 177 f.
[3] BVerfGE 101, 141, 147.

scheidung folgerichtig im Sinne der Belastungsgleichheit umzusetzen"[4]. *Beispiel:* Gewerbebetriebe unterliegen im Gegensatz zu den Betrieben der selbständig Tätigen und der Land- und Forstwirte der sogenannten Gewerbeertragsteuer, § 18 und § 13 Einkommenssteuergesetz (EStG). Das ist mit Art 3 I GG vereinbar. Ebenfalls dürfen nicht gewerbliche Einkünfte von Gesellschaften bürgerlichen Rechts als gewerbliche Einkünfte umqualifiziert und besteuert werden und zwar selbst dann, wenn das für Einzelunternehmer nicht gilt, § 15 III Nr 1 EStG.

II. Sonstige Abgaben

Alle hoheitlich auferlegten Abgaben, die nicht Steuern sind, sind „sonstig". Diese Unterteilung rechtfertigt sich aus der verfassungsrechtlichen Entscheidung für die Steuern als Grundlage der Staatsfinanzierung. „Um eine Finanzordnung sicher zu stellen, die [den Bund und die Länder] am Gesamtertrag der Volkswirtschaft sachgerecht beteiligt [...regelt die Verfassung in den Art 104a bis 109 GG] die Gesetzgebungs-, Ertrags- und Verwaltungskompetenz im wesentlichen [...] nur für das Finanzierungsmittel der Steuer."[5] Die **Erhebung sonstiger Abgaben** ist also grundsätzlich nicht in den Art 104a bis 108 GG geregelt. Sie richtet sich **nach den allgemeinen Vorschriften** über die Gesetzgebung und die Verwaltung in Art 70 ff, 83 ff GG.

Die sonstigen Abgaben sind sehr vielgestaltig. Herkömmlich werden die drei Arten der Beiträge, Gebühren und Sonderabgaben unterschieden. Die Einordnung einer Abgabe zu diesen Kategorien und ihre Abgrenzung zu den Steuern ist aber nicht immer zweifelsfrei. Gleichwohl erleichtern die Kategorien die verfassungsrechtliche Beurteilung der jeweiligen Abgabe.

a) Beiträge
Ein Beitrag ist das **Entgelt dafür, dass** den Zahlenden eine bestimmte staatliche **Leistung bevorzugt angeboten** wird.[6] Beiträge sind also Gegenleistungen für Sondervorteile einer bestimmten Gruppe unabhängig davon, ab der angebotene Vorteil tatsächlich in Anspruch genommen wird.[7] *Beispiele:* Erschließungsbeiträge für die Kanalisation, Fremdenverkehrsabgaben, Kurtaxen – oder (strittig) Rundfunkgebühren. Beiträge sind verfassungsrechtlich grundsätzlich gerechtfertigt, solange sie ihren Charakter als Gegenleistung behalten.

b) Gebühren
Eine Gebühr ist das **Entgelt für die tatsächliche Annahme einer konkreten Leistung öffentlicher Einrichtungen**. Ziel ist es, die Kosten der individuell ge-

---

[4] BVerfG, 1 BvL 10/98 vom 17.11.1998, Rn 17, http://www.bverfg.de. Insbesondere darf die progressive Besteuerung keine Ungleichheiten unter den Besserverdienenden bewirken, BVerfGE 82, 60, 89; vgl auch BVerfGE 93, 121, 135; 84, 239, 271.
[5] BVerfGE 101, 141, 147.
[6] Vgl BVerfGE 101, 141, 147.
[7] BVerwGE 72, 212, 218 f.

währten Leistung ganz oder teilweise zu decken.[8] *Beispiele:* Abwasserabgabe, Gerichtsgebühren, Verwaltungsgebühren, Wegezoll (sog Maut). Gebühren sind also Gegenleistungen für konkrete Vorteile. Sie unterliegen daher dem sogenannten **Äquivalenzprinzip**. Das bedeutet: Die Höhe der Gebühren darf die individuell entstehenden Kosten nicht überschreiten.[9] Gebühren sind deswegen weder ein geeignetes noch ein zulässiges Mittel zur Einkommensumverteilung. Hinter dem Antlitz des Äquivalenzprinzips ist das Prinzip der Verhältnismäßigkeit erkennbar.

c) Sonderabgaben

Sonderabgaben sind eine besondere Form der Steuern. Wie die Steuern werden Sonderabgaben nicht für eine Gegenleistung erhoben. Sie sind aber durch zwei Merkmale von Steuern zu unterscheiden. Sie werden erstens **nur von bestimmten homogenen Bevölkerungsgruppen erhoben**. Sie fließen zweitens in einen **gesonderten Fonds**, also nicht in den allgemeinen Staatshaushalt. Das bedeutet, dass sie für bestimmte Sachaufgaben erhoben werden. Die Verwendung der Fondsmittel steht bei Erhebung der Abgabe bereits fest. Die Einzahlenden profitieren insgesamt, aber nicht individuell von der Verwendung der Abgaben.[10] *Beispiele:* Ausgleichsabgabe für die Ausnahme von der Verpflichtung, öffentlichen Parkraum zu schaffen (vgl Kapitel § 10.D.III).

Sonderabgaben laufen drei Prinzipien der Finanzverfassung zuwider: Sie schaffen eine neue Einnahmequelle außerhalb der Steuergesetzgebung; sie schleusen die Einnahmen am Staatshaushalt vorbei, da sie die Mittelverwendung vorab festlegen, und sie gefährden die Belastungsgleichheit der Bürger, da einige die Last für eine Ausgabe des Gemeinwesens tragen. Aus diesem Grunde unterliegt die verfassungsrechtliche Zulässigkeit von Sonderabgaben engen Grenzen: Die belastete Gruppe muss verfassungsrechtlich für die Sonderaufgabe verantwortlich sein (sog **Finanzierungsverantwortlichkeit**), die Mittel aus dem Fonds müssen der belasteten Gruppe zugute kommen (sog **gruppennützige Verwendung**) und die Sonderbelastung muss **zeitlich befristet** sein. *Beispiele:* Arbeitnehmer, die Sonderurlaub bekommen, behalten ihren Anspruch auf Lohn. Für die betroffenen Arbeitgeber entstehen dadurch besondere Lasten. Laut BVerfG ist es verfassungsrechtlich geboten, diese Lasten zu kompensieren.[11] In Hessen wurde daher ein Gesetz über Sonderurlaub für Mitarbeiterinnen und Mitarbeiter in der Jugendarbeit geschaffen. Dieses sah einen Fonds vor, in den Arbeitgeber ab einer bestimmten Unternehmensgröße einzahlen mussten, um die besagten Lasten von sonderurlaubsbetroffenen Arbeitgebern auszugleichen. Das BVerfG entschied, dass diese Fondslösung auf einer verfassungswidrigen Sonderabgabe beruhe: „Die Finanzierung der Jugendarbeit ist eine Gemeinlast, die durch Steuern und damit durch die

---

[8] Vgl BVerfGE 101, 141, 147; 92, 91, 115.
[9] BVerfGE 97, 332, 346; BVerfG, NVwZ 1995, 173 ff. Eine Differenzierung der Gebührenhöhe nach Einkommensgröße ist aber grundsätzlich zulässig. Verfassungsrechtlich nicht vorgegeben ist der Grundsatz, wonach die Gebühren die Kosten decken müssen. Dieses Kostendeckungsprinzip ist aber im Landesrecht zu finden.
[10] Vgl BVerfGE 101, 141, 148.
[11] Vgl BVerfGE 96, 260, 264; 85, 226, 237 f.

Allgemeinheit zu finanzieren ist."[12] Klarer wird der Sinn von Steuern, wenn man den Satz umformuliert: „...durch die Allgemeinheit und damit durch Steuern zu finanzieren ist." Verfassungswidrig war auch der sogenannte Kohle"pfennig", der von allen Stromverbrauchern erhoben wurde. Die Stromverbraucher sind weder eine homogene Gruppe, noch für den Kohlebergbaus besonders verantwortlich.[13]

III. Steuerung durch öffentliche Abgaben

Öffentliche Abgaben sind für die Abgabepflichtigen finanzielle Kosten. Es bestehen daher Anreize, den Abgabepflichten auszuweichen. Etliche Steuerpflichtige verspüren diesen Anreiz so stark, dass sie bereit sind dafür straffällig zu werden (Steuerhinterziehung). In vielen Fällen können die Einzelnen ihre Abgabenpflichten aber auf legale Weise reduzieren. *Beispiele:* Der Verzicht auf ein Auto oder einen Hund erspart die Kfz- beziehungsweise die Hundesteuer. Vergleichbare Effekte haben die Ökosteuer, die Schaumwein-, die Tabaksteuer oder die Verpackungssteuer. Unternehmerische Investitionen werden mitunter durch Steuervergünstigungen belohnt (Sonderabschreibungen, Freibeträge). Dasselbe gilt für überobligatorischen Umweltschutz, etwa wenn Halter von Autos mit geringem Benzinverbrauch weniger Steuern zahlen müssen. Die Gesetzgeber nutzen den finanziellen Anreiz der Abgabenbefreiung also bewusst, um das Verhalten der Einzelnen zu lenken. Verfassungsrechtlich ist die Nutzung der Steuern als Lenkungsinstrumente grundsätzlich zulässig.[14]

Die **Verhaltenslenkung durch finanzielle Anreize** hofft auf freiwillige Normbefolgung durch die Normadressaten. Diese Lenkung ist sanft im Vergleich zur unmittelbaren Verhaltenslenkung durch die Ge- und Verbote des Polizei- und Ordnungsrechts. Allerdings sind die Unterschiede zwischen beiden Lenkungsarten graduell. In den Rechts- und Wirtschaftswissenschaften ist umstritten, inwieweit eine staatliche Steuerung durch Instrumente des Abgabenrechts erfolgen sollte.

Im Hinblick auf die Chancengleichheit und das Sozialstaatsprinzip ist in einigen Bereichen eine stärkere Finanzierung öffentlicher Aufgaben über **Gebühren** vorteilhaft. Denn dadurch wird eine effiziente Zuteilung knapper öffentlicher Güter begünstigt. *Beispiele:* Umweltabgaben und Studiengebühren. Letztere veranlassen zu besserer Lehre und zu ernsthafterem Studium und damit zu effizientem Einsatz der knappen Zeit und der begrenzten Studienplätze. Umweltabgaben fördern auf vielfältige Weise einen schonenden Umgang mit knappen Ressourcen.[15]

Ob eine überwiegende Finanzierung des Staates über andere Abgaben als Steuern wünschenswert ist, ist gegenwärtig nicht ausdiskutiert. Jedenfalls wäre dazu eine Änderung der Art 104a ff GG (Prinzip des Steuerstaates) notwendig.

---

[12] BVerfGE 101, 141, 149.
[13] BVerfGE 91, 186, insbesondere 203 ff.
[14] BVerfGE 98, 106, insbesondere 117. Weber-Grellet, Lenkungssteuern im Rechtssystem, NJW 2001, 3657.
[15] Dazu die Beiträge in Ute Sacksofsky / Joachim Wieland (Hg), Vom Steuerstaat zum Gebührenstaat, 2000.

B. Zwei Typen der Finanzverfassung im Bundesstaat

Bund und Länder erfüllen jeweils bestimmte Aufgaben – wie werden diese Aufgaben finanziert?

In den Finanzwissenschaften werden zwei Idealtypen der Finanzverfassung im Bundesstaat unterschieden, nämlich das **Trennsystem** und das **Verbundsystem**. Im Trennsystem sind Bund und Ländern jeweils klar umrissene Aufgaben zugewiesen. Jede Gebietskörperschaft erhebt selbständig die Steuern, die erforderlich sind, um diese Aufgaben eigenständig zu finanzieren. Im Gegenmodell des Verbundsystems sind Zuweisung und Durchführung der Aufgaben nicht klar getrennt. Die Aufgaben werden finanziert, indem alle Abgaben, die im Bundesgebiet erhoben werden, in einen gemeinsamen Haushalt fließen. Auch über die Ausgaben entscheiden die beteiligten Gebietskörperschaften gemeinsam.

Die politischen und ökonomischen Auswirkungen des jeweiligen Systems sind gegensätzlich: Das Trennsystem erhält die **demokratische Kongruenz** zwischen Bevölkerung und Volksvertretern weitestgehend aufrecht: Die Bürger entscheiden selbst über das Ausmaß der öffentlichen Aufgaben und deren Finanzierung. Die Beziehungen zwischen den Ländern und zwischen den Ländern und dem Bund sind klar definiert. Die Länder erheben nur die Abgaben, die sie für ihre Aufgaben benötigen; dasselbe gilt für den Bund. Beim Verbundsystem dagegen kann der Bund allein oder gemeinsam mit den Ländern Aufgaben festlegen, die dann nach einem bestimmten Berechnungssystem von Bund und Ländern gemeinsam finanziert werden. Das Verbundsystem tendiert zu einer zentralstaatlichen Organisation mit einer einheitlichen Mischverwaltung. Wie sind diese Systeme zu bewerten?

Aus konsensethischer Sicht ist grundsätzlich das Trennsystem vorzugswürdig.[16] Es erlaubt eine **Kontrolle der politischen Entscheidungsträger**. Denn die Bürger können nachvollziehen, welche Einnahmen der Staat hat und wie diese Einnahmen verwendet werden. Durch die politischen Wahlen können die Bürger zumindest nachträglich wirksam ihre Zustimmung oder Ablehnung der Haushaltspolitik bekunden. Diese Möglichkeiten sind eingeschränkt im Verbundsystem. Denn dort ist häufig unklar, auf welcher Ebene die Entscheidungen getroffen werden. Die Entscheidungen und ihre Auswirkungen werden vom Bund und den Ländern kollektiv getroffen. Daher bestehen für die einzelnen Gebietskörperschaften kaum Anreize zu einem sparsamen Haushalten. Die vorhersehbare Folge ist ein Ansteigen der Staatsausgaben. Viele politische Entscheidungsträger favorisieren aus diesen Gründen das Verbundsystem, das ihr Wirken undurchsichtig hält. Das erhöht aus ihrer Sicht die Chance ihrer Wiederwahl. Wenn nicht klar ist, wer Fehler gemacht hat, genügt die überzeugende Rhetorik der zu wählenden Politiker, nicht sie, sondern andere hätten die Fehler begangen.

Das Trennsystem setzt die richtigen Handlungsanreize für die Entscheidungsträger in den Ländern. Für ihre Wiederwahl müssen sie Leistung zeigen: Die Wähler wünschen Arbeitsplätze sowie sichere und saubere Lebensverhältnisse. Diese Wünsche lassen sich um so eher erfüllen, je mehr florierende Unternehmen

---

[16] Vgl. die Analyse bei Blankart, 7.A 2008, 26. Kapitel, F.

in dem Gebiet ansässig sind. In einem Gebiet lassen sich um so mehr erfolgreiche Unternehmen nieder, je besser die Bedingungen für das Wirtschaften sind.

Die Bedingungen sind um so besser, je niedriger die Steuersätze sind und um so besser die Infrastruktur ist. In einer wirtschaftlich florierenden Gebietskörperschaft ist das Bruttoinlandsprodukt hoch. Unter solchen Bedingungen ist es möglich, trotz niedriger Steuersätze ein hohes Steueraufkommen zu erzielen. Das hohe Steueraufkommen kann wiederum genutzt werden, um die öffentlichen Lebensverhältnisse angenehm zu gestalten und die erforderlichen Infrastrukturmaßnahmen vorzunehmen.

Das ist der Hintergrund der andauernden Debatte um den „Wirtschaftsstandort Deutschland". Das Trennsystem zwingt die Entscheidungsträger der Länder zu einem **Standortwettbewerb**. Die beabsichtigte Nebenfolge dieser Verhaltensanreize ist eine gemeinwohlorientierte Haushaltsführung.

Das Trennsystem ist allerdings mit der Gefahr verbunden, dass die Lebensverhältnisse im Bundesgebiet zu stark divergieren und der Bundesstaat mangels **Bundestreue** zerfällt.

Beispiel: Infrastruktur und Kultur sind kostspielige öffentliche Güter. Problematisch ist es, wenn Besserverdienende, die von diesen Gütern profitieren, sich durch Wohnsitznahmen in „Steueroasen" der Mitfinanzierung dieser Güter entziehen. – In Abschnitt C wird zu zeigen sein, wie das Grundgesetz sich zur Frage „Trennsystem oder Verbundsystem" stellt.

C. Das Finanzwesen im Grundgesetz

In einem Bundesstaat wie der Bundesrepublik Deutschland haben Bund und Länder jeweils bestimmte Aufgaben zu erfüllen. Diese sind teilweise sehr teuer, beispielsweise wenn der Staat in die Infrastruktur investiert oder den Sozialstaat finanziert. Wer trägt die Kosten für diese Staatsaufgaben?

> Art 104a I GG [**Grundsatz der Konnexität**]
> Der Bund und die Länder tragen gesondert die Ausgaben, die sich aus der Wahrnehmung ihrer Aufgaben ergeben, soweit dieses Grundgesetz nichts anderes bestimmt.

Der Konzeption des Grundgesetzes liegt also grundsätzlich das Trennsystem zu Grunde. Es gibt allerdings Ausnahmen. Das wird durch den Zusatz „soweit dieses Grundgesetz nichts anderes bestimmt" angezeigt. Sondervorschriften finden sich unmittelbar in den folgenden Absätzen des Art 104a GG. Im Folgenden soll jedoch die Frage beantwortet werden, die vor dem Geldausgeben steht: Woher nehmen Bund und Länder jeweils das Geld, um ihre Ausgaben zu finanzieren?

Bund und Länder können ihre Ausgaben nur finanzieren, wenn sie eigene Einnahmen haben. Die finanziellen Einnahmen des Staates stammen zum größten Teil aus den steuerlichen Abgaben der Steuerzahler. Nur die Steuererhebung ist ausdrücklich in Abschnitt X des Grundgesetzes zum Finanzwesen geregelt. Hinsichtlich des Steueraufkommens sind dort vier Aspekte normiert.

➢ Erstens die **Gesetzgebungskompetenzen** von Bund und Ländern für das Steuerrecht, Art 104a IV[17], 105 GG (I).
➢ Zweitens ist die Art und Weise der **Verteilung des Steueraufkommens** zwischen Bund und Ländern geregelt, Art 106, 107 GG (II).
➢ Sodann ist, drittens, der **Vollzug der Steuergesetze** geregelt, Art 108 GG (I-II).
➢ Art 109 bis 115 GG regeln, viertens, auf welche Art und Weise Bund und Länder jeweils ihre Ausgaben organisieren (sog **Haushaltsrecht**, dazu unter IV).

I. Gesetzgebungskompetenzen im Steuerwesen

Auch wenn der Schutzbereich des Art 14 I, II GG nicht eröffnet sein sollte, sind Steuern jedenfalls wesentliche Eingriffe in die allgemeine Handlungsfreiheit des Art 2 I GG. Sie bedürfen daher einer gesetzlichen Grundlage. Unabhängig davon muss das genaue Verhältnis von Bund und Ländern in finanziellen Angelegenheiten bestimmt werden. Das geschieht durch die Gesetzgebung. Die Gesetzgebungskompetenzen für das Steuerwesen sind speziell zu den Art 70 ff GG festgelegt in

> Art 105 GG [**Gesetzgebungskompetenzen**]
> (1) Der Bund hat die ausschließliche Gesetzgebung über die Zölle und Finanzmonopole.
> (2) Der Bund hat die konkurrierende Gesetzgebung über die übrigen Steuern, wenn ihm das Aufkommen dieser Steuern ganz oder zum Teil zusteht oder die Voraussetzungen des Artikels 72 Abs. 2 vorliegen.
> (2a) Die Länder haben die Befugnis zur Gesetzgebung über die örtlichen Verbrauch- und Aufwandsteuern, solange und soweit sie nicht bundesgesetzlich geregelten Steuern gleichartig sind.
> (3) Bundesgesetze über Steuern, deren Aufkommen den Ländern oder den Gemeinden (Gemeindeverbänden) ganz oder zum Teil zufließt, bedürfen der Zustimmung des Bundesrates.

Art 105 I GG ist ein Beispiel für eine Rechtsnorm, die im Gesetzbuch steht, tatsächlich aber keine Bedeutung hat.

Die Europäisierung führte zur Abschaffung nationaler Zölle und staatlicher Handelsmonopole (vgl Kapitel § 6.D.II.1). Art 105 II und III GG geben dem Bund die konkurrierende Gesetzgebung über alle Steuern mit Ausnahme der nicht bereits bundesgesetzlich geregelten örtlichen Verbrauch- und Aufwandsteuern[18], Art 105 II a GG. Nahezu das gesamte Steuerrecht ist durch Bundesgesetze gere-

---

[17] Art 104a III GG verleiht keine Gesetzgebungskompetenz, sondern setzt sie voraus.
[18] Dies sind zB Getränke-, Hunde-, Jagd-, Fischerei-, Speiseeis-, Spielgeräte-, die Vergnügungssteuer oder die Zweitwohnungssteuer.

gelt. Art 105 II und III GG nehmen Bezug zur Frage, wem das Steueraufkommen zusteht. Das ist der Gegenstand des folgenden Unterabschnitts.

II. Verteilung des Steueraufkommens (Ertragshoheit)

Um zu verstehen, wie die Verteilung des Steueraufkommens vonstatten geht, muss die Struktur von Steuererhebung und -verteilung klar sein: Die Steuern werden jeweils durch die regional zuständigen Finanzämter erhoben. Das nahezu gesamte Steueraufkommen von allen Finanzämtern in Bund und Ländern wird rechnerisch „in einen Topf" getan.

Von dort muss es verteilt werden und zwar sowohl in der vertikalen als auch in der horizontalen Dimension: Vertikal findet eine Verteilung zwischen Bund und Ländern statt, horizontal eine Verteilung unter den Ländern. Die vertikale Verteilung ist geregelt in

> Art 106 GG [**Verteilung der Steuern**]
> (1) Der Ertrag der Finanzmonopole und das Aufkommen der folgenden Steuern stehen dem Bund zu: 1. die Zölle, 2. die Verbrauchsteuern, soweit sie nicht [...], 3. die Straßengüterverkehrsteuer, 4. die Kapitalverkehrsteuern, die Versicherungsteuer und die Wechselsteuer, 5. die einmaligen Vermögensabgaben und die zur Durchführung des Lastenausgleichs erhobenen Ausgleichsabgaben, 6. die Ergänzungsabgabe zur Einkommensteuer und zur Körperschaftsteuer, 7. Abgaben im Rahmen der Europäischen Gemeinschaften. [**Trennsystem**]
> (2) Das Aufkommen der folgenden Steuern steht den Ländern zu: 1. die Vermögensteuer, 2. die Erbschaftsteuer, 3. die Kraftfahrzeugsteuer, 4. die Verkehrsteuern, soweit sie nicht nach Absatz 1 dem Bund oder nach Absatz 3 Bund und Ländern gemeinsam zustehen, 5. die Biersteuer, 6. die Abgabe von Spielbanken. [**Trennsystem**]
> (3) Das Aufkommen der Einkommensteuer, der Körperschaftsteuer und der Umsatzsteuer steht dem Bund und den Ländern gemeinsam zu (Gemeinschaftsteuern) [...]. Am Aufkommen der Einkommensteuer und der Körperschaftsteuer sind der Bund und die Länder je zur Hälfte beteiligt. Die Anteile von Bund und Ländern an der Umsatzsteuer werden durch Bundesgesetz, das der Zustimmung des Bundesrates bedarf, festgesetzt. Bei der Festsetzung ist von folgenden Grundsätzen auszugehen:
> 1. Im Rahmen der laufenden Einnahmen haben der Bund und die Länder gleichmäßig Anspruch auf Deckung ihrer notwendigen Ausgaben. [...]
> 2. Die Deckungsbedürfnisse des Bundes und der Länder sind so aufeinander abzustimmen, daß ein billiger Ausgleich erzielt, eine Überbelastung der Steuerpflichtigen vermieden und die Einheitlichkeit der Lebensverhältnisse im Bundesgebiet gewahrt wird. [**Verbundsystem**]

Die Verteilung der genannten Steuerarten der Art 106 I und II GG ist damit bestimmt. Wie werden die Gemeinschaftssteuern verteilt?

> Art 107 GG [**Finanzausgleich**]
> (1) Das Aufkommen der Landessteuern und der Länderanteil am Aufkommen der Einkommensteuer und der Körperschaftsteuer stehen den einzelnen Ländern insoweit zu, als die Steuern von den Finanzbehörden in ihrem Gebiet vereinnahmt werden (örtliches Aufkommen). [...] Der Länderanteil am Aufkommen der Umsatzsteuer steht den einzelnen Ländern nach Maßgabe ihrer Einwohnerzahl zu [...].
> (2) Durch das Gesetz ist sicherzustellen, daß die unterschiedliche Finanzkraft der Länder angemessen ausgeglichen wird [...]. Die Voraussetzungen für die Ausgleichsansprüche der ausgleichsberechtigten Länder und für die Ausgleichsverbindlichkeiten der ausgleichspflichtigen Länder sowie die Maßstäbe für die Höhe der Ausgleichsleistungen sind in dem Gesetz zu bestimmen. Es kann auch bestimmen, daß der Bund [vertikal] aus seinen Mitteln leistungsschwachen Ländern Zuweisungen zur ergänzenden Deckung ihres allgemeinen Finanzbedarfs (Ergänzungszuweisungen) gewährt.

Für die Verteilung der Gemeinschaftssteuern unter den Ländern gilt der **Grundsatz des örtlichen Aufkommens**, Art 107 I 1 GG.

Art 107 I 2-4, II GG sieht jedoch eine Angleichung der Finanzkraft unter den Ländern vor. Hintergrund ist das Bestreben nach einer Angleichung der Lebensverhältnisse, Art 72 II GG.

Maßstab ist das durchschnittliche Pro-Kopf-Steueraufkommen der Länder. Mittel sind eine Umverteilung der Gemeinschaftssteuern unter den Ländern, Art 107 I 2-4, II 1, 2 GG (**horizontaler Finanzausgleich**) und zusätzliche Leistungen des Bundes, Art 107 II 3 GG (sog Ergänzungszuweisungen, **vertikaler Finanzausgleich**).

Der **Länderfinanzausgleich** ist damit ein Ausdruck des Verbundsystems. Gerechtfertigt wird die Angleichung mit dem Prinzip der Solidarität im Bundesstaat (sog Bundestreue oder bundesfreundliches Verhalten). Bei aller Solidarität sind in einem solchen System andauernde Verteilungskämpfe unausweichlich und vorprogrammiert. Denn wenn einige Gebietskörperschaften von den Einrichtungen anderer profitieren, erwarten diese auch eine Teilung der finanziellen Lasten.

Beispiele: Die Städte halten teure Kultur bereit, die davon profitierenden Besserverdienenden zahlen ihre Steuern aber im Umland. Sollte die Einwohnerzahl der Städte für den Finanzausgleich mit einem positiven Faktor multipliziert werden (sog Einwohnerveredelung)? Sollen die Binnenländer die Hafenlasten der Küstenländer mitfinanzieren?

„Durch das Gesetz ist sicherzustellen, dass die unterschiedliche Finanzkraft angemessen ausgeglichen wird", Art 107 II 1 GG. In seinem letzten Urteil zum Länderfinanzausgleich fordert das BVerfG den Erlass eines entsprechenden **Maßstäbegesetzes** bis Ende 2002.[19] Darin müsse eine Neubestimmung des „angemessenen Ausgleichs" vorgenommen werden. Der Finanzausgleich dürfe nicht dazu führen, dass sich der Rang verändert, den ein Land im Vergleich der Finanzkräfte vor dem Ausgleich habe. Solange es aber Gemeinschaftsaufgaben, Gemein-

---

[19] BVerfGE 101, 158 ff.

schaftssteuern und konkurrierende Gesetzgebungskompetenzen gibt, wird der föderale Verteilungskampf um das Steueraufkommen kein Ende nehmen.

III. Finanzverwaltung

Für den Vollzug der Finanzgesetze enthält Art 108 GG Vorschriften, die zu den Art 83 ff GG speziell sind. Gemäß Art 108 I 2, II 2, IV, V 1 GG können nähere Bestimmungen zur Finanzverwaltung durch Gesetze festgelegt werden.

Das ist durch das **Finanzverwaltungsgesetz**[20] geschehen. Der Aufbau der Finanzverwaltung weist keine wesentlichen Unterschiede auf zur üblichen Verwaltungshierarchie.

An der Spitze der Bundesverwaltung steht der Bundesminister der Finanzen. Ihm unterstehen obere Bundesbehörden (zB die Bundesbaudirektion) und die **Oberfinanzdirektionen**. Letzteren sind etwa die Zollämter und -kommissariate und Grenzkontrollstellen und Zollfahndungsämter nachgeordnet.

Die Erhebung von Steuern, die dem Bund zustehen, obliegt den Bundesfinanzbehörden, Art 108 I GG und den Finanzbehörden der Länder im Auftrag des Bundes, Art 108 III GG. Steuern, die den Ländern zufließen werden von ihnen als eigene Angelegenheiten verwaltet.

Im Aufbau der Landesverwaltung stehen die Finanzministerien an oberster Stelle, gefolgt von den Oberfinanzdirektionen. Eine Besonderheit besteht darin, dass die Oberfinanzdirektionen die Bundes- und die Landesverwaltung in einer Behörde vereinen. Die **Finanzämter** sind die untersten Behörden. Ihre Steuerbescheide sind Verwaltungsakte. Zuständig für Rechtsbehelfe ist die eigens eingerichtete Finanzgerichtsbarkeit, Art 95 I GG.

IV. Haushaltswirtschaft

Das Haushaltsrecht soll die staatlichen Entscheidungsträger in der öffentlichen Finanzwirtschaft beschränken. Das Haushaltsverfassungsrecht ist in den Art 109 bis 115 GG geregelt. Die Grundsätze der Haushaltswirtschaft regelt

> Art 109 GG [**Haushaltstrennung, Haushaltswirtschaft**]
> (1) Bund und Länder sind in ihrer Haushaltswirtschaft selbständig und voneinander unabhängig. [**Trennsystem**]
> (2) Bund und Länder haben bei ihrer Haushaltswirtschaft den Erfordernissen des gesamtwirtschaftlichen Gleichgewichts Rechnung zu tragen.
> (3) Durch Bundesgesetz, das der Zustimmung des Bundesrates bedarf, können für Bund und Länder gemeinsam geltende Grundsätze für das Haushaltsrecht, für eine konjunkturgerechte Haushaltswirtschaft und für eine mehrjährige Finanzplanung aufgestellt werden. [**Verbundsystem**]

---

[20] BGBl I 1971, 1426.

> (4) Zur Abwehr einer Störung des gesamtwirtschaftlichen Gleichgewichts können durch Bundesgesetz, das der Zustimmung des Bundesrates bedarf, Vorschriften über
> 1. Höchstbeträge, Bedingungen und Zeitfolge der Aufnahme von Krediten durch Gebietskörperschaften und Zweckverbände [**Kreditlimitierung**] und
> 2. eine Verpflichtung von Bund und Ländern, unverzinsliche Guthaben bei der Deutschen Bundesbank zu unterhalten (**Konjunkturausgleichsrücklagen**), erlassen werden. [...]

In Art 109 I GG bekennt sich das Grundgesetz zum Trennsystem. Bund und Länder sollen autonom sein.[21] Diese ursprüngliche Konzeption wurde 1969 durch die Einfügung der Art 91a, b und 109 III GG jedoch weitgehend aufgehoben. Art 91a und b erlauben eine Mitwirkung des Bundes bei der Aufgabenerfüllung der Länder in den Sachbereichen Bildung, regionale Wirtschaftsstruktur und Agrarstruktur (sog Gemeinschaftsaufgaben). Art 109 II, III und IV GG erlauben eine Harmonisierung der Haushaltsführung von Bund und Ländern. Diese Möglichkeit ist durch zwei Gesetzeswerke verwirklicht: das **Haushaltsgrundsätzegesetz** (HGrG) und das **Gesetz zur Förderung der Stabilität und des Wachstums der Wirtschaft** von 1967 (StabG, vgl Kapitel § 6.B.IV.2).

Das HGrG regelt – der Name sagt es – die Grundsätze der Haushaltsführung im Bund und den Ländern. Das HGrG enthält einen Gesetzgebungsauftrag für Bund und Ländern, § 1 HGrG. Dem erging die weitgehend identische Bundeshaushaltsordnung (BHO). Sie ist ein formelles Gesetz zur Haushaltsführung des Bundes. In den Ländern wurden entsprechende Landeshaushaltsordnungen erlassen.

Das StabG schafft in den §§ 5 ff die Voraussetzungen für Konjunkturausgleichsmaßnahmen gemäß Art 109 IV Nr 2 GG. In den §§ 19 ff begrenzt es die staatliche Kreditaufnahme, Art 109 IV Nr 1 GG. Der positive Nutzen dieser Maßnahmen für ein gesamtwirtschaftliches Gleichgewicht werden allgemein zu Recht bezweifelt. Der vielversprechendere Weg für eine kluge Wirtschaftspolitik ist im - AEUV-Vertrag normiert. Darin bestimmt

> Art 126 AEUV (ex-Art 104 EG) [**Vermeidung übermäßiger Defizite, Haushaltsdisziplin**]
> (1) Die Mitgliedstaaten vermeiden übermäßige öffentliche Defizite.
> (2) Die Kommission überwacht die Entwicklung der Haushaltslage und der Höhe des öffentlichen Schuldenstands in den Mitgliedstaaten im Hinblick auf die Feststellung schwerwiegender Fehler. Insbesondere prüft sie die Einhaltung der Haushaltsdisziplin [...].

Art 126 AEUV wird konkretisiert durch den Stabilitäts- Wachstumspakt von 1997[22]. Art 126 AEUV und der genannte Pakt legen konkrete Grenzwerte für den Schuldenstand und die Defizite der öffentlichen Haushalte fest (3 % des Bruttoin-

---

[21] Den Gemeinden wird „eine [...] mit Hebesatzrecht zustehende wirtschaftskraftbezogene Steuerquelle" zugesagt, Art 28 II 3 GG; vgl dazu die Ertragshoheit gemäß Art 106 V-VII.
[22] Entschließung des Europäischen Rates v 17.06.1997, ABl EG C 236 v 02.08.1997, 1.

landproduktes). In einer supranationalen Gemeinschaft mit einer einheitlichen Währung lässt sich die Preisstabilität auf andere Weise nicht gewährleisten. Lassen sich **Art 109 II bis IV GG und das Stabilitätsgesetz gemeinschaftsrechtskonform auslegen?**[23]

Durchaus, denn beide Vorschriften erlauben Konjunkturmaßnahmen, schreiben sie aber nicht vor. Die nationale Haushaltspolitik hat sich also vorrangig an die Maßgaben des Art 126 AEUV (ex-Art 104 EG) zu halten. Die hat Auswirkungen auf die nationale Haushaltswirtschaft. Deren Ziele finden außer in Art 126 AEUV ihren Ausdruck in

> Art 119 III AEUV (ex-Art 4 III EG): [**Tätigkeit der EU in der Wirtschaftsunion**]
> Diese Tätigkeit der Mitgliedstaaten und der Gemeinschaft setzt die Einhaltung der folgenden richtungweisenden Grundsätze voraus: stabile Preise, gesunde öffentliche Finanzen und monetäre Rahmenbedingungen sowie eine dauerhaft finanzierbare Zahlungsbilanz.

Innerhalb dieses Rahmens behalten Art 109 II bis IV GG und das StabG grundsätzlich[24] ihre Bedeutung. Diese Vorgaben sind also bei der Aufstellung des Haushaltsplanes und seinem Vollzug durch die Exekutive insbesondere zu beachten. Doch was ist ein Haushaltsplan? Das ist geregelt im Folgenden

> Art 110 GG [**Haushaltsplan des Bundes**]
> (1) Alle Einnahmen und Ausgaben des Bundes sind in den Haushaltsplan einzustellen [...] [**Haushaltsplan**].
> (2) Der Haushaltsplan wird für ein oder mehrere Rechnungsjahre, nach Jahren getrennt, vor Beginn des ersten Rechnungsjahres durch das Haushaltsgesetz festgestellt. [...] [**Haushaltsplangesetz**]

Der Haushaltsplan ist also „die Grundlage für die Haushalts- und Wirtschaftsführung", § 2 S 2 HGrG, § 2 S 2 BHO. Der Haushaltsplan besteht aus dem Gesamtplan und Einzelplänen, welche die Übersicht des Gesamtplans im Einzelnen ausführen. Der **Gesamtplan** enthält, wie die Wirtschaftspläne von Unternehmen, eine Berechnung des Finanzierungssaldos (Einnahmen und Ausgaben) und einen Kreditfinanzierungsplan (Kreditaufnahmen und deren Tilgung). Die **Einzelpläne** werden nach sachlichen Zusammenhängen gebildet; in der Regel betreffen sie die Ausgaben der Ministerien. Die Einzelpläne weisen bestimmte Zwecke aus, für die

---

[23] Zu dieser Diskussion: Ulrich Häde, Gesamtwirtschaftliches Gleichgewicht und europäische Haushaltsdisziplin, JZ 1997, 269.

[24] Jedoch wird in den folgenden Kapiteln zu zeigen sein, dass auch das EU-Beihilfenrecht und das EU-Vergaberecht die Haushaltsführung nach dem StabG maßgeblich einschränken. Allerdings enthält der AUEV selbst Schlupflöcher für wirtschaftslenkende Maßnahmen, und zwar etwa in den Bestimmungen zur Beschäftigungspolitik Art 145 ff AEUV (ex-Art 125 ff EG), zur Sozialpolitik, Art 151 ff AEUV (ex-Art 136 ff EG), zur Netz- und Industriepolitik, Art 170 AEUV (ex-Art 154 ff EG), und zur Technologiepolitik, Art 179 AEUV (ex-Art 163 ff EG).

Mittel verwendet werden dürfen (sog **Haushaltstitel**). Um eine Anpassung an aktuelle Bedürfnisse der Haushaltsführung zu ermöglichen, können bestimmte Titel mit einem Vorbehalt oder einem Sperrvermerk versehen werden, § 25 HGrG, §§ 22, 41 BHO.
„Durch den Haushaltsplan werden Ansprüche oder Verbindlichkeiten weder begründet noch aufgehoben", § 3 II HGrG, § 3 II BHO. Das Haushaltsplangesetz wird daher auch als „nur-formelles Gesetz" bezeichnet. Das bedeutet: Gesetzliche Ansprüche, etwa aus dem Sozialrecht, gehen nicht unter, weil im Haushaltsplangesetz keine Titel begründet wurden. Umgekehrt hat niemand einen Anspruch auf eine finanzielle Zuwendung nur weil im Haushaltsplangesetz ein Titel vorgesehen ist.[25] Die Kontrolle der Haushaltsführung obliegt den **Rechnungshöfen** im Bund und in den Ländern, vgl Art 114 II 1 GG.

V. Überblick: Trenn- und Verbundsystem unter dem Grundgesetz

Die Kompetenzen für Gesetzgebung und Gesetzesvollzug sind im Grundgesetz grundsätzlich zwischen Bund und Ländern geteilt. Im Grundsatz soll der Bund nur subsidiär tätig werden, nämlich zur Vereinheitlichung der Lebensverhältnisse im Bund, Art 30, 70, 83 GG. Die derart angelegte Trennung der Kompetenzen ist bereits verfassungsrechtlich durchbrochen durch Mischkompetenzen in Gesetzgebung und der Verwaltung.[26] Die Verfassungswirklichkeit zeigt zudem, dass seit Bestehen der Bundesrepublik die Länder ihre Kompetenzen weitgehend auf den Bund übertrugen (vgl Kapitel § 3.C.II.2a). In ähnlicher Weise **konzentrieren sich die Kompetenzen** im Finanzwesen **beim Bund**:

*	*Trennsystem*	*Verbundsystem*
Einnahmen	Art 106 I, II, 107 I 1	Art 106 III-VII, 107 I 2-4
Ausgaben	Art 104a I, Art 109 I	Art 91a und b, 104a IV, 109 II-IV

Die Verbundelemente machen sowohl bei den Einnahmen als auch bei den Ausgaben den weitaus größten Teil aus. Die Folgen sind falsche Anreize für die Haushaltsführung sowie mangelnde Transparenz und demokratische Kongruenz. Wenn das Verbundsystem nachteilig ist, wie konnte es dann dazu kommen?

Festzuhalten ist jedenfalls, dass die Ländervertreter im Bundesrat der schleichenden Konzentration der Gesetzgebung beim Bund zustimmten. Denn ohne die Zustimmung des Bundesrates wäre die Entwicklung nicht möglich gewesen, Art 105 II, III GG. Die Erklärung für dieses Verhalten kann in dem aufrichtigen Wunsch nach einem kooperativen Föderalismus im Zeichen des bundesfreundlichen Verhaltens zu sehen sein. Im rechtsökonomischen Paradigma wäre dagegen nach jenen Anreizen zu suchen, welche die primär eigennutzorientierten Volksvertreter zu ihrem Abstimmungsverhalten verleiteten. Diese wurden unter B angedeu-

---

[25] BVerfGE 38, 121, 125; 1, 299, 307.
[26] Etwa in Art 75, 80, 84 II-V, 85, 91a, b GG.

tet: Für politische Entscheidungsträger, die unter der Bedingung kurzfristiger Wiederwahlrestriktionen handeln, scheint das Verbundsystem vorteilhaft zu sein. Aufgabe des Rechts ist es, die Entscheidungsträger so in ihren Handlungen zu beschränken, dass sie das Gemeinwohl verwirklichen müssen. Gegenwärtig heißt das eine stärkere Verwirklichung des Trennsystems.

D. Zusammenfassung

I. Wichtigste Lehre

Die politisch legitimierte Staatsgewalt umfasst das Recht, Abgabenlasten für die Bürger zu begründen. Das Grundgesetz normiert in den Art 104a ff das Prinzip des Steuerstaats. Im Bundesstaat sind idealtypisch zwei Systeme denkbar: das Trennsystem und das Verbundsystem. Aus konsensethischer Sicht ist im Grundsatz das Trennsystem geboten. Es verwirklicht das Gebot der demokratischen Kongruenz und ermöglicht einen Standortwettbewerb unter den Ländern. Im Grundgesetz war ursprünglich das Trennsystem angelegt. Es ist aber durch zahlreiche Grundgesetzänderungen und die Bundesgesetzgebung rechtlich und faktisch zum Verbundsystem mutiert. Das Verbundsystem kann als eine Ursache für das gegenwärtige Staatsversagen verstanden werden. Dieses Staatsversagen äußert sich vor allem in einer verheerenden Überschuldung der öffentlichen Haushalte.

II. Wichtige Stichworte

- ➢ Steuern und sonstige Abgaben (Beiträge, Gebühren, Sonderabgaben)
- ➢ Konnexitätsprinzip, Trennsystem und Verbundsystem
- ➢ 4 Elemente der Finanzordnung: Gesetzgebung, Verwaltung (Abgabenerhebung), Verteilung (Ertragshoheit) und Haushaltswirtschaft
- ➢ horizontaler und vertikaler Finanzausgleich
- ➢ Finanzverwaltung: Ministerien, Oberfinanzdirektionen, Finanzämter
- ➢ Grundsätze und Möglichkeiten der Haushaltspolitik gemäß Art 109 II-IV GG; HGrG, BHO, StabG, Vorrang des AEUV-Vertrages und dort insbesondere Art 126 AEUV (ex-Art 104 EG)
- ➢ Haushaltsplan, nur-formelles Haushaltsplangesetz, Haushaltstitel, Art 110 GG

III. Schrifttum

Charles Blankart, Öffentliche Finanzen in der Demokratie, 7. A, 2008, Kap 26.
Kirchhof, Ferdinand, Grundsätze der Finanzverfassung des vereinten Deutschland, VVDStRL 1993, 71.
Kirchhof, Paul, Staatliche Einnahmen, Isensee, Klaus/Kirchhof, Paul (Hg), Handbuch des Staatsrechts, Bd IV, 3.A 2006.

Selmer, Peter, Grundsätze der Finanzverfassung des vereinten Deutschland, VVDStRL 1993, 10.
Vogel, Klaus, Grundzüge des Finanzrechts des Grundgesetzes, Isensee, Klaus/Kirchhof, Paul (Hg), Handbuch des Staatsrechts, Bd IV, 2.A 2006.
Wieland, Joachim, Einen und Teilen – Grundsätze der Finanzverfassung des vereinten Deutschland, DVBl 1992, 1181.
Weiterführende websites: www.bundesfinanzministerium.de; www.ecb.int.
Statistische Daten zu den öffentlichen Haushalten unter www.destatis.de/basis/d.htm.

§ 8 Allgemeine Lehre der Grundrechte

Können den Einzelnen ihre Grundrechte helfen, wenn sie den Staat anfechten oder ihn verpflichten wollen, §§ 42 I, 113 I 1, V VwGO?
 Das hängt davon ab, ob die Grundrechte subjektive öffentliche Rechte verbürgen. Diese Frage ist nicht mit einem einfachen ja oder nein zu beantworten. Sie erfordert ein vertieftes Verständnis über die Wirkung der Grundrechte im Allgemeinen. Unter A. wird die allgemeine Wirkungsweise der Grundrechte erläutert, unter B. und C. insbesondere die Grundlagen der Freiheits- und der Gleichheitsrechte.

A. Allgemeine Grundrechtslehren

Die Grundrechte sind in den Artikeln 1 bis 19, 33 II und 101 bis 104 GG geregelt. Im Folgenden werden Ursprung, Begriff und Funktion der Grundrechte sowie die Grundrechtsberechtigung und -verpflichtung erklärt.

I. Der Ursprung der Menschenrechte

„Der Mensch ist frei geboren, und überall liegt in er in Ketten." Dieser Eingangssatz aus dem „Contrat Social" (1762) von Jean-Jaques Rousseau verdeutlicht ein Problem: Freiheit ist dem Menschen „angeboren". Die Awaren, eines der Völker in Dagestan, verwenden für Mensch und Freiheit dasselbe Wort. Dennoch wird die Freiheit beschränkt, und sie muss im sozialen Leben beschränkt werden. Denn unbegrenzte Freiheit schafft sich selbst ab. Damit stellt sich die Frage nach dem zulässigen Ausmaß der Freiheitsbeschränkungen. Da die Freiheitsbeschränkungen durch den Staat kontrolliert werden, geht es erneut um das Verhältnis zwischen dem Staat und den Einzelnen.
 Wie ist das Verhältnis zwischen den subjektiven Freiheiten und der Staatsgewalt? Es gibt im Wesentlichen zwei Erklärungsmodelle, das der vorstaatlichen und das der gesellschaftsvertraglichen Rechte: Für das **Modell der vorstaatlichen Rechte** steht John Locke.[1] Danach hat jeder Mensch angeborene, natürliche Rechte. Jeder Eingriff der Staatsgewalt in diese Rechte ist daher rechtfertigungsbedürftig. Für das **Modell der vertraglich begründeten Menschenrechte** steht etwa Thomas Hobbes.[2] In diesem Modell werden die Freiheiten erst durch den gesell-

---

[1] Two Treatises on Government, 1690, II. § 4, 123, 131, passim.
[2] Leviathan, 1651, 14. Kap; Jean-Jaques Rousseau, Contrat Social, 1762, 2. Buch, 4. Kap.

schaftlichen Zusammenschluss vereinbart und inhaltlich gesetzt. Mitunter erlösen staatliche Regeln die Einzelnen aus ihrem sozialen Dilemma und erweitern auf diese Weise die Freiheiten. Der Idee nach stimmen die Einzelnen also den Freiheitsbeschränkungen persönlich zu.

Beispiel: Im Rahmen der Anti-Terror-Gesetze nach dem 11. September 2001 erhielt die Polizei erweiterte Kompetenzen, Fingerabdrücke zu nehmen. Das kann als Eingriff in das vorstaatliche Persönlichkeitsrecht verstanden werden oder als Erweiterung der Persönlichkeitsrechte durch den besseren Schutz aller vor Terroristen. Ist eines dieser Modelle falsch?

Eine logische Begründung für die eine oder andere Lehre gibt es nicht (sogenannte Aporie). Das BVerfG folgt nicht streng der einen oder der anderen Sicht: Einerseits bewahrt der Staat einen vorstaatlichen „absolut geschützten Kern privater Lebensgestaltung [, der...] der Einwirkung der öffentlichen Gewalt entzogen ist"[3]. Andererseits werden die Grundrechte erst im und durch den Staat geschaffen: „Um seiner Würde willen muss [für den Einzelnen] eine möglichst weitgehende Entfaltung seiner Persönlichkeit gesichert werden. Für den politisch-sozialen Bereich bedeutet das, dass es nicht genügt, wenn eine Obrigkeit sich bemüht, noch so gut für das Wohl von ‚Untertanen' zu sorgen; der Einzelne soll vielmehr in möglichst weitem Umfange verantwortlich auch an den Entscheidungen für die Gesamtheit mitwirken. Der Staat hat ihm dazu den Weg zu öffnen"[4].

Dem entspricht das **Menschenbild** des Grundgesetzes. Der Mensch ist ein selbstbestimmtes Wesen in der Gemeinschaft.[5] Es gibt weder bloß die „Entfaltung der Menschen durch die Menschen"[6] noch bloß die Entfaltung des Menschen gegen die Menschen. In dieser Spannung bewegt sich das Verfassungsrecht.

II. Vom Grundrecht zum subjektiven öffentlichen Recht

Das Wort „Grundrecht" wird in zwei Bedeutungen verwendet: Grundrechte sind (a) einerseits die **Grundlage für subjektive öffentliche Rechte**; (b) andererseits werden sie selbst unmittelbar als **subjektive Rechte des Einzelnen** bezeichnet.

Diese **Doppelbedeutung** kommt dadurch zustande, dass in der Grundrechtslehre zwischen Schutzbereich und Eingriff unterschieden wird: Sofern hinsichtlich eines Verhaltens der Einzelnen der Schutzbereich eines Grundrechts eröffnet ist, schützt das Grundrecht dieses Verhalten. Wenn die staatlichen Gewalten das betreffende Verhalten regulieren, haben sie folglich dieses Grundrecht zu beachten. Das Grundrecht ist eine potentielle Grundlage für subjektive öffentliche Rechte.

Beispiel: Das Fahren auf der Autobahn ist vom Schutzbereich der allgemeinen Handlungsfreiheit des Art 2 I GG geschützt. Bei der Einrichtung von Tempolimits ist also Art 2 I GG zu beachten. Das heißt aber nicht, dass die Einzelnen ein sub-

---

[3] BVerfGE 54, 143, 146; 38, 312, 320; 35, 35, 39; 32, 373, 378 f; 6, 32, 41.
[4] BVerfGE 5, 85, 205.
[5] Zur Person als Mitglied von Gemeinschaften vgl Art 3, 5, 6, 8, 9, 21, 28 II, 140 GG.
[6] So der Titel des Buches von Dieter Suhr 1976.

jektives öffentliches Recht haben, das Tempolimits generell verbietet. Das ist erst der Fall, wenn das Tempolimit ein verfassungswidriger Eingriff in Art 2 I GG ist. Subjektive öffentliche Rechte gewährt ein Grundrecht unmittelbar also nur, wenn das Grundrecht verfassungswidrig beschränkt wird.

Der Unterschied zwischen beiden Bedeutungen verdeutlicht sich auch durch die folgende Begrifflichkeit: Eine **Schutzbereichsverletzung** führt dazu, dass ein staatlicher Eingriff überhaupt an dem betreffenden Grundrecht zu messen ist. Dieser Eingriff ist eine **Grundrechtsverletzung**, wenn er sich verfassungsrechtlich nicht rechtfertigen lässt.

Grundrechte geben also nur unter bestimmten Voraussetzungen subjektive öffentliche Rechte. Dürften die Freiheiten der Einzelnen nicht beschränkt werden, so könnte jeder willkürlich handeln. Es ist aber gerade das Kennzeichen des Rechts, dass die Willkür des einen mit der Willkür des anderen unter einem allgemeinen Gesetz der Freiheit vereint wird.[7] Das setzt Freiheitsbeschränkungen voraus – und zwar nicht nur aus ethischen, sondern bereits aus logischen Gründen.

Im Folgenden soll allgemein vermittelt werden, wie die Beschränkungen der Grundrechte rechtsdogmatisch umgesetzt werden. In Kapitel § 4.B.V.1 und § 6.B.II.2 wurde bereits erwähnt, dass die Grundrechtsprüfung in drei Schritten erfolgt: **Schutzbereich, Eingriff, verfassungsrechtliche Rechtfertigung.**

1. Schutzbereich

Die erste Voraussetzung dafür, dass ein Grundrecht ein subjektives öffentliches Recht gewähren könnte, ist die Eröffnung des Schutzbereiches. Der Schutzbereich ist alles, was von einem bestimmten Grundrecht erfasst wird. Die einzelnen Grundrechte haben jeweils unterschiedliche Schutzbereiche. Teilweise werden Verhaltensweisen wie die Berufsfreiheit geschützt, teilweise Eigenschaften wie bei der Gleichbehandlung von Mann und Frau und wieder andere Grundrechte schützen Rechtsgüter wie das Eigentum oder den Rechtsschutz. Wenn der Schutzbereich eröffnet ist, ist das betreffende Grundrecht anwendbar. Wie der Schutzbereich eines Grundrechts gezogen ist, unterliegt der Auslegung. Dabei wird der Schutzbereich immer Hinblick auf die angegriffene oder begehrte staatliche Maßnahme definiert. Generell sind bei der Frage nach dem Anwendungsbereich einer Norm die persönlichen und die sachlichen Tatbestandselemente zu trennen:

- Der **persönliche Schutzbereich** ist eröffnet, wenn das jeweilige Grundrecht das fragliche Verhalten der Rechtsschutzsuchenden erfasst.
  Beispiel: Die Berufsfreiheit gilt nicht für Nichtdeutsche. Zum persönlichen Schutzbereich gehört auch die grundsätzlichere Frage, ob die betreffende Person überhaupt grundrechtsberechtigt ist (dazu sogleich unter A.V).
- Der **sachliche Schutzbereich** ist eröffnet, wenn das fragliche Verhalten oder Rechtsgut durch das Grundrecht geschützt ist.
  Beispiel: Art 8 I GG erfasst nur friedliche Versammlungen.

---

[7] Immanuel Kant, Metaphysik der Sitten, 1797, Einleitung in die Rechtslehre, § B.

Wenn der Schutzbereich eines Grundrechts eröffnet ist, kann es sein, dass die Grundrechtsträger ein subjektives öffentliches Recht auf das begehrte Verhalten des Staates haben. Ob das so ist, ergeben die folgenden beiden Prüfungsschritte.

2. Eingriff

Ein subjektives Recht aus einem Grundrecht kann nur erfolgreich eingeklagt werden, wenn der Rechtschutzsuchende eine Grundrechtsverletzung geltend machen kann, vgl § 113 I 1, V VwGO. Das setzt einen Eingriff in das Grundrecht voraus. Dabei sind zwei Konstellationen zu unterscheiden: erstens die Abwehr einer Maßnahme der Staatsorgane und zweitens das Begehren einer Maßnahme.

Bei der Abwehr einer Maßnahme liegt der Eingriff in einer Belastung. Beim Verpflichtungsbegehren liegt der Eingriff in der unterlassenen Begünstigung. Da die Bestimmung des Schutzbereichs stets im Hinblick auf die angegriffene oder begehrte Maßnahme erfolgt, wird die Schutzbereichsverletzung zumeist unproblematisch festgestellt.

Schwierigkeiten bereiten die folgenden Fälle: Staatliche Realakte können **faktisch oder mittelbar** das Handeln einschränken oder Rechtsgüter verletzten, die vom Schutzbereich eines Grundrechts erfasst werden. *Beispiele:* Subventionen mit starker wirtschaftslenkender Wirkung betreffen faktisch den Schutzbereich der Berufsfreiheit der Konkurrenten. Schwere und unerträgliche Nebenwirkungen einer staatlichen Genehmigung zum Ausstoß von Emissionen können den Schutzbereich der Eigentumsrechte von Drittbetroffenen verletzen. Ob derartige nicht-intendierte Auswirkungen im Schutzbereich eines Grundrechts Eingriffe sind, ist durch Auslegung des jeweiligen Schutzbereichs zu ermitteln. Dabei ist auf zwei Umstände zu achten:

1. Welche Funktionen hat ein Grundrecht seinem Sinn und Zweck nach für die Freiheitsausübung (Frage nach dem sog **funktionellen Schutzbereich**).

2. Je stärker der Schutzbereich berührt ist, desto eher liegt ein Eingriff vor (Frage nach der **Eingriffsschwelle**). Denn je massiver die Auswirkungen hoheitlichen Handelns sind, desto eher sind die Auswirkungen den Staatsorganen zuzurechnen. Die Antworten auf beide Fragen fallen je nach Grundrecht und Fallkonstellation unterschiedlich aus.

3. Verfassungsrechtliche Rechtfertigung

Die Entscheidung für oder gegen ein subjektives öffentliches Recht fällt beim Prüfungspunkt der verfassungsrechtlichen Rechtfertigung. Lässt sich der Eingriff in einen Schutzbereich verfassungsrechtlich nicht rechtfertigen, besteht ein Anspruch auf Beseitigung der angegriffenen Maßnahme beziehungsweise auf Erlass der begehrten Maßnahme. Nach welchen normativen Kriterien lässt sich beurteilen, ob ein Eingriff verfassungsrechtlich gerechtfertigt ist oder nicht?

Die Gerichte prüfen die Verfassungsmäßigkeit eines Eingriffs in der **Begründetheit eines Rechtsbehelfs**. Im Rahmen der Begründetheit wird die formelle und die materielle Rechtmäßigkeit eines Eingriff geprüft:

➤ Im Hinblick auf die **formelle Rechtmäßigkeit** einer Maßnahme enthalten die Verwaltungsverfahrensgesetze drei Kategorien:
- **Zuständigkeit** der handelnden Behörde;
- Einhaltung der anwendbaren Vorschriften über das **Verfahren** zum Erlass der Maßnahme und
- zu ihrer **Form** (vgl. Kapitel § 10 zum Verwaltungsverfahrensgesetz).

➤ Für die **materielle Rechtmäßigkeit** sind zwei Dinge entscheidend:
Erstens müssen die einschlägigen Ermächtigungsgrundlagen rechtmäßig angewendet worden sein.
Zweitens müssen die gesetzlichen Ermächtigungsgrundlagen ihrerseits verfassungsmäßig sein, vgl Art 100 I GG.

Die formellen und materiellen Regeln des öffentlichen Rechts regeln die Voraussetzungen für Grundrechtseingriffe. Das heißt, sie schränken die Grundrechte ein. Gleichzeitig begrenzen sie aber die staatlichen Befugnisse, in Grundrechte einzugreifen (Gesetzesbindung, Art 20 III GG). Wenn die handelnden Organe gegen die Vorschriften des einfachen Rechts verstoßen, ist der Eingriff grundsätzlich rechtswidrig. Die Klage ist begründet, die Kläger bekommen Recht.

Vorschriften des einfachen Rechts können aber keine Eingriffe in Schutzbereiche von Grundrechten rechtfertigen. Im Gegenteil: Die niederrangigen einfachgesetzlichen Vorschriften sind ihrerseits am höherrangigen Verfassungsrecht zu messen (Normenpyramide).

Das bedeutet: **Die Grundrechte können verfassungsmäßig eingeschränkt werden durch Gesetze oder auf der Grundlage von Gesetzen, wenn die Gesetze ihrerseits formell und materiell verfassungsmäßig sind.**

Gesetze sind verfassungsmäßig, wenn sie alle formellen und materiellen Anforderungen erfüllen, die das Grundgesetz jeweils an grundrechtseinschränkende Gesetze stellt.

➤ Die **formellen Anforderungen** betreffen die Kompetenzen und das Verfahren zum Erlass von Gesetzen.
➤ Die **materiellen Bestimmungen** untergliedern sich in drei Typen von Maßstäben: ausdrückliche Gesetzesvorbehalte für spezielle Grundrechte, allgemeine inhaltliche Gebote der Grundrechtseinschränkung und verfassungsimmanente Vorgaben.

Da diese Punkte stets im Einzelnen zu prüfen sind, folgt eine genauere Übersicht:

a) Formelle Verfassungsmäßigkeit des Gesetzes
Die Voraussetzungen für die formelle Rechtmäßigkeit von Bundesgesetzen wurden in Kapitel § 3.C.II.2a und D behandelt. Ein Gesetz muss von den zuständigen Organen innerhalb ihrer Kompetenzen nach dem vorgeschriebenen Verfahren beschlossen und verkündet worden sein.

b) Materielle Verfassungsmäßigkeit des Gesetzes

1. **Gesetzesvorbehalte.** Der allgemeine Vorbehalt des Gesetzes besagt, dass eine Schutzbereichsverletzung nur gerechtfertigt sein kann, wenn er auf einer verfassungsmäßigen Rechtsgrundlage beruht. Dieser Grundsatz ist eine Ver-

allgemeinerung der besonderen Gesetzesvorbehalte, die zu einigen Grundrechten bestehen: Die meisten Grundrechte ermächtigen die Gesetzgeber ausdrücklich dazu, die Inhalte von Grundrechte auszugestalten oder die jeweiligen Freiheiten einzuschränken.[8] Dabei wird zwischen einfachen und qualifizierten Gesetzesvorbehalten unterschieden. Letztere sind konkreter, da sie bestimmen, welche Rechtsgüter einen Eingriff rechtfertigen.
Beispiele: Art 5 II GG räumt dem Schutz von Ehre und Jugend einen besonderen Rang gegenüber den Kommunikationsfreiheiten ein. Qualifizierte Vorgaben formuliert auch Art 11 II GG für die Freizügigkeit.

Teilweise ist eine Einschränkung nicht nur „durch Gesetz", sondern auch „auf Grund eines Gesetzes" zulässig. Das bedeutet, dass nicht nur formelle Gesetze, sondern auch Rechtsverordnungen gemäß Art 80 GG oder Satzungen als Eingriffsgrundlage ausreichen können. Allerdings müssen die formellen Gesetze dann die wesentlichen Vorgaben enthalten (vgl Kapitel § 4.B.III.2c).

2. **Art 19 I und II GG** formulieren allgemeine Gebote: Einige Artikel formulieren ausdrücklich, dass das Grundrecht durch Gesetz oder auf Grund eines Gesetzes eingeschränkt werden kann.[9] Es gilt dann das sogenannte **Zitiergebot** des Art 19 I 2 GG. Das heißt, das Gesetz muss – als Warnung für die Gesetzgeber – ausdrücklich sagen, dass es das betreffende Grundrecht einschränkt. Zudem darf ein Gesetz nicht nur für den Einzelfall erlassen werden, Art 19 I 1 GG. Außerdem darf kein Grundrecht in seinem Wesensgehalt angetastet werden, Art 19 II GG.

3. **Verfassungsimmanente Vorgaben.** Die genannten inhaltlichen Anforderungen an die Verfassungsmäßigkeit eines Gesetzes sind mager. Sie bieten kaum normative Anhaltspunkte, um im Einzelfall entscheiden zu können, ob eine Grundrechtseinschränkung verfassungsgemäß ist oder nicht. Daher wurden in der Rechtsprechung und der Rechtswissenschaft weitere Maßstäbe entwickelt:

    > **Bestimmtheitsgrundsatz und Wesentlichkeitslehre** (vgl Kapitel § 4.B.III.2b,c). Die – freilich vage – Wesentlichkeitslehre besagt, dass schwere Eingriffe in Schutzbereiche einer formell-gesetzlichen Grundlage bedürfen. Die Denkfigur ist ähnlich wie jene der Verhältnismäßigkeitslehre: Je stärker der Eingriff, umso bestimmter muss die gesetzliche Grundlage sein: Wesentliche Eingriffe bedürfen einer formell-gesetzlichen Ermächtigung, normale Eingriffe der Rechtsverordnung und leichte faktische Eingriffe gar keiner geschriebenen Grundlage.

    > **Verhältnismäßigkeit.** Dieses Gebot ist bei jedem Grundrechtseingriff zu beachten. Wie die Verhältnismäßigkeit einer freiheitsbeschränkenden Regelung zu prüfen ist, wurde in Kapitel § 2.E.II. bereits vorgeführt. Die Verhältnismäßigkeit ist der Kern jeder Grundrechtsprüfung. Sie erlaubt eine Abwägung zwischen den Zielen einer Grundrechtsbeschränkung und dem Gewicht des jeweiligen Grundrechts.

Für das Grundrecht der Meinungsfreiheit entwickelt das BVerfG eine an-

---

[8] Ausnahmen sind Art 1 I und 4 I, II GG.
[9] Etwa Art 10 GG, nicht: Art 2 I, 4 III, 5 II, 12 I, 14 I GG.

schauliche Lehre, die sich verallgemeinern lässt: die sogenannte Wechselwirkungslehre, auch „Schaukeltheorie" genannt. Danach sind die Gesetze „in ihrer diese Grundrechte beschränkenden Wirkung selbst wieder einzuschränken"[10]. Das heißt, die einschränkenden Gesetze sind in ihrer Wechselwirkung zum beschränkten Grundrecht zu sehen und ihrerseits in dessen Lichte zu formulieren und anzuwenden. Der Grundrechtseingriff wird also sowohl aus der Perspektive des Grundrechts als auch aus der Perspektive des einschränkenden Gesetzes rechtlich gewürdigt.

Im Rahmen der Verhältnismäßigkeit im engeren Sinne (Angemessenheit, Zumutbarkeit) erfolgt eine Abwägung der kollidierenden Rechtsgüter. Für diese wurde der folgende Grundsatz entwickelt.

➢ **Praktische Konkordanz.** In vielen Fällen trafen die Verfassungsgeber keine allgemeine Güterabwägung in Form eines Gesetzesvorbehaltes. Dann muss bei der Prüfung der Verhältnismäßigkeit-Angemessenheit konkret abgewogen werden, wie die kollidierenden Verfassungsgüter in Einklang gebracht werden können. Dabei gilt der Grundsatz der praktischen Konkordanz: Im Kollisionsfall sind alle Rechtsgüter bestmöglich zur Geltung zu bringen. Alltagssprachlich handelt es sich um einen Kompromiss.

III. Grundrechte als Anspruchsrechte

Die bisherigen Ausführungen bezogen sich zunächst auf die Grundrechte in ihrer Funktion als Abwehrrechte. Nun wird erläutert, inwiefern die Grundrechte **Ansprüche auf staatliche Begünstigungen** verbürgen.

In der Grundrechtsdogmatik werden die verschiedenen Begünstigungen der Einzelnen nach Formen untergliedert. Die Grundrechte werden als Leistungs-, Mitwirkungs-, Teilhabe- Schutz- oder Verfahrensrechte, ferner als Einrichtungsgarantien beschrieben. Die Einteilung erfolgt selten einheitlich. Sie kann daher verwirren. Eine gewisse Klarheit bringt der Ausgang von den Problemen: Die Einzelnen sind in einer modernen freiheitlich-demokratischen Industriegesellschaft nicht lediglich Spielbälle der Staatsgewalt. Es reicht daher nicht aus, sie mit Abwehrrechten **gegen den Staat** zu versehen. Freiheit wird teilweise erst **durch den Staat** möglich. Die Einzelnen müssen Gelegenheit bekommen, ihre Freiheiten zu nutzen. Das setzt mitunter voraus, dass sie Ansprüche auf Zugang zu staatlichen Einrichtungen bekommen (Mitwirkungs- und Teilhaberechte). *Beispiele:* Zugang zu Gerichten, Medien oder Universitäten.

Bestimmte Freiheiten bedürfen einer aktiven Unterstützung durch den Staat (Einrichtungsgarantien- und Leistungsrechte). *Beispiele:* Sozialhilfe, Unterstützung der Familien oder von Privatschulen.

Außerdem kann den Staatsorganen die Pflicht obliegen, die Einzelnen vor den zerstörerischen Umtrieben anderer Privatpersonen zu schützen (Schutzfunktion). *Beispiel:* Schutz des ungeborenen Lebens gegen Schwangerschaftsabbruch; ausreichender Schutz vor Kernkraftwerken oder Naturkatastrophen.

---

[10] BVerfGE 71, 206, 214 mN; erstmals entwickelt in BVerfGE 7, 198, 208.

Die **Beurteilung der Verfassungsmäßigkeit von unterlassenen Begünstigungen** ist problematisch. Lehrreich dazu ist eine Entscheidung des BVerfG zum Passivrauchen. Darin stellt das BVerfG fest, die Gesetzgeber hätten ihrer Pflicht genügt, die Bürger vor Gesundheitsgefahren durch Passivrauchen zu schützen. Es begründet das wie folgt: „Die Grundrechte erschöpfen sich nicht in ihrer Bedeutung als Abwehrrecht gegen staatliche Eingriffe in den grundrechtlich geschützten Bereich. Sie enthalten auch eine **objektive Wertordnung** [...] aus der sich eine Pflicht der öffentlichen Gewalt ergeben kann, die Grundrechtsträger auch gegen Beeinträchtigungen der geschützten Rechtsgüter durch Dritte in Schutz zu nehmen. Insbesondere folgt aus dem Grundrecht des Art 2 II 1 GG die Pflicht des Staates, sich schützend und fördernd vor die Rechtsgüter Leben und körperliche Unversehrtheit der Bürger zu stellen und sie gegebenenfalls auch vor rechtswidrigen Eingriffen von seiten Dritter zu bewahren [...] Konkrete Vorgaben dazu, wie diese staatliche Schutzpflicht im einzelnen umzusetzen ist, sind der Verfassung jedoch nicht zu entnehmen. **Dem Gesetzgeber steht** vielmehr bei der Erfüllung der Schutzpflicht **eine weite Einschätzungs-, Wertungs- und Gestaltungsfreiheit zu**, die auch Raum läßt, etwa konkurrierende öffentliche oder private Interessen zu berücksichtigen. Das Bundesverfassungsgericht kann eine Verletzung staatlicher Schutzpflichten daher nur feststellen, wenn die staatlichen Organe entweder gänzlich untätig geblieben oder wenn die bisher getroffenen Maßnahmen evident unzureichend sind".[11]

Diese Aussagen des BVerfG gelten in ähnlicher Weise für andere Ansprüche aus den Grundrechten. Teilweise jedoch bestehen konkrete Anhaltspunkte für bestimmte Ansprüche. *Beispiele:* Die Grundrechte der Art 6 I, 17, 19 IV GG.

Im Übrigen ist die Gewährung von staatlichen Begünstigungen eine Frage der Verhältnismäßigkeit: Je schwerwiegender das zu schützende Rechtsgut, desto größer die Pflicht der Staatsorgane, Begünstigungen zu gewähren und Ansprüche zu schaffen. *Beispiele:* Das Grundrecht der personalen Würde, Art 1 I, 2 I GG gebietet die staatliche Fürsorge für das Existenzminimum oder den Schutz des ungeborenen Lebens; ein Recht auf Schaffung von Arbeitsplätzen gewährt es nicht.

Zwei Besonderheiten gelten im Bereich der staatlichen Begünstigungen:

1. Nach überwiegender Meinung **gilt für staatliche Begünstigungen grundsätzlich kein Vorbehalt des Gesetzes**. Das einfache wie plausible Argument lautet, dass der Staat nicht in Grundrechte eingreift, sondern diese fördert.
2. Als besondere Ausprägung der Verhältnismäßigkeit im Bereich der staatlichen Begünstigungen hält sich die Rechtsprechung an den **Vorbehalt des Möglichen**. *Beispiele:* Wenn der Staat keine Finanzen aufbringen kann, um mehr Studienplätze, mehr Kindergartenplätze oder Arbeitsplätze im öffentlichen Dienst zu schaffen, können mehr Plätze nicht eingeklagt werden. Soweit aber Leistungen und Einrichtungen bereitgestellt werden, besteht ein Grundrecht auf gleichen Zugang zu diesen.

---

[11] BVerfG, 1 BvR 2234/97 v 09.02.1998, Rn 4 ff (Hervorhebung hinzugesetzt).

IV. Subjektiver und objektiver Gehalt der Grundrechte

Die doppelte Bedeutung der Grundrechte wurde unter I. erläutert. Unter II. wurde die Auffassung des BVerfG zitiert, wonach die Grundrechte über diese subjektive Abwehrfunktion hinaus eine „**objektive Wertordnung**" verkörpern. In den Grundrechten als solchen kommen Wertentscheidungen zum Ausdruck, namentlich die hohen Werte der Freiheits- und Gleichheit als Grundlage der menschlichen Gesellschaft und Ordnung.

Bei näherer Betrachtung ist schwer zu verstehen, was mit dem Begriff der objektiven Wertordnung gesagt werden soll. Im Grunde ist damit nicht mehr gesagt, als dass die Grundrechte Elemente des objektiven Rechts sind. Das heißt, die Unterscheidung zwischen subjektivem und objektivem Recht gilt auch für die Grundrechte. Zwei Bemerkungen vervollständigen diese Einsicht:

Erstens: Das spezielle objektive Recht bindet die Staatsorgane jeweils soweit es anwendbar ist. *Beispiel:* Die Gewerbeordnung ist insgesamt als objektives Recht von den Ordnungsbehörden zu beachten. Viele Normen der Gewerbeordnung geben subjektive öffentliche Rechte. Die Grundrechte dagegen sind eine besondere Form des objektiven Rechts, denn sie sind von den Staatsorganen immer zu beachten: Art 1 III GG. Wegen ihrer weiten Schutzbereiche sind die Grundrechte – zumindest Art 2 I GG – stets auch als Grundlage von subjektiven Rechten zu beachten. Dadurch wirken sie auf die Anwendung aller objektiven Rechtsnormen ein. Anschaulich wird auch von einer „**Ausstrahlungswirkung der Grundrechte**" auf das einfache Recht gesprochen.

Zweitens: Die Gesetzgeber haben gemäß den Art 70 ff GG die Kompetenz, Gesetze – auch grundrechtseinschränkende Gesetze – zu erlassen. Die Grundrechte sind insofern **negative Kompetenznormen**[12] der Gesetzgebung, als die Gesetze die Grundrechte nicht gänzlich abschaffen dürfen: Art 19 II GG (vgl Kapitel § 4.B.IV.1). Insoweit haben die Gesetzgeber gerade keine Kompetenz, Gesetze zu erlassen, und sie können sich diese Kompetenz auch nicht selbst zuschreiben (keine Kompetenz-Kompetenz).

Das ergibt sich auch aus Art 79 III GG. Dieser erklärt nämlich Art 1 für unabänderlich. Daraus werden allgemein zwei richtige Schlussfolgerungen gezogen: Erstens verlangt der Schutz der Menschenwürde, dass grundsätzlich Grundrechte gewährleistet werden müssen; zweitens, dass die Grundrechte im Übrigen zur Disposition der verfassungsgebenden Gewalt stehen.

Beispiel: Die Religionsfreiheit könnte mit einem Gesetzesvorbehalt versehen werden. Es könnte etwa jede Grundrechtsausübung verboten werden, die mit einem Richtigkeitsanspruch der vertretenen Religion einhergeht. Die völlige Abschaffung der Religionsfreiheit jedoch wäre ein Verstoß gegen die Menschenwürde.

---

[12] Horst Ehmke, Prinzipien der Verfassungsinterpretation, VVDStRL (1963), 53 ff, 89 ff.

V. Grundrechtsträger: Anwendbarkeit von Grundrechten

Die Feststellung, ob eine Person berechtigt ist, ein bestimmtes Grundrecht für sich in Anspruch zu nehmen, ist meistens unproblematisch. Einige Grundrechte stehen ausdrücklich nur Deutschen zu (**Deutschengrundrechte**).[13] Nichtdeutsche können sich aber zu Sachbereichen, die von diesen Grundrechten abgedeckt werden, auf den Schutz durch Art 1 I, 2 I GG berufen. Dieser Schutz ist jedoch geringer als jener durch die Deutschengrundrechte. Er beschränkt sich auf die Einhaltung des objektiven Rechts (insbesondere Gesetzesvorbehalt, Verhältnismäßigkeit).[14] Ansonsten gilt der Grundsatz, dass ein Mensch grundrechtsberechtigt ist, sobald ein Grundrecht ihn schützen kann. Das ist bei der allgemeinen Persönlichkeitsfreiheit, Art 2 I GG, mit der Geburt der Fall, bei der Glaubensfreiheit etwa mit zehn Jahren, bei der Menschenwürde auch über den Tod hinaus.

Wenn sich im Wirtschaftsverkehr Menschen zusammenschließen, um gemeinsam arbeitsteilig zu wirtschaften: Verlieren sie dann ihren Grundrechtsschutz?

> **Art 19 III GG [Grundrechtsträgerschaft von juristischen Personen]**
> Die Grundrechte gelten auch für inländische juristische Personen, soweit sie ihrem Wesen nach auf diese anwendbar sind.

Es besteht also eine Wechselbeziehung zwischen dem Wesen der Grundrechte und den **juristischen Personen**. Hierzu zwei Bemerkungen:

(1) Wesensmäßig anwendbar auf kollektive Organisationen sind alle Grundrechte, die auch kollektiv ausgeübt werden können. Eine Wirtschaftsgesellschaft kann etwa gleichberechtigt sein, sich beruflich und wirtschaftlich betätigen, eine Wohnung mieten oder Eigentum besitzen.[15]

(2) Für die kollektive Grundrechtsausübung ist nicht der einfachrechtliche Status einer juristischen Person (AG, GmbH etc) entscheidend. Ausreichend ist, dass die Organisation sich im Rechtsverkehr betätigen kann (sog. Teilrechtsfähigkeit). *Beispiel:* eine BGB-Gesellschaft, §§ 705 ff BGB.

Anhand der Frage der Grundrechtsträgerschaft **juristischer Personen des öffentlichen Rechts** lässt sich gut zeigen, was ein Grundsatz ist. Es gilt der Grundsatz, dass diese Personen keine Grundrechtsträger sein können.

Die Ausgangsüberlegung lautet: Der Staat kann nicht zugleich Verpflichteter und Berechtigter der Grundrechte sein. Diese grobe Sicht wird allerdings vom BVerfG verfeinert. Danach ist zwischen verschiedenen Handlungen dieser juristischen Personen zu unterscheiden. Immer dann, wenn sie durch staatliches Handeln ebenso gefährdet sind, wie Private, fallen sie in den Schutzbereich der Grundrechte. *Beispiele* sind die jeweils grundrechtsrelevanten Betätigungen der öffentlich-rechtlichen Rundfunkanstalten, Art 5 I GG, der Universitäten und ihrer Fakultäten, Art 5 III GG, sowie Religionsgemeinschaften, die als Körperschaften des öffentli-

---

[13] Art 8, 9 I, 11, 12 I, 16, 20 IV und 33 I-III GG.
[14] BVerfGE 78, 179, 197; 35, 382, 400.
[15] Art 2 I, 3 I, 12 I, 13, 14 GG.

chen Rechts anerkannt sind, Art 4, 140 GG iVm Art 137 V Weimarer Reichsverfassung.

Generell gelten die Schutzbereiche der sogenannten **Justizgrundrechte** der Art 101, 103, 104 GG, da diese Rechte primär objektive Verfahrensgrundsätze enthalten.

Für private Unternehmen, die öffentliche Aufgaben – etwa öffentliche Dienstleistungen – erfüllen, entfällt die Grundrechtsberechtigung, wenn sie beliehen sind. *Beispiel:* ein Energieversorgungsunternehmen, das zu etwa 72 % der öffentlichen Hand gehört und das kaum privatrechtlich selbständig ist.[16]

VI. Grundrechtsverpflichtete

Die Frage, wer an die Grundrechte gebunden ist, stellt sich in zwei Dimensionen: gegenüber dem Staat und gegenüber anderen Bürgern (sog Drittwirkung).

1. Grundrechtsbindung des Staates

Art 1 III GG bindet die Organe der drei **Staatsgewalten an die Grundrechte**: Die Gesetzgebung, die Verwaltung und die Rechtsprechung sind an die Grundrechte gebunden. Die Staatsorgane können sich dieser Bindung nicht dadurch entziehen, dass sie Privatpersonen mit der Ausübung hoheitlicher Gewalt beleihen. Die Beliehenen sind bei der Ausübung von Staatsgewalt ebenfalls an die Grundrechte gebunden. Art. 1 III GG unterstellt daher jegliche Ausübung hoheitlicher Gewalt den Grundrechten.

Woran aber ist zu erkennen, ob staatliche Gewalt ausgeübt wird? Unproblematisch sind die Fälle, in denen die Staatsorgane hoheitliche Rechtsformen verwenden – der Erlass eines Gesetzes, eines Verwaltungsaktes oder einer Gerichtsentscheidung. Unproblematisch ist es auch, wenn die Verwaltung unmittelbar bestimmte öffentliche Dienstleistungen vollbringt. *Beispiel:* Die Verwaltung betreibt ein Wasserwerk in eigener Regie (sog Regiebetrieb). Die Rechtsverhältnisse zwischen dem Regiebetrieb und den Bürgern werden durch eine hoheitliche Satzung geregelt. Problematisch ist die Grundrechtsbindung dagegen, wenn die Staatsorgane privatrechtlich handeln, also insbesondere privatrechtliche Verträge mit Bürgern abschließen. Zu diesem privatrechtlichen Verhalten gilt der folgende Grundsatz: Genau so wenig wie die Staatsorgane sich der Gesetzesbindung entziehen können, indem sie Private beleihen, können sie sich entziehen, indem sie in den Formen des Privatrechts handeln – **keine Flucht ins Privatrecht!**

Wann aber liegt eine „Flucht" vor und nicht einfach eine Wahl oder eine Notwendigkeit? Drei Situationen sind zu unterscheiden:

1. Wenn die Staatsorgane eine privatrechtliche Eigengesellschaft gründen, bleiben sie vollständig an die Grundrechte gebunden, wenn dieses Unternehmen dann privatrechtliche Verträge abschließt. Daher kommt der Begriff des Ver-

---

[16] BVerfG, NJW 1990, 1783, Anm dazu von Gunther Kühne, JZ 1990, 335 f.

waltungsprivatrechts: „Der Verwaltung selbst stehen **bei der Erfüllung öffentlicher Aufgaben** [zwar] die privatrechtlichen Rechtsformen, nicht aber die Freiheiten und Möglichkeiten der Privatautonomie zu. Nimmt die Verwaltung in den Formen des Privatrechts Aufgaben der öffentlichen Verwaltung wahr, so werden die Normen des Privatrechts durch Bestimmungen des öffentlichen Rechts ergänzt, überlagert und modifiziert (sog. **Verwaltungsprivatrecht**)".[17]

Beispiele: Gesetzt der Staat hat die Kosten der Löschwasservorsorge zu tragen. Dann ändert sich daran nichts, wenn er diese Pflicht durch ein privatrechtliches Wasserversorgungsunternehmen erfüllt. Eine staatliche Busverkehrsgesellschaft muss wegen Art 3 I GG gleiche Tarife von Schülern staatlicher wie privater Schulen verlangen.

Ein Folgeproblem erschließt sich bei genauer Lektüre des vorstehenden Zitats: Wenn diese Unternehmen keine „öffentlichen Aufgaben" wahrnehmen, soll offenbar auch keine Bindung an das öffentliche Recht bestehen. Das ist einleuchtend, aber wie ist der Begriff der „öffentlichen Aufgabe" definiert? Die Frage ist durch die obersten Gerichte – soweit ersichtlich – nicht entschieden worden.

2. Problematisch sind **gemischt-wirtschaftliche Unternehmen**, die dem Staat und Privatpersonen gemeinsam gehören. *Beispiel:* An der Deutschen Bahn AG hält der Bund zwar mehr als 50 %, aber nicht alle Aktien; an der Deutschen Telekom AG hält der Bund weniger als 50 % der Aktien. – Unternehmen, an denen der Staat nur eine Minderheit der Anteile hält, sind nicht grundrechtsgebunden. Das ist in der Literatur anerkannt. Die Grundrechtsverpflichtung von öffentlichen Unternehmen ist umstritten und durch das BVerfG noch nicht entschieden.

Die Frage ist wichtig im Zuge der Privatisierungen.

Beispiel: Post und Telekommunikation wurden früher staatlich betrieben. Die Bundespost war an das Brief-, Post- und Fernmeldegeheimnis gebunden, Art 10 GG. Nach richtiger Meinung sind öffentliche Unternehmen grundrechtsverpflichtet, jedenfalls wenn sie öffentliche Aufgaben erfüllen.

3. Ein Sonderfall liegt vor, wenn der Staat auf dem Markt nicht anbietet, sondern nachfragt.

Beispiel: Der Staat kauft Büroeinrichtungen, baut Verwaltungsgebäude, möchte die Energieversorgung oder den öffentlichen Personentransport durch Private besorgen lassen. Die Rechtsprechung hat auch diesen Fall nicht eindeutig entschieden.[18] Jedenfalls gilt hier das **Vergaberecht** der §§ 97 ff Gesetz gegen Wettbewerbsbeschränkungen (vgl Kapitel § 15).

2. Grundrechtsbindung Privater

Das Grundgesetz erklärt ausdrücklich nur die Bindung der staatlichen Gewalt an die Grundrechte, Art 1 III GG. Daraus folgt im Umkehrschluss, dass Private nicht

---

[17] BGHZ 91, 84, 89; weiterführend: BGHZ 115, 311 ff.
[18] Gegen eine Grundrechtsbindung: BGHZ 36, 91 ff, anders aber wohl BGHZ 97, 312 ff.

an die Grundrechte gebunden sind. Das wird bestätigt durch einen weiteren Umkehrschluss aus Art 9 III 2 GG: Danach gilt das Grundrecht, arbeitsrechtliche Vereinigungen zu bilden auch unter Privaten. Wenn das Grundgesetz aber ausdrücklich eine Ausnahme zu Art 1 III GG bestimmt, dann folgt daraus umgekehrt, dass die Grundrechte im Übrigen **nicht unter Privaten** gelten sollen. Eine unmittelbare Wirkung unter Privaten könnte folglich nur durch eine Änderung des Grundgesetzes eingeführt werden.

Wenn Private nicht an Grundrechte gebunden sind, steht es ihnen frei, sich gegenseitig zu diskriminieren. *Beispiel:* Einem Vermieter darf seine Wohnung an eine Dame mit Hündchen statt an einen Herrn mit Kätzchen vermieten, allein mit der Begründung, keine Herren aufnehmen zu wollen. Drei Einschränkungen:

➢ Dieser klare verfassungsrechtliche Befund verliert seine klaren Konturen im Schnittbereich zwischen Staat und Gesellschaft: Im **Verwaltungsprivatrecht** sind die Staatsorgane an die Grundrechte gebunden.

➢ Das **europäische Gemeinschaftsrecht** bestimmt teilweise eine Geltung der grundrechtsgleichen Grundfreiheiten unter Privatpersonen. Zudem gelten die Anti-Diskriminierungsrichtlinien der EU auch unter Privaten. Sie erfassen allerdings nur für bestimmte Lebensbereiche. Die Richtlinie 2000/34/EG beispielsweise verbietet die Diskriminierung von Arbeitnehmern.

➢ **Mittelbare Drittwirkung.** Die Grundrechte gelten „über die Staatsorgane", also mittelbar unter Privaten. Erklärung: Die Staatsorgane sind an die Grundrechte als unmittelbar geltendes Recht gebunden, Art 1 III GG. Das gilt auch, wenn die Staatsorgane Entscheidungen treffen, die das Verhältnis von Privaten untereinander betreffen.

Beispiele: Die Gesetzgeber erlassen das BGB; die Verwaltung erlässt einen Verwaltungsakt, der das Verhältnis von Nachbarn oder Konkurrenten betrifft; die Gerichte entscheiden einen Zivilrechtsstreit. Die Staatsorgane sind jedoch nicht nur an die Grundrechte, sondern auch an das übrige Verfassungsrecht und einfache Recht gebunden, Art 20 III GG. In welchen Fällen kommen die Grundrechte dann zur Anwendung?

Immer dann, wenn die Staatsorgane Entscheidungsspielräume haben und deshalb gestaltend tätig werden müssen – also im Korridor des Rechts. Die Grenzen des Korridors sind grundsätzlich durch den äußersten Wortsinn festgelegt. Bei unbestimmten Rechtsbegriffen ist der Korridor daher am weitesten. Die Auslegung dieser unbestimmten Rechtsbegriffe muss unter Anwendung der Grundrechte erfolgen.

Beispiel: Was Wucher ist, § 138 BGB, oder Treu und Glauben, § 242 BGB, ist grundrechtskonform auszulegen. Die mittelbare Drittwirkung ist also die Folge des Art 1 III GG.

Beispiel: Ein Textilunternehmen wirbt mit schockierenden Motiven für seine Produkte: einem ölverklebten Meeresvogel, und einem nackten menschlichen Gesäß gestempelt mit „H.I.V. POSITIVE". Die Verbraucherschutzverbände klagen auf Unterlassung. Wie ist der Fall zu entscheiden? Zunächst sind die einschlägigen Vorschriften zu finden. Das Gesetzesregister („Werbung") führt zum Gesetz gegen den unlauteren Wettbewerb (UWG). Mangels Spezialvorschriften kommt die Generalklausel des § 3 UWG (ex-§ 1 UWG) in Betracht. Sie wurde in Kapitel § 4.B.III.1a bereits zitiert. Danach ist „unlauterer Wettbewerb" verboten. Es muss also entschieden werden, ob die beschriebene Schockwerbung eine „unlautere Wettbewerbshandlung" ist. Davon ging der Bundesgerichtshof (BGH) aus. Das BVerfG meint dagegen, der BGH verkenne die Bedeutung der Grundrechte für die Auslegung des einfachen Rechts. Die Werbung des Textilunternehmens sei als Meinungsäußerung durch Art 5 I GG geschützt. Das Unternehmen wolle eine bestimmte politische Einstellung zum Ausdruck bringen. Das sei bei der Auslegung von § 1 UWG zu berücksichtigen.[19]

B. Freiheitsrechte

I. Überblick über die Freiheitsrechte, Art 4 ff GG

Das freie Handeln der Einzelnen ist durch mehrere Artikel geschützt. **Art 2 I GG gewährleistet die allgemeine Handlungsfreiheit und das allgemeine Persönlichkeitsrecht**. Art 2 I GG gewährt also einen umfassenden Schutz. Die Art 4 ff GG verbürgen **spezielle Freiheitsrechte**.

Von besonderer Bedeutung sind der Schutz der Glaubens- und Gewissensfreiheit, der Kommunikationsfreiheiten (Meinungs-, Informations-, Presse-, Rundfunk- und Filmfreiheit), der Versammlungs- und Vereinigungsfreiheit, der Berufsfreiheit und der Schutz von Eigentum und Erbrecht. Außerdem geschützt sind die Familie, insbesondere das Erziehungsrecht der Eltern, die Privatschulfreiheit, das Brief-, Post- und Fernmeldegeheimnis, die Staatsangehörigkeit, das Asylrecht und das Petitionsrecht. Welchen Sinn hat die Unterscheidung von verschiedenen Freiheitsrechten?

Die einzelnen Freiheitsrechte normieren jeweils unterschiedliche Anforderungen an staatliche Eingriffe in die geschützten Verhaltensweisen.

Beispiele: Die Glaubensfreiheit unterliegt nur der Beschränkung durch kollidierendes Verfassungsrecht. Die Kommunikationsfreiheiten schützen ausdrücklich die persönliche Ehre der Einzelnen und die Jugend, Art 5 II GG.

Hinter diesen unterschiedlichen Eingriffsbefugnissen steckt ein richtiger Gedanke: Nicht jedes Verhalten ist gleich wichtig für die persönliche Entfaltung und nicht jedes Verhalten hat gleich gewichtige Auswirkungen auf die Interessen der Allgemeinheit. **Die jeweiligen Grundrechtsschranken sind also der Ausdruck einer allgemeinen Abwägung zwischen der Bedeutung einer Freiheit für die Einzelnen einerseits und die Interessen der Allgemeinheit andererseits.** Mit diesem Wissen ist eine Frage von entscheidender Bedeutung: Wie ist das Verhältnis dieser Grundrechte zueinander?

Es gelten gegenüber der allgemeinen Methodenlehre keine Besonderheiten. Es gilt der Grundsatz: Das spezielle Gesetz geht dem allgemeinen vor. Daher ist je-

---

[19] BVerfGE 102, 370 ff.

weils erstens auszulegen, welche Schutzbereiche für ein bestimmtes Verhalten eröffnet sind, und zweitens, welcher Schutzbereich für dieses konkrete Verhalten speziell ist. Von praktischer Bedeutung ist das Verhältnis von Art 2 I GG zu den anderen Freiheitsrechten. Da letztere jeweils besondere Grundrechtsschranken formulieren, würde es zu einer Umgehung führen, wenn zusätzlich immer noch das allgemeine Freiheitsrecht aus Art 2 I GG zu berücksichtigen wäre. Es ist daher allgemeine Meinung, dass **Art 2 I GG nicht zu prüfen ist, sofern ein anderes Freiheitsrecht einschlägig ist**. Art 2 I GG wird im Folgenden näher untersucht.

II. Das allgemeine Freiheits- und Persönlichkeitsrecht des Art 2 I GG

> Art 2 I GG lautet [**Handlungsfreiheit und Persönlichkeitsrecht**]
> Jeder hat das Recht auf die freie Entfaltung seiner Persönlichkeit, soweit er nicht die Rechte anderer verletzt und nicht gegen die verfassungsmäßige Ordnung oder das Sittengesetz verstößt.

Art 2 I GG enthält zwei Grundrechte, nämlich die **allgemeine Handlungsfreiheit** und das **allgemeine Persönlichkeitsrecht**.

Das allgemeine Persönlichkeitsrecht folgt aus der allgemeinen Handlungsfreiheit. Denn die Persönlichkeit bildet sich und lebt sich aus durch ihr Handeln und Nicht-Handeln. Das Persönlichkeitsrecht ist aber als eigenständiges Recht anerkannt, nicht lediglich als Auswirkung der Handlungsfreiheit. Was erfasst der Schutzbereich des Persönlichkeitsrechts?

Das Persönlichkeitsrecht umfasst den Schutz der „Person an sich" – bevor sie in einen sozialen Kontakt mit der Außenwelt tritt. Alles, was zur privaten Sphäre zählt, gehört zum Persönlichkeitsrecht. Daher wird auch verständlich, dass Art 2 I als Persönlichkeitsrecht stets in Verbindung mit dem Recht auf Menschenwürde aus Art 1 I GG zitiert wird. *Beispiele* sind die (sexuelle) Intimsphäre, die Darstellung der Person in der Öffentlichkeit, insbesondere den Medien und die sogenannte **informationelle Selbstbestimmung**. Die informationelle Selbstbestimmung ist der normative Ausgangspunkt für das Datenschutzrecht.

Im Folgenden wird das Grundrecht der allgemeinen Handlungsfreiheit erläutert.

1. Der Schutzbereich des Art 2 I GG

Ist die Handlungsfreiheit ein umfassendes vorstaatliches Recht oder unterliegt sie dem Vorbehalt staatlicher Regelung? Bei der Bestimmung des Schutzbereiches von Art 2 I GG stellt sich das unter A.I geschilderte Problem erneut: Hat der Mensch vorstaatlich Rechte oder bekommt er sie erst durch den Gesellschaftsvertrag.

Beispiel: Die Entscheidung „Reiten im Walde" bringt beide Ansichten zur Anschauung anhand der Frage: Ist das ungehinderte Reiten im Walde Ausdruck einer unbegrenzten persönlichen Freiheit oder sind derartige „Nebensächlichkeiten" in einer politischen Gemeinschaft dem Grundrechtsschutz entzogen?[20]

Der Wortlaut des Art 2 I GG und die Verfassungssystematik enthalten für die Ausgangsfrage keine Anhaltspunkte. Die Entstehungsgeschichte ist mehrdeutig. Der Sinn und Zweck von Art 2 I GG ist gerade das Problem. Unter den Richtern des zuständigen Senats war umstritten, ob die Bestimmung „jede Form menschlichen Handelns [schützt] ohne Rücksicht darauf, welches Gewicht der Betätigung für die Persönlichkeitsentfaltung zukommt"[21]. Das Problem liegt jenseits der Grenzen der Rechtswissenschaften. Welcher Ansicht gefolgt wird, ist eine Frage des politischen Meinens oder der Zweckmäßigkeit. Die Mehrheit des Senats entschied sich anlässlich des Reitens im Walde für eine **umfassende Freiheit**.

Vom Schutzbereich des Art 2 I GG ist daher vom Taubenfüttern[22] bis zum Reiten im Walde alles Handeln erfasst, das dem Menschen in den Sinn kommt. Also etwa auch das Öffnen eines Kaufhauses an Sonntagen.

Aus sprachlichen, nicht aus sachlichen Gründen sah der Parlamentarische Rat von der ursprünglichen Fassung ab: „Jeder kann tun und lassen, was er will."[23]

Richtig wäre der Satz ohnehin nur mit dem Zusatz „wenn er es darf". Denn freilich kann sowohl das Taubenfüttern als auch das Reiten im Walde gesetzlich beschränkt werden. Das ist jedoch nicht mehr die Frage des Schutzbereiches, sondern eine Frage der Rechtfertigung von Eingriffen in den Schutzbereich. – In der Begrifflichkeit des Prozessrechts: Adressaten eines belastenden Verwaltungsaktes sind wegen ihrer Rechte aus Art 2 I GG stets klagebefugt (Adressatenlehre).

Ob Art 2 I GG ihnen auch ein subjektives öffentliches Recht verleiht, ist eine Frage der Begründetheit.

III. Verfassungsrechtliche Rechtfertigung von Eingriffen

Die weite Freiheit aus Art 2 I GG unterliegt dem Vorbehalt der sogenannten Schrankentrias: den Rechten anderer, der verfassungsmäßigen Ordnung und dem Sittengesetz. Nach überwiegender Meinung gehen die erst- und drittgenannte Schranke auf im **Begriff der verfassungsmäßigen Ordnung**. Dies ist „die Gesamtheit der Normen, die formell und materiell verfassungsmäßig sind"[24].

Ob eine Norm verfassungsgemäß ist, ist aber unter anderem an Art 2 I GG selbst zu messen. Denn einerseits schränken die Gesetze Art 2 I GG ein, andererseits sind diese Gesetze an Art 2 I GG zu messen.

Das heißt, die Schutzbereich-Schranken-Konstruktion des Art 2 I GG löst nicht das eingangs erwähnte Problem, ob der Mensch vorstaatliche Rechte hat oder ob sie durch den Gesellschaftsvertrag erst begründet werden. Denn auch, wenn Art 2 I GG alles erdenkliche Handeln schützt, ist damit noch nicht klar, wie weit

---

[20] BVerfGE 80, 137, 152 ff; lehrreich dazu das Sondervotum von Dieter Grimm, 164 ff.
[21] BVerfGE 80, 137, 152.
[22] BVerfGE 54, 143, 146.
[23] So BVerfGE 6, 32, 36 f mN.
[24] BVerfGE 96, 10, 21; 90, 145, 172 mN; erstmals in BVerfGE 6, 32, 37 ff.

der Schutz dieser Freiheit reicht und ab wann die staatliche Befugnis zur Gestaltung und Beschränkung dieser Rechte beginnt.

Das bestätigen auch die Ausführungen des BVerfG zur **Verfassungsbeschwerde**: „Jedermann kann im Wege der Verfassungsbeschwerde geltend machen, ein seine Handlungsfreiheit beschränkendes Gesetz gehöre nicht zur verfassungsmäßigen Ordnung, weil es (formell oder inhaltlich) gegen einzelne Verfassungsbestimmungen oder allgemeine Verfassungsgrundsätze verstoße; deshalb werde sein Grundrecht aus Art 2 I GG verletzt."[25]

Also: Die Freiheit unterliegt der verfassungsmäßigen Ordnung, aber alles, was nicht verfassungsmäßig ist, unterliegt der Freiheit. Was aber verfassungsmäßig ist, bemisst sich gerade auch am Grundrecht der persönlichen Freiheit. Wie kann die freiheitsbeschränkende verfassungsmäßige Ordnung an der Freiheit selbst gemessen werden?

„In materieller Hinsicht bietet der Grundsatz der Verhältnismäßigkeit den Maßstab, nach dem die allgemeine Handlungsfreiheit eingeschränkt werden darf"[26]. **Alle Beschränkungen der allgemeinen Handlungsfreiheit, die nicht in einem geeigneten, erforderlichen und angemessenen Verhältnis zu einem verfassungslegitimen Ziel stehen, sind daher verfassungswidrig.**

C. Gleichheitsrechte

„Gleichheit ist immer nur Abstraktion von gegebener Ungleichheit."[27] Zwei Sachverhalte sind niemals wirklich völlig gleich. Sonst wären sie identisch.

Verschiedene Sachverhalte können aber gleich sein im Hinblick auf bestimmte Merkmale. Ein Anspruch auf Gleichbehandlung von verschiedenen Sachverhalten kann folglich nur dann bestehen, wenn diese Sachverhalte zumindest in einem wesentlichen Merkmal gleich sind. Dieses Merkmal wird als „**tertium comparationis**" bezeichnet – etwas Drittes, das beiden Sachverhalten gemeinsam ist.

Beispiel: Mann und Frau sind biologisch in vielen Hinsichten unterschiedlich. Das tertium comparationis ist, dass beide Menschen sind, vgl Art 3 II GG. Menschen und Hunde sind darin gleich, dass beide Säuger sind. Das Gegenteil zum tertium comparationis ist das **Differenzierungsmerkmal**. Mann und Frau, Menschen und Hunde können gerade wegen ihrer Unterschiede auch ungleich behandelt werden.

Entscheidend für eine rechtliche Regelung der Gleichbehandlung ist folglich die Frage, worin die Vergleichsmomente liegen und welche Differenzierungsmerkmale geboten oder verboten sind.

Beispiel: Bei der Besteuerung von unterschiedlichen Einkommen fragt sich, ob die Besteuerung dazu genutzt werden soll, die Nettoeinkommen einander an-

---

[25] BVerfGE 6, 32, 41.
[26] BVerfGE 80, 137, 152.
[27] Gustav Radbruch, Rechtsphilosophie, 6. A 1932, 71.

zugleichen oder ob die Einkommensunterschiede vollkommen gewahrt bleiben müssen.

An diesem Beispiel zeigt sich auch der enge Zusammenhang zur Freiheit. Ungebändigte Freiheit der Einzelnen führt potentiell zu so erheblichen Ungleichheiten, dass die Freiheit Einzelner gegen Null gehen kann. Wie beantwortet das Grundgesetz diese Fragen?

I. Spezielle Gleichheitsrechte und allgemeines Gleichheitsrecht

Im Grundgesetz bestimmt im Anschluss an die Freiheitsrechte des Art 2 I GG

> Art 3 GG: [**Gleichheit vor dem Gesetz**]
> (1) Alle Menschen sind vor dem Gesetz gleich.
> (2) Männer und Frauen sind gleichberechtigt. Der Staat fördert die tatsächliche Durchsetzung der Gleichberechtigung von Frauen und Männern und wirkt auf die Beseitigung bestehender Nachteile hin.
> (3) Niemand darf wegen seines Geschlechts, seiner Abstammung, seiner Rasse, seiner Sprache, seiner Heimat und Herkunft, seines Glaubens, seiner religiösen oder politischen Anschauungen benachteiligt oder bevorzugt werden. Niemand darf wegen seiner Behinderung benachteiligt werden.

Art 3 I GG enthält das allgemeine Gleichheitsgebot. Art 3 II 1 und III GG knüpfen an bestimmte Merkmale an und werden daher als besondere Gleichheitsrechte bezeichnet.

Weitere besondere Gleichheitsrechte enthalten die Art 6 IV (uneheliche Kinder), 12a II 2 (Zivildienst), 33 II (öffentlicher Dienst) und 38 GG (Wahlrecht).

Eine umfassende Antwort auf die oben gestellten Fragen zum Verhältnis von Freiheit und Gleichheit und dem zulässigen Ausmaß der Gleichmachung enthalten diese Vorschriften nicht. Im Einzelnen ist Vieles umstritten. Insbesondere geben auch die verschiedenen Begriffe der Gleichheit, Gleichberechtigung und der Gleichbehandlung als Gegenteil einer Benachteiligung keinen sachlichen Aufschluss. Im Folgenden werden in Anlehnung an die Rechtsprechung die wesentlichen Merksätze zu den Gleichheitsrechten vermittelt.[28]

Art 3 II 1 und III GG benennen Merkmale, die **keine Differenzierungsmerkmale** sein dürfen. Das bedeutet nicht, dass zwischen Menschen, die sich in diesen Merkmalen unterscheiden, nicht unterschieden werden dürfte. Diese Unterscheidungsmerkmale dürfen aber nicht zur Rechtfertigung einer unterschiedlichen Behandlung herangezogen werden. Verboten ist auch die verschleierte Ungleichbehandlung unter Verwendung vorgeschobener Gründe (sog **mittelbare Diskriminierung**).

Beispiel: Ein muslimischer Unternehmer und ein christlicher Schlachter dürfen unterschiedlich besteuert werden. Gerechtfertigt werden kann diese Ungleichbe-

---

[28] Für eine umfassendere Erörterung ist Battis/Gusy 1999, Rn 529 ff zu empfehlen.

handlung aber nicht mit der unterschiedlichen Religionszugehörigkeit. Zu den Differenzierungsmerkmalen im Einzelnen:

- Art 3 II, III GG (Geschlecht): Die **Gleichberechtigung von Mann und Frau** war eine geistes- und kulturgeschichtlicher Wende, nämlich die Anerkennung „des weiblichen Prinzips". Insofern ist die Entwicklung noch nicht abgeschlossen. Angesichts der biologischen Unterschiede kann unklar sein, wie eine Gleichberechtigung vollzogen werden könnte.
  Beispiele: Dem Umstand, dass die Frau schwanger wird und nicht der Mann, tragen arbeits- und sozialrechtliche Schutzvorschriften für schwangere Frauen Rechnung. Entscheiden sich die Eltern aber dafür, dass der Mann die Erziehung übernehmen soll, so hat der Vater die gleichen Rechte wie die Mutter. Nicht nur die Frau, sondern auch der Mann hat Anspruch auf einen „Haushaltstag"; dafür darf die Frau Militärdienste leisten, wenn sie möchte.
  1994 wurde Art 3 II 2 GG eingefügt als Staatsauftrag, „für die Zukunft die Gleichberechtigung der Geschlechter durchzusetzen"[29]. Das ist eine Ausnahme zu Art 3 III Var 1 GG. Bei der Arbeitnehmerbeschäftigung ist das unmittelbar wirkende Diskriminierungsverbot des Art 157 AEUV (ex-Art 141 EG) zu beachten. Der EuGH hielt die sogenannte weiche Quote für gemeinschaftsrechtskonform. Danach dürfen bei gleicher Qualifikationen weibliche Bewerber bis zu einer Quote von 50 % bevorzugt werden. Erforderlich sind aber Ausnahmeklauseln.[30]
- **Die einzelnen Merkmale des Art 3 III GG.** Abstammung ist die biologische Beziehung zu den Vorfahren; Herkunft ist die soziale Schicht dieser Vorfahren und Heimat ist der örtliche Bezugspunkt. Sprache, Glaube und politische Anschauung sind aus sich verständlich. Rasse meint die genetische Bezugsgruppe (insbesondere die Hautfarbe).

II. Der allgemeine Gleichheitssatz

Der allgemeine Gleichheitssatz ist in drei Schritten zu prüfen.

a) Anwendbarkeit
Beim Gleichheitssatz Art 3 I GG gilt über die allgemeinen Grundsätze der Grundrechtsberechtigung und -verpflichtung hinaus eine Besonderheit.

Die normative Kraft des Art 3 I GG endet an den Kompetenzgrenzen der jeweils handelnden Staatsgewalt. Das heißt: Gebunden ist ein Hoheitsträger nur in seinem Handlungsbereich.

Daher verletzen ein Land oder eine Gemeinde Art 3 I GG nicht, wenn andere Gebietskörperschaften den gleichen Sachverhalt anders behandeln. Dasselbe gilt für die Gerichte: „Abweichende Auslegungen derselben Norm durch verschiedene

---

[29] BVerfGE 85, 191, 207; vgl auch 89, 276, 285; 84, 9, 17.
[30] EuGH, C-409/95 – Marschall, EuGHE 1997, 3636; C-450/93 – Kalanke, E 1996, 3051.

Gerichte verstoßen nicht gegen das Gleichbehandlungsgebot. Richter sind unabhängig und nur dem Gesetz unterworfen"[31], Art 97 I GG.

Verschiedene Stellen innerhalb einer Behörde sind dagegen an Art 3 I GG gebunden. Daher kann sich ein Anspruch auf Gleichbehandlung aus einem vollzogenen oder durch Verwaltungsvorschrift angekündigten (sog antizipierendem) Verwaltungshandeln in Verbindung mit Art 3 I GG ergeben (sog **Selbstbindung der Verwaltung**). Eine Unterausnahme besteht für rechtswidriges Verwaltungshandeln: Begünstigte die Verwaltung jemanden zu Unrecht, so haben Dritte grundsätzlich keinen Anspruch auf diese Begünstigung aus Art 3 I GG (**keine Gleichheit im Unrecht**). Andernfalls könnte die Verwaltung zu rechtswidrigem Handeln gezwungen werden.

b) Ungleichbehandlung (Schutzbereich)
Art 3 I GG verbietet die Ungleichbehandlung von wesentlich gleichen Sachverhalten. Mit abgeschwächtem Prüfungsmaßstab ist aber auch die Gleichbehandlung von wesentlich Ungleichem verboten. Ob Sachverhalte wesentlich gleich oder ungleich sind, ist anhand der Umstände des Einzelfalles zu beurteilen.

Eine Ungleichbehandlung im Sinne von Art 3 I GG setzt des Weiteren voraus, dass einer der Betroffenen benachteiligt ist.

c) Rechtfertigung
Eine Ungleichbehandlung ist verfassungsrechtlich gerechtfertigt, wenn ein verfassungslegitimer sachlicher Grund die Ursache ist. Art 3 I GG ist „vor allem dann verletzt, wenn eine Gruppe von Normadressaten im Vergleich zu anderen Normadressaten anders behandelt wird, obwohl zwischen beiden Gruppen keine Unterschiede von solcher Art und solchem Gewicht bestehen, dass sie die ungleiche Behandlung rechtfertigen können"[32].

Diese sogenannte „**neue Formel**" löste die alte, sehr viel blassere Willkürformel ab, wonach Gleiches nicht willkürlich ungleich behandelt werden durfte. Seit der neuen Formel misst das BVerfG Gleichheitsverstöße am Grundsatz der Verhältnismäßigkeit: Der Grund für die Ungleichbehandlung, das Regelungsziel, muss in einem angemessenen Verhältnis zur Ungleichbehandlung stehen. Je gewichtiger das Ziel, um so eher ist die Ungleichbehandlung gerechtfertigt.

Die Gesetzgeber haben allerdings einen Entscheidungsspielraum. Insbesondere „kann dem Gesichtspunkt der Verwaltungspraktikabilität bei der Regelung von Massenerscheinungen eine besondere Bedeutung zukommen. Dies setzt aber voraus, dass bei einer Gleichbehandlung erhebliche verwaltungstechnische Schwierigkeiten entstehen würden, die nicht durch einfachere, die Betroffenen weniger belastende Regelungen behoben werden könnten."[33]

Beispiel: Zur Bemessung von Ausbildungsförderungs-(BaFöG-)Leistungen wird das Vermögen der Auszubildenden berechnet. Es ist mit Art 3 I GG unvereinbar, lediglich Wertpapiere oder sonstige Vermögensgegenstände anzurechnen, Grundstückswerte dagegen nicht zu berücksichtigen. Weitere *Beispiele* für sachli-

---

[31] BVerfGE 98, 17, 48.
[32] BVerfGE 55, 72, 88.
[33] Beide Zitate: BVerfGE 100, 195, 205 mN; dort auch das Beispiel.

che Gründe sind die Praktikabilität oder Wirtschaftlichkeit einer Regelung oder die Rechtssicherheit, nicht dagegen die Tradition.

Die Sachmaterie der Ungleichbehandlung hat Auswirkungen auf die Rechtfertigung. „Der Gleichheitssatz ist umso strikter, je mehr eine Regelung den Einzelnen als Person betrifft, und umso offener für gesetzgeberische Gestaltungen, je mehr allgemeine, für rechtliche Einwirkungen zugängliche Lebensverhältnisse geregelt werden"[34]. Im Steuerrecht, im Sozialrecht oder auch im Arbeitsrecht findet der Gleichheitssatz eine **bereichsspezifische Ausprägung**.

Beispiel: Verstößt es gegen Art 3 I GG, wenn das häusliche Arbeitszimmer steuerrechtlich nicht berücksichtigt wird? „Steuerrechtliche Regelungen sind so auszugestalten, dass Gleichheit im Belastungserfolg für alle Steuerpflichtigen hergestellt werden kann. Der Gleichheitssatz fordert [...] die Regelung eines allgemein verständlichen und möglichst unausweichlichen Belastungsgrundes".

Aber: „Jede gesetzliche Regelung muss verallgemeinern. Der Gesetzgeber darf sich grundsätzlich am Regelfall orientieren und ist nicht gehalten, allen Besonderheiten jeweils durch Sonderregelungen Rechnung zu tragen. [...] Der Gesetzgeber hat [...] einen – freilich nicht unbegrenzten – Raum für generalisierende, typisierende und pauschalierende Regelungen". Im Ergebnis ist die beschränkte steuerliche Absetzbarkeit des Arbeitszimmers verfassungskonform.

D. Zusammenfassung

I. Wichtigste Lehre

Die Grundrechte geben den Einzelnen Abwehr- oder Verpflichtungsansprüche (subjektive öffentliche Rechte) nur, wenn ein Eingriff in den Schutzbereich vorliegt, der verfassungsrechtlich nicht zu rechtfertigen ist. Grundlage für einen wesentlichen Eingriff in den Schutzbereich eines Grundrechts kann nur ein formelles Gesetz sein (allgemeiner Gesetzesvorbehalt). Diese Gesetze sind aber ihrerseits an den Grundrechten zu messen: Die Freiheit unterliegt der verfassungsmäßigen Ordnung, aber alles, was nicht verfassungsmäßig ist, unterliegt der Freiheit. Maßstab für die Beurteilung, ob ein Schutzbereichseingriff verfassungsmäßig ist oder ob umgekehrt das Gesetz gegen das eingeschränkte Grundrecht verstößt, ist der Grundsatz der Verhältnismäßigkeit. Auch die Gleichbehandlung der Einzelnen ist eine Frage der Verhältnismäßigkeit: Gleichheit ist nämlich immer nur Abstraktion von gegebener Ungleichheit unter einem gemeinsamen Gesichtspunkt der verglichenen Sachverhalte (sog tertium comparationis). Ob zwei Sachverhalte trotz eines gemeinsamen Merkmals ungleich behandelt werden dürfen, ist eine Wertungsfrage. Dabei gilt: Der Grund für die Ungleichbehandlung, das Regelungsziel, muss in einem angemessenen Verhältnis zur Ungleichbehandlung stehen (sog neue Formel des BVerfG).

---

[34] BVerfGE 101, 297, 309; dort auch die folgenden Zitate, vgl auch E 96, 1, 6 mN.

II. Wichtige Stichworte

- Doppelte Bedeutung der Grundrechte; (sachlicher und persönlicher) Schutzbereich, Eingriff, verfassungsrechtliche Rechtfertigung; formelle und materielle Verfassungsmäßigkeit von Gesetzen: Gesetzesvorbehalte, Art 19 I, II; Bestimmtheitsgrundsatz, Verhältnismäßigkeit, praktische Konkordanz
- Grundrechte als Abwehr- und Anspruchsrechte
- Grundrechte als „objektive Wertordnung"
- Grundrechtsträger und Grundrechtsverpflichtete; mittelbare und unmittelbare Drittwirkung, Verwaltungsprivatrecht
- Art 2 I GG: Begriff der verfassungsmäßigen Ordnung
- Art 3 GG: Differenzierungsmerkmale, Gleichberechtigung von Mann und Frau; neue Formel

III. Schrifttum

Vertiefende Ausführungen finden sich in den bereits zitierten Kommentaren zum Grundgesetz sowie in den Lehrbüchern zum Staatsrecht. Ergänzend sei verwiesen auf

Battis / Gusy, Einführung in das Staatsrecht, 4.A 1999.
Häberle, Peter, Das Menschenbild im Verfassungsstaat, 4. A 2008.
Ipsen, Jörn, Staatsrecht II, Grundrechte, 11. A 2008.
Manssen, Gerrit, Staatsrecht II, Grundrechte, 5.A 2007.
Pieroth, Bodo/Schlink, Bernhard, Grundrechte, 23. A 2007.
Sachs, Michael, Verfassungsrecht II : Grundrechte, 2.A 2003.

§ 9 Beruf, Eigentum und Vereinigungen

Vor allem die die Grundrechte auf eine freie Berufswahl und Berufsausübung sowie das Recht auf Eigentum sind wesentliche Voraussetzung für einen funktionierenden Leistungswettbewerb (vgl. Kapitel § 6.B.II). Im Hinblick auf die Wirtschaftsordnung besteht ein grundlegendes Spannungsverhältnis zwischen diesen freiheitsrechten und ihrer Beschränkung. Denn das wiederholt in Bezug genommene soziale Dilemma bedingt dass die Freiheiten gezielt beschränkt werden, um individuellen Handlungsfreiräume zum allgemeinen Kooperationsvorteil zu erweitern (dazu Kapitel § 11.C.IV). Offensichtliche *Beispiele* sind das Verbot sozialschädlicher „Berufe" oder das Verbot, das Eigentum zu grob umweltschädlichen Zwecken zu missbrauchen.

Zur Verwirklichung einer funktionierenden Wirtschaftsordnung bedarf es einer staatlichen Wirtschaftsaufsicht durch freiheitsbeschränkende rechtliche Regelungen, die eine für alle möglichst vorteilhafte Entfaltung der Freiheitsrechte ermöglicht. In der Sprache des Rechts: Das grundlegende Spannungsverhältnis zwischen den Grundrechten und den grundrechtsbeschränkenden Regeln ist nach dem Grundsatz der Verhältnismäßigkeit in einen Ausgleich zu bringen. –

A. Berufsfreiheit, Art 12 I GG

Die Berufsfreiheit kann in unterschiedlich starker Art und Weise beschränkt werden. Das BVerfG differenziert anschaulich nach drei Stufen:

1. **Objektive Berufszugangsschranken** sind per se dem persönlichen Einfluss des Einzelnen entzogen. Sie regeln das fundamentale „Ob" der Berufswahl. Persönliche Eigenschaften des Einzelnen sind dabei unerheblich.[1]
   Beispiele: Einem Speditionsunternehmer wird eine Genehmigung zum Betrieb eines Lkw im Güterfernverkehr versagt. Die Höchstzahl der zu vergebenden Genehmigungen sei erreicht. Ähnlich geht es einem Studienplatzbewerber. Ein Hundeliebhaber möchte Pit-Bull-Kämpfe veranstalten, um an den dabei abgeschlossenen Wetten zu verdienen. Das wird ihm verboten.
2. **Subjektive Berufszugangsschranken** liegen in der Person der Betroffenen. Sie erfassen persönliche Eigenschaften, Leistungen und Fähigkeiten, wie bei-

---

[1] BVerfGE 73, 280 ff; Jarass/Pieroth-Jarass, GG, 9.A 2007, Art. 12, Rn 24b; Pieroth/Schlink, Staatsrecht II: Grundrechte, 23.A 2007, Rn 826 und 831.

spielsweise das Alter, Eignung oder Zuverlässigkeit.[2] Unerheblich ist, ob die Betreffenden einen Einfluss auf das Vorliegen dieser Eigenschaften haben.
Beispiele: Arzt, Rechtsanwalt, Steuerberater oder Wirtschaftsprüfer darf nur werden, wer bestimmte Prüfungen abgelegt hat. Für bestimmte Berufe gibt es Höchstaltersgrenzen; für bestimmte Studiengänge können Höchstsemester festgelegt werden. Ein Handwerker Flink möchte sich selbständig machen. Der erforderliche Eintrag in die Handwerksrolle wird ihm erst ermöglicht, nachdem er eine aufwendige Prüfung zum Meister absolviert hat.

3. **Beschränkungen der Berufsausübung** betreffen den Zeitraum nach Ergreifung eines bestimmten Berufes. Sie regeln das „Wie" der Tätigkeit, indem sie deren Art und Weise im Einzelnen ausgestalten.
Beispiele: Einem Kaufhaus wird das Öffnen am Sonntag untersagt. Die innovative Morethanyoucanchew GmbH bringt zur Jahresendzeit Kaugummi-Weihnachtsmänner auf den Markt, die das gleiche Design wie die herkömmlichen Schokoladen-Weihnachtsmänner haben. Eine behördliche Verfügung untersagt den Vertrieb. Das Produktdesign verstoße gegen die Kakaoverordnung. Diese verbiete, dass gewerbsmäßig in Verkehr gebrachte Lebensmittel mit Schokolade verwechselt werden.

Können sich die Einzelnen gegen derartige Schranken zur Wehr setzen? Das ist am Maßstab des Art 12 I GG zu beurteilen:

> Art 12 I GG [**Berufsfreiheit**]
> Alle Deutschen haben das Recht, Beruf, Arbeitsplatz und Ausbildungsstätte frei zu wählen. Die Berufsausübung kann durch Gesetz oder auf Grund eines Gesetzes geregelt werden.

I. Schutzbereich

Der sachliche Schutzbereich der Berufs- und Arbeitsplatzwahl umfasst die Entscheidung, eine Ausbildung oder einen Beruf zu ergreifen (oder darauf zu verzichten). Ein Beruf im Sinne von Art 12 I GG ist **jede selbständige oder unselbständige Tätigkeit, die für den einzelnen Lebensaufgabe und Lebensgrundlage** ist und „durch die er zugleich seinen Beitrag zur gesellschaftlichen Gesamtleistung erbringt"[3].

Schützt Art 12 I GG auch verbotene Tätigkeiten? *Beispiel:* Die Veranstaltung von Hundekämpfen verstößt gegen das Tierschutzgesetz; Sportwetten gegen § 284 Strafgesetzbuch (StGB); die Durchführung von illegalen Schwangerschaftsabbrüchen gegen § 218 StGB.

Es widerspräche der Normenpyramide, wenn Tätigkeiten, die im einfachen Gesetzesrecht untersagt sind, dem Schutzbereich von Art 12 GG entzogen wären. Stattdessen sind – umgekehrt – die Verbotsgesetze an Art 12 GG zu messen, und

---

[2] BVerfGE 54, 301, 314 f.; 13, 97, 106 f.; 7, 377, 406 f.
[3] BVerfGE 7, 397, ständige Rechtsprechung.

zwar auch dann wenn klar zu sein scheint, dass die betreffenden Tätigkeiten nicht rechtlich schützenswert sind, etwa weil sie überwiegend als „sozialschädlich" empfunden werden.

Inwieweit schützt die Berufsfreiheit Gewerbetreibende dagegen, dass Staatsorgane Genehmigungen, Konzessionen oder sonstige Gewerbezulassungen an Konkurrenten vergeben? *Beispiel:* Kann sich ein Speditionsunternehmen erfolgreich auf Art 12 I GG berufen, wenn er gegen die Erteilung einer Güterverkehrskonzession an einen Konkurrenten klagen will? Kann sich eine Gärtnerei gegen die Gründung einer kommunalen Gärtnerei wehren?

Art 12 GG ist dann die Basis für eine sog „Konkurrentenklage", wenn sich ein Unternehmer dagegen wehren möchte, dass andere eine Genehmigung bekommen haben, er aber nicht. Dagegen schützt Art 12 GG nicht davor, dass sich auf einem bestimmten Markt durch die Erteilung weiterer Genehmigungen die Konkurrenz verschärft. Denn **Art 12 I GG schützt nicht vor Wettbewerb**. Art 12 I enthält gerade eine Entscheidung für den Wettbewerb. Die Zulassung von Konkurrenten ist also kein Eingriff in den Schutzbereich von Art 12 I GG.

Gibt Art 12 I GG unter Umständen ein Recht auf staatliche Begünstigungen? Das BVerfG erkannte richtig, dass die Berufsfreiheit ohne staatliche Unterstützung leerlaufen kann. Das betrifft insbesondere die Schaffung von Studienplätzen. Daher trifft den Staat unter Umständen eine Pflicht, die Einzelnen in ihrer Berufsfreiheit zu unterstützen, also etwa Studienplätze zu schaffen.

Diesbezüglich haben die Gesetzgeber aber einen weiten Gestaltungsspielraum, vgl Art 109 II GG. Zudem stehen diesbezügliche Ansprüche stets unter dem Vorbehalt des Möglichen. Soweit Studienplätze bereitgestellt werden, verbürgt Art 12 I in Verbindung mit Art 3 I GG allerdings ein subjektives öffentliches Recht auf rechtsfehlerfreie Zuteilungsentscheidungen. Daher kann ein Studienplatz grundsätzlich erfolgreich eingeklagt werden, solange die Kapazitäten nicht ausgeschöpft sind.

Wie ist das Verhältnis zur Eigentumsfreiheit des Art 14 GG? **Art 12 I schützt den Erwerb, Art 14 das Erworbene**. Art 12 I ist daher personenbezogen, Art 14 dagegen objektbezogen: „Greift ein Akt der öffentlichen Gewalt eher in die Freiheit der [...] Erwerbs- und Leistungstätigkeit ein, so ist der Schutzbereich des Art 12 I GG berührt; begrenzt er mehr die Innehabung oder Verwendung vorhandener Vermögensgüter, so kommt der Schutz des Art 14 GG in Betracht"[4].

II. Eingriff

Mitunter ist problematisch, ob eine staatliche Maßnahme die Berufsfreiheit beschränkt. Das BVerfG prägte hierzu die Begriffe „Berufsbezug" für gezielte Maßnahmen und „berufsregelnde Tendenz" für faktische Schutzbereichsverletzungen:

„Art 12 I GG schützt nur vor solchen Beeinträchtigungen, die **auf die berufliche Betätigung bezogen** sind. Es genügt also nicht, dass eine Rechtsnorm [...] Rückwirkungen auf die Berufstätigkeit entfaltet. Diese muss aber auch nicht un-

---

[4] BVerfGE 30, 292, 335.

mittelbar betroffen sein. Es kann vielmehr vorkommen, dass eine Norm die Berufstätigkeit selbst unberührt lässt, aber im Blick auf den Beruf die Rahmenbedingungen verändert, unter denen er ausgeübt werden kann. Eine solche Regelung berührt Art 12 I GG dann, wenn sie infolge ihrer Gestaltung in einem engen Zusammenhang mit der Ausübung eines Berufs steht und objektiv **berufsregelnde Tendenz hat**".

Beispiel: Keine berufsregelnde Tendenz hat eine Änderung des Branntweinmonopolgesetzes, soweit dadurch die Einsparungen beim Zuschuss an die Monopolverwaltung bewirkt werden sollen. Denn bei einer solchen Änderung des Gesetzes „geht es nicht darum, zielgerichtet die Wettbewerbs- und Absatzchancen der gewerblichen Brennereien zu beeinträchtigen. Diese können durch die Umstrukturierung des Branntweinmonopols allerdings einem Konkurrenznachteil ausgesetzt werden. Dabei handelt es sich aber nur um faktische Auswirkungen der zum Zweck der Haushaltssanierung vorgenommenen Maßnahme. Solche nachteiligen Veränderungen der wirtschaftlichen Verhältnisse sind nicht als Beeinträchtigung der Berufsfreiheit anzusehen". Die Gesetzesänderung „führt zwar zu einem Verlust des bisher staatlich garantierten Übernahmepreises für [...] hergestellten Alkohol und somit möglicherweise zu einer Verringerung ihres Geschäftsumfangs. Art 12 GG gibt jedoch kein Recht auf Erhaltung eines bestimmten Geschäftsumfangs und auf Sicherung weiterer Erwerbsmöglichkeiten beispielsweise durch die weitere Gewährung staatlicher Subventionen".[5]

III. Rechtfertigung

Art 12 I 2 GG stellt im Wortlaut die Berufsausübung, nicht aber die Berufswahl unter einen **Gesetzesvorbehalt**. Es entspricht aber der allgemeinen Meinung, dass sich der Grundrechtsvorbehalt auf die gesamte Berufsfreiheit, also auch auf die Wahl des Berufs und des Arbeitsplatzes, erstreckt. Berufswahl und Berufsausübung sind inhaltlich so eng miteinander verbunden, dass eine Differenzierung zwischen beiden kaum möglich ist.[6]

Die Beschränkungen der Berufsausübung können so massiv sein, dass sie einem nachträglichen Ausübungsverbot entsprechen. Derartige nachträgliche Ausübungsbeschränkungen können einschneidender sein als eine frühzeitige und damit verlässliche Einschränkung der Wahlmöglichkeiten. Was nützte die Freiheit Informatik zu studieren, wenn die Benutzung von Computern aus Schutz der Allgemeinheit vor Elektrosmog verboten wäre?

Eingriffe in den Schutzbereich sind gerechtfertigt, wenn sie formell und materiell verfassungsmäßig sind.

---

[5] Alle Zitate BVerfG, 1 BvR 2337/00 v 03.07.2001, Rn 34, 36 f, http://www.bverfg.de; vgl BVerfGE 98, 218, 258 f; 95, 267, 302 mN. Zur Gewährung von Subventionen vgl BVerfGE 34, 252, 256 mN; 82, 209, 223.

[6] BVerfGE 54, 224, 234; 54, 237, 246; 7, 377, 402.

a) Formelle Verfassungsmäßigkeit von Berufsbeschränkungen

Gemäß Art 12 I 2 GG kann die Berufsausübung „durch Gesetz oder auf Grund eines Gesetzes geregelt werden". Wie ist der Rechtsbegriff „auf Grund eines Gesetzes" auszulegen?

Unstreitig fallen unter den **Begriff „auf Grund eines Gesetzes"** Rechtsverordnungen gemäß Art 80 I GG. Auch Satzungen können verfassungsrechtlich ausreichende Ermächtigungsgrundlagen sein.[7]

Beispiel: Die Berufsverbände können durch ihre Satzungen die Berufsfreiheit einschränken. Voraussetzung ist dabei jedoch, dass die Gesetzgeber die Berufsverbände ausdrücklich zu solchen Regelungen ermächtigten. Zudem wird in der Rechtsprechung und in der Literatur vertreten, die Wesentlichkeitslehre verlange stets, dass objektive und subjektive Berufszugangsregelungen durch den Gesetzgeber zu regeln sind.[8]

Hinsichtlich des verfassungsrechtlich verlangten Ausmaßes der gesetzlichen Regelung formuliert das BVerfG keine schematische Lösung. Es stellt lediglich allgemein strengere Anforderungen an die **Bestimmtheit** und Erkennbarkeit einer gesetzlichen Regelung, sofern die Berufswahl betroffen ist und nicht lediglich die Berufsausübung.[9]

„Das verfassungsrechtliche Erfordernis einer gesetzlichen Grundlage beruht [...] darauf, dass einerseits das Grundrecht der Berufsfreiheit die menschliche Persönlichkeit [...] in einem für ihre Selbstbestimmung in der arbeitsteiligen Industriegesellschaft besonders wichtigen Bereich schützt, dass andererseits die Inanspruchnahme dieser Freiheit mit den Belangen der Allgemeinheit in Einklang gebracht werden muss und dass die Abwägung gegenüber welchen Gemeinschaftsinteressen und wie weit das Freiheitsrecht des einzelnen zurücktreten muss, in den Verantwortungsbereich des Gesetzgebers fällt."[10]

b) Materielle Verfassungsmäßigkeit von Berufsbeschränkungen

Laut BVerfG normiert Art 12 I GG einen **einheitlichen Schutzbereich der Berufsfreiheit**. Der unterschiedlichen Behandlung von Berufswahl und Berufsausübung in Art 12 I 1 und 2 GG trägt das BVerfG aber dadurch Rechnung, dass es an Beschränkungen der Berufswahl höhere Anforderungen stellt, als an Schranken für die Berufsausübung. Berufswahlbeschränkungen seien schwerere Freiheitsbeschränkungen als Ausübungsbeschränkungen.

Die Anforderungen an die verfassungsrechtliche Rechtfertigung eines Eingriffs in die Berufsfreiheit sind also relativ zur Schwere des Eingriffs. Im sogenannten Apothekenurteil[11] unterscheidet das BVerfG in „strikter Anwendung des Prinzips

---

[7] BVerfGE 33, 125 ff – Facharzt-Beschluss; zu Gewohnheitsrecht: BVerfGE 15, 226, 233.
[8] OVG Bremen: keine Regelung der Voraussetzungen für den juristischen Vorbereitungsdienst durch Verwaltungsvorschriften, NordÖR 1999, 27, 28; Pieroth/Schlink, Staatsrecht II: Grundrechte, 23.A 2007, Rn 845 unter Hinweis auf BVerfGE 94, 372, 390; 33, 125, 160., wo entschieden wurde, dass Berufswahlbeschränkungen nicht auf Berufsverbände delegiert werden dürfen.
[9] BVerfGE 73, 280, 294; 54, 237, 245 f.
[10] BVerfG, NJW 1988, 191 mN.
[11] BVerfGE 7, 377 ff.

der Verhältnismäßigkeit"[12] die oben bereits genannten **Intensitätsstufen des Eingriffs** in die Berufsfreiheit:[13] Je nachdem, ob ein Eingriff eine objektive oder eine subjektive Schranke für die Berufswahl oder eine Begrenzung der Berufsausübung ist, müssen unterschiedlich gewichtige Gründe diese Eingriffe rechtfertigen.

1. **Objektive Zugangsschranken** sind zulässig zum Schutze überragend wichtiger Gemeinschaftsgüter und besonders wichtiger Interessen der Allgemeinheit, die anders als durch die Beschränkung der Berufsfreiheit nicht geschützt werden können.[14] Es muss „bei der Berufswahl die größtmögliche Freiheit gewahrt bleiben [..., so] dass diese Freiheit nur so weit eingeschränkt werden darf, als es zum gemeinen Wohl unerlässlich ist."[15]
   Beispiele: Die Bedürfnisprüfung für den Güterfernverkehr ist gerechtfertigt, um die gemeinwohlrelevante Stellung des Schienenverkehrs nicht zu unterhöhlen. Das Verbot von Hundekämpfen dient dem hohen Rechtsgut des Tierschutzes. Zulassungsbeschränkungen zum Hochschulstudium sind nur zulässig „zum Schutz eines überragend wichtigen Gemeinschaftsgutes [...] und nur in den Grenzen des unbedingt Erforderlichen".[16]
2. **Subjektive Zugangsschranken** dienen dem Schutze eines wichtigen Gemeinschaftsgutes. Das ist der Fall, wenn die unbeschränkte Ausübung des Berufs Gefahren oder Schäden für die Allgemeinheit mit sich brächte und die Freiheit des einzelnen gegenüber dem Schutz von Gemeinschaftsgütern als nachrangig zu bewerten ist.[17] „Das bedeutet, [...] dass zunächst zu prüfen ist, ob der Gesetzgeber zur Erreichung seines Zieles überhaupt genötigt war, Beschränkungen der freien Berufswahl vorzunehmen, statt sich auf Regelungen der Berufsausübung zu beschränken".[18]
   Beispiele: Die Meisterprüfung, §§ 1 I, II, 7 I HandwO ist gerechtfertigt, um einen hohen Leistungsstandard des Handwerks zu gewährleisten.
3. Reine **Berufsausübungsregelungen** wirken nicht auf die Berufswahl zurück. „Eingriffe in die freie Berufsausübung [...] sind [...] nur dann mit Art 12 I GG vereinbar, wenn sie durch ausreichende Gründe des Gemeinwohls gerechtfertigt werden und wenn sie dem Grundsatz der Verhältnismäßigkeit genügen, wenn also das gewählte Mittel zur Erreichung des verfolgten Zweckes geeignet und auch erforderlich ist und wenn bei einer Gesamtabwägung zwischen der Schwere des Eingriffs und dem Gewicht der ihn rechtfertigenden Gründe

---

[12] BVerfGE 25, 1, 12; 13, 97, 104.
[13] Darstellung und Kritik dieser Lehre bei Maunz/Dürig/Herzog/Scholz-Scholz, Grundgesetz : Kommentar, Art 12, 51. Lfg, 2008, Rn 318 ff.
[14] BVerfGE 97, 12, 26; 63, 266, 286; 59, 302, 315 f.; 11, 30, 43 f.
[15] BVerfGE 7, 377, 405.
[16] BVerfG, NVwZ 1992, 361; ebenso OVG Bremen, NordÖR 2000, 27; OVG Berlin, NVwZ-RR 1999, 181, 182.
[17] BVerfGE 13, 97, 107; 19, 330, 337.
[18] BVerfGE 13, 97, 113. Dort auch zum nachfolgenden Beispiel der Meisterprüfung. Aus ökonomischer Sicht ist die Meisterprüfung sehr fragwürdig. Sie verhindert Innovationen und begünstigt einen Schwarzmarkt für Handwerksarbeit. Das BVerfG respektierte aber den Einschätzungsspielraum der Gesetzgeber.

die Grenze der Zumutbarkeit noch gewahrt ist."[19] Das heißt, „je empfindlicher die freie Berufsausübung beeinträchtigt wird, desto stärker müssen die Gemeinwohlinteressen sein, denen die Regelung zu dienen bestimmt ist".[20]
Beispiele: Die Ladenschlusszeiten sind gerechtfertigt. Denn sie dienen dem vernünftigen Gemeinwohlziel, die Gesundheit der Ladenangestellten zu schützen.
Lehrreich ist der Fall der Morethanyoucanchew GmbH: Diese wollte Kaugummi-Weihnachtsmänner, die das gleiche Design hatten wie die herkömmlichen Schokoladen-Weihnachtsmänner, verkaufen. Die Behörde hatte das mit Hinweis auf die Kakaoverordnung untersagt. Diese bestimmt: „Maßnahmen können ergehen, um zu verhindern, dass gewerbsmäßig in Verkehr gebrachte Lebensmittel mit Schokolade verwechselt werden." Diese Berufsausübungsbeschränkung ist grundsätzlich verfassungsgemäß, weil sie dem Schutz der Verbraucher dient. Bei der Anwendung der Kakaoverordnung hat die Verwaltung im Rahmen ihres Ermessens aber die Bedeutung des Art 12 I GG zu beachten (Wechselwirkung). Die Maßnahmen müssen verhältnismäßig sein.
Das Vertriebsverbot ist zwar ein geeignetes Mittel, um die Verbraucher zu schützen. Es ist aber nicht erforderlich. Ein milderes Mittel wäre etwa die Auflage, auf den Weihnachtsmännern Etikette anzubringen mit der Aufschrift „Vorsicht Kaugummi". –
Wäre die Kakaoverordnung auch verfassungsgemäß, wenn dort stünde: „Produkte, die mit Schokolade verwechselt werden können, sind zu verbieten"? Nicht, wenn dieses Gebot zu unverhältnismäßigen Eingriffen führen würde, wie etwa dem Vertriebsverbot der Kaugummi-Weihnachtsmänner. Der Wortlaut ermöglicht aber eine verfassungskonforme Auslegung: Das Gebot der Kakaoverordnung kann einschränkend so verstanden werden, dass die Produkte nur zu verbieten sind, solange keine effektiven Warnetiketten angebracht werden können.[21]

Diese Stufenlehre ist für die Berufsfreiheit entwickelt worden. Bei anderen Grundrechten prüft das BVerfG ohne Stufenabgrenzung die Verhältnismäßigkeit. Auch zu Art 12 I GG hält sich das BVerfG nicht immer an die Stufenlehre. Die Stufenlehre ist jedoch ein gutes Anschauungsmaterial für die Wirkung der Verhältnismäßigkeit im Recht der Berufsfreiheit. Wesentlich ist, dass Schutzbereichseingriffe mit steigender Intensität schwerer zu rechtfertigen sind. Die Stufenlehre wird damit zurückgeführt auf ihren Kern: die Verhältnismäßigkeit.

IV. Berufsfreiheit in Europa

Die Grundfreiheiten des Europarechts sind bei berufsbeschränkender Rechtsetzung und Rechtsanwendung in den Mitgliedstaaten zu beachten. Grundsätzlich gilt, dass lediglich die Grundfreiheiten von Staatsangehörigen anderer Mitglied-

---

[19] BVerfG, NJW 1988, 194, 195, ständige Rechtsprechung.
[20] BVerfGE 41, 378, 395 mN.
[21] Vgl zu dem Fall BVerfGE 53, 135.

staaten verboten sind. Inländerdiskriminierungen sind zulässig. Ausnahmsweise schützen die Grundfreiheiten aber auch die Inländer:
Erstens. Art 35 AEUV (ex-Art 29 EG) verbietet den Mitgliedstaaten mengenmäßige Ausfuhrbeschränkungen oder Maßnahmen gleicher Wirkung für den Export. Auch Art 63 AEUV (ex-Art 56 EG) untersagt Beschränkungen der Inländer. Art 63 AEUV betrifft den freien Kapital- und Zahlungsverkehr.
Zweitens. Art 45 AEUV (ex-Art 39 EG, Freizügigkeit der Arbeitnehmer), Art 49 AEUV (ex-Art 43 EG, Niederlassungsfreiheit) und Art 56 AEUV (ex-Art 49 EG, Dienstleistungsfreiheit) wurden durch den EuGH so ausgelegt, dass es den Inländern nicht verwehrt werden darf, in andere Mitgliedstaaten zu ziehen, sich dort niederzulassen und Dienstleistungen anzubieten.[22] Diese Rechtsprechung liegt auf der Hand: Wenn die Mitgliedstaaten ihre Staatsangehörigen an grenzüberschreitenden Betätigungen hindern würden, kämen die Grundfreiheiten niemals zur Anwendung und der Binnenmarkt nicht zur Vollendung.

Durch den Vertrag von Lissabon wurde die europäische Grundrechte-Charta, durch einen verweisenden Artikel rechtsverbindlich.

B. Das Grundrecht auf Eigentum, Art 14 GG

Rechtsnormen sollen allseitige Kooperationsvorteile ermöglichen. Sie setzen also dort an, wo individuelles Verhalten für Dritte oder die Allgemeinheit schädlich ist. Insbesondere wurde in Kapitel § 1 auf das sog soziale Dilemma hingewiesen: In vielen sozialen und wirtschaftlichen Situationen kann individuell rationales Verhalten zu kollektiven Schäden führen. Zumindest besteht stets die Gefahr, dass keine optimalen Kooperationsergebnisse erzielt werden, wenn die individuelle Freiheitsausübung nicht auf allgemein vorteilhafte Weise eingeschränkt wird. Aus diesem Grunde sollen Rechtsnormen den individuellen Handlungen solche Beschränkungen auferlegen, die das Handeln zum Kooperationsvorteil lenken.

Um diese Steuerungsleistungen vollbringen zu können, müssen die Rechtsschranken an den Gefahren der jeweiligen Verhaltensweisen ansetzen. Was sind die Besonderheiten und Probleme des Eigentums? Wie reagiert das Recht?

I. Soziale und wirtschaftliche Bedeutung des Eigentums

Betrachtungen des Privateigentums beginnen häufig mit der Geschichte der Montagnais-Indianer von Labrador oder dem Trauerspiel der Allmende. Die Indianer jagten friedlich in ihren Gründen. Dann kamen die Pelzhändler der Hudson Bay Company und fragten im zunehmenden Maße nach Pelzen nach. Der Tierbestand ging zurück, aber kein Jäger verspürte Anreize, seine Jagd einzuschränken. – Eine Allmende ist das mittelalterliche Gemeineigentum einer Dorfgemeinschaft an ei-

---

[22] Art 39: EuGH, C-415/93 – Bosman, EuGHE 1995, 4921; Art 43: EuGH, C-81/87, – Daily Mail, E 1988, 5483; Art 49: EuGH, C-154/89 u C-180/89, E 1991, 659 und 709.

ner Weide. Als Trauerspiel der Allmende wird das Phänomen bezeichnet, dass die Allmenden überweidet wurden. Die Einzelnen hatten keine Anreize, hinsichtlich der Größe ihres Viehbestands zum Wohl der Allmende und der Allgemeinheit Maß zu halten.[23] Als modernes *Beispiel:* In vielen Wohngemeinschaften sind Küche und Bad in einem schlechteren Zustand als die Schlafzimmer.

Die Zerstörung der Jagdgründe oder der Allmende oder die Verkeimung von Gemeinschaftsräumen in einer Wohngemeinschaft sind nicht im wohlverstandenen Interesse der Betroffenen. Denn dadurch verschlechtert sich langfristig die Nutzbarkeit für alle. Die Lösung des Problems wird bei den Labrador-Indianern und der Allmende darin gesehen, das Gemeineigentum in Privateigentum zu überführen. Denn dadurch werden Anreize geschaffen, das Eigentum nachhaltig und schonend zu bewirtschaften. Das ist auch ein Gedanke, der den aktuellen Privatisierungen von Staatseigentum zugrunde liegt. Warum begründet Privateigentum **Anreize zum effizienten Wirtschaften?**

In wirtschaftlicher Hinsicht ist das Eigentum ein Garant für die Existenzsicherung.[24] Sicherheit ist die Voraussetzung für freiverantwortliches, selbstbestimmtes Handeln. Deshalb wird Eigentum zur Bedingung für eine freie Lebensgestaltung.[25] Es bestehen daher Anreize, Güter zu erwerben und zu erhalten. Zudem verschafft Eigentum soziale Achtung sowie politische und wirtschaftliche Macht. Eigentum hat ökonomisch betrachtet also eine Anreizfunktion. Nur wenn ein Recht auf das Erworbene besteht, kann ein Sinn im Erwerb gesehen werden.

Privateigentum führt die Einzelnen mit Zuckerbrot und Peitsche zum Wettbewerb. Die grundsätzliche Knappheit von Eigentum zwingt die Einzelnen dazu, sich am Wettbewerb zu beteiligen. Die meisten folgen diesem Zwang, solange der Eigentumserwerb gegenüber sozialstaatlichen Leistungen die größeren Anreize setzt. Privateigentum ist also eine Voraussetzung für den Wettbewerb.

Privateigentum bringt aber nicht nur den Segen des Wettbewerbs. Wie der Wettbewerb selbst bringt es auch Gefahren – insbesondere die Bedrohung durch kapitalmächtige Einzelne. Sie kann zur sozialen Abhängigkeit von Arbeitnehmern und nicht arbeitsfähigen Menschen führen. Ungehinderte Eigentumsnutzung Einzelner kann die Umwelt und die soziale Gerechtigkeit gefährden. Eigentum und Eigentumsnutzung müssen also beschränkt werden. **Die Privatnützigkeit steht gegen den sozialen Pflichtgehalt des Eigentums.**[26]

In einer modernen arbeitsteiligen Gesellschaft verliert das Sacheigentum gegenüber dem Vermögen an Bedeutung. Grund und Boden und Kapital lassen sich in der Industriegesellschaft wegen starker sozialstaatlicher Bindungen und staatlichen Lenkungsmaßnahmen schwerer erwerben und schwerer halten. Wichtiger sind die Privatnützigkeit und Verfügungsbefugnisse über vermögenswerte Rechte. Vermögensrechte werden deshalb weitgehend einem vergleichbaren Schutz unterstellt wie Eigentum. *Beispiele:* Gehaltsansprüche, Lohnforderungen, Sozialversi-

---

[23] Was ist, wenn nicht nur die Weide, sondern auch die Kühe allen gehören?
[24] BVerfGE 50,290,339.
[25] BVerfGE 50,290,339; 42,263,294; 37,197,140; 31,229,239; 24,367,389.
[26] BVerfGE 20,361.

cherungsrechte, Urheberrechte, Gesellschaftsanteile, Aktien, Miet- und Pachtrechte.

Das Privateigentum erfüllt seine Anreizfunktion nur dann, wenn es eindeutig zugewiesen (spezifiziert) und überwacht werden kann. Diese Bedingungen lassen sich für öffentliche Güter, die allen zugänglich sind, nicht erfüllen. Daher gibt es gemeinschaftlich genutzte Ressourcen, die einer besonderen rechtlichen Regulierung unterstehen müssen. *Beispiele:* die Allmende, die Atmosphäre, Umweltverschmutzung, Meeresgetier, der Weltraum.

Welche Bestimmungen trifft die Verfassung zum Eigentumsrecht?

> Art 14 GG [**Eigentum, Erbrecht und Enteignung**]
> (1) Das Eigentum und das Erbrecht werden gewährleistet. Inhalt und Schranken werden durch die Gesetze bestimmt.
> (2) Eigentum verpflichtet. Sein Gebrauch soll zugleich dem Wohle der Allgemeinheit dienen.
> (3) Eine Enteignung ist nur zum Wohle der Allgemeinheit zulässig. Sie darf nur durch Gesetz oder auf Grund eines Gesetzes erfolgen, das Art und Ausmaß der Entschädigung regelt.

II. Schutzbereich

Die Bestimmung des Schutzbereichs des Art 14 GG ist bis heute eine der umstrittensten Fragen des Eigentumsgrundrechts.[27] Das Grundgesetz bestimmt hierzu in Art 14 I 1 nur kurz und knapp, das Eigentum werde „gewährleistet".

Das BVerfG betont in ständiger Rspr, dass es diese Gewährleistung in einer doppelten Hinsicht versteht: „Art. 14 Abs. 1 Satz 1 GG gewährleistet das Privateigentum sowohl als Rechtsinstitut wie auch in seiner konkreten Gestalt in der Hand des einzelnen Eigentümers."[28] Diese beiden Gewährleistungen werden vom BVerfG begrifflich in zwei Garantien gefasst:

> ➢ Als **Institutsgarantie** sichert es einen „Freiraum im vermögensrechtlichen Bereich"[29]. Das BVerG führt dazu erläuternd aus:
> „Art 14 I GG gewährleistet das Recht, Sach- und Geldeigentum zu besitzen[30], zu nutzen, es zu verwalten und über es zu verfügen. [...] In der Eigentumsgarantie des Art 14 I 1 GG gewährleistet das Grundgesetz die privat verfügbare ökonomische Grundlage individueller Freiheit. Der Eigentumsgarantie kommt im Gesamtgefüge der Grundrechte die Aufgabe zu, dem Träger des Grund-

---

[27] Siehe hierzu und zum Nachfolgenden näher Appel, Entstehungsschwäche und Bestandsstärke des verfassungsrechtlichen Eigentums, 2004, S. 22 ff.

[28] BVerfGE 24, 367, 389; vgl. ferner etwa BVerfGE 20, 351, 355; 26, 215, 222; 31, 229, 240; 42, 263, 294; 58, 300, 339.

[29] BVerfGE 83, 201, 208; zur Institutsgarantie: BVerfGE 58, 300, 339; 24, 367, 389.

[30] Besitz ist die tatsächliche Sachherrschaft über ein Gut, die durch den Eigentümer eingeräumt werden kann. Das Eigentum ist ein absolutes Recht gegenüber jedermann.

rechts einen **Freiraum im vermögensrechtlichen Bereich** zu sichern und ihm dadurch eine eigenverantwortliche Gestaltung seines Lebens zu ermöglichen"[31].

Durch die Institutsgarantie ist nach dem BVerfG verfassungsunmittelbar ein „Grundbestand von Normen"[32] garantiert, auf deren Fundament es dem Bürger möglich sein muss, Eigentumspositionen zu erwerben. Die Gesetzgeber dürfen das Eigentum deshalb nicht gänzlich abschaffen. Sie dürfen aber das Eigentum für die Zukunft gestalten.

➢ Der „Grundbestand an Normen" sichert zugleich die subjektiv-rechtliche Seite der Eigentumsgarantie (sog Bestandsgarantie). Das BVerfG sieht die Aufgabe der Bestandsgarantie darin, den Einzelnen ein **subjektives Abwehrrecht** gegen den Staat an die Hand zu geben.[33] Dieser Gewährleistungsgehalt schwebt dem Gericht vor, wenn es betont: „Die Eigentumsgarantie [...] gewährt vor allem die Befugnis, jede ungerechtfertigte Einwirkung auf den Bestand der geschützten Güter abzuwehren."[34] Eigentum ist damit jedes materielle oder geistige vermögenswerte Recht, das durch die Gesetze gewährt wird.[35]

Woran aber ist zu erkennen, ob ein „vermögenswertes Recht" in den Schutzbereich von Art 14 I GG fällt? Wo beginnt und wo endet der Schutzbereich?

Die Frage ist relevant für die Gesetzgeber. Sie müssen wissen, bei welcher **Ausgestaltung von „vermögenswerten Rechten"** sie Art 14 I GG zu beachten haben. Die Frage ist aber auch relevant für die Auslegung von Gesetzen mit vermögensrechtlicher Relevanz. Denn die Gesetze müssen im Einklang mit dem Grundgesetz stehen.

Auf der Suche nach der Antwort auf die Frage, welche Vermögenswerte dem Schutzbereich von Art 14 I GG unterfallen, zeigt sich ein **grundlegendes Dilemma**: Das Eigentumsrecht überlasst es in Art 14 I 2 GG dem Gesetzgeber, den Umfang des Eigentums zu bestimmen. Art 14 I GG gibt dem Gesetzgeber aber nicht zugleich Maßstäbe vor, wie die Eigentumsrechte auszugestalten sind.[36]

Das BVerfG löst dieses Dilemma in zwei Prüfungsschritten:[37]

1. Zunächst erkennt es, dass unter den Schutz der Bestandsgarantie nur einfachgesetzlich geschaffene Rechtspositionen fallen können.[38] Erforderlich ist die ge-

---

[31] BVerfGE – Euro; Zitate aus BVerfGE 53, 257, 290.
[32] BVerfGE 24, 367, 389; 26, 215, 222; 31, 229, 241.
[33] Böhmer, NJW 1988, 2563 f.
[34] BVerfGE 24, 367, 400.
[35] BVerfGE 74, 129, 148; 58, 300, 336; 53, 257, 290; 42, 264, 293; 28, 119, 141.
[36] Depenheuer, Entwicklungslinien des verfassungsrechtlichen Eigentumsschutzes in Deutschland 1949 – 2001, in: v. Danwitz/Depenheuer/Engel, Bericht zur Lage des Eigentums, 2002, Berlin, 109 ff, 157.
[37] Hierzu ausführlich Appel, Entstehungsschwäche und Bestandsstärke des verfassungsrechtlichen Eigentums, 2004, 25 ff; ders., DVBl. 2005, 340 ff.; ders., NuR 2005, 427 ff.
[38] Sog. Gesetzesabhängigkeit der Bestandsgarantie, siehe etwa BVerfGE 81, 29, 33; 94, 241 (258); 95, 143 (161); 95, 267 (300); 97, 271 (284); 100, 1 (32); 102, 197 (211).

setzliche Zuweisung eines subjektiven Rechts, d.h. (mindestens) einer Befugnis, von einem anderen normkonformes Verhalten verlangen zu können.[39]

2. Sodann bewertet es die einfachgesetzliche Rechtsposition an der Aufgabe des Eigentumsgrundrechts, die Freiheit im vermögensrechtlichen Bereich abzusichern.[40]

(a) Soweit es um **privatrechtlich begründete Vermögenswerte** geht, sind die Privatnützigkeit und die grundsätzliche Verfügungsbefugnis zentrale Merkmale.[41]

(b) Soweit **öffentlich-rechtliche, vermögenswerte Leistungen** infrage stehen, ist entscheidend, ob diese Leistungen ihrerseits auf Eigenleistungen des Begünstigten beruhen.[42]

Der Schutzbereich von Art 14 I GG ist laut BVerfG eröffnet, wenn die einfachgesetzlich zugewiesene Rechtsposition die vorgenannten Strukturvorgaben erfüllt und daher als Eigentum i.S.d. Bestandsgarantie einzustufen ist (Qualifikationsprüfung).[43]

Gemäß dieser Prüfungsfolge hat das BVerfG eine Vielzahl von Rechtspositionen als Eigentum i.S.d. Bestandsgarantie anerkannt, zB neben dem zivilrechtlichen Eigentum auch sonstige dingliche Rechte, privatrechtliche Ansprüche und Forderungen, den Anspruch auf Versorgungsausgleich, Urheberrechte, Warenzeichen- und Markenrechte oder das Besitzrecht des Mieters.[44]

Von wirtschaftlichem Interesse ist die Frage, ob auch der sog „eingerichtete und ausgeübte **Gewerbebetrieb**" durch Art 14 GG geschützt ist. Das wird durch den BGH und das BVerwG grundsätzlich bejaht,[45] wohingegen das BVerfG dieser Frage bislang offen gelassen hat.[46] Das deutet darauf hin, dass die Frage praktisch kaum von Relevanz ist. Denn geschützt sind jedenfalls die wirtschaftlichen Grundlagen eines Gewerbebetriebes.[47] Nicht geschützt sind bloße Umsatz- oder Gewinnchancen, die Geschäftsverbindungen, der Kundenstamm oder die Marktstellung.[48]

---

[39] Vgl. BVerfGE 18, 392 (397); 45, 297 (332); 51, 193 (217); 69, 272 (300); 72, 141 (153 f.); 78, 58 (71 ff.); 79, 174 (191); 83, 201 (209 f.); 95, 64 (95); Leisner, DVBl. 1983, 63.

[40] Die Verbindung von „Eigentum und Freiheit" wird etwa betont in BVerfGE 91, 294 (307); 97, 350 (370 f.); 100, 1 (32); 102, 1 (15).

[41] BVerfGE 52, 1 (30); 83, 201 (210); 89, 1 (6 ff.); 98, 17 (35); 100 289 (301); 101, 54 (75).

[42] BVerfGE 92, 365 (405); 97, 271 (284 f.); 199, 1 (33). Bei sozialversicherungsrechtlichen Leistungen muss die Position darüber hinaus einen „existenz"sichernden Charakter haben, vgl. BVerfGE 69, 272 (300); 72, 9 (19); 76, 220 (235); 92, 365 (405); 97, 271 (284).

[43] Siehe exemplarisch die Vorgehensweise in BVerfGE 69, 272 (299 f.), ferner etwa in BVerfGE 15; 167 (199f.); 16, 94 (111); 24, 220 (225 f.); 31, 275 (283); 53, 193 (216 f.); 81, 12 (16); 83, 201 (208); 100, 1 (32).

[44] Siehe statt vieler Jarass/Pieroth – Jarass, 9.A 2007, Art 14 Rn 7 ff.

[45] BVerwGE 62, 224, 226; BGHZ 92, 34, 37; 23, 157, 162 f.

[46] BVerfGE 81, 208, 227 f; 77, 84, 118; 68, 193, 222 f; 66, 116, 145.

[47] BVerfGE 58, 300, 353.

[48] BVerfGE 77, 84, 118.

Nicht geschützt ist ferner das **Vermögen** als solches.[49] *Beispiel:* Die bloßen Aktiva eines Unternehmens oder dessen Erwerbschancen. Art 14 GG soll insbesondere nicht vor Steuererhebungen schützen. Allerdings ist zu beachten, dass der Begriff des Vermögens vage ist. Die Aussage, „Vermögen als solches" sei nicht geschützt, hat deshalb eine begrenzte Aussagekraft.

Eine Entscheidung des BVerfG könnte im Hinblick auf das Steuerrecht insoweit einen Wandel eingeläutet haben: Darin leitet das BVerfG aus dem Wort „zugleich" in Art 14 II GG – vor allem aber wohl aus allgemeinen Gerechtigkeitserwägungen – den sogenannten **Halbteilungsgrundsatz** ab: Steuern müssen das Eigentum „in der Nähe einer hälftigen Teilung zwischen privater und öffentlicher Hand"[50] belassen. Art 14 GG schützt danach das Vermögen vor Steuererhebungen. Darin liegt eine Wende in der Rechtsprechung, denn bis dato bestand lediglich ein Schutz vor „erdrosselnden" Steuern, die den Eigentümer übermäßig belasten und seine Vermögensverhältnisse beeinträchtigen.

III. Eingriffe

Art 14 GG selbst regelt zwei unterschiedliche Formen von Eingriffen in die Bestandsgarantie des Art 14 GG (mit verschiedenen Anforderungen an die verfassungsrechtliche Rechtfertigung), namentlich Inhalts-/Schrankenbestimmungen (Art 14 I 2 GG) und Enteignungen (Art 14 III GG).

a) Inhalts- und Schrankenbestimmung i.S.d. Art 14 I 2 GG

Die Inhalts- und Schrankenbestimmung ist eine abstrakt-generelle „Festlegung von Rechten und Pflichten durch den Gesetzgeber hinsichtlich solcher Rechtsgüter, die als Eigentum [...] zu verstehen sind. Sie ist auf die Normierung objektivrechtlicher Vorschriften gerichtet, die den Inhalt des Eigentums vom Inkrafttreten des Gesetzes an für die Zukunft in allgemeiner Form bestimmen"[51].

Das Verhältnis zwischen dem Grundrecht aus Eigentum, an dem die Gesetze zu messen sind, und den Gesetzen, die den Inhalt des Grundrechts einschränken, wird also in der zeitlichen Dimension verständlich. Es ist zu unterscheiden, ob ein Eigentumsrecht neu geschaffen oder ob bestehende Rechte verändert werden:

➤ Ein Gesetz, das den Inhalt von vermögenswerten Rechten festlegt, kann ein neues Recht begründen. *Beispiel:* Der Staat verleiht jedem Staatsangehörigen persönliche Eigentumsrechte an öffentlichen Gebäuden. Darin liegt keine Beschränkung von Eigentumsrechten, es sei denn Dritte sind nachteilig betroffen.

➤ Der Eingriff in bestehende Eigentumsrechte ist typischerweise der Fall, dass einzelne Berechtigungen aus dem betreffenden Befugnisbündel herausgelöst werden, das Zuordnungsverhältnis als solches jedoch unangetastet bleibt („Einschränkung des Zuordnungsverhältnisses"). *Beispiele:* Zu nennen sind

---

[49] BVerfGE 95, 267, 300; 91, 207, 220, 81, 108, 122 mN.
[50] BVerfGE 93, 121, 137, vgl das Sondervotum von Ernst-Wolfgang Böckenförde, 149 ff.
[51] BVerfGE 72, 66, 76 mN.

etwa die vielfältigen Nutzungsbeschränkungen des Zuordnungsverhältnisses „Grundeigentum" durch Bestimmungen des Naturschutzes oder sozialen Mietrechts.[52], die Festlegung der zu duldenden Verkehrsimmissionen, die Pflicht, seuchenkranke Tiere zu töten.

Da die vorgenannte Differenzierung maßgeblich auf einer zeitlichen Betrachtungsweise beruht, erscheint der Zeitfaktor auch der zutreffende dogmatische Ansatzpunkt, um zwischen Regelungen der Inhalts- und Schrankenbestimmung im Sinne des Art 14 I 2 GG zu unterscheiden.[53]

b) Enteignung i.S.d. Art 14 III GG

„Die Enteignung [...ist ein gezielter hoheitlicher Akt, der ..] auf die vollständige oder teilweise Entziehung konkreter subjektiver Eigentumspositionen iS des Art 14 I 1 GG zur Erfüllung bestimmter öffentlicher Aufgaben gerichtet" ist. Sie „zielt [...] darauf ab, [...] entgegenstehende Rechtspositionen zu überwinden"[54]. *Beispiel:* Ein Grundstück wird enteignet, um darauf eine Straße bauen zu können. Die Landbeschaffung ist der gängigste Fall der Enteignung. Art 14 III GG regelt zwei Fälle der hoheitlichen Enteignung: die Legalenteignung durch Gesetz und die Administrativenteignung auf Grund eines Gesetzes.

IV. Rechtfertigung

Für die Anforderungen an die Rechtmäßigkeit von Eingriffe in den Schutzbereich des Eigentumsgrundrechts, ist zwischen Inhalts- und Schrankenbestimmungen i.S.d. Art 14 I 2 GG und Enteignungen i.S.d. Art. 14 III GG zu unterscheiden:

a) Inhalts-/Schrankenbestimmungen iSv Art 14 I 2 GG

Bei Inhalts-/Schrankenbestimmungen hat der Gesetzgeber das in Art 14 I und II GG angelegte „**Sozialmodell**" zu beachten. Dieses Modell wird vom BVerfG Gericht in der ersten „Kleingarten-Entscheidung" beschrieben: Danach muss der Gesetzgeber ist bei der Bestimmung von Inhalt und Schranken des Eigentums „das Sozialmodell [...] verwirklichen, dessen normative Elemente sich

- einerseits aus der grundgesetzlichen Anerkennung des Privateigentums durch Art 14 I 1 GG und
- andererseits aus dem Sozialgebot des Art 14 II GG ergeben [...].

Der Gesetzgeber muss bei Regelungen im Sinne des Art 14 I 2 GG beiden Elementen [...] in gleicher Weise Rechnung tragen; er muss die schutzwürdigen Interessen der Beteiligten in einen gerechten Ausgleich und ein ausgewogenes Ver-

---

[52] Siehe hierzu etwa BVerfGE 31, 275 (285); 52, 1 (27 ff.); 68, 163 (367 ff.); 79, 283 (289 ff.); 79, 292 (301 ff.); 81, 29 (31 ff.); 82, 6 (15 ff.); 83, 82 (87 f.); 85, 219 (223 ff.); 87, 114 (138 ff.); 89, 1 (5 ff.).

[53] Ebenso Appel, Entstehungsschwäche und Bestandsstärke des verfassungsrechtlichen Eigentums, 2004, S. 269 ff. m.w.Nw. in Fn 634.

[54] Beide Zitate aus BVerfGE 70, 191, 199 f.; vgl auch BVerfGE 72, 66, 76; 71, 137, 143.

hältnis bringen. [...] Dem entspricht die Bindung des Gesetzgebers an den verfassungsrechtlichen Grundsatz der Verhältnismäßigkeit."[55]
Eine Eigentumsbeschränkung ist also nicht freischwebend denkbar. Sie knüpft an einen bestehenden Zustand an. Das Ausmaß, in dem ein bestehendes Eigentumsrecht beeinträchtigt wird, kann dementsprechend ins Verhältnis gesetzt werden zum jeweils verfolgten Zweck. Nur wenn der Eingriff verfassungsrechtlich gerechtfertigt werden kann, ist er verfassungsgemäß. Wie bei allen Grundrechtsbeeinträchtigungen ist das vor allem eine Frage der Verhältnismäßigkeit.

Vor allem drei Gesichtspunkte können aber für Eigentumsschranken sprechen:

- **Rechte Dritter** verlangen in vielen Fällen eine Begrenzung der Eigentumsnutzung. *Beispiele:* Die Nachbarn von Grundstücken werden geschützt durch das Immissionsschutzrecht, die Bauordnungen oder durch § 906 BGB.
- **Sozialbindung, Sozialpflichtigkeit**, Art 14 II, 20 I, 28 I GG. Die Ziele der Privatnützigkeit und der Sozialbindung des Eigentums sind grundsätzlich gleichwertig. Je stärker der soziale Bezug des Gegenstandes, desto weiter sind jedoch die Gestaltungsmöglichkeiten der Gesetzgeber. *Beispiele:* Die herausragende Bedeutung des Arbeitsplatzes rechtfertigt die betriebliche Mitbestimmung, der kulturelle Wert bestimmter Bauten rechtfertigt die Beschränkungen durch das Denkmalschutzrecht.
- **kollidierende Verfassungsgüter** können ebenfalls Eigentumsschranken rechtfertigen. Praktisch bedeutsam ist der Umweltschutz, Art 20a GG. *Beispiele:* Das Eigentum an Grund und Boden endet dort, wo das Grundwasser beginnt. Deshalb ist das Recht, Kieskuhlen zu betreiben (sog Nassauskiesung), beschränkt. Das Fällen bestimmter Bäume muss genehmigt werden.

Bei schweren Inhalts- und Schrankenbestimmungen ist die gesetzliche Regelung nur rechtmäßig, wenn ähnlich wie bei der Enteignung zugleich eine Entschädigung zugesprochen wird (sog **ausgleichspflichtige Inhaltsbestimmung**).

Beispiel: § 42 Bundesimmissionsschutzgesetz gibt einen Entschädigungsanspruch bei ansonsten unangemessenen Schallimmissionen; § 8a IV Bundesfernstraßengesetz gibt in bestimmten Fällen Entschädigungsansprüche, wenn Gewerbebetriebe durch Straßenarbeiten stark beeinträchtigt werden; der entschädigungslose Ausstieg aus der Kernenergie führt zwangsläufig zur Hinnahme von langen Restlaufzeiten für staatlich genehmigte Kernkraftwerke.

Die ausgleichspflichtige Inhaltsbestimmung muss nicht zwingend für bestimmte Fälle eine Entschädigung festlegen, um verfassungsgemäß zu sein. Es ist grundsätzlich ausreichend, dass eine **salvatorische Klausel**, derzufolge eine Entschädigung zu zahlen ist, soweit eine Inhaltsbestimmung verfassungswidrig sein würde.

Regelt das Gesetz allerdings keine oder eine zu geringe Entschädigung, so ist die Inhaltsbestimmung verfassungswidrig. Eine verfassungskonforme Auslegung ist nicht möglich, denn Art 14 GG selbst kann keine Grundlage für eine Entschädigung sein.[56]

---

[55] BVerfGE 52, 1, 29 (Auflistungszeichen hinzugesetzt).
[56] BVerfGE 58, 300, 320; 52, 1, 27 f; BGHZ 100, 136, 143 ff; BVerwGE 84, 361, 368.

b) Enteignung

Erfolgt der Eingriff in die Bestandsgarantie durch eine Enteignung, so ist dieser Eingriff nur gerechtfertigt, wenn die besonderen Erfordernisse des Art 14 III GG vorliegen[57]. Eine Enteignung ist hiernach nur durch oder aufgrund eines Gesetzes und auch „nur **zum Wohle der Allgemeinheit** zulässig". Die Enteignung muss also konkret dem Gemeinwohl dienen.

Der Schwerpunkt der Prüfung liegt insoweit bei der Prüfung der Verhältnismäßigkeit. Eine Enteignung ist ferner nur legal, wenn die Betroffenen entschädigt werden. Die gesetzliche Enteignungsermächtigung muss also zugleich „Art und Ausmaß der Entschädigung" regeln (sog **Junktimklausel**). In der Regel muss die Höhe der Entschädigung dem Verkehrswert des enteigneten Gegenstandes entsprechen.

V. Faktische Beeinträchtigungen des Eigentums

Neben den in Art 14 GG geregelten Eingriffen in die Bestandsgarantie durch Inhalts-/Schrankenbestimmung bzw. Enteignung kann das Eigentum außerdem faktisch beeinträchtigt werden. Das betrifft insbesondere Realakte in den Formen des informellen und schlichten Verwaltungshandelns. Derartige Maßnahmen, die das Eigentum unmittelbar beeinträchtigen, lösen, sofern sie auf der Primärebene nicht abgewehrt werden können, einen Entschädigungsanspruch gegen den verursachenden Hoheitsträger aus. Dabei werden zwei Formen unterschieden:

➢ Die hoheitliche Maßnahme war rechtswidrig (sog **enteignungsgleicher Eingriff**). *Beispiele:* bei einem unzulässigen Bundeswehrmanöver werden Grundstücke beschädigt; unvollständige Straßenbauarbeiten führen zu Unfällen. Handelt es sich bei den beeinträchtigenden Maßnahmen allerdings um eine Enteignung, so müssen die Betroffenen gegen diese vorgehen. Sie können nicht eine rechtswidrige Enteignung dulden und den Schaden dann nachträglich geltend machen.[58]
➢ Die hoheitliche Maßnahme ist rechtmäßig, beeinträchtigt aber in atypischer und unvorhergesehener Weise das Eigentum (sog **enteignender Eingriff**). Einen Entschädigungsanspruch haben die Betroffenen aber nur dann, wenn die sozialadäquate Opfergrenze überschritten wird. *Beispiele:* Rechtmäßige Straßenbauarbeiten werden wegen verwaltungsinterner Probleme unzumutbar verzögert. Ein Laden bleibt daraufhin längere Zeit nur schwer zugänglich. Eine Mülldeponie lockt Vögel an; diese beschädigen die umliegenden Äcker.

---

[57] Siehe BVerfGE 24, 367 (403 ff.); 38, 175 (180 ff.); 56, 249 (259 ff.); 74, 264 (280 ff.).
[58] BVerfGE 58, 300, 324.

VI. Nationale Eigentumsordnung respektiert: Art 345 AEUV (ex-Art 295 EG)

Werden die nationalen Eigentumsordnungen gemeinschaftsrechtlich überlagert? Scheinbar nicht: Das Europarecht „lässt die Eigentumsordnung in den verschiedenen Mitgliedstaaten unberührt", Art 345 AEUV (ex-Art 295 EG). Dürfen die Mitgliedstaaten also die Eigentumsrechte und ihre Wirtschaftsordnung frei gestalten? Laut EuGH dürfen die Grundfreiheiten und die Anwendung der EG-Wettbewerbsregeln nicht durch eine Berufung auf Art 345 AEUV beeinträchtigt werden.[59] Aber diese Einschränkungen sind sehr allgemein. Den nationalen Gesetzgebern verbleiben also auch unter dem Gemeinschaftsrecht weite Spielräume bei der Gestaltung der Eigentumsordnung.

C. Vereinigungs- und Koalitionsfreiheit

> **Art 9 GG [Vereinigungsfreiheit, Koalitionsfreiheit]**
> (1) Alle Deutschen haben das Recht, Vereine und Gesellschaften zu bilden.
> (3) Das Recht, zur Wahrung und Förderung der Arbeits- und Wirtschaftsbedingungen Vereinigungen zu bilden, ist für jedermann und für alle Berufe gewährleistet. Abreden, die dieses Recht einschränken oder zu behindern suchen, sind nichtig, hierauf gerichtete Maßnahmen sind rechtswidrig.

Art 9 I GG schützt die Vereinigungsfreiheit, Art 9 III GG die sogenannte Koalitionsfreiheit. Der Schutzbereich der Koalitionsfreiheit ist gemäß Art 9 III 2 auf Eingriffe durch Privatpersonen erstreckt (sog unmittelbare Drittwirkung).

a) Allgemeine Vereinigungsfreiheit, Art 9 I GG

Art 9 I GG erfasst jeden zivilrechtlichen, zeitweiligen Zusammenschluss von mindestens zwei Personen. *Beispiele:* Die wirtschaftlich bedeutsamen Formen des Gesellschaftsrechts, Bürgerinitiativen oder Vereine (zB Interessenverbände).

Eine viel diskutierte Frage ist die Zwangsmitgliedschaft in den Selbstverwaltungsorganisationen der Wirtschaft,[60] den sogenannten **Berufskammern**. Diese vertreten die Interessen des jeweiligen Berufsstandes.

Beispiel: Die Industrie- und Handelskammern (IHK) haben die Aufgabe, „das Gesamtinteresse der ihnen zugehörigen Gewerbetreibenden ihres Bezirks wahrzunehmen, für die Förderung der gewerblichen Wirtschaft zu wirken und dabei die

---

[59] EuGH v 01.06.1999, C-302/97 – Konle.
[60] Zwei Übungsfälle dazu bei Frotscher, Wirtschaftsverfassungs- und Wirtschaftsverwaltungsrecht, 3. A 2008, § 20.

wirtschaftlichen Interessen einzelner Gewerbezweige oder Betriebe abwägend und ausgleichend zu berücksichtigen"[61].

Die Berufskammern sind Körperschaften des öffentlichen Rechts, also Teile der staatlichen Organisation. Sie unterstehen der Rechtsaufsicht jeweils der Wirtschaftsministerien des Bundes und der Länder. Die Zwangsmitgliedschaft ist nach überwiegender Ansicht kein Eingriff in den Schutzbereich der Freiheit, Vereinigungen fernzubleiben (sog negative Vereinigungsfreiheit). Die Berufskammern erfüllen nämlich öffentliche Aufgaben, die auch durch die unmittelbare Staatsverwaltung wahrgenommen werden könnten. Gegen die Staatsorganisation bietet Art 9 I GG aber keinen Schutz. Der Eingriff in die Schutzbereiche von Art 12 I und 2 I GG sind als Berufsausübungsregelungen durch das öffentliche Interesse an einer Wirtschaftsaufsicht gerechtfertigt. Das betrifft auch Pflichtbeiträge, soweit sie ihrerseits verhältnismäßig sind.[62]

b) Die Koalitionsfreiheit, Art 9 III GG
Art 9 III GG erfasst solche **Koalitionen**, die speziell zur Gestaltung der Arbeitsbedingungen im weitesten Sinne gegründet werden und die „gegnerfrei" sind, das heißt unabhängig von der Gegenseite.[63] *Beispiele:* Bundesarbeitgebervereinigung, der Deutsche Gewerkschaftsbund.

Die Koalitionsfreiheit ist durch die Gesetzgeber ausgestaltet worden. Das gilt insbesondere für die Mitbestimmung in den Betrieben. Das Mitbestimmungsgesetz und das Betriebsverfassungsgesetz geben den Gewerkschaften bestimmte Rechte.

Auf europäischer Ebene wirken die europäischen Zusammenschlüsse der Arbeitgeberverbände und der Arbeitnehmerverbände. Sie haben insbesondere in der Beschäftigungs- und Sozialpolitik durch ihre Verbandsarbeit einen großen faktischen Einfluss. Das ist im Europarecht auch angelegt, Art 155 AEUV (ex-Art 139 EG).

Kernbestandteil der Koalitionsfreiheit sind die sogenannten **Tarifvereinbarungen** zwischen den Koalitionen, also zwischen Arbeitgeber- und Arbeitnehmerverbänden (sog Sozialpartner).

Die Verhandlungen zum Abschluss der Tarifverträge verlaufen in regelmäßigen Abständen nach den gleichen Ritualen. Wenn es zum Abschluss eines Tarifvertrages kommt, hat dies beträchtliche rechtliche und tatsächliche Wirkungen. Zwar werden die Tarifverträge unmittelbar nur zwischen den Sozialpartnern abgeschlossen. Sie wirken aber für alle Mitglieder der jeweiligen Koalitionen. Darüber hinaus können Tarifverträge durch den zuständigen Bundesminister für Arbeit für allgemeinverbindlich erklärt werden, § 4 I Tarifvertragsgesetz. In diesem Fall gelten sie auch für nicht-organisierte Arbeitnehmer. Tarifverträge gelten zumeist räumlich für ein bestimmtes Bundesland oder eben für das gesamte Bundesgebiet.

---

[61] § 1 I des Gesetzes zur vorläufigen Regelung des Rechts der IHKn v 18.12.1956, BGBl I 920. Die IHKn sind zum Deutschen Industrie- und Handelstag eV zusammengeschlossen. Zu den Handwerkskammern: §§ 90 ff HandwerksO.
[62] Zur Pflichtmitgliedschaft: BVerwGE 38, 281, 299; 10, 89, 102; zu den Zwangsbeiträgen: BVerwGE 91, 207, 221; 87, 324, 331; 80, 334, 336 f; 78, 320, 330 f.
[63] BVerfGE 58, 233, 247; 50, 290, 368, sonst handelt es sich nicht um eine „Koalition".

Tarifverträge sind zeitlich beschränkt. Solange sie gelten, binden sie aber die Sozialpartner. Insofern haben sie eine befriedende und ordnende Wirkung.

Gemäß dem allgemeinen Gerechtigkeitsgrundsatz der „Waffengleichheit" dürfen beide Sozialpartner ihren Forderungen ausnahmsweise durch Zwang Nachdruck verleihen. Arbeitnehmer dürfen der Arbeit fernbleiben (sog Streik), Arbeitgeber dürfen Arbeitsplatz und Lohnzahlungen verweigern (sog Aussperrung).

Diese **Arbeitskampfmaßnahmen** sind aber rechtswidrige Verletzungen der Arbeitsverträge, es sei denn, (1) der bislang bestehende Tarifvertrag ist abgelaufen, (2) es wird eine neue Tarifregelung angestrebt und (3) bisherige Verhandlungen sind erfolglos verlaufen (sog ultima-ratio-Prinzip).[64] *Beispiele:* Verboten sind politische oder unorganisierte, wilde Streiks; sowie die Beschränkung der Aussperrung auf Gewerkschaftsmitglieder.

Wie alle anderen Grundrechten schützt auch Art 9 III die Freiheit, von den Freiheitsrechten keinen Gebrauch zu machen (sog negative Freiheit). Die **negative Koalitionsfreiheit** hat allerdings eine besondere Bedeutung: Die Koalitionsverbände sind nur stark, wenn eine große Zahl an potentiellen Koalitionspartnern dem Verband beitritt. Daher besteht ein hoher Anreiz, Druck auf diejenigen auszuüben, die einem Verband fernbleiben wollen.

Beispiel: Die negative Koalitionsfreiheit schützt davor, dass im Tarifvertrag Gewerkschaftsmitglieder besser gestellt werden als nicht organisierte Arbeitnehmer.

D. Zusammenfassung

I. Wichtigste Lehre

Art 12 I und Art 14 I, II GG sind Grundlage für die Erwerbswirtschaft. Art 12 I GG schützt den Erwerb, Art 14 I, II GG das Erworbene. Das Eigentumsrecht am Erworbenen schafft Anreize zum effizienten Umgang mit Gütern. Berufsfreiheit und Verfügbarkeit des Eigentums bewirken Wettbewerb.

Die Schutzbereiche der Art 12 I und 14 I, II GG sind zwar weit. Freiheit muss aber beschränkt werden, um andere Rechtsgüter, zB Gleichheit oder öffentliche Sicherheit, zu schützen. Die Gesetzgeber haben deshalb weit greifende Einschränkungsbefugnisse.

II. Wichtige Stichworte

➢ Art 12 I GG: Schutzbereich, 3 Stufen von Eingriffen und deren formelle und materielle Rechtmäßigkeit
➢ Privateigentum: Anreizfunktion und Bedingung für Wettbewerb.

---

[64] BAGE 46, 322 ff, das beinhaltet das Verhältnismäßigkeitsgebot: BAGE 48, 195, 200 ff.

➢ Art 14 I, II GG: Schutzbereich, Inhalts- und Schrankenbestimmungen, Enteignung, faktische Beeinträchtigungen, Sozialpflichtigkeit des Eigentums, weitere Schranken
➢ Art 9 GG: Vereinigungs- und Koalitionsfreiheit, Berufskammern, Tarifrecht

III. Schrifttum

Appel, Markus, Entstehungsschwäche und Bestandsstärke des verfassungsrechtlichen Eigentums, 2004.
Engel, Christoph, Eigentumsschutz für Unternehmen, AöR 118 (1993), 169.
Hufen, Friedhelm, Berufsfreiheit - Erinnerung an ein Grundrecht, NJW 1994, 2913.
Jarass/Pieroth, Grundgesetz für die Bundesrepublik Deutschland: GG, 9.A 2007.
Kirchner, Christian, Eigentumsordnung, in: Korff, Wilhelm et al (Hg), Handbuch der Wirtschaftsethik, Bd 2 1999, 127 ff.
Maunz/Dürig, Grundgesetz, 51.A 2008.
Pieroth/Schlink, Staatsrecht II: Grundrechte, 23.A 2007.

§ 10 Verwaltungsrecht

A. Einführung

I. Das Verwaltungsrecht

Die Verwaltung verwirklicht die Anordnungen der öffentlich-rechtlichen Gesetze für die Vielzahl von Einzelfällen in der reichen Lebenswelt. Das ist der Gegenstand des Verwaltungsrechts.

Dabei wird **zwischen dem allgemeinen und dem besonderen Verwaltungsrecht unterschieden**. Durch das besondere Verwaltungsrecht werden konkrete Bereiche des öffentlichen Lebens geregelt, etwa das Bauen, das Handeln der Polizei, das Gewerbe der privaten Wirtschaft, das Schulwesen oder Emissionen von Lärm und Schadstoffen. Das allgemeine Verwaltungsrecht regelt die Einrichtung der Verwaltung, das heißt ihre innere Ordnung und ihre Untergliederung in verschiedene Einheiten und juristische Personen. Es regelt außerdem, wie diese Verwaltungsstellen handeln können – nach welchem Verfahren und in welchen Formen. Dieser Bereich ist „allgemein", weil die Formen des Verwaltungshandelns und die Grundzüge seines Verfahrens grundsätzlich gelten, wenn die Verwaltung Rechtsnormen des besonderen Verwaltungsrechts anwendet. Damit ist auch das Verhältnis zwischen der Verwaltung und den Einzelnen allgemein geregelt.

Das Verwaltungsrecht bereitet den meisten Nichtjuristen, die sich mit ihm beschäftigen müssen, Sorgen. Das allgemeine Verwaltungsrecht ist gefürchtet, weil es abstrakt und daher nicht anschaulich ist. Das besondere Verwaltungsrecht führt wegen seiner Vielzahl von Spezialgesetzen zur Orientierungslosigkeit der Rechtsanwender.

An der Unübersichtlichkeit des besonderen Verwaltungsrechts zu verzweifeln, besteht jedoch kein Anlass. Die Methodenlehre bietet das Rüstzeug, um auch unbekannte Gesetze zu verstehen.

Die Schwierigkeit des Verwaltungsrechts besteht allerdings darin, dass die Rechtsnormen häufig mit unbestimmten Rechtsbegriffen und Ermessensklausel gespickt sind. Diese erschweren eine sichere Aussage, wie andere Interpreten, insbesondere die Gerichte, diese Vorschriften auslegen würden. Die Auslegung stößt häufiger vielleicht als im Zivilrecht an die Grenzen des Rechts.

Über diese Unsicherheiten sollte aber die Lehre über die Grenzen des Rechts hinweghelfen (vgl Kapitel § 1.B.III). Dort, wo nach Anwendung der Auslegungsregeln zweifelhaft bleibt, was das Gesetz anordnet, sind in der Regel nicht die Rechtsanwender unverständig, sondern dort ist schlichtweg eine Grenze des Rechts. Dort beginnt der Bereich des Meinens und Dafürhaltens. – Mit diesem

Vorverständnis sind auch unbekannte Gesetze des besonderen Verwaltungsrechts durchaus verständlich. *Beispiel:* Die Grundzüge des Immissionsschutzrechts etwa erschließen sich leicht ohne Lehrbuch, allein durch die Lektüre des Bundesimmissionsschutzgesetzes.

Schwieriger ist in der Tat das Verständnis des allgemeinen Verwaltungsrechts. Dazu erfolgt daher im Folgenden eine Anleitung. Die Darstellung vollzieht sich in Schritten. Das allgemeine Verwaltungsrecht ist insofern übersichtlich, als es im Wesentlichen in einem Gesetz geregelt ist, nämlich dem Verwaltungsverfahrensgesetz des Bundes (VwVfG). Dieses regelt, der Name sagt es, wie die Verwaltung gegenüber den Einzelnen verfahren muss oder darf.

II. Aufgaben der Verwaltung

Die Verwaltung vollzieht die Gesetze. Das heißt, sie soll das Recht auf die Wirklichkeit anwenden. Das entspricht dem Grundsatz der Gesetzmäßigkeit der Verwaltung. Die Rechtsanwendung soll effektiv geschehen, das heißt, das Recht soll zur vollen Wirksamkeit gebracht werden (Stichwort hoher Effektivitätsquotient). Des Weiteren soll die Verwaltung schnell und kostengünstig arbeiten.

Diese Ziele sind nicht leicht verwirklicht:

> Um die Wirklichkeit im Sinne der Rechtsvorschriften gestalten zu können, muss die Verwaltung über die Wirklichkeit informiert sein. Ist die Verwaltung blind, so haben die Einzelnen eine gute Chance, unerkannt gegen das Recht zu verstoßen (Problem der sog Dunkelziffern). Die Verwaltung steht also im ständigen Kampf gegen das **Problem der unvollständigen Informationen**.
> *Beispiel:* Um einem Gewerbetreibenden die Ausübung seines Gewerbes untersagen zu können, braucht sie hinreichendes Wissen zu dessen vergangenem Handeln und dessen Persönlichkeit. Die rechtmäßige Höhe einer Sozialhilfe lässt sich nur bemessen, wenn die Vermögensverhältnisse der Antragsteller umfassend offen gelegt sind.

> **Die Verwaltung muss in ihren Handlungen angemessen beschränkt werden**. Das gebieten die Grundrechte und das Problem des illegalen Eigennutzverhaltens des Verwaltungspersonals, etwa die zunehmende Korruption. Es muss also sichergestellt und kontrolliert werden, dass die Verwaltung gesetzmäßig handelt.[1]

> Effizient kann die Verwaltung nur handeln, wenn ihre Informations-, Entscheidungsfindungs- und -durchsetzungskosten niedrig sind. Die Verwaltung benötigt die Kompetenz, **Förmlichkeiten** (Schriftform, Anhörungen der Betroffenen, Dokumentationspflichten) **und Entscheidungsfindungskosten auf ein angemessenes Maß zu beschränken**.

Die Kosten der Entscheidungsfindung sind im Wesentlichen abhängig von der

---

[1] Wenn ein Verwaltungsbeamter ein Gesetz für verfassungswidrig hält, muss er über die Vorgesetzten eine abstrakte Normenkontrolle gemäß Art 93 I Nr 2 GG erwirken.

Gesetzgebung und der gerichtlichen Kontrolle der Verwaltung: Je detaillierter und komplexer die Gesetze und je strenger die Voraussetzungen an die Rechtmäßigkeit einer Entscheidung, desto aufwendiger sind die Entscheidungsfindungsprozesse. Diesbezüglich müssen die Gesetzgeber und die Gerichte sorgfältig abwägen, welchem Kontrollmaß sie die Verwaltung unterwerfen wollen.[2]

Die Frage des Verfahrensaufwandes ist eine genuine Frage des Verwaltungsverfahrensrechts. Ein wichtiger Mechanismus, um den Aufwand der Verwaltung zu begrenzen, ist in vielen Einzelgesetzen geregelt, nämlich das sogenannte **Antragsverfahren**.

Beispiele gibt es aus der Leistungsverwaltung: eine Baugenehmigung, eine Einbürgerung oder Sozialhilfe werden nur auf Antrag gewährt. Dadurch wird die Last, Informationen beizubringen, auf die Einzelnen übertragen. Das ist sowohl für die Einzelnen als auch für die Verwaltung vorteilhaft: Die Einzelnen gelangen leichter an ihre eigenen persönlichen oder beruflichen Daten als die Verwaltung. Dazu müssen die Betroffenen zwar einen Aufwand betreiben. Dieser kommt ihnen aber dadurch zugute, dass die staatliche Verwaltung mit einer minimalen und daher kostengünstigen Ausstattung arbeiten kann. Allgemein verpflichtet § 26 II VwVfG die Beteiligten zur Aufklärungshilfe.

Bevor geklärt wird, was das VwVfG im Einzelnen bestimmt, soll ein Überblick gewonnen werden: Wie ist die Verwaltung organisiert? Wie kommt es zu einem VwVfG? (unter B). Danach sollen unter C. die handelnden Akteure der Verwaltung vorgestellt werden. Unter D. wird gezeigt, auf welche Weise diese Akteure handeln. Abschließend werden die folgenden Themen behandelt: die Verwaltungsvollstreckung (E), das europäische Verwaltungsverfahrensrecht (F) und die Ansprüche der Einzelnen wegen rechtswidrigen Verwaltungshandelns (G).

B. Grundgesetz und Verwaltungsverfahrensgesetz

I. Die Ausführung der Bundesgesetze

Soweit die Länder Recht setzen, vollziehen sie es in eigener Regie. Wie aber verhält es sich mit den Bundesgesetzen? Es gibt **drei Formen des Vollzuges:**[3]

1. Der Vollzug von Bundesgesetzen als eigene Angelegenheit der Länder

> Art 83 GG [**Grundsatz der Länderexekutive**]
> Die Länder führen die Bundesgesetze als eigene Angelegenheit aus, soweit dieses Grundgesetz nichts anderes bestimmt oder zulässt.

---

[2] Ebenfalls erheblich ist die Organisation der Verwaltung. Umfassend dazu: Gunnar Folke Schuppert, Verwaltungswissenschaft, 2000, 544 ff.
[3] Übergangen wird hier der Sonderfall der Gemeinschaftsaufgaben, Art 91a und b GG.

Dieser Grundsatz entspricht dem Subsidiaritätsprinzip, das eine Vermutung für die Zuständigkeit der untergeordneten politischen Einheit enthält. Weiter bestimmt

> **Art 84 GG [Länderverwaltung und Bundesaufsicht]**
> (1) Führen die Länder die Bundesgesetze als eigene Angelegenheit aus, so regeln sie die Einrichtung der Behörden und das Verwaltungsverfahren, soweit nicht Bundesgesetze mit Zustimmung des Bundesrates etwas anderes bestimmen. [**Organisation und Verfahren**]
> (3) Die Bundesregierung übt die Aufsicht darüber aus, dass die Länder die Bundesgesetze dem geltenden Rechte gemäß ausführen. [...]

Die Länder regeln also alle Umstände des Gesetzesvollzuges – die Organisation der Verwaltung und ihr Verfahren – selbst.

2. Bundesauftragsverwaltung

> **Art 85 GG [Bundesauftragsverwaltung durch die Länder]**
> (1) Führen die Länder die Bundesgesetze im Auftrage des Bundes aus, so bleibt die Einrichtung der Behörden Angelegenheit der Länder, soweit nicht Bundesgesetze mit Zustimmung des Bundesrates etwas anderes bestimmen. [**Verwaltung durch die Länder**]
> (3) Die Landesbehörden unterstehen den Weisungen der zuständigen obersten Bundesbehörden. [...] [**Weisungen des Bundes**]
> (4) Die Bundesaufsicht erstreckt sich auf Gesetzmäßigkeit und Zweckmäßigkeit der Ausführung. [...] [**Bundesaufsicht**]

Vollziehen die Länder Gesetze im Auftrag des Bundes, hat der Bund also einen stärkeren Einfluss auf die Verwaltungstätigkeit. Er muss sich nicht auf eine Rechtsaufsicht beschränken, sondern kann allgemeine und konkrete inhaltliche Weisungen erteilen (sog **Fachaufsicht**).

Ob die Länder die Bundesgesetze im Auftrag des Bundes ausführen, bestimmt im Einzelfall **ausdrücklich** das Grundgesetz. *Beispiele:* Art 90 II, 108 III 1 GG.

3. Bundeseigene Verwaltung

Einige Artikel schreiben ausdrücklich etwas anderes vor, nämlich, dass der Bund seine Gesetze selbst ausführt, *zB* Art 87, 87d I 1, 87e I 1, 108 I GG. Dann gilt

> **Art 86 GG [Bundeseigene Verwaltung]**
> Führt der Bund die Gesetze durch bundeseigene Verwaltung oder durch bundesunmittelbare Körperschaften oder Anstalten des öffentlichen Rechts aus, so erlässt die Bundesregierung, soweit nicht das Gesetz Besonderes vorschreibt, die allgemeinen Verwaltungsvorschriften. [...]

Beispiele sind die in Art 87 I genannten Materien, also unter anderem der Auswärtige Dienst, die Bundesfinanzverwaltung und die Bundeswasserstraßen.

II. Das allgemeine Verwaltungsverfahrensgesetz (VwVfG)

1. Überblick

Für alle drei Formen des Vollzugs von Bundesgesetzen kann der Bund allgemeine Verwaltungsvorschriften erlassen. Neben Art 86 S 1 GG bestimmen

> Art 84 II und 85 II 1 GG wortgleich:
> Die Bundesregierung kann mit Zustimmung des Bundesrates allgemeine Verwaltungsvorschriften erlassen. [**allgemeine Verwaltungsvorschriften**]

Die Art 84 II, 85 II 1 und 86 S 1 GG erlauben also den Erlass von allgemeinen Verfahrensbestimmungen. Dem entsprechend wurde 1967 das mehrfach geänderte **Verwaltungsverfahrensgesetz (VwVfG)** erlassen. Die drei Formen des Vollzugs von Bundesgesetzen spiegeln sich in dessen Anwendungsbereich wider:

> **§ 1 VwVfG Anwendungsbereich**
> (1) Dieses Gesetz gilt für die öffentlich-rechtliche Verwaltungstätigkeit der Behörden
> 1. des Bundes, der bundesunmittelbaren Körperschaften, Anstalten und Stiftungen des öffentlichen Rechts,
> 2. der Länder, der Gemeinden und Gemeindeverbände, der sonstigen der Aufsicht des Landes unterstehenden juristischen Personen des öffentlichen Rechts, wenn sie Bundesrecht im Auftrag des Bundes ausführen, soweit nicht Rechtsvorschriften des Bundes inhaltsgleiche oder entgegenstehende Bestimmungen enthalten.
> (2) Dieses Gesetz gilt auch für die öffentlich rechtliche Verwaltungstätigkeit der in Absatz 1 Nr 2 bezeichneten Behörden, wenn die Länder Bundesrecht [...] als eigene Angelegenheit ausführen, soweit nicht Rechtsvorschriften des Bundes [...] entgegenstehende Bestimmungen enthalten.
> (3) Für die Ausführung von Bundesrecht durch die Länder gilt dieses Gesetz nicht, soweit die öffentlich-rechtliche Verwaltungstätigkeit der Behörden landesrechtlich durch ein Verwaltungsverfahrensgesetz geregelt ist.

§ 1 I Nr 1 versteht sich von selbst. Gemäß § 1 I Nr 2 und II gilt das VwVfG grundsätzlich auch für die Länder. Es sind dazu zwei Bemerkungen vonnöten:

(1) **Das VwVfG gilt subsidiär**, also nur sofern nicht in spezielleren Gesetzen etwas anderes bestimmt ist. Viele Gesetze enthalten spezielle Verfahrensregeln. Sie sind häufig am Ende eines Gesetzes normiert. *Beispiele* sind § 139b GewO, § 22 LadenschlussG, § 48 BImSchG.

(2) Das VwVfG ist gemäß Absatz 3 auch subsidiär zu VwVfGen der Länder. Der Bundesrat hat dem VwVfG zugestimmt – Art 84 II, 85 II 1 und 86 S 1 GG – aber nur unter dem Vorbehalt, dass vorrangige Landes-VwVfGe ergehen können. Von dieser Befugnis haben alle Länder Gebrauch gemacht. Die praktischen Auswirkungen sind aber gering. Denn diese Verfahrensgesetze der Länder bestimmen entweder mit geringen Abweichungen inhaltlich das Gleiche wie das VwVfG des Bundes oder sie verweisen auf das VwVfG (sog **Verweisungsklausel**).

2. Ablauf des Verwaltungsverfahrens

Das VwVfG gilt vom Beginn bis zum Abschluss eines Verwaltungsverfahrens. Aufschlussreich zu beiden Zeitpunkten sind die folgenden Paragraphen

> § 22 VwVfG **Beginn des Verfahrens**
> Die Behörde entscheidet nach pflichtgemäßem Ermessen, ob und wann sie ein Verwaltungsverfahren durchführt. Dies gilt nicht, wenn die Behörde auf Grund von Rechtsvorschriften
> 1. von Amts wegen oder auf Antrag tätig werden muss;
> 2. nur auf Antrag tätig werden darf und ein Antrag nicht vorliegt.
>
> § 9 VwVfG **Begriff des Verwaltungsverfahrens [Ende]**
> Das Verwaltungsverfahren im Sinne dieses Gesetzes ist die nach außen wirkende Tätigkeit der Behörden, die auf die Prüfung der Voraussetzungen, die Vorbereitung und den Erlass eines Verwaltungsaktes oder auf den Abschluss eines öffentlich-rechtlichen Vertrages gerichtet ist; es schließt den Erlass des Verwaltungsaktes oder den Abschluss des öffentlich-rechtlichen Vertrages ein.

3. Verfahrensarten

Fünf verschiedene Arten des Verwaltungsverfahrens sind hervorzuheben:

a) Nichtförmliches Verwaltungsverfahren als Regel

> § 10 VwVfG **Nichtförmlichkeit des Verwaltungsverfahrens**
> Das Verwaltungsverfahren ist an bestimmte Formen nicht gebunden, soweit keine besonderen Rechtsvorschriften für die Form des Verfahrens bestehen. Es ist einfach, zweckmäßig und zügig durchzuführen.

§ 10 ermöglicht die Effizienz des Verfahrens. Zu nennen sind die Ausnahmen.

b) Förmliches Verwaltungsverfahren, §§ 63 ff VwVfG

In bestimmten Fällen, die durch eine Rechtsvorschrift ausdrücklich angeordnet werden müssen, findet ein förmliches Verfahren statt. Dieses kennt erhöhte Anforderungen an die Schriftlichkeit und den Grundsatz einer mündlichen Verhandlung. Betroffen sind Verfahren, die erhebliche Grundrechtsbeeinträchtigungen zum Gegenstand haben. Ein typisches *Beispiel* ist der Widerruf einer Gewerbeerlaubnis gemäß § 35 GewO.

c) Beschleunigung von Genehmigungsverfahren, §§ 71 a VwVfG

Umgekehrt soll die Erteilung einer Gewerbeerlaubnis oder anderer Genehmigungen „im Rahmen einer wirtschaftlichen Unternehmung des Antragstellers", § 71 a VwVfG möglichst zügig erteilt werden.

d) Planfeststellung, §§ 72 ff VwVfG

Aufwendiger sind dagegen allein schon wegen der vielen Betroffenen Planfeststellungsverfahren, etwa im Bau- und Umweltrecht.

e) Rechtsbehelfe, §§ 79 f VwVfG

Förmlich ist auch das Verfahren des Rechtsschutzes. § 79 S 1 VwVfG verweist diesbezüglich aber auf die Verwaltungsgerichtsordnung (vgl also Kapitel § 8).

4. Verfahrensrechte der Beteiligten

Die Behörden sind im Rahmen des Verwaltungsverfahrens an viele **Verfahrensgrundsätze** gebunden. Diese sind inhaltlich hinreichend bestimmt. Ihre Anordnungen erschließen sich also bei einer Lektüre von selbst.

Beispiele: Es darf stets nur die örtlich zuständige Behörde handeln, § 3 VwVfG. Die Behörden sind zur Objektivität verpflichtet: befangene Personen sind ausgeschlossen, § 20, die Behörden müssen auch günstige Tatsachen ermitteln, § 24 II. Die Betroffenen sind anzuhören, § 28 I. Sie erhalten ein eingeschränktes Recht zur Akteneinsicht, §§ 29 f., Verwaltungsakte sind zu begründen, § 39 VwVfG. Die Behörden sollen den Beteiligten behilflich sein, § 25 VwVfG.

Auch diese Bestimmungen verwirklichen die Effizienz des Verwaltungshandelns. *Beispiel:* Wenn zu Gunsten der Betroffenen oder besonders eilig entschieden werden soll, können Anhörung, Akteneinsicht oder die Begründung eines Verwaltungsaktes entfallen, §§ 28 II Nr 3, 29 II, 39 II Nr 2 VwVfG.

Komplizierter geregelt sind die Folgen für Verwaltungsakte, wenn eine Behörde gegen ihre Verfahrenspflichten verstößt (dazu unter C.IV.4).

III. Das Erfordernis einer Ermächtigungsgrundlage

In den Regelungen der Art 83 bis 86 GG ist ein Problem des Gesetzesvollzugs versteckt: Die zahlreichen Bundesgesetze regeln generell, welches Verhalten der Einzelnen verboten oder geboten ist. Einige Gesetze regeln auch das Verhalten der Verwaltung für den Fall, dass der Tatbestand eines Gesetzes erfüllt ist. *Beispiele:* Ein Antragsteller hat Anspruch auf Sozialhilfe oder auf Erteilung einer Baugenehmigung oder einer Gewerbeerlaubnis. Die Verwaltung muss dann das Entsprechende gewähren. Nicht alle Gesetze aber bestimmen, welche **Konsequenzen** die Verwaltung **aus Gesetzesverstößen** ziehen kann. Kann die Verwaltung „einfach so" eingreifen, wenn sie einen Rechtsverstoß bemerkt? *Beispiel:* Ein Kaufhaus am Alexanderplatz in Berlin verstößt gegen das Ladenschlussgesetz, weil es sonntags seine Türen öffnet; ein Subventionsempfänger erhielt eine Zuwendung zu Unrecht. Insoweit ist bekannt, dass die Verwaltung nur vorbehaltlich einer gesetzlichen Ermächtigungsgrundlage handeln kann (Kapitel § 4.B.III.2b). Ergibt sich die Ermächtigung zum Einschreiten aus dem Rechtsverstoß?

Nein, denn dieser normiert nicht das Handeln der Verwaltung. Wenn die Gesetze die Befugnisse der Verwaltung nicht ausdrücklich regeln, fehlt eine **Ermächtigungsgrundlage**. Welche Norm führt vom Gesetzesverstoß der Einzelnen zum Eingreifen der Verwaltung? Das Problem wird grundsätzlich gelöst durch die **polizeiliche Generalklausel**. Sie ist in allen Ländern mit etwa gleichem Wortlaut normiert. Als *Beispiel* diene die Generalklausel aus dem Allgemeinen Gesetz zum Schutz der öffentlichen Sicherheit und Ordnung in Berlin (ASOG Bln):

> **§ 17 I ASOG Bln [polizeiliches Generalklausel]**
> Die Ordnungsbehörden und die Polizei können die notwendigen Maßnahmen treffen, um eine im einzelnen Falle bestehende Gefahr für die öffentliche Sicherheit oder Ordnung abzuwehren [...].

Der **Schlüsselbegriff** in allen polizeilichen Generalklauseln ist „**öffentliche Sicherheit**". Öffentliche Sicherheit ist die **Unversehrtheit der Rechtsordnung**. Diese umfasst alle objektiv-rechtlichen Normen, die subjektiven Rechte und Rechtsgüter der Einzelnen (Leben, Gesundheit, Freiheit, Ehre, Vermögen) und die Funktionsfähigkeit der öffentlichen Verwaltung.

Kernbestandteil dieser Auslegung ist die „Unversehrtheit der Rechtsordnung". Durch diese Formulierung verweist die Generalklausel auf alles geltende Recht, das im Einzelfall konkretisiert und angewendet werden muss. Das heißt: Die zuständigen Behörden können einschreiten, wann immer jemand gegen ein Gesetz verstößt.

C. Akteure des Verwaltungsrechts

Verwaltung ist jede Rechtsetzung und Rechtsanwendung, die nicht durch Organe der gesetzgebenden Gewalt, der Regierung oder der Rechtsprechung erfolgt. Diese negative Umschreibung verdeutlicht: Die Verwaltung ist kein monolithischer Block. Sie besteht aus einer Vielzahl spezifisch organisierter Akteure auf der europäischen Ebene sowie den Ebenen des Bundes, der Länder und der Kommunen. Diese sollen im Folgenden begrifflich erfasst werden, da sonst das Verwaltungsrecht nicht zu verstehen ist.

I. Juristische Personen des öffentlichen Rechts

Juristische Personen des öffentlichen Rechts haben eine eigene rechtliche Handlungsfähigkeit und -verantwortlichkeit und eigene Organe. Sie werden herkömmlich in Körperschaften, Anstalten und Stiftungen unterteilt. **Körperschaften** haben Mitglieder. *Beispiele:* die Industrie- und Handelskammern, die Sozialversicherungsträger (zB AOK oder gleichgestellte Ersatzkassen), die Universitäten. Wenn sie zugleich ein bestimmtes Gebiet beherrschen, heißen sie **Gebietskörperschaften**. *Beispiele:* die Bundesrepublik Deutschland, die Länder, die Kommunen. **Anstalten** haben Benutzer. *Beispiele:* öffentliche Bibliotheken und Schwimmbäder, öffentlich-rechtliche Rundfunkanstalten, die Kreis- und Stadtsparkassen. **Stiftungen** haben nur Vermögen. *Beispiel:* die Stiftung Preußischer Kulturbesitz.[4]

---

[4] Die Unterteilung ist historisch zu erklären. Sie hat rechtlich keine Relevanz. Denn die Terminologie ist uneinheitlich. Außerdem gibt es öffentliche Einrichtungen, die als Anstalten bezeichnet werden, die aber keine Rechtsfähigkeit haben und daher auch keine juristischen Personen sind. Maßgeblich sind die Gesetze, die jeweils die Rechte einer öf-

Hinweis: Die Verwaltung durch Bund und Länder wird als **unmittelbare Staatsverwaltung** bezeichnet. Die Vielzahl der übrigen juristischen Personen des öffentlichen Rechts ermöglicht eine Entlastung der Staatsverwaltung. Sie bilden insgesamt die **mittelbare Staatsverwaltung**. *Beispiele:* Die Gemeinden nehmen ihre „örtlichen Angelegenheiten" selbst wahr, Art 28 II GG (sog **Selbstverwaltung**). Körperschaften wie die Berufskammern, die Hochschulen, die Sozialversicherungsträger oder die Verbände- und Genossenschaften führen zu einer **Dezentralisierung** staatlicher Herrschaft und verwirklichen das Subsidiaritätsprinzip.

II. Organe, Behörden und Amtswalter

Juristische Personen handeln durch ihre Organe. Die Organe der Gesetzgebung, vollziehenden Gewalt und Rechtsprechung der Bundesrepublik wurden bereits vorgestellt. Die Organe, die das Verwaltungsrecht anwenden, werden zumeist als **Behörden** bezeichnet – so auch die Legaldefinition des § 1 IV VwVfG (vgl § 2.B.I.2b). Gebräuchlich ist für diese Organe auch der Begriff „**Amt**"[5]. Beide Begriffe werden aber nicht einheitlich verwendet. Als Amt wird im Beamtenrecht auch der eingegrenzte Aufgabenbereich bezeichnet, den eine Person hat.

Die juristischen Personen bleiben aber sogenannte **Hoheits-, Rechts- oder Verwaltungsträger** ihrer Organe und Behörden. Deren Handeln wird rechtlich also der juristischen Person zugerechnet. Ein Verwaltungsträger hat zumeist mehrere Organe und Behörden. *Beispiel:* Eine Gebietskörperschaft hat Finanz-, Gesundheits-, Jugend-, Ordnungs-, Wasser- usw -behörden oder auch -ämter.

Die Funktionen der Organe, Behörden und Ämter werden durch Menschen wahrgenommen. Diese werden als **Amtswalter oder Organwalter** – je nachdem, in welcher Einrichtung sie eingesetzt sind. Amts- oder Organwalter sind regelmäßig die Behörden- oder Organleiter. Sie sind Beamte, vgl Art 33 IV GG. Alle anderen Bediensteten handeln in Vertretung (**iV**) oder im Auftrag (**iA**) der Amts- oder Organwalter.

III. Beliehene

Private können grundsätzlich nur in den Formen des Privatrechts handeln. Das gilt auch für staatliche Eigengesellschaften und öffentliche Unternehmen.

Eine Ausnahme besteht, **wenn eine gesetzliche Regelung** ausdrücklich eine Privatperson für bestimmte Handlungen **mit hoheitlichen Befugnissen beleiht**. Hinsichtlich dieser Handlungen handeln die Beliehenen als Behörden. *Beispiele:* freiberufliche Fleischbeschauer; TÜV bei Erteilung der Prüfplakette; Prüfingenieure für Baustatik im Baugenehmigungsverfahren; Privatbanken, sofern sie für die Vergabe von Subventionen die Befugnis haben, Verwaltungsakte zu erlassen.

---

fentlichen Einrichtung normieren. Diesen lässt sich auch entnehmen, ob die jeweilige Einrichtung rechtsfähig ist oder nicht.

[5] So etwa § 4 VwVfG, der Hilfe der Behörden untereinander als „Amtshilfe" bezeichnet.

D. Die Handlungsformen des Verwaltungsrechts

I. Überblick: sechs rechtliche Handlungsformen

Die Verwaltung muss die Gesetze vollziehen. Ihr stehen dazu sechs Handlungsformen zur Verfügung: die Satzung, die Rechtsverordnung, der Verwaltungsakt, der Verwaltungsvertrag, der Realakt sowie die privatrechtlichen Handlungsformen.[6] Diese Handlungsformen lassen sich danach unterscheiden, ob sie für viele Normadressaten gleichermaßen gelten (generell) oder nur für eine einzelne Person (individuell) sowie ferner danach, ob sie für eine Vielzahl von Lebenssachverhalten gelten (abstrakt) oder nur für einen einzelnen (konkret). *Übersicht:*

	Generell	*Individuell*
Abstrakt	Rechtsverordnung, Satzung	Allgemeinverfügung, § 35 S 2 VwVfG
Konkret	Allgemeinverfügung, § 35 S 2 VwVfG; schlichtes Verwaltungshandeln	Verwaltungsakt, § 35 S 1 VwVfG, Verwaltungsvertrag, § 54 ff VwVfG, informelles Verwaltungshandeln

In den Formen der Rechtsverordnung und Satzung füllt die Verwaltung gesetzliche Spielräume aus, indem sie wie die Gesetzgeber Rechtsnormen setzt.[7]

Im Folgenden sollen diese abstrakt-generellen Regelungen der Verwaltung nicht vertieft werden, denn sie sind im VwVfG nicht geregelt. Behandelt werden im VwVfG und daher auch im Folgenden die individuellen und die konkreten Handlungen, mit denen die Einzelnen konfrontiert werden können, und zwar der Verwaltungsakt (II) und der Verwaltungsvertrag (III). Erläutert werden außerdem der Realakt (IV) und das verwaltungs-privatrechtliche Handeln (V), die sich nicht in die obige Tabelle einordnen lassen.

II. Verwaltungsakt, § 35 VwVfG

Rechtsnormen sind Verhaltensanweisungen, die sich nötigenfalls gerichtlich durchsetzen lassen. Privatpersonen, die den Verstoß einer anderen Person gegen das Zivilrecht behaupten, können diese verklagen. Anders die Verwaltung: Es wäre unpraktikabel, wenn sie jeden widerspenstigen Normadressaten verklagen müsste. Daher handelt die Verwaltung im Normalfall durch den Verwaltungsakt. Dessen Recht wird im Folgenden behandelt.

---

[6] Keine eigenständige rechtliche Handlungsform ist der Plan, etwa der Bebauungs-, der Entwicklungs-, der Haushalts- oder der Raumordnungsplan. Pläne werden rechtlich in den genannten hoheitlichen Handlungsformen erlassen. Das Verfahren der Feststellung von Plänen ist allgemein geregelt in §§ 72 ff VwVfG.

[7] Einen vergleichbaren Effekt haben die verwaltungsinternen Verwaltungsvorschriften. Sie sind nur dann Rechtsnormen, wenn sie über das Gebot der Gleichbehandlung ausnahmsweise eine sog Außenwirkung entfalten (vgl Kapitel § 1.B.II.4d).

1. Die Definition des Verwaltungsaktes, § 35 VwVfG

Die **Legaldefinition** des Verwaltungsaktes wurde bereits unter § 1.B.II.4b zitiert. Es handelt sich um eine Maßnahme die von einer Behörde, § 1 IV VwVfG, zur Regelung eines Einzelfalles ergeht und die auf unmittelbare Wirkung nach außen gerichtet ist. In aller Regel kann ein Schreiben oder ein Handeln der Verwaltung leicht als VA identifiziert werden.[8] *Beispiel:* Steuerbescheid, Einberufungsbescheid. Erlaubnisse, Genehmigungen und Verbote für den Einzelfall sind leicht als Verwaltungsakte erkennbar. Im Polizeirecht hat sich der Begriff der „Ordnungsverfügung" durchgesetzt. In Zweifelsfällen ist **der objektive Erklärungsgehalt** maßgeblich, nicht die Intention der Verwaltung.

Zu Verwirrungen kann die Doppeldeutigkeit des Begriffs „Bescheid" führen: Zum einen kann er das Schreiben einer Behörde als solches bezeichnen, also zB den Einbürgerungsbescheid. Zum anderen wird der Begriff synonym verwendet zum Begriff „VA", zB bezieht sich der Widerspuchsbescheid auf einen Widerspruch gegen einen VA, §§ 73 I, 70 I Verwaltungsgerichtsordnung. Häufig wird ein Schreiben mit dem VA-Synonym „Bescheid" betitelt. Worauf ist also zu achten?

Zu sehen ist, dass **ein Bescheid der Verwaltung mehrere Verwaltungsakte gleichzeitig enthalten kann**. Insofern ist die Bezeichnung „Bescheid" ungenau, denn sie suggeriert, dass nur ein VA vorliegt. Das muss aber nicht so sein.

Beispiel: Der Bescheid an das Kaufhaus am Alexanderplatz kann zwei Regelungen enthalten, und zwar: sonntags zu schließen (= 1. VA) und zugleich die Androhung eines Bußgeldes für den Fall der bei Zuwiderhandlung, § 13 Verwaltungsvollstreckungsgesetz (= 2. VA). Jede dieser Anordnungen ist eine eigenständige Maßnahme und daher ein VA. Jede wäre daher rechtlich auch gesondert zu würdigen.

Allgemeinverfügungen nach § 35 S 2 sind mitunter schwer abzugrenzende Grenzfälle zu abstrakt-generellen Normen.[9] *Beispiele:* Verkehrszeichen (konkret-generell) oder die Aufforderung an ein Individuum, zu bestimmten Anlässen generell bestimmte Handlungen vorzunehmen, etwa an den Betreiber eines Kühlturms bei Frostgefahr die anliegende Straße zu streuen.

2. Zwei Funktionen des Verwaltungsaktes

Die Handlungsform des Verwaltungsaktes ermöglicht der Verwaltung ein Handeln in einzelnen Fällen. Ein VA hat danach zwei Funktionen:

(1) Er soll *erstens* verbindlich regeln, was im Einzelfall Recht ist (sog **Regelungsfunktion**). Dadurch erfüllt der VA zugleich eine wichtige Funktion für den Rechtsschutz: Der – regelmäßig schriftliche – VA ist Anknüpfungspunkt für die rechtliche Beurteilung der Verwaltungsmaßnahme.

(2) *Zweitens* soll der VA als sogenannter „Titel" die Grundlage bilden für die Vollstreckung dessen, was der VA anordnet (sog **Titelfunktion**). Anders als pri-

---

[8] Zu den Problemfällen, vgl etwa Maurer, 16.A 2006, § 9.
[9] Zur Vertiefung vgl etwa Maurer, 16A. 2006, § 9.III.

vate Gläubiger muss die Verwaltung nicht erst klagen, um einen vollstreckbaren Titel zu bekommen.

Beispiel: Ein bestandskräftiger Bußgeldbescheid ist eine rechtmäßige Grundlage für die Vollstreckung.

3. Nebenbestimmungen, § 36 VwVfG

Was soll die Verwaltung tun, wenn ein Antragsteller die Voraussetzungen zum Erlass einer Genehmigung knapp verfehlt? Wie soll sie handeln, wenn jemand gegen das Gesetz verstößt, vermutlich aber nicht aus bösem Willen?

> § 36 VwVfG **Nebenbestimmungen zum Verwaltungsakt**
> (1) Ein Verwaltungsakt, auf den ein Anspruch besteht, darf mit einer Nebenbestimmung nur versehen werden, wenn sie durch Rechtsvorschrift zugelassen ist oder wenn sie sicherstellen soll, dass die gesetzlichen Voraussetzungen des Verwaltungsaktes erfüllt werden.
> (2) Unbeschadet des Absatzes 1 darf ein Verwaltungsakt nach pflichtgemäßem Ermessen erlassen werden mit [einer **Befristung**, einer **Bedingung**, einer **Auflage** oder einem **Widerrufs-** oder einem **Auflagenvorbehalt**].

Von den in § 36 II VwVfG genannten Nebenbestimmungen sind nur die Bedingung und die Auflage problematisch.

➢ Die **Auflage** ist ein „siamesischer VA", das heißt, sie ist ein VA, aber untrennbar verknüpft mit dem Haupt-VA.
Beispiel: die Beschränkung der Besucherzahl in einer Diskothek. Die Auflage zwingt den Einzelnen zu einem Verhalten; sie schiebt aber die Wirksamkeit des Haupt-VA nicht auf – sie suspendiert die Wirksamkeit nicht.

➢ Die **Bedingung** dagegen suspendiert den Haupt-VA, zwingt den Adressaten aber nicht. Die Bedingung ist – wie die Inhaltsbestimmung – ein integraler, unselbständiger Bestandteil des Haupt-VA.
Beispiel: Eine Gewerbegenehmigung wird erst nach Zahlung der Gebühr wirksam. Die Bedingung ist nicht gesondert durchsetzbar. Bevor sie nicht erfüllt ist, kann aber auch der Haupt-VA nicht in Kraft treten. Die Auflage ist also das mildere Mittel.

Die Abgrenzung zwischen Auflage und Bedingung ist dann schwierig, wenn ein zukünftiges Verhalten des Adressaten betroffen ist. Zu fragen ist dann, ob dieses Verhalten notwendig ist, damit der HauptVA rechtmäßig ist (= Bedingung) oder ob es sich um eine Ermessensfrage der Verwaltung (= Auflage) handelt.

Beispiel: Die Bestimmung, eine Diskothek dürfe den gesetzlichen Lärmpegel nicht überschreiten, ist eine Bedingung.

4. Wirksamkeit, Nichtigkeit und Bestandskraft, §§ 43 ff VwVfG

Rechtswidrige Gesetze sind von Anfang an nichtig. Das ist anders bei Verwaltungsakten. Diese werden auch wirksam, wenn sie rechtswidrig sind:

> § 43 I VwVfG **Wirksamkeit des Verwaltungsaktes**
> Ein Verwaltungsakt wird gegenüber demjenigen, für den er bestimmt ist oder der von ihm betroffen wird, in dem Zeitpunkt wirksam, in dem er ihm bekanntgegeben wird.

Die **Bekanntgabe** eines VA ist ein komplizierter Vorgang. Geregelt ist sie grundsätzlich in § 41 VwVfG. Im Normalfall – und dessen Betrachtung soll hier ausreichen – wird ein VA durch die Post übermittelt, § 41 II. In bestimmten Fällen muss ein VA jedoch ausdrücklich „zugestellt" werden, das heißt, in besonderer Art und Weise übergeben werden. Das regelt das Verwaltungszustellungsgesetz.

Also **reicht nach § 43 I grundsätzlich allein die Bekanntgabe für das Wirksamwerden eines VA aus**. Eine Ausnahme gilt für sog **mitwirkungsbedürftige VA**. Diese werden nur nach Mitwirkung der Betroffenen wirksam. *Beispiel:* Ein VA setzt einen Antrag voraus.

Eine weitere Ausnahme regelt § 43 III: „Ein nichtiger VA ist unwirksam". Wann aber ist ein VA nichtig? An dieser Stelle kommen die oben (A.II.4) beispielhaft aufgezählten Verfahrensvorschriften wieder auf den Plan. Die §§ 44 bis 46 ordnen in unübersichtlicher Weise unterschiedliche Folgen an für einzelne Verstöße gegen die Verfahrensvorschriften. Einige Verstöße machen einen VA null und nichtig (a), andere führen nur zu einem Aufhebungsanspruch (b).

(a) Gemäß § 44 I ist ein VA **nichtig**, wenn er an einem offensichtlich besonders schwerwiegenden Fehler leidet, wenn er seinen Fehler sozusagen „auf der Stirn trägt". Anschauliche *Beispiele* normiert § 44 II. Grenzfälle enthält § 44 III.

(b) Fehler, die nicht zur Nichtigkeit führen, begründen grundsätzlich einen **Aufhebungsanspruch**, aber es gibt Ausnahmen

> § 46 VwVfG **Folgen von Verfahrens- und Formfehlern**
> Die Aufhebung eines Verwaltungsaktes [...] kann nicht allein deshalb beansprucht werden, weil er unter Verletzung von Vorschriften über das Verfahren, die Form oder die örtliche Zuständigkeit zustande gekommen ist, wenn [– das ist die normative Leitlinie –] offensichtlich ist, dass die Verletzung die Entscheidung in der Sache nicht beeinflusst hat.

Gänzlich unbeachtlich sind solche **Fehler** sogar, wenn sie bis zum Abschluss eines verwaltungsgerichtlichen Verfahrens **geheilt** werden: § 45 VwVfG.

Wie ist der Begriff der Bestandskraft definiert? Die sogenannte **Bestandskraft** erlangt ein VA, wenn kein förmlicher Rechtsbehelf gegen ihn mehr möglich ist.[10] Das ist der Fall, wenn die Fristen für einen Rechtsbehelf oder ein Rechtsmittel abgelaufen sind oder wenn eine gerichtliche Entscheidung unanfechtbar geworden ist. Die Frist für einen Rechtsbehelf gegen einen VA ist grundsätzlich **ein Monat**. §§ 48 und 49 sprechen von einem VA, der „unanfechtbar geworden ist". Dazu nun:

---

[10] Die Betroffenen haben dann lediglich noch einen Anspruch auf fehlerfreie Ermessensentscheidung darüber, ob erneut entschieden werden soll, vgl § 51 V VwVfG.

5. Rücknahme und Widerruf eines VA, §§ 48 und 49 VwVfG[11]

In Kapitel § 2.B.III war bereits zu sehen, dass **ein bestandskräftiger VA aufgehoben werden kann** – ein rechtswidriger VA wird „zurückgenommen" (§ 48 VwVfG), ein rechtmäßiger VA wird „widerrufen" (§ 49 VwVfG). Ein VA wird aber doch gerade deshalb bestandskräftig, damit ein Vertrauenstatbestand geschaffen ist und Rechtssicherheit und -verlässlichkeit eintreten können. Warum besteht die Möglichkeit, einen VA aufzuheben?

Die Antwort liegt in der Rechtsidee: Die Rechtsidee hat als Elemente nicht nur die Rechtssicherheit, sondern auch die Gerechtigkeit und die Zweckmäßigkeit (vgl Kapitel § 4.B.VI). Gerecht kann eine Entscheidung nur dann sein, wenn sie rechtmäßig ist (solange das geltende Recht nicht unerträglich ungerecht ist). Es gilt der Grundsatz der Gesetzmäßigkeit der Verwaltung.

Aus dem Gesagten lassen sich zwei Dinge lernen. *Erstens*: Es kann Gründe geben, einen bestandskräftigen VA aufzuheben. *Zweitens*: In diesen Fällen widerstreiten Rechtssicherheit in der Form des Vertrauensschutzes und Gerechtigkeit oder Zweckmäßigkeit. Zwischen diesen Werten muss abgewogen werden.

Es liegt auf der Hand, dass die Abwägung unterschiedlich ausfallen muss, je nachdem, ob der aufzuhebende VA zum Zeitpunkt seines Erlasses rechtmäßig oder rechtswidrig war. Entscheidend ist außerdem, ob der VA den Adressaten belastete oder begünstigte.

Dementsprechend treffen die §§ 48 und 49 differenzierende Regelungen, die mit dem jetzt geschaffenen Vorverständnis unmittelbar verständlich sein sollten. Für die Anwendung dieser Paragraphen ist zu beachten, dass sie zwar eine allgemeine Abwägung zwischen den widerstreitenden Elementen der Rechtsidee widerspiegeln. Gleichwohl ist bei der Anwendung im Einzelfall auch eine nochmalige **einzelfallbezogene Abwägung** vorzunehmen.

> § 48 I VwVfG **Rücknahme eines rechtswidriges Verwaltungsaktes**
> Ein rechtswidriger Verwaltungsakt kann, auch nachdem er unanfechtbar geworden ist, ganz oder teilweise mit Wirkung für die Zukunft oder für die Vergangenheit zurückgenommen werden. Ein Verwaltungsakt, der ein Recht oder einen rechtlich erheblich Vorteil begründet oder bestätigt hat (begünstigender Verwaltungsakt), darf nur unter den Einschränkungen der Absätze 2 bis 4 zurückgenommen werden.
> § 49 VwVfG **Widerruf eines rechtmäßigen Verwaltungsaktes**
> (1) Ein rechtmäßiger Verwaltungsakt kann, auch nachdem er unanfechtbar geworden ist, ganz oder teilweise mit Wirkung für die Zukunft widerrufen werden, außer wenn ein Verwaltungsakt gleichen Inhalts erneut erlassen werden müsste oder aus anderen Gründen ein Widerruf unzulässig ist.
> (2) Ein rechtmäßiger begünstigender Verwaltungsakt darf, auch nachdem er unanfechtbar geworden ist, [...] mit Wirkung für die Zukunft nur widerrufen werden, wenn [Nr 1 bis 5 und § 49 III normieren Einschränkungen.]

---

[11] Erhellend dazu die Beispiele bei Schwerdtfeger 2008, 20, sowie §§ 11.

6. Vollstreckung eines Verwaltungsaktes

Ein **bestandskräftiger VA** bildet einen **Vollstreckungstitel**. Das heißt, er kann vollzogen und damit auch vollstreckt werden. **Vollstreckung ist der zwangsweise Vollzug eines VA gegen den Willen der Verpflichteten.**
Ebenfalls vollzogen werden kann ein VA, wenn gemäß

> § 80 II 1 Nr 4 VwGO [**Vollzugsanordnung**]:
> [...] die sofortige Vollziehung im öffentlichen Interesse oder im überwiegenden Interesse eines Beteiligten von der Behörde, die den Verwaltungsakt erlassen [...] hat, besonders angeordnet wird.

Die Anordnung des sofortigen Vollzuges ist häufig im Ordnungsrecht zum Schutze der Allgemeinheit. *Beispiele:* Zwangsschlachtung von BSE-infizierten Rindern; Platzverweis bei gefährlichen Demonstrationen.

III. Verwaltungsvertrag, §§ 54 ff VwVfG

In Kapitel § 6.D.I. wurden die vielfachen Formen der Zusammenarbeit zwischen der Verwaltung und der privaten Wirtschaft dargestellt. Zu Grunde liegt zumeist ein vielschichtiges Geflecht von privat- und öffentlich-rechtlichen Verträgen. Der öffentlich-rechtliche Vertrag ist geregelt in

> § 54 VwVfG **Zulässigkeit des öffentlich-rechtlichen Vertrags**
> Ein Rechtsverhältnis auf dem Gebiet des öffentlichen Rechts kann durch Vertrag begründet, geändert oder aufgehoben werden (öffentlich-rechtlicher Vertrag), soweit Rechtsvorschriften nicht entgegen stehen. Insbesondere kann die Behörde, anstatt einen Verwaltungsakt zu erlassen, einen öffentlich-rechtlichen Vertrag mit demjenigen schließen, an den sie sonst den Verwaltungsakt richten würde.

Die §§ 54 ff VwVfG gelten nur für öffentlich-rechtliche Verträge. Die Abgrenzung zum zivilrechtlichen Vertrag ist mitunter schwierig. Mit Hilfe der modifizierten Subjektstheorie ist zu fragen, ob der Vertragsgegenstand seinen Schwerpunkt „auf dem Gebiet des öffentlichen Rechts", § 54 S 1, hat.
Dabei sind zwei Arten von Verträgen zu unterscheiden:

(1) Beim **koordinationsrechtlichen** Vertrag sind beide Vertragspartner gleichgeordnet. Das ist der Fall, wenn Hoheitsträger oder Private auf dem Gebiet des öffentlichen Rechts untereinander Verträge abschließen. *Beispiele:* Errichtung einer gemeinsamen Rundfunkanstalt oder der Zentrale zur Vergabe von Studienplätzen.

(2) **Subordinationsrechtlich** sind Verträge gemäß § 54 S 2, wenn sie anstelle eines VA ergehen. Subordinationsrechtliche Verträge sind zulässig als
– **Vergleichsverträge**, § 55, oder als
– **Austauschverträge**, § 56 VwVfG.

Beispiele für Austauschverträge: Die Verwaltung nutzt ihre Ermessensspielräume, um Antragstellern oder Normpflichtigen entgegenzukommen. Die Verpflichtung, Parkplätze am Kaufhaus zu schaffen, kann abgelöst werden durch einen finanziellen Beitrag zum Bau eines städtischen Parkhauses. Oder die Verwaltung kann einen illegal errichteten Kiosk befristet dulden, wenn der Kioskbesitzer sich verpflichtet, den Bau nach Fristablauf zu beseitigen.

Die Wirksamkeitsvoraussetzungen der §§ 55, 56, 59 II und 61 VwVfG gelten nur für subordinationsrechtliche Verträge. Die Verwaltung bleibt an den Gesetzmäßigkeitsgrundsatz gebunden („soweit Rechtsvorschriften nicht entgegen stehen"), allerdings nur eingeschränkt beim Vergleichsvertrag.

Wie der VA kann aber auch ein rechtswidriger Vertrag wirksam sein, solange er nicht gemäß § 59 nichtig ist. Insbesondere darf die Gegenleistung nicht genutzt werden, um andere Interesse zu verfolgen als jene, denen die zugrunde liegenden Vorschriften dienen (sog **Kopplungsverbot**), §§ 56, 59 II Nr 4 VwVfG.

Beispiel: Der Beitrag für die Befreiung von der „Parkplatzverpflichtung" darf nicht für soziale Zwecke verwendet werden.

IV. Informelles und schlichtes Verwaltungshandeln

Informelles und schlichtes Verwaltungshandeln werden unter dem Oberbegriff des Realaktes zusammengefasst. Sie lassen sich aber unterscheiden.

Informell handelt die Verwaltung, wenn sie im Vorfeld oder im Rahmen eines Verwaltungsverfahrens mit Betroffenen Vereinbarungen trifft. *Beispiel:* Die Verwaltung rät ab, einen Antrag auf Erteilung einer Genehmigung zu stellen, da die Antragsvoraussetzungen nicht erfüllt sind. Die Verwaltung droht einen VA an und bewirkt, dass der potentielle Adressat der Aufforderung freiwillig nachkommt.

Schlicht handelt die Verwaltung, wenn sie öffentlich bestimmte Warnungen oder Appelle äußert. *Beispiele:* Warnung vor einer Jugendsekte, vor gesundheitsschädlichen Nahrungsmitteln, vor Umweltgefahren oder umweltgefährdenden Produkten.

1. Informelle Absprachen sind grundsätzlich empfehlenswert. Sie ermöglichen es, Missverständnisse in der Kommunikation zwischen den Normbetroffenen und der Verwaltung frühzeitig auszuräumen. Sie eröffnen insbesondere auch die Chance, einen Verwaltungsvertrag abschließen zu können. Solange die Verwaltung allerdings informell handelt, ist eine rechtliche Bindung an den Inhalt der Absprache gerade ausgeschlossen. Sie bleibt an das Gesetz gebunden.

2. Schlichtes Verwaltungshandeln unterliegt grundsätzlich einem weiten Ermessen der Verwaltung. Sofern Grundrechte beeinträchtigt werden, ist die Verwaltung aber an den Verhältnismäßigkeitsgrundsatz gebunden.[12] Teilweise gibt es spezielle gesetzliche Ermächtigungen, etwa im Produktsicherungsgesetz.[13]

---

[12] BVerwG, NJW 1989, 2272 ff.
[13] Vom 22.04.1997, BGBl I 934.

V. Verwaltungsprivatrecht

Der Staat kann seine **Aufgaben** auch **in den Formen des Privatrechts erfüllen** (sog Verwaltungsprivatrecht). *Beispiele:* Der Staat ist Eigentümer einer privatrechtlichen Eigengesellschaft oder an einem öffentlichen Unternehmen beteiligt. Für das Verwaltungsprivatrecht gelten zwei Grundsätze:
1. **Wahlfreiheit.** Der Verwaltung steht im Rahmen der Gesetze die Entscheidung frei, ob sie privatrechtlich oder öffentlich-rechtlich handeln möchte. Diese Freiheit erstreckt sich wegen Art 33 IV GG aber nur auf die Leistungsverwaltung. *Beispiel:* Ob die Verwaltung die Wasser- oder Energieversorgung durch einen Eigenbetrieb oder eine Eigengesellschaft wahrnimmt, ist ihre Entscheidung.
2. **Keine Flucht ins Privatrecht.** Die Verwaltung bleibt beim privatrechtlichen Handeln an die Grundrechte gebunden, Art 1 III GG.

Abzugrenzen vom Verwaltungsprivatrecht ist das **Fiskalprivatrecht**. Dieses liegt vor, wenn die Verwaltung in den Formen des Privatrechts handelt, **ohne unmittelbar öffentliche Aufgaben zu erfüllen**. Das ist der Fall, wenn die Verwaltung von Privaten etwas kauft, etwa ein Haus oder Büromöbel oder Straßenbahnen oder Straßenlampen oder wenn sie ihr Vermögen verwaltet. Nach richtiger Ansicht ist die Verwaltung auch im Fiskalprivatrecht an die Grundrechte gebunden.

E. Die Verwaltungsvollstreckung

Im Ideal gibt es drei Möglichkeiten des Zusammenwirkens zwischen der Verwaltung und den Normadressaten: *Erstens:* Die Normadressaten gehorchen, weil die Verwaltung Recht hat. *Zweitens:* Die Normadressaten haben Recht, also gibt die Verwaltung nach. *Drittens:* Es ist zweifelhaft, wer Recht hat, also wird die Frage gerichtlich entschieden; die unterlegene Partei gibt nach.

Das Verwaltungsvollstreckungsgesetz (VwVG) regelt die Fälle, in denen die die Unrecht haben, den rechtmäßigen Anordnungen der Verwaltung nicht nachkommen, entweder weil sie nicht wollen oder weil sie nicht können (beispielsweise weil sie keine finanziellen Mittel haben).

Die zuständige Behörde kann ihre **Anordnungen** in diesen Fällen **vollstrecken**, indem sie anstelle des Normadressaten auf dessen Kosten handelt (sog **Ersatzvornahme**) oder **Zwangsgeld** oder **Zwangshaft** verhängt.

Das Verfahren der Verwaltungsvollstreckung ist komplex. Da Vollstreckungsmaßnahmen zugleich schwere Eingriffe in die Grundrechte der Betroffenen sind, mussten die Gesetzgeber die wesentlichen Einzelheiten gesetzlich regeln (Wesentlichkeitslehre, vgl oben Kapitel § 4.B.III.2c).

Außerdem ist im Bereich der Verwaltungsvollstreckung besonders sorgfältig darauf zu achten, dass die Maßnahmen verhältnismäßig bleiben. Aus diesem Grund enthält das VwVG beispielsweise Möglichkeiten, um etwaige Irrtümer der Verwaltung vor der Vollstreckung aufzuklären. Die Grundstrukturen des Verwaltungsvollstreckungsrechts ergeben sich aus einer Lektüre des VwVG.

F. Europäisches Verwaltungsrecht

Alles Recht, das die Organisation und das Handeln von Verwaltungsstellen der EU regelt, ist europäisches Verwaltungsrecht. Dieses ist nicht in einer allgemeinen Verwaltungsverfahrensverordnung kodifziert. Sondern es besteht aus Einzelregelungen, die sich jeweils in den speziellen Fachgesetzen finden.

Beispiele: Das Verfahren der Europäischen Fusionskontrolle ist in der sogenannten EU-Verordnung Nr 1/2003 geregelt. Das Verfahren der europäischen Beihilfenkontrolle bestimmt die EU-Verordnung Nr 659/99.

Soweit die Mitgliedstaaten Gemeinschaftsrecht anwenden, macht das Gemeinschaftsrecht also teilweise verfahrensrechtliche Vorgaben. Dieses ist als vorrangiges Recht bindend.[14] Im Übrigen wenden die Verwaltungen der EU-Staaten ihr nationales Verwaltungsverfahrensrecht an. Welche Bindungswirkung haben die Entscheidungen nationaler Verwaltungen, die Gemeinschaftsrecht anwenden, in anderen EU-Staaten?

Grundsätzlich kann ein Staat nicht andere Staaten rechtlich zu einem bestimmten Verhalten verpflichten. Ein Staat kann jedoch in seiner eigenen Rechtsordnung bestimmen, dass Rechtsakte anderer Staaten wie eigene Rechtsakte zu behandeln sind. Um den Effekt einer solchen Vereinbarung begrifflich zu fassen, wurde der **Begriff des „transnationalen Verwaltungsaktes"** geschöpft.[15] „Transnational" ist ein solcher Verwaltungsakt, da so wirkt als sei er von einer Behörde des eigenen Staates erlassen worden.

Rechtsschutz gegen transnationale Verwaltungsakte bieten nur Gerichte des Staates, in denen der Verwaltungsakt erlassen wurde. *Beispiele* für transnationale Verwaltungsakte innerhalb der EU bieten Bereiche, in denen Behörden mit grenzüberschreitenden Wirtschaftstätigkeiten befasst sind, etwa die Banken-, Börsen-, Wertpapier- und Versicherungsaufsicht.

G. Haftung für rechtswidriges Verwaltungshandeln

Wenn die Verwaltung rechtswidrig handelt, sind drei Haftungsfolgen denkbar:

1. Folgenbeseitigungsanspruch

„Nach allgemeiner Auffassung kommt ein Anspruch auf Folgenbeseitigung in Betracht, wenn durch einen hoheitlichen Eingriff in ein subjektives Recht ein rechtswidriger Zustand geschaffen worden ist, der noch andauert."[16] Die Betroffenen haben dann grundsätzlich einen Anspruch darauf, dass die Verwaltung einen rechtmäßigen Zustand herstellt. Eine Ausnahme besteht, wenn die Betroffenen aus anderen rechtlichen Gründen den Zustand dulden müssen, etwa weil die Herstel-

---

[14] EuGH, C-1038 – Fratelli Costanzo, EuGHE 1989, 1839, 1870 f.; EuGH, C-431/92 – Großkrotzenburg, EuGHE 1995, 2189, 2224.
[15] Übersicht bei Becker, Der transnationale Verwaltungsakt, DVBl 2001, 855.
[16] BVerwGE 105, 288, 297; gutes Beispiel einer Prüfung: BVerwGE 94, 100, 104 ff.

lung des Zustandes unmöglich oder unzumutbar ist. *Beispiel:* Eine Feuerwehrsirene ist wieder abzubauen, wenn sie gegen das Bundesimmissionsschutzgesetz verstößt und eine Standortalternative besteht. Kein Anspruch auf Folgenbeseitigung besteht, wenn die Herstellung des vorherigen Zustandes nun rechtswidrig wäre.

2. Haftung für enteignungsgleichen Eingriff

Der Staat haftet für Verletzungen des Eigentums, die unmittelbar durch rechtswidrige Hoheitsakte verursacht werden. *Beispiel:* grob fahrlässige Beschädigungen eines Hauses bei Straßenbauarbeiten. Dies ist zugleich ein Beispiel für:

3. Amtshaftungsanspruch

Verletzt ein Bediensteter der Verwaltung bei seinem hoheitlichen Handeln vorsätzlich oder fahrlässig eine Pflicht, die gerade denjenigen schützen sollte, der durch diese Handlung zu Schaden kam, so haftet der Verwaltungsträger, bei der der Bedienstete beschäftigt ist, aus § 839 I BGB in Verbindung mit:

> Art 34 GG [**Haftung bei Amtspflichtverletzungen**]
> Verletzt jemand in Ausübung eines ihm anvertrauten öffentlichen Amtes die ihm einem Dritten gegenüber obliegende Amtspflicht, so trifft die Verantwortlichkeit grundsätzlich den Staat oder die Körperschaft, in deren Dienst er steht. [...]

H. Kooperation mit Privaten

Gerade bei der Wirtschaftsverwaltung durch Wirtschaftsaufsicht oder der Wirtschaftslenkung kooperiert die Verwaltung in vielfältigen Formen mit Privaten, und zwar sowohl bei der Rechtsetzung als auch bei der Rechtsdurchsetzung:

1. Phänomene

Für eine Zusammenarbeit zwischen staatlichen Einrichtungen und Privaten gibt es viele Formen, die rechtlich unterschiedlich geregelt sind.[17]

➢ **Selbstverpflichtungen** der privaten Wirtschaft zu bestimmten politisch erwünschten Zielen. *Beispiel:* Die für den Verbraucherschutz zuständigen Minister der 15 EU-Staaten billigten etliche Selbstverpflichtungen der Autohersteller. Die Branche verpflichtet sich etwa, ihre Autos verstärkt so zu konstruieren, dass Fußgänger bei Unfällen weniger verletzt werden.[18]
➢ **Kooperative Gesetzeskonkretisierung**: Private sind an der Erstellung von Verwaltungsvorschriften und Rechtsverordnungen beteiligt. *Beispiel:* technische Normungen durch private Vereine, zB DIN e.V.

---

[17] Umfassend dazu: Schuppert, Verwaltungswissenschaft, 2000, 420 ff.
[18] FAZ v. 28.11.2001, 16.

- **Autonomer Gesetzesvollzug** durch außer- oder halbstaatliche Organisationen mit einer selbständigen Erfüllungsorganisation; korporative Gemengelage von öffentlichen und privaten Organisationen. *Beispiele:* die Duale System Deutschland GmbH, § 6 Abs. 3 VerpackungsVO; die Max-Planck-Institute, die Deutsche Forschungsgemeinschaft.
- **Komplementärer Gesetzesvollzug** in der Leistungsverwaltung: Staatlicher Einwirkungsauftrag und Gewährleistungs- oder Auffangverantwortung. *Beispiele:* das System der freien Wohlfahrtsverbände im Sozialrecht.[19]
- **Unterlagenprüfverfahren.** Wenn Private den Erlass eines Verwaltungsaktes begehren, obliegt ihnen mitunter die Sachverhaltsaufklärung. Die zuständigen Behörden beschränken sich auf eine Plausibilitäts- und Stichprobenkontrolle der Unterlagen. *Beispiele:* Chemikalienrecht, Umweltrecht[20].
- **Eigenüberwachung.** Die Privaten kontrollieren sich selbst. Die Behörden machen Stichprobenkontrollen. *Beispiele:* Überwachung umweltschädlicher Anlagen, §§ 26-30 Bundesimmissionsschutzgesetz (BImschG); Arznei- und Lebensmittelrecht; Selbstkontrolle von Film- und Fernsehproduzenten.
- **Fremdüberwachung**: Dritte übernehmen Kontrollaufgaben im Auftrag des Überwachungspflichtigen. *Beispiele:* §§ 26, 29a BImSchG.
- „**Öffentlich-rechtliche Organisationsstruktur**" **von Privaten**: Private erfüllen Verwaltungsaufgaben. *Beispiele:* § 52a BImSchG: Betriebs- oder Störfallbeauftragte; Rundfunkbeiräte; Versicherungs-, Haftungs- und Genossenschaftsmodelle; Öko-Audit; Einbau der Handelsüberwachungsstelle in die Börse durch das Zweite Finanzmarktförderungsgesetz.
- **Private Teilhabe an staatlicher Planung.** *Beispiel:* Die Gemeinden können gemäß § 12 Baugesetzbuch den Vorhaben- und Erschließungsplan privater Investoren als Grundlage für ihre Bebauungsplanung übernehmen.
- Die Verwaltung erkennt Private öffentlich als **Sachverständige** an und verleiht ihnen dadurch eine besondere Autorität. *Beispiel:* unabhängige Umweltgutachter nach §§ 5 ff Umweltauditgesetz, § 36 Gewerbeordnung.
- **Investitionsmodelle.** *Beispiel:* Verträge über städtebauliche Maßnahmen und ihre Finanzierung gemäß § 11 Baugesetzbuch.

2. Probleme

Kooperationen mit Privaten bergen die **Gefahr, dass Private Macht erlangen, die sie dann missbrauchen**. Die Betroffenen können gegen sie keinen Grundrechtsschutz mehr gelten machen, gerade weil es sich um private und nicht mehr um staatliche Machtausübung handelt. Das Problem lässt sich durch einfachgesetzliche Schutznormen für die Betroffenen bewältigen. Legt man zugrunde, dass letztlich das Gesetz die entscheidende normative Grundlage staatlichen Handelns darstellt, so ist des Weiteren für den selbstregulativen Gesetzesvollzug si-

---

[19] § 17 III Sozialgesetzbuch (SGB) I; § 3 I SGB VIII, § 10 II Bundessozialhilfegesetz.
[20] § 2 Abs. 2 Nr. 5, 9. Bundesimmissionsschutzverordnung.

cherzustellen, dass eine hinreichende Anbindung an das Gesetz erfolgt. Diese Gesetzesbindung muss staatlich kontrollierbar sein.[21]

Beim Gesetzesvollzug durch die Verwaltung soll dies die Wesentlichkeitslehre sicherstellen. Wenn durch die Selbstregulierung ein oder mehrere Akteure hinzukommen, ist die Wesentlichkeitslehre auf diese zu erweitern. In diesem Punkt besteht ein Zusammenhang zur Lehre von der Verantwortungsteilung: Je wesentlicher ein Regelungsbereich oder eine Regelung für das Gemeinwesen sind, desto stärker ist die staatliche Verantwortung für diese Materie. Je stärker die staatliche Verantwortung, desto höher sind die Anforderungen an eine Selbstregulierung – sofern diese überhaupt zulässig ist. Eine Regelung ist umso wesentlicher, je stärker sie in Grundrechte eingreift. Das heißt: Je stärker durch eine Regelung die Grundrechte der Bürger eingeschränkt werden, desto wesentlicher ist diese Regelung und desto stärker ist folglich die staatliche Verantwortung dafür. **Die staatliche Verantwortung muss also um so ausführlicher und bestimmter wahrgenommen werden, je umfassender und intensiver durch ein Gesetz in Rechtspositionen der Betroffenen eingegriffen wird.**

I. Zusammenfassung

I. Wichtigste Lehre

Die Umsetzung von Gesetzen erfolgt auf Bundes- und Landesebene durch staatliche Organe und Verwaltungsträger. Der „Normalfall" ist in Art 83, 84 GG und im VwVfG (Art 84 II GG) geregelt. Der Verwaltung steht eine Vielzahl verschiedener – auch privatrechtlicher – Handlungsformen zur Verfügung. Sie ist bei Auswahl und Anwendung der Handlungsform stets an die Gesetze gebunden, die teilweise die Handlungsform bereits vorgeben.

Verwaltungsakt und Verwaltungsvertrag sind im VwVfG als Handlungsform normiert. Insbesondere der VA ist eine flexible Handlungsformen: Verwaltungsakte können durch Nebenbestimmungen ergänzt werden, und sie können wieder aufgehoben werden.

Dabei tritt die Gesetzmäßigkeit der Verwaltung an vielen Stellen in Widerstreit mit anderen Rechtsgrundsätzen wie der Gerechtigkeit, der Rechtssicherheit und der Zweckmäßigkeit des Verwaltungshandelns.

Praktisch bedeutsam sind auch informelles Verwaltungshandeln sowie vielfältige Formen der Kooperation mit Privaten. Soweit die Verwaltung jedoch hoheitliche Aufgaben erfüllt, ist sie an Grundrechte gebunden, gleichgültig ob sie in den

---

[21] Das setzt Informationen, Wissen und Verarbeitungskapazitäten bei den Behörden voraus. Zudem sollten Gemeinwohlanforderungen in den Prozess der Wissenserzeugung durch die Privaten eingebaut werden, zB durch Dokumentation des Entscheidungsprozesses, Entsendung staatlicher Vertreter, Entwicklung von Privatverfahrensrecht oder Sicherung gleichmäßiger Interessenverarbeitung.

Formen des öffentlichen Rechts oder des Privatrechts handelt. Eine Flucht ins Privatrecht ist nicht rechtens.

II. Wichtige Stichworte

➢ Rechtsaufsicht und Fachaufsicht
➢ Polizeiliche Generalklausel als Verweisungsnorm
➢ Verfassungsrechtlicher Ursprung und Bedeutung des VwVfG
➢ Rechtsträger, Organe, Behörden, Amt, Amts- und Organwalter
➢ Verwaltungsverfahren: wichtige Grundsätze, Effektivität und Effizienz
➢ Handlungsformen der Verwaltung, insbesondere die konkreten und individuellen: Verwaltungsakt, Verwaltungsvertrag, informelles und schlichtes Handeln, Verwaltungsprivatrecht
➢ insbesondere VA: Nebenbestimmungen, Wirksamkeit, Nichtigkeit, Bestandskraft, Rücknahme und Widerruf, Vollzugsanordnung
➢ Arten des Verwaltungsvertrages, Wirksamkeit, Nichtigkeit
➢ Verwaltungsvollstreckung
➢ Europäisches Verwaltungsrecht
➢ Haftung für rechtswidriges Verwaltungshandeln
➢ Formen der Kooperation mit Privaten

III. Schrifttum

Battis, Ulrich, Allgemeines Verwaltungsrecht, 3. A 2002.
Giemulla, Elmar/Jaworsky, Nikolaus/Müller-Uri, Rolf, Verwaltungsrecht, 7. A 2004.
Ipsen, Jörn, Allgemeines Verwaltungsrecht, 5.A 2007.
Maurer, Hartmut, Verwaltungsrecht, 16. A 2006.
Peine, Franz-Joseph, Allgemeines Verwaltungsrecht, 8. A 2006.
Schmidt, Reiner, Die Reform von Verwaltung und Verwaltungsrecht, Verwaltungsarchiv 2000.
Schwerdtfeger, Gunther, Öffentliches Recht in der Fallbearbeitung, 13. A 2008.

§ 11 Prozessrecht

A. Möglichkeiten der Rechtsdurchsetzung

Die gesetzgebende und die gesetzesvollziehende Gewalt werden durch die Gerichte kontrolliert. Akte der Verwaltung können durch die Verwaltungsgerichte überprüft werden. Das ist eine zentrale Forderung des Rechtsstaats. In der DDR gab es keine Verwaltungsgerichte. Wie kommt es dazu, dass die Verwaltungsgerichte entscheiden? Welche Voraussetzungen müssen im Einzelnen vorliegen?

I. Rechtsweg und Rechtsbehelfe

Gerichte sind eine passive Gewalt. Sie reagieren auf Gesuche von Rechtsuchenden - wo kein Kläger, da kein Richter. Alle juristischen Personen des öffentlichen Rechts und alle natürlichen und juristischen Personen des privaten Rechts haben das Grundrecht, gerichtlich ihre subjektiven Rechte durchzusetzen:

> Art 19 IV GG [**Rechtsweggarantie**]
> Wird jemand durch die öffentliche Gewalt in seinen Rechten verletzt, so steht ihm der Rechtsweg offen. Soweit eine andere Zuständigkeit nicht begründet ist, ist der ordentliche Rechtsweg gegeben. [...]

Im Grundsatz sind die ordentlichen Gerichte zuständig. Das sind die Zivilgerichte und die Strafgerichte. Für bestimmte Sachgebiete gibt es spezielle Gerichtsbarkeiten, und zwar: die Arbeitsgerichte, die Finanzgerichte, die Sozialgerichte und die Verwaltungsgerichte, vgl Art 95 I GG.

Rechtsbehelfe sind alle rechtlich zugelassenen Gesuche, durch die Entscheidungen[1] einer Behörde oder eines Gerichts angefochten werden können. *Beispiele:* alle Klagearten, Anträge, der Einspruch, die Erinnerung oder gemäß §§ 68 ff VwGO der Widerspruch. Gesetzlich nicht normiert ist die formlose Gegenvorstellung (sog Remonstration). Richtet sich die Gegenvorstellung an die übergeordnete Behörde, so handelt es sich um eine **Dienstaufsichtsbeschwerde**.

---

[1] Entscheidung ist der Oberbegriff für Urteile und Beschlüsse. Letztere ergehen in der Regel ohne mündliche Verhandlung.

Rechtsmittel sind eine besondere Art der Rechtsbehelfe, bei denen ein höheres Gericht[2] über das Gesuch entscheidet. Die Verwaltungsgerichtsordnung (VwGO) kennt die drei Rechtsmittel der Berufung, der Revision und der Beschwerde. Bei der Berufung würdigt das höhere Gericht die Tatsachen und das einschlägige Recht. Bei der Revision überprüft das Gericht nur die rechtliche Argumentation des angefochtenen Urteils. Die Beschwerde richtet sich gegen alle richterlichen Entscheidungen, die nicht den Streit entscheiden, § 146 VwGO.

II. Alternative Konfliktlösung (ADR – Alternative Dispute Resolution)

Es gibt Streitfälle, die allein mit dem Gesetz nicht entschieden werden können. Für sie gibt das Recht nur einen **Entscheidungskorridor** vor (vgl Kapitel § 1.B.III). Es gibt dann nicht nur eine rechtlich richtige Entscheidung, sondern mehrere rechtlich vertretbare Entscheidungen.

In einigen dieser Fälle kann klar sein, dass nur eine der rechtlich vertretbaren Entscheidungen gerecht wäre. In diesen klaren Fällen kann zuversichtlich vor den Gerichten Rechtsschutz gesucht werden. In den Fällen aber, in denen weder über Recht, noch über Gerechtigkeit zweifelsfrei entschieden werden kann, wird das Ergebnis eines Rechtsstreits kaum vorhersehbar sein.

Aus dieser Erkenntnis heraus, aber auch wegen der langen Dauer der Prozesse und ihrer hohen Kosten haben sich in den Vereinigten Staaten und zunehmend auch in Deutschland neue Formen der **Alternative Dispute Resolution** (ADR) etabliert.

ADR ist auch in Deutschland eine zunehmend verbreitete Antwort auf die Erschöpfung der öffentlichen Finanzen und die damit zusammenhängende mangelnde Ausstattung und der daraus resultierenden Überlastung der Justiz. Formen der ADR sind die Schiedsgerichte und die Mediation[3].

1. Schiedsgerichte
Schiedsgerichte sind „**selbstgeschaffene**" Gerichte. Die Streitparteien bestimmen deren Besetzung und Verfahren und unterwerfen sich vorab dem Urteil der Schiedsrichter. Schiedsgerichtsklauseln werden zumeist zu Beginn einer Geschäftsbeziehung vertraglich vereinbart. Schiedsverfahren werden vor allem im internationalen Handelsverkehr und zum Abschluss von Tarifverträgen durchgeführt.

Die Verfahrensregeln, nach denen internationale Schiedsgerichtsverfahren verhandelt werden, werden zumeist mit den Schiedsgerichtsklauseln vereinbart. Verschiedene Organisationen stellen hierfür Regelwerke zur Verfügung. Diese stim-

---

[2] Der Vollständigkeit halber sei der Instanzenzug der Verwaltungsgerichtsbarkeit genannt: Verwaltungsgericht, §§ 5, 6, 81 VwGO; Oberverwaltungsgericht, §§ 9, 47, 48, 124 ff VwGO und Bundesverwaltungsgericht, §§ 10, 11, 132 ff VwGO.

[3] Einige Ländergesetze schreiben für bestimmte Streitigkeiten, zB solche mit einem Streitwert unter 750 Euro, zwingend ein Güteverfahren vor, vgl § 15a des Einführungsgesetzes zur Zivilprozessordnung.

men weitgehend überein mit dem „UNCITRAL Model Law" – United Nations Commission on International Tradelaw.
Für nationale Streitigkeiten wurde das UNCITRAL Modellgesetz in den §§ 1025 ff der Zivilprozessordnung übernommen. Darin sind Fairness- und Verfahrensregeln niedergelegt.

2. Mediation

Bei der Mediation vermittelt der sogenannte **Mediator** zwischen den streitenden Parteien. Dabei sind verschiedene Stile möglich: Ein Mediator kann auf bestimmte Lösungen hinwirken, die ihm plausibel oder gerecht erscheinen. Er kann sich aber auch darauf beschränken, Missverständnisse unter den Parteien auszuräumen. Allen Stilen ist aber gemeinsam, dass der Mediator den Streit nicht verbindlich entscheiden kann. Wenn die Parteien das möchten, können sie Richter bemühen.

Es gibt viele Vorteile und kaum Nachteile der Mediation: Der Mediator löst die Parteien von ihren starren **Positionen** und macht sie durch gezielte Techniken auf die **Interessen** aufmerksam, die hinter den Positionen stehen. Dadurch erweitern sich die Möglichkeiten für eine Konfliktlösung (sog **Kuchenvergrößerung**). Ein *Beispiel* sind die beiden Schwestern, die sich um eine Orange streiten (Positionen), bis sie merken, dass die eine nur die Schale zum Backen braucht und die andere nur Wert auf das Fruchtfleisch legt (Interessen).

Im Bereich des öffentlichen Rechts ist Mediation wegen des Grundsatzes der Gesetzmäßigkeit der Verwaltung problematisch. In vielen Bereichen kann die Verwaltung zwar nichtförmlich handeln und daher auch an einer Mediation teilnehmen, § 10 VwVfG.

Die Verwaltung kann aber nicht wie Private den Kuchen potentiell unbegrenzt vergrößern. Sie muss sich an die Grenzen des rechtlich Vertretbaren halten. Die Ergebnisse einer Mediation können rechtliche Verbindlichkeit erlangen, indem ein Verwaltungsvertrag abgeschlossen wird, §§ 54 ff VwVfG. Daher gelten dieselben rechtlichen Anforderungen wie für die Wirksamkeit eines öffentlich-rechtlichen Vertrages.

Mediation kann im öffentlichen Recht daher vor allem dort stattfinden, **wo die Verwaltung Gestaltungsspielräume hat**. Das ist vor allem bei allen Planungen, etwa im Bau- und Umweltrecht der Fall sowie bei Ermessensentscheidungen. Hier muss die Verwaltung sich nur an die Grenzen des Ermessens und den Zweck der Ermächtigungsgrundlage halten, § 40 VwVfG.

Beispiel: Ein Nachbar im zweiten Stock beklagt sich, dass die Gastwirtschaft unter ihm zu laut sei. Die Verwaltung und die Verwaltungsgerichte können die Gaststättenerlaubnis entziehen, Sperrstunden oder Lärmschutzmaßnahmen anordnen. In einer Mediation kämen weit mehr Möglichkeiten in Betracht. Der Gastwirt könnte dem Nachbarn etwa seine Ruhe „abkaufen", sie könnten Wohnungen tauschen oder sich auf lärmfreie Tage einigen.

B. Kontrolle und Legitimation der Gerichte

Die Gerichte kontrollieren die Gewalten, aber wer kontrolliert die Gerichte? Wodurch ist die richterliche Entscheidung legitimiert? Unter § 4.B.VII wurden die drei Formen der sachlichen, der institutionellen und der persönlichen Legitimation genannt. Sind sie für die Gericht verwirklicht?

(1) Die **sachliche Legitimation** der Gesetzesbindung ist verwirklicht gemäß

> Art 97 I GG [**Unabhängigkeit der Richter**]
> Die Richter sind unabhängig und nur dem Gesetz unterworfen.

Wie aber soll die Gesetzesbindung kontrolliert werden, wenn die Richter zugleich unabhängig sind? Besteht eine institutionelle Legitimation der Gerichte?

(2) Zwei Artikel des Grundgesetzes lassen eine Kontrolle von Gerichtsentscheidungen durch andere Gerichte und damit eine **institutionelle Legitimation** erkennen:

➢ Gemäß **Art 95 GG** sind oberste Bundesgerichte „der ordentlichen, der Verwaltungs-, der Finanz-, der Arbeits- und der Sozialgerichtsbarkeit" einzurichten.
➢ Gemäß **Art 100 GG** kann ein Gericht das Bundesverfassungsgericht (BVerfG) anrufen, wenn es in einem Rechtsstreit eine Norm für verfassungswidrig hält (sogenannte **konkrete Normenkontrolle**).

Darüber hinaus gewährt Art 19 IV GG keinen Rechtsschutz gegen Akte der Gerichtsgewalten. Zwar umfasst der Begriff der „öffentlichen Gewalt" auch die Gerichte. Der Wortlaut ist aber einschränkend auszulegen. Nach seinem Sinn und Zweck kann Art 19 IV GG keine unbegrenzte Kontrolle einer Gerichtsentscheidung durch eine höhere Instanz verbürgen wollen. Art 19 IV GG gibt daher kein Grundrecht auf einen gerichtlichen Instanzenzug.

Tatsächlich wurden in den letzten Jahrzehnten die **Streitwertgrenzen** für die Rechtsmittel mehrfach heraufgesetzt: von ca 350 Euro vor zehn Jahren auf 750 Euro für Berufungen heute. Durch die sechste Novelle zur Verwaltungsgerichtsordnung (VwGO) wurden 1997 die Möglichkeiten eingeschränkt, Rechtsmittel einzulegen.

Im Zuge der Europäisierung wird die Macht der Exekutive durch eine Rücknahme der gerichtlichen Kontrolle gestärkt. Im britischen und französischen Recht hat die Effizienz des Verwaltungshandelns traditionell Vorrang vor einer gerichtlichen Kontrolle des Verwaltungshandelns.[4]

(3) Die **personelle Legitimation** wird dadurch hergestellt, dass die Richter von den politisch legitimierten Justizministern ernannt und vereidigt werden. Die Bundesverfassungsrichter werden von den Gesetzgebern gewählt, Art 94 I GG. Es be-

---

[4] Ulrich Battis, Anforderungen an ein modernes Bauordnungsrecht, DVBl 2000, 1557 ff.

steht eine Vereinbarung, derzufolge die großen Parteien abwechselnd einen neu zu bestellenden Richter ernennen dürfen.

Trotz dieser Legitimation der Richter wird immer wieder Unzufriedenheit mit der Arbeit der Richter laut. Das bezieht sich insbesondere auf die ungewissen Erfolgschancen. Allerdings können die Parteien sich bei einer unsicheren Rechtslage auch gütlich einigen (sog **Vergleich**). 70 % aller Verfahren vor den Amtsgerichten werden im Vergleich erledigt.[5]

C. Das subjektive öffentliche Recht

I. Objektives Recht und subjektives öffentliches Recht

Das **objektive Recht** besteht aus der Summe aller geltenden Rechtsnormen. Ein subjektives Recht ist die rechtlich durchsetzbare Macht, von jemandem ein bestimmtes Verhalten verlangen zu können. **Das subjektive öffentliche Recht ist die rechtlich durchsetzbare Macht, von den Staatsorganen ein bestimmtes Verhalten verlangen zu können.**

Was ist der Hintergrund dieser beiden Definitionen? Das wird deutlich, wenn die Staatsorgane gegen eine Rechtsnorm verstoßen: Nicht alle Rechtsnormen gewähren den Einzelnen eine durchsetzbare Rechtsmacht gegen die Staatsorgane, sondern nur bestimmte Normen: Subjektive öffentliche Rechte sind ein Ausschnitt aus dem objektiven Recht. Nur beim Verstoß gegen Normen, die subjektiv öffentliche Rechte gewähren, haben die Einzelnen Recht.

Negativ formuliert: **Es gibt keinen allgemeinen Gesetzesvollziehungsanspruch.** Der Einzelne kann also nicht über die Einhaltung allen objektiven Rechts wachen.

Beispiele: Der Einzelne hat keinen Anspruch darauf, dass die Bundesregierung das Völkerrecht[6] oder das nationale Haushaltsrecht[7] befolgt. Wenn jemand einen Dritten dabei beobachtet, wie er bei rot über die Ampel fährt, dann kann er ihn der Polizei anzeigen und sich als Zeuge zur Verfügung stellen. Wenn die Ordnungsbehörden dennoch nichts unternehmen, kann er weder den Dritten persönlich noch die Verwaltung verklagen. Rechtsschutz hat er erst, wenn er in seinen persönlichen Rechten betroffen ist, etwa weil er angefahren wurde.

Die Folgefrage liegt auf der Hand: Woran ist zu erkennen, ob eine Rechtsnorm ein subjektives öffentliches Recht gewährt?

---

[5] Herta Däubler-Gmelin, Justizreform, ZRP 2000, 457, 460.
[6] BVerfG, NJW 2001, 3534: Unzulässigkeit einer Klage gegen die Bundesregierung, weil diese angeblich das objektive Recht verletzte, als sie Maßnahmen gegen Österreich ergriff, weil die rechtsextreme FPÖ an der Regierung beteiligt wurde.
[7] BVerfG, NJW 2002, 127: Unzulässigkeit einer Verfassungsbeschwerde gegen den Deutschen Bundestag, weil dieser angeblich das Haushaltsrecht verletzte, als er beschloss, das Holocaust-Mahnmal durch Mittel aus dem Bundeshaushalt finanziell zu unterstützen.

II. Subjektives öffentliches Recht durch Anspruchsnormen

Eine Norm gewährt jemandem ein subjektives öffentliches Recht, wenn sie dieser Person einen Anspruch auf ein bestimmtes Handeln oder Unterlassen staatlicher Einrichtungen einräumt. Den Betreffenden muss die rechtliche Macht eingeräumt sein, die staatliche Gewalt zu einem bestimmten Verhalten zu verpflichten. Das ist klar ersichtlich, wenn eine Norm ausdrücklich für bestimmte Individuen konkrete Ansprüche begründet.

Beispiele: Die einschlägigen Gesetze formulieren ausdrücklich, wem unter welchen Umständen ein Anspruch auf Sozialhilfe oder auf Bafög zusteht. Sind die Voraussetzungen erfüllt, haben die Betreffenden subjektive öffentliche Rechte auf Zahlung der finanziellen Hilfen. Zahlreiche Beispiele aus dem besonderen Verwaltungsrecht ließen sich anführen, etwa zur Erteilung einer Baugenehmigung, einer Gewerbezulassung oder die Zuteilung eines Studienplatzes – jeweils unter den gesetzlichen Tatbestandsvoraussetzungen.

III. Drittschützende Normen – die sogenannte Schutznormlehre

Ein Anspruch auf ein bestimmtes Verhalten der staatlichen Einrichtungen kann sich jedoch auch aus anderen als klaren Anspruchsnormen ergeben. In der Rechtswissenschaft wird von „**drittschützenden Normen**" gesprochen, wenn eine Vorschrift die vordergründig keine Ansprüche gewährt, gleichwohl erkennen lässt, dass bestimmte „Dritte" in bestimmter Hinsicht vor bestimmten Gefahren geschützt werden sollen.

Ob das der Fall ist, ist durch Auslegung zu ermitteln. Eine Norm gewährt ein subjektives öffentliches Recht, wenn sie drittschützend ist. Drittschützend ist eine Vorschrift, wenn nach ihrem Sinn und Zweck **ein qualitativ und quantitativ abgrenzbarer Personenkreis erkennbar in bestimmten Hinsichten geschützt wird**.

Beispiele: Die polizeiliche Generalklausel zum Schutze der öffentlichen Sicherheit sollen jeweils auch die Rechtsgüter der im konkreten Fall gefährdeten Individuen schützen. Die Vorschriften im Baurecht betreffend die maximale Höhe des Bauwerks und seines Abstandes zum Nachbargrundstück haben auch den Zweck, die Nachbarn vor übermäßiger Beschattung ihrer Grundstücke zu schützen. Diese Vorschriften sind nachbarschützend.

Eine Norm ist nicht drittschützend (Abgrenzen!), wenn die Einzelnen durch eine Rechtsnorm nur zufällig belastet oder begünstigt werden (sog **Rechtsreflex**). *Beispiele:* Die Verpflichtung, Verkaufswaren mit Preisen auszuzeichnen, schützt die Verbraucher wirtschaftlich, aber nicht rechtlich. Steuerliche Begünstigungen für den Mittelstand sind ein bloßer Rechtsreflex der staatlichen Wirtschaftspolitik. Dasselbe gilt für die Vorschriften über die Ladenschlusszeiten, die nur die Angestellten schützen sollen, aber grundsätzlich nicht die Wettbewerber. Die Untersagung eines Gewerbes gemäß § 35 I GewO begünstigt die Wettbewerber. Rechtlich intendiert ist das aber nicht.

Hinzuweisen ist allerdings darauf, dass nicht alle der vorgenannten Beispiele unumstritten sind. Die Drittschutzformel ist nicht bestimmt genug, um stets zu einer einheitlichen Rechtsprechung zu führen.

IV. Klagebefugnis als Element der Zulässigkeit

Die zwangsweise Durchsetzung subjektiver öffentlicher Rechte gegenüber den staatlichen Einrichtungen erfolgt vor den Gerichten. Die erfolgreiche Klage ist der Fluchtpunkt des subjektiven öffentlichen Rechts. Welche Voraussetzungen müssen erfüllt sein, damit jemand seine subjektiven öffentlichen Rechte einklagen kann?

Wenn eine Klage erhoben wird, wird deren **Zulässigkeit** und **Begründetheit** geprüft. Innerhalb der Zulässigkeit wird untersucht, ob die Klage in der richtigen Form beim richtigen Gericht innerhalb der gesetzlichen Frist erhoben wurde. Insbesondere wird geprüft, ob der Rechtssuchende klagebefugt ist. Dazu wird gefragt, ob der Rechtssuchende eine Erfolgschance hat. Ist das zu verneinen, so ist die Klage unzulässig. Ist die Klage zulässig, so wird in der Begründetheit gewürdigt, ob ein subjektives öffentliches Recht auf das Begehrte besteht. Sinn dieser zweistufigen Prüfung ist es, die Gerichte nicht unnötig zu belasten: Jeder soll nur seine eigenen subjektiven Rechte einklagen können, nicht die Rechtmäßigkeit des Staatshandelns allgemein (**Grundsatz der Verletztenklage**, also **Ausschluss der sog Popularklage**). Das Erfordernis der **Klagebefugnis** ergibt sich aus

> § 42 II VwGO [**Klagebefugnis**]
> Soweit gesetzlich nichts anderes bestimmt ist, ist die Klage nur zulässig, wenn der Kläger geltend macht, durch den Verwaltungsakt oder seine Ablehnung oder Unterlassung in seinen Rechten verletzt zu sein.

Die Trennung zwischen Zulässigkeit und Begründetheit liegt im Begriff des „Geltendmachens": Ob der Rechtssuchende ein subjektives Recht hat, ist eine Frage der Begründetheit. Für die Zulässigkeit reicht die Geltendmachung. Welche Anforderungen werden an diese gestellt? Geringe. Der Rechtssuchende ist grundsätzlich **klagebefugt, es sei denn, die behaupteten Rechte bestehen „offensichtlich und eindeutig nach keiner Betrachtungsweise"**[8]. Es reicht also aus, dass die behaupteten Rechte möglicherweise bestehen (sog **Möglichkeitslehre**). Das ist ausgeschlossen, wenn die Vorschriften, auf die sich das Begehren stützt, erkennbar nicht drittschützend sind.

Manchmal ist „gesetzlich etwas anderes bestimmt". *Beispiel:* Erweiterungen der Klagebefugnis im Wettbewerbsrecht, § 8 IV HandwerksO. Grundsätzlich aber gilt § 42 II VwGO. *Zwei Fälle* sind zu unterscheiden:

1. Rechtsschutz gegen belastende Maßnahmen des Staates
Wiederum sind zwei Fälle zu unterscheiden:

---

[8] BVerwGE 95, 333, 335; 92, 32, 35; 82, 246, 249 mN.

> Art 2 I GG schützt die Handlungsfreiheit der Rechtsgenossen umfassend. Das heißt, für jede freiheitsbeschränkende Maßnahme ist es zumindest möglich, dass sie den Adressaten in seinem Rechten aus Art 2 I GG verletzt. Gegen belastende Maßnahmen besteht daher immer eine Klagebefugnis (sog **Adressatenlehre**). Der Normalfall von Klagen gegen einen belastenden VA ist die sogenannte **Anfechtungsklage**, § 42 I Alt 1 VwGO.
> *Beispiel:* Das Kaufhaus wehrt sich gegen das Verbot, sonntags zu öffnen. Es ist klagebefugt.
> **Anfechtung einer belastenden Drittbegünstigung.** Wie ist es, wenn Dritte durch eine Maßnahme der Verwaltung begünstigt werden? *Beispiele:* Konkurrent K erhält sämtliche zu vergebenden Konzessionen für den Betrieb von Taxen oder Speditions-Lkw. K erhält eine Ausnahmegenehmigung von den Ladenschlusszeiten gemäß § 23 LadenschlG. R ist für eine Anfechtungsklage[9] klagebefugt, wenn er ein subjektives öffentliches Recht gegen die Drittbegünstigung geltend machen kann. Es darf nicht ausgeschlossen sein, dass eine Norm verletzt ist, die ihn als „Teil eines normativ hinreichend deutlich abgegrenzten Personenkreises gerade auch vor dem betreffenden rechtswidrigen Verwaltungsakt schützen will"[10] (**Drittschutz**).
> *Beispiele:* Die Vorschriften zur Verteilung begrenzter Konzessionen sind für Bewerber wegen der Berufsfreiheit drittschützend. Die Ladenschlusszeiten dagegen sind nicht drittschützend für Wettbewerber, sondern nur für die Angestellten der Läden.

2. Rechtsschutz gegen die Versagung begünstigender Maßnahmen

In bestimmten Fällen haben die Rechtsgenossen einen Anspruch auf eine staatliche Maßnahme. Sofern der Erlass eines begünstigenden VA begehrt wird, ist die sogenannte **Verpflichtungsklage** statthaft, § 42 I Alt 2 VwGO; ansonsten die **allgemeine Leistungsklage**, § 43 II VwGO. Für die Frage, ob ein subjektives öffentliches Recht auf eine Maßnahme möglich ist, sind *drei Fälle* zu unterscheiden:

> Einige Rechtsnormen gewähren ausdrücklich einen bestimmten **Anspruch**. Die Klagebefugnis besteht, solange nicht ausgeschlossen ist, dass der Rechtschutzsuchende die Anspruchsvoraussetzungen erfüllt.
> *Beispiele:* Anspruch auf Bafög oder Sozialhilfe haben nur diejenigen, die „bedürftig" sind. Einen Anspruch auf Akteneinsicht gemäß § 29 I VwVfG kann nur jemand haben, der am Verwaltungsverfahren beteiligt ist.
> Bei der Anwendung einer drittschützenden Norm kann der Verwaltung ein **Ermessensspielraum** zustehen. Dann hat sie gemäß § 40 VwVfG ermessensfehlerfrei zu entscheiden. **§ 40 VwVfG ist selbst drittschützend, sofern drittschützende Normen angewendet werden.**[11] Insoweit gewährt § 40 VwVfG einen **Anspruch auf fehlerfreie Ermessensausübung**.

---

[9] Wenn R nicht nur die Drittbegünstigung verhindern, sondern zugleich anstelle von K begünstigt werden möchte, erhebt er eine Anfechtungsklage gegen die Drittbegünstigung und gleichzeitig eine Verpflichtungsklage auf seine Begünstigung.
[10] BVerwGE 65, 167, 171.
[11] Vgl BVerwGE 39, 235, 237.

Beispiele: Sofern eine Gewerbeerlaubnis erteilt werden „kann", besteht ein Anspruch auf fehlerfreie Ermessensausübung gemäß § 40 VwVfG.
➢ **Verpflichtung zur Drittbelastung.** Unter Umständen möchte der Rechtsschutzsuchende, dass die Verwaltung gegen einen Dritten einschreitet.
Beispiele: K verstößt gegen die Ladenschlusszeiten. R möchte, dass die Behörde das verbietet. R möchte, dass die Polizei sein Haus von Besetzern räumt. Der Rechtsuchende ist klagebefugt, falls die Norm, auf die er sich beruft, drittschützend ist.

D. Widerspruchsverfahren, § 79 VwVfG, §§ 68 ff VwGO

> § 68 VwGO [**Vorverfahren = Widerspruchsverfahren**]
> (1) Vor Erhebung der Anfechtungsklage sind Rechtmäßigkeit und Zweckmäßigkeit des Verwaltungsakts in einem Vorverfahren nachzuprüfen. [...]
> (2) Für die Verpflichtungsklage gilt Absatz 1 entsprechend, wenn der Antrag auf Vornahme des Verwaltungsakts abgelehnt worden ist.

1. Funktion
Das Widerspruchsverfahren ist zwar in der VwGO geregelt. Es ist aber **ein verwaltungsinternes Verfahren**. Die Verwaltung soll sich selbst kontrollieren dürfen, um etwaige Fehler zu beseitigen.
Daher muss die Verwaltung – anders als die Gerichte – **auch die Zweckmäßigkeit ihres Handelns erneut erwägen**. Der Sinn des Vorverfahrens besteht darin, die Gerichte nicht unnötig zu belasten.

2. Die Zulässigkeit des Widerspruches: §§ 68 ff VwGO
Drei Voraussetzungen für die Zulässigkeit des Widerspruchs sind hervorzuheben:
1. **VA als Gegenstand, § 68 VwGO.** Gegenstand eines Widerspruches kann nur ein nicht bestandskräftiger Verwaltungsakt sein.
2. **Widerspruchsfrist, § 70 VwGO:** „Der Widerspruch ist innerhalb eines Monats, nachdem der Verwaltungsakt dem Beschwerten bekanntgegeben worden ist [...] zu erheben". Allerdings wird die Frist auf ein Jahr verlängert, wenn der Verwaltungsakt nicht mit einer Rechtsbehelfsbelehrung versehen wurde, §§ 70 II, 58 VwGO. Ist die Widerspruchsfrist versäumt, so wird der Verwaltungsakt grundsätzlich bestandskräftig, vgl aber § 60 VwGO.
3. **Widerspruchsbefugnis: § 42 II VwGO gilt analog.**

3. Entscheidung
Ein Widerspruch ist begründet, wenn der Widerspruchsführer Recht hat. Die zuständige Behörde überprüft das, sowie die Zweckmäßigkeit ihrer Entscheidung. Für die neuerliche Entscheidung sind natürlich zwei Möglichkeiten gegeben:

> § 72 VwGO [**Abhilfe**]
> Hält die Behörde den Widerspruch für begründet, so hilft sie ihm ab und entscheidet über die Kosten.
> § 73 I 1 VwGO [**Zurückweisung**]
> Hilft die Behörde dem Widerspruch nicht ab, so ergeht ein Widerspruchsbescheid.

Gegen den Widerspruchsbescheid kann binnen eines Monats geklagt werden; § 74 VwGO. Eine teilweise Beschwer reicht aus, etwa wenn für einen Wohnungsbau nur drei statt der begehrten vier Stockwerke genehmigt wurden.

E. Verwaltungsgerichtsbarkeit

Eine Klage hat Erfolg, wenn sie zulässig und begründet ist.

I. Prozessvoraussetzungen - Zulässigkeit einer Klage vor dem VG

Im Folgenden werden kurz die wichtigsten Elemente der Zulässigkeit genannt:

1. Rechtsweg eröffnet, § 40 VwGO

> § 40 I 1 VwGO [**Rechtsweg**]
> Der Verwaltungsrechtsweg ist in allen öffentlich-rechtlichen Streitigkeiten nicht-verfassungsrechtlicher Art gegeben, soweit die Streitigkeiten nicht durch Bundesgesetz einem anderen Gericht ausdrücklich zugewiesen sind.

Ob die streitbefindliche Sache „öffentlich-rechtlich" ist, bemisst sich an der modifizierten Subjektstheorie. Was ist, wenn der falsche Rechtsweg beschritten wurde?

> § 17a II GerichtsverfassungsG (GVG) [**Rechtswegverweisung**]
> Ist der beschrittene Rechtsweg unzulässig, spricht das Gericht dies nach Anhörung der Parteien von Amts wegen aus und verweist den Rechtsstreit zugleich an das zuständige Gericht des zulässigen Rechtsweges. [...] Der Beschluss ist für das Gericht, an das der Rechtsstreit verwiesen worden ist, hinsichtlich des Rechtsweges bindend.

Allerdings verursacht die Verweisung dem Kläger zusätzliche Kosten, die nicht anfallen, wenn er sogleich den zulässigen Rechtsweg einschlägt, § 17b II 2 GVG.

2. Klagearten, §§ 42 I, 43, 47, 113 I 4 VwGO
Die VwGO hält für verschiedene Maßnahmen der Verwaltung unterschiedliche Klagearten bereit. Die wichtigsten wurden bereits genannt. Zu ergänzen sind:
(1) Erstens die Fortsetzungsfeststellungsklage. Sie ist analog § 113 I 4 VwGO eröffnet, wenn sich die Sache bereits erledigt hat, der Betroffene aber gleichwohl

ein berechtigtes Interesse an der Feststellung hat, dass die Verwaltung rechtswidrig handelte.
(2) Zweitens: die Normenkontrolle gemäß § 47 VwGO.

3. Klagebefugnis
Die Voraussetzungen der Klagebefugnis, § 42 II VwGO und des Vorverfahrens, §§ 68 ff. VwGO wurden bereits behandelt.

4. Frist, § 74, 47 II 1 VwGO
Die Klagefrist beträgt bei Verwaltungsakten in der Regel einen Monat, § 74 VwGO, bei Normenkontrollen zwei Jahre, § 47 II 1 VwGO.

Weitere Zulässigkeitsvoraussetzungen ergeben sich aus den §§ 40 ff VwGO.

II. Begründetheit, §§ 47 V 2 oder 113 VwGO

Wann besteht tatsächlich ein Anspruch auf das Verlangte und was ist jeweils die Folge? Die Begründetheit einer Klage wird grundsätzlich in zwei Stufen geprüft: Erstens werden die Voraussetzungen für die **formelle Rechtmäßigkeit** der belastenden oder der beantragten Maßnahme untersucht. Zweitens wird gewürdigt, ob die **materielle Rechtmäßigkeit** gegeben ist. Die formelle Rechtmäßigkeit zerfällt wiederum in drei Unterpunkte: **Zuständigkeit, Verfahren und Form**. Das heißt, eine Handlung der Verwaltung ist nur rechtmäßig, wenn die zuständige Behörde eine Maßnahme nach dem vorgeschriebenen Verfahren in der gesetzmäßigen Form erlassen hat. Zuständigkeit, Verfahren und Form sind grundsätzlich im VwVfG geregelt. Die Grundlagen wurden dazu in Kapitel § 10 vermittelt. Die Folgen von diesbezüglichen Fehlern wurden unter § 10.C.II.4 behandelt. Im Rahmen der materiellen Rechtmäßigkeit wird nach Maßgabe der §§ 47 V 2 oder 113 VwGO geprüft, ob das behauptete subjektiv öffentliche Recht besteht.

1. Rechtsschutz gegen belastende Maßnahmen des Staates: Die Aufhebung eines belastenden VA

> § 113 I VwGO [**Begründetheit der Anfechtungsklage**]
> Soweit der Verwaltungsakt rechtswidrig und der Kläger dadurch in seinen Rechten verletzt ist, hebt das Gericht den Verwaltungsakt und den etwaigen Widerspruchsbescheid auf. [...]

Wie bei der Klagebefugnis sind zwei Fälle zu unterscheiden: Die Anfechtung der eigenen Belastung und die Anfechtung der Drittbegünstigung.

➤ Bei den **unmittelbar belastenden Maßnahmen** ist die Klage des Betroffenen begründet, wenn der VA rechtswidrig ist. Die Verletzung „in seinen Rechten" hatte der Rechtsuchende zumindest wegen Art 2 I GG zu erleiden (Adressatenlehre). Rechtswidrig ist insbesondere ein Verstoß gegen § 40 VwVfG.
➤ Die **Klage gegen eine Drittbegünstigung** ist nur unter zwei Voraussetzungen begründet:
  (1) Erstens muss die Drittbegünstigung rechtswidrig sein.

(2) Zweitens muss die Rechtswidrigkeit gerade auf einem Verstoß gegen eine drittschützende Norm beruhen. Der Verstoß gegen nicht-drittschützende Vorschriften hilft der Klage grundsätzlich nicht zum Erfolg.
Beispiel: Der Verstoß gegen objektiv-rechtliche Zuständigkeitsvorschriften ist unbeachtlich aus der Sicht desjenigen, der die Erteilung einer Taxikonzession an einen Dritten anficht.

2. Rechtsschutz gegen die Versagung begünstigender Maßnahmen: Der Erlass eines begünstigenden VA

> § 113 V VwGO [**Begründetheit der Verpflichtungsklage**]
> Soweit die Ablehnung oder Unterlassung des Verwaltungsakts rechtswidrig und der Kläger dadurch in seinen Rechten verletzt ist, spricht das Gericht die Verpflichtung der Verwaltungsbehörde aus, die beantragte Amtshandlung vorzunehmen, wenn die Sache spruchreif ist. [**Verpflichtungstenor**] Andernfalls spricht es die Verpflichtung aus, den Kläger unter Beachtung der Rechtsauffassung des Gerichts zu bescheiden. [**Bescheidungstenor**]

Spruchreif ist eine Rechtssache, wenn keine weiteren Tatsachen mehr ermittelt werden müssen, um die Streitfrage entscheiden zu können. Das ist grundsätzlich nicht der Fall, wenn die Verwaltung ein Ermessen hat.

Für die Frage, ob ein begünstigender VA erlassen wird, sind – wie oben bei der Klagebefugnis – *drei Fälle* zu unterscheiden:

➢ Stützt sich die Klage auf eine **Anspruchsnorm**, so ist sie begründet, wenn und soweit die Anspruchsvoraussetzungen gegeben sind.
Beispiel: Anspruch auf Bafög oder Sozialhilfe haben nur diejenigen, die „bedürftig" sind. Die, die es nicht sind, haben keinen Anspruch darauf, dass die „Bedürftigen" Bafög oder Sozialhilfe erhalten. § 29 I VwVfG gibt einen eingeschränkten Anspruch auf Akteneinsicht (vgl aber § 44a VwGO). Die Konzession für den Betrieb einer Privatkrankenanstalt ist gemäß § 30 I GewO zu erteilen, wenn keine gesetzlichen Versagungsgründe gemäß § 30 II GewO vorliegen.

➢ **Ermessensvorschriften.** In welchen Fällen führt der Anspruch auf fehlerfreie Ermessensausübung zu einem subjektiven öffentlichen Recht auf das Begehrte und damit zur Begründetheit der Klage? Nur dann, wenn der Verwaltung keine Alternative bleibt, als sich für das Begehrte zu entscheiden. Das ist der Fall, wenn jede andere Entscheidung ermessensfehlerhaft wäre, insbesondere weil keine Gründe ersichtlich sind, die gegen die Maßnahme sprechen (sog **Ermessensreduzierung auf Null**).
Beispiel: Ein solcher Anspruch kann sich insbesondere aus der Verpflichtung der Verwaltung ergeben, gleiche Fälle gleich zu behandeln, Art 3 I GG. So besteht ein Anspruch auf eine Ausnahme von bauordnungsrechtlichen Vorschriften, wenn in gleichen Fällen bereits Ausnahmen erteilt wurden.

➢ **Verpflichtung zur Drittbelastung.** Ein ausdrücklicher Anspruch auf Erlass einer drittbelastenden Maßnahme ist selten. Ein subjektives öffentliches Recht setzt daher eine Ermessensreduzierung gerade auf die drittbelastende Maß-

nahme voraus.
Beispiele: Die Polizei steht unbeschäftigt daneben, während ein unbewaffneter Räuber jemandem die Handtasche wegreißt. Das Ermessen, etwas gegen die Verletzung der öffentlichen Sicherheit zu unternehmen, reduziert sich darauf, den Räuber zu verfolgen. Der Betroffene hat einen Anspruch auf Einschreiten gemäß der polizeilichen Generalklausel. Es gibt dagegen keinen generellen Anspruch eines Eigentümers darauf, dass Besetzer aus seinem Haus entfernt werden. Objektiv hätten die Ordnungsbehörden indes das Recht, die Hausbesetzer zu entfernen.[12]

III. Die Kontrolldichte

Wie umfassend überprüfen die Gerichte die Maßnahmen der Verwaltung? Das ist eine entscheidende Frage der Gewaltenteilung. Es wurde bereits angedeutet, dass sich die Gewichte in Richtung Exekutive verlagern. Grundsätzlich wenden die Gerichte wie die Verwaltung auch das geschriebene Recht an. Sofern dieses klar formuliert ist, ergeben sich keine weiteren Probleme.

Anders ist es, wenn das Recht einen **Entscheidungskorridor** belässt. Seit den 50er Jahren wird das Ausmaß der gerichtlichen Kontrolle, der die Verwaltung unterliegt, engagiert diskutiert. Die herkömmliche Lehre trennt zwischen unbestimmten Rechtsbegriffen (Tatbestandsseite) und Ermessensklauseln (Rechtsfolgenseite einer Norm).

Während ein gerichtsfester Entscheidungsspielraum der Verwaltung beim Ermessen anerkannt ist, ist das für die Auslegung von unbestimmten Rechtsbegriffen umstritten.[13]

1. Ermessensklauseln
Bei der Ausübung ihres Ermessens ist die Verwaltung an § 40 VwVfG gebunden. Dementsprechend erlaubt die VwGO den Richtern ausdrücklich die Kontrolle der Ermessensbetätigung:

> § 114 VwGO [**Nachprüfung von Ermessensentscheidungen**]
> Soweit die Verwaltungsbehörde ermächtigt ist, nach ihrem Ermessen zu handeln, prüft das Gericht auch, ob der Verwaltungsakt oder die Ablehnung oder Unterlassung des Verwaltungsaktes rechtswidrig ist, weil die gesetzlichen Grenzen des Ermessens überschritten sind oder von dem Ermessen in einer dem Zweck der Ermächtigung nicht entsprechenden Weise Gebrauch gemacht ist. [...] [vgl § 40 VwVfG]

2. Unbestimmte Rechtsbegriffe
Für die Auslegung von unbestimmten Rechtsbegriffen beanspruchen die Gerichte grundsätzlich das Letztentscheidungsrecht. Das ist deshalb erstaunlich, weil sich

---

[12] VG Berlin, NJW 1981, 1748.
[13] Dazu die gute Zusammenfassung von Maurer 2006, § 7, Rn 26 ff.

unbestimmte Rechtsbegriffe und Ermessensklauseln nicht immer klar unterscheiden lassen. Zunehmend wird daher auch das Auslegungsmonopol der Gerichte bei unbestimmten Rechtsbegriffen bestritten.

Die Gerichte haben aber für drei Fallkonstellationen einen sogenannten **Beurteilungsspielraum** anerkannt. Die drei Fälle lassen sich auf die drei Schlagworte **Prüfung, Planung und Prognose** bringen: In Prüfungssituation, bei der Planung und bei Prognosen beruhen die Entscheidungen regelmäßig auf einer umfassenden Würdigung von Tatsachen. Diese kann ein Richter später nicht vollständig nachvollziehen. Daher respektieren die Gerichte die Entscheidungen der Verwaltung, solange diese keine besonderen Verfahrensfehler beging oder unsachgemäße Erwägungen anstellte.

Beispiele: Ein Prüfer schläft während der mündlichen Prüfung; bei der Bebauungsplanung werden Betroffene nicht angehört; bei einer Gefahrenprognose werden Gesetze der Logik oder der Wissenschaft missachtet.

IV. Einstweiliger Rechtschutz

Recht und Gerechtigkeit müssen zügig verwirklicht werden, „innerhalb angemessener Frist", Art 6 I 1 der Europäischen Menschenrechtskonvention (EMRK). Wenn ein Künstler depressiv ist, kann und muss er grundsätzlich die Arbeit niederlegen – morgen ist auch ein Tag. Beim Juristen ist es häufig so, dass am nächsten Tag eine Frist abläuft. Er muss daher auch weiterarbeiten, wenn es ihm nicht so gut geht. Es verstößt gegen das **Gebot des effektiven Rechtsschutzes aus Art 19 IV GG und Art 6 EMRK**, wenn Gerichtsprozesse zu lange dauern.

Doch selbst wenn Gerichtsprozesse zügig durchgeführt werden, kann die Entscheidung für den Schutzsuchenden zu spät kommen. *Beispiel:* Ein Student klagt auf Erteilung eines Studienplatzes; eine Gewerbeerlaubnis zum Verkauf von Tannenbäumen wird kurz vor Weihnachten verweigert; eine Gruppe möchte sich gegen ein Demonstrationsverbot wehren; die Tötung von mutmaßlich BSE-verseuchten Rindern wird angeordnet.

In diesen Fällen ist der Rechtsschutz nur effektiv, wenn die Gerichte einstweilen eine Regelung treffen. Die Gerichte können einstweiligen Rechtsschutz gemäß § 80 I VwGO oder gemäß § 123 I VwGO gewähren.

Wichtig – und „vor der Klammer" festzuhalten – ist, dass **ein einstweiliger Rechtsschutz nur gewährt werden kann, wenn der Antrag und der Antragsteller die allgemeinen Prozessvoraussetzungen erfüllen.**

Insbesondere ist also auch im einstweiligen Rechtsschutz immer zu prüfen, ob der Antragsteller „**antragsbefugt**" ist, also die Voraussetzungen einer Klagebefugnis (§ 42 II VwGO) erfüllt: es muss möglich sein, dass der Antragsteller in einem seiner subjektiven öffentlichen rechte verletzt ist.

1. Spezialfall: belastende Verwaltungsakte: § 80 VwGO

Im Regelfall besteht für den Adressaten eines belastenden VA kein Bedürfnis nach einem einstweiligen Rechtsschutz:

> § 80 I VwGO [**aufschiebende Wirkung**]
> Widerspruch und Anfechtungsklage haben aufschiebende Wirkung. Das gilt auch bei rechtsgestaltenden und feststellenden Verwaltungsakten sowie bei Verwaltungsbeamten mit Doppelwirkung.

Bereits in Kapitel § 10.C.II.8 wurde erklärt, dass **die sofortige Vollziehung eines VA gesondert angeordnet werden kann.**

In diesem Fall entfällt nach **§ 80 II 1 Nr 4 VwGO** die aufschiebende Wirkung. Dasselbe gilt für Fälle, für die das gesetzlich angeordnet ist, für unaufschiebbare Anordnungen und Maßnahmen von Polizeivollzugsbeamten und bei Anforderungen von öffentlichen Abgabe und Kosten[14], § 80 II VwGO.

Wie können sich Betroffene in diesen Fällen wehren?

> § 80 V VwGO [**Wiederherstellung der aufschiebenden Wirkung**]
> Auf Antrag kann das Gericht der Hauptsache die aufschiebende Wirkung in den Fällen des Absatzes 2 Nr 1 bis 3 ganz oder teilweise anordnen, im Falle des Absatzes 2 Nr 4 ganz oder teilweise wiederherstellen. Der Antrag ist schon vor Erhebung der Anfechtungsklage zulässig. [...]

§ 80 V VwGO ist also immer anwendbar, wenn gegen einen belastenden VA vorgegangen werden soll und wenn die aufschiebende Wirkung von Anfechtungswiderspruch oder -klage entfallen.

§ 123 VwGO gilt für alle anderen Gesuche, insbesondere also das Begehren auf Erlass eines begünstigenden VA.

Die Anordnung ergeht dann, wenn das öffentliche Interesse hinter den privaten Belangen zurückstehen muss. Das ist immer dann der Fall, wenn der VA rechtswidrig ist. Am Vollzug eines rechtswidrigen VA besteht grundsätzlich schon wegen der Gesetzmäßigkeit der Verwaltung kein öffentliches Interesse.[15]

Ist zweifelhaft, ob der zu vollziehende Verwaltungsakt rechtmäßig ist, so ist eine **Güterabwägung** vorzunehmen. Je größer und unwiederbringlicher der verursachte Schaden des sofortigen Vollzugs sein würde, desto gewichtiger ist das Aussetzungsinteresse des Rechtsschutzsuchenden.

2. Die einstweilige Anordnung gemäß § 123 VwGO

§ 123 V VwGO bestimmt: „Die Vorschriften der Absätze 1 bis 3 gelten nicht für die Fälle der §§ 80 und 80a". Das heißt, § 123 ist eine **Auffangvorschrift**. Es ist immer erst zu prüfen, ob ein Verwaltungsakt angefochten wird.

In allen übrigen Fällen, etwa dem Verpflichtungsbegehren auf Erlass eines VA oder dem Begehren auf Feststellung eines Rechtsverhältnisses, gilt § 123 I VwGO, der zwei verschiedene Formen der einstweiligen Anordnung regelt:

---

[14] Das umfasst Steuern nicht, da für diese nicht die Verwaltungsgerichte zuständig sind.
[15] Wenn die Begründungspflicht gemäß § 80 III VwGO nicht erfüllt wurde, ist jedenfalls die Vollzugsanordnung aufzuheben. Faktisch ist der VA dann aufgeschoben.

> § 123 I VwGO [**Erlass einstweiliger Anordnungen**]
> Auf Antrag kann das Gericht auch schon vor Klageerhebung eine einstweilige Anordnung in Bezug auf den Streitgegenstand treffen, wenn die Gefahr besteht, dass durch eine Veränderung des bestehenden Zustands die Verwirklichung eines Rechts des Antragstellers vereitelt oder wesentlich erschwert werden könnte. Einstweilige Anordnungen sind auch zur Regelung eines vorläufigen Zustands in bezug auf ein streitiges Rechtsverhältnissen, um wesentliche Nachteile abzuwenden oder drohende Gewalt zu verhindern oder aus anderen Gründen nötig erscheint.

§ 123 I enthält die beiden Formen der Sicherungsanordnung in Satz 1 und der Regelungsanordnung in Satz 2. Die Sicherungsanordnung bezieht sich auf die Wahrung eines bestehenden Zustandes (status quo). Beide Formen sind häufig jedoch schwer abzugrenzen. Die Abgrenzung ist auch müßig, da rechtlich keine unterschiedliche Behandlung beider Formen erkennbar ist. Die Praxis unterscheidet beide Formen daher nicht.

3. Einstweiliger Rechtsschutz und Gemeinschaftsrecht

Gegen europarechtswidrige Maßnahmen der Verwaltung können die Verwaltungsgerichte einstweiligen Rechtsschutz gewähren (**Anwendungsvorrang**). Wie verhält es sich aber, wenn ein Verstoß gegen das Gemeinschaftsrecht zweifelhaft ist?

Beispiel: Ein nationales Gericht hält eine EU-Verordnung für europarechtswidrig, weil sie zu hohe finanzielle Belastungen für EU-Bürger verlangt.[16] Ein Vorabentscheidungsverfahren würde zu lange dauern, vgl Art 278 AEUV (ex-Art 242 EG).

Es sind **im Grunde dieselben Erwägungen** anzustellen, **wie bei den Maßnahmen nach § 80 V und § 123 I VwGO**. Der Antrag ist also begründet, wenn erhebliche Zweifel an der Rechtmäßigkeit des einschlägigen Gemeinschaftsrechts bestehen und ein schwerer, nicht wiedergutzumachender Schaden unmittelbar bevorsteht. Zu beachten ist aber der effet utile. Dieser besagt, dass grundsätzlich ein überwiegendes öffentliches Interesse am Vollzug des Gemeinschaftsrechts besteht. Denn das Gemeinschaftsrecht verfehlt sein Ziel, wenn sein europaweiter Vollzug nicht gesichert ist. Daher müssen sehr gewichtige Gründe für einen einstweiligen Rechtsschutz sprechen. Wenn Schäden der EU zu besorgen sind, müssen die Antragsteller finanzielle Sicherheiten leisten.

V. Verfahrensgrundsätze

Stichwortartig seien die Verfahrensgrundsätze genannt. Sie erklären sich selbst.

➢ Unabhängigkeit des Richters, Art 97 GG, §§ 1 Deutsches Richtergesetz

---

[16] EuGH, C-92/89 – Zuckerfabrik Süderdithmarschen, EuGHE 1991, 415.

- Untersuchungsgrundsatz, § 86 I, II VwGO
- Aufklärungs- und Erörterungspflicht, § 86 III, 101 VwGO
- Bindung an das Klagebegehren, § 88 VwGO
- unmittelbare Beweiserhebung, § 96 VwGO. Sinn: Rechtsbeurteilung auf richtiger Tatsachengrundlage durch das Gericht
- Akteneinsicht, § 100 VwGO, korrespondiert dem § 29 VwVfG. Transparenz
- mündliche Verhandlung, § 101 VwGO
- Öffentlichkeit der Gerichtsverhandlung, § 173 VwGO, § 169 GVG.

VI. Prozesskosten

Sowohl im Vorverfahren als auch im Gerichtsverfahren treffen die unterlegene Partei die Kosten, § 80 VwVfG, §§ 154 ff VwGO. Wenn beide teils obsiegen, teils unterliegen, werden die Kosten entsprechend geteilt. Die Kosten setzen sich zusammen aus den Gerichtsgebühren und den gesetzlichen Gebühren für die Rechtsanwälte. Die Höhe dieser Kosten richtet sich nach dem Wert des Streitgegenstandes. Das Gerichtskostengesetz und die Rechtsanwaltsgebührenordnung (BRAGO) enthalten Einzelheiten.

Mittellose Parteien, deren „Rechtsverfolgung hinreichend Aussicht auf Erfolg bietet und nicht mutwillig erscheint", § 114 Zivilprozessordnung, erhalten auf Antrag **Prozesskostenhilfe**, vgl § 166 VwGO.

VII. Vollstreckung von Gerichtsentscheidungen

Wenn eine Gerichtsentscheidung durch kein Rechtsmittel mehr angefochten werden kann, erwächst sie in die sogenannte **Rechtskraft**. Das heißt, sie wird zu Einzelfallrecht. Sie ist dann zugleich ein sogenannter **Vollstreckungstitel**; das heißt, der Inhalt der Entscheidung kann vollstreckt werden, § 168 I Nr 1 VwGO.

Außer rechtskräftigen Gerichtsentscheidungen gibt es weitere **Arten von Vollstreckungstiteln**. Verbreitet ist die ebenfalls in § 168 I Nr 1 VwGO erwähnte Erklärung, eine Entscheidung sei vorläufig vollstreckbar. Diese und weitere Titel werden grundsätzlich nach einem komplexen Verfahren der Zivilprozessordnung vollstreckt, § 167 VwGO. Dieses Verfahren soll einerseits sicherstellen, dass der Vollstreckungsgläubiger effizient zu seinem Recht kommt. Andererseits enthält das Vollstreckungsverfahren weitere Rechtsschutzformen, die davor bewahren sollen, dass nur gegen die richtigen Schuldner in der richtigen Weise und im richtigen Ausmaß vollstreckt wird.

F. Verfassungsgerichtsbarkeit

Das Bundesverfassungsgericht ist nur für die Fälle **zuständig**, die ihm im Grundgesetz ausdrücklich durch abschließende Aufzählung – **enumerativ** – zugewiesen werden. Die wichtigsten Normen sind Art 93 und 100 GG. Gemäß Art 94 II GG wurde das **Bundesverfassungsgerichtsgesetz** (BVerfGG) erlassen. Dieses konkretisiert die im Grundgesetz genannten Verfahrensarten und regelt das Verfahren.

(a) Verfassungsbeschwerde
Besondere Hervorhebung verdient das Verfahren der Verfassungsbeschwerde.[17]
Ca 96 % der Verfahren vor dem Bundesverfassungsgericht sind **Verfassungsbeschwerden**. Erfolgreich sind lediglich zwei bis drei Prozent. Pro Jahr gehen 4.500 bis 5.000 Verfassungsbeschwerden beim Gericht ein, etwa ein Viertel von diesen kommt von den Verwaltungsgerichten.[18]

Bevor das BVerfG über eine Verfassungsbeschwerde entscheidet, muss diese ein sogenanntes **Annahmeverfahren** passieren. In diesem werden die Erfolgschancen voruntersucht.

Was ist der Sinn der Verfassungsbeschwerde? Ist sie immer möglich, wenn das Bundesverwaltungsgericht als höchstes Fachgericht dem Rechtssuchenden nicht Recht gab?

(b) Zulässigkeit der Verfassungsbeschwerde
Nein. Die Verfassungsbeschwerde ist **nur zulässig, wenn der Rechtsweg erschöpft ist**. Die Verfassungsbeschwerde gehört nicht zum Rechtsweg. Das BVerfG betont in zahlreichen Entscheidungen, es sei keine Superrevisionsinstanz.

Zulässig ist die Verfassungsbeschwerde weiter nur, wenn die Beschwerdeführer geltend machen können, **selbst, gegenwärtig und unmittelbar in** ihren **Grundrechten verletzt** zu sein. Daran mangelt es zumeist, wenn eine Norm belastend wirken könnte.

Beispiel: Durch Gesetz wird die Verwaltung ermächtigt, aus Umweltschutzgründen alle Autos zu enteignen und zu verschrotten. Die persönliche, gegenwärtige und unmittelbare Belastung erfolgt erst durch die konkretisierende Enteignungsmaßnahme der zuständigen Behörde.

G. Europäische Gerichtsbarkeit

(a) EuGH und EuG
Die Europäische Gerichtsbarkeit besteht aus dem **Europäischen Gerichtshof** (EuGH) und dem **vorgeschalteten Europäischen Gericht Erster Instanz** (EuG).

Das EuG ist in Art 13 EUV (ex-Art 7 EG) nicht als Organ der Gemeinschaft genannt; es kann als Hilfsorgan des EuGH verstanden werden (vgl Art 256 II AEUV, ex-Art 225 II EG).

---

[17] Art 93 I Nr. 4 a GG iVm §§ 90 ff BVerfGG.
[18] 65 bis 70 % der Beschwerden werden innerhalb eines Jahres erledigt, ca 20 % innerhalb von zwei Jahren, Anlagen I, III, V in Ernst Benda/Eckart Klein, Verfassungsprozessrecht, 2.A 2001, 564 ff.

Die **Zuständigkeiten des EuG** sind in einer besonderen Gerichtssatzung enumerativ aufgezählt. Wenn das EuG zuständig ist, fungiert der EuGH die Revisionsinstanz.
Die Europäischen Gerichte kontrollieren, ob die EU-Organe oder Mitgliedstaaten gegen das Gemeinschaftsrecht verstoßen. Die verschiedenen **Klagearten** sind abschließend und übersichtlich in den Art 258 ff AEUV (ex-Art 226 ff EG) geregelt.

(b) Vorabentscheidung
Praktisch wichtig ist die Möglichkeit zur sogenannten „**Vorabentscheidung**": Durch diese Klageart wird den nationalen Gerichten die Möglichkeit gegeben, den EuGH um eine Vorabentscheidung darüber zu ersuchen, ob eine nationale Rechtsakte gegen das vorrangige Europarecht verstoßen. Der EuGH hat gemäß Art 267 AEUV das Letztentscheidungsrecht über die Auslegung des Europarechts.
Dem entsprechend erkennt das BVerfG die **Kompetenz aller Gerichte** an, **europarechtswidriges nationales Recht unangewendet zu lassen**.[19]
Wenn die Gerichte nicht wissen, wie eine Regelung aus dem AEUV-Vertrag oder aus dem Sekundärrecht auszulegen ist, gilt

> Art 267 AEUV (ex-Art 234 EG) [**Vorabentscheidungsverfahren**]
> (1) Der Gerichtshof entscheidet im Wege der Vorabentscheidung
> a) über die Auslegung dieses Vertrages [...].
> (3) Wird eine derartige Frage in einem schwebenden Verfahren bei einem einzelstaatlichen Gericht gestellt, dessen Entscheidung selbst nicht mehr mit Rechtsmitteln des innerstaatlichen Rechts angefochten werden können, so ist dieses Gericht zur Anrufung des Gerichtshofes verpflichtet.

Für die nationalen Gerichte besteht also eine **Vorlagepflicht**, wenn sie die letzte Instanz im jeweiligen Rechtszug sind.
Gemäß Art 267 AEUV (ex-Art 234 II EG) **können** die nationalen Gerichte eine Vorabentscheidung beantragen, wenn sie nicht die letzte Instanz sind. Das liegt aber in ihrem Ermessen. Vorabentscheidungsverfahren machen etwa 70 % der Auslastung des EuGH aus.[20]
Keine Vorlagepflicht besteht, wenn die Rechtslage offenkundig ist, etwa weil die Europäischen Gerichte die Frage bereits entschieden haben. Das nationale Gericht verletzt das Grundrecht auf den gesetzlichen Richter, Art 101 I 2 GG wenn es gegen seine Vorlagepflicht verstößt. Es könnte also eine Verfassungsbeschwerde erhoben werden, Art 93 I Nr. 4a GG.[21]
Die übrigen Verfahrensarten und Zulässigkeitsvoraussetzungen ergeben sich im Einzelnen übersichtlich aus den Art 19 EUV (ex-Art 220 ff EG).

---

[19] BVerfGE 31, 145, 174 f.
[20] Vgl Günter Hirsch, NJW 2000, 1817.
[21] BVerfGE 73, 339.

(c) Besonderheiten
(1) Erstens. Die Auslegungsmethoden des EuGH sind grundsätzlich dieselben wie die der nationalen Gerichte. Jedoch bewirken die Absichten, die mit der Europäisierung verfolgt werden, insbesondere die Schaffung eines Binnenmarktes, eine besondere Gewichtung der Interpretationsarten: Während die nationalen Gerichte keine generelle Rangordnung der Auslegungsarten erkennen lassen, richtet sich der EuGH im Rahmen der teleologischen Auslegung regelmäßig nach der Auslegungsvariante, die den Vertragszielen gelegen kommt (**effet utile**). Das wird weitgehend als richtig anerkannt.

(2) Zweitens. Die Europäischen Gerichte stellen **geringe Anforderungen an die Klagebefugnis**. Ausreichend ist, dass die EU-Vorschrift ein „individuelles Recht" verleiht. Rechtsbehelfe vor den Europäischen Gerichten scheitern selten an der Zulässigkeit. In der Begründetheit ergeben sich jedoch kaum Unterschiede zum deutschen Recht.[22]

H. Zusammenfassung

I. Wichtigste Lehre

Art 19 IV GG gibt einen Anspruch auf effektiven Rechtschutz, sofern der Einzelne subjektive öffentliche Rechte hat, also nicht allein zur Durchsetzung des objektiven Rechts. Die Staatsorgane können auf zweierlei Weise in die subjektiven öffentlichen Rechte der Einzelnen eingreifen: Sie können die Einzelnen belasten, oder sie können ihnen Begünstigungen verwehren.

Die Einzelnen können ihre subjektiven Rechte erfolgreich vor Gericht einklagen, wenn ihre Klage zulässig und begründet ist. Zulässig ist eine Klage, wenn bestimmte formelle Voraussetzungen erfüllt sind, etwa die Klagefristen und der Rechtsweg eingehalten sind. Vor allem aber müssen die Kläger klagebefugt sein, § 42 II VwGO. Das ist der Fall, wenn ein subjektives öffentliches Recht auf das begehrte Verhalten der Staatsorgane möglicherweise besteht. In der Begründetheit wird dann geprüft, ob ein subjektives öffentliches Recht besteht und ob es verletzt wurde, § 113 I 1 oder V VwGO.

Zulässig ist eine Klage grundsätzlich nur, wenn der Verwaltung zuvor im Widerspruchsverfahren die Gelegenheit gegeben wurde, rechswidriges Verwaltungshandeln zu korrigieren.

Die Effektivität des Rechtsschutzes ist mitunter nur durch Eilrechtsschutz zu gewährleisten.

Die Gewaltenteilung bedingt einen Kernbereich der Verwaltung, der nur begrenzter gerichtlicher Kontrolle zugänglich ist (Beurteilungsspielraum, Ermessen). Bei Verstößen gegen das europäische Gemeinschaftsrecht ist grundsätzlich der Rechtsweg zu den Europäischen Gerichten eröffnet.

---

[22] Ebenso Günter Hirsch, NJW 2000, 1817, 1820.

III. Wichtige Stichworte

- Rechtsweg und Rechtsbehelfe, ADR
- Klagebefugnis - subjektives öffentliches Recht - Grundsatz der Verletztenklage, dh, Ausschluss der Popularklage, drittschützende Normen
- Widerspruchsverfahren
- Zulässigkeit und Begründetheit einer Klage, Prozesskosten, Vollstreckung
- Klagearten, insbesondere Anfechtungs- und Verpflichtungsklage
- einstweiliger Rechtsschutz: § 80 V und § 123 VwGO
- Ausmaß der gerichtlichen Kontrolle (unbestimmte Rechtsbegriffe, Ermessen)
- Verfassungsgerichtsbarkeit
- Verfahren vor dem EuGH, insbesondere Vorabentscheidungsverfahren

III. Schrifttum

Alternative Konfliktlösungsmechanismen: www.adr.org.
Gersdorf, Hubertus, Verwaltungsprozessrecht, 3. A 2006.
Heckmann, Dirk, Verwaltungsprozessrecht, 2006.
Hendler, Reinhard, Verwaltungsprozessrecht, 2006.
Hufen, Friedhelm, Verwaltungsprozessrecht, 7. A 2008.
Pache, Eckhard / Knauff, Matthias, Verwaltungsprozessrecht, 2005.
Schenke, Wolf-Rüdiger, Verwaltungsprozessrecht, 11. A 2007.
Schmitt Glaeser, Walter / Horn, Hans-Detlef, Verwaltungsprozessrecht, 15. A 2000.
Tettinger, Peter / Wahrendorf, Volker, Verwaltungsprozessrecht, 3. A 2005.
Würtenberger, Thomas, Verwaltungsprozessrecht, 2. A 2006.

§ 12 Gewerberecht

A. Gewerberecht als besonderes Verwaltungsrecht

Bislang dargestellt wurden die Grundlagen des öffentlichen Wirtschaftsrechts, die im EG-Vertrag, im Grundgesetz sowie im Verwaltungsverfahrensgesetz niedergelegt sind. In diesen Normen sind die **allgemeinen Grundsätze** niedergelegt, nach denen das öffentliche Leben im Staat und damit auch das wirtschaftliche Tätigwerden der Einzelnen geordnet werden soll. Dieser weitgreifende Anspruch bedingt eine weiten Anwendungsbereich der betreffenden Vorschriften und damit eine sehr allgemein gehaltene, abstrakte Sprache, die die Myriaden von Einzelfällen erfassen kann.

Eine **Folge der abstrakten Gesetzessprache** wiederum ist es, dass diese Rechtsvorschriften selten zweifelsfreie Entscheidungen für konkrete Einzelfälle vorgeben. Nahezu jede Gesetzesdebatte im Parlament liefert hierfür Beispiele. Dort, wo das Gesetz noch keine konkreten Tatestände und ihre Rechtsfolgen beschreibt, sondern wo die Parlamentarier erst um Gesetzesformulierungen ringen, wird die Debatte naturgemäß nicht vom Gesetzeswortlaut, sondern von den allgemeinen Grundsätzen geleitet. Dort werden keine Gesetzestexte ausgelegt, sondern Meinungen ausgetauscht, die ihren Ursprung in den jeweils vertretenen Interessen und Überzeugungen finden.

Das Zusammenleben der Einzelnen im Alltag aber wird erschwert, wenn das Gesetz keine klaren Regelungen für die annähernd unendliche Vielzahl der Einzelfälle vorgibt. Wo die Gesetzgeber im Gesetzestext keine Entscheidungen zum Ausgleich der immer widerstreitenden Interessen der Einzelnen getroffen haben, blühen die widerstreitenden Auffassungen auf. Es kommt dann leicht zum Rechtsstreit, der häufig autoritär entschieden werden muss. Aber auch den dann zur Entscheidung befugten Verwaltungsbeamten oder Richtern fällt eine Entscheidung in der Sache nicht leicht, wenn sie ihm nicht vom Gesetzestext abgenommen wird. Das kommt zum Ausdruck in der Anekdote vom Richter, der aufmerksam dem Kläger zu hört und ihm beipflichtend zugibt: „Da haben Sie recht." Als er dann dem Beklagten ebenso aufmerksam zuhört, sagt er ebenfalls: „Da haben Sie recht." Der Rechtsreferendar, der neben ihm sitzt, sagt: „Es können doch nicht Beide Recht haben", worauf der Richter erwidert: „Da haben Sie auch recht."

Demgegenüber sollte das Recht Klarheit darüber schaffen, wie Streitigkeiten zu lösen sind. **Rechtsklarheit und Rechtssicherheit sind ein wesentlicher Be-**

standteil der Rechtsidee (siehe Kapitel § 4.B.III und VI). Hinreichend klare Handlungsanweisungen im Recht sind eine Voraussetzung für eine öffentliche Ordnung und möglichst reibungslose wirtschaftliche Transaktionen. Nur dann kann das Recht seine Aufgabe erfüllen, kollektive Kooperationsvorteile zu schaffen (siehe Kapitel § 1.C.IV und V).

Die Schwierigkeit besteht allerdings darin, dass die Wirklichkeit komplex ist. Das Recht kann nicht für jeden Einzelfall eine eindeutige und „passende" Regelung enthalten. Es muss bis zu einem gewissen Grad abstrakt bleiben. Zugleich aber darf es der unüberschaubaren Wirklichkeit nicht einfach ausweichen. Das geltende Recht muss in seinen Vorschriften etwa so viele Tatbestände und an sie anknüpfende Rechtsfolgen bereithalten, wie regelungsbedürftige Lebenssachverhalte in einer Gesellschaft und ihrer Wirtschaft bestehen. **Das Recht muss etwa so komplex sein wie die Wirklichkeit selbst.** –

Dieser holzschnittartige Gedankengang ließe sich um viele Gesichtspunkte ergänzen, beispielsweise um die Einsicht, dass sich das Recht mitunter verselbständigt und unzumutbar komplex wird. Das ist am geltenden Steuerrecht zu sehen, das sich darin verliert, Ausnahmen zu den Unterausnahmen von Ausnahmen zu regeln. Oder um die Einsicht, dass die Unübersichtlichkeit des Rechts und die Unübersichtlichkeit der Lebensverhältnisse sich dadurch relativieren, dass nicht jeder Einzelne in allen Wirklichkeiten zuhause ist, sondern immer nur ein Ausschnitt der Wirklichkeit und damit auch des Rechts erlebt. Diese weiteren Gesichtspunkte sind aber nicht das Thema dieses Kapitels. –

Der einführende Gedankengang zielte darauf ab, Verständnis dafür zu erzeugen, dass es außer den bislang behandelten Grundsätzen des Rechts auch die unübersichtliche Vielzahl von **Vorschriften des besonderen Verwaltungsrechts** geben muss. Als „besonderes Verwaltungsrecht" werden alle Rechtsvorschriften bezeichnet, die sich den konkreten Lebenssachverhalten stellen, die im Verhältnis zwischen den Einzelnen und den staatlichen Organen und öffentlichen Einrichtungen auftreten. Typische Materien des besonderen Verwaltungsrechts sind das Polizei- und Ordnungsrecht, das Baurecht, das Umweltrecht, das Schul- und Hochschulrecht, das Sozialrecht oder – das Gewerberecht.

Das besondere Verwaltungsrecht wird häufig als schwer zugänglich empfunden. Die Schwierigkeit bei der Anwendung der Vorschriften des besonderen Verwaltungsrechts besteht darin, dass diese Vorschriften wegen ihrer Vielzahl kaum überschaubar sind. Es ist häufig aufwändig, die für eine konkrete Fragestellung einschlägigen Vorschriften aufzufinden und in einen sinnvollen Zusammenhang zu bringen (dazu Kapitel § 2.B.II). Das Zusammenspiel zum allgemeinen Verwaltungsrecht macht diese Aufgabe noch komplexer.

Es kommt hinzu, dass etliche Einzelfälle nicht, unzureichend oder – in seltenen Fällen - offensichtlich fehlerhaft vom geschriebenen Gesetz geregelt sind. In diesen Fällen muss der Rechtsanwender - im Rahmen des rechtsmethodologisch Zulässigen - auf die allgemeinen Rechtsgrundsätze zurückgreifen. Es besteht eine latente, stets zu beachtende Spannung zwischen dem besonderen Verwaltungsrecht und den allgemeinen Rechtsgrundsätzen. Letztere bieten die Chance, geben aber auch die Aufgabe, die Entscheidungen, die im besonderen Verwaltungsrecht angelegt sind, im beständigen Streben nach Einzelfallgerechtigkeit infrage zu stellen.

B. Die Gewerbeordnung

Die allgemeine Hinleitung zum Gewerberecht als besonderem Verwaltungsrecht soll nachfolgend anhand eines Beispielsfalls veranschaulicht werden. Der Beispielsfall ermöglicht zugleich eine tour d`horizon durch das Gewerberecht. Auch hier wird sich zeigen, dass ein methodenbewusstes Vorgehen den Zugang zum besonderen Verwaltungsrecht ermöglicht und erleichtert.

Beispielsfall: Ziggy Zocker sitzt unkonzentriert in einer Vorlesung zum Gewerberecht und sinnt über Wege nach, auch ohne fundiertes Wissen schnell reich und berühmt zu werden. Da kommt ihm die Idee, ein Internetcafé zu eröffnen. Er würde Schülern gegen hohen Lohn Nachhilfekurse in Word und Excel anbieten, und ihnen dabei für viel Geld Milchshakes, Kaffee und Eis anbieten. Um das Café auch für faule Schüler attraktiv zu machen, würde er auf den PCs internetbasierte Computerspiele installieren. Als er bemerkt, dass es in der Vorlesung just darum geht, was rechtlich beim Betrieb eines Gewerbes zu beachten ist, schwinden die Dollarzeichen aus seinen Augen, und er spitzt die Ohren.

I. Anwendungsbereich der Gewerbeordnung

Für Ziggy stellt sich zuerst die Frage, welches Gesetz auf seinen Fall Anwendung findet. Zunächst kommt die Anwendung der Gewerbeordnung (GewO) infrage. Die GewO ist eine Art „Grundgesetz" für gewerbliches Tätigwerden, in dem einige wesentliche Grundsätze niedergelegt sind.

1. Begriff des Gewerbes

Das Problem beginnt allerdings damit, dass der Anwendungsbereich der GewO nicht zweifelsfrei definiert ist. Ergibt sich aus den folgenden Bestimmungen eindeutig, ob Ziggy`s Vorhaben von der GewO erfasst wird?

> § 1 I GewO **Grundsatz der Gewerbefreiheit**
> Der Betrieb eines Gewerbes ist jedermann gestattet, soweit nicht durch dieses Gesetz Ausnahmen oder Beschränkungen vorgeschrieben oder zugelassen sind. […]
>
> § 6 GewO **Anwendungsbereich**
> (1) Dieses Gesetz findet keine Anwendung auf die Fischerei, die Errichtung und Verlegung von Apotheken, die Erziehung von Kindern gegen Entgelt, das Unterrichtswesen, auf die Tätigkeit der Rechtsanwälte und Notare, der Rechtsbeistände, der Wirtschaftsprüfer und Wirtschaftsprüfungsgesellschaften, der vereidigten Buchprüfer und Buchprüfungsgesellschaften, der Steuerberater und Steuerberatungsgesellschaften sowie der Steuerbevollmächtigten, auf den Gewerbebetrieb der Auswandererberater und das Seelotsenwesen.

> Auf das Bergwesen findet dieses Gesetz nur insoweit Anwendung, als es ausdrückliche Bestimmungen enthält; das gleiche gilt für den Gewerbebetrieb der Versicherungsunternehmen, die Ausübung der ärztlichen und anderen Heilberufe, den Verkauf von Arzneimitteln, den Vertrieb von Lotterielosen und die Viehzucht. Ferner findet dieses Gesetz mit Ausnahme des Titels XI auf Beförderungen mit Krankenkraftwagen im Sinne des § 1 Abs. 2 Nr. 2 in Verbindung mit Abs. 1 des Personenbeförderungsgesetzes keine Anwendung.

Der Anwendungsbereich der GewO ist nicht klar benannt. In § 6 I GewO wird ausdrücklich aufgezählt, auf welche Tätigkeiten die GewO nicht oder nur dann Anwendung findet, wenn das in der GewO ausdrücklich gesagt wird. Der Anwendungsbereich der GewO wird in § 6 GewO also nur negativ umschrieben.

Ein Tatbestand des § 6 I GewO ist in Ziggy`s Fall nicht erfüllt. Infrage käme allein der Tatestand der „Erziehung von Kindern gegen Entgelt". Das ist aber deutlich etwas anderes als Nachhilfeunterricht, so dass dieser Tatbestand nicht näher ausgelegt werden muss.

Den nächsten Anhaltspunkt bietet § 1 GewO. In § 1 GewO ist der sog. **Grundsatz der Gewerbefreiheit** festgeschrieben: Jeder (nicht nur jeder Deutsche)[1] darf im Rahmen der Vorschriften der GewO ein Gewerbe betreiben. Der Anwendungsbereich der GewO ist zwar nicht explizit benannt. Wenn sich aber die Gewerbeausübung nach der GewO richten muss (§ 1 GewO: „durch dieses Gesetz"), ist damit implizit gesagt, dass die GewO grundsätzlich auf alle Gewerbebetriebe Anwendung findet.

Diese Auslegung wird bestärkt durch § 6 GewO, der ausdrücklich bestimmte Tätigkeiten aus dem Anwendungsbereich der GewO herausnimmt. Daraus ergibt sich im Umkehrschluss, dass alle anderen gewerblichen Tätigkeiten von der GewO erfasst sind. - Die Folgefrage lautet, wie denn ein „Gewerbe" definiert ist. Beabsichtigt Ziggy die Ausübung eines Gewerbetriebes?

Der **Begriff des „Gewerbes"** ist ein unbestimmter Rechtsbegriff, der auszulegen ist. Da es im Gesetz selbst keine Hinweise auf die Auslegung des Begriffs gibt, empfiehlt es sich, den allgemeinen Sprachgebrauch darauf hin abzutasten, auf welche Tätigkeiten der Begriff Anwendung findet und auf welche nicht.

Üben Beamte oder Angestellte ein Gewerbe aus? Sicher nicht: Gewerbeausübung ist eine selbständige Tätigkeit.

Sind alle Selbständigen gewerblich tätig? Wiederum negativ: Ärzte, Schriftsteller, Wissenschaftler, Rechtsanwälte und andere sog. „freie Berufe" werden nicht als Gewerbe bezeichnet.

Um den Gedankengang abzukürzen, sei die die allgemein anerkannte Definition des BVerwG zitiert: Danach „ist Gewerbe im Sinne des Gewerberechts jede

---

[1] Auch für Ausländer gilt grundsätzlich die Gewerbefreiheit (§ 1 GewO: „jedermann"). Ausländer, die nicht zugleich EU-Bürger sind, bedürfen einer Aufenthaltserlaubnis ohne entsprechende Einschränkungen (§ 10 AuslG). Für ausländische juristische Personen gelten Sondervorschriften (§§ 15 II 2, 15b III GewO).

➢ nicht sozial unwertige,
➢ auf Gewinnerzielung gerichtete und
➢ auf Dauer angelegte
➢ selbständige Tätigkeit,
➢ ausgenommen Urproduktion, freie Berufe (freie wissenschaftliche, künstlerische und schriftstellerische Tätigkeit höherer Art sowie persönliche Dienstleistungen, die eine höhere Bildung erfordern) und bloße Verwaltung und Nutzung eigenen Vermögens"[2].

Die genannten Definitionsmerkmale sind immer noch sehr allgemein gehalten; sie belassen Interpretationsspielräume und damit Rechtsunsicherheit. Deshalb noch einige weitere Hinweise:

➢ **„Sozial unwertig"** ist ein Gewerbe nicht bereits deshalb, weil jemand wie Ziggy sich auf darauf konzentrieren möchte, wirtschaftlich unerfahrene Schüler zum Geldausgeben zu verführen. Sozial unwertig sind Tätigkeiten, die „generell verboten" sind, etwa weil sie das gesellschaftliche Zusammenleben oder die Würde Einzelner schwerwiegend verletzen.
Beispiele sind die (strafbare) Hehlerei und die Prostitution. Letztere ist keine rechtswidrige Erwerbsbetätigung, solange sie die sexuelle Selbstbestimmung nicht verletzt, und fällt insoweit auch in den Schutzbereich von Art 12 GG. Dennoch sieht die wohl überwiegende Auffassung im Schrifttum die Prostitution nicht als Tätigkeit an, die den ordnungsrechtlichen Vorschriften der GewO unterliegen sollte.
➢ Der Begriff der **Urproduktion** bezieht sich nicht auf jegliche Produktion von Dingen, die weiterverarbeitet werden sollen. Gemeint sind die Landwirtschaft und ihre Erzeugnisse (Land- und Forstwirtschaft, Garten- und Weinbau, Viehzucht, Fischerei und Bergwesen). Die bloße Veräußerung von Lebensmittelprodukten hingegen ist selbstverständlich keine Urproduktion.
➢ **„Freie Berufe"** sind Tätigkeiten, die regelmäßig ein Hochschul- oder Fachhochschulstudium voraussetzen. Ein Pfleger, der alten oder gebrechlichen Menschen ihr Leben erleichtert, übt selbst dann keinen freien Beruf ist, wenn er seine Dienste selbständig ausübt und wenn er ein Diplomstudium absolvierte. Man muss nicht studiert haben, um Pfleger zu sein.

Es besteht kein Zweifel, dass Ziggy die Ausübung eines Gewerbes beabsichtigt. Der Anwendungsbereich der GewO ist deshalb eröffnet.

2. Vorrang von speziellen Rechtsvorschriften

Doch Vorsicht, auch wenn die GewO Anwendung, ist immer zu prüfen, ob das infrage stehende Gewerbe zugleich in einem **Spezialgesetz** geregelt ist. Denn Spezialgesetze sind vorrangig anzuwenden (zu diesem rechtsmethodischen Grundsatz siehe: Kapitel § 2.B.III).

---

[2] BVerwG, NVwZ 1995, 473, 474, st. Rspr. (Aufzählungszeichen hinzugesetzt).

Die Suche nach Spezialgesetzen ist gerade im Gewerberecht wichtig, da die GewO durch eine Vielzahl von Spezialgesetzen und Spezialverordnungen ergänzt wird, die jeweils für bestimmte Gewerbearten vorrangig zu den allgemeinen Vorschriften der GewO anzuwenden sind.

An dieser Stelle ist an das Kapitel zur Methodenlehre zu erinnern. Dort (Kapitel § 2.B.II) wurde bereits hervorgehoben, dass das Auffinden der einschlägigen Vorschriften zu den besonderen Schwierigkeiten bei der Rechtsanwendung gehört. Die anwendbaren Rechtsvorschriften zu finden, gehört mit zu den kreativsten und fehlerträchtigsten Tätigkeiten des Juristen. Die Aufgabe erfordert gerade im besonderen Verwaltungsrecht Kreativität, da mitunter eine so große Anzahl von Rechtsvorschriften infrage kommt, dass häufig Phantasie dazu gehört, alle möglicherweise einschlägigen Normen zu finden. Die Aufgabe ist fehlerträchtig, da die richtigen Vorschriften leicht übersehen werden können und da die Abgrenzung mehrer einschlägiger Vorschriften nicht immer klar ist. – Diese Schwierigkeiten bei der Rechtsanwendung sind in diesem Buch nicht weiter zu vertiefen, aber sie sollten nicht unerwähnt bleiben. Denn bei allem Vertrauen das auch der juristische Laie in seine Fähigkeiten haben sollte, Gesetzestexte und Verträge zu verstehen, sind die Schwierigkeiten der Gesetzesanwendung nicht zu übersehen.

Hier soll nur der offensichtliche Fall betrachtet werden: Wird Ziggy`s Vorhaben vom Gaststättengesetz (GastG) erfasst?

> § 1 GastG **Gaststättengewerbe**
> (1) Ein Gaststättengewerbe im Sinne dieses Gesetzes betreibt, wer im stehenden Gewerbe
> 1. Getränke zum Verzehr an Ort und Stelle verabreicht (Schankwirtschaft) oder
> 2. zubereitete Speisen zum Verzehr an Ort und Stelle verabreicht (Speisewirtschaft), […]
> wenn der Betrieb jedermann oder bestimmten Personenkreisen zugänglich ist.

Danach beabsichtigt Ziggy, eine Schankwirtschaft zu betreiben. Aber ergeben sich aus dem GastG besondere Anforderungen an die Ausübung seines Gewerbes?

> § 2 GastG **Erlaubnis**
> (1) Wer ein Gaststättengewerbe betreiben will, bedarf der Erlaubnis. […]
> (2) Der Erlaubnis bedarf nicht, wer
> 1. alkoholfreie Getränke,
> 2. unentgeltliche Kostproben,
> 3. zubereitete Speisen oder
> 4. in Verbindung mit einem Beherbergungsbetrieb Getränke und zubereitete Speisen an Hausgäste verabreicht.

Gaststätten sind gemäß § 2 I GastG grundsätzlich erlaubnispflichtig. Leicht ist allerdings festzustellen, dass hier die Ausnahme gemäß § 2 II Nr 1 GastG vorliegt.

Ein Streifzug durch das GastG zeigt, dass die weiteren Vorschriften die Einzelheiten der Erteilung einer **Gaststättenerlaubnis** regeln: Unter welchen Voraussetzungen ist die Erlaubnis zu versagen, wann ist sie durch Auflagen einzuschränken, wann erlöscht sie oder wann ist sie zurückzunehmen oder zu widerrufen?

Typische Probleme sind das Vorliegen der Voraussetzungen zur Erteilung der Gaststättenerlaubnis selbst sowie deren Einschränkung durch Sperrzeiten und Lärmschutzauflagen.[3]

Da Ziggy`s Vorhaben keiner Erlaubnis bedarf sind die Vorschriften des GastG also nicht weiter relevant. Das würde sich aber ändern, wenn Ziggy beispielsweise ungesunde Alkopops oder ehrliches Bier verkaufen wollte.

Abgesehen von den besonderen Vorschriften für die Gaststättenerlaubnis gilt auch für das Gaststättengewerbe die GewO:

> § 31 GewO **Anwendbarkeit der Gewerbeordnung**
> Auf die den Vorschriften dieses Gesetzes unterliegenden Gewerbebetriebe finden die Vorschriften der Gewerbeordnung soweit Anwendung, als nicht in diesem Gesetz besondere Bestimmungen getroffen worden sind; die Vorschriften über den Arbeitsschutz werden durch dieses Gesetz nicht berührt.

Im Ergebnis führt die „Schleife" über das GastG also wieder zurück zur GewO. Andere rechtlich geregelte Themen, die Ziggy bedenken müsste, sollen hier nicht weiter betrachtet werden. Beispielhaft könnten das sein: Feiertagsruhe, Ladenschluss; Preisangaben, Lebensmittehygiene. Wenn Ziggy jemanden einstellen möchte, der ihn vertreten kann, sind arbeitsrechtliche Themen wie Arbeitsschutz, Arbeitszeit oder Scheinselbstständigkeit zu beachten.

II. Drei Arten von Gewerben

Bevor weiter untersucht werden kann, welchen gewerberechtlichen Pflichten Ziggy unterliegen wird, ist ein Überblick über die GewO zu gewinnen. Die GewO unterscheidet zwischen drei Arten von Gewerbetätigkeiten:

➢ **„Stehendes Gewerbe"**, das in den §§ 14-52 GewO geregelt ist.
➢ **„Reisendes Gewerbe"**, für die die §§ 55-61a GewO gelten, und
➢ **Messen, Ausstellungen und Märkte** gemäß §§ 64-71b GewO.

---

[3] Einen knappen Überblick zu den Ermächtigungsgrundlagen für (gefahrenabwehrende) gaststättenrechtliche Verfügungen geben Beljin/Micker, Jus 2003, 660, 663: „(1) (Nachträgliche) Auflagen gem. § 5 GaststG, (2) Rücknahme rechtswidrig erteilter Gaststättenerlaubnisse gem. § 15 I GaststG (gebundene Entscheidung; § 48 VwVfG ist daneben anwendbar), (3) Widerruf rechtmäßig erteilter Gaststättenerlaubnisse gem. § 15 II (gebundene Entscheidung) und III (Ermessensentscheidung) GaststG (§ 49 VwVfG ist daneben nicht anwendbar). Hinzu kommt (4) die Möglichkeit einer Schließungsverfügung gem. § 31 GaststG i.V. mit § 15 II GewO. (5) Erlaubnisfreie Tätigkeiten können gem. § 31 GaststG i.V. mit § 35 I GewO untersagt werden. (6) Schließlich können Anordnungen zur Verlängerung der Sperrzeit gem. § 18 I 2 GaststG in Verbindung mit den einschlägigen landesrechtlichen Bestimmungen ergehen."

Ziggy beabsichtigt die Errichtung eines „stehenden Gewerbes". Welche der hierauf grundsätzlich anwendbaren Vorschriften der §§ 14-52 GewO ist unmittelbar einschlägig? Infrage kommt

> § 33i I 1 GewO **Spielhallen und ähnliche Unternehmen**
> Wer gewerbsmäßig eine Spielhalle oder ein ähnliches Unternehmen betreiben will, das ausschließlich oder überwiegend der Aufstellung von Spielgeräten [...] oder der gewerbsmäßigen Aufstellung von Unterhaltungsspielen ohne Gewinnmöglichkeit dient, bedarf der Erlaubnis der zuständigen Behörde.

Ziggy könnte die gewerbsmäßige Aufstellung von Unterhaltungsspielen ohne Gewinnmöglichkeit beabsichtigen. Ziggy möchte PCs aufstellen, die auch für Spiele genutzt werden können und die an das Internet angeschlossen sind.

Die Frage ist, ob „Unterhaltungsspiele ohne Gewinnmöglichkeit" iSv § 33 i I 1 GewO nur eigens für den Spielbetrieb entwickelte Automaten oder Spielkonsolen sind. Im weiteren Sinne könnten auch PCs mit darauf installierten Computerspielen dazu gehören. Letztere sind vom Wortsinn des Begriffs „Unterhaltungsspiel" umfasst. Ob auch Computerspiele von § 33 i I 1 GewO nach dem Sinn und Zweck der Vorschrift von der Vorschrift erfasst sein sollten, bedarf der Auslegung. Denn der Sinn und Zweck der Vorschrift ist nicht ausdrücklich benannt. Allerdings liegt auf der Hand, dass das Anbieten von Unterhaltungsspielen im öffentlich zugänglichen Räumen kontrolliert werden soll. Dahinter ist der Zweck ersichtlich, die Einzelnen vor unkontrollierter Spielsucht zu bewahren. Denn auch die Nutzung von Unterhaltungsspielen ohne Gewinnmöglichkeiten kann eine Spielsucht auslösen.

Die Aufsichtsbehörden müssen zudem kontrollieren können, ob die Unterhaltungsspiele tatsächlich keine „Gewinnmöglichkeit" vorsehen.

Vor diesem Hintergrund kann es keinen Unterschied ausmachen, auf welchem technischen Medium Unterhaltungsspiele hinterlegt sind. Mit diesen Erwägungen werden in der Rechtsprechung auch multifunktionale Geräte wie Computer von als von § 33 i I 1 GewO erfasst angesehen, wenn die Computer für Unterhaltungsspiele genutzt werden sollen.[4]

Im Ergebnis setzt Ziggy`s Vorhaben eine behördliche Genehmigung voraus.

III. Gewerbeaufsicht

1. Überblick

„Die gewerberechtliche Einbindung einer Tätigkeit [das heißt, die Ermöglichung einer Gewerbeaufsicht] bezweckt den Schutz der Allgemeinheit oder einzelner gegen Gefahren, erhebliche Nachteile und erhebliche Belästigungen, die erfahrungsgemäß durch bestimmte wirtschaftliche Betätigungen herbeigeführt werden können"[5].

---

[4] OVG Berlin, Urt v 12.05.2004 – OVG 1 B 20.03.
[5] BVerwG, NVwZ 1995, 473, 474, st. Rspr.

B. Die Gewerbeordnung

Die GewO differenziert zwischen drei Instrumentarien der Gewerbeaufsicht:
1. **Anzeigepflicht** bei erlaubnisfreien Gewerben in Verbindung mit der Möglichkeit der Gewerbeuntersagung.
2. **Erlaubnispflicht** für bestimmte Gewerbearten.
3. die sog „**Festsetzung**" für Messen, Ausstellungen und Märkte.

Darüber hinaus gibt es allgemeine Auskunfts- und Mitwirkungspflichten, die die Durchführung einer Gewerbeaufsicht ermöglichen sollen.

2. Anzeigepflicht und Gewerbeuntersagung

Etliche Gewerbebetriebe, namentlich der Einzelhandel, bedürfen keiner Erlaubnis. Diese Gewerbebetriebe werden vom Gesetzgeber nicht als überwachungsbedürftig angesehen.

Gleichwohl sollen die Gewerbeüberwachungsbehörden instand gesetzt werden, zu kontrollieren, ob ein bestimmter Gewerbebetrieb tatsächlich erlaubnisfrei ist oder nicht.

a) Anzeigepflicht
Das Mittel, um den Behörden eine allgemeine Überwachung zu erleichtern ist die Anzeigepflicht gemäß § 14 GewO:

> § 14 GewO **Anzeigepflicht**
> (1) Wer den selbständigen Betrieb eines stehenden Gewerbes, einer Zweigniederlassung oder einer unselbständigen Zweigstelle anfängt, muss dies der zuständigen Behörde gleichzeitig anzeigen. Das Gleiche gilt, wenn
> 1. der Betrieb verlegt wird,
> 2. der Gegenstand des Gewerbes gewechselt oder auf Waren oder Leistungen ausgedehnt wird, die bei Gewerbebetrieben der angemeldeten Art nicht geschäftsüblich sind, oder
> 3. der Betrieb aufgegeben wird.
> Steht die Aufgabe des Betriebes eindeutig fest und ist die Abmeldung nicht innerhalb eines angemessenen Zeitraums erfolgt, kann die Behörde die Abmeldung von Amts wegen vornehmen.

Die Anzeige- oder Erlaubnispflicht besteht für das stehende und reisende Gewerbe. Welche Gewerbe lediglich anzeigepflichtig sind und welche Vorhaben erlaubnispflichtig sind, ist für die verschiedenen Gewerbearten in der GewO explizit geregelt (§§ 14, 30-34c, 55-55c GewO).

„Die Behörde bescheinigt innerhalb dreier Tage den Empfang der Anzeige", § 15 I GewO.

b) Gewerbeuntersagung
Erlaubnisfreie, anmeldepflichtige Gewerbebetriebe können durch eine Gewerbeuntersagung gemäß § 35 I GewO untersagt werden:

> § 35 I 1 GewO [**Gewerbeuntersagung wegen Unzuverlässigkeit**]
> Die Ausübung eines Gewerbes ist von der zuständigen Behörde ganz oder teilweise zu untersagen, wenn Tatsachen vorliegen, welche die Unzuverlässigkeit des Gewerbetreibenden [...] in bezug auf dieses Gewerbe dartun, sofern die Untersagung zum Schutze der Allgemeinheit oder der im Betrieb Beschäftigten erforderlich ist.

Wenn die Voraussetzungen von § 35 I 1 GewO vorliegen, wird die zuständige Behörde eine Untersagungsverfügung erlassen und dem Adressaten aufgeben, den illegalen Gewerbebetrieb zu schließen.

Die Untersagungsverfügung ist ein Verwaltungsakt (VA). Die Behörde wird in der Regel zugleich ein Bußgeld androhen für den Fall der Zuwiderhandlung gegen die Schließungsverfügung (vgl. oben Kapitel § 10.D.II und E). Alles Weitere ist dann im allgemeinen Verwaltungsrecht geregelt.

Die „**Unzuverlässigkeit**" ist ein zentrales Tatbestandsmerkmal in der GewO und anderen gewerberechtlichen Vorschriften wie dem GastG (zB § 4 I Nr 1 GastG). Es handelt sich um einen auslegungsbedürftigen, unbestimmten Rechtsbegriff. Die Auslegung unbestimmter Rechtsbegriffe fällt letztlich in die Kompetenz der Gerichte. In der Rechtsprechung hat sich eine Definition des Begriffs durchgesetzt.

Danach ist gewerberechtlich „unzuverlässig", wer nach dem Gesamturteil seines bisherigen Verhaltens keine Gewähr dafür bietet, dass er sein (konkretes) Gewerbe in Zukunft ordnungsgemäß betreiben wird. Diese Prognoseentscheidung muss auf nachweisbaren Tatsachen beruhen und Besserungsanzeichen in der Person berücksichtigen.

Zu beachten ist, dass die Gewerbeuntersagung nur zulässig ist, wenn zusätzlich zur Unzuverlässigkeit des Gewerbetreibenden oder seines Betriebsleiters **in Bezug auf das ausgeübte Gewerbe** die Untersagung zum Schutz der Allgemeinheit oder der im Betrieb Beschäftigten erforderlich ist. Typische Fallgruppen sind:

- Straftaten und Ordnungswidrigkeiten: Erforderlich ist eine Gesamtwürdigung von Art und Umständen, Persönlichkeit, Gewerbebezug. Aus Vorstrafen wegen Ladendiebstahls oder Trunkenheit im Verkehr lässt sich nicht ohne weiteres auf die Unzuverlässigkeit zum Betrieb eines Maklergewerbes schließen.
Die Rechtsverstöße müssen **gerade für die infrage stehende Gewerbeausübung relevant** sein, das heißt die Prognose begründen, dass das infrage stehende Gewerbe nicht zuverlässig ausgeübt würde, beispielsweise weil regelmäßige und nicht unerhebliche Rechtsverstöße Zweifel an der charakterlichen Gesamteignung einer Person aufkommen lassen. Ein *Beispiel* für die Anwendung und Auslegung von § 35 I GewO ist der Maklerfall aus Kapitel § 2.B.I.2.
- Die Nichtabführung von Steuern oder Sozialabgaben für Mitarbeiter ist ein typischer Fall, in dem die Zuverlässigkeit regelmäßig verneint wird. Denn derartige Rechtsverstöße indizieren einen markanten Mangel an sozialem Verantwortungsbewusstsein.

Mit der bestandskräftigen Untersagung eines Gewerbes wird dessen Ausübung formell illegal.

Sollte der betreffende Unternehmer das untersagte Gewerbe nicht freiwillig einstellen, kann die Untersagung im Wege der Verwaltungsvollstreckung zwangsweise durchgesetzt werden. Eine zusätzliche Schließungsverfügung ist nicht erforderlich (siehe § 35 VII 3 GewO).

3. Gewerbeerlaubnis, Rücknahme und Widerruf, Schließungsverfügung

Gewerbe, die einer gesteigerten Kontrolle durch die Gewerbeaufsicht unterliegen sollen, bedürfen der Gewerbeerlaubnis. Das ist auch der Fall bei Ziggy`s Vorhaben, ein Unterhaltungsspiele ohne Gewinnmöglichkeit iSv § 33 i I 1 GewO öffentlich anzubieten. Folglich muss Ziggy bei der zuständigen Gewerbeaufsichtsbehörde eine Erlaubnis für sein Vorhaben beantragen. Wird ihm die Erlaubnis erteilt?

a) Gewerbeerlaubnis
Sofern ein Gewerbebetrieb einer Erlaubnis bedarf, ist zu prüfen, unter welchen Voraussetzungen die Erlaubnis erteilt werden kann. In Ziggy´s Fall gilt § 33 i II GewO:

> § 33 i II GewO:
> Die Erlaubnis ist zu versagen, wenn
> 1. die in § 33c II oder § 33d III genannten Versagungsgründe vorliegen,
> 2. die zum Betrieb des Gewerbes bestimmten Räume wegen ihrer Beschaffenheit oder Lage den polizeilichen Anforderungen nicht genügen oder
> 3. der Betrieb des Gewerbes eine Gefährdung der Jugend, eine übermäßige Ausnutzung des Spieltriebs, schädliche Umwelteinwirkungen im Sinne des Bundes-Immissionsschutzgesetzes oder sonst eine nicht zumutbare Belästigung der Allgemeinheit, der Nachbarn oder einer im öffentlichen Interesse bestehenden Einrichtung befürchten lässt.

Die Verwaltungsbeamten, die zuständig wären, über Ziggy`s Antrag zu entscheiden, müssten sorgfältig prüfen, ob einer der genannten drei Versagungsgründe in Ziggy`s Fall vorliegt. Dazu müssen die Sachverhaltsangaben im Antrag bewertet werden. Sollten diese Angaben nicht ausreichen, um den Fall abschließend zu beurteilen, ermittelt der oder die Verwaltungsbeamte den Sachverhalt „von Amts wegen" (§ 24 VwVfG), dh kraft Amtes.

Das kann hier nicht im Einzelnen nachvollzogen werden. Es fehlen Angaben, um beurteilen zu können, ob die Voraussetzungen von § 33 i II Nr 2 oder 3 GewO vorliegen.

§ 33 i II Nr 1 GewO verweist auf § 33c II und § 33d III GewO. Diese Bestimmungen enthalten bestimmte Anforderungen, die an die Zuverlässigkeit von Veranstaltern von Spielen zu stellen sind. Auch das soll hier nicht im Einzelnen weiterverfolgt werden. Wichtig ist es nur, zu erkennen, dass die „Zuverlässigkeit" des Gewerbetreibenden eine zentrale Voraussetzung für die Ausübung eines Gewerbetriebes ist. Der Begriff der Zuverlässigkeit wurde oben bereits erläutert. ergänzend ist zu betonen, dass

Ist Ziggy „zuverlässig" im Sinne des Gewerberechts? Auch das kann mangels weiterer Sachverhaltsangaben nicht beurteilt werden. Der Umstand jedenfalls, dass er in der Vorlesung zeitweise nicht aufgepasst hat, macht ihn noch nicht zu einem unzuverlässigen Menschen. -

b) Gewerbebetrieb ohne Gewerbezulassung
Was wäre aber, wenn Ziggy sich nachhaltig nicht für das Gewerberecht interessierte, er die Erlaubnispflichtigkeit seines Vorhabens ignorierte und eines schönen Sommertages im August ohne vorherige Behördengänge sein Café eröffnete. Es würde nicht lange dauern und die Ordnungsbehörden würden davon erfahren. Was könnten sie tun?

Aus der Sicht des allgemeinen Sicherheits- und Ordnungsrechts ist klar, dass die zuständigen Behörden, das Café schließen könnten. Denn ein Handeln oder ein Zustand, der gegen die Gesetze verstößt, gefährdet die „öffentliche Sicherheit und Ordnung" und kann folglich verhindert werden (vgl. oben Kapitel § 10.B.III).

Es ist allerdings zu erinnern, dass stets zu untersuchen ist, ob spezielle Gesetze einen bestimmten Sachverhalt regeln. So ist es hier: Nach § 15 II 1 GewO kann die zuständige Behörde die Fortsetzung eines erlaubnispflichtigen, jedoch ohne Erlaubnis betriebenen (oder begonnenen) Gewerbes verhindern:

> § 15 II 1 GewO **Betrieb ohne Zulassung**
> Wird ein Gewerbe, zu dessen Ausübung eine Erlaubnis, Genehmigung, Konzession oder Bewilligung (Zulassung) erforderlich ist, ohne diese Zulassung betrieben, so kann die Fortsetzung des Betriebes von der zuständigen Behörde verhindert werden.

Zu bemerken ist zunächst, dass § 15 II 1 eine sogenannte Legaldefinition (vgl oben Kapitel § 2.B.I.2b) enthält, denn der Begriff der „Zulassung" wird definiert.

Des Weiteren fällt auf, dass § 15 II 1 GewO nicht ausdrücklich zwischen den beiden denkbaren Fällen unterscheidet: Möglich ist entweder, dass ein Gewerbe ohne Zulassung betrieben wird oder dass eine Zulassung zwar ursprünglich erteilt wurde, und die Voraussetzungen für die Erteilung der Zulassung nachträglich wegfallen. Beide Fälle sind rechtlich unterschiedlich zu behandeln:

(1) Besteht eine Zulassung, deren Voraussetzungen weggefallen sind, so ist das Gewerbe doch „**formal legal**". Es muss deshalb zunächst die bestehende Zulassungsverfügung aufgehoben werden.

Es ist wiederum nach Spezialvorschriften im Gewerberecht zu suchen. In besonderen Fällen sind Rücknahme oder Widerruf einer Zulassung im Gewerberecht selbst geregelt (zB in § 33d IV GewO für Veranstaltung von Spielen mit Gewinnmöglichkeit).

Sofern keine Spezialvorschriften bestehen, richtet sich die Aufhebung der Zulassungsverfügung sich nach allgemeinem Verwaltungsrecht, genauer: den §§ 48, 49 VwVfG (vgl. dazu oben Kapitel § 10.D.II.5). Die Rücknahme einer rechtswidrig erteilten Erlaubnis kommt beispielsweise in Betracht, wenn der Gewerbetreibende die Erlaubnis durch falsche Angaben oder die Vorlage falscher Urkunden erschlichen hat. Der Widerruf einer rechtmäßig erteilten Erlaubnis ist möglich, wenn die Erlaubnisvoraussetzungen nicht mehr vorliegen, etwa weil der Gewerbetreibende inzwischen „unzuverlässig" ist.

Anders als in den Fällen, in denen eine Zulassung gar nicht besteht, kann sich der Adressat der Aufhebungsverfügung gegen die Verfügung zur Wehr setzten, wenn er der Auffassung ist, dass die Voraussetzungen für eine Rücknahme der Zulassung gemäß § 48 VwVfG oder für ihren Widerruf gemäß § 49 VwVfG nicht vorliegen. Mit Bestandskraft der Aufhebungsverfügung wird der Gewerbetrieb **formal illegal**.

Die zuständige Behörde wird mit der Aufhebung der Zulassung zugleich eine Schließungsverfügung gemäß § 15 II 1 GewO erlassen. Diese kann vollstreckt werden, sollte der Adressat einer bestandskräftigen Verfügung nicht nachkommen.

(2) Wird ein zulassungspflichtiges Gewerbe **ohne Zulassung betrieben**, erübrigt sich die Aufhebung. Die zuständige Behörde kann dann unmittelbar eine auf § 15 II 1 GewO gestützte Schließungsverfügung erlassen.[6]

c) Verhinderung einer Gaststätte ohne Zulassung

Wie bei erlaubnispflichtigem stehendem Gewerbe lassen sich bei der Schließung eines erlaubten Gaststättengewerbes drei Schritte unterscheiden: (1) Rücknahme der Erlaubnis gemäß § 15 I GastG oder § 48 VwVfG, oder Widerruf gemäß § 15 II, III GastG. (2) Schließungsverfügung hinsichtlich des dann formal illegalen Gaststättenbetriebes gemäß § 31 GastG iVm § 15 II GewO. (3) gegebenenfalls Verwaltungsvollstreckung der Schließungsverfügung.

4. Festsetzung

Messen, Ausstellungen und Märkte im Sinne von §§ 64 ff GewO werden „**festgesetzt**". Die Begriffe „Messe", „Ausstellung" und „Markt" sind in den §§ 64 bis 68 GewO legaldefiniert. Die Legaldefinitionen decken sich mit der Alltagssprache. Die Festsetzung ist geregelt in

> § 69 I 1 GewO **Festsetzung**
> Die zuständige Behörde hat auf Antrag des Veranstalters eine Veranstaltung, die die Voraussetzungen der §§ 64, 65, 66, 67 oder 68 erfüllt, nach Gegenstand, Zeit, Öffnungszeiten und Platz für jeden Fall der Durchführung festzusetzen.

Durch die Festsetzung werden für die Veranstaltung also Gegenstand, Zeit, Öffnungszeiten und Ort festgesetzt.

Die zuständige Behörde kann den Antrag auf Festsetzung untersagen, etwa wenn der Antragsteller „unzuverlässig" ist, siehe § 69a I GewO. Die Behörde kann die Festsetzung auch mit Auflagen versehen (siehe § 69a II GewO). Typische Auflagen sind die Festlegung von anderen als den beantragten Öffnungszeiten, die Festlegung von Höchstteilnehmerzahlen, maximal zulässigen Lärmimmis-

---

[6] Eine selten einschlägige, generelle Ermächtigung zum Erlass einer Nutzungsuntersagung betreffend eine gewerbliche Anlage enthält § 51 GewO.

sionen oder anderen Grenzen, die der Sicherheit der Teilnehmer oder dem Schutz von Anwohnern dienen können.

Durch die Festsetzung erhält die Veranstaltung die sogenannten „**Marktprivilegien**". Diese bestehen in der grundsätzlichen Befreiung von den Vorschriften des Titels II und III der GewO, in günstigeren Ladenschlusszeiten (§ 19 III Ladenschlussgesetz) und Arbeitszeitregelungen (vor allem in Bezug auf die Beschäftigung an Sonn- und Feiertagen, vgl. § 10 I Nr 9 Arbeitszeitgesetz).

Die Festsetzung regelt gemäß § 69 I GewO nicht, wer an der Veranstaltung als Aussteller teilnehmen kann. Hierzu kommt es in der Praxis immer wieder zu Streitigkeiten. Ausgangspunkt ist:

> **§ 70 GewO Recht zur Teilnahme an einer Veranstaltung**
> (1) Jedermann, der dem Teilnehmerkreis der festgesetzten Veranstaltung angehört, ist nach Maßgabe der für alle Veranstaltungsteilnehmer geltenden Bestimmungen zur Teilnahme an der Veranstaltung berechtigt. [...]
> (3) Der Veranstalter kann aus sachlich gerechtfertigten Gründen, insbesondere wenn der zur Verfügung stehende Platz nicht ausreicht, einzelne Aussteller, Anbieter oder Besucher von der Teilnahme ausschließen.

§ 70 I GewO regelt den Grundsatz der Freiheit des Marktzugangs, § 70 III GewO schränkt diesen Grundsatz wieder ein: Gemäß § 70 III GewO können die Veranstalter einzelne Teilnehmer von der Teilnahme ausschließen, wenn das aus sachlichen Gründen gerechtfertigt ist. Als Regelbeispiel ist Platzmangel genannt.

„Zu den klassischen Auswahlkriterien, die auf Ermessensfehlerfreiheit zu untersuchen sind, zählen:

(1) Platzkonzeption: Steht prinzipiell im Ermessen des Veranstalters und darf auf Vielfalt angelegt sein, mit der Folge, dass einzelne Arten von Ständen u. ä. nur einfach oder gar nicht vorgesehen werden müssen.

(2) „Bekannt und bewährt": Grundsätzlich sachlich gerechtfertigtes Auswahlkriterium aus Gründen der Verwaltungspraktikabilität und mit Blick auf störungsfreien Ablauf der Veranstaltung; aber keine ausnahmslose Anwendung, weil sonst faktisch Neubewerber auf Dauer ausgeschlossen werden. Damit jedem Bewerber eine reelle Zulassungschance zukommt, bieten sich Neubewerberquoten und/oder turnusmäßige Vergabe an.

(3) Ausschluss Ortsfremder oder genereller Vorrang Ortsansässiger: Kein sachlich gerechtfertigter Ausschlussgrund wegen deutlichen Widerspruchs zum Grundsatz der freien Marktteilnahme für jedermann.

Sachlich gerechtfertigt sind ferner folgende Kriterien: (4) Attraktivität, (5) Turnusmäßiger Wechsel, (6) Losverfahren."[7]

Die Erschöpfung der Platzkapazität allein ist kein hinreichender Grund für den Ausschluss von einer festgesetzten Veranstaltung, zu deren Teilnehmerkreis der ausgeschlossene Bewerber zählt. Es müssen weitere Auswahlgründe genannt werden können. Denn der Platzmangel als solcher begründet nur die Notwendigkeit der Auswahl.

---

[7] Beljin/Micker, JuS 2003, 660, 664.

5. Allgemeine Pflichten von Gewerbetreibenden

Die GewO enthält einige allgemeinen Verhaltenspflichten, die die Gewebetreibenden erfüllen müssen. Das sind vor allem:

➢ **Kennzeichnungspflichten.** Gewerbetreibende müssen am Ausgang ihrer Gewerberäume entweder ihren Namen oder die im Handelsregister eingetragene Firma angeben, § 15a GewO, §§ 60b II, 70b GewO. Außerdem müssen Gewerbetreibende, für die keine Firma im Handelsregister eingetragen ist, müssen ihren Namen im Schriftverkehr angeben (§ 15b I GewO).
➢ **Nachschau und Betretungsrecht.** Die zuständigen Ordnungsbehörden haben gemäß § 29 GewO das Recht, durch „Auskunft und Nachschau" die Gewerbetriebe zu kontrollieren, für die bestimmte (im Einzelnen in § 29 I GewO ausdrücklich genannte) Zulassungen erforderlich sind. Die sogenannte „Nachschau" umfasst das Recht, den Betrieb zu den üblichen Geschäftszeiten zu betreten. Bei Gefahren für die öffentliche Sicherheit und Ordnung und für Räume, die zugleich bewohnt werden, kann eine Nachschau auch außerhalb der Geschäftszeiten vorgenommen werden. Die Nachschau muss nicht angemeldet werden.
➢ **Auskunftspflichten.** Die Gewerbetreibenden, die eine Nachschau dulden müssen, unterliegen gemäß § 29 GewO auch Auskunftspflichten. Hierzu gehören beispielsweise die Vorlage eines Führungszeugnisses bei überwachungsbedürftigen Gewerben, § 38 I 2 GewO.
➢ **Fürsorgepflichten.** Jeder Gewerbetreibende, der Mitarbeiter beschäftigt, hat gegenüber den Beschäftigten bestimmte Fürsorgepflichten, zu denen etwa die Unfallverhütungsvorschriften gehören (vgl § 147 GewO).

Das Gewerberecht ist nicht „zahnlos". Wer sich seinen gewerbrechtlichen Pflichten widersetzt, läuft Gefahr, im Hinblick auf sein Gewerbe als „unzuverlässig" eingestuft zu werden oder Ordnungswidrigkeiten (§§ 144 ff GewO) zu begehen. Schwere Verstöße werden im Gewerbezentralregister erfasst (§§ 149 ff GewO).

C. Handwerksrecht

Das Recht des Handwerks ist in der Handwerksordnung (HandwO)[8] geregelt. Die HandwO ist ein Spezialgesetz zur GewO, das zugleich dem Schutz und der Förderung des Handwerks dient.

Das zentrale Merkmal des Handwerksrechts ist die **Meisterprüfung** als Berufszugangsschranke. Denn der aufgrund einer erfolgreichen Meisterprüfung erworbene Meisterbrief ist eine Voraussetzung für die Eintragung eines Handwerkers in die **Handwerksrolle**. Die Eintragung in der Handwerksrolle wiederum ist die Voraussetzung für die Ausübung eines zulassungspflichtigen Handwerks:

---

[8] Handwerksordnung in der Fassung der Bekanntmachung vom 24.09.1998 (BGBl I 3074; 2006 I 2095), zuletzt geändert durch Artikel 9a des Gesetzes vom 07.09.2007 (BGBl I 2246).

> § 1 I, II 1 HandwO [**Handwerksrolle**]
> (1) Der selbständige Betrieb eines zulassungspflichtigen Handwerks als stehendes Gewerbe ist nur den in der Handwerksrolle eingetragenen natürlichen und juristischen Personen und Personengesellschaften gestattet.
> (2) Ein Gewerbebetrieb ist ein Betrieb eines zulassungspflichtigen Handwerks, wenn er handwerksmäßig betrieben wird und ein Gewerbe vollständig umfasst, das in der Anlage A aufgeführt ist, oder Tätigkeiten ausgeübt werden, die für dieses Gewerbe wesentlich sind (wesentliche Tätigkeiten).

Der beschriebene Zusammenhang zwischen Meisterprüfung, Eintragung in der Handwerksrolle und gewerbsmäßiger Ausübung eines Handwerkes beschränkt sich gemäß § 1 II HandwO auf Handwerke, die in Anlage A zur HandwO aufgeführt sind. Der handwerkliche Befähigungsnachweis wird auf die Handwerke beschränkt, bei deren Ausübung Gefahren für die Gesundheit oder das Leben Dritter entstehen können, wie es zur Begründung heißt. Das betrifft so unterschiedliche Gewerbe wie Maurer und Betonbauer, Zimmerer, Schornsteinfeger und Bäcker, Konditor, Fleischer, aber auch Augenoptiker, Orthopädietechniker, Friseure und Zahntechniker.

Die HandwO normiert bestimmte Ausnahmen vom Erfordernis der Meisterprüfung. Zunächst sind die in der Anlage B genannten Handwerke zulassungsfrei. Auch ohne Meisterbrief können sich beispielsweise Fliesenleger, Uhrmacher oder Klavierstimmer selbständig machen. § 8 HandwO erlaubt für bestimmte Einzelfälle den Erlass einer Ausnahmebewilligung zur Eintragung in die Handwerksrolle.

Rechtsdogmatisch interessant ist die Möglichkeit, gemäß § 9 HandwO Ausnahmegenehmigung für Angehörige anderer EU-Mitgliedstaaten zu ermöglichen. Diese Möglichkeit wurde bereits in Kapitel § 5.E.II.1b als Beispiel der rechtlich zulässigen **Inländerdiskriminierung** gebracht: Die Grundfreiheiten entfalten ihre Wirkung erst bei grenzüberschreitenden Tätigkeiten. Das bedeutet im Umkehrschluss, dass die EU-Staaten die Bewohner ihres Territoriums gegenüber Einwohnern anderer EU-Staaten diskriminieren dürfen.

Laut EuGH darf von Handwerkern aus anderen EU-Mitgliedstaaten grundsätzlich verlangt werden, dass sich in die Handwerksrolle eintragen lassen. Auch die mit der Eintragung einhergehende Pflichtmitgliedschaft der Betreffenden in der Handwerkskammer ist EU-rechtlich grundsätzlich nicht zu beanstanden.

Allerdings sind diese Anforderungen nur gerechtfertigt, wenn sich der betreffende Handwerker in Deutschland dauerhaft niederlässt. Bei nur gelegentlicher Leistungserbringung in Deutschland, dürfen diese Anforderungen nicht gestellt werden. Andernfalls wären die EU-rechtliche Dienstleistungsfreiheit und einschlägiges Richtlinienrecht beeinträchtigt.

Die mit der Kammermitgliedschaft wiederum einhergehenden Zwangsbeiträge dürfen laut EuGH nur von deutschen Handwerkern verlangt werden. Die Ausdehnung auf Handwerker anderer EU-Staaten wertet der EuGH als Beeinträchtigung der Dienstleistungsfreiheit.[9]

---

[9] EuGHE 2000, 7919, Rn 45 ff.

D. Typische verwaltungsprozessuale Situation

Gewerberechtliche Fälle treten als **Konkurrentenfälle** oft in Dreieckskonstellationen auf: Jemand wehrt sich dagegen, dass einem Konkurrenten (und nicht ihm) die Zulassung zum Gewerbe gewährt wurde. Die diesbezügliche Prozesskonstellation wurde in Kapitel § 11.c.II und III so ausführlich beschrieben, dass die wichtigsten Punkte an dieser Stelle nur kurz wiederholt werden sollen:

Es gibt keinen allgemeinen Gesetzesvollziehungsanspruch. Jeder Einzelne kann nur dann erfolgreich auf ein Handeln oder Unterlassen staatlicher Einrichtungen klagen, wenn er ein subjektives öffentliches Recht auf dieses Handeln oder Unterlassen hat. Eine Norm gewährt ein subjektives öffentliches Recht, wenn sie drittschützend ist. Das ist der Fall, wenn ein qualitativ und quantitativ abgrenzbarer Personenkreis erkennbar in bestimmten Hinsichten geschützt wird. Die Rechtsnorm muss erkennen lassen, dass sie zumindest auch dem Schutz der Interessen einzelner Bürger zu dienen bestimmt ist.

Diese Anforderungen an eine Rechtsnorm, um sie als **drittschützend** qualifizieren zu können, sind bei den Grundrechten grundsätzlich nicht erfüllt. Der Gleichheitssatz und die Grundrechte der Berufsfreiheit und das Eigentumsrecht (Art 3, 12, 14 I GG) bieten nur in extremen Ausnahmefällen unmittelbaren Schutz gegen Konkurrenz, im Grundsatz sind drittschützende Vorschriften im einfachen Gesetzesrecht zu suchen.

Im Grundsatz zeigt sich, dass ein Gewerbetreibender keinen Anspruch darauf hat, dass Konkurrenten keine Gewerbezulassungen gewährt werden. Insbesondere das Grundrecht der Berufsfreiheit schützt nicht vor Wettbewerb (vgl Kapitel § 9.A.I). Allgemein kann deshalb ein Gewerbetreibender nicht die einem Konkurrenten erteilte Gewerbeerlaubnis anfechten. Insbesondere die Vorschriften zur Zuverlässigkeit der Gewerbetreibenden sind im Grundsatz nicht drittschützend. Ein Gewerbetreibender kann deshalb nicht erfolgreich gegen einen Konkurrenten vorgehen allein mit der Begründung, der Konkurrent sei „unzuverlässig" im Sinne des Gewerberechts.

Eine Ausnahme besteht in den Fällen, in denen sich mehrere Bewerber um eine **begrenzte Anzahl zu vergebender Zulassungen** bewerben. In diesem Fall besteht aus dem Gleichheitssatz in Verbindung mit der betreffenden Zulassungsnorm ein Anspruch auf diskriminierungsfreie Zuteilung der Zulassungen. Ein *Beispiel* ist die Zulassung zu festgesetzten Messen, Ausstellungen oder Märkten gemäß § 70 GewO. Ein weiteres *Beispiel* findet sich im Personenbeförderungsgesetz, soweit es um die Verteilung von Beförderungskonzessionen geht (§ 13 II Nr 2c PBefG).

Wichtig sind die gewerberechtlichen Vorschriften zum **Schutz von Nachbarn** der Gewerbebetriebe – insbesondere im Gaststättenrecht. Die gaststättenrechtlichen Bestimmungen über die Versagung der Gaststättenerlaubnis, die Erteilung von Auflagen bei schädlichen Umwelteinwirkungen oder zur Festsetzung von Sperrzeiten (§§ 4 I Nr 3, 5 I Nr 3, 18 GastG). Wer im Einzelnen zum Kreis der Nachbarn zählt, ist im Einzelfall sorgfältig zu erwägen. Das kann sich je nach Gewerbe und Art der Störung unterschiedlich darstellen.

E. Zusammenfassung

I. Wichtigste Lehre

Das Gewerberecht ist eine Materie des besonderen Verwaltungsrechts. Das besondere Verwaltungsrecht ist eine unübersichtliche Materie, bei dem die Schwierigkeit der Anwendung zum großen Teil darin besteht, die anwendbaren Rechtsvorschriften aufzufinden. Das besondere Verwaltungsrecht ist häufig anschaulich, da es „Einzelheiten" regelt und nicht wie das allgemeine Verwaltungsrecht abstrakte Grundzüge festlegt. Bei der Darstellung des Gewerberechts zeigt sich, dass es häufig bereits allein aus der Lektüre des Gesetzestextes verstanden werden kann – vorausgesetzt, die Grundzüge des allgemeinen Verwaltungsrechts werden beherrscht.

II. Wichtige Stichworte

- Anwendungsbereich der Gewerbeordnung
- Begriff des Gewerbes
- Gewerbearten
    - „Stehendes Gewerbe"
    - „Reisendes Gewerbe"
    - Messen, Ausstellungen und Märkte
- Gewerbeaufsicht
    - Anzeigepflicht bei erlaubnisfreien Gewerben in Verbindung mit der Möglichkeit der Gewerbeuntersagung.
    - Erlaubnispflicht für bestimmte Gewerbearten.
    - die sog „Festsetzung" für Messen, Ausstellungen und Märkte.
    - allgemeine Auskunfts- und Mitwirkungspflichten
- Zuverlässigkeit als zentraler Begriff des Gewerberechts
- Handwerksordnung: Zusammenhang zwischen Meisterprüfung, Eintragung in der Handwerksrolle und gewerbsmäßiger Ausübung eines Handwerkes
- Inländerdiskriminierung im Handwerksrecht
- Drittschützende Vorschriften im Gewerberecht

III. Schrifttum

Das Gewerberecht wird - wie in diesem Lehrbuch – zumeist in den Lehrbüchern zum Wirtschaftsverwaltungsrecht mit abgehandelt. Im Übrigen sind für die Klärung von Spezialfragen einige Kommentare verfügbar:

Tettinger/Wank, Gewerbeordnung, 7. A 2004.
Landmann/Rohmer, Gewerbeordnung, 51. Ergänzungslieferung 2007.

§ 13 Wettbewerbs- und Kartellrecht

Ein wirksamer Leistungswettbewerb bewirkt grundsätzlich eine bestmögliche Verteilung von privaten Gütern. Unter Kapitel § 6.A.III wurden die Voraussetzungen für einen funktionierenden Wettbewerb genannt: Leistungswettbewerb kann nur entstehen, wenn Freiheits- und Eigentumsrechte bestehen. Diese Rechte müssen zum Schutze des sozialen Friedens und des Freiheitsschutzes aber eingeschränkt werden können. Denn ungehemmte Freiheit schafft sich selbst ab. Das ist gemeint, wenn Thomas Hobbes vom Kampf aller gegen alle schreibt, dem Urzustand, in dem Leben, Freiheit und Eigentum wenig Wert haben, da sie nicht gesichert sind.

Unter dem Grundgesetz und dem europäischen Gemeinschaftsrecht werden Freiheit und Eigentum geschützt. Sie sind aber einschränkbar. Die Freiheit zum Wirtschaften wird im Wettbewerbsrecht im Einzelnen geregelt. In diesem Kapitel wird in das Wettbewerbs- und Kartellrecht als Kern des Rechts der Wirtschaftsaufsicht eingeführt.

Das Wettbewerbs- und Kartellrecht ist im Gesetz gegen Wettbewerbsbeschränkungen (**GWB**), im Gesetz gegen den unlauteren Wettbewerb (**UWG**) und im Europarecht geregelt.

Das UWG schützt den **lauteren Wettbewerb**. Es enthält Grundregeln für ein faires Verhalten gegenüber den Verbrauchern und den Wettbewerbern. Es ist daher grundsätzlich auch drittschützend. Das UWG ermöglicht somit den Austritt aus dem in Kapitel § 1.C beschriebenen „sozialen Dilemma". Das soziale Dilemma verhindert eine Kooperation zum gegenseitigen Vorteil, weil sich niemand auf die Redlichkeit der anderen verlassen kann. Demgegenüber bildet das UWG eine rechtlich durchsetzbare Vertrauensbasis für Kooperation auf dem Markt. Über die Einhaltung des UWG wachen die betroffenen Mitbewerber und ihre rechtsfähigen Verbände, die Verbraucherschutzverbände sowie die Industrie- und Handelskammern, § 8 UWG. Für die Beilegung von Rechtsstreitigkeiten werden bei den Industrie- und Handelskammern besondere Einigungsstellen errichtet, § 15 UWG.

Das GWB richtet sich gegen **Wettbewerbsbeschränkungen** durch private wirtschaftliche Machtausübung, die die sich auf eine strukturell begründete Marktmacht stützt. Das GWB verbietet wettbewerbsbeschränkendes Verhalten von Wettbewerbern gegen Wettbewerber. Es schützt damit den Wettbewerb als Rechtsgut. Drittschützend ist es allerdings grundsätzlich nur insoweit, als Wettbewerber durch objektiv wettbewerbsbeschränkendes Verhalten anderer Marktteilnehmer benachteiligt werden, also dann wenn eine individuelle Benachteiligung dadurch verursacht wird, dass bestimmte Marktteilnehmer ihre Marktmacht missbrauchen.[1] Die Aufsicht über die Wettbewerbsbeschränkungen obliegt den nationalen Kartellämtern und der Europäischen Kommission, §§ 48 ff GWB, Art 105 AEUV (ex-Art 85 EG). Die Kartellbehörden sind Teile der Staatsverwaltung und damit Organe der staatlichen Wirtschaftsaufsicht.

Im Folgenden werden allein das GWB und seine Überlagerung durch das europäische Wettbewerbsrecht behandelt. Zunächst werden die rechtsökonomischen Ausgangsbedingungen für einen funktionierenden Wettbewerb vertieft (vgl Kapitel § 6.B.III). Was zeichnet einen vollkommenen Wettbewerb aus und unter welchen Voraussetzungen kann er entstehen?

Aus der Antwort wird ersichtlich, welche Verhaltensweisen dem Wettbewerb schaden können. Anschließend prägen sich die rechtlichen Vorschriften zur Wirtschaftsaufsicht leichter ein. Die einzelnen Bestimmungen werden in Beziehung gesetzt zum jeweiligen wettbewerbsschädlichem Verhalten. Das Kapitel schließt mit einer Kurzeinführung zum Anti-Dumpingrecht.

A. Wettbewerbstheorie

Wettbewerb beinhaltet die Konkurrenz um knappe Güter und die Freiheit zum Gütertausch. Wettbewerb ist also sowohl Konkurrenz als auch Kooperation. Der Wettbewerb ist das Problem des Wettbewerbsrechts. Wie dieses Problem geartet ist, sei in drei Schritten erläutert. Zunächst wird ein Zusammenhang zwischen dem rechtsökonomischen Paradigma, den Grundlagen des Wettbewerbs und dem Wettbewerbsrecht hergestellt (I). Anschließend wird die Wettbewerbstheorie konkretisiert (II), um dann die Gefahren für den Wettbewerb aufzuzeigen (III).

I. Das Verhaltensdilemma

a) Aufgaben des Wettbewerbsrechts
Das Wettbewerbsrecht hat die Aufgabe, wirtschaftliche Kooperationsvorteile dort zu ermöglichen, wo sie sich von selbst nicht einstellen. Mehr noch: Es sind diejenigen **Rechtsnormen zu schaffen, die zu pareto-effizienten Güterverteilungen führen**.[2] Denn die Regeln, die eine möglichst effiziente Güterverteilung bewirken, sind in wirtschaftlicher Hinsicht für alle Beteiligten am vorteilhaftesten. Welche Regeln sind das?

---

[1] Vgl BGH im Fall Hitlisten-Schallplatten, Wirtschaft und Wettbewerb/ Entscheidungssammlung (WuW/E) 2977 ff; im Einzelnen strittig.

[2] Pareto-effizient (= Pareto-optimal) ist eine Güterverteilung, wenn alle möglichen Tauschgewinne verwirklicht sind: Kein Individuum kann durch eine Güterverteilung besser versorgt werden, ohne dass zugleich ein anderes Individuum schlechter gestellt wäre. Sonst wäre dieser Verteilungszustand gegenüber dem status quo „Pareto-superior".

Diese Frage führt in die Tiefen der Wettbewerbstheorien.[3] Seit den Anfängen der staatlichen Wirtschaftsregulierung streiten Nationalökonomen über die optimale Gestaltung des Wettbewerbs. Die äußersten Pole dieser Diskussion sind der Liberalismus auf der einen Seite, Verstaatlichung auf der anderen Seite. Der Liberalismus geht davon aus, dass die besten Wettbewerbsbedingungen herrschen, wenn der Staat überhaupt nicht in die Wirtschaft eingreift (laissez faire, laissez aller). Verstaatlichung in Reinform hingegen ist die Planwirtschaft, für die eine umfassende Wirtschaftslenkung kennzeichnend ist.

Klar ist, dass beide Extreme nicht dem erstrebten Ziel einer effizienten Güterverteilung nahe kommen. Von den zahlreichen volkswirtschaftlichen Zwischenmodellen blieb bislang keines unumstritten. Umstritten ist insbesondere die Frage, wie mit dem Phänomen der Wirtschaftsschwankungen umzugehen ist. Seit Keynes wird immer wieder einer anti-zyklischen Wirtschaftspolitik das Wort geredet. Liberale kontern mit dem Verweis auf die mangelnden Erfolge von Staatsinterventionen, insbesondere auf die verschuldeten Staatshaushalte. Was kann die Rechtsökonomik zur Frage der richtigen Wirtschaftsregulierung beitragen?

b) Das Paradigma des Leistungswettbewerbs

Die Rechtsökonomen setzen mit ihren Überlegungen beim handelnden Individuum an. Dieses sieht in einer Marktwirtschaft die Notwendigkeit oder die Anreize, um knappe Güter zu konkurrieren. In einer geregelten Wirtschaftsordnung erfolgt die Aneignung von Gütern grundsätzlich durch eine Kooperation, und zwar in Form des Geld- und Gütertausches. Wenn oben gesagt wurde, Wettbewerb sei eine Mischung aus Konkurrenz und Kooperation, so kann genauer formuliert werden: **Wettbewerb ist die Konkurrenz um Kooperation.**[4] So gesehen wird einsichtig, warum Kooperationswettbewerb zu einer effizienten Güterverteilung führt: Die Güter sammeln sich grundsätzlich jeweils zum „Knappheitspreis" dort, wo sie am stärksten benötigt oder begehrt werden. Wie ist das zu erklären?

Die Marktteilnehmer befinden sich unter Wettbewerbsbedingungen in einem permanenten **Handlungsdilemma**. In ihren Träumen würden sie als Anbieter von Gütern oder Leistungen am liebsten Mondpreise nehmen und ihre Angebote möglichst problemlos angenommen sehen. Als Nachfrager würden sie vorzugsweise stets nur Dumpingpreise zahlen und die begehrten Güter alle frei Haus geliefert bekommen. Konkurrenz jedoch verhindert die Verwirklichung dieser Träume.

Konkurrenz zwingt die Anbieter zu sorgfältigen Kalkulationen ihrer Preise. Denn nur relativ niedrige Preise führen zur Abnahme ihrer Güter und nur gute Kalkulationen bringen trotzdem die notwendigen Gewinne. Solange ein Anbieter also auf einem bestimmten Markt konkurriert, ist er ständig gezwungen, den Nachfragern gute Angebote zu machen. Kann sich ein Anbieter auf einem Markt

---

[3] Eine gute Übersichten über die Wettbewerbskonzepte der Chicago-, der Harvard- und der Austrian School bei Schmidt, 8.A 2005, Tab 1; vgl auch die Übersicht über die neoklassischen Wettbewerbsmodelle bei Bartling, Leitbilder der Wettbewerbspolitik, 1980, 56.
[4] Homann/Suchanek 2005, 168.

nicht behaupten, so ist er gezwungen, seine Ressourcen auf einem anderen Markt besser zu einzusetzen.[5]

Die Nachfrager wiederum verspüren Anreize, sich einen Marktüberblick zu verschaffen, um die billigsten Angebote zu erhaschen (Kampf gegen das Problem der unvollständigen Informationen). Freilich wird sich der Aufwand nicht immer lohnen und die Nachfrager handeln bei weitem nicht immer nur rational (was durch die Werbung gefördert wird). Doch grundsätzlich führt das Verhaltensdilemma der Nachfrager dazu, dass sich die „besseren" Güter auf dem Markt durchsetzen. Das beschriebene Verhaltensdilemma zwingt die Marktteilnehmer also zum effizienten Wirtschaften im Wettbewerb.[6]

Ein funktionierender Wettbewerb basiert also auf dem Handlungsdilemma der Marktakteure. Dieses Handlungsdilemma wurde in Kapitel § 1.C.I bereits allgemein als rechtsökonomisches Paradigma beschrieben. Das Dilemma basiert auf der begrenzten Rationalität, dem Eigennutz und den unvollständigen und asymmetrischen Informationen der Einzelnen. Das wird im Folgenden klarer.

c) Drei Formen des wettbewerbsschädlichen Verhaltens

Die Dynamik von Angebot und Nachfrage verlangt einen möglichst ungehinderten Marktzutritt von neuen Unternehmen und einen ebenso freien Marktaustritt von ineffizienten Unternehmen. Viele Unternehmen in den verschiedensten Wirtschaftszweigen werden über kurz oder lang insolvent. Für diejenigen, die auf einem Markt etabliert sind, ist jeder Marktzutritt eines weiteren Unternehmens und erst recht die Gefahr ihres eigenen Marktaustrittes nachteilig. Es bestehen für die etablierten Unternehmen daher Anreize, das Wettbewerbsdilemma zu ihren Gunsten zu entschärfen.

Drei typische Verhaltensweisen können den Leistungswettbewerb hemmen:[7]

> **Verhandlungsstrategie (Absprachen).** Verhandlungsstrategien zielen darauf, eine Zusammenarbeit zwischen rechtlich selbständigen Unternehmen zu vereinbaren, um dadurch die Wettbewerber in ihrer wirtschaftlichen Freiheit einzuschränken. Die „Verbündeten" vereinen ihre Marktmacht, um gegenüber

---

[5] Problematisch ist es, wenn dies der Arbeitslosenmarkt ist. Die rhetorisch stark bekämpfte Arbeitslosigkeit lässt Ressourcen ungenutzt und verursacht immense finanzielle und soziale Kosten. Insofern ist die Frage, ob ein Wettbewerb, der eine hohe Arbeitslosenquote mit sich bringt, tatsächlich zu einer optimalen Güterverteilung führt.

[6] Handlungsdilemmata sind allerdings nicht nur wettbewerbsfördernd; sie sind zugleich kooperationshemmend. Insofern sind sie zweischneidig, vgl Homann/Suchanek, 2.A 2005, 168: Für die Einzelnen ist Kooperation wegen asymmetrischer Informationen und dem Eigennutzverhalten ihrer potentiellen Kooperationspartner ein Risiko (soziales Dilemma). Nur wenn dieses Risiko durch freiheitsbeschränkende Rechtsnormen minimiert wird, kommt es zur Kooperation, vgl § 1.C. Das Wissen um die rechtliche Beschränkung der Tauschpartner schafft die Basis für das Vertrauen ins Tauschgeschäft. Diese Funktion erfüllt zB das UWG.

[7] Umfassend Schmidt, Wettbewerbspolitik und Kartellrecht, 8.A 2005, 6. Kapitel. Dort wird auch ersichtlich, was hier um der Kürze willen übergangen wird: Die verschiedenen Kategorien überschneiden sich mitunter.

den betroffenen Dritten Wettbewerbsvorteile zu erlangen, im schlimmsten Fall um Dritte vom Markt zu verdrängen. Unter Umständen wirken die Absprachen auch unmittelbar zu Lasten der Verbraucher. Die Absprachen können mit konkurrierenden Unternehmen getroffen werden (**horizontale Kartelle**) oder innerhalb von Bezugs- und Absatzbeziehungen getroffen werden (**vertikale Absprachen**).

Beispiele für Kartelle: 2001 deckte die Europäische Kommission ein weltweites Preiskartell der Vitaminhersteller auf. Diese hatten schlicht vereinbart, kollektiv die Preise zu heben.

Unternehmen können etwa auch vereinbaren, das Marktangebot künstlich zu senken, um auf diese Weise die Preise zu steuern (sog Mengenkartell). Die Absprache kann darauf abzielen, Unsicherheiten über das Verhalten der Konkurrenten zu beseitigen, etwa indem Preiserhöhungen für bestimmte Produkte an eine Zentrale zu melden sind. Wettbewerbsbeschränkend können auch Bezugs- und Absatzzwänge wirken.

Es gibt drei typische *Beispiele für vertikale Absprachen*: Preisbindungen, Preisempfehlungen und Lizenzverträge.

➢ **Behinderungsstrategie.** Dies sind alle Verhaltensweisen von Unternehmen, die objektiv dazu geeignet sind, Wettbewerber in ihren wettbewerbsrelevanten Handlungen zu beschränken oder sonst den Wettbewerbsmechanismus zu beeinträchtigen. Marktbeherrschende oder marktmächtige Unternehmen können schwächere Unternehmen im Wettbewerb behindern. Behinderungsstrategien wirken horizontal, wenn sie tatsächliche oder potentielle Mitbewerber betreffen. Sie wirken vertikal, wenn sie sich gegen Lieferanten oder Abnehmer richten.

Beispiele: Dumpingpreise, Ausschließlichkeits- und Kopplungsbindungen (tying und bundling), Lieferverweigerungen[8].

➢ **Konzentrationsstrategie.** Fusionen verändern die Marktstrukturen und damit die Bedingungen für Konkurrenz. Sie begünstigen grundsätzlich die Wettbewerbsposition der betreffenden Unternehmen: Zum einen reduzieren sie die Zahl der Wettbewerber. Gleichzeitig bringen Zusammenschlüsse die Chance mit sich, die Produktionskosten zu senken. Je größer die Markanteile, desto mehr Güter derselben Art können produziert werden. Das begünstigt die Kalkulation (economies of scale). Zudem besteht die Chance, Produktionsabläufe zu optimieren (sog Synergieeffekte, economies of scope).[9]

Ebenso wie es horizontale und vertikale Absprachen gibt, können horizontal konkurrierende oder vertikale verflochtene Unternehmen fusionieren. Für die rechtliche Beurteilung der Fusion ist die Art des Zusammenschlusses insofern erheblich, als horizontale oder vertikale Fusionen die Marktstrukturen jeweils unterschiedlich beeinflussen.

---

[8] Eine besondere Form der Lieferverweigerung ist der Boykott im Dreiecksverhältnis: Der Verrufer veranlasst einen Dritten, eine Liefersperre gegen den Verrufenen zu verhängen.

[9] Die Vorteile von Fusionen werden allerdings zunehmend skeptisch beurteilt. Empirische Untersuchungen ergaben, dass ca 75 % der Großfusionen nicht erfolgreich sind. Fusionierte Unternehmen gehen daher nicht selten nach einer kurzen Zeit wieder auseinander.

II. Relevanter Markt und wirksamer Wettbewerb

Wettbewerb als solcher lässt sich gedanklich kaum greifen. Die Wirtschaft mit ihren unzähligen Produktions- und Dienstleistungszweigen ist dafür zu komplex. Um den Wettbewerbsgedanken dennoch erfassen zu können, wurden das Konzept des relevanten Marktes und das Konzept des wirksamen Wettbewerbs entwickelt. Die Definition des Marktes dient der Bestimmung der Bereiche, in denen Unternehmen miteinander in Wettbewerb stehen. Das ist dann zugleich der Anwendungsbereich des Wettbewerbsrechts. Für diese Bereiche soll ermittelt werden, inwiefern tatsächlich ein wirksamer Wettbewerbsdruck besteht.

a) Das Konzept des relevanten Marktes (Marktabgrenzung)
Der relevante Markt wird in drei Dimensionen festgesetzt:

- **Sachlich.** „Der sachlich relevante Produktmarkt umfaßt sämtliche Erzeugnisse und/oder Dienstleistungen, die von den Verbrauchern hinsichtlich ihrer Eigenschaften, Preise und ihres vorgesehenen Verwendungszwecks als austauschbar oder substituierbar angesehen werden."[10] Diese Definition wird als **Bedarfsmarktkonzept** bezeichnet. Zum sachlich relevanten Markt gehören alle identischen oder verwandten Produkte.
  Beispiele: verschiedene Butter-, eventuell auch noch Margarinesorten, verschiedene Märkte sind daher Fruchtbananen und Trockenbananen, Touristen- und Businessflüge oder Bier im Laden und Bier in der Kneipe.
- **Räumlich.** „Der geographisch relevante Markt umfaßt das Gebiet, in dem die beteiligten Unternehmen die relevanten Produkte oder Dienstleistungen anbieten, in dem die Wettbewerbsbedingungen hinreichend homogen sind und das sich von benachbarten Gebieten durch spürbar unterschiedliche Wettbewerbsbedingungen unterscheidet." Erfasst wird also das **potentielle Absatzgebiet** für ein Produkt.
  Beispiele: Die gesamte Welt ist der Markt für große Passagierflugzeuge. Der Absatzmarkt von Büchern beschränkt sich mehr oder weniger auf die Gebiete, in denen die Sprache der Texte verstanden wird.
- **Zeitlich.** Zeitliche Pausen trennen die Märkte.
  Beispiele: Rechtliche Hindernisse wie Ladenschlusszeiten, technische Produktentwicklungen oder der natürliche Wechsel der Saisonartikeln begrenzen die Märkte.

Dort, wo der relevante Markt ist, findet der jeweilige Wettbewerb statt. Umgekehrt lässt sich der relevante Markt am Wettbewerb erkennen: „Relevant is the market where competition takes place".[11]

---

[10] Bekanntmachung der Kommission über die Definition des relevanten Marktes im Sinne des Wettbewerbsrechts der Gemeinschaft, Amtsblatt Nr C 372 v 09.12.1997 S 5 ff, Absatz 7, dort in Absatz 8 auch das folgende Zitat.
[11] Zitiert nach Schmidt, Wettbewerbspolitik und Kartellrecht, 8.A 2005, 53.

Das leitet über zu den Kriterien für einen wirksamen Wettbewerb. Sie ermöglichen die Festlegung der sachlichen, räumlichen und zeitlichen Grenzen eines relevanten Marktes.

b) Das Konzept des wirksamen Wettbewerbs

Woran ist zu erkennen, ob auf dem relevanten Markt Konkurrenz besteht? Drei Ansatzpunkte unterschiedlicher Wichtigkeit werden dazu diskutiert:[12]

1. **Preiswettbewerb oder Nachfragesubstitutierbarkeit** besteht, wenn unabhängige Anbieter gleiche Güter anbieten.
   Beispiele: Pilsbiere oder Zigaretten ähnlichen Geschmacks. Der Preiswettbewerb ist die stärkste Form des Wettbewerbs, denn er verschafft den Nachfragern hier und jetzt Alternativen. Die Folge ist, dass die Anbieter ihre Preise kaum beeinflussen können.
2. **Angebots-Substitutionswettbewerb** ist möglich, wenn auf demselben relevanten Markt oder auf angrenzenden Märkten Produkte angeboten werden, die mehr oder weniger austauschbar sind. Denn dann besteht für die Wettbewerber stets die Gefahr, dass die Nachfrager auf diese Substitute umsteigen, sobald ihnen das bisherige Leistungsangebot nicht mehr zusagt.
   Beispiel: Nachfrager von Butter kaufen wegen der steigenden Butterpreise vermehrt Margarine.
3. **Potentieller Wettbewerb** herrscht, wenn eine gewisse Wahrscheinlichkeit besteht, dass neue Konkurrenten auf den Markt drängen. Typische Ursachen sind die räumliche oder sachliche Ausdehnung bestehender Unternehmen, aber auch die Neugründung von Unternehmen.
   Beispiel: Die IMS Health ist ein Informationssystem für pharmazeutische Produkte. Die pharmazeutische Industrie könnte sich auch selbst über die betreffenden Produkte informieren. Die Industrie ist also ein potentieller Konkurrent der IMS Health, insbesondere für den Fall, dass IMS Health zu hohe Preise verlangt.
   Das Modell der „angreifbaren Märkte" (contestable markets) konzentriert sich auf die Bedingungen für den Marktzutritt und den Marktaustritt. Damit wird der potentielle Wettbewerb zum Maßstab für die Wettbewerbspolitik erhoben. Das ist aber gerade deshalb problematisch, weil der potentielle Wettbewerb eben nur potentiell ist. Solange sich der potentielle Wettbewerb nicht realisiert, besteht eine konkurrenzfreie Zwischenzeit.

Zur Substituierbarkeit und zum Konzept des relevanten Marktes allgemein ist eine diesbezügliche **Bekanntmachung der Europäischen Kommission** aufschlussreich:

„Die Beurteilung der **Substituierbarkeit der Nachfrage** erfordert eine Bestimmung derjenigen Produkte, die von den Abnehmern als austauschbar angesehen werden. Eine Möglichkeit, diese Bestimmung vorzunehmen, läßt sich als ein gedankliches Experiment betrachten, bei dem von einer geringen, nicht vorüber-

---

[12] Im Anschluss an Schmidt, Wettbewerbspolitik und Kartellrecht, 8.A 2005, 3. Kapitel.

gehenden Änderung der relativen Preise ausgegangen und eine Bewertung der wahrscheinlichen Reaktion der Kunden vorgenommen wird.

Aus verfahrensmäßigen und praktischen Erwägungen steht bei der Marktabgrenzung der Preis im Mittelpunkt, genauer gesagt die Nachfragesubstitution aufgrund kleiner, dauerhafter Änderungen bei den relativen Preisen. Hieraus lassen sich klare Hinweise in bezug auf die für die Definition von Märkten relevanten Informationen gewinnen. [...]

Die zu beantwortende Frage lautet, ob die Kunden [...] als Reaktion auf eine angenommene kleine, bleibende Erhöhung der relativen Preise (im Bereich zwischen 5 und 10 %) für die betreffenden Produkte und Gebiete auf leicht verfügbare Substitute ausweichen würden. Ist die Substitution so groß, daß durch den damit einhergehenden Absatzrückgang eine Preiserhöhung nicht mehr einträglich wäre, so werden in den sachlich und räumlich relevanten Markt so lange weitere Produkte und Gebiete einbezogen, bis kleine, dauerhafte Erhöhungen der relativen Preise einen Gewinn einbrächten.

Der gleiche Grundsatz wird bei der Ermittlung der Nachfragemacht angewandt: hierbei wird vom Anbieter ausgegangen, und **mit Hilfe des Preistests** läßt sich dann ermitteln, welche alternativen Vertriebswege und Verkaufsstellen es für die Produkte des Anbieters gibt [...].

[*Beispiel*] Zur Veranschaulichung soll dieser Test auf den Zusammenschluß von Unternehmen, die Erfrischungsgetränke abfüllen, angewandt werden: Hierbei wäre unter anderem zu ermitteln, ob unterschiedliche Geschmacksrichtungen der Erfrischungsgetränke zu ein und demselben Markt gehören. Konkret muß also die Frage untersucht werden, ob Konsumenten des Produktes A zu Produkten mit anderem Geschmack übergehen würden, wenn der Preis für A dauerhaft um 5 bis 10 % erhöht wird. Wechseln die Verbraucher in einem so starken Maß zu beispielsweise B über, daß die Preiserhöhung für A wegen der Absatzeinbußen keinen Zusatzgewinn erbringt, so umfaßt der Markt mindestens die Produkte A und B. Der Vorgang wäre außerdem auf andere verfügbare Produkte anzuwenden, bis eine Reihe von Produkten ermittelt ist, bei denen eine Preiserhöhung keine ausreichende Substitution bei der Nachfrage zur Folge hat. [...]

[*Beispiel*] Wie der Aspekt der Angebotsumstellungsflexibilität bei der Produktmarktabgrenzung berücksichtigt wird, soll anhand der Papierbranche veranschaulicht werden. Gewöhnlich werden sehr unterschiedliche Papiersorten mit besonderen Eigenschaften angeboten, von normalem Schreibpapier bis hin zu hochwertigem Papier, beispielsweise für Kunstdrucke. Von der Nachfrageseite her sind nicht alle Papierqualitäten für einen gegebenen Verwendungszweck geeignet - ein Kunstband oder ein hochwertiges Buch läßt sich nicht auf qualitativ einfachem Papier drucken. Papierfabriken aber sind in der Lage, unterschiedliche Qualitäten herzustellen und die Produktion mit vernachlässigbar geringen Kosten und in kürzester Frist umzustellen. Treten beim Vertrieb keine besonderen Probleme auf, so können die Papierhersteller somit in bezug auf Bestellungen verschiedener Güteklassen in Wettbewerb zueinander treten, vor allem wenn die Lieferfristen genügend Zeit für die Anpassung der Produktionspläne lassen. Unter diesen Umständen würde die Kommission nicht für Papier unterschiedlicher Beschaffenheit und unterschiedlichen Verwendungszwecks jeweils einen gesonderten Markt abgrenzen. Die verschiedenen Papierqualitäten gehören alle zu ein und demselben relevanten Markt, und die entsprechenden Umsatzzahlen gehen in die Schätzungen des Gesamtwerts des Marktes beziehungsweise des Marktumfangs ein."[13]

B. Wettbewerbs- und Kartellrecht

Das Wettbewerbs- und Kartellrecht ist ein überaus vielschichtiges, komplexes Rechtsgebiet. Die Vielgestaltigkeit des Wettbewerbs in einer arbeitsteiligen Industrie- und Dienstleistungsgesellschaft sowie Europäisierung und Globalisierung der wirtschaftlichen Beziehungen bedingen ein ausdifferenziertes Wettbewerbsrecht, um den Wettbewerb zu ordnen und zu lenken. Eine souveräne Anwendung des Wettbewerbsrechts verlangt ein ausgeprägtes wettbewerbsrechtliches und wirtschaftswissenschaftliches Vorverständnis.

Allerdings lassen sich die Grundstrukturen des Wettbewerbsrechts mit einem Verständnis der erläuterten drei Formen des wettbewerbsschädlichen Verhaltens und der Konzepte des relevanten Marktes und des wirksamen Wettbewerbs gut erfassen. Zu den Grundstrukturen des Wettbewerbs- und Kartellrechts gehören das Verhältnis zwischen nationalem und europäischem Wettbewerbsrecht (I) und die Anwendung des Wettbewerbsrechts auf die genannten drei Formen des wettbewerbsschädlichen Verhaltens (II bis IV).

I. Nationale und europäische Wettbewerbsaufsicht

1. Anwendungsbereich des europäischen Wettbewerbsrechts

Das nationale wie das europäische Wettbewerbsrecht erfassen jeweils Wettbewerbsbeschränkungen, die sich auf den betreffenden relevanten Markt auswirken (**Auswirkungsprinzip**). Wann ist das nationale und wann ist das europäische Wettbewerbsrecht anwendbar?

Das europäische Wettbewerbsrecht kommt zur Anwendung, wenn ein (potentiell) wettbewerbsschädliches Verhalten für den Binnenmarkt relevant ist. das ist der Fall, wenn die betreffenden Wirtschaftstätigkeiten geeignet sind „den Handel zwischen Mitgliedstaaten zu beeinträchtigen", Art 101 I, 102 I AEUV (ex-Art 81 I, 82 I EG, sogenannte **Zwischenstaatlichkeitsklausel**). Das ist etwa bei vertikalen Kartellen der Fall, wenn das Mutter- und das Tochterunternehmen in verschiedenen Mitgliedstaaten ansässig sind. Ein weiteres Beispiel sind Fusionen ab einer bestimmten Größenordnung.

Allerdings beschränkt sich der Einfluss des EU-Wettbewerbsrechts nicht auf Fälle der Zwischenstaatlichkeit. Denn die EU hat die **ausschließliche Zuständigkeit der EU** für die „Festlegung der für das Funktionieren des Binnenmarkts er-

---

[13] Bekanntmachung der Kommission über die Definition des relevanten Marktes im Sinne des Wettbewerbsrechts der Gemeinschaft, ABl C 372 v 09.12.1997, 5 ff, Abs 15 ff (Hervorhebungen hinzugesetzt).

forderlichen Wettbewerbsregeln" (Art. 3 I b AEUV, vgl ex-Art 3 I h EG-Vertrag). Dem entsprechend hat die EU eine Vielzahl von Verordnungen erlassen, die sich als unmittelbar anwendbares Recht auf die Durchsetzung des nationalen Wettbewerbsrechts auswirken. Das nationale und das EU-Wettbewerbsrechts haben sich in den letzten Jahrzehnten so sehr vereinheitlicht, dass beide Rechtsordnungen mittlerweile teilidentisch sind.

2. Durchsetzung des europäischen Wettbewerbsrechts
Die Durchsetzung des europäischen Wettbewerbsrechts ist in mehreren EU-Verordnungen geregelt. vor allem in der Durchführungsverordnung zu den Artikeln 81 und 82 EU (VO 1/2003)[14].

Danach wird das europäische Wettbewerbsrecht grundsätzlich durch die nationalen Wettbewerbsbehörden durchgesetzt. Das heißt, die nationalen Behörden wenden teilweise neben dem nationalen auch das EU-Wettbewerbsrecht an (siehe § 50 GWB). Es versteht sich, dass in diesen Fällen gemäß der Normenpyramide ein Anwendungsvorrang des Gemeinschaftsrechts besteht.[15] Der Anwendungsvorrang wird durch die VO 1/2003 dahingehend konkretisiert, dass die nationalen Wettbewerbsbehörden keine Entscheidungen erlassen dürfen, die Entscheidungen der Europäischen Kommission zuwiderlaufen (Art 16 VO 1/2003).

Die Europäische Kommission kann von Amts wegen Maßnahmen im Einzelfall oder generell Maßnahmen zur Durchsetzung der Art 101 AEUV (ex-Art 81 EG) und Art 102 AEUV (ex-Art 82 EG) treffen. Die Europäische Kommission hat zum Inkrafttreten der VO 1/2003 eine Durchführungsverordnung (VO 773/2004) erlassen, die Gründsätze für das Verfahren ihres Tätigwerdens festlegt.[16]

Die dezentrale Durchsetzung des europäischen Wettbewerbsrechts durch die nationalen Wettbewerbsbehörden bedingt eine Abstimmung unter den Wettbewerbsbehörden. Hierzu wurde im Zuge des Erlasses der VO 1/2003 das „Netzwerk der europäischen Wettbewerbsbehörden" (European Competition Network, ECN) gegründet. Die Vorschriften zum ECN regeln die Kompetenzen und die Kooperation der Wettbewerbsbehörden.[17]

II. Horizontale Verhandlungsstrategien

1. Kartellverbot
Horizontale Absprachen sind nach nationalem und nach EU-Recht grundsätzlich verboten:

---

[14] Vom 16.12.2002, ABl L 1/1 vom 04.01.2003.
[15] So ausdrücklich § 22 GWB und Art 3 Durchführungsverordnung zu den Artikeln 81 und 82 EU (VO 1/2003) vom 16.12.2002, ABl L 1/1 vom 04.01.2003.
[16] Vom 07.04.2004, ABl L 123/18 vom 27.04.2004.
[17] Siehe für Einzelheiten: §§ 50a, 50b GWB, Art 11 ff, 22 VO 1/2003 sowie die Gemeinsame Erklärung von Rat und Kommission über das ECN vom 25.09.2002, siehe http://bmwi.de/BMWi/Navigation/Wirtschaft/Wirtschaftspolitik/wettbewerbspolitik,did=169522.html (30.06.2008).

> **§ 1 GWB Verbot wettbewerbsbeschränkender Vereinbarungen**
> Vereinbarungen zwischen Unternehmen, Beschlüsse von Unternehmensvereinigungen und aufeinander abgestimmte Verhaltensweisen, die eine Verhinderung, Einschränkung oder Verfälschung des Wettbewerbs bezwecken oder bewirken, sind verboten.

Das europarechtliche Kartellverbot des Art 101 I AEUV (ex-Art 81 I EG) ist weitgehend identisch mit § 1 GWB; allerdings enthält die europäische Norm die besagte Zwischenstaatlichkeitsklausel. Zudem enthält Art 101 I AEUV einige Regelbeispiele, die das Verständnis des Kartellverbots erleichtern:

> **Art 101 AEUV (ex-Art 81 EG) Freigestellte Vereinbarungen**
> (1) Mit dem Gemeinsamen Markt unvereinbar und verboten sind alle Vereinbarungen zwischen Unternehmen, Beschlüsse von Unternehmensvereinigungen und aufeinander abgestimmte Verhaltensweisen, welche den Handel zwischen Mitgliedstaaten zu beeinträchtigen geeignet sind und eine Verhinderung, Einschränkung oder Verfälschung des Wettbewerbs innerhalb des Gemeinsamen Marktes bezwecken oder bewirken, insbesondere
> a) die unmittelbare oder mittelbare Festsetzung der An- oder Verkaufspreise oder sonstiger Geschäftsbedingungen;
> b) die Einschränkung oder Kontrolle der Erzeugung, des Absatzes, der technischen Entwicklung oder der Investitionen;
> c) die Aufteilung der Märkte oder Versorgungsquellen;
> d) die Anwendung unterschiedlicher Bedingungen bei gleichwertigen Leistungen gegenüber Handelspartnern, wodurch diese im Wettbewerb benachteiligt werden;
> e) die an den Abschluss von Verträgen geknüpfte Bedingung, dass die Vertragspartner zusätzliche Leistungen annehmen, die weder sachlich noch nach Handelsbrauch in Beziehung zum Vertragsgegenstand stehen.

Der **Begriff des Unternehmens** wird sowohl in § 1 GWB als auch im europäischen Wettbewerbsrecht sehr weit ausgelegt (funktionaler Begriff des Unternehmens)[18].

Er erfasst grundsätzlich alle privaten und öffentlichen Marktteilnehmer, §§ 1, 130 I GWB, Art 101, 106 AEUV (ex-Art 81, 86 EG). Ausgeschlossen ist aber rein hoheitliches Handeln.[19] Erfasst werden insbesondere auch die freien Berufe sowie die Berufs- und Interessenverbände, also etwa auch die arbeitsrechtlichen Koalitionen gemäß Art 9 III GG.

Ebenfalls weit ausgelegt wird der **Begriff der Vereinbarung**. Erfasst werden etwa auch rein mündliche Absprachen.

---

[18] Siehe zB EuGH, C-205/03 – FENIN, EuGHE 2006, 6295.
[19] Ein Grenzbereich ist das Sozialversicherungsrecht. Über dieses entscheiden nicht die Kartellsenate, §§ 87 bis 90 GWB, sondern die Sozialgerichte. Weitere Sonderfälle:; Amateursportverbände, Gütezeichen-Gemeinschaften, Verbraucherzentralen.

2. Freistellungen vom Kartellverbot

Sowohl § 2 GWB als auch Art 101 I AEUV (ex-Art 81 I EG) enthalten Ausnahmen zum Kartellverbot.

> **§ 2 I GWB Freigestellte Vereinbarungen**
> (1) Vom Verbot des § 1 freigestellt sind Vereinbarungen zwischen Unternehmen, Beschlüsse von Unternehmensvereinigungen oder aufeinander abgestimmte Verhaltensweisen, die unter angemessener Beteiligung der Verbraucher an dem entstehenden Gewinn zur Verbesserung der Warenerzeugung oder -verteilung oder zur Förderung des technischen oder wirtschaftlichen Fortschritts beitragen, ohne dass den beteiligten Unternehmen
> 1. Beschränkungen auferlegt werden, die für die Verwirklichung dieser Ziele nicht unerlässlich sind, oder
> 2. Möglichkeiten eröffnet werden, für einen wesentlichen Teil der betreffenden Waren den Wettbewerb auszuschalten.
> (2) Bei der Anwendung von Absatz 1 gelten die Verordnungen des Rates oder der Kommission der Europäischen Gemeinschaft über die Anwendung von Artikel 81 Abs. 3 des Vertrages zur Gründung der Europäischen Gemeinschaft auf bestimmte Gruppen von Vereinbarungen, Beschlüsse von Unternehmensvereinigungen und aufeinander abgestimmte Verhaltensweisen (Gruppenfreistellungsverordnungen) entsprechend. [...].

§ 2 GWB entspricht wiederum Art 101 III AEUV (ex-Art 81 III EG). Absatz 1 enthält einen komplexen Abwägungsmechanismus, dessen Anwendung in der Praxis zu Schwierigkeiten und Rechtsunsicherheiten führen kann. Denn es liegt angesichts der abstrakten Formulierung der Abwägungsklausel auf der Hand, dass über das Ergebnis trefflich gestritten werden kann.

Gleichzeitig bestehe die Besonderheit, dass rechtlich kein Zwang besteht, vor Durchführung der Wettbewerbsvereinbarung eine autoritäre Entscheidung einer zuständigen Wettbewerbsbehörde herbeizuführen. Denn eine Vereinbarung, die die Voraussetzungen von § 2 I GWB erfüllt, ist rechtmäßig, ohne dass es einer behördlichen Bestätigung bedarf (Art 1 II VO 1/2003, **Legalausnahme**).

Die betroffenen Unternehmen verspüren starke Anreize, selbständig (zumeist mit Hilfe spezialisierter Rechtsanwaltskanzleien) zu prüfen, ob die beabsichtigte Vereinbarung die Voraussetzungen der Legalausnahme erfüllt. In Grenzfällen versuchen sie, die zuständigen Wettbewerbsbehörden in ihre Prüfung mit einzubeziehen. Denn den Unternehmen drohen scharfe Sanktionen, wenn sie Vereinbarungen unter Verstoß gegen das Kartellverbot vollziehen.

Die in § 2 II GWB erwähnten Verordnungen sind von herausragender Bedeutung. Denn in diesen sogenannten **Gruppenfreistellungsverordnungen** wird die genannte Abwägungsformel aus § 2 I GWB, Art 101 I AEUV konkretisiert.

Die Europäische Kommission hat Gruppenfreistellungsverordnungen für bestimmte als unschädlich erkannte Typen von Vereinbarungen erlassen. Diese Gruppenfreistellungsverordnungen betreffen allgemein vertikale Wettbewerbsbeschränkungen sowie vertikale Wettbewerbsbeschränkungen im Kraftfahrzeugvertrieb, im Rahmen von Spezialisierungsvereinbarungen und horizontale Wettbewerbsbeschränkungen betreffend Forschung und Entwicklung, Technologietransfervereinbarungen und bestimmte Abkommen im Linienflugverkehr.[20]

III. Behinderungsstrategie

Hinsichtlich des Missbrauchs einer marktbeherrschenden Stellung gilt

> **§ 19 GWB Missbrauch einer marktbeherrschenden Stellung**
> (1) Die mißbräuchliche Ausnutzung einer marktbeherrschenden Stellung durch ein oder mehrere Unternehmen ist verboten.
> (2) Ein Unternehmen ist marktbeherrschend, soweit es als Anbieter oder Nachfrager einer bestimmten Art von Waren oder gewerblichen Leistungen auf dem sachlich und räumlich relevanten Markt
> 1. ohne Wettbewerber ist oder keinem wesentlichen Wettbewerb ausgesetzt ist oder
> 2. eine im Verhältnis zu seinen Wettbewerbern überragende Marktstellung hat; hierbei sind insbesondere sein Marktanteil, seine Finanzkraft, sein Zugang zu den Beschaffungs- oder Absatzmärkten, Verflechtungen mit anderen Unternehmen, rechtliche oder tatsächliche Schranken für den Marktzutritt anderer Unternehmen, der tatsächliche oder potentielle Wettbewerb durch innerhalb oder außerhalb des Geltungsbereichs dieses Gesetzes ansässige Unternehmen, die Fähigkeit, sein Angebot oder seine Nachfrage auf andere Waren oder gewerbliche Leistungen umzustellen, sowie die Möglichkeit der Marktgegenseite, auf andere Unternehmen auszuweichen, zu berücksichtigen.
> Zwei oder mehr Unternehmen sind marktbeherrschend, soweit zwischen ihnen für eine bestimmte Art von Waren oder gewerblichen Leistungen ein wesentlicher Wettbewerb nicht besteht und soweit sie in ihrer Gesamtheit die Voraussetzungen des Satzes 1 erfüllen. Der räumlich relevante Markt im Sinne dieses Gesetzes kann weiter sein als der Geltungsbereich dieses Gesetzes.
> (3) Es wird vermutet, dass ein Unternehmen marktbeherrschend ist, wenn es einen Marktanteil von mindestens einem Drittel hat. [...]

Art 19 GWB ist weitgehend aus sich selbst heraus verständlich. Allerdings hat erst die zum 01.07.2005 in Kraft getretene 7. GWB-Novelle das Konzept des relevanten Marktes ausdrücklich in den Wortlaut des § 19 GWB aufgenommen.

Kennzeichen der marktbeherrschenden Stellung ist danach die **Unabhängigkeit von den anderen Akteuren auf dem relevanten Markt**:

„Nach den Wettbewerbsvorschriften der Gemeinschaft versetzt eine beherrschende Stellung ein Unternehmen oder eine Gruppe von Unternehmen in die Lage, in erheblichem Maße unabhängig von Wettbewerbern, Kunden und letztlich

---

[20] Die Gruppenfreistellungsverordnungen sind auf der Website der Kommission zu finden: http://ec.europa.eu/comm/competition/antitrust/legislation/legislation.html (30.06.2008).

auch Verbrauchern vorzugehen. Auf eine solche Stellung ist in der Regel dann zu schließen, wenn ein Unternehmen oder eine Unternehmensgruppe einen großen Teil des Angebots auf einem gegebenen Markt auf sich vereint, sofern andere für die Bewertung maßgebliche Faktoren (wie Zutrittsschranken, Reaktionsfähigkeit der Kunden usw) in dieselbe Richtung deuten."[21]

Die Berechnung der Marktanteile erfolgt für den relevanten Markt: „Ist der in sachlicher und räumlicher Hinsicht relevante Markt abgegrenzt, so kann festgestellt werden, welche Anbieter und welche Kunden/Verbraucher auf diesem Markt aktiv sind. Auf dieser Grundlage lassen sich die Marktgröße insgesamt und, unter Zugrundelegung der jeweiligen Verkäufe an relevanten Produkten in dem relevanten Gebiet, die Marktanteile der einzelnen Anbieter berechnen.

In der Praxis werden Angaben über Marktgröße und Marktanteile häufig vom Markt selbst geliefert, nämlich mittels Schätzungen der Unternehmen und Studien, mit denen Wirtschaftsberater und Wirtschaftsverbände beauftragt sind. Ist dies nicht der Fall oder sind vorliegende Schätzwerte nicht zuverlässig, so fordert die Kommission gewöhnlich bei den betreffenden Anbietern jeweils deren eigene Verkaufszahlen an. [...Es gibt auch] Indikatoren [...], die nützliche Aufschlüsse bieten können, wie insbesondere Kapazität, Anzahl der Wirtschaftsteilnehmer auf Ausschreibungsmärkten, Flotteneinheiten wie bei der Luftfahrt und Umfang der Reserven in Branchen wie dem Bergbau."

Die „Parallelvorschrift" zur Missbrauchskontrolle im europäischen Wettbewerbsrecht, Art 102 AEUV (ex-Art 82 EG) ist teilweise identisch. Allerdings enthält Art 102 AEUV Regelbeispiele, die zur Illustrierung zitiert seien:

> Art 102 I AEUV (ex-Art 82 EG) [**Missbrauch einer marktbeherrschenden Stellung**]
> [...] Dieser Missbrauch kann insbesondere in folgendem bestehen:
> a) der unmittelbaren oder mittelbaren Erzwingung von unangemessenen Einkaufs- oder Verkaufspreisen oder sonstigen Geschäftsbedingungen;
> b) der Einschränkung der Erzeugung, des Absatzes oder der technischen Entwicklung zum Schaden der Verbraucher;
> c) der Anwendung unterschiedlicher Bedingungen bei gleichwertigen Leistungen gegenüber Handelspartnern, wodurch diese im Wettbewerb benachteiligt werden;
> d) der an den Abschluss von Verträgen geknüpften Bedingung, dass die Vertragspartner zusätzliche Leistungen annehmen, die weder sachlich noch nach Handelsbrauch in Beziehung zum Vertragsgegenstand stehen.

---

[21] Dieses und das folgende Zitat aus der Bekanntmachung der Kommission über die Definition des relevanten Marktes, ABl C 372 v 09.12.1997, 5 ff, Abs 10 und 53.

IV. Konzentrationsstrategie

Art 102 AEUV (ex-Art 82 EG) verbietet die missbräuchliche Ausnutzung einer marktbeherrschenden Stellung. Ein Sonderfall ist die Begründung einer marktbeherrschenden Stellung durch einen Unternehmenszusammenschluss (Fusion).

Zusammenschlüsse zwischen Unternehmen können das effiziente Wirtschaften der betreffenden Unternehmen fördern und dadurch den Wettbewerb insgesamt stärken. Verbesserte Produkte oder günstigere Preise können die positive Folge sein. Zusammenschlüsse können aber auch wirksamen Wettbewerb behindern, insbesondere wenn eine marktbeherrschende Stellung entsteht oder verstärkt wird.

Aus diesem Grund wird bereits die Begründung einer marktbeherrschenden Stellung durch Fusionen rechtlich begrenzt. Zusammenschlüsse, bei denen die beteiligten Unternehmen bestimmte Umsatzschwellen überschreiten, sind bei den Wettbewerbsbehörden anzumelden, vgl § 39 I GWB. Die Wettbewerbsbehörden untersagen oder genehmigen die Fusion nach Maßgabe des folgenden

> § 36 GWB **Grundsätze für die Beurteilung von Zusammenschlüssen**
> (1) Ein Zusammenschluß, von dem zu erwarten ist, daß er eine marktbeherrschende Stellung begründet oder verstärkt, ist vom Bundeskartellamt zu untersagen, es sei denn, die beteiligten Unternehmen weisen nach, daß durch den Zusammenschluß auch Verbesserungen der Wettbewerbsbedingungen eintreten und daß diese Verbesserungen die Nachteile der Marktbeherrschung überwiegen. [sog **Abwägungsklausel**]

Fusionen von gemeinschaftsweiter Bedeutung sind bei der Europäischen Kommission anzumelden. Die Zusammenschlusskontrolle durch die Kommission richtet sich nach der am 01.05.2004 in Kraft getretenen **Fusionskontrollverordnung** VO 139/2004[22].

Als Maßstab für die Fusionskontrolle bestimmt Art 2 III Fusionskontrollverordnung den Grundsatz:

> Art 2 III Fusionskontrollverordnung **Beurteilung von Zusammenschlüssen**
> Zusammenschlüsse, durch die wirksamer Wettbewerb im Gemeinsamen Markt oder in einem wesentlichen Teil desselben erheblich behindert würde, insbesondere durch Begründung oder Verstärkung einer beherrschenden Stellung, sind für mit dem Gemeinsamen Markt unvereinbar zu erklären.

Im Vergleich zu § 36 I GWB benennt Art 2 III Fusionskontrollverordnung die Begründung einer marktbeherrschenden Stellung nur als Regelbeispiel. Das Gemeinschaftsrecht bezieht sich weitergehend auf das **Konzept des wirksamen Wettbewerbs**.

---

[22] Vom 20.01.2004, ABl L 24/1 vom 29.01.2004.

Die aktuellen Auslegungsgrundsätze der Europäischen Kommission zur Fusionskontrollverordnung lassen sich aus zahlreichen Leitlinien und Mitteilungen ableiten, die auf der Website der Europäischen Kommission, Generaldirektion Wettbewerb veröffentlicht sind.[23] Das Verfahren der Fusionsanmeldung selbst ist konkretisiert in der Verordnung (EG) Nr. 802/2004.

V. Private Enforcement

Ein jüngerer, für die Entwicklung des Wettbewerbsrechts sehr wesentlicher Impuls ist die Durchsetzung des Wettbewerbsrechts durch die negativ betroffenen Unternehmen. Der EuGH hat in der sogenannten Courage-Entscheidung[24] festgehalten, dass die volle Wirksamkeit des Art 102 AEUV (ex-Art 81 EG) nicht gewährleistet wäre, „wenn nicht jedermann Ersatz des Schadens verlangen könnte, der ihm durch einen Vertrag, der den Wettbewerb beschränken oder verfälschen kann, oder durch ein entsprechendes Verhalten entstanden ist".

Durch einen Schadensersatzanspruch der negativ Betroffenen haben diese die Möglichkeit, das Wettbewerbsrecht durchzusetzen (**Private Enforcement**). Dadurch wiederum erhöht sich die Durchsetzungskraft der gemeinschaftsrechtlichen Wettbewerbsregeln.

Die Europäische Kommission bemüht sich um eine Stärkung des Private Enforcement, um die Wirksamkeit des Wettbewerbsrechts zu fördern. Auf nationaler Ebene gilt

> § 33 I GWB **Unterlassungsanspruch, Schadensersatzpflicht**
> (1) Wer gegen eine Vorschrift dieses Gesetzes, gegen Artikel 81 oder 82 des Vertrages zur Gründung der Europäischen Gemeinschaft oder eine Verfügung der Kartellbehörde verstößt, ist dem Betroffenen zur Beseitigung und bei Wiederholungsgefahr zur Unterlassung verpflichtet. Der Anspruch auf Unterlassung besteht bereits dann, wenn eine Zuwiderhandlung droht. Betroffen ist, wer als Mitbewerber oder sonstiger Marktbeteiligter durch den Verstoß beeinträchtigt ist.

C. Zusammenfassung

I. Wichtigste Lehre

Die staatliche Wirtschaftsaufsicht durch das Wettbewerbs- und Kartellrecht beschränkt die Vertragsfreiheit zur Gewährleistung der Wettbewerbsfreiheit. Zu-

---

[23] http://ec.europa.eu/comm/competition/index_de.html (30.06.2008). Das Verfahren der Fusionsanmeldung selbst ist konkretisiert in der Verordnung (EG) Nr. 802/2004 vom 07.04.2004, ABl L 133/01 vom 30.04.2004.
[24] EuGH, C-453/99 – Courage, EuGHE 2001, 6297, Zitat aus Rn 54.

stimmungsfähig sind solche Freiheitsbeschränkungen, die aus Sicht aller potentiellen oder tatsächlichen Marktteilnehmer Kooperationsvorteile schaffen gegenüber einem nicht oder anders geregelten Zustand (Pareto-Effizienz). Das Ziel ist eine möglichst effiziente Güterverteilung. Diese wird am ehesten durch einen funktionierenden Wettbewerb geschaffen. Wettbewerb setzt die Einzelnen jedoch unter Konkurrenz- und Risikodruck (Verhaltensdilemma). Es bestehen daher Anreize, Strategien des wettbewerbsbeschränkenden Verhaltens zu verwenden. Diese aber sollen das nationale und das europäische Wettbewerbsrecht gerade unterbinden. Ziel ist es, den Wettbewerb auf dem jeweils relevanten Markt zu erhalten.

II. Wichtige Stichworte

- UWG und GWB; Begriff und Aufgaben des Wettbewerbs
- Paradigma des Leistungswettbewerbs: Fluch und Segen des soziales Dilemmas
- Konzept des relevanten Marktes, Substituierbarkeit
- Konzept des wirksamen Wettbewerbs
- Verhältnis des nationalen zum europäischen Wettbewerbsrecht
- drei Strategien der Wettbewerbsbeschränkung und ihre Unterbindung
- Private Enforcement

III. Schrifttum

Kommissionswebpage unter http://ec.europa.eu/comm/competition/index_de.html.
Bechtold, Rainer, Kartellgesetz: GWB, 5. A 2008.
Emmerich, Volker, Kartellrecht, 11. A 2008.
Homann / Suchanek, Ökonomik: Eine Einführung, 2.A, 2005.
Immenga, Ulrich, /Mestmäcker, Erst-Joachim, Wettbewerbsrecht, 4. A 2007.
Kirchner, Christian, Kartellrecht und Insitutionenökonomik, in: Kruse, Jörn/Stockmannm, Kurt/Vollmer, Lothar (Hg), Wettbewerbspolitik im Spannungsfeld nationaler und internationaler Kartellrechtsordnungen, Festschrift für Ingo Schmidt, 1997, 33.
Mestmäcker, Ernst-Joachim / Schweitzer, Heike, Europäisches Wettbewerbsrecht, 2. A 2004.
Rittner, Fritz, Wettbewerbs- und Kartellrecht, 7. A 2008.
Schmidt, Ingo, Wettbewerbspolitik und Kartellrecht, 8. A 2005.
Schwintowski, Hans-Peter, Wettbewerbsrecht (GWB/UWG), 4. A 2007.
Wiedemann, Gerhard (Hg), Handbuch des Kartellrechts, 2. A 2008.

§ 14 Beihilfenrecht

A. Wirtschaftliche Bedeutung von Beihilfen

I. Einführung

1. Begriff der Beihilfen, Statistik
Beihilfen (= Subventionen) sind **staatliche Begünstigungen mit Geschenkcharakter**. Sie werden an Existenzgründer, Unternehmer, Berufsgruppen oder Regionen verteilt. Das geschieht nicht selbstlos.
   Die Staatsorgane verfolgen stets bestimmte Zwecke mit einer Beihilfengewährung. *Beispiele:* Erhalt oder Sicherung von Arbeitsplätzen und Einkommen; Erleichterung und soziale Abfederung von Strukturwandel; Erhöhung der internationalen Wettbewerbsfähigkeit; Entwicklung neuer Produktionsmethoden; Ausgleich regionaler Unterschiede, Daseinsvorsorge.
   Vielfach ist die Zuteilung auch an konkrete Verhaltensauflagen gebunden. *Beispiele:* Agrarflächen brach liegen zu lassen; bestimmte Modernisierungsmaßnahmen oder Investitionen vorzunehmen.
   Derartige Auflagen sind aber **keine gleichwertige Gegenleistung** für die gewährten Geschenke. Typische Zwecke, die durch Beihilfen verfolgt werden, sind in § 12 II des Gesetzes zur Förderung der Stabilität und des Wachstums der Wirtschaft (StabG) genannt. Aus § 12 III StabG wird ersichtlich, dass auch Steuervergünstigungen zu den Beihilfen zählen.[1]
   Das Beihilfenrecht gilt als unübersichtlich. Es kann aber nützlich sein, sich im Beihilfendschungel auszukennen. Denn Beihilfen sind **wirtschaftlich von herausragender Bedeutung**:
   „Das Gesamtvolumen der staatlichen Beihilfen in der EU (ohne Landwirtschaft, Fischerei und Verkehr) belief sich im Jahr 2005 auf 45 Mrd Euro. Auf Deutschland entfielen mit 15 Mrd Euro etwa ein Drittel der Beihilfen in der EU. Gemessen am BIP [Bruttoinlandsprodukt] beträgt der Anteil der Beihilfen in

---

[1] Gemäß § 12 II und III StabG „legt die Bundesregierung dem Bundestag und dem Bundesrat zusammen mit dem Entwurf des Bundeshaushaltsplan alle zwei Jahre eine zahlenmäßig Übersicht vor", aus der die geleisteten Beihilfen hervorgehen. Der 21. Subventionsbericht über die Entwicklung der Finanzhilfen und Steuervergünstigungen in den Jahren 2005 bis 2008 ist abgelegt auf der Website des BMF http://www.bundesfinanzministerium.de/nn_4312/DE/Wirtschaft__und__Verwaltung/Fin anz__und__Wirtschaftspolitik/Finanzpolitik/Subventionspolitik/node.html?__nnn=true (20.06.2008).

Deutschland 0,68 Prozent und liegt somit weit über dem EU-Durchschnitt von 0,42 Prozent."[2]

2. Komplexität des Beihilfenrechts
Das Beihilfenrecht ist unübersichtlich, da sie das gesamte wirtschaftliche Leben erfassen, da sie auf verschiedenen politischen Ebenen und in vielen verschiedenen Rechtsformen vergeben werden – im Einzelnen:

➢ Es gibt **viele Arten von Beihilfen** (direkte Zuwendungen, verlorene Zuschüsse, Darlehen, Bürgschaften, Steuervergünstigungen, etc) und **verschiedene rechtliche Formen ihrer Gewährung** (Spezialgesetze, Haushaltsplangesetze, Realakt, Verwaltungsakt, Verwaltungsvertrag, Kombinationen).
➢ Beihilfen werden **in den unterschiedlichsten Wirtschaftsbereichen** (strukturschwache Regionen, Agrarbereich, Industrie, Daseinsvorsorgeeinrichtungen, Forschung, usw) mit jeweils verschiedenen Zielen vergeben.
➢ Unübersichtlich ist auch die **Vielzahl an Stellen, die Beihilfen vergeben**. Abgesehen von den internationalen Organisationen sind dies die Europäische Gemeinschaft, die Mitgliedstaaten sowie die untergeordneten politischen Einheiten in föderalen Systemen (Länder, Gebietskörperschaften).
➢ Die **Rechtsverhältnisse** sind **mehrpolig**: Außer den beihilfengewährenden und -empfangenden Stellen sind häufig Banken einbezogen. Betroffen sind zudem auch die nicht begünstigten Wettbewerber (sei es in derselben Branche oder in mittelbar berührten Sektoren) sowie die Regionen und die Mitglieds- und Drittstaaten, in denen die Unternehmen ihren Sitz haben.

II. Nutzen und Schaden von staatlichen Beihilfen

Politische Entscheidungsträger neigen eher zu einer großzügigen, denn zu einer sparsamen Finanzwirtschaft (vgl Kapitel § 7.B und C.V). „In die Tagesschau kommt ein Politiker, wenn er eine staatlich subventionierte Montagehalle einweiht, nicht aber, wenn er eine Montagehalle, die, weil nicht subventioniert, auch nicht gebaut worden ist, nicht einweiht."[3]

Ebenso scheinen viele Wähler stets für die Rettung eines Unternehmens und damit für den Erhalt von Arbeitsplätzen zu sein. Ein Vergleich zu der potentiellen Zahl an Arbeitsplätzen, die entstehen würden, falls ein Unternehmen nicht gerettet würde, wird dabei selten angestellt.

Ein prominentes *Beispiel* verfehlter Subventionspolitik ist die EU-Zuckermarktordnung. Sie wird zu Recht von der Europäischen Kommission selbst kritisiert: Im Durchschnitt der Jahre 1996-98 hat die EU aus Entwicklungsländern

---

[2] 21. Subventionsbericht, Rn 115. Bei Statistiken zu staatlichen Beihilfen gilt dass man nur den Statistiken glauben sollte, die man selbst gefälscht habe. Denn den statistischen Untersuchungen staatlicher und privater Einrichtungen liegen jeweils unterschiedliche Begriffe der „Subvention" bzw „Beihilfe" zugrunde, Bultmann, Beihilfenrecht und Vergaberecht, 2004, 5 f. Das wird auch in Anlage 7 zum 21. Subventionsbericht näher erläutert.
[3] Guy Kirsch, Vorwärts zum geordneten Rückzug, FAZ v 21.10.2001, 15.

als Entwicklungshilfe 216.000 t Zucker eingeführt. Gleichzeitig subventionierte sie dorthin den Export von 492.000 t Zucker aus der EU. Diese könnten kostendeckend nur zu Preisen veräußert werden, die weit über dem Weltmarktpreis liegen.[4] Ein drastisches *Beispiel* sind auch die Beihilfen für den Steinkohlebergbau. Allein die Beihilfen für eine Tonne übersteigen den Weltmarktpreis für eine Tonne um ein Vielfaches.[5]

Diese Missstände sind den Verantwortlichen zumeist bekannt. Abhilfe erfolgt in der Regel gleichwohl zögerlich, da sich die Verantwortlichen in einem Verhaltensdilemma befinden: Mit dem Abbau von Beihilfen geht zumeist der Verlust von Arbeitsplätzen einher. Der Abbau von Beihilfen birgt also häufig sozialpolitischen Sprengstoff, dem politisch vorzugsweise aus dem Weg gegangen wird.

Beihilfen stärken die Stellung der begünstigten Unternehmen oder Regionen im Wettbewerb. Sie schaffen daher Anreize, sich in der beihilfengewährenden Körperschaft niederzulassen. Tatsächlich erfolgt der Standortwettbewerb unter den EU-Mitgliedstaaten und den Bundesländern gegenwärtig unter anderem durch die Vergabe von Beihilfen. Auch soweit Steuersenkungen angestrebt werden, bewegen sie sich zum großen Teil in diesem Denkmuster. Denn die Steuersenkungen erfolgen selten allgemein, sondern zumeist nur für Kreise von Wirtschaftsakteuren oder für bestimmte Tätigkeiten.

Beispiele: Steuervergünstigungen für kleine und mittlere Unternehmen (sogenannte KMU) oder für Landwirte oder für bestimmte Investitionen. In dieser Beihilfenpolitik liegt eine erhebliche Ursache für die übermäßige Verschuldung der öffentlichen Haushalte. Weitere Folgen sind zu bedenken:

Ein **Standortwettbewerb**, der durch Beihilfen ausgetragen wird, versetzt die politischen Entscheidungsträger in ein kollektiv schädliches soziales Dilemma: Sie erkennen unter Umständen die wettbewerbsverzerrenden, schädlichen Folgen von Beihilfen. Gleichwohl ist es aus ihrer individuellen Sicht nicht rational, die Beihilfen zu stoppen. Denn solange die anderen Länder und Staaten ihre Wirtschaft subventionieren, ginge ein Beihilfenstopp im Zweifel zu den eigenen Lasten. Solange sich also niemand darauf verlassen kann, dass die anderen ihre Beihilfen einstellen, besteht im Gegenteil ein Anreiz, die Beihilfen zu steigern. Dadurch ließe sich zumindest kurzfristig ein Standortvorteil erzielen. Die Folge dieses Dilemmas ist eine aufsteigende **Beihilfenspirale**. – Weitere Probleme sind die Folge:

Die Einzelnen kommen gern in den Genuss von Beihilfen, und zwar vor allem, wenn sie wissen, dass ihre Konkurrenten bereits Beihilfen bekommen haben. Der Anreiz der Beihilfenbegünstigung verleitet etliche zum **Subventionsbetrug** – obgleich dieser gemäß § 264 Strafgesetzbuch strafbar ist (vgl dazu das Gesetz gegen missbräuchliche Inanspruchnahme von Subventionen, Subventionsgesetz, von 1976).

Angesichts der Unübersichtlichkeit der Beihilfengewährung ist Subventionsbetrug relativ leicht zu bewerkstelligen und schwer aufzudecken. *Beispiele:* Bei den Subventionen für Rindfleischexport wird zwischen sechs verschiedenen Bestim-

---

[4] FAZ v. 12.12.2000, 17.
[5] Hans H Stein, Subventionen – Das süße Gift schwächt den Wettbewerb, Das Parlament v 8./15.08.1997, 15.

mungsregionen und noch mehr Produktkategorien entschieden. Es ist kein Wunder, dass Karussellgeschäfte und Falschdeklarationen stattfinden. Etliche Fördergelder versickern in der Subventionsbürokratie, weil Anträge falsch ausgefüllt werden, Bescheide fehlerhaft sind und keine Kontrollen stattfinden.

Hierfür trägt die Europäische Kommission nur indirekt die Verantwortung. Vier Fünftel des EU-Haushaltes von ca 100 Mrd Euro im Jahr 2000 wurden direkt von den Mitgliedstaaten ausgegeben. Zwischen 1985 und 1989 meldeten die Mitgliedstaaten Unregelmäßigkeiten von ca einer halben Milliarde Euro.[6]

Fehlsteuerungen beruhen aber nicht zwingend auf Betrug. Das zeigt das Beispiel der Inder, die begannen Kobras zu züchten, als die englischen Kolonialbesatzer Prämien für erschlagene Kobras zahlten, um die Kobras auszurotten (vgl Kapitel § 1.B.VII).

Ein weiteres Problem sind **Fehler in der Verwaltung**. Die Jahresberichte des Europäischen Rechnungshofes und der nationalen Rechnungshöfe melden beständig Unregelmäßigkeiten bei der Gewährung von Beihilfen, die zu milliardenschweren Schäden führen. So sollen die Europäische Kommission und die Mitgliedstaaten 1999 mindestens 5 Mrd Euro ohne ordnungsgemäße Belege und Kontrollen aus dem EU-Haushalt vergeben haben.[7]

Beispiel: Der EU-Rechnungshof rügte die Gewährung von Subventionen für Olivenöl. Unabhängig von der Produktion – die zudem Überschüsse produziert – erhalten rund 2,2 Mio Bauern Subventionen ohne zuverlässiges Verwaltungs- und Kontrollsystem. Eine Ölkartei wird nur in Italien geführt. Gleichzeitig werden illegal gezahlte Beihilfen nur unvollständig und schleppend zurückgefordert (Ausstand von 429 Mio Euro).[8]

Über den unmittelbaren Verstoß gegen eindeutige Beihilfenvorschriften hinaus wird in einigen Fällen die Gewährung von Beihilfen als solche als Schaden angesehen. Das ist immer dann der Fall, wenn die negativen wirtschaftlichen Auswirkungen von Beihilfen die positiven Effekte überwiegen.

Beihilfen bringen die **Gefahr von Wettbewerbsverzerrungen**, denn der Staat beeinflusst durch seine Wirtschaftslenkung die Marktpreise. *Beispiel:* Die EU-Regelungen für den Zuckermarkt kosten die Steuerzahler jährlich bis zu 6,5 Mrd Euro: Die Preisstützungen und die Exportsubventionen verhindern einen unverfälschten Wettbewerb; durch die künstliche Ausweitung der Zuckerproduktion wird die Umwelt belastet.[9]

Andererseits können Beihilfen ein **effizientes Instrument zur Erfüllung öffentlicher Aufgaben** sein. Insofern ist anzuknüpfen an die Ausführungen zu öffentlichen Abgaben als Steuerungsinstrument (Kapitel § 7.A.III). Wenn potentielle Steuerbelastungen Anreize für bestimmte Verhaltensweisen schaffen können, gilt das auch für Beihilfen.

Positive Anreize für bestimmte Verhaltensweisen sind ein effizientes Steuerungsmittel, weil auf eine freiwillige Normbefolgung der Adressaten gehofft wer-

---

[6] Helmut Bünder, Ein EU-Staatsanwalt kommt zu früh, FAZ v 08.09.2000, 13.
[7] FAZ v 16.11.2000, 17.
[8] FAZ v 26.07.2000, 18.
[9] Sonderbericht des Europäischen Rechnungshofes, FAZ v 23.10.2000, 17.

den kann. Derartige Regelungen entsprechen zudem dem konsensethischen Konzept der Zustimmungsfähigkeit. Danach sollen gesellschaftlich nützliche Handlungen die Folge von eigennutzorientierten Handlungen sein (Kapitel § 1.C.V, § 11.C.II). Anstatt negative Anreize durch Steuerbelastungen zu schaffen, können positive Anreize durch Beihilfen gesetzt werden.

B. Beihilfenrecht

Es folgen eine Einführung in das Beihilfenrecht (I), Ausführungen zur Gewährung von Beihilfen (II), zur Beihilfenkontrolle (III), zur Rückforderung von illegalen Beihilfen (IV) und zum Rechtsschutz in Beihilfensachen (V).

I. Beihilfenrecht als Wirtschaftslenkungsrecht

Ein Ausbrechen aus dem sozialen Dilemma der Beihilfenspirale kann nur durch verbindliche Regeln erfolgen, die Beihilfen generell einschränken. Diese Notwendigkeit wurde bei der Schaffung eines europäischen Binnenmarktes von Beginn an gesehen. Die Art 107 bis 109 AEUV (ex-Art 87 bis 89 EG) beschränken daher die Beihilfengewährung durch die Mitgliedstaaten.

Diese Art 107 ff AEUV werden durch eine große Zahl an Verordnungen, Richtlinien, Rahmenvorschriften und Entscheidungen der Europäischen Kommission ergänzt. Denn der Europäischen Kommission obliegt als unabhängiger Einrichtung die Beihilfenkontrolle.[10] Die Europäische Kommission wird ihrerseits durch die Europäischen Gerichte kontrolliert.

Primärer Sinn und Zweck der gemeinschaftsrechtlichen Beihilfenregelungen ist die Schaffung eines einheitlichen Binnenmarktes und eines unverfälschten Wettbewerbs im Binnenmarkt, Art 3 EUV (ex-Art 2 EG) Art 3 AEUV (ex-Art 3 I c, g EG) Art 119 AEUV (ex-Art 4 I, II EG).

Das Beihilfenrecht wandelte sich in den letzten Jahren dynamisch. Zwar befinden sich die Art 107 ff AEUV (ex-Art 87 ff EG) bereits sei 1957 im EU-Vertrag. Das Beihilfenrecht findet aber erst seit Mitte der neunziger Jahre verstärkte Beachtung. Das Gros der europäischen Beihilferegeln wurde erst seit 1995 erlassen, und wandelt sich das Beihilfenrecht mit spürbarer Dynamik.[11]

---

[10] Die Website der Europäischen Kommission, Generaldirektion Wettbewerb ist ein wesentliches Informationsmedium für jeden der sich mit dem Beihilfenrecht beschäftigt. Hier sind alle Rechtsvorschriften, Mitteilungen, Entscheidungen und Leitlinien abgelegt: http://ec.europa.eu/comm/competition/state_aid/overview/index_en.cfm (30.06.2008).
[11] Vgl Europäische Kommission (Hg), Wettbewerbsrecht in den Europäischen Gemeinschaften, Bd II A, Wettbewerbsregeln für staatliche Beihilfen, 1998, und die Übersicht bei Wolfgang Mederer, Staatliche Beihilfen, in: von der Groeben / Schwarze (Hg), Kommentar zum EU/EG-Vertrag, Bd 2/II, Art 88-102 EG, 6. A 2003, Rn 44 ff.

Einen besonderen Schub bekam die Entwicklung 1998 durch den Erlass der sogenannten „Ermächtigungsverordnung" Nr. 994/98 des Rates[12]. Diese ermächtigt die Kommission, unter Beteiligung des Beratenden Ausschusses in Beihilfesachen für bestimmte Bereiche sogenannte Gruppenfreistellungsverordnungen zu erlassen. Diese stellen, der Name sagt es, erklären bestimmte Arten von Beihilfen für europarechtskonform.[13]

Einen weiteren wichtigen Schritt zur Transparenz und Rechtssicherheit im Beihilfenrecht ging der Rat mit dem Erlass der Verfahrensverordnung in Beihilfesachen VO Nr 659/99[14]. Diese fasst die bisherige Praxis der Kommission und des EuGH zusammen. Sie wurde zwischenzeitlich mehrfach geändert und ergänzt.[15]

Das EU-Beihilfenrecht überlagert das nationale Subventionsrecht. Das Beihilfenrecht ist daher ein gutes Beispiel für die Europäisierung der nationalen Rechtsordnungen. Bevor einige Einzelheiten des EU-Beihilfenrechts vermittelt werden, wird die nationale Gewährung von Beihilfen behandelt.

II. Beihilfengewährung

Es gibt verschieden Arten von Beihilfen (a), die rechtliche auf unterschiedliche Art und Weise vergeben werden (b). Auf welcher Rechtsgrundlage werden Subventionen vergeben (c)? Wann besteht ein Anspruch auf Förderung (d)?

a) Fünf Arten von Beihilfen

1. **Zuwendungen**, und zwar ex-ante als sogenannte **verlorene Zuschüsse** oder ex-post als **Prämien**. Zuwendungen sind Geldleistungen, die ohne Gegenleistung als eine Art Belohnung gezahlt werden. *Beispiel:* Der Staat erleichtert die Gründung eines Betriebes (zB Meistergründungsprämie), oder die Aufnahme von Krediten, indem er die Zinszahlungen bezuschusst.[16]
2. Eine andere Form von Beihilfen ist die Erleichterung der Kreditaufnahme. Der Staat vergibt in bestimmten Fällen **Darlehen**. Diese sind Beihilfen, sofern deren Zinssätze unterhalb des Marktzinses liegen oder wenn die Rückzahlungsbedingungen günstiger sind als auf dem Kapitalmarkt. Dabei erfolgt die Auszahlung der Darlehen zumeist über öffentlich-rechtliche Kreditinstitute. Die Verwaltung kann die Darlehenssumme aber auch direkt aus ihrem Haushalt ausschütten.

---

[12] Vom 07.05.1998 über die Anwendung der Artikel 92 und 93 (neu: Art 87, 88 EG) des Vertrages zur Gründung der Europäischen Gemeinschaft auf bestimmte Gruppen horizontaler Beihilfen, ABl 1998 L 142, 1.
[13] Vgl http://ec.europa.eu/comm/competition/state_aid/legislation/block.cfm (30.06.2008).
[14] Vom 22.03.1999 über besondere Vorschriften für die Anwendung von Artikel 93 des EG-Vertrages, ABl 1999 L 83, 1.
[15] Vgl http://ec.europa.eu/comm/competition/state_aid/legislation/rules.cfm (30.06.2008).
[16] Problematisch ist, ob auch bloße Zinsgarantien Beihilfen darstellen. Bei diesen garantiert der Staat – zumeist über die Kreditanstalt für Wiederaufbau – den Hausbanken, die Übernahme der Darlehenszinsen, falls der Kreditnehmer insolvent wird.

3. Der Staat kann den Hausbanken die Vergabe eines Darlehens wirtschaftlich erleichtern, indem er eine **Bürgschaft** übernimmt für den Fall, dass der Kreditnehmer insolvent wird. Eine staatliche Bürgschaft wird typischerweise dann gewährt, wenn ein Unternehmen auf einen Kredit angewiesen ist, den Hausbanken eine Kreditvergabe aber zu riskant ist. Mitunter sind die Banken erst durch die staatliche Bürgschaft bereit zur Kreditvergabe.
4. Eine besondere Form der Beihilfengewährung ist die sogenannte **Realförderung**. *Beispiel:* Der Staat veräußert, vermietet oder verpachtet zu günstigeren Konditionen als der Markt. Einer Realförderung durch Vergabe von öffentlichen Aufträgen sind durch das Vergaberecht Grenzen gesetzt (Kapitel § 15).
5. **Steuerbefreiungen und -vergünstigungen.** Diese sind sehr zahlreich. Sie sind auch sehr unübersichtlich und daher fragwürdig.
Beispiele: Bestimmte Unternehmen sind von der Ökosteuer befreit. Steuerlich gefördert werden des Weiteren konjunkturanheizende Investitionen oder gemeinnützige und kulturellen Einrichtungen, wie etwa Kirchen, Wohlfahrtsverbände, Privatschulen oder gemeinnützige Krankenhäuser.

b) Fünf Rechtsformen der Gewährung von Beihilfen

1. Zuwendungen werden **durch VA** gewährt und, falls sich ihre Rechtswidrigkeit herausstellen sollte, auch durch VA zurückgefordert, §§ 48 ff VwVfG. Unerheblich ist rechtlich, ob die Auszahlung letztlich durch die Verwaltung oder durch ein Kreditinstitut erfolgt. Solange die zwischengeschaltete Bank keinen eigenen Entscheidungsspielraum hat, ist allein der zugrundeliegende VA rechtlich erheblich.[17]
2. Die Vergabe von **Subventionsdarlehen** ist ein Problemkind der Rechtswissenschaft. Das Problem besteht darin, dass einerseits die Vergabe des Darlehens hoheitlich erfolgt, also durch einen VA oder in einem Verwaltungsvertrag; andererseits der Darlehensvertrag als solcher aber unter das Zivilrecht fällt.
Die Lösung bestand lange darin, von einer Darlehensvergabe in **zwei Stufen** (**Zweistufenlehre**) auszugehen: **1.** hoheitliche Entscheidung gegenüber dem Begünstigten und der Bank und **2.** zivilrechtlicher Darlehensvertrag zwischen dem Begünstigten und der Bank.
Diese Lösung zerreißt aber einen wirtschaftlich einheitlichen Vorgang in zwei Teile. Das ist besonders problematisch, weil die erste Stufe im Streitfall vor den Verwaltungsgerichten zu verhandeln wäre, die zweite Stufe aber vor den Zivilgerichten.
Daher wird davon ausgegangen, es handele sich grundsätzlich – wie bei den Zuwendungen – um eine **einheitliche Rechtsgestaltung**. Danach liegt dem Darlehensverhältnis entweder ein VA oder ein Verwaltungsvertrag zugrunde.[18]
Diese zwei Rechtsbeziehungen erfolgen zumeist in einem **Dreiecksverhältnis**: Der Staat erklärt per VA oder Verwaltungsvertrag gegenüber dem Be-

---

[17] BGH, NVwZ 1985, 518; BVerwG, NJW 1969, 809.
[18] Vgl etwa BVerwGE 35, 170.

günstigten die Bereitschaft, Beihilfen zu vergeben. Gleichzeitig weist der Staat ein Kreditinstitut, zB die Kreditanstalt für Wiederaufbau, an, das Darlehen zu den Konditionen auszuzahlen, die in der Beihilfengewährung genannt sind. Es kommt dann, drittens, ein Darlehensvertrag zwischen der Bank und dem Begünstigten zustande.

3. Auch staatliche Bürgschaften erfolgen im Dreiecksverhältnis: Zunächst wird das Darlehen oder die Bürgschaft hoheitlich gegenüber dem Begünstigten per **VA** oder per **Verwaltungsvertrag** bewilligt. Anschließend wird ein **privatrechtlicher Vertrag** zwischen der Hausbank und dem Beihilfenbegünstigten, jetzt Darlehensnehmer, abgeschlossen. In diesem Vertrag werden die Vorgaben des VA umgesetzt und gegebenenfalls weitere Bestimmungen getroffen. Gleichzeitig – drittes Rechtsverhältnis – verbürgt sich der Staat gegenüber der Bank, §§ 765 ff BGB.

Für diese Fälle wird überwiegend die Zweistufenlehre zugrunde gelegt. Streitfragen zum Bürgschaftsvertrag entscheiden grundsätzlich die Zivilgerichte. Das ist zum Beispiel ausdrücklich festgelegt in § 102 II Wohnungsbaugesetz.

4. Die Realförderung ist ein **faktisches Verwaltungshandeln**.
5. Steuervergünstigungen werden unmittelbar durch die **Steuer- und Abgabengesetze** gewährt.

c) Rechtsgrundlagen für die Gewährung von Beihilfen

Auf welcher Rechtsgrundlage werden nationale Beihilfen vergeben? Auf nationaler Ebene gewähren viele Rechtsnormen ausdrücklich Beihilfen. Außerdem vergibt die Exekutive teilweise Zuwendungen, Darlehen und Bürgschaften unmittelbar **aufgrund des Haushaltsplangesetzes**.

Dazu werden im Haushaltsplan **Haushaltstitel** geschaffen. Diese sehen für bestimmte Förderzwecke einen Betrag aus dem Haushalt vor. Die Titel bilden die Grundlage für die Veranschlagung von Zuwendungen, § 26 HGrG, § 44 BHO, oder für die „Übernahme von Bürgschaften, Garantien oder sonstigen Gewährleistungen", § 23 HGrG, § 39 BHO.

Soweit für Beihilfen eine ausdrückliche gesetzliche Ermächtigungen besteht, enthält diese die Voraussetzungen für die Gewährung der Zuwendung.

Wie aber kann die Verwaltung wissen, an wen welche Beihilfen zu vergeben sind, wenn sie aus dem Haushaltsplangesetz bloß ersehen kann, dass Beihilfen in bestimmter Höhe für bestimmte Zwecke vergeben werden dürfen?

Teilweise sind den Haushaltstiteln konkretisierende Erläuterungen beigefügt. Doch auch diese reichen selten hin, um die Beihilfengewährung zu steuern. Mangels gesetzlicher Vorgaben ist die Exekutive daher darauf verwiesen, Verwaltungsvorschriften als „Ordnungssurrogat"[19] (sog **Subventionsrichtlinien**) zu erlassen. Widerstrebt das nicht dem Vorbehalt des Gesetzes (vgl Kapitel § 4.B.III.2a)?

Laut Rechtsprechung gilt für die Gewährung von Beihilfen **grundsätzlich kein Gesetzesvorbehalt**. „Die erforderliche gesetzliche Legitimation für die Gewäh-

---

[19] Hans F Zacher, Verwaltung durch Subventionen, VVDStRL 25 (1967), 308, 312.

rung von Subventionen ist dann gegeben, wenn im Haushaltsplan als Bestandteil des förmlichen Haushaltsgesetzes entsprechende Mittel eingesetzt sind."[20].

Begründung: Für staatliche Eingriffe muss eine gesetzliche Grundlage vorliegen, weil sie das Mittel der parlamentarischen Kontrolle über die Verwaltung ist. Beihilfen sind für die individuell Betroffenen aber eine wünschenswerte Begünstigung, eine Erweiterung der Freiheit. Grundsätzlich reichen demnach Haushaltsplangesetz und Subventionsrichtlinien als Rechtsgrundlagen aus.

Zwar genießt der Staat im Bereich der Grundrechtsförderung einen weiten Handlungsspielraum. Wenn eine Subvention jedoch wesentlich in die grundrechtlichen Schutzbereiche von Konkurrenten eingreift, müssen die Modalitäten der Subventionsgewährung in einem formellen Gesetz geregelt werden.

Da die **Förderung von Wettbewerbern** jedoch nur faktisch in Schutzbereiche von Konkurrenten eingreifen kann, sind nur erhebliche Verschlechterung der Wettbewerbsposition des Konkurrenten als Eingriff zu qualifizieren (vgl Kapitel § 11.A.II.2).[21] *Beispiel:* Die Beihilfen sind so lenkungsintensiv, dass „durch staatliche Maßnahmen der Wettbewerb beeinflusst und die Ausübung einer beruflichen Tätigkeit dadurch behindert wird"[22].

Schwerwiegend ist eine Beeinträchtigung, wenn die Subvention sich **direkt gegen Nichtbegünstigte** richtet. *Beispiel:* Der Staat fördert einen Verein, der sich gegen die religiöse Osho-Bewegung richtet.[23]

d) Anspruch auf Beihilfen

Sofern die Verwaltung lediglich das Haushaltsplangesetz vollzieht, hat sie ein sehr **weites Ermessen**:

„Durch den Haushaltsplan werden Ansprüche oder Verbindlichkeiten weder begründet noch aufgehoben", § 3 II HGrG, § 3 II BHO. Niemand hat einen Anspruch auf finanzielle Zuwendungen nur weil im Haushaltsplangesetz ein Titel vorgesehen ist.[24] Ein Anspruch auf Beihilfen besteht nur, wenn das Ermessen bei der Anwendung des Beihilfentatbestände im Einzelfall „auf Null reduziert" ist (vgl Kapitel § 11.E.II.2).

Hebel für eine solche Ermessensreduzierung auf Null sind regelmäßig die **Verwaltungsvorschriften**, in denen die Vergabe von Fördermitteln konkretisiert wird. Derartige Verwaltungsvorschriften sind allgemeine Weisungen der Behördenleiter zur Ausübung des Ermessens in der betreffenden Behörde. *Beispiel:* Der Haushaltsplan sieht eine Förderung alternativer Energiegewinnung vor. Der zuständige Verwaltungsleiter konkretisiert die Förderung nach pflichtgemäßem Ermessen dahin, dass nur Windenergieräder in einer Höhe von 25 Meter zu fördern sind. Diese Verwaltungsvorschriften binden alle Verwaltungsangestellten und -beamten.

Diese Bindung hat in rechtlicher Hinsicht *zwei Auswirkungen*:

---

[20] VGH Mannheim, NVwZ 2001, 1428, BVerwGE 58, 45, 48.
[21] Vgl BVerwGE 65, 167, 173 f; 60, 154, 160; 30, 191, 198 f.
[22] BVerfGE 86, 28, 37.
[23] BVerwGE 90, 112, 126 f; BVerwGE 75, 109, 117.
[24] BVerfGE 38, 121, 125; 1, 299, 307.

(1) Erstens. Die **Beachtung der Verwaltungsvorschriften ist eine Amtspflicht** der Verwaltungsangestellten und -beamten. Die Zuteilung von Beihilfen ist eine hoheitliche Tätigkeit. Der Verstoß gegen die Verwaltungsvorschriften kann also einen Amtshaftungsanspruch gemäß Art 34 GG in Verbindung mit § 839 BGB begründen (vgl Kapitel § 10.G.3). *Beispiel:* Ein Beamter übersieht fahrlässig – und damit schuldhaft – dass einem Antragsteller eine finanzielle Zuwendung rechtlich zusteht. Er verletzt damit erkennbar eine drittschützende Amtspflicht. Als der Fehler entdeckt wird, sind keine Mittel mehr vorhanden. Der Antragsteller hat nun grundsätzlich einen Anspruch auf Zuteilung der Beihilfen gegen die Körperschaft, in deren Dienst der Beamte steht.

(2) Zweitens. Alles rechtmäßige Handeln einer Verwaltungsstelle unterliegt der Bindung des Gleichheitssatzes, Art 1 III, 3 I GG. Wenn die Verwaltung also in einem Fall x eine Begünstigung ausspricht, so muss sie diese Begünstigung auch in einem Fall y aussprechen, wenn und soweit x und y in den wesentlichen Merkmalen übereinstimmen.

Die **Verwaltungsvorschriften** zeigen an, wie die Verwaltung sich verhalten will und verhält (sog **antizipiertes Verwaltungshandeln**). Daher bilden sie **in Verbindung mit Art 3 I GG** die Grundlage für subjektive öffentliche Rechte auf gleiche Begünstigungen (sog **Selbstbindung der Verwaltung**, vgl Kapitel § 1.B.II.4d, § 8.C.IIIa).

Beispiel: Unternehmer U will 25 Meter hohe Windenergieräder aufstellen. Er hat grundsätzlich einen Anspruch auf Förderung, wenn Unternehmer V für das gleiche Vorhaben bereits eine Zuwendung erhielt. Derartige Ansprüche aus dem Gleichheitssatz in Verbindung mit der Verwaltungspraxis stehen aber unter dem Vorbehalt des Möglichen. Ein Anspruch besteht also nicht, wenn keine Mittel mehr verfügbar sind.

III. Beihilfenkontrolle

Die Beihilfenkontrolle des AEUV-Vertrages erschließt sich in drei Schritten: (a) Beihilfenbegriff und grundsätzliches Beihilfenverbot, (b) Ausnahmen und (c) Verfahren.

a) Begriff und grundsätzliches Verbot der Beihilfen
Gemäß Art 107 I AEUV (ex-Art 87 I EG) sind staatliche Beihilfen grundsätzlich mit dem Gemeinsamen Markt unvereinbar.

> Art 107 I AEUV (ex-Art 87 I EG) [**Begriff und Unzulässigkeit von Beihilfen**]
> Soweit in diesem Vertrag nicht etwas anderes bestimmt ist, sind staatliche oder aus staatlichen Mitteln gewährte Beihilfen gleich welcher Art, die durch die Begünstigung bestimmter Unternehmen oder Produktionszweige den Wettbewerb verfälschen oder zu verfälschen drohen, mit dem Gemeinsamen Markt unvereinbar, soweit sie den Handel zwischen Mitgliedstaaten beeinträchtigen.

Beihilfen liegen also unter vier Voraussetzungen vor:

1. **Transfer „staatlicher Mittel".** Die Begünstigungen müssen aus staatlichen Mitteln stammen (Haushalte von juristischen Personen des öffentlichen Rechts oder, Mittel öffentlicher Banken oder öffentlicher Unternehmen). Unerheblich ist, ob der Staat selbst die Mittel gewährt oder ob er Dritte, etwa eine Privatbank damit beauftragt.
2. **Wirtschaftlicher Vorteil,** „Begünstigung", geldwerter Vorteil ohne angemessene Gegenleistung. Die Beihilfe muß einen wirtschaftlichen Vorteil darstellen, den das Unternehmen im Rahmen seiner üblichen Geschäftstätigkeit nicht hätte. Problematisch sind Grenzfälle, etwa wenn staatliches Eigentum unter dem Marktpreis genutzt, vermietet, verpachtet oder verkauft wird. Testfrage ist, ob ein Privatinvestor genauso handeln würde wie die beihilfengewährende Stelle (sog **market economy investor-Test**).
3. **Selektiver Charakter.** Staatliche Beihilfen müssen „bestimmten Unternehmen" zugute kommen. Darin liegt ihre Gefahr, denn die Selektivität beeinträchtigt möglicherweise den unverzerrten Wettbewerb im Verhältnis zu den Konkurrenten. Nicht selektiv sind Maßnahmen, die allgemein und unterschiedslos für sämtliche Unternehmen in allen Wirtschaftszweigen bestimmt sind. *Beispiel:* die meisten staatlichen Steuermaßnahmen, es sei denn sie gelten nur für bestimmte Regionen oder Wirtschaftssektoren. Für die Selektivität spricht es, wenn die Beihilfengewährung einem Ermessen der gewährenden Stellen unterliegt.
4. **Wirkung auf den Wettbewerb und den Handel.** Staatliche Beihilfen müssen geeignet sein, sich auf den Wettbewerb und den Handel zwischen Mitgliedstaaten auszuwirken. Es reicht der Nachweis, dass der Begünstigte einer Wirtschaftstätigkeit nachgeht für die ein grenzüberschreitender Handel zwischen Mitgliedstaaten besteht. Die Auswirkungen müssen „spürbar" sein. *Beispiel:* Das ist bei kleineren Beihilfenbeträgen nach Ansicht der Kommission nicht der Fall (sog **de minimis-Beihilfen** bis 100.000 Euro über 3 Jahre).

Im Ergebnis sind der Beihilfenbegriff und damit der Anwendungsbereich des EU-Beihilfenrechts sehr weit. Die Mitgliedstaaten einigten sich im AEUV-Vertrag aber nicht auf ein absolutes Beihilfenverbot. Es besteht daher die Möglichkeit, die positiven Steuerungseffekte von Beihilfen zu nutzen.

b) Freistellungen vom Beihilfeverbot

> Art 107 II AEUV (ex-Art 87 II EG) [**De jure vereinbare Beihilfen**]
> (2) Mit dem Gemeinsamen Markt vereinbar sind:
> a) Beihilfen sozialer Art an einzelne Verbraucher, wenn sie ohne Diskriminierung nach der Herkunft der Waren gewährt werden;
> b) Beihilfen zur Beseitigung von Schäden, die durch Naturkatastrophen oder sonstige außergewöhnliche Ereignisse entstanden sind; [...][25]

---

[25] Art 87 II c EG ist obsolet: EuG, T-132, 143/96 – VW Sachsen, EuZW 2000, 115.

> **Art 107 III (ex-Art 87 III EG) [Genehmigung von Beihilfen]**
> Als mit dem Gemeinsamen Markt vereinbar können angesehen werden:
> a) Beihilfen zur Förderung der wirtschaftlichen Entwicklung von Gebieten, in denen die Lebenshaltung außergewöhnlich niedrig ist oder eine erhebliche Unterbeschäftigung herrscht;
> b) Beihilfen zur Förderung wichtiger Vorhaben von gemeinsamem europäischem Interesse oder zur Behebung einer beträchtlichen Störung im Wirtschaftsleben eines Mitgliedstaats;
> c) Beihilfen zur Förderung der Entwicklung gewisser Wirtschaftszweige oder Wirtschaftsgebiete, soweit sie die Handelsbedingungen nicht in einer Weise verändern, die dem gemeinsamen Interesse zuwiderläuft;
> d) Beihilfen zur Förderung der Kultur und der Erhaltung des kulturellen Erbes, soweit sie die Handels- und Wettbewerbsbedingungen in der Gemeinschaft nicht in einem Maße beeinträchtigen, das dem gemeinsamen Interesse zuwiderläuft;
> e) sonstige Arten von Beihilfen, die der Rat durch eine Entscheidung mit qualifizierter Mehrheit auf Vorschlag der Kommission bestimmt.

Art 107 II, III AEUV (ex-Art 87 II, III EG) sind weitgehend aus sich verständlich. In der Rechtsanwendung sind sie problematisch, da sie viele unbestimmte Rechtsbegriffe enthalten. Entscheidungen über Genehmigung nach Art 87 III stehen im Ermessen der Kommission. – Einige Bemerkungen zu einzelnen Tatbeständen:

- **Regionalbeihilfen**. Art 107 III a, c AEUV (ex-Art 87 III a, c EG) bilden die Grundlage für die Genehmigung staatlicher Beihilfen, mit denen Regionalprobleme gelöst werden sollen. Art 87 III a betrifft Gebiete mit einem Pro-Kopf-Bruttosozialprodukt unter 75 % des Gemeinschaftsdurchschnitts.
- Art 107 III B (ex-Art 87 III b EG) ermöglicht Beihilfen zur **Förderung wichtiger Vorhaben** von europäischem Interesse. Ein *Beispiel* ist der Airbus.
- **Horizontale Beihilfen**, Art 107 III d AEUV (ex-Art 87 III d EG). Sektorübergreifende, „horizontale" Beihilfen sollen Probleme lösen, die sich in allen Wirtschaftszweigen und Regionen stellen können: Wettbewerbsprobleme kleiner oder mittlerer Unternehmen oder für Unternehmen in benachteiligten Stadtvierteln, Forschungsentwicklung, Umweltschutz, Insolvenzgefahr, Probleme der Ausbildung und Beschäftigung von Arbeitskräften.
- **Sektorale Beihilfen**, Art 107 III d AEUV (ex-Art 87 III d EG). „Sektorale" Beihilfenvorschriften gelten für einzelne wettbewerbssensible Wirtschaftszweige. *Beispiele:* Eisen- und Stahlindustrie, Kunstfasern, Kraftfahrzeuge, Schiffbau.

Für diese Sektoren hat die Kommission Vorschriften angenommen, die restriktiver sind als die Vorschriften für andere Wirtschaftszweige. In den meisten Fällen sind Investitionsbeihilfen, die zu einer Steigerung der Produktion führen, nur eng begrenzt oder gar nicht möglich. In einigen Fällen sind Beihilfen nur zulässig, wenn sie mit einem Kapazitätsabbau einhergehen. In fast allen Sektoren müssen die Mitgliedstaaten besonderen Anmeldungserfordernissen nachkommen (jeder Fall muß einzeln notifiziert werden).

Gemäß der genannten **Ermächtigungsverordnung Nr 994/98** wurden drei sogenannten **Gruppenfreistellungsverordnungen** erlassen: Verordnung (EG) der Kommission über die Anwendung der Art 87 ff EG (jetzt Art 107 ff AEUV) auf „De-minimis"-Beihilfen, auf Ausbildungsbeihilfen und auf staatliche Beihilfen an kleine und mittlere Unternehmen.[26]

Die Freistellungsmöglichkeiten bedingen, dass die Kommission staatliche Beihilfevorhaben prüft. Es handelt sich um präventive Verbote mit Erlaubnis- (Art 87 II) beziehungsweise Befreiungsvorbehalt (Art 87 III).

c) Beihilfenaufsicht durch die Europäische Kommission, Art 108 I AEUV (ex-Art 88 I EG): Notifizierung und Genehmigungsverfahren

> Art 108 AEUV (ex-Art 88 EG) [**Maßnahmen gegen unstatthafte Beihilfen**]
>
> (1) Die Kommission überprüft fortlaufend in Zusammenarbeit mit den Mitgliedstaaten die in diesen bestehenden Beihilferegelungen. Sie schlägt ihnen die zweckdienlichen Maßnahmen vor, welche die fortschreitende Entwicklung und das Funktionieren des Gemeinsamen Marktes erfordern [**fortlaufende Beihilfenkontrolle**].
>
> (2) Stellt die Kommission fest, nachdem sie den Beteiligten eine Frist zur Äußerung gesetzt hat, dass eine von einem Staat oder aus staatlichen Mitteln gewährte Beihilfe mit dem Gemeinsamen Markt nach Artikel 87 unvereinbar ist oder dass sie missbräuchlich angewandt wird, so entscheidet sie, dass der betreffende Staat sie binnen einer von ihr bestimmten Frist aufzuheben oder umzugestalten hat [**Rückforderung oder Umgestaltung bestehender Beihilfen**]. Kommt der betreffende Staat dieser Entscheidung innerhalb der festgesetzten Frist nicht nach, so kann die Kommission oder jeder betroffene Staat in Abweichung von den Artikeln 226 und 227 den Gerichtshof unmittelbar anrufen. [...]
>
> (3) Die Kommission wird von jeder beabsichtigten Einführung oder Umgestaltung von Beihilfen so rechtzeitig unterrichtet [sog **Notifizierung beabsichtigter Beihilfen**], dass sie sich dazu äußern kann. Ist sie der Auffassung, dass ein derartiges Vorhaben nach Artikel 87 mit dem Gemeinsamen Markt unvereinbar ist, so leitet sie unverzüglich das in Absatz 2 vorgesehene Verfahren ein. Der betreffende Mitgliedstaat darf die beabsichtigte Maßnahme nicht durchführen, bevor die Kommission eine abschließende Entscheidung [sog **Genehmigung**] erlassen hat.

Die Kontrolle der staatlichen Beihilfen durch die Gemeinschaft beruht auf einer Pflicht der vorherigen Anzeige (sog **Notifizierung**) und Genehmigung.

Eine Notifizierung wird in der Regel über die Ständige Vertretung des betreffenden Mitgliedstaats an das Generalsekretariat der Kommission geschickt.

---

[26] Nachweise unter http://ec.europa.eu/comm/competition/state_aid/legislation/block.cfm (30.06.2008). Die Kommission hat im Juni 2005 einen „Aktionsplan Staatliche Beihilfen" verabschiedet. Seitdem wird das Beihilfenrecht beständig geändert.

Normalerweise stehen der Kommission zwei Monate zu, um das Beihilfevorhaben zu untersuchen. Die Untersuchung wird in den meisten Fällen durch eine „Entscheidung, keine Einwände zu erheben" oder durch eine „Entscheidung, das Verfahren nach Artikel 107 II AEUV einzuleiten".

In diesem Fall prüft die Kommission, ob die Voraussetzungen der Erlaubnis gegeben sind. In Zweifelsfällen eröffnet die Kommission das förmliche Verfahren nach Art 108 II AEUV (ex-Art 88 II EG). Sie veröffentlicht dazu eine Schilderung des Falles im Amtsblatt. Die Einzelheiten sind in der Verfahrensverordnung in Beihilfesachen VO Nr 659/99 geregelt.

IV. Rückforderung von illegalen Beihilfen

Das Gemeinschaftsrecht verlangt die Rückforderung von illegalen Beihilfen. Zurückzufordern sind selbst Beihilfen, die nur formell illegal sind, die bei ordnungsgemäßer Notifizierung also genehmigt worden wären.[27] Wie ist die Rückforderung von Beihilfen dogmatisch strukturiert? Das ist **abhängig von der Art und Weise in die die Beihilfen vergeben wurden**.

Die Gerichte beschäftigten wiederholt die häufigsten Fälle der einfachen Beihilfengewährung durch Verwaltungsakt, also insbesondere die Fälle der Zuwendungen, auf die sich auch die nachfolgende Darstellung beschränken soll.[28]

Soweit sich im EU-Recht keine Vorschriften für das Verwaltungsverfahren finden, ist das Gemeinschaftsrecht nach dem nationalen Verwaltungsverfahrensrecht zu vollziehen (vgl Kapitel § 10.F).

So ist auch die Rechtslage für rechtswidrig erteilte Beihilfen. Weder die genannte VO Nr 899/99 noch das übrige Gemeinschaftsrecht regeln, wie mit derartigen Beihilfen zu verfahren ist. Folglich müssen die Mitgliedstaaten nach ihrem jeweiligen Verwaltungsverfahrensrecht die Rückzahlung rechtswidriger Beihilfen besorgen. Inwiefern ist das problematisch?

Das Verwaltungsrecht ist in den Mitgliedstaaten jeweils unterschiedlich geregelt. Wenn die Rückabwicklung von rechtswidrigen Beihilfen etwa nach spanischem Recht gar nicht möglich wäre, könnte das EU-Beihilfenrecht in Spanien nur höchst unvollständig wirksam werden. Die Folge wäre, dass die Mitgliedstaaten über eine entsprechende Gestaltung und Handhabe ihres Verwaltungsrechts letztlich die EU-Beihilfenkontrolle aushebeln könnten.

Der EuGH hat demgegenüber insbesondere für das Beihilfenrecht den Anwendungsvorrang des Gemeinschaftsrechts betont. Wenn eine bestandskräftige Entscheidung der Kommission, die Rücknahme des Bewilligungsbescheides (= der Rechtsgrundlage für das Behaltendürfen der Beihilfen) und die Rückforderung des Verwaltungsaktes verlangt, gilt **der absolute Anwendungsvorrang des Gemeinschaftsrechts**:

---

[27] EuGH, C-354/90 – Féderation nationale du commerce extérieur, EuGHE 1991, 5505, Rn 16. Andernfalls könnte die Notifizierung umgangen werden.

[28] Zur Rückforderung von illegalen Beihilfen, die durch Vertrag gewährt worden waren, vgl Hildebrandt/Castillon, NVwZ 2006, 298.

„Die zuständige Behörde ist gemeinschaftsrechtlich verpflichtet, den Bewilligungsbescheid [...] selbst dann noch zurückzunehmen, wenn sie die nach nationalem Recht [...] bestehende Ausschlussfrist hat verstreichen lassen. [...oder...] wenn [...] die Rücknahme dem Begünstigten gegenüber als Verstoß gegen Treu und Glauben erscheint [...oder...] wenn dies nach nationalem Recht wegen Wegfalls der Bereicherung mangels Bösgläubigkeit des Beihilfeempfängers ausgeschlossen ist."[29] Stellt sich dann überhaupt noch die Frage, ob das nationale Verwaltungsrecht die Rückforderung von Beihilfen zulässt?

Nur bedingt: Die nationalen Vollzugsbehörden bleiben an das nationale Verwaltungsrecht gebunden, solange der Anwendungsvorrang nicht greift. Der Anwendungsvorrang greift nicht, solange eine gemeinschaftsrechtskonforme Auslegung des nationalen Rechts möglich ist.

Insofern ist es wichtig zu wissen, ob das Verwaltungsrecht eine Rückforderung zulässt. Wenn das nationale Verwaltungsrecht keine Rückforderung zulässt, sind die Beihilfen kraft Gemeinschaftsrechts gleichwohl zurückzufordern, und zwar unmittelbar aufgrund des bestandskräftigen Rückforderungsbescheides der Kommission.

Die Rechtslage nach deutschem Recht ist ein Lehrstück für die **gemeinschaftsrechtskonforme Auslegung**. Die Rücknahme von rechtswidrigen Verwaltungsakten ist geregelt in § 48 VwVfG (vgl Kapitel § 10.C.II.5). Angesichts der jahrelangen Rechtsstreitigkeiten könnte die Fristenregelung des § 48 IV VwVfG gegen das EU-Beihilfenrecht verstoßen:

> § 48 IV VwVfG [**Ausschlussfrist für die Rücknahme**]:
> Erhält die Behörde von Tatsachen Kenntnis, welche die Rücknahme eines rechtswidrigen Verwaltungsaktes rechtfertigen, so ist die Rücknahme nur innerhalb eines Jahres seit dem Zeitpunkt der Kenntnisnahme zulässig.

Eine erste Kenntnis über die Rechtswidrigkeit erhalten die Behörden spätestens mit der Rückforderungsentscheidung der Kommission. Sofern diese aber nicht unbestritten bleibt, hängt die Entscheidung mitunter jahrelang in der Schwebe bis eine unanfechtbare Gerichtsentscheidung vorliegt.

Ist die Rücknahme dann verfristet? Nein. § 48 IV ist gemeinschaftsrechtskonform dahin auszulegen, dass die Jahresfrist erst zu laufen beginnt, wenn die Rechtswidrigkeit der Beihilfen endgültig feststeht, also mit der Rechtskraft einer Gerichtsentscheidung. Notfalls kann die Rückforderung durch die Kommission gerichtlich erzwungen werden.

Der EuGH ist befugt, Zwangsvollstreckungsmaßnahmen anzuordnen. Die Einzelheiten der Rückforderung nach nationalem Recht regelt § 49 a VwVfG.

---

[29] EuGH, C-24/95 v 20.03.1997 – Alcan, NJW 1998, 47.

V. Rechtsschutz im Beihilfenrecht

Im Beihilfenrecht kann sich potentiell jeder unmittelbar oder mittelbar Betroffene veranlasst sehen, zu klagen: Jene, denen Beihilfen versagt wurden, die Konkurrenten von Begünstigten, die Mitgliedstaaten und potentiell Begünstigte gegen ablehnende Entscheidungen der Kommission, andere Mitgliedstaaten gegen die Genehmigung von Beihilfen in einem Mitgliedstaat, die Kommission gegen Mitgliedstaaten, die ihre Notifizierungs- oder Rückforderungspflichten verletzen.

1. Rechtsschutz des Begünstigten
besteht vor den nationalen Gerichten gegen die Rücknahme von bereits gewährten Beihilfen. Gegen belastende nationale Verwaltungsakte ist die Anfechtungsklage vor den Verwaltungsgerichten statthaft (Adressatenlehre). Gegen belastende Entscheidungen der Kommission ist grundsätzlich eine Klage zulässig, da eine unmittelbare und individuelle Betroffenheit vorliegt, Art 263 AEUV (ex-Art 230 IV Alt 2 EG).[30] Begründet ist eine Klage, wenn die rechtlichen Voraussetzungen für die Hoheitsentscheidung nicht gegeben sind.

2. Rechtsschutz des Konkurrenten
a) Gegen nationale Entscheidungen ist eine Verpflichtungsklage auf Gleichbehandlung (positive Konkurrentenklage) oder auf Rückforderung der Beihilfe an den Konkurrenten (negative Konkurrentenklage) statthaft. Die Klage vor den nationalen Gerichten folgt den allgemeinen Grundsätzen.

Klagebefugt ist der Dritte nur, wenn die betreffende Beihilfenvorschrift möglicherweise drittschützend ist, § 42 II VwGO. Ausnahmsweise kann bei schweren und unerträglichen Beeinträchtigungen eine Klagebefugnis unmittelbar aus Art 12 I GG abgeleitet werden.

Verpflichtungsansprüche können sich aus dem tatsächlichen oder aus einem durch Verwaltungsvorschriften antizipierten Verwaltungshandeln in Verbindung mit Art 3 I GG ergeben (sog Selbstbindung der Verwaltung, Ermessensreduzierung auf Null).

b) Gegen eine belastende Kommissionsentscheidung ist die Klage vor dem Europäischen Gericht Erster Instanz grundsätzlich nur zulässig, wenn die Kommissionsentscheidung konkret die Beihilfenzahlung auslöst und nicht erst ein weiterer nationaler Umsetzungsakt erforderlich ist, wie es etwa bei Steuervergünstigungen durch Gesetz der Fall wäre, Art 263 AEUV. Gefestigt ist die Rechtsprechung zu Konkurrentenklagen noch nicht.[31]

3. Rechtsschutz von Mitgliedstaaten
Mitgliedstaaten können gemäß Art 263 ff AEUV (ex-Art 230 ff EG) grundsätzlich klagen gegen beschwerende Kommissionsentscheidung in eigener Sache und gegen begünstigende Entscheidungen in fremder Sache. Außerdem können sie gegen

---

[30] Zuständig ist in erster Instanz das EuG, ABl 1993 Nr L 144, 21.
[31] Vgl Carten Nowak/Hanns Peter Nehl, Anmerkung zu EuG, T-86/96 – Arbeitsgemeinschaft Deutscher Luftfahrt-Unternehmen, EuZW 1999, 350.

eine illegale Beihilfenpraxis anderer Mitgliedstaaten klagen, Art 108 II 2, 259 AEUV (ex- Art 88 II 2, 227 EG). Sie sind privilegiert klagebefugt.
Wie ist es, wenn die Rückforderungspflicht ein Land trifft? Kann es dann selbst klagen? Da Länder nicht privilegiert klagen können, müsste das Land eine individuelle und unmittelbare Betroffenheit darlegen. Das ist unproblematisch, wenn das Land selbst Adressat der Entscheidung ist. Sofern die Entscheidung an den Mitgliedstaat gerichtet ist, ergibt sich die Klagebefugnis aus der innerstaatlichen Pflicht, die Entscheidung zu vollziehen, und aus der Pflicht zur Gemeinschaftstreue aus Art 4 III EUV (ex-Art 10 EG).[32]

C. Zusammenfassung

I. Wichtigste Lehre

Beihilfen sind ein zwiespältiges Instrument der Wirtschaftslenkung. Sie können einerseits Mittel öffentlicher Zweckverwirklichung sein. Andererseits besteht die Gefahr der Wettbewerbsverzerrung. Ein nationales Beihilfenkontrollrecht bestand und besteht nicht (im wesentlichen Haushaltsrecht).

Erst das Ziel eines freien Wettbewerbs im Binnenmarkt verlangte nach einer Beihilfenkontrolle, um den Standortwettbewerb zwischen den Mitgliedstaaten einzuschränken. Dementsprechend begründet das Europarecht eine Kontrolle staatlicher Beihilfen durch die Europäische Kommission (Art 107 bis 109 AEUV, ex-Art 87 bis 89 EG).

Trotz des grundsätzlichen Verbots in Art 107 I AEUV (ex-Art 87 I EG) übersteigt das Beihilfenvolumen in der EU 90 Mrd Euro.

II. Wichtige Stichworte

- Nutzen und Gefahren von Beihilfen als Instrument der Wirtschaftslenkung
- fünf Arten von Beihilfen und fünf Formen ihrer Gewährung
- Art 107 I AEUV (ex-Art 87 I EG): Beihilfenbegriff, Beihilfenverbot, Ausnahmen der Art 107 II, III AEUV (ex-Art 87 II, III)
- Beihilfenkontrolle, Notifizierung und Genehmigung: Art 108 AEUV (ex-Art 88 EG)
- Vertrauensschutz nachrangig zu Art 107, 108 AEUV (ex-Art 87, 88 EG) bei Rückabwicklungern
- Konkurrentenschutz nach allgemeinen Grundsätzen

---

[32] Laut EuGH, C-106/89, EuGHE 1990, 4135, 4159 sind alle Hoheitsträger treuepflichtig. Klagebefugnis daher bejaht in EuGH, C-62 u 72/87, EuGHE 1988, 1573, 1592.

III. Schrifttum

Europäische Kommission, Vademecum Gemeinschaftsvorschriften über staatliche Beihilfen, http://ec.europa.eu/comm/competition/state_aid/studies_reports/vademecum_on_rules_2007_en.pdf (20.06.2008, ständig aktualisiert).

Heidenhain, Martin, Handbuch des Europäischen Beihilfenrechts, 2003.

Koenig, Christian / Kühling, Jürgen / Ritter, Nicolai, EG-Beihilfenrecht, 2. A 2005.

Lübbig, Thomas/Martín-Ehlers, Andrès, Beihilfenrecht der EU: Das Recht der Wettbewerbsaufsicht über staatliche Beihilfen in der Europäischen Union, München 2003.

http://www.bundesfinanzministerium.de/nn_53524/DE/Wirtschaft__und__Verwaltung/Finanz__und__Wirtschaftspolitik/node.html?__nnn=true.

http://ec.europa.eu/comm/competition/state_aid/overview/index_en.cfm (Website der Europäischen Kommission).

§ 15 Das Recht der öffentlichen Auftragsvergabe

Dieses Kapitel gibt einen Überblick über das wirtschaftlich bedeutsame Gebiet der öffentlichen Auftragsvergabe. Im Anschluss an die Darstellung der wirtschaftlichen Hintergründe (unter A.) werden die Grundzüge des Vergaberechts vermittelt (unter B.). Ein besonderes Augenmerk wird auf die Erledigung von öffentlichen Aufträgen in den Rechtsformen der Public-Private-Partnership gelegt (unter C.).

A. Wirtschaftliche Bedeutung von öffentlichen Aufträgen

I. Struktur und Interessen der öffentlichen Auftragsvergabe

a) Öffentliche Aufträge, öffentliche Auftraggeber und bietende Unternehmen

> § 99 I GWB **Öffentliche Aufträge**
> Öffentliche Aufträge sind entgeltliche Verträge zwischen öffentlichen Auftraggebern und Unternehmen, die Liefer-, Bau- oder Dienstleistungen zum Gegenstand haben [...].

Öffentliche Aufträge sind also Verträge zwischen öffentlichen Auftraggebern und Privaten zur Beschaffung von Dienstleistungen und Gütern für die öffentliche Hand. Nicht erfasst sind also Verträge zwischen Verwaltungsstellen (sog **Inhouse-Geschäfte**).[1] *Beispiel:* Ein Ministerium bestellt bei der hausinternen Druckerei die Fertigstellung von Informationsbroschüren.

Die Gegenstände der öffentlichen Aufträge sind potentiell unbegrenzt. *Beispiele:* Anstrich oder Reinigung von öffentlichen Gebäuden, Organisation eines Umzuges (zB von Bonn nach Berlin), Bau von Parlamentsgebäuden, eines Flugplatzes oder eines öffentlichen Schwimmbades, Lieferung von Computern, Software oder Telefonanlagen an die Verwaltung, Kauf von Rüstungsgütern oder Straßenlaternen.

> § 98 GWB **Auftraggeber**
> Öffentliche Auftraggeber im Sinne dieses Teils [des GWB] sind:
> 1. Gebietskörperschaften sowie deren Sondervermögen,

---

[1] EuGH, C-107/98 – Teckal, EuGHE 1999, 8121. Einigkeit herrscht darin, dass auch Verträge zwischen der Verwaltung und Eigengesellschaften (§ 6.D.I) „in-house" sein können; Verträge mit öffentlichen Unternehmen sind nicht „in-house".

> 2. andere juristische Personen des öffentlichen und des privaten Rechts, die zu dem besonderen Zweck gegründet wurden, im Allgemeininteresse liegende Aufgaben nichtgewerblicher Art zu erfüllen, wenn [...Gebietskörperschaften oder deren Sondervermögen...] sie einzeln oder gemeinsam durch Beteiligung oder auf sonstige Weise überwiegend finanzieren oder über ihre Leitung die Aufsicht ausüben oder mehr als die Hälfte der Mitglieder eines ihrer zur Geschäftsführung oder zur Aufsicht berufenen Organe bestimmt haben [...].

Gebietskörperschaften sind Bund, Länder und Kommunen. Kennzeichen der juristischen Personen im Sinne der Nr 2 ist, dass sie eine Aufgabe unabhängig von der Kostendeckung ausführen. *Beispiele* sind die öffentlichen Universitäten oder öffentliche Unternehmen, die Leistungen der Daseinsvorsorge vorhalten, zB ein gemeinnütziges öffentliches Wohnungsbauunternehmen. – In der Bundesrepublik Deutschland gibt es etwa 35.000 potentielle öffentliche Auftraggeber.[2]

Das **Volumen des öffentlichen Auftragswesens** in der Bundesrepublik Deutschland wird unterschiedlich geschätzt. Annähernd richtig dürfte es sein, von einem durchschnittlichen jährlichen Volumen von 230 bis 250 Mrd Euro auszugehen. Das entspricht etwa 10 % des Bruttosozialproduktes.[3] Vergleichbare Verhältnisse gelten für die europäische Ebene: Mit einem Volumen von jährlich mehr als 700 Mrd Euro tragen die öffentlichen Beschaffungsmärkte zu mehr als 10 % des Bruttoinlandproduktes der EU bei.[4]

Vergabestelle, ein zu vergebender Auftrag und bietende Unternehmen – wie stehen diese Elemente zueinander?

Der Auftraggeber fordert durch die sogenannte **Ausschreibung**[5] einen offenen oder einen beschränkten Kreis von Unternehmern dazu auf, hinsichtlich eines konkret beschriebenen Auftrages Angebote zu machen. Die Bieter versuchen daraufhin, durch **gegenseitiges Unterbieten** – wie bei einer Auktion – den **Zuschlag** zu bekommen.

Der Zuschlag ist die Entscheidung, mit einem bestimmten Bieter den Vertrag abzuschließen. Der Zuschlag fällt tatsächlich zusammen mit dem **Abschluss des Vertrages** über den Gegenstand des Auftrags.[6] Dabei ist klar, dass nur ein Bieter den Zuschlag erhalten wird. Der Zuschlag ist ein erstrebter Vorteil. Es besteht also eine Konkurrenz unter den Bietern.

---

[2] Antwort der Bundesregierung, BTag-Drs. 13/7137 v 05.03.1997, 4.
[3] Nähere Angaben bei Bultmann, Beihilfenrecht und Vergaberecht, 2004, 5 f.
[4] FAZ v 18.04.2000, 28; Europäische Kommission, Grünbuch, KOM(96) 583, 9.
[5] Im Sprachgebrauch der Verdingungsordnungen schließt der Begriff der Ausschreibung die Erteilung des Zuschlags mit ein.
[6] Die rechtliche Trennung zwischen Zuschlag und Vertragsschluss ist im Europarecht angelegt, Art 2 VI der sog Rechtsmittelrichtlinie 89/665/EWG, ABl EG Nr L 395 v 30.12.1989, 33. Das tatsächliche Zusammenfallen nach nationalem Recht steht dem nicht entgegen, dazu unter B.III.2 zur Frage des Rechtsschutzes, dort § 13 VgV.

Die **Rechtsverhältnisse** im Beschaffungswesen sind **mehrpolig**. Außer den konkurrierenden Bietern sind mittelbar auch die Regionen und die Mitglied- und Drittstaaten, in denen die Bieter ihren Sitz haben, betroffen.

b) Die Interessen der öffentlichen Auftraggeber

Die Interessen der Bieter sind klar: Sie möchten eine faire Chance auf den Zuschlag, um an dem Vertrag zu verdienen.

Die Interessen der Auftraggeber scheinen klar: Sie möchten grundsätzlich ihren Auftrag zu möglichst niedrigen Preisen in bestmöglicher Qualität erledigt sehen. Das erklärt auch den Sinn der Ausschreibung: Um einen öffentlichen Auftrag an **das wirtschaftlichste Angebot** vergeben zu können, müssen die öffentlichen Entscheidungsträger den Markt kennen. Private Marktteilnehmer erkundigen sich bei potentiellen Vertragspartnern über Preise und vergleichen diese. Die öffentlichen Auftraggeber fordern umgekehrt die Auftragnehmer auf, ihnen ihre Angebote zu nennen. Aufträge werden in einem Wettbewerb der Bieter vergeben.

Die politischen Entscheidungsträger wollen durch die Vergabe von Aufträgen erfahrungsgemäß aber nicht bloß den öffentlichen Beschaffungsbedarf decken. Die Exekutive möchte Aufträge zugleich als **Instrument der Wirtschaftslenkung** nutzen. Dafür kommen *drei Wege* in Betracht:

➢ Die **Auftragsvergabe als solche** kann die Wirtschaft im Sinne eine Keynes'schen Interventionspolitik ankurbeln. Diese Möglichkeit ist durch Art 109 II GG grundsätzlich eröffnet.

➢ Das eigentliche Kriterium bei der Erteilung eines Zuschlages ist der angebotene Preis. Durch eine kostengünstige Auftragsvergabe sollen die öffentlichen Mittel geschont werden. Darüber hinaus haben einige Auftraggeber das Ziel, durch die Verwendung weiterer Zuschlagskriterien politische Ziele zu verfolgen. Die entsprechende Kriterien werden als „beschaffungsfremde" oder „**vergabefremde Kriterien**" bezeichnet.
Beispiele: Bevorzugung von Unternehmen, die Mitglieder benachteiligter Gruppen beschäftigen oder beschäftigen wollen (zB Langzeitarbeitslose, Behinderte, Frauen, Ausländer), oder von Unternehmen, die bestimmte Menschenrechtsstandards oder Umweltschutzauflagen erfüllen.

➢ Eine besondere Art der vergabefremden Kriterien ist die bevorzugte Vergabe eines Auftrages an regionale oder nationale Unternehmen. Eine solche Vergabepolitik begünstigt die Stellung im nationalen und internationalen **Standortwettbewerb durch Abschottung des Marktes**.
Beispiel: Das niedersächsische Landesvergabegesetz sah vor, öffentliche Aufträge nur an solche Unternehmen zu vergeben, die sich bei der Angebotsabgabe verpflichten, ihren Arbeitnehmern mindestens das am Ort der Ausführung tarifvertraglich vorgesehene Entgelt zu zahlen.[7] Diese sogenannte Tarif-

---

[7] Der EuGH, C-346/06 – Rüffert, NZBau 2008, 332, hat die genannte Bestimmung des Landesvergabegesetzes für europarechtswidrig erklärt. Das letzte Wort ist damit in hinsichtlich der Tariftreueverpflichtung aber noch nicht gesprochen. Denn die Entscheidung stützte sich maßgeblich darauf, dass sich die Vorschrift auch auf Tarifverträge bezog, die nicht für allgemeinverbindlich erklärt wurden.

treueverpflichtung hat zum einen das Ziel, eine angemessene Bezahlung von Arbeitskräften zu gewährleisten und ein Lohndumping zu verhindern. Es hat aber zugleich den Effekt, Unternehmer aus Staaten mit niedrigeren Löhnen vom deutschen Markt fernzuhalten.

Diese Ziele der öffentlichen Auftraggeber ließen sich am leichtesten verfolgen, wenn sie eine freie Vergabepolitik nach Ermessen betreiben könnten. Demgegenüber sind sie seit dem 1. Januar 1999 an die strengen Vorschriften des **Vergaberechts der §§ 97 ff Gesetz gegen Wettbewerbsbeschränkungen (GWB)** gebunden.

Darin werden die öffentlichen Auftraggeber rechtlich verpflichtet, alle Aufträge, die bestimme Schwellenwerte übersteigen, auszuschreiben. Die Bieter werden mit subjektiven Rechten und einem entsprechenden Rechtschutz ausgestattet, um ordnungsgemäße Ausschreibungen durchsetzen zu können. Das war anders bis zum 31. Dezember 1998. Bis dahin war das Vergaberecht rein formales Haushaltsrecht. Bieter hatten keine Rechte und keinen Rechtschutz. Wie ist diese Wende zu erklären?

II. Zur Notwendigkeit eines gemeinschaftsrechtlichen Vergaberechts

Eine Marktabschottung der Mitgliedstaaten oder von Regionen in den Mitgliedstaaten verträgt sich nicht mit einem funktionierenden Binnenmarkt. Ein Binnenmarkt setzt voraus, dass offene und verdeckte Ungleichbehandlungen von Anbietern unterschiedlicher regionaler Herkunft generell abgebaut werden.

Diesem Ziel dienen die Grundfreiheiten und das EU-Wettbewerbsrecht. Die **öffentliche Auftragsvergabe ist** in dieser Hinsicht jedoch **ein besonderer Fall**: Die Auftragsvergabe erfolgt **auf einem staatlich gelenkten Markt**. Die öffentlichen Auftraggeber haben dadurch viele Gelegenheiten, mit oder ohne Vorwand nicht den billigsten Bietern einen Zuschlag zu erteilen, sondern den politisch gewollten Bietern.

Ohne rechtliche Beschränkungen für die Auftraggeber besteht daher die Gefahr, dass **verdeckte Diskriminierungen** für den Standortwettbewerb eingesetzt werden. Die kollektiv zu befürchtenden Schäden sind angesichts des immensen Volumens des öffentlichen Beschaffungswesens noch größer als durch Beihilfen. Bevor die Gemeinschaft Rechtsvorschriften zum öffentlichen Beschaffungswesen erließ, gingen nur 2 % der in der EU vergebenen Aufträge an Unternehmen aus einem anderen Mitgliedstaat als dem, der den Auftrag ausgeschrieben hatte.

Parallel zu den **Liberalisierungsmaßnahmen** zum Abbau offener Ungleichbehandlungen bemühte sich die EG seit Anfang der 70er Jahre um eine **Koordinierung der nationalen Vergabeverfahren**. Zudem wurden Kontrollorgane und Rechtsschutzmöglichkeiten zur Einhaltung dieser Maßnahmen eingerichtet.

Daneben bemüht sich die Gemeinschaft auch um eine stärkere Beteiligung der Unternehmen an öffentlichen Aufträgen und hat hierzu ein entsprechendes Instrumentarium entwickelt.

Die Kommission hat ein in allen Gemeinschaftssprachen vorliegendes Wörterverzeichnis für das öffentliche Auftragswesen erstellt (CPV - **Common Procurement Vocabulary**).[8] Dieses Vokabular für die Beschreibung des Auftragsgegenstandes soll grenzüberschreitende Beschaffungen erleichtern.

- Die Kommission hat in enger Zusammenarbeit mit den Mitgliedstaaten das Internet-Projekt **SIMAP (Informationssystem für das öffentliche Auftragswesen)** aufgelegt. SIMAP erlaubt Bekanntmachungen über das Beschaffungsverfahren, zuständige Personen, laufende Ausschreibungen samt zugehörigen Leistungsbeschreibungen und geplante Beschaffungsvorhaben.[9]
- Um die Übermittlung der wesentlichen Informationen zu beschleunigen, ermöglicht die Kommission auch die kostenlose Konsultation der **Datenbank TED**. In dieser können sich potentielle Lieferanten über ausgeschriebene Aufträge informieren. Über die SIMAP-Website können außerdem mittels einer Suchmaschine potentiell interessante Ausschreibungen sowohl in der Datenbank TED als auch in anderen Datenbanken ermittelt werden.

Die Annäherung an das Ziel der Öffnung des europäischen Binnenmarktes im Hinblick auf öffentliche Aufträge erfolgt in kleinen Schritten. Die Richtlinien wurden in den Mitgliedstaaten zunächst nur unvollständig umgesetzt.[10] Lange wurde eine „**Kluft zwischen Vergaberecht und Vergabepraxis**"[11] moniert.

Allerdings ist sowohl auf nationaler Ebene als auch gemeinschaftsweit ein starker Anstieg an Rechtsprechung und Literatur zum Vergaberecht zu bemerken. Die Durchsetzung des Vergaberechts hat sich spürbar verschärft. Die öffentliche Beschaffung wurde in bestimmten Marktsegmenten durch Preissenkungen und optimierte Beschaffungsmethoden erheblich rationalisiert.

B. Vergaberecht

Das Recht zum öffentlichen Beschaffungswesen wird „Vergaberecht" genannt, weil diese Rechtsnormen regeln, wie ein öffentlicher Auftraggeber durch Verträge Aufträge „vergibt". Die Auftraggeber werden daher auch als **Vergabestelle** bezeichnet. Wer ist öffentlicher Auftraggeber?

---

[8] 96/527/EG: Empfehlung der Kommission vom 30.07.1996 über die Verwendung des Gemeinsamen Vokabulars für öffentliche Aufträge (CPV) zur Beschreibung des Auftragsgegenstands, ABl L 222 03.09.1996, 10; dazu die Richtlinie 2001/78/EG v 13.09.2001 über die Verwendung von Standardformularen für die Bekanntmachung öffentlicher Aufträge, ABl L 285 29.10.2001, 1.
[9] SIMAP-Website: http://simap.eu.int.
[10] Vgl 17th Annual Report on Monotoring the Application of Community Law, Comm (2000) 92 final, vol. I, Nr. 2.1.6.4.; Ziff. 2.1., 1. Vgl auch den Sonderbericht der Europäischen Kommission zum öffentlichen Auftragswesen unter http://europa.eu.int/comm/internal_market/en/publproc/sector/publrep.htm (06.12.2000).
[11] Pietzcker, Die neue Gestalt des Vergaberechts, ZHR 162 (1998), 427, 431 ff mN.

Das Vergaberecht ist auf drei rechtlichen Ebenen geregelt: im europäischen Gemeinschaftsrecht, im Gesetz gegen Wettbewerbsbeschränkungen und in der sogenannten Vergabeverordnung (VgV) in Verbindung mit den sogenannten Verdingungsordnungen.

Das Vergaberecht ist wegen der verschiedenen Regelungsebenen ein gutes Beispiel für die Struktur der Normenpyramide. Die verschiedenen Regelungsebenen werden zusammenfassend als **„Kaskade des Vergaberechts"** bezeichnet. Die Struktur des Vergaberechts soll im Folgenden erklärt werden (I). Es folgen Ausführungen zum Vergabeverfahren (II) und zum Rechtsschutz im Vergaberecht (III).

I. Die Struktur des Vergaberechts

a) Das europäische Vergaberecht
ist **Richtlinienrecht**.[12] Anders als für das Beihilfenrecht enthält der AEUV-Vertrag für das Vergaberecht nur einige verstreute Rechtsvorschriften, beispielsweise in den Art 179 II und 199 Nr 4 AEUV (ex-Art 163 II und 183 Nr 4 EG).

Nach ersten Liberalisierungsmaßnahmen durch die Waren- und Bau-Liberalisierungsrichtlinien (70/32/EWG und 71/304/EWG) wurden nacheinander die Bereiche Bau- und Lieferleistungen, sodann die Sektoren Wasser, Energie, Verkehr, Telekommunikation und schließlich der Dienstleistungsbereich koordiniert.

Heute gelten die **Sektoren-Vergaberichtlinie 2004/17/EG** für alle öffentlichen Auftraggeber in den Wirtschaftssektoren und die allgemeine **Vergaberichtlinie 2004/18/EG** für alle übrigen, die sog. „klassischen" öffentlichen Auftraggeber.

Die Richtlinien enthalten jeweils Bestimmungen zum Begriff des öffentlichen Auftraggebers und des jeweiligen Auftrages, zum Anwendungsbereich, zum Vergabeverfahren, zu Art und Inhalt der Bekanntmachung, zur Verwendung technischer Merkmale, zu Fristen, zur Eignung der Bieter und Bewerber, zum Zuschlag sowie zu Berichts- und Meldepflichten.

Ziel der Vergaberichtlinien ist eine **europaweite Koordinierung der Verfahren für die öffentliche Auftragsvergabe**. „Die Richtlinien über die Vergabe öffentlicher Aufträge haben [...] zum Ziel, die Entwicklung eines echten Wettbewerbs auf dem Gebiet der öffentlichen Aufträge zu fördern, und zwar durch Verwirklichung der drei für die europäische Integration wesentlichen Freiheiten (freier Warenverkehr, Niederlassungsfreiheit und freier Dienstleistungsverkehr). [...Die...] Erreichung jenes Ziels [...kann...] nur dann wirksam werden, wenn diejenigen, die einen öffentlichen Bauauftrag erhalten wollen, in der Lage sind, ihr Vorhaben unter den **gleichen Bedingungen**, ohne auch nur einen Anschein von Diskriminierung, zu betreiben [...]. Dem dient zum einen die Festsetzung objektiver Kriterien für die Teilnahme an den Ausschreibungen und die Erteilung des Bauauftrags, zum anderen die **Schaffung transparenter Verfahren**, bei denen die Öffentlichkeit die Regel ist. [...] Die Verhinderung diskriminierender Wirkun-

---

[12] Ein Überblick über die geltenden Richtlinien findet sich unter http://ec.europa.eu/internal_market/publicprocurement/legislation_de.htm (30.05.2008).

gen wird dadurch erreicht, dass in jedem Fall die Regeln, nach denen das Verfahren abzulaufen hat, sowie das erforderliche Niveau der Leistungsfähigkeit [...für den **Bieterwettbewerb**...] im Voraus bestimmt werden."[13]

b) Das nationale Vergaberecht

Dem entsprechend sind die Richtlinien in den **§§ 97 ff GWB** umgesetzt. Die §§ 97 ff GWB bilden den Schwerpunkt der nachfolgenden Ausführungen. § 97 VI und § 127 GWB ermächtigen die Bundesregierung, durch Rechtsverordnung mit Zustimmung des Bundesrates nähere Bestimmungen zum Vergaberecht zu treffen, insbesondere Verfahren (Bekanntmachung, Ablauf, Arten der Vergabe, Auswahl und Prüfung der Unternehmen und Angebote, über den Abschluß des Vertrages).

Das geschah durch die Vergabeverordnung (VgV), die zum 1. Februar 2001 in Kraft getreten ist.[14] In den §§ 4 ff der VgV werden die sogenannten **Verdingungsordnungen** für verbindlich erklärt. Diese erhalten dadurch die Qualität einer Rechtsverordnung gemäß Art 80 I GG.

Es gibt drei Verdingungsordnungen, und zwar jeweils eine für Bau-, Liefer- und freiberufliche Dienstleistungen (VOB[15], VOL[16]und VOF[17]). Die Verdingungsordnungen wurden durch private Gremien von Sachverständigen, den sogenannten Verdingungsausschüssen, entwickelt. Sie enthalten zum einen Detailregelungen für die Ausschreibungen. Zum anderen bestimmen sie die Inhalte der sogenannten **Verdingungsunterlagen**.

Verdingungsunterlagen, sind die allgemeinen Vertragsbedingungen, die der Ausschreibung zugrunde liegen. Bieter müssen für ihre Angebote den Verdingungsunterlagen entsprechen. Die Verdingungsordnungen enthalten unterschiedliche Bestimmungen für Aufträge oberhalb und unterhalb bestimmter **Schwellenwerte**. Dem entspricht

> § 100 I GWB **Anwendungsbereich**
> Dieser Teil gilt nur für Aufträge, welche die Auftragswerte erreichen oder überschreiten, die durch Rechtsverordnung nach § 127 festgelegt sind (Schwellenwerte).

Gemäß § 127 Nr 1 GWB ist die Bundesregierung ermächtigt „zur Umsetzung der Schwellenwerte der Richtlinien der Europäischen Gemeinschaften über die Koordinierung der Verfahren zur Vergabe öffentlicher Aufträge" mit Zustimmung des Bundesrates eine Rechtsverordnung zu erlassen.

---

[13] Schlussanträge des Generalanwalts Dámaso Ruiz-Jarabo Colomer v 05.06.2001 zu EuGH, C-285, 286/99 – Lombardini SpA/Impresa Generale di Costruzioni, Rn 24 ff.
[14] Vergabeverordnung, neugefasst gemäß Bekanntmachung vom 11.02.2003, BGBl. I 169.
[15] Verdingungsordnung für Bauleistungen (VOB/A), Ausgabe 2006, siehe unter http://www.bmvbs.de/Bauwesen/Bauauftragsvergabe-,1536/Vergabe-und-Vertragsordnung-fu.htm (30.05.2008).
[16] Verdingungsordnung für Leistungen (VOL/A) in der Fassung der Bekanntmachung vom 06.04.2006 (BAnz. Nr 100a vom 30.05.2006).
[17] Verdingungsordnung für freiberufliche Leistungen (VOF) in der Fassung der Bekanntmachung vom 16.03.2006 (BAnz. Nr 91a vom 13.05.2006).

Dem entsprechend erklären die §§ 4 bis 7 VgV die jeweils maßgeblichen Schwellenwerte der EU-Richtlinien für das nationale Recht als verbindlich. Die Schwellenwerte liegen im Bereich der klassischen öffentlichen Auftraggeber für **Liefer- und Dienstleistungen bei etwa 200.000 Euro** sowie für **Bauaufträge bei etwa 5 Millionen Euro**. Im Sektorenbereich (Wasser, Energie- und Verkehrsversorgung sowie Telekommunikation) gelten unterschiedliche Schwellenwerte.

Für öffentliche Aufträge unterhalb dieser Schwellenwerte gilt wie bisher das Haushaltsrecht. § 30 HGrG und § 55 BHO normieren auch für diese Aufträge eine Pflicht zur Ausschreibung. Da aber die §§ 97 ff GWB nicht gelten, gelten auch die Rechtsschutzmöglichkeiten der §§ 102 ff nicht. Diese Zweiteilung des Vergaberechts laut BVerfG mit dem Gleichheitssatz des Art 3 I GG vereinbar.[18]

II. Vergabeverfahren und Vergabegrundsätze

Mit dem bisherigen Hintergrund spricht das nationale Vergaberecht für sich selbst.

> § 97 GWB **Allgemeine Grundsätze**
> (1) Öffentliche Auftraggeber beschaffen Waren, Bau- und Dienstleistungen nach Maßgabe der folgenden Vorschriften im Wettbewerb und im Wege transparenter Vergabeverfahren. [**Wettbewerb, Transparenz**]
> (2) Die Teilnehmer an einem Vergabeverfahren sind gleich zu behandeln, es sei denn, eine Benachteiligung ist auf Grund dieses Gesetzes ausdrücklich geboten oder gestattet. [**Gleichbehandlung aller Bieter**]
> (4) Aufträge werden an fachkundige, leistungsfähige und zuverlässige Unternehmen vergeben; andere oder weitergehende Anforderungen dürfen an Auftragnehmer nur gestellt werden, wenn dies durch Bundes- oder Landesgesetz vorgesehen ist. [**Leistungswettbewerb**]
> (5) Der Zuschlag wird auf das wirtschaftlichste Angebot erteilt. [**Zuschlag auf das wirtschaftlichste Angebot**]
> (7) Die Unternehmen haben Anspruch darauf, daß der Auftraggeber die Bestimmungen über das Vergabeverfahren einhält. [**subjektive Rechte**]

Die Vergabegrundsätze entsprechen den europarechtlichen Vorgaben. In den Vergaberichtlinien sind verschiedene Vergabeverfahren geregelt, so auch im GWB:

> § 101 GWB **Arten der Vergabe**
> (1) Die Vergabe von öffentlichen Liefer-, Bau- und Dienstleistungsaufträgen erfolgt im Wege von offenen Verfahren, nicht offenen Verfahren oder Verhandlungsverfahren.
> (2) Offene Verfahren sind Verfahren, in denen eine unbeschränkte Anzahl von Unternehmen öffentlich zur Abgabe von Angeboten aufgefordert wird. [**offenes Verfahren**]

---

[18] BVerfG, NJW 2006, 3701; unabhängig davon sprechen einige Verwaltungs- und Zivilgerichte Rechtsschutz auch betreffend Vergabeverfahren unterhalb der Schwellenwerte zu.

> (3) Bei nicht offenen Verfahren wird öffentlich zur Teilnahme, aus dem Bewerberkreis sodann eine beschränkte Anzahl von Unternehmen zur Angebotsabgabe aufgefordert. [**nicht offenes Verfahren**]
> (4) Verhandlungsverfahren sind Verfahren, bei denen sich der Auftraggeber mit oder ohne vorherige öffentliche Aufforderung zur Teilnahme an ausgewählte Unternehmen wendet, um mit einem oder mehreren über die Auftragsbedingungen zu verhandeln. [**Verhandlungsverfahren**]
> (5) Öffentliche Auftraggeber haben das offene Verfahren anzuwenden, es sei denn, auf Grund dieses Gesetzes ist etwas anderes gestattet [...]
> [**Grundsatz des offenen Verfahrens**].

Die Verfahrensarten sind klar definiert und daher verständlich. Sie erlauben eine Anpassung an die Probleme des Einzelfalles. Das nicht offene Verfahren und noch mehr das Verhandlungsverfahren bergen allerdings die Gefahr der verdeckten Diskriminierung. Denn sie erleichtern die Vorauswahl der gewünschten Bewerber. Daher gilt der Grundsatz des offenen Verfahrens. Ausnahmen sind in den Verdingungsordnungen normiert. In einigen Bereichen wird das offene Verfahren selten angewendet. Häufig sind die Ausschreibungen unzulässig oder unvollständig.[19]
Ein Vergabeverfahren endet mit der Erteilung des Zuschlages.[20]

3. Vergabefremde Kriterien

In ihren Mitteilungen zur Auslegung des EU-Vergaberechts und die Berücksichtigung sozialer und umweltpolitischer Belange[21] versucht die Kommission zur Frage der vergabefremden Kriterien, eine klare Linie vorzuzeichnen:

Soziale Belange als Zuschlagskriterium seien zulässig, solange die Kriterien „mit dem Auftragsgegenstand oder seinen Ausführungsbedingungen zusammenhängen".

„Dagegen wären insbesondere Quoten für Aufträge, die bestimmten Kategorien von Bietern vorbehalten sind oder Preispräferenzen nicht mit den derzeitigen Vergaberichtlinien vereinbar. Ebenso verhält es sich mit Kriterien, die erfassen sollen, inwiefern die Bieter eine bestimmte Personenkategorie beschäftigen oder ein Programm zur Förderung der Chancengleichheit eingerichtet haben; [...] Solche Kriterien, die nicht zur Wahl des wirtschaftlich günstigsten Angebots beitragen, bleib[en] nach den derzeitigen Richtlinien aufgrund ihrer Zielsetzung, nämlich die Bewertung der eigentlichen Qualitäten eines Gutes oder einer Dienstleistung zu ermöglichen, ausgeschlossen.".

Eine Unterausnahme besteht für das so genannte Zusatzkriterium.[22] Danach kann ein **auftragsfremdes Zusatzkriterium** ausschlaggebend sein, „wenn den

---

[19] Ziffer 2.2., 1. Sonderbericht der Europäischen Kommission zum öffentlichen Auftragswesen, 1997: http://europa.eu.int/comm/internal_market/en/publproc/sector/publrep.htm (06.12.200).
[20] Eine Beschreibung des Vergabeverfahrens aus ökonomischer Sicht bietet Charles Blankart, Öffentliche Finanzen in der Demokratie, 4. A 2008, Kap 22.
[21] KOM(2001) 566 v 15.10.2001 und KOM(2001) 274 v 04.07.01.

Auftraggebern zwei oder mehr wirtschaftlich gleichwertige Angebote vorliegen" (Punkt 1.4.2).

Zuständig für eine verbindliche Auslegung des Gemeinschaftsrechts ist zwar nicht die Kommission, sondern der Europäische Gerichtshof. Allerdings stützt die Kommission sich auf dessen Rechtsprechung. Die Diskussion zu dieser Frage ist nicht abgeschlossen.

4. Zuschlag gemäß § 97 III GWB und Vertragsschluss

Das Vergabeverfahren hat die Aufgabe, **das wirtschaftlichste Angebot** zutage zu fördern. Freilich ist das niedrigste nicht unbedingt zugleich das wirtschaftlichste Angebot. Dem entspricht § 25 Nr 3 VOL/A:

„Der Zuschlag ist auf das unter Berücksichtigung aller Umstände wirtschaftlichste Angebot zu erteilen. Der niedrigste Angebotspreis allein ist nicht entscheidend."

Umgekehrt kann das niedrigste Angebot nicht aber schematisch allein deshalb abgelehnt werden, weil es das niedrigste ist. Ein offenbares Missverhältnis zur Leistung lässt sich regelmäßig erst feststellen, nachdem Nachforschungen zu den Einzelposten und zur wirtschaftlichen Zuverlässigkeit des betreffenden Bieters vorgenommen wurden.

Der Zuschlag steht also in einer **Spannung zwischen Preis und Qualität**. Die zu erwartende Qualität muss vorab eingeschätzt werden. Das bedingt unabänderliche Unwägbarkeiten. Sie kommen gut zum Ausdruck in den Worten von David Scott, einem Astronauten der Apollo 15. Auf die Frage, wie er sich kurz vor dem Start gefühlt habe, sagte er: „Man sitzt dort und denkt daran, dass dieses Raumschiff über 400.000 Teile hat und dass alle diese Teile von den billigsten Bietern gebaut wurden."[23] Der letztlich wirtschaftlichste Bieter erhält den Zuschlag, in dem mit ihm der Vertrag über die ausgeschriebene Leistung abgeschlossen wird.

III. Konkurrentenschutz im Vergaberecht

Überblick: Der Rechtschutz im Vergabeverfahren erfolgt grundsätzlich über zwei Instanzen, nämlich, erstens, Nachprüfungsverfahren vor den **Vergabekammern** und, zweitens, sofortige Beschwerde zum **Vergabesenat beim Oberlandesgericht**. Zudem gibt es in einigen Ländern, zB Berlin, und beim Bund zusätzlich sogenannte Vergabeprüfstellen. Diese überprüfen die Einhaltung der Vergabebestimmungen, § 103 I, II GWB. Sie können insbesondere streitschlichtend tätig werden (Stichwort Mediation).[24] „Gegen eine Entscheidung der Vergabeprüfstelle

---

[22] EuGH, C-31/87 – Beentjes, EuGHE 1988, 4635; C-225/98 – Beentjes II, EuGHE 2000, 7445. Diese Rechtsprechung ist allerdings unklar und umstritten.

[23] Zitiert nach Frank, Die Koordinierung der Vergabe öffentlicher Aufträge in der Europäischen Union, 2000, 1.

[24] Unabhängig davon besteht die Möglichkeit, unter der Leitung der Europäischen Kommission ein Schlichtungsverfahren durchzuführen, § 20 VgV.

kann zur Wahrung von Rechten aus § 97 VII nur die Vergabekammer angerufen werden. Die Prüfung durch die Vergabeprüfstelle ist nicht Voraussetzung für die Anrufung der Vergabekammer", § 103 III GWB.

1. Das subjektive Recht im Vergaberecht

Beispielfall: Der im Vergabeverfahren unterlegene Bieter B erfährt, dass die Vergabestelle ihrer Verfahrenspflicht aus § 30 Nr 1 VOB/A (= § 30 Nr 1 VOL/A) nicht nachgekommen ist. Danach hätte sie die einzelnen Stufen des Verfahrens dokumentieren müssen. Kann B durch die Vergabekammer feststellen lassen, dass „eine Rechtsverletzung vorgelegen hat", § 114 II 2 GWB?

Rechtschutz wird generell nur gewährt, wenn jemand geltend machen kann, in eigenen Rechten verletzt zu sein, Art 19 IV GG (**Grundsatz der Verletztenklage**). Im Allgemeinen bestehen subjektive öffentliche Rechte (Ansprüche) nur, soweit eine Rechtsnorm drittschützend ist. Nicht das gesamte objektive Recht ist als solches drittschützend. Voraussetzung ist, dass die jeweilige Vorschrift die Betroffenen erkennbar schützen soll.

Vor diesem Hintergrund verwirrt **§ 97 VII GWB**. Danach haben die Bieter einen Anspruch auf Einhaltung der Vorschriften über das Vergabeverfahren. Damit ist in Frage gestellt, ob diese allgemeinen Grundsätze auch im Vergaberecht gelten. Dann hätte § 97 VII GWB nur eine deklaratorische Bedeutung und wäre im Grunde überflüssig. Die alternative Auslegung versteht § 97 VII GWB so, dass er ausnahmslos allen Verfahrensvorschriften eine drittschützende Wirkung zuweist. Jedoch spricht gegen diese Auslegung auf den ersten Blick das systematische Argument aus

> § 107 GWB **Einleitung, Antrag**
> (1) Die Vergabekammer leitet ein Nachprüfungsverfahren nur auf Antrag ein. [**Nachprüfungsverfahren auf Antrag**]
> (2) Antragsbefugt ist jedes Unternehmen, das ein Interesse am Auftrag hat und eine Verletzung in seinen Rechten nach § 97 VII durch Nichtbeachtung von Vergabevorschriften geltend macht. Dabei ist darzulegen, daß dem Unternehmen durch die behauptete Verletzung der Vergabevorschriften ein Schaden entstanden ist oder zu entstehen droht. [**Antragsbefugnis, Darlegungslast**]

§ 107 II 1 wiederholt also die rechtsdogmatische Regel, wonach der Rechtsweg nur offen steht, wenn eine Verletzung in eigenen Rechten möglich ist, Art 19 IV 1 GG, § 42 II VwGO.

Sollte § 97 VII GWB tatsächliche alle Vorschriften des Vergabeverfahrens mit drittschützender Wirkung versehen, so wäre § 107 II 1 überflüssig. Tatsächlich wollten die Gesetzgeber durch § 107 II 1 zum Ausdruck bringen, dass Rechtsschutz nur bei der Verletzung von bieterschützenden Vorschriften bestehen soll.[25] Das geht aus dem Wortlaut allerdings nicht eindeutig hervor. Denn die Formulie-

---

[25] Gesetzesbegründung zur 6. GWB-Novelle, Bundestagsdrucksache 13/9340, 14.

rung „in seinen Rechten nach § 97 VII" ist semantisch offen. Sie erlaubt auch die Auslegung, dass § 97 VII alle Vergabevorschriften als bieterschützend ansieht. Was sagt die Rechtsprechung?

Die Rechtsprechung prüft, ob eine Norm **bieterschützend** ist. Sie neigt aber der weiten Auslegung zu. Lediglich im Einzelfall verneinen Vergabesenate den drittschützenden Charakter eine Vorschrift.

Beispiel: Gemäß § 25 Nr 3 I VOB/A (= § 25 Nr 2 III, II 1 VOL/A) gilt: „Erscheinen Angebote im Verhältnis zu der zu erbringenden Leistung ungewöhnlich niedrig, so überprüft der Auftraggeber vor der Vergabe des Auftrages die Einzelposten dieser Angebote. Auf Angebote, deren Preise in offenbarem Missverhältnis zur Leistung stehen, darf der Zuschlag nicht erteilt werden." Einige Vergabesenate sehen diese Vorschrift als drittschützend an; andere meinen, sie diene nur dem Schutz der Auftraggeber vor schlechten Leistungen oder unberechtigten Nachforderungen der Auftragnehmer.[26]

Für die weite Auslegung des § 97 VIII GWB spricht die historische Auslegung vor dem Hintergrund, dass es gerade die Aufgabe der Neufassung des Vergaberechts im GWB war, die Rechte der Bieter zu schützen. Einigkeit besteht darin, dass § 97 VII GWB sich nicht nur auf die Vorschriften des GWB bezieht, sondern auch auf die Vorschriften, die aufgrund des GWB erlassen wurden, also die VgV und die Verdingungsordnungen und mitunter auch die Ausschreibungsbedingungen.

Zum Beispielfall: B ist gemäß § 107 II 1 GWB antragsbefugt, wenn die Möglichkeit der Verletzung in seinen eigenen Rechten besteht. Dazu müsste die verletzte Vorschrift drittschützend sein. Die Dokumentationspflicht ist bieterschützend, wenn sie erkennbar die Rechte der Bieter schützen soll. Das ist vor allem anhand der drei Grundsätze des Vergaberechts zu beurteilen (Wettbewerb, Transparenz und Gleichbehandlung). Die Dokumentationspflicht ist ein wesentliches Element der Transparenz des Vergabeverfahrens. § 30 VOB/A ist also drittschützend. Der Feststellungsantrag des B wäre zulässig.

2. Der Gang des Nachprüfungsverfahrens

Das Verfahren vor den Vergabekammern wird eingeleitet durch einen Antrag. Die Einzelheiten des Vergabenachprüfungsverfahrens ergeben sich aus den Vorschriften der §§ 104 ff GWB.

An dieser Stelle ist vor allem eine Hürde zu nennen, die in der Praxis immer wieder übersehen wird, namentlich die Rügepflicht gemäß § 107 III GWB:

> § 107 GWB **Einleitung, Antrag**
> (3) Der Antrag ist unzulässig, soweit der Antragsteller den gerügten Verstoß gegen Vergabevorschriften bereits im Vergabeverfahren erkannt und gegenüber dem Auftraggeber nicht unverzüglich gerügt hat. [...] [**Rügepflicht, Ausschlussfrist**]

---

[26] Vgl Wolfgang Jaeger, Rechtsprechungsübersicht 2000, NZBau 2001, 427, 430 ff.

Aus § 107 III GWB ergibt sich, dass ein beliebiger Rechtsverstoß eines öffentlichen Auftraggebers in einem bestimmten Vergabeverfahren rechtlich ohne jede Sanktion bleibt, sofern die betroffenen Bieter dem Auftraggeber nicht unverzüglich nach Kenntnis des Verstoßes unmissverständlich mitgeteilt haben, dass sie eine Korrektur des bemerkten Vergaberechtsverstoßes verlangen.

Als unverzüglich gilt im Regelfall nur eine Rüge innerhalb von ein bis drei Tagen, bei besonders komplexen Sachverhalten bis maximal zehn Tagen nach Erkennbarkeit des Vergaberechtsverstoßes. Die kurze Frist kann zu Ungerechtigkeiten führen. Sie lässt sich aber mit dem öffentlichen Interesse an einer zügigen und rechtsbeständigen Vergabe von öffentlichen Aufträgen rechtfertigen (Abwägung der Elemente der Rechtsidee, vgl Kapitel § 4.B.VI).

Sofern der Antrag nicht offensichtlich unzulässig oder unbegründet ist, stellt die Vergabekammer ihn dem Auftraggeber zu. Dann gilt

> **§ 115 I GWB Aussetzung des Vergabeverfahrens**
> Nach Zustellung eines Antrags auf Nachprüfung an den Auftraggeber darf dieser vor einer Entscheidung der Vergabekammer und dem Ablauf der [zweiwöchigen Notfrist für die Einlegung einer sofortigen Beschwerde beim Vergabesenat] den Zuschlag nicht erteilen.

Ansonsten gilt

> **§ 114 GWB Entscheidung der Vergabekammer.**
> (1) Die Vergabekammer entscheidet, ob der Antragsteller in seinen Rechten und verletzt ist und trifft die geeigneten Maßnahmen, um eine Rechtsverletzung zu beseitigen und eine Schädigung der betroffenen Interessen zu verhindern. [**Maßnahmen der Vergabekammer**]
> (2) Ein bereits erteilter Zuschlag kann nicht aufgehoben werden. [...] [**Rechtsbestand des Zuschlages**].

Maßnahmen nach § 114 I bestehen zumeist darin, dem Auftraggeber, soweit nötig, eine rechtfehlerfreie **Wiederholung des Vergabeverfahrens** aufzugeben. In seltenen Ausnahmefällen kann die Kammer die Erteilung des Zuschlages an den Antragsteller verfügen, wenn keine andere Entscheidung rechtmäßig wäre.

Der Zuschlag besteht in dem Abschluss des Vertrages über den öffentlichen Auftrag. Die Gesetzgeber waren daher der Ansicht, dass der Zuschlag – anders als ein rechtswidriger Verwaltungsakt, § 49 VwVfG – nicht rechtmäßig einseitig durch den Auftraggeber aufgehoben werden kann. Das findet seinen Niederschlag in § 114 II GWB.

Rechtlich geboten ist es daher, die Auftraggeber zu verpflichten, die Bieter rechtzeitig über eine beabsichtigte Zuschlagserteilung in Kenntnis zu setzen. Denn nur dann bekommen sie die **Chance auf effektiven Rechtsschutz**.[27] Dieser Vorgabe trägt § 13 VgV Rechnung:

---

[27] EuGH, C-81/89 – Alcatel Austria AG, EUGHE 1999, 7671.

> **§ 13 VgV Informationspflicht**
> Der Auftraggeber informiert die Bieter, deren Angebote nicht berücksichtigt werden sollen, über den Namen des Bieters, dessen Angebot angenommen werden soll und über den Grund der vorgesehenen Nichtberücksichtigung ihres Angebotes. Er sendet diese Information in Textform spätestens 14 Kalendertage vor dem Vertragsabschluss an die Bieter ab. Die Frist beginnt am Tag nach der Absendung der Information durch den Auftraggeber. Auf den Tag des Zugangs der Information beim Bieter kommt es nicht an. Ein Vertrag darf vor Ablauf der Frist oder ohne dass die Information erteilt worden und die Frist abgelaufen ist, nicht geschlossen werden. Ein dennoch abgeschlossener Vertrag ist nichtig.

Die Vergabekammer muss grundsätzlich „innerhalb einer **Frist von fünf Wochen**" entscheiden, § 113 I GWB. Unterlässt sie das, so gilt der Antrag als abgelehnt, § 116 II GWB. Wird die Entscheidung der Vergabekammer rechtlich nicht als vertretbar empfunden, so ist ein Rechtsbehelf möglich: „Gegen Entscheidungen der Vergabekammer ist die **sofortige Beschwerde** [zum Vergabesenat beim Oberlandesgericht] zulässig", § 116 I 1, III GWB.

C. Public-Private-Partnership

Die Erledigung von öffentlichen Aufgaben kann auch in den Rechtsformen der **Public-Private-Partnership** (PPP) erfolgen. Unter dem Leitbild „PPP" setzen sich seit einigen Jahrzehnten –europaweit – zunehmend zahlreiche Formen der wirtschaftlichen Kooperation zwischen der öffentlichen Hand und der privaten Wirtschaft durch.

1. Phänomene

Der Begriff PPP ist nicht allgemein definiert; er bezieht sich auf diverse „Formen der Zusammenarbeit zwischen öffentlichen Stellen und Privatunternehmen zwecks Finanzierung, Bau, Renovierung, Betrieb oder Unterhalt einer Infrastruktur oder die Bereitstellung einer Dienstleistung"[28]. Grob lassen sich drei Formen unterscheiden:

a) Institutionalisierte PPP
Staatliche Einrichtungen und private Unternehmen können sich dauerhaft die Anteile an einer Gesellschaft teilen und die Gesellschaft folglich auch gemeinsam leiten (institutionalisierte PPP). Bei diesen **gemischt-wirtschaftliche Unternehmen** ist die Aufgabe des Privaten das effiziente Management der Gesellschaft. Die öf-

---

[28] Europäische Kommission, Grünbuch zu öffentlich-privaten Partnerschaften und den gemeinschaftlichen Rechtsvorschriften für öffentliche Aufträge und Konzessionen, KOM(2004) 327 endg v 30.04.2004, Ziff 1.1.

fentlichen Anteilseignerüben im Wesentlichen die Kontrolle darüber aus, dass die Aufgaben der Gesellschaft im Sinne des Gemeinwohls erledigt werden. Gemischt-wirtschaftliche Gesellschaften werden insbesondere auf lokaler/kommunaler Ebene zur Erledigung öffentlicher Dienstleistungen eingesetzt, beispielsweise für die Wasserversorgung oder Abfallentsorgung. Sie können ein Erfolg sein, wenn die zugrunde liegenden Verträge umsichtig gestaltet sind und vor allem genau festlegen, welche Leistungen welcher Güte das Unternehmen erbringen soll, auf welche Weise der private Unternehmer Gewinne erwirtschaften kann und wie die Risiken hinsichtlich der Gewinnerzielung verteilt sind.

b) Betreibermodelle
Bei den Betriebsführungs- oder Betreibermodellen betreiben Private Anlagen (beispielsweise eine Schule, ein Krankenhaus, eine Strafanstalt, eine Verkehrsinfrastruktur), die im öffentlichen Eigentum verbleiben. Der private Partner errichtet oder saniert und erhält die Anlage und betreibt sie. Im Gegenzug erhält er ein Entgelt vom zuständigen öffentlichen Partner (einer Stadt, einer Kommune oder auch einer staatlichen Einrichtung auf Bundes- oder Landesebene). Das Entgelt kann eine feste Höhe haben oder variabel anhand bestimmter Leistungsparameter berechnet werden (beispielsweise der Qualität gelieferten Trinkwassers, der Auslastung eines Krankenhauses oder der Verfügbarkeit eines öffentlichen Transportmittels). Das wirtschaftliche Risiko verbleibt im Grunde beim Staat. Allerdings trägt der private Partner das Risiko, die vereinbarte Leistung schaffen zu können. Es gilt das Gesagte für die gemischt-wirtschaftliche Gesellschaften auch hier: Der Erfolg von Betreibermodellen hängt von der klugen Gestaltung der zugrunde liegenden Vertragswerke ab.

Betreibermodelle gibt es in vielen Varianten. Das Grundmodell ist das sog BOT (build, operate, transfer)-Modelle, bei dem der Private eine schlüssel- und betriebsfertige Anlage errichtet, eine Weile betreibt und die Anlage anschließend an die staatliche Einrichtung überträgt. *Beispiele:* Bau von Parkanlagen oder öffentlichen Gebäuden.

Die Schwierigkeit bei der Errichtung von Betreibermodellen besteht unter anderem in der Finanzierung: Mitunter erwartet der Staat, dass der Private die betreffende Anlage zunächst auf eigene Kosten errichtet. Die Vergütung wird dann erstmals in der Betriebsphase gezahlt. Der Private muss also die Errichtung oder Sanierung der Anlage vorfinanzieren, und er kann sich erst in der Betriebsphase refinanzieren. Die Vorfinanzierung verlangt komplexe Finanzierungsmodelle (Kredite, Leasing, Forfaitierung usw.), die in den Wirtschaftswissenschaften als Projektfinanzierung („structured finance") gelehrt werden.

c) Konzessionsmodelle
Auch beim Konzessionsmodell betreibt ein Privater eine öffentlich genutzte Anlage. Im Unterschied zum Betreiber erhält der Konzessionär seine Leistungen aber nicht vollständig in Geld vom öffentlichen Partner vergütet. Teil der Vergütung ist die Übertragung eines wirtschaftlichen Nutzungsrechts an der betriebenen Anlage. Der Private trägt das Risiko, dass der Wert des Nutzungsrechts dem Wert entspricht, den die beiden Partner dem Nutzungsrecht in den Vertragsverhandlungen beigemessen haben.

Beispiel: Eine Beteiligung von Privaten am Betrieb der Autobahnen ist beim sog. F-Modell auf der Grundlage des Fernstraßenbauprivatfinanzierungsgesetzes (FStrPrivFinG). Danach können Privaten die den Ländern obliegenden Aufgaben von Bau und Unterhaltung der Autobahnen übertragen werden. Die Privaten erhalten eine Anschubfinanzierung (bis zu 20 % der Kosten) sowie nutzerabhängige Mauteinnahmen. Dazu sieht das F-Modell die Beleihung des Konzessionärs mit dem Recht zur Erhebung von Mautgebühren vor. Als erste Projekte nach dem F-Modell wurden die Warnowquerung in Rostock und der Lübecker Herrentunnel (Travequerung) realisiert.

Weiteres *Beispiel:* Wie beim F-Modell werden beim sog A-Modell Privaten Aufgaben des Autobahnausbaus und –betriebs übertragen. Das A-Modell (Ausbau-Modell) dient dem Ausbau zusätzlicher Fahrstreifen (Erweiterung vierspuriger Autobahnen auf sechs Spuren). Beim A-Modell werden neben einer Anschubfinanzierung (bis zu 50 %) die Mautgebühren für schwere Lkw nach dem Autobahnmautgesetz (ABMG) durch die Mautbetreibergesellschaft Toll Collect GmbH erhoben und von der Verkehrsinfrastrukturfinanzierungsgesellschaft (VIFG) an die privaten Betreiber weiter geleitet (sog. Schattenmaut). Die VIFG ist eine im Jahr 2003 durch Gesetz errichtete Eigengesellschaft des Bundes, die bisherige Aufgaben der Bundesfernstraßenverwaltung übernahm. Auch beim A-Modell trägt der Autobahnbetreiber das Risiko der Nutzung des Autobahnabschnitts. Erste A-Modelle werden auf der A 8 in Bayern und der A 4 in Thüringen verwirklicht.

2. Drei Probleme

Eine Beteiligung von Privaten an der Bereitstellung von Wirtschaftsgütern von öffentlichem Interesse kann bei richtiger Gestaltung der staatlichen Leistungsfähigkeit überlegen sein. Es bestehen jedoch auch Gefahren:

a) Rechtstaatsgebot
Durch die Beteiligung an der Erfüllung öffentlicher Aufgaben erhalten die Privaten mitunter zugleich faktisch eine Teilhabe an staatlicher Hoheitsgewalt.[29] Das gibt ihnen unter Umständen die Möglichkeit, die **Freiheit der Betroffenen einzuschränken**. Folglich trifft den Staat die Verantwortung, diese Möglichkeit zu regulieren, beispielsweise durch die Errichtung von Regulierungsbehörden (zB der Bundesnetzagentur) oder indem den Betroffenen grundrechtskonforme gesetzliche Rechte eingeräumt werden.

Beispiel: Durch die Privatisierung der Deutschen Bundespost schuf der Bund das Monopolunternehmen Telekom AG. Gleichzeitig schuf er durch das Telekommunikationsgesetz (TKG) und weitere Gesetze eine Regulierungsbehörde und Rechte für die betroffenen Kunden und Wettbewerber, etwa einen „Anspruch auf

---

[29] Udo Di Fabio, VVDStRL 1997, 273 schlägt vor, diese Fälle unter Ausdehnung des Begriffs der Beleihung dem Gesetzesvorbehalt zu unterstellen. „Beleihung" soll danach nicht nur die Übertragung von Hoheitsbefugnissen mit unmittelbarer Außenwirkung gegen Bürger sein, sondern jede Ausübung von Zwang, der durch Rechtsvorschriften abgesichert ist.

diskriminierungsfreie Zuteilung der Teilnehmerrufnummern", § 20 II 1 Telekommunikationskundenschutzverordnung. Die Frage, inwieweit die Telekom AG wie ein Staatsorgan an Grundrechte gebunden ist, stellt sich daher praktisch kaum.

Im Sinne der **Wesentlichkeitslehre** (siehe § 4.B.III.2.c) gilt: Die staatliche Verantwortung muss umso ausführlicher und bestimmter wahrgenommen werden, je umfassender und intensiver durch eine Beteiligung Privater an öffentlichen Aufgaben in grundrechtlich geschützte Rechtspositionen der Betroffenen eingegriffen wird.

b) Demokratieprinzip

Die Pflicht des Staates, wirtschaftliche Kooperationen mit Privaten auf eine gesetzliche Grundlage zu stellen, kann sich auch aus dem Demokratiegebot herleiten. Art 20 II 1 GG bestimmt: „Alle Staatsgewalt geht vom Volke aus." Jede Form der Staatsgewalt muss sich auf den demokratisch gebildeten Willen des Volkes zurückführen lassen (sog Legitimationskette). Sofern Private mit Hoheitsbefugnissen beliehen werden, muss das durch ein parlamentarisches Gesetz geschehen.

Nach allgemeiner Meinung dürfen aber auch nicht-hoheitliche Staatsaufgaben nur dann an private Unternehmen übertragen werden, solange demokratisch legitimierte Entscheidungsträger die Unternehmensführung inne haben (sog **Ingerenzpflicht**). Diese Voraussetzung ist erfüllt, wenn die öffentliche Hand die Mehrheit der Geschäftsanteile (GmbH) oder Aktien (AG) hält (sog öffentliche Unternehmen).

c) Daseinsvor-vorsorge

Der Staat darf Aufgaben der Daseinsvorsorge auf Private übertragen. Zugleich muss er aber sicherstellen, dass die Daseinsvorsorge dauerhaft und angemessen ist. Er muss die „**Daseinsvor-vorsorge**"[30] gewährleisten, vgl Art 14 AEUV (ex-Art 16 EG).

Kann der Staat gleichzeitig öffentliche Versorgungsaufgaben auf Private übertragen und die Daseinsvor-vorsorge garantieren? Das ist umstritten. es gibt etliche Beispiele einer erfolgreichen Privatisierung; es gibt aber auch Gegenbeispiele. *Beispiel:* Die Schaffung eines privaten Energiemarktes birgt die Gefahren von Qualitätsverlusten, etwa in Form von Stromausfällen, oder von unkontrollierten Preissteigerungen. - Beide Parameter, die Qualität und der Preis für die bereitgestellten Leistungen sind der Dreh- und Angelpunkt für die Beurteilung von PPP, und beide Parameter stehen in unmittelbarer Relation zueinander. *Beispiel:* Die Privatisierung der Energieversorgung in Kalifornien ging mit erheblichen Stromausfällen einher. Möglicherweise war das nur eine Folge von zu niedrig berechnete Strompreisen, die der Staat den Energieversorgern verordnete. In Deutschland zeigte die Zeit nach der Privatisierung der Energieversorgung keine Qualitätsmängel, allerdings störten sich die Verbraucher an den rasant gestiegenen Preisen.

Fest steht vor diesem Hintergrund weiter, dass durch die Privatisierung **neue Kontrollaufgaben** entstehen.[31] In Großbritannien wurde grundsätzlich für jeden

---

[30] Martin Bullinger Privatisierung von Verwaltungsaufgaben, in: VVDStRL 54 (1995), 302.
[31] Vgl. die Ansätze dazu bei Wolfgang Hoffmann-Riem, Öffentliches Recht und Privatrecht als wechselseitige Auffangordnungen - Systematisierung und Entwicklungsperspektiven,

privatisierten Bereich eine Regulierungsbehörde geschaffen. Die gestiegenen Energiepreise in Deutschland werden auch auf eine ineffektive Regulierung der privaten Energieversorger zurückgeführt.[32]

Des Weiteren ist es Aufgabe einer umsichtigen Gestaltung der PPP-Verträge, einen sachgerechten Ausgleich zwischen Qualitätsanforderungen und Preisen für die Verbraucher und Gewinnen für die privaten Betreiber zu finden.

3. Strukturelle Vorzüge von PPP

Im Ausgangspunkt jedoch sind einige strukturelle Vorzüge von PPP hervorzuheben:

Die herausstechende Besonderheit einer PPP liegt im so genannten „**Lebenszyklusansatz**". Nach dem Lebenszyklusansatz ist der private Partner nicht nur für den Bau verantwortlich, sondern auch für die Finanzierung, die Planung und den ordnungsgemäßen Betrieb der Anlage über einen längerfristigen Zeitraum von 15 bis 25 Jahren.

Der private Partner ist durch die Übernahme aller Leistungen, die im wirtschaftlichen Lebenszyklus der Anlage anfallen, in der Lage, Finanzierung, Planung, Bau und Betrieb optimal aufeinander abzustimmen. Die Realisierung „in einem Guss" führt in etlichen Fällen zu einer Bauzeitverkürzung und damit zu Kostensparungen. Zudem ist der private Partner gezwungen, bereits bei der Planung des Vorhabens vorausschauend die künftigen Betriebskosten (z.B. Erhaltungs-, Instandsetzungskosten) zu berücksichtigen und diese gegenüber dem öffentlichen Partner offen zu legen. Das führt zu einer größtmöglichen Kostenklarheit.

Die Kostenklarheit ist weiter eine Voraussetzung für eine wirtschaftliche Steuerung der künftigen Lebenszykluskosten durch Vereinbarung von Preisen, Standards und Verantwortlichkeiten in im PPP-Vertrag. Der Abschluss des PPP-Vertrages zwingt weiter zu einer präzisen und erschöpfenden Ermittlung und Festlegung der Anforderungen an das Vorhaben schon zu Projektbeginn.

Der Lebenszyklusansatz bedingt weiter, dass der private Partner erst nach Fertigstellung des Vorhabens, also in der Betriebsphase eine Vergütung erhält. Der Vorteil der monatlichen Vergütung für den Betrieb der zu errichtenden Anlage liegt darin, dass sie dem Auftraggeber ein effektives Druckmittel gegen den privaten Partner an die Hand gibt. Denn der PPP-Vertrag sieht regelmäßig ein leistungsbezogenes Entgelt vor, das nur dann gezahlt wird, wenn der private Partner die betreffende Anlage vertragsgemäß betreibt. Erreicht der Betrieb der Anlage die vereinbarten Standards nicht, vermindert sich das vom Auftraggeber zu zahlende, leistungsbezogene Entgelt.

Die Vergütungsregelungen könnten zudem Bonuszahlungen vorsehen, falls der private Partner bestimmte Einsparpotentiale oder andere vorab definierte Ziele beim Betrieb der Anlage erreicht. Der private Partner trägt damit die Folgen seiner (guten oder unzureichenden) Planungs-, Bau- und Betriebsleistungen grundsätz-

---

in: Hoffmann-Riem/Eberhard Schmidt-Aßmann (Hg), Öffentliches Recht und Privatrecht als wechselseitige Auffangordnungen, 1996, S. 261 ff.

[32] So der Präsident des Bundeskartellamts im Handelsblatt vom 15.01.2008.

lich selbst. Er kann nicht darauf spekulieren, dass etwaige Schlechtleistungen erst nach Ablauf der gesetzlichen Gewährleistungsfristen aufgedeckt werden, da bei einer Public Private Partnership die Laufzeit des PPP-Vertrages über diese Fristen hinausgeht.

Zusammenfassend bewirkt der Lebenszyklusansatz

➢ ein phasenübergreifendes Kostenbewusstsein schon während der Entwurfsplanung (Kostenklarheit),
➢ eine bestmögliche Abstimmung von Finanzierung, Planung, Errichtung und Betrieb der Anlage,
➢ Anreize zu Kosteneinsparungen durch die Optimierung von Anlagengestaltung, -funktion und -einrichtung im Hinblick auf den angestrebten Betrieb,
➢ Bauzeitverkürzung und damit Kostensparungen durch die Realisierung des Vorhabens in einem Guss,
➢ eine präzise und erschöpfende Festlegung der Anforderungen an das Vorhaben bereits zu Projektbeginn (Vermeidung von Nachträgen),
➢ den Vorteil einer Vorfinanzierung des Vorhabens durch den privaten Partner, der erst mit der Inbetriebnahme der Anlage ein monatliches Entgelt erhält,
➢ eine effektive Kontrolle des privaten Partners durch ein leistungsbezogenes Entgelt (kein „Missbrauch" der Gewährleistungsfristen),

Wegen der herausragenden Bedeutung des PPP-Vertrages ist eine PPP regelmäßig jedoch nur erfolgreich, wenn einschlägiges Know-how auch auf Seiten des öffentlichen Partners verfügbar ist. Denn andernfalls kann der öffentliche Partner keinen sachgerechten Vertrag verhandeln und auch seine Kontrollfunktion nicht effektiv wahrnehmen.

Ob eine Public Private Partnership tatsächlich wirtschaftlicher wäre als eine Erledigung der betreffenden Aufgaben durch den Staat, ist jedoch stets im Rahmen eines professionellen Wirtschaftlichkeitsvergleichs detailliert zu prüfen. Immerhin liegen positive Erfahrungen mit Public Private Partnership vor. Die Gesetzesvorlage zu dem am 08.09.2005 in Kraft getretenen ÖPP-Beschleunigungsgesetz rechnet mit Einsparpotentialen in der Größenordnung von 10 bis 20 Prozent, bezogen auf die herkömmliche Realisierung öffentlicher Infrastrukturprojekte. Die Gesetzesvorlage geht weiter davon aus, dass „öffentliche Leistungen nicht nur mit geringeren Kosten schneller und früher, sondern auch in höherer Qualität bereitgestellt werden" können (BTagDrs. 15/5668).

Grundsätzlich gilt weiter, dass ein **Effizienzvergleich** zwischen privaten und öffentlichen Unternehmen zeigt, dass zwischen verschiedenen Gütern differenziert werden muss:[33] Dort, wo die Leistungen leicht verglichen werden können, arbeiten private Unternehmen im Zweifel kostengünstiger. Das ist der Fall bei Inspektions- und Erfahrungsgütern, wie *beispielsweise* Kantinen, Flug- und Buslinien, Planun-

---

[33] Charles B Blankart, Private und öffentliche Unternehmen im Wettbewerb - ein Effizienzvergleich, in: Forschungsinstitut für Wirtschaftsverfassung und Wettbewerb (Hg), Der Staat als Wettbewerber und Auftraggeber privater Unternehmen, 1984, 15 ff.

gen, Beratungen und Kontrollaufgaben. Bei sunk-cost-Gütern[34] und bei Vertrauensgütern wird die Leistung weniger am Output als an der Regeltreue beurteilt. *Beispiele:* Streitkräfte, soziale Dienste und allgemeine Verwaltung. In diesen Bereichen verspricht eine Privatisierung grundsätzlich weniger Kostenvorteile.

D. Zusammenfassung

I. Wichtigste Lehre

Der Binnenmarkt funktioniert im Bereich des öffentlichen Beschaffungswesens nur unzureichend. Die Mitgliedstaaten nutzen öffentliche Aufträge als Instrument zur Wirtschaftslenkung, insbesondere zum Standortwettbewerb durch verdeckte Diskriminierungen.

Ausdruck dieser Wirtschaftslenkung sind die vergabefremden Kriterien. Um den Binnenmarkt zu öffnen, erließ die EU-Vergaberichtlinien zur Koordinierung der nationalen Vergabeverfahren und um Rechtsschutzmöglichkeiten einzurichten. Für Auftragswerte oberhalb bestimmter Schwellenwerte wurden den Bietern subjektive Rechte auf ein faires und transparentes Vergabeverfahren sowie entsprechende Rechtsschutzmöglichkeiten eingeräumt. Außerdem unternahm die Kommission flankierende Maßnahmen, um grenzüberschreitende Ausschreibungen und Beteiligungen daran zu erleichtern (SIMAP und TED).

Das EU-Vergaberecht wurde in Deutschland in den §§ 97 GWB umgesetzt. Es gilt ein vielschichtiges Regelwerk (Kaskade des Vergaberechts). Das Vergaberecht enthält Bestimmungen zum Begriff des öffentlichen Auftraggebers und des öffentlichen Auftrages, zum Anwendungsbereich, zum Vergabeverfahren, zu Art und Inhalt der Bekanntmachung, zur Verwendung technischer Merkmale, zu Fristen, zur Eignung der Bieter und Bewerber, zum Zuschlag sowie zu Berichts- und Meldepflichten. Die §§ 97 ff GWB etablieren einen effektiven Vergaberechtsschutz.

II. Wichtigste Stichpunkte

➢ Öffentliche Auftraggeber (Vergabestellen) und öffentliche Aufträge
➢ Zuschlag und Vertragsschluss
➢ Primärer Sinn der Ausschreibung, drei weitere politische Ziele, insbesondere vergabefremde Kriterien – rechtliche Zulässigkeit derselben?
➢ SIMAP und TED

---

[34] Dies sind Güter, deren Bereitstellung hohe Investitionen erfordert, die bei einem Marktaustritt nicht ohne weiteres verwertet werden können (sog versunkene Kosten). *Beispiel:* die Netze der örtlichen Strom-, Gas- und Wasserversorgung, Eisen- und Straßenbahnschienen.

- Kaskade des Vergaberechts: EU-Richtlinien, Kartellvergaberecht, VgV iVm den Verdingungsordnungen
- drei Vergabeverfahren, drei Vergabegrundsätze
- subjektive Rechte der Bieter, Konkurrentenschutz
- der Gang des Nachprüfungsverfahrens, Technik zur Beschleunigung desselben
- PPP als besondere Form der staatlichen Beschaffung

III. Schrifttum

Ruthig, Josef, Vergaberechtsnovelle ohne Gesetzgeber – Zum deutschen Vergaberecht nach Ablauf der Umsetzungsfrist, NZBau 2006, 137 und 208.

www.bmwi.de/Homepage/Politikfelder/Wirtschaftspolitik/Wirtschaftspolitik/;
www.vku.de.

http://ec.europa.eu/internal_market/publicprocurement/index_de.htm (einschlägige Website der EU).

http://www.bmwi.de/Navigation/Wirtschaft/Wirtschaftspolitik/oeffentliche-auftraege.html.

http://www.bmvbs.de/Bauwesen/Bauauftragsvergabe-,1535/Vergabehandbuch.htm (zur öffentlichen Auftragsvergabe im Bauwesen).

§ 16 Klausurfragen

A. Allgemeine Hinweise

Die Vorbereitung sollte darin bestehen, die wichtigsten Stichwörter sowie die wichtigsten Lehren und ihren Hintergründe zu verstehen. Dazu ist die Lektüre der zitierten Artikel und §§ unverzichtbar. Keinesfalls ist das Gesetz auswendig zu lernen. Das Gesetz ist dazu da, dass man es jederzeit lesen kann. Es entspricht der juristischen Arbeitsweise, einschlägige Rechtsnormen zu finden und zu interpretieren. Lediglich die wichtigsten Artikel sollten bekannt sein (aber nicht auswendig!). *Beispiele:* Art 1, 20 und 79 III GG, § 40 VwVfG, § 40 VwGO.

Die Ausführlichkeit, mit der eine Frage zu beantworten ist, lässt sich nicht abstrakt festlegen. Stets ist auf die Formulierung der Frage zu achten sowie auf das Zeitbudget vor dem Hintergrund der Anzahl der Fragen und deren Schwierigkeit. Es empfiehlt sich, ein Fünftel der Bearbeitungszeit als „Puffer" einzuplanen; so lässt sich mitunter korrigieren, was im Eifer des Gefechts übersehen oder missverstanden wurde.

Was ist das Problem? Was genau ist gefragt? Am besten ist es, das Gefragte gedanklich in eigenen Worten zu wiederholen. Dieser erste Schritte ist besonders wichtig in komplexen Wissenschaften wie dem Recht: Die zahlreichen Verknüpfungen und Zusammenhänge erlauben es, ausgehend von einer einzelnen Detailfrage, etwa der Frage, ob eine einzelne Norm drittschützenden Charakter hat, das gesamte System zu erklären. Um sich bei der Beantwortung einer Frage also nicht zu verlieren oder an der Frage vorbei zuschreiben, muss der Rahmen, der Gegenstand, auf den sich die Ausführungen beziehen sollen, genau abgesteckt werden.

Je mehr Aspekte einer Frage beleuchtet werden, je mehr Elemente einer Definition genannt werden, etc, desto mehr Punkte sammeln die Bearbeiter. Es ist nicht gleichgültig, aber von untergeordneter Bedeutung, ob stets die richtigen Fachtermini verwendet werden. Wichtiger ist, dass ein Verständnis für die konkrete Fragestellung erkennbar wird. *Beispiel:* Wenn die fatalen Folgen eines Fristablaufes beim Rechtsschutz gegen Verwaltungsakte bekannt sind, nämlich dass die Verwaltungsakte dann unanfechtbar werden, und zwar selbst dann wenn diese Verwaltungsakte rechtswidrig sein sollten, so ist das gut. Dass diese Unanfechtbarkeit von Verwaltungsakten als „Bestandskraft" bezeichnet wird, ist von untergeordneter Bedeutung.

Alle Ausführungen, die an der Frage vorbei gehen, kosten Zeit, bringen aber keine Punkte. – Insbesondere bei den Verständnisfragen ist die Qualität der Argumentation in Relation zu setzen zur Bearbeitungszeit. Es empfiehlt sich, auf den Punkt zu kommen.

B. Beispiele für Klausuren

Die folgenden vier Klausuren wurden an der wirtschaftswissenschaftlichen Fakultät der Humboldt-Universität zu Berlin geschrieben. Die Fragen erfassen die wichtigsten Lehren dieses Buches. Die Notenverteilung entsprach in allen drei Klausuren in etwa der Gauss'schen Normalverteilung: Ein Fünftel bis ein Viertel der Klausuren waren „sehr gut" oder „gut". Etwa ein Viertel der Klausuren waren „mangelhaft". Die meisten Klausuren lagen im Bereich „befriedigend" oder „ausreichend".

Bearbeitungshinweis: Geben sie, soweit möglich, immer die einschlägigen Artikel oder §§ an! Die meisten Fragen können sehr kurz beantwortet werden; die Lösungsskizze passt auf eine Schreibmaschinenseite. Maximal können 22 Punkte (bzw 24 Punkte bei Klausuren III und IV) erzielt werden, 20 Punkte entsprechen bereits einer 1,0. Am besten beantworten Sie alle Fragen, um Punktverluste bei einzelnen Fragen auszugleichen. Bearbeitungszeit: eine Stunde.

I. Klausur

1. Aufgaben

1. Welche Funktion erfüllen Rechtsnormen aus institutionenökonomischer Sicht (1 Punkt)?
2. Nennen Sie die sechs wichtigsten Verfassungsprinzipien (1 Punkt).
3. Wie ist zu verfahren, wenn die Auslegung ergibt, dass sich im konkreten Fall gleichrangige Verfassungsvorschriften oder Rechtsprinzipien inhaltlich widersprechen (1 Punkt)?
4. Könnte im Wege der Grundgesetzänderung das Recht auf freie Wahl der Ausbildungsstätte, Art 12 I 1 GG, aufgehoben werden (1 Punkt)?
5. Besteht eine Klagebefugnis bei jeglicher Verletzung öffentlichen Rechts? Welche Norm sagt dazu etwas für den Verwaltungsprozess (1 Punkt)?
6. Auf welchen gemeinsamen Nenner lassen sich die gesetzes-, die verfassungs- und die europarechtskonforme Auslegung bringen (1 Punkt)?
7. Wo findet jede Auslegung ihre Grenze (1 Punkt)?
8. Nennen Sie zwei Formen von europäischem Sekundärrecht (1 Punkt).
9. Erklären Sie den Begriff „Scharnierfunktion des Gesetzes" unter dem Gesichtspunkt der Legitimität staatlichen Handelns (2 Punkt).
10. Was bedeutet der „Vorbehalt des Gesetzes"; welche Beziehung besteht zur „Wesentlichkeitslehre", und was ist überhaupt „wesentlich" (3 Punkte)?
11. Definieren Sie den Begriff des „Gewerbes" (3 Punkte)?
12. Stellen Sie sich vor, Sie möchten sich zukünftig Ihren Lebensunterhalt durch Hundekämpfe verdienen. Hundekämpfe sind gemäß § 3 Nr. 6 Tierschutzgesetz verboten. Welches Grundrecht könnte einschlägig sein. Prüfen Sie in dem bekannten Dreischritt, ob Sie in ihrem Vorhaben geschützt sind (6 Punkte).

2. Lösung

1. Sie sollen Kooperationsvorteile schaffen – 1 Punkt.
2. Art 20 I, 20a, 23 I GG: Demokratie, Rechtstaat, Sozialstaat, Bundesstaat, Umweltstaat, Europäische Integration – 1 Punkt.
3. Es ist eine „praktische Konkordanz" herzustellen, dh im konkreten Fall ist so zu entscheiden, dass jede der konfligierenden Vorschriften bestmöglich zur Anwendung gelangt – 1 Punkt.
4. Ja, denn Art 79 III GG verbietet nur eine Einschränkung der Grundsätze der Art 1 und 20 GG – 1 Punkt.
5. Eine Klagebefugnis ist nur gegeben, sofern subjektive öffentliche Rechte verletzt sein könnten, § 42 II VwGO – 1 Punkt.
6. Gesetzesvorschriften sind jeweils im Lichte der höherrangigen Rechtsvorschriften auszulegen – 1 Punkt.
7. Im äußersten Sinn des Wortlauts – 1 Punkt.
8. Sekundärrechtsakte sind gemäß Art 288 AEUV (ex-Art 249 EG): Verordnungen, Richtlinien, Entscheidungen – 1 Punkt.
9. Die Gesetzesbindung, Art 20 III GG, bindet Exekutive und Judikative an den Willen des demokratisch legitimierten Gesetzgebers – 1 Punkt. Sie vermittelt dadurch eine sachliche Legitimation – 1 Punkt.
10. Der Vorbehalt des Gesetzes verlangt für Eingriffe der Verwaltung in Grundrechte eine gesetzliche Grundlage – 1 Punkt. Nach der Wesentlichkeitslehre sind nur solche Gesetze eine ausreichende Eingriffsgrundlage, die inhaltlich im Wesentlichen durch den Gesetzgeber gestaltet wurden – 1 Punkt. Was „wesentlich" ist, ist nicht abschließend geklärt. Wesentlich sind jedenfalls Grundrechtseingriffe – 1 Punkt.
11. Gewerbe ist jede nicht sozial unwertige, auf Gewinnerzielung gerichtete und auf Dauer angelegte selbständige Tätigkeit, ausgenommen Urproduktion, freie Berufe und bloße Verwaltung und Nutzung eigenen Vermögens – je nach Vollständigkeit der Definition 0 bis 3 Punkte.
12. In Betracht kommt ein Grundrechtsschutz aus Art 12 I GG – 1 Punkt. Der Schutzbereich ist eröffnet, wenn das Vorhaben ein „Beruf" ist und Art 12 GG auch verbotene Tätigkeiten erfasst. Ein Beruf iSd Art. 12 Abs. 1 GG ist jede (selbständige und unselbstständige) Tätigkeit, die für den einzelnen Lebensaufgabe und Lebensgrundlage ist (und durch die er zugleich seinen Beitrag zur gesellschaftlichen Gesamtleistung erbringt.) Danach ist das Vorhaben ein Beruf. – 1 Punkt für annähernd richtige Berufsdefinition. Ob auch verbotene Tätigkeiten erfasst sind, ist eine Frage der Auslegung. Fest steht, dass die einfachgesetzlichen Bestimmungen für die Interpretation der Verfassung nicht maßgeblich sind, sondern dass ein eigenständiger verfassungsrechtlicher Berufsbegriff zu begründen ist. Hierzu ist sowohl die Ansicht vertretbar, die verbotene Tätigkeiten aus dem Schutzbereich des Art 12 GG herausnimmt, als auch die entgegengesetzte Auffassung – 1 Punkt. Das Verbot ist ein Eingriff. Ob der Eingriff verfassungsrechtlich gerechtfertigt ist, ist eine Frage der Verhältnismäßigkeit. Der Eingriff müsste geeignet, erforderlich und angemessen sein zur Verfolgung eines schützenswerten Zieles. Ziel ist hier der Tier-

schutz. Das Verbot ist geeignet, um dieses Ziel zu erreichen. Es ist auch erforderlich, da ein milderes Mittel nicht in Betracht kommt. Es ist auch angemessen, da kein besonderes rechtliches Interesse an Hundekämpfen besteht. – 3 Punkte für eine saubere Verhältnismäßigkeitsprüfung, ansonsten 2 oder 1 Punkt.

II. Klausur

1. Aufgaben

1. Welches wirtschaftsverfassungsrechtliche Ziel verfolgt die Europäische Union (1 Punkt)?
2. Ist die soziale Marktwirtschaft Bestandteil der deutschen Wirtschaftsverfassung (1 Punkt)?
3. Inwiefern gelten die Grundrechte nach herrschender Meinung unter Privaten (1 Punkt)?
4. Welcher Rechtsgrundsatz soll die Bindung der Verwaltung an die Normenpyramide sicherstellen (1 Punkt)?
5. Ordnen Sie Tatbestand, Ermessen, unbestimmte Rechtsbegriffe und Rechtsfolge einander zu (1 Punkt).
6. Welches sind gemäß dem Subsidiaritätsprinzip die Voraussetzungen dafür, dass die Europäische Union „tätig wird" (1 Punkt)?
7. Worum geht es im Rahmen der Rechtsökonomik bei den vergleichenden Kosten-Nutzen-Analysen von Rechtsnormen (Normenvergleich) (1 Punkt)?
8. Welche Vorschrift hat die Verwaltung zu beachten, wann immer ihr ein Ermessen eingeräumt wird (1 Punkt)?
9. Welche Gesetze haben eine breitere Legitimationsbasis: Einspruchsgesetze oder Zustimmungsgesetze? Warum (1 Punkt)?
10. Beschreiben Sie kurz die rechtliche Besonderheit der Eigentumsrechte im Vergleich zu vertraglichen Rechten. Welche Funktionen erfüllen die Eigentumsrechte aus ökonomischer Sicht (2 Punkte).
11. Wie stellen Sie fest, ob eine Norm Ihnen subjektive öffentliche Rechte gewährt (2 Punkte)?
12. Was ist Verwaltungsprivatrecht? Wird es von den Grundrechten erfasst (2 Punkte)?
13. Erklären Sie den Zusammenhang zwischen der Rechtsweggarantie und dem einstweiligen (vorläufigen) Rechtschutz (2 Punkte).
14. Sie sind ein Landwirt, der nationale Beihilfen bekommen soll, als Entschädigung für die Zwangsschlachtung seiner BSE-verseuchten Rinder. Sie haben Sorge, dass der EuGH eines Tages entscheiden wird, dass die deutschen Stellen die an Sie gezahlten Beihilfen zurückfordern sollen. Was muss auf jeden Fall geschehen, bevor Ihnen Beihilfen gezahlt werden? Um welche Art der Regulierung handelt es sich? Legen Sie Art 107 II b AEUV (ex-Art 87 II b EG) unter Verwendung von zwei Interpretationsarten kurz aus: Wären die Beihilfen materiell rechtmäßig (5 Punkte)?

2. Lösung

1. Eine im hohen Maße wettbewerbsfähige soziale Marktwirtschaf (auf der Grundlage eines ausgewogenen Wirtschaftswachstums und von Preisstabilität), Art 3 EUV (ex-Art 2 EUV) Ebenfalls richtig ist die Antwort „offene Marktwirtschaft mit freiem Wettbewerb" Art 119 AEUV (ex-Art 4 I EG) – 1 Punkt.
2. Sie ist Bestandteil der Wirtschaftsverfassung im faktischen Sinne, nicht aber der Verfassung im normativen Sinne – 1 Punkt.
3. Sie gelten nach überwiegender Ansicht nur mittelbar über die Bindung der Gewalten an die Grundrechte, Art 1 III GG – 1 Punkt.
4. Das Prinzip des Vorrangs des Gesetzes – 1 Punkt.
5. Unbestimmte Rechtsbegriffe stehen auf der Tatbestandsseite, Ermessen betrifft die Rechtsfolgenseite einer Norm – 1 Punkt.
6. Art 5 III AEUV (ex-Art 5 II EG): Erstens keine ausreichende Zielerreichung auf der Ebene der Mitgliedstaaten und zweitens bessere Zielerreichung auf Gemeinschaftsebene – 1 Punkt.
7. Bei den Normenvergleichen geht es darum, von mehreren Regelwerken das vorzugswürdige heraus zu suchen. Dazu werden die Vor- und Nachteile gegeneinander abgewogen und die am ehesten zustimmungsfähige Institution ermittelt – 1 Punkt.
8. § 40 VwVfG – 1 Punkt.
9. Zustimmungsgesetze, da zu ihrem Zustandekommen der seinerseits demokratisch legitimierte Bundesrat zustimmen muss (Vetorecht), Art 77 II a GG – 1 Punkt.
10. Eigentumsrechte sind absolute Rechte. Sie schützen eine umfassende Rechtsmacht über das Eigentum gegenüber jedermann – 1 Punkt. Sie schaffen damit einen Anreiz, Eigentum zu erwerben, und sind somit ein wesentlicher Faktor für die Schaffung von Wettbewerb – 1 Punkt.
11. Entweder formuliert die Norm ausdrücklich einen Anspruch oder ein solcher Anspruch ergibt sich durch Auslegung (Schutznormtheorie). Eine drittschützende Norm liegt vor, wenn ein qualitativ und quantitativ abgrenzbarer Personenkreis erkennbar durch die betreffende Norm geschützt werden soll – 2 Punkte.
12. Verwaltungsprivatrecht liegt vor, wenn die Hoheitsgewalt in den Formen des Privatrechts handelt. Grundrechte gelten grundsätzlich auch hier (keine Flucht ins Privatrecht) - 2 Punkte.
13. Art 19 IV GG beinhaltet das Grundrecht auf einen effektiven Rechtsschutz. Dieser wäre nicht gewährt, wenn in eiligen Fällen keine Rechtsschutzmöglichkeiten beständen – 2 Punkte.
14. Jede „neue" Beihilfe muss notifiziert werden, Art 88 III GG – 1 Punkt. Es handelt sich um ein präventives Verbot mit Erlaubnisvorbehalt – 1 Punkt. Art 107 II b AEUV (ex-Art 87 II b EG): Problematisch ist, dass es sich bei der Entschädigung um Folgeschäden handelt. Vom Wortlaut („Schäden") wären auch Folgeschäden erfasst. Bei der teleologischen Auslegung ist alles vertretbar: eine enge Auslegung, um eine effektive Beihilfenkontrolle zu garan-

tieren oder eine weite Auslegung, da „außergewöhnliche Ereignisse" aus der Beihilfenkontrolle weitgehend ausgenommen werden sollten (de-jure vereinbare Beihilfen) – 5 Punkte.

III. Klausur

1. Aufgaben

1. Was besagt im Ergebnis das Münchhausen–Trilemma (1 Punkt)?
2. Erklären Sie durch das Begriffspaar „law in the books – law in action", wann eine Rechtsnorm vollständig wirksam ist (1 Punkt).
3. Erklären Sie den Begriff des Vorverständnisses. Inwiefern ist es eine Gefahr bei der Rechtsanwendung (2 Punkte)?
4. Wie ist der Begriff der verfassungsmäßigen Ordnung in Art 2 I GG definiert (1 Punkt)?
5. Der französische Handwerker Giscard muss sich bei der Handwerkskammer anmelden, wenn er als selbständiger Handwerker in Deutschland arbeiten will. Kann diese Regelung angesichts der Arbeitnehmerfreizügigkeit, Art 47 ff AEUV (ex-39 ff EG), grundsätzlich rechtmäßig sein (1 Punkt)?
6. In den Bauordnungen der Länder wird mitunter verboten, bestimmte Abstandsflächen zum Nachbargrundstück zu überbauen. Sind diese Bestimmungen drittschützend? Begründen Sie (2 Punkte)?
7. Sie sind Adressat eines erkennbar rechtswidrigen Verwaltungsaktes. Der Verwaltungsakt wurde gemäß § 80 II 1 Nr 4 VwGO für sofort vollziehbar erklärt. Wie verhalten Sie sich (1 Punkt)?
8. Erklären Sie bitte den Sinn von Art 87e IV GG aus betriebswirtschaftlicher Sicht (2 Punkte).
9. Art 12 I 2 GG lässt die Beschränkung der Berufsausübung zu. Was sagen Sie den Gesetzgebern, wenn diese die freie Berufswahl einschränken wollen. Begründen Sie Ihre Aussage unter Verwendung der wörtlichen und der teleologischen Auslegung (3 Punkte)?
10. Nennen Sie bitte die zwei grundsätzlichen Modelle für die Organisation des Finanzwesens im Bundesstaat. Ordnen Sie unter Nennung einiger einschlägiger Artikel die Finanzverfassung des Grundgesetzes den Modellen zu (3 Punkte).
11. Der türkische Schlachter A möchte in Deutschland Tiere schächten (unbetäubt töten), weil ihm geschächtetes Fleisch besser schmeckt als geschlachtetes. Das wird ihm durch die Verwaltung verboten. Die Verwaltung befolgt dabei die Anordnung eines entsprechenden Verbotsgesetzes. A beruft sich dagegen auf seine Berufsfreiheit als Metzger. Prüfen Sie bitte anhand des einschlägigen Grundrechts, ob dieser Eingriff verfassungsgemäß ist (7 Punkte).

2. Lösung

1. Dass es keine Letztbegründung von Werten geben kann – 1 Punkt.
2. Wirksam ist eine Rechtsnorm, wenn das geschriebene law in the books, vollständig zum law in action wird – 1 Punkt.
3. Es handelt sich um einen Begriff aus der Hermeneutik. Er besagt, dass alles, was die Menschen verstehen, auf bereits Verstandenem aufbaut – 1 Punkt. Die Gefahr für die Rechtsanwendung besteht darin, dass die Rechtsanwender ihre subjektiven Vorstellungen und Ansichten in das Gesetz hineinlesen und dabei dessen Sinn verzerren.
4. Als Gesamtheit der formell und materiell verfassungsmäßigen Rechtsnormen – 1 Punkt.
5. Die Grundfreiheiten können eingeschränkt werden, so auch die Arbeitnehmerfreizügigkeit, Art 47 AEUV (ex-Art 41 EG) – 1 Punkt.
6. Sie sind drittschützend, denn es wird ein quantitativ und qualitativ abgrenzbarer Personenkreis erkennbar geschützt – 2 Punkte.
7. Einstweiliger Rechtsschutz gemäß § 80 V VwGO – 1 Punkt.
8. Der Markt allein kann keine flächendeckende Versorgung von öffentlichen Gütern garantieren. Das betrifft insbesondere die kostenintensive Netzwirtschaft wie den Schienenverkehr, vgl auch Art 87 f I GG – 1 Punkt. Da dies aber im Interesse des Gemeinwohls ist, überträgt das Grundgesetz dem Staat die Verantwortung dafür – 1 Punkt.
9. Art 12 I GG hat nach allgemeiner Meinung einen einheitlichen Schutzbereich der Berufsfreiheit – 1 Punkt. Entgegen dem klaren Wortlaut kann also auch die Berufswahl beschränkt werden – 1 Punkt. Das ergibt sich aus dem Sinn und Zweck der Regelung: Berufswahl und Berufsausübung sind eng miteinander verflochten – 1 Punkt.
10. Trennsystem und Verbundsystem – 1 Punkt. Das Grundgesetz ist im Ansatz ein Trennsystem, Art 104a I, 109 I GG – 1 Punkt. Die zahlreichen verfassungsrechtlichen Ausnahmen machen den Grundsatz aber zur Ausnahme – 1 Punkt.
11. A genießt als Nicht-Deutscher auch hinsichtlich seiner beruflichen Tätigkeiten Grundrechtsschutz aus Art 2 I GG. Art 12 I GG ist ein Deutschengrundrecht – 1 Punkt. Der Schutzbereich der allgemeinen Handlungsfreiheit ist eröffnet, denn er erfasst jede menschliche Betätigung. Nur verfassungsgemäße Gesetze können die allgemeine Handlungsfreiheit verfassungsgemäße beschränken. Für das genannte Verbotsgesetz ist gerade festzustellen, ob es verfassungsgemäß ist – 1 Punkt. Das Verbot ist ein Eingriff – 1 Punkt. Ob der Eingriff verfassungsrechtlich gerechtfertigt ist, ist eine Frage der Verhältnismäßigkeit – 1 Punkt. Der Eingriff müsste geeignet, erforderlich und angemessen sein zur Verfolgung eines schützenswerten Zieles. Legitimes Ziel ist hier der Tierschutz. Das Verbot ist geeignet, um dieses Ziel zu erreichen. Es ist auch erforderlich, da ein milderes Mittel nicht in Betracht kommt. Zwar sind die Auswirkungen des Schächtens auf das Wohlbefinden der Tiere im Vergleich zum Schlachten wissenschaftlich nicht ausdiskutiert. Die Gesetzgeber haben in diesen Fällen jedoch einen verfassungsrechtlich geschützten Ein-

schätzungsspielraum. Hinsichtlich der Angemessenheit sind alle Ergebnisse vertretbar. Fehlerhaft wäre eine Sachverhaltsquetsche, die dem A eine religiöse Motivation unterstellt. – 3 Punkte für eine saubere Verhältnismäßigkeitsprüfung, ansonsten 2 oder 1 Punkt.

IV. Klausur

1. Aufgaben

1. Kann Art 79 III GG geändert werden? Nennen Sie ein Argument. (1 Punkt).
2. Was ist eine Legaldefinition? Nennen Sie ein Beispiel (zB aus dem Gewerberecht) (2 Punkte).
3. Was ist ein subjektives öffentliches Recht (1 Punkt)?
4. Wodurch ist eine Mediation gekennzeichnet (1 Punkt)?
5. Bierbrauer Fröhlich in Deutschland ist gesetzlich verpflichtet, das Reinheitsgebot einzuhalten. Brewer Gay aus England darf sein nicht reinheitsgebotmäßiges Bier in Deutschland verkaufen. Ist das mit der Warenverkehrsfreiheit vereinbar (1 Punkt)?
6. Welche Normen gelten grundsätzlich, wenn der Staat etwas auf dem Markt kaufen möchte (1 Punkt).
7. Wann ist ein VA bestandskräftig (1 Punkt)?
8. Enthält § 1 des Gesetzes zur Förderung der Stabilität und des Wachstums der Wirtschaft eine verfassungs-authentische Interpretation von Art 109 II GG (1 Punkt)?
9. Art 2 I GG kann durch die verfassungsmäßige Ordnung eingeschränkt werden. Diese unterliegt aber ihrerseits der Maßgabe von Art 2 I GG. An welchem Grundsatz sind dann Eingriffe in Art 2 I GG zu messen (1 Punkt)?
10. Wie ist das Verhältnis von § 80 zu § 123 VwGO (2 Punkte)?
11. Was besagt die Radbruch'sche Formel für die Rechtsanwendung (2 Punkte)?
12. Zu Art 68 I GG: Ist der Bundestag aufzulösen, wenn der Bundeskanzler die Vertrauensfrage erkennbar nur nutzt, um eine Auflösung des Bundestages zu bewirken? Nennen Sie das entscheidende Argument und mindestens eine der hier entscheidenden Auslegungsarten (2 Punkte).
13. Es gibt drei Formen wettbewerbsverzerrenden Verhaltens durch die Marktteilnehmer. Welche (3 Punkte)?
14. Butterhersteller X und Y melden eine Fusion zum Unternehmen Z an. Sie würden 95 % Marktanteil auf dem Buttermarkt haben. Nimmt man den Öl- und Margarinemarkt hinzu, so hätte Z nur einen Marktanteil von 15 %. Wonach fragen Sie als Wettbewerbshüter, wenn Sie beurteilen sollen, ob die Fusion eine Wettbewerbsverzerrung bewirken könnte (2 Punkte)?
15. Die Mehrheitsfraktion im Bundestag möchte die Todesstrafe einführen. Inwieweit steht ihr die Verfassung im Wege? Werfen Sie nur das Problem auf; entscheiden Sie es nicht (3 Punkte).

2. Lösungen

1. Nein, denn das würde dem Sinn und Zweck der Norm widersprechen, denn dann wäre sie sinnlos. – 1 Punkt.
2. Die Definition eines Begriffes im Gesetzestext (daran erkennbar, dass der im Gesetzestext erläuterte Begriff im Gesetzestext in Klammern steht). – 1 Punkt. Der Begriff der „Zulassung" in § 15 II 1 GewO. – 1 Punkt.
3. Die gerichtlich durchsetzbare Macht, von den Staatsorganen ein bestimmtes Verhalten verlangen zu können – 1 Punkt.
4. Ein Dritter vermittelt in einem Konflikt, ohne Entscheidungsbefugnisse zu haben. – 1 Punkt.
5. Ja, denn die Grundfreiheiten betreffen nur den grenzüberschreitenden Verkehr. Inländerdiskriminierungen sind rechtmäßig. – 1 Punkt.
6. Das Vergaberecht der §§ 97 ff GWB und der europäischen Vergaberichtlinien – 1 Punkt.
7. Wenn gegen den VA kein förmlicher Rechtsbehelf mehr möglich ist – 1 Punkt.
8. Nein, denn das niederrangige Recht ist am höherrangigen Recht zu messen, nicht umgekehrt (Normenpyramide) – 1 Punkt.
9. Am Grundsatz der Verhältnismäßigkeit. – 1 Punkt.
10. § 80 VwGO ist speziell. Das ergibt sich aus Art 123 V VwGO. – 2 Punkte.
11. Die Rechtsanwender haben das geschriebene Recht anzuwenden – 1 Punkt, es sei denn die Anordnung der Norm ist in einem unerträglichen Maße ungerecht – 1. Punkt.
12. Sinn und Zweck der Vertrauensfrage ist es, die Stabilität der Regierung zu gewährleisten (teleologische Auslegung). Dieser Zweck wird vereitelt, wenn der Bundeskanzler durch die Auflösung des Bundestages lediglich Neuwahlen veranlassen möchte – 2 Punkte.
13. Absprachen, Missbrauch marktbeherrschender Stellung, Zusammenschlüsse (Fusionen) – 3 Punkte.
14. Nach dem sachlich relevanten Markt. Dieser bestimmt sich danach, ob die genannten Produkte austauschbar sind (sog Surrogate) – 2 Punkte.
15. Die Todesstrafe ist gemäß Art 102 GG abgeschafft – 1 Punkt. Das Grundgesetz müsste also gemäß Art 79 I, II GG geändert werden – 1 Punkt. Das wäre wegen der Ewigkeitsklausel des Art 79 III GG aber ausgeschlossen, wenn die Todesstrafe gegen die Menschenwürde, Art 1 I GG, verstieße. – 1 Punkt.

Dialog zwischen Wladimir und Estragon
aus „Warten auf Godot" von Samuel Beckett:

– Sobald man Bescheid weiß.
– Kann man sich gedulden.
– Weiß man, woran man sich zu halten hat.
– Kein Grund mehr zur Unruhe.
– Man braucht nur zu warten.

Register

I. Verzeichnis der wortwörtlich zitierten Rechtsnormen

Art 3 EUV 110
Art 3 I UAbs 1 EUV 146
Art 4 III AEUV 118
Art 5 EUV 114
Art 5 III AEUV 97
Art 6 I EUV 127
Art 13 I UAbs 2 EUV 111
Art 14 AEUV 153
Art 101 AEUV 287
Art 102 AEUV 290
Art 106 I AEUV 153
Art 107 I AEUV 304
Art 107 II AEUV 305
Art 108 AEUV 307
Art 119 AEU 146
Art 37 AEUV 152
Art 288 AEUV 122

ex-Art 4 I EG 146
ex-Art 4 III EG 169
ex-Art 5 EG 114
ex-Art 5 II EG 97
ex-Art 10 EG 118
ex-Art 16 EG 153
ex-Art 23 EG 130
ex-Art 28 EG 130
ex-Art 31 I EG 152
ex-Art 39 EG 131
ex-Art 81 EG 287
ex-Art 82 EG 290
ex-Art 86 I EG 153
ex-Art 86 II 1 EG 153
ex-Art 87 II EG 305
ex-Art 234 EG 255
ex-Art 249 EG 122

ex-Art 2 EUV 110
ex-Art 6 II EU 127

Art 2 III Fusionskontrollverordnung 291

Art 1 GG 95
Art 2 I GG 187
Art 3 GG 190
Art 9 GG 211
Art 9 III GG 140
Art 12 I GG 196
Art 14 GG 140, 204
Art 19 II GG 95
Art 19 III GG 182
Art 19 IV 1 GG 96
Art 19 IV GG 237
Art 20 I 1 GG 65
Art 20 I GG 75
Art 20 III GG 24
Art 20 II 2 GG 67, 73
Art 21 I 1 GG 71
Art 21 I 2 GG 72
Art 21 I 3, 4 GG 72
Art 21 II 2 GG 72
Art 28 I 1, 2 GG 75
Art 28 I 3 GG 68
Art 28 II 1 GG 75
Art 30 GG 75
Art 31 GG 76
Art 33 IV GG 144
Art 34 GG 233
Art 38 I 1 GG 70
Art 38 I 2 GG 71
Art 40 I GG 73
Art 42 II 1 GG 79
Art 50 GG 74

Art 51 I 1 GG 74
Art 70 GG 76
Art 71 GG 76
Art 72 GG 76
Art 76 I GG 78
Art 77 I GG 78
Art 77 IIa GG 79
Art 78 GG 80
Art 79 II GG 79
Art 82 GG 80
Art 83 GG 78, 217
Art 84 GG 218
Art 84 II und 85 II 1 GG 219
Art 85 GG 218
Art 86 GG 218
Art 87 I EG 304
Art 88 EG 307
Art 88 GG 142
Art 97 I GG 240
Art 103 I GG 96
Art 104a I GG 163
Art 105 GG 164
Art 106 GG 165
Art 107 GG 166
Art 109 II GG 141
Art 110 GG 169
Art 116 I GG 67
Art 146 GG 65

§ 7 BHO 144
§ 65 I BHO 144

§ 31 II 1 BVerfGG 20

§ 1 GastG 264
§ 2 GastG 264

§ 1 GWB 287
§ 2 I GWB 288
§ 19 GWB 289
§ 33 I GWB 292
§ 36 GWB 291
§ 98 GWB 313
§ 99 I GWB 313
§ 100 I GWB 319

§ 1 GewO 261
§ 6 GewO 261
§ 14 GewO 267
§ 15 II 1 GewO 270

§ 31 GewO 265
§ 33 i II GewO 269
§ 33i I 1 GewO 266
§ 35 I 1 GewO 43, 268
§ 69 I 1 GewO 271
§ 70 GewO 272

§ 6 HGrG 143

§ 1 StabG 141

§ 42 II VwGO 243
§ 72 VwGO 246
§ 73 I 1 VwGO 246
§ 80 I VwGO 251
§ 80 II 1 Nr 4 VwGO 229
§ 80 V VwGO 251
§ 113 I VwGO 247
§ 113 V VwGO 248
§ 114 VwGO 249
§ 123 I VwGO 252

§ 1 IV VwVfG 45
§ 1 VwVfG 219
§ 9 VwVfG 220
§ 10 VwVfG 220
§ 22 VwVfG 220
§ 35 S. 1 VwVfG 19
§ 36 VwVfG 226
§ 40 VwVfG 57
§ 43 I VwVfG 227
§ 46 VwVfG 227
§ 48 I VwVfG 228
§ 48 IV VwVfG 309
§ 49 II Nr 3 VwVfG 46
§ 49 VwVfG 228
§ 54 VwVfG 229

§ 3 UWG 90

§ 17 I ASOG Bln 222

II. Sachverzeichnis

Abgaben 158, **159**
Abstimmungen 67
Abwägung **59**
ADR – Alternative Dispute Resolution **238**
allgemeine Handlungsfreiheit **186**
allgemeines Persönlichkeitsrecht **186**
Allgemeinverfügungen 225
Alternative Konfliktlösung 238
Amt 223
Amtshaftungsanspruch 233
Amtspflicht 304
Amtspflichtverletzungen 233
Amtswalter 223
Analogieschluss 44
Anfechtungsklage 244, 247
Anhörung des Parlaments 119
Anreize 148
Anspruch auf fehlerfreie Ermessensausübung 244
Anstalten 222
Antragsbefugnis 250
Anwendungsvorrang 286
Anzeigepflicht mit Erlaubnisvorbehalt 149
Anzeigepflicht ohne Erlaubnisvorbehalt 149
Arbeitskampfmaßnahmen 213
Arbeitsteilung 139
Aufgaben der Verwaltung 216
Auflage 226
Auflagenvorbehalt 226
Auslegung 47
   Entscheidungstopoi **53**
   Fallvergleichung **51**
   Folgenorientierung **52**
   Historie und Genese **49**
   Normkonforme Auslegung **50**
   objektivierte Wille des Gesetzgebers 55
   Rangordnung unter den Auslegungsarten **54**
   Rechtsvergleichung 51
   Sinn und Zweck **52**
   Systematik des Gesetzes **49**
   Wortlaut 21, **48**
   Wortlautgrenze 56
Ausschuss der Regionen 113
Autonomer Gesetzesvollzug 234

Bedingung 226
Befristung 226
Begrenzte Einzelermächtigung 114
Begründetheit 247
Behörden 223
Beihilfen
   Anspruch **303**
   Arten **300**
   Begriff **304**
   Freistellungen vom Beihilfeverbot **305**
   Gewährung **301**
   Rechtsgrundlagen 302
Beihilfen-Ermächtigungsverordnung Nr 994/98 307
Beihilfen-Gruppenfreistellungsverordnungen 307
Beihilfenkontrolle 304
Beihilfenrecht 299
   Notifizierung **307**
   Rechtsschutz **310**
   Rückforderung **308**
Beihilfenspirale 297
Beiträge 159
Beliehene 223
Berufsfreiheit **195**
   in Europa **201**
   Stufenlehre 195, 200
Berufskammern 211
berufsregelnde Tendenz 198
Beschlüsse 122
Bestandskraft 226
Bestimmtheit 199
Bestimmtheitsgrundsatz 178
Betreibermodelle 327
Betriebsführungsmodelle 327
Beurteilungsspielraum 250
Billigkeit 7
Bindung an Gesetz und Recht 88
Bundesauftragsverwaltung 218
Bundeseigene Verwaltung 218
Bundeskanzler 73
Bundesminister 73
Bundesrat 74
Bundesregierung 73
Bundesstaat 74
   Gesetzgebungskompetenzen 76
   kommunale Selbstverwaltung 75

Verhältnis der Länder zum Bund 75
Bundestaat
 Föderalismus 74
 Homogenitätsgebot 75
 Zentralismus 74
Bundestreue 163
Bundesverfassungsgerichtsgesetz 254
Bürger 5
Bürgschaft 301

Cassis de Dijon 131
Clubs im Club 122

Darlehen 300
Daseinsvor-vorsorge 329
Dassonville 130
Definitionslehre 45
Demokratie 65
 Abstimmungen 67
 demokratische Kongruenz 80
 direkte 64
 Einstimmigkeit 64, 66
 Mehrheitsprinzip 66
 Mehrheitsprinzips 64
 Mehrheitsquoren 69
 Mehrheitsregeln 66
 personalisierte Verhältniswahl 70
 repräsentative 64, 69
 Wahlen 67
 Wahlrechtsgrundsätze 70
Demokratieprinzip 329
demokratische Kongruenz 162
Deutschengrundrechte 182
Dienstaufsichtsbeschwerde 237
Dienstleistungen von allgemeinem wirtschaftlichen Interesse **153**
Differenzierungsmerkmal 189
direkter Vollzug 125
Diskriminierungskosten 84, 121
Diskursethik 23
Dritte 6
Drittschutz 275
Drittschützende Normen **242**

effet utile 125
Effizienzvergleich 331
Eigenbetriebe 152
Eigengesellschaften 152
Eigentum 140
 Sozialmodell 208
 Eigentumsfreiheit **202**

ausgleichspflichtige
 Inhaltsbestimmung 209
 faktische Beeinträchtigungen **210**
 Sozialbindung 209
Eigentumsordnung 211
Eigentumsrecht
 Institutsgarantie 204
Eigenüberwachung 234
einfaches Recht 5
Eingriff **176**
 Eingriffsschwelle 176
 faktisch 176
 mittelbar 176
Eingriff in Art 12 I GG **197**
Einheit der Rechtsordnung 49
Einheitliche Europäische Akte (1986) 117
Einschätzungsspielraum der Gesetzgeber 180
Einstimmigkeit 120
einstweilige Anordnung **251**
Einstweiliger Rechtsschutz **250**
Einzelnen 6
Empfehlungen und Stellungnahmen 122
enteignender Eingriff 210
enteignungsgleicher Eingriff 210, **233**
Entscheidungsfindung und Entscheidungsbegründung **55**
Entscheidungskorridor 22, **56**
Entscheidungstopoi **53**
Ermächtigungsgrundlage 91, **221**
Ermessen **57**
Ermessensklauseln 249
Ermessensreduzierung auf Null 248
Ermessensspielräume 43
Ermessensvorschriften 89, 248
Erst-Recht-Schluss 44
Ertragshoheit **165**
EU
 Organe und Institutionen 111
Europäische Gemeinschaft 107
Europäische Gerichtsbarkeit **254**
Europäische Gerichtshof 113
Europäische Grundrechte 126
Europäische Integration 81
Europäische Parlament 111
Europäische Rat 111
Europäische Wirtschaftsverfassung **145**
Europäische Zentralbank 113
Europäisches Gemeinschaftsrecht **118**

Europäisches System der Zentralbanken 142
Europäisches Verwaltungsrecht **232**
Europäisierung 105
Europarecht 5
European Competition Network 286
Existenzminimum 95
externe Effekte 6, 33

fehlerfreie Ermessensausübung 244
Festsetzung 271
Finanzausgleich 166
Finanzverwaltung 167
Föderalismus 64
Folgenbeseitigungsanspruch 232
Folgenorientierung in der Rechtsanwendung 52
formell 6
Formelle Gesetze 18
formelle Rechtmäßigkeit 177, 247
Formelle Verfassungsmäßigkeit 177, 199
formellen Gesetze 36
Förmliches Verwaltungsverfahren 220
Freigestellte Vereinbarungen 287, 288
Freiheit des Kapital- und Zahlungsverkehrs 131
Freiheitsrechte **186**
Freirechtsschule 55
Freizügigkeit 131
Fremdüberwachung 234
Funktionen **26**
Fusionskontrollverordnung 291

Gaststätte
  Erlaubnis 264
  Gaststättengewerbe 264
  ohne Zulassung 271
Gaststättenerlaubnis 264
Gaststättengewerbe 264
Gebietskörperschaften 6, 222
Gebot
Gebot demokratischer Kongruenz 80
Gebote 151
Gebühren 159
gebundene Verwaltung 43
Gemeinschaftsrecht 5, 118
  Anwendungsvorrang **115**, 252
  effet utile 116, 256

Einheitliche Europäische Akte (1986) 117
Gemeinschaftstreue 118
Harmonisierung 116
Kohärenz 116
Konvergenz 116
Rechtsangleichung 116
Rechtsetzungsverfahren **118**
Rechtsformen **122**
Solidarität 117
Strukturprinzipien **116**
verstärkte Zusammenarbeit 117
Vollzug **125**
Gemeinschaftstreue 125
gemischt-wirtschaftliche Unternehmen 184
Gemischt-wirtschaftliche Unternehmen 152, 326
Genehmigungsverfahren 220
Gerechtigkeit 7, 98
Gerichtsentscheidungen 20
gesamtwirtschaftliches Gleichgewicht **141**
Gesellschaftsvertrag 64
Gesetz im formellen Sinne 5
Gesetz im materiellen Sinne 5
Gesetzesbindung 88, 177
Gesetzesvollziehungsanspruch 241
Gesetzesvorbehalt 198
Gesetzesvorbehalte 177
Gesetzgebungskompetenzen 76
  „Rahmen"gesetzgebung 77
  ausschließliche 76
  Erforderlichkeitsklausel 76
  konkurrierende 76
  Sperrklausel 76
Gesetzgebungsverfahren 78
  Einspruchsgesetze 79
  Gesetzesinitiative 78
  Vermittlungsausschuss 78, 79
Gesetzmäßigkeit 91
Gewalt 7
Gewaltenteilung 86
  horizontale 86
  Kernbereiche der Gewalten 86
  vertikale 86
  vierte Gewalt 86
Gewerbe 262
  Fetsetzung von Messen, Ausstellungen und Märkten 271
  ohne Gewerbezulassung 270

Gewerbeaufsicht
  Anzeigepflicht 267
  Erlaubnispflicht 267
  Festsetzung 267
  Gewerbeuntersagung 267
Gewerbebetrieb 206
Gewerbefreiheit 261, 262
Gewerbeordnung 261
  Anwendungsbereich 261
Gewerbeuntersagung 43
Gleichberechtigung von Mann und Frau 191
Gleichheitsrechte 189
Gleichheitssatz 191
  bereichsspezifische Ausprägung 193
  neue Formel 192
Grundfreiheiten 126, **128**
  allgemeine Lehre **128**
  die einzelnen Grundfreiheiten **130**
  Inländerdiskriminierung **129**
  Unmittelbare Drittwirkung **130**
Grundnorm 16
Grundrechte 93
  Anwendbarkeit **182**
  Ausstrahlungswirkung 181
  Deutschengrundrechte 182
  negative Kompetenznormen 181
  Subjektiver und objektiver Gehalt 181
  Wesensgehalt 178
  Zitiergebot 178
Grundrechte als Anspruchsrechte 179
Grundrechten **126**
Grundrechtsbindung 183
Grundrechtsbindung Privater 184
Grundrechtsträger 182
Grundrechtsverletzung 175
Grundrechtsverpflichtete 96, **183**
Grundsatz 7
Gruppenfreistellungsverordnungen 288
GWB 277

Haftung bei Verletzung der Umsetzungspflicht **125**
Haftung für rechtswidriges Verwaltungshandeln **232**
Halbteilungsgrundsatz 207
Handlungsformen des Verwaltungsrechts **224**
Handwerksrecht 273

Handwerksrolle 273
  Meisterprüfung 273
Haushaltsrecht 143
Haushaltswirtschaft 167
hermeneutischen Zirkel 48
Herrschaft 7
herrschende Meinung 7
hoheitliche Gewalt 7
Horizontale Beihilfen 306

Indigenatsbürgerschaft 128
indirekter mittelbarer Vollzug 126
indirekter Vollzug 126
Individualrechtsschutz 113
informationelle Selbstbestimmung 187
Informelles Verwaltungshandeln **230**
Ingerenzpflicht 329
Inhalts- und Schrankenbestimmung 207
In-house-Geschäfte 313
Inländerdiskriminierung 274
institutionelle Legitimation 240
Investitionsmodelle 234

Junktimklausel 210
juristische Person 6
juristische Personen 182
juristische Personen des öffentlichen Rechts 182
Juristische Personen des öffentlichen Rechts 6, **222**
juristische Personen des Privatrechts 6
Justizgrundrechte 183

Keck 130
Klagearten 246
Klagebefugnis **243**, 256
Koalitionsfreiheit 140, **211**
Kommission 112
Kompetenz-Kompetenz 114
Komplementärer Gesetzesvollzug 234
Konfliktvermeidung 26
Konkurrentenfälle 275
Konsensethik 23, 64, **120**
Konzentrationsstrategie 291
Konzessionen 327
Kooperation mit Privaten 233
Kooperationsvorteile 26, **139**
  individuelle **31**

kollektive 32
Kooperative Gesetzeskonkretisierung 233
Koordinierung 316
Kopplungsverbot 230
Körperschaften 222
Kosten-Nutzen-Analysen 30

Länderverfassungen 69
law in action 16
law in the books 16
Legitimation 98
   personelle 240
   sachliche 240
Leistungswettbewerb 279
Liberalisierungsmaßnahmen 316

Maastricht (1992) 107
Macht 7
Marktprivilegien 272
Marktwirtschaft 138
Maßnahmen gleicher Wirkung 130
Maßstäbegesetz 166
Materiell 6
materielle Rechtmäßigkeit 177
Materielle Verfassungsmäßigkeit 177, 199
Mediation 239, 322
Mehrheitsprinzip 120
Menschenbild des Grundgesetzes 174
Menschenwürde 95
Methodenlehre 21
Methodik im öffentlichen Recht 57
Missbrauch einer marktbeherrschenden Stellung 289
Mitentscheidungsverfahren 119
mittelbare Diskriminierung 190
Mittelbare Drittwirkung 185
mittelbare Staatsverwaltung 223
modifizierte Subjektstheorie 34
Monopole **152**
Münchhausen-Trilemma 23

nationale Recht 5
Nebenbestimmungen 226
Netzwerk der europäischen Wettbewerbsbehörden 286
neue Formel 192
Nichtförmliches Verwaltungsverfahren 220
Nicht-Recht **15**

Niederlassungsfreiheit 131
Normadressaten 5
Normenpyramide 16, **36**, 177

objektive Wertordnung 180
Objektives Recht **241**
offene Marktwirtschaft mit freiem Wettbewerb 145
öffentliche Aufgaben 184
Öffentliche Aufträge 313
öffentliche Unternehmen 152
Öffentliches Recht **34**
   modifizierte Subjektstheorie 34
   und Privatrecht 34
Öffentlich-rechtliche Verträge 19
Ökonomik 28
ordentlichen Gesetzgebungsverfahren 119
ordre public 147
Ordre public **147**
Organwalter 223

Pareto-Effizienz 278
Pareto-Kriterium 33
Parteien 71
Parteiengesetz 72
Planfeststellung 220
polizeiliche Generalklausel 221
Popularklage 243
positive Analyse 6
positive Recht 6
Positives Recht **15**
praktische Konkordanz 59
Praktische Konkordanz 179
Prämien 300
Primärrecht **113**
Prinzip der begrenzten Einzelermächtigung 118
Prinzip der Gemeinschaftstreue 125
Private Enforcement 292
Private Teilhabe an staatlicher Planung 234
property rights 139
Prozesskosten **253**
Public-Private-Partnership 326
   Betreibermodelle 327
   Institutionalisierte PPP 326
   Konzessionsmodelle 327
   Lebenszyklusansatz 330

Radbruch'sche Formel 25

Rat 112
Ratifikation 108
Realakte 230
Realförderung 301
Rechnungshof 113
Recht
   Effektivitätsquote **26**
   Geltung **26**
   Gerechtigkeit **22**
   Grenzen 21
   positives Recht **24**
   Prinzipien **22**
   Privat gesetztes 21
   richtiges Recht **24**
   Ungerechtigkeit 25
   Ungerechtigkeitsprüfung 24
   Unrecht **22**
   Zwangsbegriff 17
Rechtfertigung von Eingriffen in
   Art 12 I GG **198**
rechtliches Gehör 96
Rechtsakte der EG 118
Rechtsanwendung **41**
   Anwendbarkeit von Rechtsnormen **46**
   Auffinden einschlägiger Normen 45
   Auslegung 47
Rechtsbegriffe 7
Rechtsbehelfe 221, **237**
Rechtsbeständigkeit 90
Rechtsbestimmtheit 88
Rechtsfindung
   Probleme 21
Rechtsfolge 43
Rechtsfortbildung **56**
Rechtsgut 6
Rechtsklarheit 88
Rechtsmittel 238
Rechtsnormen 17, 31
Rechtsöffentlichkeit 90
Rechtsökonomik **27**
   asymmetrische Informationen 30
   bounded rationality 29
   Eigennutzorientierung 29
   Gefangenendilemma 30
   Negativauslese 31
   normativer Individualismus **28**
   Paradigma **29**
   Transaktionskosten 30
   unvollständige Informationen 29
   Zustimmungsfähigkeit 29

Rechtspositivismus 16
Rechtsprinzipien 20, 22
Rechtsrealismus **16**
Rechtsreflex 242
Rechtssatz 5
Rechtssicherheit 88
Rechtsstaat 85
Rechtstaatsgebot 328
Rechtsvergleichung 51
Rechtsverordnungen 18, 36
Rechtsweg **237, 246**
Rechtsweggarantie 96
Regiebetriebe 152
Regionalbeihilfen 306
Relevanter Markt **282**
Richtlinie 122
Richtlinien der EU 122
Risikoschutz 139
Rousseau 173
Rücknahme eines VA 228
Rückwirkungsverbot 90

Sachverständige 234
Satzungen 18, 36
Schiedsgerichte 238
schlichtes Verwaltungshandeln **230**
Schutzbereich **175**
   funktioneller 176
Schutzbereich des Art 2 I GG **187**
Schutzbereich von Art 12 I GG **196**
Schutzbereich von Art 14 I, II GG **204**
Schutzbereichsverletzung 175
Schutznormlehre **242**
Schwellenwerte 319
Sektorale Beihilfen 306
Sekundärrecht 114
Selbstbindung der Verwaltung 192, 304
Selbstverpflichtungen 233
Selbstverwaltung 223
Sonderabgaben 160
Sozialpartner 212
Sozialstaat 99
Sozialstaatlichkeit 136
staatliche Begünstigungen 180
staatliche Handelsmonopole 152
Staatsangehörige 5
Staatsaufgaben 137
Staatsgewalt 67
Staatsorgan 73
Staatsorgane 73

Staatszielbestimmung 99
Standortwettbewerb 163, 297, 315
Steuerbefreiungen und -
 vergünstigungen 301
Steuern 158
Stiftungen 222
subjektives öffentliches Recht **174, 241**
Subsidiarität 97, **117**
Subsidiarität staatlichen Tätigwerdens
 143
Substitutierbarkeit 283
Subsumtion 43
 Syllogismus 43
Subventionsbetrug 297
Subventionsrichtlinien 302
supranationale Rechtsordnung 106
Syllogismus 43

Tarifverträge 212
Tatbestand 43
Tausch 139
teleologische Auslegung **52**
tertium comparationis 189
transnationaler Verwaltungsakt 232
Trennsystem 162

Umkehrschluss 44
Umsetzungspflicht 122
Umweltstaat 101
Unabhängigkeit der Richter 240
unbestimmte Rechtsbegriffe 43, 89
Unbestimmte Rechtsbegriffe 249
Ungleichbehandlung 192
Unmittelbare Anwendbarkeit von
 Richtlinien **123**
unmittelbare Staatsverwaltung 223
Unterlagenprüfverfahren 234
unvollständige Informationen 216
UWG 277

Verbot 5
Verbot mit Befreiungsvorbehalt 151
Verbot mit Erlaubnisvorbehalt 150
**Verbot wettbewerbsbeschränkender
 Vereinbarungen** 287
Verbote ohne Befreiungsvorbehalt
 151
Verbotsvorbehalte 150
Verbundsystem 162
Vereinigungsfreiheit **211**

**Verfahren der verstärkten
 Zusammenarbeit** 122
Verfahrensgrundsätze **252**
Verfahrensrechte 221
Verfassung **35**
Verfassungsänderung 79
Verfassungsbeschwerden 254
Verfassungsgerichtsbarkeit **253**
Verfassungsimmanente Vorgaben
 178
verfassungsmäßige Ordnung 188
Verfassungsrecht 3, 5
Verfassungsrechtliche Rechtfertigung
 176
Verfassungsrechtliche Rechtfertigung
 von Eingriffen in Art 2 I GG **188**
Vergaberecht 184
 Abschluss des Vertrages 314
 Ausschreibung 314
 Bieterwettbewerb 319
 Datenbank TED 317
 Diskriminierungsverbot 318
 Grundsätze **320**
 Kaskade des Vergaberechts 318
 Konkurrentenschutz **322**
 Nachprüfungsverfahren **324**
 Rügepflicht 324
 SIMAP 317
 subjektive Rechte der Bieter **323**
 Transparenz 318
 und Vergabepraxis 317
 vergabefremde Kriterien 315
 Vergabefremde Kriterien **321**
 Vergabeverfahren **320**
 wirtschaftlichstes Angebot 315
 Zuschlag 314, **322**
Vergleich 241
Verhaltensdilemma 278
Verhältnismäßigkeit **58**, 178
Verletztenklage 243
verlorene Zuschüsse 300
Vermittlungsausschuss 78
Verordnung 122
Verpflichtungsklage 244, 248
Vertrag von Lissabon 107
Verwaltungsakt **224**
 Bekanntgabe 227
 Bestandskraft 226
 mitwirkungsbedürftiger 227
 Nichtigkeit 226
 Regelungsfunktion 225

Rücknahme 228
Titelfunktion 225
Vollstreckung **229**
Widerruf 228
Wirksamkeit 226
Verwaltungsakte 18
Verwaltungsgerichtsbarkeit **246**
Verwaltungsprivatrecht 184, 185, **231**
Verwaltungsrecht 3, **215**
Verwaltungsträger 223
Verwaltungsverfahren **220**
Verwaltungsverfahrensgesetz 219
Verwaltungsvertrag 229
Verwaltungsvollstreckung **231**
Verwaltungsvorschriften 19
VO 1/2003 286
Volkssouveränität 63, 65
Volksvertreter 71
Vollstreckung von
  Gerichtsentscheidungen **253**
Vollstreckungstitel 253
Vollzug von Bundesgesetzen 217
Vollzugsanordnung 229
Vorabentscheidungsverfahren 255
Vorbehalt des Gesetzes 91
Vorbehalt des Möglichen 180
Vorrang des Bundesrechts 76
Vorrang des Gesetzes 91
Vorverständnis **47**

Wahlen 67
  Direktmandate 71
  Überhangmandate 71
  Wahlperiode 71
Währung 142
Warenverkehrsfreiheit 130
Wechselseitige Auffangordnungen 34
Wertungsjurisprudenz 42

Wesentlichkeitslehre 92, 178
Wettbewerb 32
  potentieller 283
  staatliche Teilnahme **152**
  wirksamer/funktionierender **282**
Wettbewerbsbeschränkungen 280
  Behinderungsstrategie **281**
  Konzentrationsstrategie **281**
  Verhandlungsstrategie (Absprachen) **280**
Wettbewerbsrecht
  Behinderungsstrategie **289**
  horizontale Verhandlungsstrategien **286**
Wettbewerbstheorie **278**
Wettbewerbsverzerrungen 298
Widerruf eines VA 228
Widerrufsvorbehalt 226
Widerspruchsverfahren **245**
Wirksamkeit **26**
Wirkungen **26**
Wirtschafts- und Sozialausschuss 113
Wirtschafts- und Währungspolitik 146
Wirtschaftsaufsicht 136, 139, **147**, **148, 149**
Wirtschaftslenkung 136, 151, 315
wirtschaftspolitische Neutralität des Grundgesetzes **137**

Zentralbanken 142
Zentralismus 64
Zollunion 130
Zustimmung des Parlaments 119
Zustimmungsfähig 31, 56
Zustimmungsfähigkeit 23
Zuwendungen 300
Zwischenstaatlichkeitsklausel 285

Druck: Krips bv, Meppel, Niederlande
Verarbeitung: Stürtz, Würzburg, Deutschland